D1825972

1 MONTH OF
FREE
READING

at

www.ForgottenBooks.com

By purchasing this book you are eligible for one month membership to ForgottenBooks.com, giving you unlimited access to our entire collection of over 1,000,000 titles via our web site and mobile apps.

To claim your free month visit:

www.forgottenbooks.com/free1338756

ISBN 978-0-365-07692-6
PIBN 11338756

Beiträge

zur

Kolonialpolitik und Kolonialwirtschaft.

Beiträge

zur

Kolonialpolitik und Kolonialwirtschaft.

Herausgegeben

von der

Deutschen Kolonialgesellschaft.

———

Fünfter Jahrgang.

———

Wilhelm Süsserott,
Verlagsbuchhandlung.
Berlin.
1903.

Inhaltsverzeichnis.

—

Sachregister.

Geographisches Register.

— VIII —

Autorenregister.

Abbildungen und Karten.

Zur Landfrage in den Kolonien.

Einführung in die Diskussion über das Régime foncier aux Colonies auf der Londoner
Tagung des Internationalen Kolonialinstituts 1903.
Von Professor Dr. G. K. Anton (Jena).

Vorbemerkung der Redaktion: Der sachverständige Verfasser hat der Bitte der
Schriftleitung, die Veröffentlichung seiner Einführung in dieser Zeitschrift zu gestatten,
mit einem Schreiben entsprochen, welches wir mit seiner Einwilligung nachstehend
zum Abdruck bringen:

„Sehr geehrter Herr!

Gern entspreche ich Ihrem Wunsche und überlasse Ihnen die Ausführungen
mit denen ich auf der Londoner Tagung des internationalen Kolonialinstitutes die
Debatte über die Landfrage in den Kolonien einleitete, zum Abdruck in Ihren
Beiträgen. Nur möchte ich dabei hervorheben, daß ich bei meinen Darlegungen,
ihrem Zweck entsprechend, an die außerordentlich dankenswerten Bemühungen, die
Landfrage in unsern deutschen Kolonien einem eingehenden Studium zu unterwerfen,
nicht gedacht habe; ich hätte andernfalls nicht unterlassen, darauf hinzuweisen, wie
bei dem aus unserer Konzessionspolitik in Südwestafrika und in Kamerun nur zu
verständlichen Bestreben weiter Kreise, den Mehrwert des Bodens der Allgemeinheit
zu sichern, die Gefahr nahe liegt, das Kind mit dem Bade auszuschütten, indem
man durch zu weit gehende Beteiligung des Staates der Mehrwerterzeugung überhaupt entgegen tritt. Der jetzt so oft gehörte Ruf, die vortreffliche Kiautschouer
Bodenpolitik auf unsre übrigen Schutzgebiete zu übertragen, ist in dieser Allgemeinheit
falsch. Höchstens könnte es sich um eine teilweise Übertragung auf geeignete Küsten-
plätze und Verkehrsmittelpunkte handeln, niemals aber auf so große, noch unerschlossene
Gebiete im Innern des Landes, wie sie den Gegenstand z. B. der Kameruner
Konzessionen bilden.

Wir dürfen doch nicht übersehen, daß bei der Kiautschouer Bodenpolitik, richtiger
gesagt bei der städtischen Bodenpolitik in Tsingtau, es sich nur um ein
städtisches Weichbild handelt von beschränktem Umfang, vorzüglich für den Handelsverkehr
gelegen an einer Welthandelsstraße und am Rande eines außerordentlich bevölkerten
Riesenreiches von alter Kultur somie eines reichen Bergwerksgebietes: alles Umstände,
die eine wesentliche Wertsteigerung des Bodens in so gut wie sichere Aussicht stellten
und andrerseits soviel Reiz auf das Privatkapital ausüben mußten, daß von der
Beteiligung der Gemeinde bzw. des Staates an der Bodenwertsteigerung keine
Abschreckung des Kapitals zu befürchten war.

In Kamerun hingegen handelte es sich um ungeheure Landflächen tief im Innern des Schutzgebietes in fast noch völliger Wildnis mit spärlicher Bevölkerung, der chinesischen gar nicht zu vergleichen. Hätte unter solchen Bedingungen, bei denen das Risiko für die Unternehmer viel größer ist, die Regierung die Grundsätze der Kiautschouer Bodenpolitik zur Anwendung bringen wollen, so würde sie nirgends in der Welt das Großkapital gefunden haben, das nötig ist, um derartige Gegenden zu erschließen. Da es sich um eine tropische Kolonie handelt, und zwar nicht um deren küstennahe Distrikte, so konnte das Kleinkapital nicht in Betracht kommen, während andrerseits, um die Aufgabe in unmittelbarer Staatstätigkeit auszuführen, die hierzu erforderlichen Mittel von den deutschen Steuerzahlern gewiß nicht hergegeben worden wären. Jene Gegenden würden einfach unerschlossen geblieben sein, und von einer Beteiligung der Allgemeinheit an der Bodenwertsteigerung wäre überhaupt keine Rede gewesen.

So läßt sich meines Erachtens gegen die Berufung des Großkapitals zur Erschließung jener Gebiete gewiß nichts sagen. Die offene Frage ist in der Hauptsache nur die: ob die Bedingungen, unter denen es berufen wurde, einen angemessenen Ausgleich zwischen den Interessen des Staates und der Gesellschaften darstellen, und ob sie nicht insbesondre die zukünftige Entwicklung unsrer Kolonie gefährden, indem sie vielleicht undurchbrechbare Monopole schaffen, alle andern Kapitalien von der Bewirtschaftung der konzedierten Gebiete ausschließen. Auch ist zu bedauern, daß die Regierung nicht das amerikanische Schachbrettsystem zu Grunde legte, sondern die gewaltigen Landflächen in einem einzigen zusammenhängenden Stück den Gesellschaften überwies. In Amerika hat man bekanntlich bei Landkonzessionen so verfahren, daß die konzedierten Flächen mit von der Regierung sich vorbehaltenen wie die schwarzen und weißen Felder eines Schachbrettes durcheinander liegen. Das hat zur Folge, daß die wirtschaftliche Erschließung durch die Konzessionsgesellschaft nicht nur den Wert der ihr konzedierten Felder hebt, sondern zugleich auch den der dazwischen liegenden Regierungsfelder, so daß auf diese Weise der Staat an der Bodenwertsteigerung beteiligt wird, ohne diese Beteiligung von den Gesellschaften unmittelbar zu beanspruchen, und daß gleichzeitig kein Monopol des Bodeneigentümers für die gesamten Verkehrsbeziehungen entsteht. —

Die ganze gegenwärtige Bewegung, die unsre kolonialfreundlichen Kreise ergriffen hat entspringt, wie ich glaube, dem durchaus begreiflichen Gefühl, daß eine geschicktere Vertretung unserer kolonialen Interessen als wir sie damals bei der Konzessionserteilung besaßen, den Ausgleich zwischen Staats- und Gesellschaftsinteressen in einer für den Staat vorteilhafteren Weise würde gefunden haben. So sehr ich dieser Ansicht bin, so nahe scheint es mir zu liegen, daß die sehr wünschenswerte Reaktion gegen jene Politik nun in den entgegengesetzten Fehler verfällt und, anstatt nur die Mißbräuche des Kapitalismus im kolonialen Wirtschaftsleben zu bekämpfen, sich gegen den Kapitalismus überhaupt wendet, der für die wirtschaftliche Erschließung unserer Schutzgebiete unmöglich entbehrt werden kann. Denn durch menschliche Arbeit und Intelligenz allein läßt sich nirgends eine neue Kultur ins Leben rufen; ohne Kapital wäre die Entstehung der modernen Kultur bei uns ebenso unmöglich gewesen, wie es die Übertragung der technischen und wissenschaftlichen Errungenschaften der kolonisierenden Völker in ferne Zonen heute ist."

Meine Herren! — Die menschlichen Beziehungen zum Boden bilden eine der wichtigsten geschichtlichen Tatsachen. Von besonderer Bedeutung sind sie in einem neuen Lande. Während sie in alten Kulturländern im Laufe der Zeit feste Form angenommen haben, sind sie hier noch im Zustande des Werdens. Das Mutterland kann, Nutzen ziehend aus seiner eigenen Geschichte, ihre Gestaltung in der Weise beeinflussen, daß dem jungen Lande ungünstige Erfahrungen erspart bleiben, seine wirtschaftliche, soziale und politische Entwicklung in die glücklichsten Bahnen geleitet wird.

In welcher Weise nun die kolonisierenden Völker die Beziehungen zum Boden in ihren Kolonien beeinflußt haben, das einmal näher zu untersuchen und das hierauf bezügliche amtliche Material zusammen zu bringen, das stellte sich unser Institut als Aufgabe, als es die Publikation über das Régime foncier aux colonies beschloß. In Berücksichtigung der außerordentlichen Kompliziertheit des Problems und der ungeheuren Größe des zu bewältigenden Stoffes legte dabei das Institut sich von vornherein die Beschränkung auf, nur solche Kolonien in Betracht zu ziehen, deren Boden vorwiegend von der eingeborenen Bevölkerung bewirtschaftet wird, in denen aber auch genügendes herrenloses Land vorhanden ist, um neben dem eigenen Ackerbau der Eingeborenen den Ackerbau der Kolonisten mit oder ohne Hilfe eingeborener Arbeitskräfte zu ermöglichen.

Ich habe Ihnen bereits auf einer unserer früheren Tagungen berichtet und will es hier nicht wiederholen, wie das in unseren fünf Bänden über das Régime foncier[1]) publizierte Material gesammelt worden ist. Nur kann ich auch heute nicht unerwähnt lassen, daß unser Institut den Gelehrten und Beamten, die dabei mitwirkten, den wärmsten Dank schuldet. Bloß zwei Namen will ich hervorheben, denen wir die ausgezeichnete Sammlung über das niederländische Indien und die auf das britische Indien bezüglichen Dokumente verdanken: unsere beiden verstorbenen Mitglieder van der Lith und Baden Powell. Unser Institut wird niemals aufhören, ihnen ein ehrendes Andenken zu bewahren.

Das uns gelieferte Material zum Gegenstande eines Referates zu machen, hatten Sie mir als Aufgabe zugewiesen. Bei dem sehr verschiedenen Werte der einlaufenden Dokumente wurde es mir bald klar, daß ich den Lesern unserer Publikation einen schlechten Dienst leisten würde, wenn ich ihnen lediglich eine zusammenfassende Betrachtung der uns mitgeteilten Gesetze und Verordnungen darbot. Bei den vielen Fragen, die sie noch offen ließen, hatte ich zunächst durch ergänzendes Studium die zu ihrer Beurteilung unumgänglichen Voraussetzungen mir zu verschaffen. Je mehr ich hierdurch in das Problem eindrang, desto mehr sah ich ein, daß ich der mir gewordenen Aufgabe nur dann einigermaßen gerecht werden würde, wenn ich an Stelle eines einzigen Referates deren mehrere lieferte. Dieser Erkenntnis entsprechend habe ich unseren früheren Tagungen meine Ihnen bekannten Spezialberichte über die Landfrage auf Java, im Kongostaate und in den französischen Kolonien vorgelegt und unserer heutigen Tagung meinen Spezialbericht über diejenigen englischen

---

[1]) Publications de L'Institut Colonial International 36, rue Veydt, à Bruxelles. (Berlin, A. Asher & Co.). 3e Série. — Le Régime foncier aux Colonies. Tome I. — Inde britannique. — Colonies allemandes. — 1898. Tome II. — État Indépendant du Congo. — Colonies françaises. — 1899. Tome III. — Tunisie. — Érythrée. — Philippines. 1899. Tome IV. — Indes orientales néerlandaises. — 1899. Tome V. — Colonies anglaises. — 1902.

Kolonien vorausgeschickt, auf welche sich der im Herbst 1902 ausgegebene fünfte Band unserer Publikation bezieht. [1]

Während meine vier Spezialberichte eine das Verständnis erleichternde Einführung in unsere große Publikation darzubieten beabsichtigen, kann es sich für meine heutigen Darlegungen nur darum handeln, mit ihnen eine Überleitung zur Debatte zu versuchen. Ich glaube dies am besten tun zu können, indem ich in zwangloser Weise aus den Ergebnissen meiner speziellen Untersuchungen einige Punkte herausgreife, die mir hierfür besonders geeignet erscheinen. In Hinblick auf unsere Tagesordnung aber werden Sie mir gewiß beipflichten, wenn ich dabei die größte Beschränkung mir auferlege, mehr nur Andeutungen als Ausführungen mache und nur drei Gegenstände Ihrer eventuellen Diskussion unterbreite: die Behandlung des Landes der Eingeborenen, die Verwertung des Kronlandes tropischer Gebiete und die Einführung der Torrens-Akte in solche.

Während frühere Zeiten in den Kolonien lediglich Objekte der Ausbeutung für ihre Mutterländer erblickten, ist man heute darüber einig, daß die eigenen Interessen der Kolonie von dem kolonisierenden Staate in erster Linie zu berücksichtigen sind, und stellt als ideales Ziel moderner Kolonialpolitik die Emporhebung und Erziehung der niederen Rasse zu gemeinsamer Kulturarbeit auf. Inwieweit, in welchem Tempo und mit welchen Einschränkungen eine Assimilation der Eingeborenen gegenüber den nationalen Kulturidealen der kolonisierenden Völker stattzufinden hat, das bedarf in jedem Einzelfall sorgfältiger Prüfung und wird je nach den verschiedenen Voraussetzungen verschieden zu beantworten sein. Allgemein läßt sich nur soviel sagen, daß hierin die kolonisierenden Völker heute mit Zurückhaltung und Vorsicht verfahren, viel mehr die Schonung und Weiterbildung der von ihnen vorgefundenen Einrichtungen und Gebräuche erstreben als deren unterschiedslose Beseitigung und Ersetzung durch die ihrigen.

Speziell auf dem Gebiete der Bodenpolitik, das uns hier beschäftigt, spiegelt sich diese moderne Auffassung wieder in dem doppelten Bemühen, das Land der Eingeborenen der Verkehrsfreiheit zu entziehen und ihre eigenen Kulturen zu erhalten und fortzuentwickeln. Übereinstimmend unter den verschiedensten Verhältnissen hat die Erfahrung gelehrt, daß die Einführung der Wirtschaftsordnung des kolonisierenden Volkes, wenn dabei die Eingeborenen in der Verfügung über ihr Land nicht beschränkt werden, binnen kurzem zu dem traurigen Resultat einer wucherischen Ausbeutung ihres Leichtsinnes und ihrer Unerfahrenheit führt. Daraus folgt für den kolonisierenden Staat die Notwendigkeit, dem Erwerbstrieb seiner Angehörigen gegen-

---

[1] Die drei erstgenannten Spezialberichte sind abgedruckt in den Comptes rendus des Sessions tenues à Bruxelles (1899) et à Paris (1900), während der zuletzt erwähnte im Compte rendu de la Session tenue à Londres in diesem Herbst erscheinen wird.

Außerdem sind sie in deutscher Sprache erschienen, bzw. im Erscheinen begriffen in Gustav Schmollers Jahrbuch für Gesetzgebung, Verwaltung und Volkswirtschaft unter den Titeln: „Neuere Agrarpolitik der Holländer auf Java" (1899), „Domanial- und Landpolitik des Kongostaates" (1900), „Neuere Agrarpolitik in Algerien und Tunesien" (1900 u. 1901), „Zur Landfrage in einigen englischen Kolonien" (Oktober 1903). Leipzig, Duncker und Humblot.

über den schwächeren Eingeborenen eine Schranke zu setzen und zur Förderung seiner neuen eingeborenen Untertanen weitgehende Pflichten selbst zu übernehmen oder solche den Kolonisten aufzuerlegen. Beides tut er durch Maßnahmen, die dem Inhalt meiner beiden ersten Thesen entsprechen, die ich also formuliere:

1. Alles Land für Eingeborene ist als solches auszuscheiden und der Verkehrsfreiheit zu entziehen.

2. Die Kulturen der Eingeborenen und ihre Arbeitsmethoden sind in vernünftiger Weise fortzuentwickeln; eventuell sind solche durch Einführung geeigneter Kulturpflanzen und entsprechende Erziehung zur Arbeit neu zu erschließen.

Ich komme zum zweiten der Gegenstände, die ich Ihrer Diskussion unterbreite.

Eine übliche Unterscheidung, die theoretisch leicht praktisch aber oft recht schwer auszuführen ist, trennt das von den Eingeborenen okkupierte Land von demselben, zu dem sie keine Beziehungen haben. Unter verschiedenen Bezeichnungen, als wüstes, unbebautes, herrenloses oder niemandes Land, begegnet es uns und wird entweder sofort oder doch nach einiger Zeit von der kolonisierenden Staatsgewalt als Domanium oder Kronland in Anspruch genommen. Es fragt sich nun, wie dieses Kronland am zweckmäßigsten verwertet wird.

Hier springt zunächst in die Augen, daß die Bedingungen seiner Verwertung in den verschiedenen Kolonien verschiedene sind. Einer der naheliegendsten Unterschiede ist der zwischen einer Ackerbaukolonie gemäßigten Klimas und jungen Datums und einer tropischen Kolonie. Während in jener es darauf ankommt, dem Bedürfnis einer täglich sich erneuernden Einwanderung zu genügen, kann in dieser von einer solchen keine Rede sein.

Hieraus ergibt sich für Ackerbaukolonien die Folgerung, das Kronland in den Dienst der Einwanderung zu stellen. In einer sowohl den individuellen als den gemeinsamen Interessen der Kolonisten Rechnung tragenden Weise geschieht dies zum Beispiel durch das nordamerikanische Schachbrettsystem.

In tropischen Gebieten hingegen, die den vorwiegenden Gegenstand unserer Untersuchung bildeten, und die ich hier allein im Auge habe, will der einwandernde Europäer in der Regel sich nicht dauernd niederlassen, das Klima erlaubt ihm gar nicht jene innige Verwachsung mit dem Boden', aus welcher in den Ackerbaukolonien das Heimatgefühl entspringt. Steht hier die durch das Klima ermöglichte körperliche Arbeit des Kolonisten in erster Linie, so kommt dort vorzugsweise sein Kapital und dessen geschickte Verwendung in Betracht. Der in den Tropen Einwandernde will als Leiter oder Glied eines kapitalistischen Betriebes die Schätze des tropischen Bodens heben und durch sie bereichert in das Mutterland zurückkehren, um in der alten Heimat das Erworbene zu genießen. Weil das Klima die Massenbesiedlung ausschließt, kommen hier für die Verwertung des Kronlandes andere Gesichtspunkte in Frage.

Wir haben zwischen bereits entwickelten und noch unentwickelten tropischen Gebieten zu unterscheiden. Bei noch unentwickelten Verhältnissen handelt es sich darum, den Faktor, den bei einer Ackerbaukolonie gemäßigten Klimas die Massenbesiedlung für die Erschließung des Landes bedeutet, durch etwas Gleichwertiges zu erseten. Eine Kraft, die in unseren Tagen Gleichwertiges hier zu leisten vermag, ist das Großkapital. In der Tat sehen wir denn auch heute, ich erinnere nur an das französische Kongogebiet aber das deutsche Kamerun, das Großkapital in der Rolle des Kulturpioniers und Landerschließers. Zweifellos können jene großen Kapitalgesellschaften, denen dort riesige Landkonzessionen im noch unerschlossenen Innern überwiesen wurden, ihre Gebiete viel rascher vorwärts bringen als dies ohne sie möglich wäre, sofern nur die Staatsgewalt ihrer Betätigung die im Interesse des Ganzen liegende Richtung anzuweisen versteht.

Wo hingegen die Epoche der ersten Erschließung des Landes bereits vorüber ist, wo es um ältere Kolonialgebiete mit dichter, relativ hochstehender eingeborener Bevölkerung sich handelt, wie zum Beispiel im holländischen Java, da treten an die Stelle riesiger Landerschließungskonzessionen Überweisungen kleinerer Flächen des Kronlandes, die dem kapitalistischen Betriebe teils einzelner Pflanzer teils von Pflanzungsgesellschaften als Unterlage dienen und bei den bereits gesicherten Verhältnissen der größeren Nachfrage entsprechen.

Eine moderne Auffassung möchte bekanntlich die Betätigung des Privatkapitals bei der Bewirtschaftung des kolonialen Bodens durch staatliche und kommunale Betätigung ersetzen. Zwei sehr interessante Versuche solcher staatlicher Betätigung zeigen uns die Vergangenheit in Bezug auf die entwickelteren Verhältnisse Javas und die Gegenwart hinsichtlich der noch unentwickelten des Kongostaates. Wie man auch über sie denken mag, soviel wird man meines Erachtens aus ihnen ableiten dürfen, daß bei der Bewirtschaftung des Kronlandes tropischer Gebiete der Staat ähnliches zu erreichen vermag wie das Privatkapital, und daß die staatliche Bewirtschaftung die größten Dienste der Kolonie und ihrer Bevölkerung leisten kann, wenn ihr Leitmotiv nicht die Bereicherung des Mutterlandes, sondern die Hebung der Kolonie bildet.

Ob man nun das Kronland tropischer Gebiete ausschließlich dem Privatkapital zur Bewirtschaftung überweist oder daneben auch die staatliche Bewirtschaftung für wünschenswert erachtet, immer wird es zweckmäßig sein, daß der Staat das Kronland nicht für ewige Zeiten aus seiner Hand gibt, sondern Übertragungsformen wählt, bei denen ihm oder den Kommunen das Eigentum am Kronlande vorbehalten bleibt. Von besonderer Wichtigkeit erscheint dies mir in solchen Gebieten, die eine dichte und stark wachsende eingeborene Bevölkerung haben. In der Tat sehen wir denn auch auf Java das Kronland nicht in das Eigentum der Pflanzer übergehen, das holländisch-indische Recht vererbpachtet es ihnen nur auf 75 Jahre. Indem der Staat auf Java so verfährt, handelt er weise und nachahmenswert: er versöhnt gleichsam die Interessen der Gegenwart mit denen der Zukunft, indem er die Möglichkeit sich vorbehält, nach Ablauf des Erbpachtkontraktes über das Kronland so zu verfügen, wie es dann im Interesse des allgemeinen Wohles wünschenswert erscheint, gewinnt auch zugleich für sich die etwaige Wertsteigerung des Bodens, die inzwischen eingetreten ist.

Aus dem Gesagten leite ich meine dritte und vierte These folgendermaßen ab:

3. Zur Verwertung des Kronlandes in tropischen Gebieten erscheint nicht ausschließlich das Privatkapital als geeignetster Faktor berufen; auch der Staat und die Kommunen können es mit bestem Erfolge bewirtschaften.

4. Das Kronland tropischer Gebiete darf Kapitalgesellschaften wie Einzelunternehmern nicht zu Eigentum, sondern nur zu zeitlich beschränkten Nutzungsrechten übertragen werden.

―――――――

Von der Verwertung des Kronlandes wende ich mich zur letzten meiner Fragen: ob die Einführung der Torrens-Akte in tropische Gebiete sich empfiehlt?

Ich habe Ihnen das Liegenschaftsrecht der Torrens-Akte bereits geschildert, als ich in meinen Spezialberichten das Régime foncier im Kongostaate und in Tunesien behandelte. Wie Ihnen allen bekannt ist, entspricht die Torrens-Akte am meisten den Anforderungen, die der Grundstücksverkehr und der Bodenkreditverkehr an das Immobiliarrecht stellen. Voraussetzung dieses Verkehrs ist die zuverlässige Erkennbarkeit der rechtlichen Lage der Grundstücke. Nur dann, wenn man mit Sicherheit zu erfahren vermag, wer der Eigentümer eines Grundstücks ist, welche Rechte anderer Personen bereits an ihm bestehen, und in welchem Range sie sich folgen, werden Kauf und Beleihung der Grundstücke sich leicht und glatt vollziehen. Das Liegenschaftsrecht der modernen Kulturvölker trägt nun bekanntlich dem Erfordernis der zuverlässigen Erkennbarkeit der rechtlichen Lage der Grundstücke keineswegs überall in demselben Maße Rechnung. Am meisten tut es das deutsche Recht, indem es nicht nur für den Erwerb von Pfandrechten an Grundstücken, sondern auch für den Erwerb des Eigentums und sonstiger dinglicher Rechte an ihnen die Eintragung in öffentliche Bücher vorschreibt, eine dem römischen Recht unbekannte Einrichtung, die sich im Laufe der Zeit zu hoher, die denkbar größte Ausnutzung des Bodenkredites ermöglichender Vollkommenheit entwickelt hat.

Eine geistvolle Anpassung dieses deutschen Rechts an die kolonialen Bedürfnisse und keineswegs, wie Sir Robert Torrens selbst hervorhob, eine neue Erfindung stellt nun der Inhalt der Torrens-Akte dar. Die Übertragbarkeit und Belastbarkeit des kolonialen Bodens wird durch sie am meisten gefördert.

Die Kolonie, in welcher 1855 die Torrens-Akte geboren wurde, war Süd-Australien, mit anderen Worten keine tropische, sondern eine Ackerbaukolonie gemäßigten Klimas und jungen Datums. Für eine solche erscheint die Torrens-Akte vorzüglich geeignet. Denn hier unterliegt das Grundeigentum besonderen wirtschaftlichen Bedingungen. Hauptsächliches Instrument des öffentlichen Reichtums wird es ein Objekt unaufhörlichen Tausches. Um den Bedürfnissen einer täglich sich erneuernden Einwanderung zu genügen, müssen die Grundstücks-Übertragungen sichere und leichte sein. Hierin liegt das beste Mittel, um die Bevölkerungszunahme zu begünstigen und freie Bahn jenem bewegenden Unternehmungsgeiste zu schaffen, der die prosperierenden Kolonien kennzeichnet. Je häufiger ein Grundstück zirkuliert, um so schneller wird es sich in den Händen derer fixieren, welche die geeignetsten sind, es fruchtbar zu machen.

Diese Gedanken, die den Geist der Torrens-Akte wiederspiegeln, rechtfertigen sie für junge Ackerbaukolonien gemäßigten Klimas in Ansehung der Grundstücke, die in den Besitz der Kolonisten übergehen, aber rechtfertigen sie dieses Recht auch für tropische Gebiete? —

Allgemein läßt sich diese Frage nicht beantworten. Wir haben junge und alte tropische Kolonien und die verschiedenen Arten von Grundstücken in ihnen zu unterscheiden.

In jungen tropischen Gebieten wie im Kongostaate zum Beispiel mit verhältnismäßig dünner und niedrig stehender eingeborener Bevölkerung sieht sich die Politik sozusagen einer tabula rasa gegenüber, und es begreift sich, daß sie gleich von Anfang an die Kolonie mit dem vollkommensten Immobiliarrecht ausstattet. Denn wenn auch in solchen tropischen Gebieten von täglich sich erneuernder Einwanderung keine Rede sein kann, so ist doch das Interesse an der Erleichterung des Bodenkredits für den Pflanzer gewiß nicht weniger groß als für den Ackerbauer im gemäßigten Klima. Natürlich hat bei der geringen Entwicklung der Eingeborenen die Torrens-Akte zunächst nur auf den Grundbesitz der Europäer Anwendung zu finden, mit andern Worten auf solche Grundstücke, die aus dem Kronland in europäischen Besitz übergehen und auf diejenigen Grundstücke der Eingeborenen, die mit Genehmigung der Behörde Europäern übertragen werden.

Anders liegt die Frage der Einführung der Torrens-Akte in alten Kolonialgebieten tropischen Charakters mit dichter und relativ hochstehender eingeborener Bevölkerung wie im holländischen Java zum Beispiel. Dort sieht sich die Politik keiner tabula rasa gegenüber, sondern es handelt sich darum, ob ein bereits vorhandenes und eingelebtes Liegenschaftsrecht durch das Recht der Torrens-Akte ersetzt werden soll. Die Beantwortung wird zunächst von der Güte des bisherigen Immobiliarrechtes abhängen. Ist dieses nicht mit erheblichen Mängeln behaftet, so wird man naturgemäß die Kosten der Reform lieber vermeiden. Im entgegengesetzten Fall wird man ihr geneigt sein, aber doch die Unterstellung aller Arten von Grundstücken unter dieses Recht nicht befürworten können.

Denn die Berührung aller Halbkulturvölker mit den Institutionen der in scharfem Konkurrenzkampf groß gewordenen Neuankömmlinge hat bekanntlich zwei Seiten. Sie kann anstatt zum Fortschritt auch zum Ruin der Eingeborenen führen. Das Liegenschaftsrecht der Torrens-Akte auf alle Grundstücke anwenden, hieße es auch auf solche Eingeborene anwenden, die ihm noch nicht gewachsen wären und sich durch unüberlegte Übertragungen und Verpfändungen ihres Bodens zu Grunde richten könnten. Hieraus ergibt sich die Folgerung, in Ansehung der Grundstücke der Eingeborenen das Recht der Torrens-Akte wenn überhaupt, so höchstens fakultativ einzuführen und zugleich Fürsorge dafür zu treffen, daß der Eingeborene, der sein Land diesem Recht unterstellen will, dies auch wirklich aus freien Stücken, insbesondere von seinem Gläubiger unbeeinflußt tut. Dagegen könnte die Torrens-Akte obligatorisch auf die Überweisungen von Kronland und die Übertragungen solcher Grundstücke angewendet werden, die mit Genehmigung der Behörden aus dem Besitz der Eingeborenen in den der Kolonisten treten.

Niemals aber kann von der Einführung der Torrens-Akte in tropische Gebiete erwartet werden, daß diese Einführung allein den Bodenbesitzern den erforderlichen Realkredit zu angemessenen Bedingungen verschafft. Die Sicherheit und leichte Realisierbarkeit der Pfandgrundstücke, wie sie jenes Recht gewährleistet, verschafft dem Bodenbesitzer noch nicht die unkündbaren und amortisierbaren Darlehne, deren er in erster Linie bedarf. Auch das beste Pfandgrundstück nützt seinem Besitzer nichts, wenn sich niemand findet, der es zu angemessenen Bedingungen beleiht. Ihren vollen Segen könnte die Reform auch für tropische Gebiete nur unter der Voraussetzung entfalten, daß geeignete Kreditquellen für den Bodenbesitzer bereits vorhanden sind oder durch eine entsprechende Organisation des Bodenkredites gleichzeitig in's Leben gerufen werden.

Aus dem Dargelegten leite ich meine beiden letzten Thesen ab:

5. Bei der Neubesiedlung tropischer Gebiete stellt die Torrens-Akte die vor allem geeignete Form des Liegenschaftsrechtes dar. Ihre Einführung an Stelle eines bereits bestehenden Rechtssystems ist dagegen von dessen Würdigung abhängig zu machen.

6. Auch das beste Liegenschaftsrecht erzeugt für sich allein noch keine gesunden agrarischen Zustände; eine geeignete Organisation des kolonialen Bodenkredites muß ihm vor allem zur Seite treten.

Die hauptsächlichsten Ausfuhrartikel Schantungs.

Von Maercker, Hauptmann im Inf. Rgt. von Boyen Nr. 41.

Von den Exportartikeln Schantungs kommen neben der Kohle für Tsingtau in erster Linie drei in Betracht: Seide, Strohborten und Ölfrüchte. In Nachstehendem seien diese drei Produkte einer näheren Betrachtung unterzogen.

Seide. Bekanntlich gedeiht der Maulbeerbaum besser auf Kalkboden als auf Granit und Gneis, während auf diesen der Eichenbusch besser fortkommt. Es kommt deshalb der Osten Schantungs bis einschl. der Ebene, die die Kiautschoubucht mit dem Golf von Petschili verbindet, da hier der Gneisgranit vorherrscht, besonders für die Zucht des Eichenspinners (antheraea pernyi) in Betracht, während der Westen, speziell der Nordwesten, das Hauptproduktionsgebiet des Maulbeerspinners (bombyx mori) ist. Natürlich ist die Trennung keine scharfe. In Ostschantung wird in den Kreisen Tsi hsia und Lai yang sowohl Maulbeer- wie Eichenseide gewonnen. Dagegen wird der Eichenspinner in kleineren Bezirken überall in der Provinz, in bedeutenderem Maße südwestlich von Kiau tschou in den Kreisen Tschu tschöng und Kü tschou, ferner westlich des Kih nü schan und bei Wang tsun getroffen. An letzterem Ort wird die Eichenseide (wilde Rohseide, auch Tussahseide genannt) zu Pongees verarbeitet, die einen hervorragenden Ruf genießen.

Im westlichen Gebirgslande, wo vom Maulbeerbaum durch den bombyx mori Falter die geschätzte Schantungseide gewonnen wird, sind 2 große Produktionsgebiete zu unterscheiden. Das eine liegt in den Tälern des Tung wönn ho und des Hsian wönn ho, an der großen Straße J tschou fu-Tsi nan fu. Es sind hier besonders die Kreise Möng yin, Fei, J schui, Hsin tai, Tai ngan und Lai wu, die sich mit der Seidenproduktion befassen.

Das andere Gebiet, das für die Seidengewinnung in Betracht kommt, sind die nach Norden sich öffnenden Buchten des westlichen Gebirgslandes, der Tai schan Kette und des J schan. Hier sind besonders die Kreise Tsing tschou, Liu kü, Tschon tsun, Po schan und Tson ping als seideproduzierende zu nennen.

Die beste Seide soll in den Kreisen Liu kü (südl. Tsing tschou) und Lai wu (östl. Tai ngan) gewonnen werden.

Im Flachlande des Westens hat v. Richthofen Maulbeerpflanzungen gefunden, die den Hwang ho unterhalb Lo kou auf einer Strecke von 160 km begleiten und sich besonders auf der linken Seite ausbreiten. Im Südwesten der Provinz wird, wie mir Missionare versichern, Seidenbau nicht getrieben.

Für die Seidenindustrie sind, soweit die chinef. Hausindustrie in Betracht kommt, 3 Orte zu nennen: Liu tung, Tsing tschou fu und Tschon tsun. Nach diesen

Orten wird die Seide von Zwischenhändlern gebracht, die die Kokons in den Bergen zusammengekauft und abgehaspelt haben. Liu tung liegt 40 km östlich Wei hsien im Distrikt Tschang'l. (Wenn Zolldirektor Ohlmer Liu tung 20 km nördl. Tsingtau verlegt, so ist das augenscheinlich ein Versehen. Der an der Grenze des dt. Gebietes gelegene Ort heißt Liu ting und ist ein unbedeutender Marktplatz.) Liu tung ist Hauptfabrikationsort für die im Kiau Lai Becken (der Senke zwischen Kiautschoubucht und Petschiligolf) gewonnene, sogenannte Pongeeseide, wilde Rohseide, die in den Bezirken westl. und südwestlich von Kiau tschou durch Agenten in der Form von Kokons aufgekauft und auf Lasttieren nach Liu tung gebracht wird. Der Jahresumsatz des Ortes soll 8 Millionen Taels (28,8 Mill. Mark) betragen, die Ausfuhr nach den Provinzen Tschili und Honan geschehen.

Im nordwestlichen Gebirgslande ist Tsing tschou fu zu nennen, das für etwa 2 Millionen Taels (7,2 Mill. Mark) Seide produziert und früher der Hauptsitz des Seidenhandels der Provinz war. Es verarbeitet die Erzeugnisse der großen Gebirgsbucht, die sich südlich der Linie Wei hsien-Tsing tschou fu erstreckt und in der Liu kü Hauptproduktionsort ist. In Tsing tschou fu sollen sich etwa 1000 Familien mit der Manufaktur von seidenen Stückgütern beschäftigen. Ein großer Teil dieser Seide geht über Tschifu nach Europa, während für den chines. Markt gefertigte Pongees über Tsi nan fu nach Honan und auf dem Kaiserkanal nach Tschili gehen.

Tschou ts'un ist der Hauptstapelplatz der Provinz für die gelbe Seide aus dem Poschanbezirk und aus den oben genannten Kreisen der Präfektur J tschon fu und Tsi ngan fu. Von Tschou tsun gelangt die Seide auf dem Landwege, der der gefährlichen Seereise an der seichten Nordküste entlang vorgezogen wird, nach Tschi fu, wo sie in 3 Qualitäten sortiert wird. Die beste geht ins Ausland, die mittlere in die Webereien Schanghais, die schlechteste nach Canton, wo sie zu Schnüren und Seidengeflechten verarbeitet wird.[1]

In Tsing tschou fu und Tschou ts'un treffen mitunter auch fremde Kaufleute (bes. Franzosen) ein, die die Rohseide aufkaufen, ein Vorgehen, das mir für unsere Kaufleute in Tsingtau nachahmenswert erscheint. Die chines. Industrie ist Hausindustrie, größere Betriebe oder genossenschaftliche Vereinigungen sind nicht vorhanden. Neben der für die Ausfuhr bestimmten Seide werden große Mengen der vom Ailanthusspinner aus den Blättern der Zwergeiche produzierten unschönen, aber sehr starken braunen Seide von den Bauern zu Kleidern verarbeitet.

Seit etwa einem Jahrzehnt hat sich in Tschifu eine Seidenindustrie aufgetan, die die Seide nach europäischem Muster spinnt und zwirnt. Li hung tschang machte den Anfang mit einer großen, europ. eingerichteten Spinnerei, Anfang 1900 wurde eine, einem europ. Konsortium gehörige Spinnerei mit 400 Spinnern eröffnet und für 1903 war die Eröffnung von 2 neuen Spinnereien geplant. Die wachsende Bedeutung Tschifas als Seidenplatz wird durch nachstehende Zahlen veranschaulicht:

Es betrug die Ausfuhr von Seide und Seidenwaren über Tschifa:
1895 — 10,4 Mill. Mk., 1896 — 5,1 Mill. Mk., 1897 — 7,6 Mill. Mk., 1898 — 7,5 Mill. Mk., 1899 — 14,2 Mill. Mk., 1900 — 12,1 Mill. Mk.

Diesen Zahlen gegenüber ist natürlich die Ausfuhr über Tsingtau eine minimale. Sie betrug 1900—1901 — ca 5000 Mk. und 1901—1902 ca 80000 Mk. Eine erhebliche Steigerung dürfte für das Jahr 1903 zu erwarten sein, da die

Bemühungen der dt. Kaufleute, am Seidenhandel Anteil zu gewinnen, nach neueren Berichten endlich einigen Erfolg haben sollen, ferner die Eisenbahn in diesem Jahre die Hauptproduktionsgebiete erreicht.

Im Jahre 1902 hat sich eine dt. chines. Seidenindustrie-Gesellschaft gebildet, die mit dem Bau einer in großem Maßstabe geplanten Spinnerei in Tsingtau begonnen hat. Was an diesem Unternehmen besonders angenehm auffällt, ist der Umstand, daß sie nicht mit dem überschwänglichen Optimismus ans Werk geht, der so manchen unserer kolonialen Unternehmungen die Sympathien weiter Kreise verscherzt hat, sondern daß sie klar erkennt, daß die Einführung einer Seidenindustrie im dt. Schutzgebiet deutsche Gründlichkeit und Zähigkeit verlangt. Bei solch nüchternem Vorgehen wird der Erfolg nicht ausbleiben.

Für die weniger fruchtbaren, feldarmen Gebiete Schantungs ist der Seidenbau von der größten Bedeutung, und er errettet in schlechten Zeiten tatsächlich die Bevölkerung vom Hungertode. Die Kultur, die sehr alt ist, ist in letzter Zeit gestiegen. Während ein Bauer früher 10—20 Matten Raupen züchtete, züchtet er jetzt durchschnittlich 80 —100 Matten. Infolgedessen ist auch der Preis der Rohseide gesunken. Kenner der Verhältnisse Inner-Schantungs glauben, daß nunmehr eine erhebliche Erweiterung des Anbaues von Maulbeer- und Eichenbäumen nicht mehr möglich ist, da alles brauchbare Land für den Ackerbau gebraucht wird, um die dicht sitzende Bevölkerung zu ernähren. Die einzige Möglichkeit, den Seidenbau auszudehnen, wäre gegeben, wenn es gelänge, einen Teil der bäuerlichen Bevölkerung durch industrielle Erwerbstätigkeit zu ernähren. Dann könnte ein Teil des jetzt dem Ackerbau dienenden Bodens für die lohnendere Zucht des Seidenspinners ausgenutzt werden.

Wenn somit eine Vergrößerung der Ausfuhrmengen infolge Vermehrung des Anbaues für die nächste Zeit nicht zu erwarten steht, so kann jedenfalls der Export durch Hebung der Kultur bedeutend gesteigert werden. Die Schantungseide wird im allgemeinen von europ. Händlern nicht als erstklassig geachtet, da sie infolge unrationeller Kultur nicht allein den Glanz der Seide von Tsche kiang nicht besitzt, sondern auch hinsichtlich ihrer Verarbeitung den höchsten Ansprüchen nicht genügt. Die Schantungbauern ziehen jetzt mehr Raupen, als sie ernähren können; infolgedessen kommt nicht nur eine große Zahl minderwertiger Kokons auf den Markt, sondern die Raupen leiden auch in übermäßig starker Weise unter Krankheiten. Könnte man die Bauern veranlassen, die Zucht der Raupen und das Haspeln der Seide zu verbessern, so könnte der Seidenexport Schantungs bedeutend gehoben werden. Welche Erfolge damit erzielt werden können, lehrt das Beispiel Japans, wo das Volk durch die Regierung geleitet wird und die Seidenausfuhr infolge dessen stetig wächst. In China tut die Regierung absolut nichts in dieser Beziehung; da wäre in Schantung ein weites Arbeitsfeld für unsere Exporteure. Besonders die Errichtung von Filialen in den Hauptorten könnte viel für den Seidenhandel bedeuten. Aber auch die dt. Regierung wird voraussichtlich, um den Seidenhandel zu heben, eingreifen müssen. Jetzt werden die Bauern ungesetzlich angehalten, ihre Seide an Mittelspersonen zu verkaufen, die diese Ankäufe dem Kreischef, der dann seinen „squeeze" macht, zu melden haben. Soll es unsern Kaufleuten möglich gemacht werden, einen stärkeren Anteil am Seidenhandel zu gewinnen und auf die Produktion Einfluß auszuüben, dann wird diesem Gebahren entschieden ein Ende gemacht werden müssen.

Strohborte. Neben der Seide kommt für die Ausfuhr nach Europa besonders die Strohborte in Betracht. Strohborten sind 2—3 cm breite dünne Geflechte aus Weizenstroh, die in Deutschland zur Anfertigung von Strohhüten benutzt werden.

Die Hauptproduktionsgebiete der Strohborte sind die Küstengebiete der Präfektur Lai tschou fu und das Kiau Lai Becken. Die Produktion steht nicht auf der Höhe, und die Europäer in Tschifu haben sich vergeblich Mühe gegeben, die Bauern zu einer rationelleren Methode zu bewegen. Das ist bei dem konservativen Chinesen in diesem Falle um so schwieriger, als den zu erzielenden Vorteilen auch gewisse Nachteile gegenüber stehen. Das Stroh ist nämlich dann für die Industrie am geeignetsten, wenn der Weizen mit den Wurzeln ausgerissen wird, solange die Körner noch milchig sind, und dann in Büscheln getrocknet wird. Dabei verlieren aber die Körner etwas an Mehlgehalt. Auch in Bezug auf die Strohbortenfabrikation macht Japon, das methodischer arbeitet, bedeutende Konkurrenz, und die Ausfuhr aus Schantung geht infolgedessen langsam, aber stetig zurück. So bleibt auch hier wieder für unsere Exporteure und unsere Regierung viel zu tun. Vor allem ist die Beobachtung der Entwickelung der japanischen Industrie wichtig. Im Jahre 1900 hat das Gouvernement zu diesem Zweck den Forstassessor Thomas nach Japan entsandt gehabt, der wertvolle Beobachtungen über den Anbau und die Fabrikationsmethode der Japaner machte. Das dt. Gouvernement könnte sich um diesen Handelszweig große Verdienste erwerben, wenn es innerhalb der dt. Kolonie auf einer besonderen Musterfarm Versuche über die beste Form des Anbaues, über Wahl besonderen Saatgutes (bes. Beobachtung des japanischen Saatgutes Hadaka mungi), über die Zweckmäßigkeit von Düngung, dann aber auch über die beste Art der Zubereitung der Borten, des Bleichens und Färbens aufstellte. Die auf einer solchen Farm beschäftigten Arbeiter würden die erworbenen Kenntnisse gewiß ausnutzen, es könnten Wanderlehrer, deutsche wie chinesische, ausgebildet werden, und wenn auch bei dem Charakter der Chinesen eine sofortige Anpassung an die besseren Methoden keinesfalls zu erwarten ist, so würde ein langsamer Umschwung doch wohl zu erzielen sein.

Die im Kion Lai Becken gewonnene Strohborte wird von Händlern nach dem Orte Schaho 60 km nordöstlich Weihsien, 130 km nördl. Tsingtau gebracht, dort sortiert und entweder über Land nach Tschifu gebracht oder auf dem schiffbaren Pei scha ho noch Hu tu yai (Tigerhead) und von dort auf Küstendampfern nach Tschifu verschifft. Wenn auch der Weg Schaho — Tschifu mehr als doppelt so weit ist, wie der Weg Schaho — Wei hsien, so ist doch nicht daran zu denken, daß die in der Präfektur Lai tschou fu gewonnene Strohborte den letzteren Weg und damit den Ausfuhrhafen Tsingtau wählen wird. Wenn in der amtlichen Denkschrift von 1900 eine Eisenbahnverbindung Wei hsien — Schaho als wünschenswert hingestellt wird, so möchte ich darauf hinweisen, daß eine solche Bahn von der Strohborte allein nicht leben, leicht aber unserm Konkurrenten Tschifu nützen könnte. Dagegen wird die im südlichen Teil des Kion Lai Beckens, besonders die zu beiden Seiten der Eisenbahn gewonnene Strohborte bei entsprechenden Tarifen über Tsingtau zur Ausfuhr kommen. Gerade für dies Produkt ist eine direkte Verschiffungsmöglichkeit noch Deutschland besonders wichtig.

Die Ausfuhr von Strohborten über Tschifu betrug 1898 — 4 Mill. Mk., 1899 — 3,5 Mill. Mk., 1900 — 5,3 Mill. Mk. Wie sehr Tschifu die Konkurrenz

Tsingtaus zu fürchten hat, ergibt sich daraus, daß Tsingtau im Jahre 99/100 — ca. 14000 Mk., 1900/01 — ca. 615000 Mk., 1901/02 aber bereits ca. 1¹/₂ Mill. Mk. Strohgeflechte ausführte.

Deutschland führt jährlich für 4—5 Mill. Mark chines. Strohgeflechte ein, die gleichmäßiger geflochten und reiner sind, als die deutschen und sich daher besonders zum Bleichen und zu hellen Farben eignen. Von obiger Menge kommt aber nur für ¹/₂—1 Mill. Mark aus China direkt nach Deutschland, der Rest über England, wo die Strohborten veredelt werden und dann statt des Generalzolls von 18 Mk. nur den Meistbegünstigungszoll von 12 Mk. zu zahlen haben. Es ist daher zu erwarten, daß die Errichtung von Bleichen und Färbereien in Tsingtau und damit die Möglichkeit, dem veredelten Produkt bei der Einfuhr in Deutschland den Vertragszoll zu gewähren, dazu beitragen wird, die deutschen Kaufleute in ihrem Bestreben, die Strohbortenausfuhr möglichst über Tsingtau zu leuken, zu unterstützen.

Ölfrüchte. Während Seide und Strohborte ihren Weg nach Europa nehmen, werden das aus Bohnen und Erdnüssen gepreßte Öl und die zu runden Kuchen geformten Rückstände in asiatischen Staaten verwendet. Das Erdnußöl wird in Ostindien sehr geschätzt. Die Ölkuchen werden teils als Viehfutter, teils als Düngemittel verwendet und in Hongkong, in den letzten Jahren auch in Japon, macht sich dafür steigende Nachfrage bemerkbar. Die Ausfuhr nach Japan hat sich von 96—99 verdoppelt. Im Jahre 1901 führte das Kiautschongebiet nach einer befriedigenden Ernte aus für 170000 Mk. Bohnen, 237000 Mk. Bohnenkuchen, 945000 Mk. Bohnenöl, 371000 Mk. Erdnüsse, 9000 Mk. Erdnußkuchen, 4150000 Erdnußöl. Im Ganzen also für 5,9 Millionen Mk. Erzeugnisse des Bohnen- und Erdnußanbaues. Diese Früchte werden in unserm Schutzgebiete und seinem unmittelbaren Hinterlande, den Kreisen Pingtu, Tsimo, Kiautschou, Kaumi und Tschu tschöng gebaut, nehmen hauptsächlich ihren Weg über die Höfen des dt. Gebietes und sind daher unseres Interesses wahl wert.

Das Bohnenöl wird im dt. Gebiet gewonnen und zwar auf der Halbinsel Hai hsi, (südl. der Bucht) wo sich etwa 15 Mühlen befinden. Diese verarbeiten, wenn die Bohnenernte in unserer Kolonie mißglückt ist, eine kleine gelbe Bohnenart aus Hai tschau. Das war beispielsweise der Fall 1899, als die Bohnenernte infolge großer Dürre so gering war, daß die Ausfuhr nur 71 picul (4,3 t) betrug gegen 14600 picul (883 t) im folgenden Jahre. Die Einrichtung der chines. Ölmühlen ist eine überaus primitive, und da zur Bedienung der Göpel nur tierische Kraft (Kamele oder Maultiere) zur Verfügung steht, so ist die Pressung und damit die Zerkleinerung der Bohnen eine sehr unvollkommene. Das hat den Nachteil, daß die Ölgewinnung eine ungenügende ist (nur 7—10%) und daß die Bohnenkuchen wegen ihres Ölgehaltes als Düngemittel weniger brauchbar, als Futtermittel zwar nahrhaft, aber schwer verdaulich sind. Auch müssen die Kuchen, um nicht zu zerfallen, 10 cm dick, also doppelt so stark wie in Deutschland, geformt werden.

Es unterliegt keinem Zweifel, daß die Ölgewinnung bei Anwendung maschineller Pressung erheblich gesteigert werden könnte. Doch würde die Anlage besonderer Maschinen weniger praktisch sein. Die Menschenarbeit ist in China so billig, daß sie durch Maschinenkraft nur dort vorteilhaft ersetzt wird, wo diese fortdauernd und gleichmäßig beschäftigt werden kann. Das würde bei einer Ölmühle kaum der soll sein, wenn sie nicht an eine schon bestehende maschinelle Anlage angeschlossen werden könnte. Bei einem größeren landwirtschaftlichen Betriebe wäre das vielleicht zu erzielen.

Während das Bohnenöl, wie schon gesagt, zum größten Teil im deutschen Gebiete gewonnen wird, kommt das Erdnußöl hauptsächlich aus Wangt'ai, einem Marktflecken im südlichen Teil der Präfektur Kiautschou. In guten Erntejahren sollen bis 200000 picul (12896 t) Erdnußöl zur Ausfuhr kommen, obgleich in China nur 30—40% Öl gewonnen werden (gegen 50—60% in Japon). In letzter Zeit wird der Preis der Erdnüsse durch die Konkurrenz der Tropen (bes. Westafrikas) sehr gedrückt.

Sonstige Ausfuhrartikel. Neben diesen 3 Stapelartikeln hat Schantung eine große Anzahl wertvoller Produkte des Pflanzenreiches, die zum Teil auch zur Ausfuhr kommen, und von denen ich die wichtigsten nachstehend aufführe.

Vor allem ist es die **Obstausfuhr**, die jetzt bereits recht bedeutend und dabei einer großen Entwicklung fähig ist. Ihr Wert wird in mittleren Erntejahren auf 1½ Mill. Taels (5,5 Mill. Mark) geschätzt. Das Kiautschougebiet führte 1901 aus: Birnen 3,2 Mill. kg im Wert von 65000 Mk., Walnüsse 1 Mill. kg im Wert von 170000 Mk., Melonenkerne 925000 Mk., ferner Mandeln, Kastanien, Pfirsiche, Kirschen, Granatäpfel, Persimonen (dyospyros kaki, deren Früchte getrocknet exportiert werden, und die ein sehr hartes, an Ebenholz erinnerndes Holz haben, das viel verwendet wird), schließlich Datteln, die im Gebirge, bes. im Yeschan und in der Gegend von Tai ngan fu auch wild wachsen, und aus deren Zweigen die Bauern eine grüne Farbe zum Färben von Seidenstoffen herstellen.

Zur Hebung der Ausfuhr sind rationellere Methoden und die Einführung besserer Sorten dringend notwendig. Nach beiden Richtungen ist die dt. Regierung bereits eifrig tätig gewesen. Die Firmen Timm in Elshorn und Laurentius in Crefeld lieferten Obst, die Lehranstalt für Obst- und Weinbau in Geisenheim Weinschnittlinge. Obst und Wein sind gut fortgekommen. Die Regierung ist bestrebt, die großen chines. Birnenplantagen der Kolonie, die eine sehr vollsaftige, aber jedes Aromas entbehrende Frucht liefern, durch Aufpropfung von Edelreisern zu verbessern. Die nächsten Jahre werden den Beweis liefern, ob die Ausbeute wertvoll genug wird, um Obstkonservenfabriken nach kalifornischem Muster anzulegen.

Der Wein reift bei der feuchten Sommerhitze zu rasch, und die Trauben enthalten infolge ungenügender Sonnenbestrahlung zu wenig Zucker. Man kann dem etwas abhelfen durch den Anbau spätreifender Trauben, die die Sonnenwärme des Oktober ausnutzen. Aber auch dann erscheint es mir fraglich, ob die als Erfrischungmittel unschätzbaren Trauben auch einen trinkbaren Wein geben werden.

Unter den Kulturpflanzen spielt der **Tabak** eine wichtige Rolle. Der beste Tabak wird in Yen tschou fu und Ischui, der meiste Tabak in den Kreisen Tai ngan fu und Kaumi gebaut. Der Yen tschou fu Tabak wird von Peking-Kaufleuten angekauft. Sonst ist die Ausfuhr unbedeutend, da die Bauern bisher nicht zu bewegen gewesen sind, dem Sortieren und Verpacken größere Sorgfalt zuzuwenden.

Mohn wird an zahlreichen Orten (bes. Weihsien, An hiu, Tsing tschou fu, in größerem Maßstabe in Töng tschou fu, Tsining fu und Yen tschoo fu), aber nur in geringer Qualität angebaut.

Hanf findet sich in Ning yang und in sehr guter Qualität in Tai ngan, **Indigo**, dessen Verbrauch trotz der Konkurrenz chemischer Farbstoffe ständig wächst, an zahlreichen Orten Schantungs.

Einen nicht unwesentlichen Handelsartikel bildet Cypressenholz, aus dem, da es fast unzerstörbar ist, Särge gefertigt werden, und das, zwischen schweren Mühlsteinen geloben, das Material für die Räucherstäbchen (joss sticks) liefert.

Rizinus wird überall gebaut. Die Ausfuhr von Öl über Tsingtau betrug 1901 — 3000 Mark.

Der Anbau von Baumwolle, die in Westschantnng viel angebaut wird, ist sehr bedeutender Ausdehnung fähig.

Die Liste der in Schantung wachsenden Gemüsearten ist eine sehr große. Für die Ausfuhr kommt jedoch nur der berühmte Schantungkohl in Betracht, der in größter Ausdehnung im Kiau Lai becken angebaut wird. Tsingtau führte 1900 — 775000 Köpfe, 1901 — 1319000 Köpfe im Wert von 120000 Mk. nach Schanghai aus.

Erwähnenswert ist schließlich die Ausfuhr von Mehlnudeln, die einen besonderen Fabrikationsartikel Schantungs bilden. Tsingtau führte 1901 400000 kg im Werte von 160000 Mk. aus.

Ebenso reichhaltig wie die Produkte des Pflanzenreichs sind diejenigen des Tierreichs. Es muß aber hervorgehoben werden, daß die nutzbaren Haustiere (vielleicht von der in hoher Blüte stehenden Maultierzucht abgesehen) durch Inzucht degeneriert und durch einseitige Zuchtrichtung für unsere Bedürfnisse wenig brauchbar geworden sind.

Am meisten gilt dies von der Viehzucht. Das Rindvieh ist klein und unansehnlich und ausschließlich auf Fleisch gezüchtet, da die Chinesen bekanntlich Milch und Käse verabscheuen. Die Bedürfnisse der europ. Bevölkerung Tsingtaus verlangen aber gebieterisch die Anlage von Molkereien. Es muß also entschieden Milchvieh eingeführt oder das vorhandene Vieh durch rationelle Kreuzung zur Milchgabe gebracht werden. Der bei der dt. Besitzergreifung vorhandene reichliche Viehbestand der Kolonie, bes. des Lauschangebirges ist übrigens fast völlig verschwunden — die Garnison hat ihn aufgegessen. Das Lauschangebirge mit seinen steilen Hängen und den unter dem Einfluß der Nebel sich bildenden Bergmatten ist besonders geeignet zur Ziegenzucht, bes. da auf ihm eine Menge Kräuter wachsen, die von Ziegen gern gefressen werden. Die Einführung der Angoraziege, woran man eine zeitlang dachte, ist allerdings aussichtslos, da dies Tier gegen Feuchtigkeit sehr empfindlich ist und den feuchtheißen chines. Sommer nicht vertragen würde. Erfolg verspräche aber eine Veredelung der um Weihsien vorkommenden Bergziegen oder die Einführung der anspruchslosen mongolischen Ziege, deren Häute im Fellhandel eine große Rolle spielen. Es darf aber nicht vergessen werden, daß Ziegen für jungen Wald sehr gefährlich sind, und es wären daher Vorkehrungen zu treffen, um Aufforstungsflächen zu schützen. Für die Viehzucht in der Kolonie ist es von Wichtigkeit, daß das Verbot des Grasrodens innerhalb der Kolonie größere Grasflächen entstehen läßt, die es erlauben, Heu für den Winterbedarf zu sammeln.

Eine große Rolle spielt im Haushalt des Schantungbauern die Aufzucht von Schweinen. Das Schantungschwein ist von schwarzer Forbe und häßlichem Bau. Getrocknete Schweine werden in bedeutenden Mengen von allen Häfen ausgeführt, in deren Nähe Salz gewonnen wird. Für das Kiautschougebiet ist Nü ku kon der Ausfuhrplatz. Von hier kamen 1901 7250 gesalzene Schweine im Werte von 87000 Mk. zur Verschiffung nach Schanghai. Die Ausfuhr von Schweineborsten über

Tsingtau betrug 1900/01 — 281 picul (17 t = ca. 50000 Mk.) 1901/02 — 438 picul (28,5 t = ca. 65000 Mk.).

Bedeutend ist in Schantung auch die Geflügelzucht. Sie speziell ist aber durch Inzucht herabgekommen und muß durch Kreuzung mit frischem Blut gehoben werden. Der Verein Cypria (Berlin) hat aus eigener Initiative Nutzhühner, die sich durch hohe Eierproduktion auszeichnen, nach Tsingtau gesandt. Da Tschi fu 1897 etwa 5½ Millionen Eier im Wert von über 85000 Mark ausführte, so liegt die Frage nahe, ob nicht eine Albuminfabrik (die aber jedenfalls in Hai hsi, südlich der Bucht errichtet werden müßte) in Tsingtau genügend Material finden würde.

Auch in Bezug auf die Verwertung der Fischereiergebnisse könnte durch Anregung mancherlei geschehen. Jetzt werden jährlich für 150000—250000 H. Taels (540000 — 900000 M.) getrocknete Fische und Fischereiprodukte aus Schantung ausgeführt. Ein erster Anfang ist mit der 1901 erfolgten Bildung eines Hochsee-fischerei-Unternehmens in Tsingtau gemacht.

Bericht über eine im Auftrage des Kaiserlichen Gouvernements von Ostafrika unternommene Reise von Tanga nach Moschi, um das Vorkommen der Tsetsefliege festzustellen.[*)]

Von Dr. L. Sander, Marinestabsarzt a. D.

I.

Im Dezember 1901 erhielt ich gelegentlich eines vorübergehenden Aufenthalts in Ostafrika vom Kaiserlichen Gouvernement die Anfrage, ob ich eine Expedition unternehmen wolle, um auf der Karawanenstraße von Tanga nach Moschi am Kilimandscharo die Stellen festzulegen, an denen die Tsetsefliege vorkomme. Der Auftrag bezog sich im wesentlichen auf rein wirtschaftliche Fragen und das Gouvernement legte besonders Wert darauf, festzustellen, ob es möglich sei, Viehtriebe vom Kilimandscharo her unter Vermeidung der mit Tsetse besetzten Plätze zur Küste zu bringen. Etwaige wissenschaftliche Forschungen sollten erst in zweiter Linie stehen, jedenfalls aber diese Hauptaufgabe nicht beeinträchtigen. Dementsprechend war die Dauer, mit Ausrüstung und Abrüstung, auf nur 3 Monate festgesetzt und die eigentlich wissenschaftliche Ausrüstung mit Material und Personal knapp bemessen.

Die Marschdauer beträgt für gewöhnliche Karawanen 16—17 Tage hin und ebensoviel zurück. Da ich aber verschiedene Schleifen und Ausbiegungen machen und selbstverständlich auch alle die kleineren Plätze und Dörfer am Wege besuchen mußte, durfte ich von vornherein höchstens auf die halbe Marschgeschwindigkeit rechnen, sodaß mir nur in Ausnahmefällen auch für die größeren Plätze mehr als ein Tag zur Verfügung stand.

Das schloß von vornherein eine längere Beobachtung eines einzelnen erkrankten Tieres aus, ich konnte vielmehr fast durchweg nur eine einmalige Blutentnahme bei den mir verdächtig erscheinenden Tieren vornehmen. Auf dem Rückweg waren mir auch die Deckgläschen ausgegangen, da ein großer Teil der mitgegebenen blind und unbrauchbar geworden war, ein Ereignis, das in Ostafrika nicht selten ist und in meinem Falle sich trotz aller Vorsicht — Aufbewahrung im Chlorkaliumkasten und Prüfung vor dem Abmarsch — eben auch einstellte. Da ich solche Blutentnahmen von zusammen 133 Tieren machte, so blieb mir auch nicht einmal die Zeit, auf der Reise alle Proben zu untersuchen, geschweige denn sie gründlich durch-

---

*) Fortsetzung (wissenschaftlicher Teil) zu: Bericht über die im Auftrage des Kaiserlichen Gouvernements auf dem Wege von Tanga nach Moschi in der Zeit vom 11. Januar bis 10. April 1902 unternommenen Reise zur Erforschung der Tsetsefliege. IV. Jahrgang der Beiträge. Heft 16—20.

zuarbeiten. Ich mußte die gründliche Aufarbeitung vielmehr bis zur Rückkehr in die Heimat aufschieben. Daß damit das wissenschaftliche Ergebnis eine starke Beeinträchtigung erfahren mußte, liegt auf der Hand. Eine weitere Beeinträchtigung erfuhr meine wissenschaftliche Arbeit dadurch, daß ich in Ostafrika die neue Literatur nicht erhalten konnte, und da ich auch meine alten Notizen nicht bei mir hatte, war ich zur Beurteilung der ganzen Fragen nur auf meine Erinnerung und meine eigenen Beobachtungen angewiesen.

Die Blutentnahme geschah in erster Zeit durch einen Schnitt in die Haut über dem Schulterblatt, späterhin, als die Mengen der zu untersuchenden Tiere sich häufte, durch einen Einschnitt ins Ohr. Ich habe den Eindruck, daß die erstere Art mehr positive Resultate giebt, als die letztere. Doch kann das auch daher rühren, daß ich zu Anfang bei den wenigen Tieren stets die Auswahl selbst traf, mir aber späterhin, als es sich um ganze große Heerden handelte, die verdächtigen Tiere von meinen Leuten und den Besitzern aussuchen ließ.

Selbstverständlich war er bei der Untersuchung der großen Heerden und der Kürze der zur Verfügung stehenden Zeit nicht möglich so zu arbeiten, daß jede Verunreinigung von dem Fell der Tiere aus oder durch Staub sich ausschließen ließ.

Im Anfang der Reise besichtigte ich jedesmal auch die Umgebung der Ortschaften, besonders die Weidegründe der Tiere; doch bald sah ich ein, daß ich auf diese Weise mit der mir zur Verfügung gestellten Zeit nicht ausreichen würde. Deshalb ließ ich mir später die Heerden vorführen und die Weidegründe beschreiben, von denen ich dann nur noch den einen oder andern besonders verdächtigen persönlich besichtigen konnte. Den allgemeinen Charakter der durchzogenen Örtlichkeiten habe ich jedesmal notiert und im eigentlichen Reisebericht zugleich mit den näheren Umständen und den Verhältnissen, die ich in den einzelnen Ortschaften fand, angegeben. Im Nachstehenden gebe ich eine Übersicht der berührten Ortschaften unter Angabe, ob ich in ihnen verdächtige Fliegen gefunden habe oder nicht.

Die eigentliche Reise begann am 21. Januar und endete am 2. April 1902.

Das Hauptergebnis meiner Reise ist, daß ich außer der eigentlichen Tsetse — glossina morsitans s. longipalpis Westw. noch zwei andere fand, die ich gleichfalls der Verbreitung des Trypanosoma beschuldigen muß. Die eine, die ich vorläufig als Schöllerfliege bezeichnete, ist eine Stomoxysart, also eine nicht allzu entfernte Verwandte der Tsetse. In der Zwischenzeit ist nun auch von anderen Seiten (wie weiterhin angeführt ist) die Bestätigung eingegangen, daß Stomoxysarten bei der Übertragung der Surrah eine Rolle spielen. Die zweite Art ist leider nicht mehr zu bestimmen, weil sie gänzlich zerfallen hier antam; sie wurde mir nur einmal und zwar schon faul eingeliefert. Es dürfte sich bei ihr um eine Tabanide handeln; ein Analogon dazu würde dann die sichergestellte Rolle des Tabanus bovis bei der Verbreitung der indischen Surrah bilden.

Ich lasse nun den Reisebericht in seiner ursprünglichen Fassung folgen. In den Anmerkungen beziehe ich mich auf spätere, nach meiner Rückkehr erfolgte Ereignisse.

Verzeichnis der berührten Plätze mit Angabe des Vorkommens oder Fehlens von Tsetse und Schöllerfliege. Datum, Höhenlage nach Barometer, Thermometerstand, Tag und Stunde.

Name des Ortes.	Datum	Tsetse. vorh. + nicht −	Schöllerfl. vorh. + nicht −	Bemerkungen.	Barometer.	Thermometer.	Stunde	Tag
1. Buhuri	21. 1. — 22. 1.	?	—	Früher sollen paange von Größe einer Dassel dagewesen sein; machten Vieh nicht traut.	755,3	31,2°	1⁵⁵ a.m.	21. 1.
2. Maweni	22. 1.	—	—	Nur vorbeimarschiert. Früher soll Vieh dagewesen sein, sich gut gehalten haben.	—	—	—	—
3. Kajuru	22. 1.	—	—	Gesundes Vieh seit langem am Ort.	755,5	31,0°	8¹⁰ a.m.	22. 1.
4. Pongwe	22. 1.	—	—	Gesundes Kleinvieh, früher auch Großvieh; seit Massaieinfall nicht mehr. Nar passiert.	—			
5. Baß (Mikombani)	22. 1. — 23. 1.	—	—	Gesundes Groß- und Kleinvieh im eigentlichen Baß. Surrahfliegen unbetonut.	—			
6. Grenze von Digol. u. Bondei	23. 1.	?	—	Eine Bremse gefangen, die einer großen Tsetse ähnelt.¹)	—			
7. Umba	23. 1.	?	?	Einiges Vieh da, anscheinend gesund. Auskunft ungenügend. Keine Fliegen gesehen.	—			
8. Kwa Mainde	24. 1.	—	—	Kein Vieh; teurer Ort, kein Geld. Bou Fliegen nur gelegentlich eine wie die von 6. Passiert.	—			
9. Kwa Bwewe	24. 1.	—	—	Tsetse soll nicht vorhanden sein. Passiert.	—			
10. Kwenoro	24. 1.	?	?	Vieh am Ort, aber versteckt; Auskunft nicht zu erhalten. Passiert.	746,6	30,0°	9³⁰ a.m.	24. 1.
11. Poponi	24. 1.	?	?	Gesundes Kleinvieh; keine Rinder; keine weitere Auskunft. Passiert.	—			
12. Muheza	24. 1. — 28. 1.	+	—	Zur Zeit keine; sollen früher dagewesen sein; jetzt angeblich in Umgegend; keine gesehen, ebenso keine Schöllerfl.	Höhenlage bekannt.			
13. Makumba	28. 1.	?	?	Kein Vieh, keine Auskunft; passiert.	—			
14. Bagamoyo	28. 1.	—	—	Gesunde Rinder; Tsetse soll nicht da sein.	—			
15. Majanga-Satibu	28. 1.	?	?	Kein Vieh, keine Auskunft.	—			
16. Kathol. Mission am Mkulumuzi	28. 1.	+ —	—	Nur in der Regenzeit soll Tsetse da sein.	—			
17. Schöllerplantage	28. 1.	—	+	Im Stall an kranken Maßlatesel (Kibei).	—			
18. Ngomeni Station	28. 1. — 29. 1.	?	?	Eine Kuh vor kurzem unter verdächtigen Erscheinungen gestorben; eine Kuh und ein Kalb noch da, letzteres mit Quaddeln u. haarlosen Stellen. Fliegen nicht gesehen.	Höhenlage bekannt.			
19. Alt-Ngomeni-Masinde (Dorf)	29. 1.	+ —	?	Nur in der Regenzeit; soll nicht krank machen. Aber Schöllerfliege entsprechende Krankheit vorhanden; nicht gesehen.	—			
20. Schöllerplantage	29. 1. — 30. 1.	+ ?	+	An Esel u. Kameelen Schöllerfliege. Abends 1 Stechfliege (ev. Tsetse)* an grauen Esel u. Kameelen.	schwül, halb bedeckt. 746,8	26,5°	5⁴⁵ p.m.	29. 1

(Rows 13–15 sind mit Klammer verbunden: rechte vom Mkulumuzi)

¹) Ist glossina tabaniformis.

Name des Ortes.	Datum	Tsetse vorh. + nicht −	Schöllerfl. vorh. + nicht −	Bemerkungen				
21. Mavumbi-Mbuego	30. 1.	?	?	Kein Großvieh, aber Kleinvieh; keine weitere Auskunft. Passiert.	—	—	—	
22. Auf dem Wege zwischen Vori	30. 1.	+ ?	+ ?	Kühe kommen entgegen; scheinbar Sch.fliegen darauf. Mann giebt an jetzt seien sehr wenig, in der Regenzeit mehr Tsetse. Rinder starben früher, jetzt nicht.	—	—	—	
23. Komparanda	30. 1.	?	?	Kein Vieh; aufgegessen. ? Passiert.	—	—	—	
24. Kwa mkuwutu	30. 1.	+ ?	+ ?	Vaange soll da sein, sofuro nicht. Kann Fliegen nicht zeigen. Gesundes Groß- und Kleinvieh.	Vergessen zu notieren Liegt höher als die and			
25. Muheza	30.1.— 31. 1.	—	—	Nichts Neues erfahren. Schöllerfliege wird auch sofuro genannt.	—	—	—	
26. Lewa	31. 1.	+ +	?	Tsetsefliege wie das Muster eingesandt; ferner eine größere, Bremse oder große Tsetse.[1]	—	—	—	
27. Volwe[2]	31. 1.	+ ?	+ ?	Anscheinend gesundes Groß- u. Kleinvieh am Platz. Es soll aber Kidei in der Gegend gewesen sein, viel Kühe gestorben.	746,4	26,4°	8²⁵a.m.	31.
28. Ndewa	31. 1.	?	?	Seit langem keine Ochsen, sonst keine Auskunft. ca. ½ Stunde vorher große Kleinviehheerde abbiegen sehen.	—	—	—	
29. Kwa Kibai	31. 1.	?	?	Nichts erkundet, liegt noch links ab im Tal und Busch ca. ½ Stunde vom Wege.	—	—	—	
30. Kwa Kifua	31. 1.	—	—	Einige Rinder, viel Kleinvieh seit Jahren. Surrahfliegen soll es nicht geben.	741,3	31,0°	10²⁵ a. m.	31.
31. Bagamoyo (wbego nur passiert) tabwo ca. 5 Min. ab.	31. 1. — 1. 2.	+	+	Selbst gefangen; kranker Grauesel am Platz; keine Rinder, sollen an einer Krankheit eingegangen sein, die nach der Beschreibung wohl Maul- u. Klauenseuche war. Kleinvieh nach Aussage der Leute und dem Anschein nach gesund.	Sehr warm, nachts Sprühre 739,1	30,6°	4¹⁸p.m.	31.
32 Kwambuero	1. 2.	?	?	Kein Vieh, Ort erst im Entstehen.	Zeitweilig bedeckt.			
33. Mruasi	1. 2.	+ ? ?	+ ?	Kein Vieh. Schöllerfliege soll „auf dem ganzen Wege vorhanden sein"; keine gesehen trotz lästiger Fliegen.	742,8	32,5°	11¹⁵ a. m.	1.
34. Mutuzi	1. 2. — 2. 2.	?	?	Nichts erkundet. Führer kennt das Dorf nicht, führt mich nach der Station. Nur eine Fliege gefangen.	Höhenlage bekannt.			
35. Korogwe[3]	2. 2. — 5. 2.	?	+ +	Kranke Tiere am Ort. nach Präparat Kidei (Schöllerfliege). Die beschriebene Krankheit die Kidei, trotz der angegebenen kurzen Dauer. Tsetse nicht gesehen und nicht erkundet.	„	„		
36. Kwamgumi ca. ½ Stunde krom-ab. recht. Ufer.	3. 2. 5. 2. erneute Besichtigung	—	—	Angesehenes Vieh alles gesund, sehe keine Surrahfliege. Rechtes Ufer soll frei sein und scheint es in der Tat.	Wind licht fast ständig v rechten Ufer her.			
37. Nyumbo ca. ½ Stunde krom-auf, linkes Ufer, im Kuie.	4. 2.	?	?	Eine Kuh kront, die übrigen Rinder und Kleinvieh gesund. Fliegen nicht gesehen.	—	—	—	

[1] Vieh weidet z. T. rechts des Ruvu; dies war alles gesund, kranke nur unter den links weidenden Heer
[2] Vieh vom Kilimandscharo und Beutevieh aus der Massaisteppe; Infektionsort deshalb vielleicht aus

Name des Ortes.	Datum	Tsetse vorh. + nicht −	Schöllerfl. vorh. + nicht −−	Bemerkungen.	Barometer.	Thermometer.	Stunde	Tag.
38. Kwamkonko (Hangongo)	5. 2.	—	—	Gesundes Vieh (Kleinvieh). Fliegen unbekannt.	738,5	32,0°	4³⁰ p.m.	5. 2.
39. Lager der Landmesser am Mlulu, ca. 1000 m Basis.	6. 2.	+ ?	+ ?	Ein kranker Halbblutesel. Im Präparat Schöllerflieg.trypanos. Keine Fliege gesehen oder erkundet. Tier viel unterwegs. Vieh des 300 m vorher liegenden Dorfes gesund: Groß- u. Kleinvieh.				
40. Kwa Schemschi	6. 2. —7. 2.	?	?	Nur gesundes Kleinvieh gesehen, keine Fliegen. Ist aber verdächtig.	733,6	—	6⁴⁵ a.m.	7. 2.
41. „ „	8. 2. u. 10. 2.	+ ?	+	Ausgeschickte Leute bringen Fliegen zurück. Schöllerfliege und uborobo dabei, ob Tsetse muß Bestimmung ergeben. 10. 2. nichts von Fliegen gesehen, trotzdem Ochsen da.	—	—	—	—
42. Sakaere	7. 2. —10. 2.	—	+	Keine Tsetse, aber Schöllerfliege an Hund u. Mensch, nicht an Katzen, offenbar ungefährlich. Kranker Ochse in Usegua infiziert. 6 Wochen krank.	Höhenlage bekannt.			
43. Korogwe	10. 2. —12.2.	—	+	Wieder nur Schöllerfliegen gesehen.	—	—	—	—
44. Gegenüber Nyumbo	12. 2.	—	—	Vieh aus Korogwe dort. Sehe keine Fliegen, Hirt giebt an, es seien auch keine da.	—			—
45. Kwanduri Vieh weidet links, Ort rechts des Ruvu	12. 2.	+ ?	+ ?	Es sollen nur 2 Rinder am Ort sein; nach Angabe des Jumben in Korogwe sind kürzlich alle an Kidei eingegangen.	—			—
46. Maheia-Mavuza Inseldörfer	12. 2.	—	—	Das angetroffene Groß- u. Kleinvieh durchaus gesund, weidet rechts. Keine Fliegen, auch noch Angabe des Hirten.	—			—
47. Ngombezi, Inseldorf	12. 2.	+ ?	+ ?	Vieh weidet rechts (Strom hat aber großen Bogen gemacht). Sehe nur 2 kranke Kühe von 50, eine Kidei (kleines Trypanosoma). 10 Tage kr. Angeblich nur Bremsen „chini“, keine Surrahfliegen.	736,7	sehr heiß	10⁴⁵ a. m.	12. 2.
48. Kwasiki, Inseldori	12. 2.	?	?	Es sollen keine Fliegen da sein; sehe die Heerde, kein surrahkrankes Stück darunter (60 Haupt). In Korogwe hieß es, hier sei Kidei.	—	—	—	—
49. Mzingi, Inseldorf, 10 Min. stromauf	12. 2.	?	?	Kleinvieh gesund, 2 Jungvieh krank, vor 2 Monaten von Mwanza gekommen (Kidei). Fliegen mit Stechrüssel sollen nicht hier sein.	—	—	—	—
50. Maurwi, Inseldorf	12. 2. —13. 2.	+ ? —	+ ? —	Zwei getrennt weidende Heerden. In der rechts weidenden Kidei (1 + Präparat), links gesund, nur Kleinvieh. Kennt Fliegen nicht.	Höhenlage bekannt.			
51. Kwazuranga	13. 2.	?	?	Nur Kleinvieh, auf Weide gesehen, gesund. Jumbe und Hirt wissen nicht ob Stechfliegen da; selbst keine gesehen.	—	—	—	—
52. Simbili	13. 2.	+ ?	+ ?	Kleinvieh u. Esel. Esel gesund, unter dem Kleinvieh einige anscheinend kideikranke Stücke. Kann keine Auskunft erhalten.	—	—	—	—

Name des Ortes.	Datum	Tsetse vorh. + nicht −	Schöllerfl. vorh. + nicht −	Bemerkungen.	Baro-meter	Ther-mo-meter	Stu
53. Gereza. Vieh auf Weide getroffen, jenseits Simbili	13. 2.	?	+ ?	Großvieh, durchaus gesund, etwa 80 Stück. Nur Stubenfliegen dabei. Hirt hat nur Schöllerfliege, keine Tsetse hier gesehen.	—	—	—
54. Kwazungu	13. 2.	?	?	Rindvieh und Kleinvieh soll da sein, ist aber fern auf Weide. Kleinvieh soll krank sein — mbova — anscheinend Räude. Fliegen unbek.	733,5	29,8°	9⁴⁵ a.m 1
55. Kilimani (dicht bei Kwaz.)	13. 2.	—	—	Alles Vieh soll gesund, Stechfliegen nicht vorhanden sein.	—	—	—
56. Makunuui	13. 2. — 14. 2.	+ ?	+ ?	Rinder, Esel, Kleinvieh. Unter Rindvieh u. Eseln einige kranke Stücke, Kleinvieh sieht gesund aus, soll aber stark Kibei haben. Ob Fliegen vorhanden, nicht zu erfragen.	?	?	? 1
57. Tarawanda rechts vom Wege.	14. 2.	+ ?	+ ?	Großvieh und Kleinvieh, unter beiden krank, Kibei. Tsetse soll aber nicht da sein. Gesehen habe ich keine.	728,1	4,9	7¹⁵ a.m. 1
58. Ngumbu (dicht bei 57)	14. 2.	+ ?	+ ?	Groß- und Kleinvieh. Eine Ferie krank an Kibei. Ort liegt dicht am Madumusumpf u. den zugehörigen Wiesen.	—	—	—
59. Matarawanda links vom Wege.	14. 2.	?	?	Nur Kleinvieh, gesund bis auf Räude. Große Heerde. Leute kennen die Fliegen gar nicht.	—	—	—
60. Mombo, Rasthaus, Dorf	14. 2. — 15. 2.	+	+	Nach Angabe des Jumben Schöllerfliege an Ziegen, Rindern, Menschen. Tsetse gelegentlich.	Höhenlage bekannt.		
61. Mabara	15. 2.	+ ?	+	Soll im pori vorhanden, aber ungefährlich sein; ob mit paange Tsetse gemeint, ist unsicher; dann auch unschädlich.	?	?	?
62. Wilhelmsthal	15. 2. — 20. 2.	—	+	Auf dem Wege überall viel gesundes Vieh, ebenso in Wilhelmsthal selbst. Schöllerfliege da, aber offenbar unschädlich.	Höhenlage bekannt		
63. Kwai	18. 2. — 19. 2.	—	+	Alles Vieh gesund. Sehr viel Schöllerfliegen im Hof und Stall, offenbar ungefährlich. Uldigäna der Halbblutserse nicht Surrah.	"	"	"
64. Mombo, Station u. Dorf	20 2. — 21. 2.	— +	— +	Stationsvieh gesund, obwohl seit Jahren da. Auf gleicher Seite weidendes Dorfvieh (Kleinvieh) desgl. Vom Vieh der anderen Seite 2 krank, Kibei. Das Rindvieh aber gesund, links nur Kleinvieh.**)	"	"	"
65. Rakiga (oder Rakigo?)	21. 2.	+	?	Groß- u. Kleinvieh. Großvieh gesund, Kleinvieh viel kranke dazwischen (1 Präparat großes Trypanosoma) Bringen am 22. ndorobo als schädliche Fliege.	725,1	31,2°	5⁰⁰ p.m. 2
66. Mazinde, Nordheerde	21. 2. — 22. 2.	+	+	Nur wenige kranke zwischen dem (Klein-) Vieh, zweifelhafter Befund im Präparat.	Tsetse soll in der Gegend sein, aber nicht krank machen.	—	—
Südheerde	dto.	+	+	Viel kranke zwischen dem (Klein-) Vieh. Positiver Befund in mehreren Präparat.	Schöllerfliege in Mengen, mache Kibei.	—	—

**) Stationsseite scheint demnach frei von Surrahfliegen zu sein.

Name des Ortes.	Datum	Tsetse vorh. + nicht —	Schöllerfl. vorh. + nicht —	Bemerkungen.	Baro-meter	Ther-mo-meter	Stunde	Tag
67. Kimuni (bei Mazinde)	22. 2.	+	+	Heerde mit den Mazindeheerden angetrieben; viel kranke Stücke dazwischen, weidet südlich des Weges nach dem Fluß zu. Fliegen wie Mazinde.	—	—	—	—
68. Langata am Mangasee	23. 2.	+	+	3 Kleinvieh, 2 Großviehheerden, Waseg., Massai; getrennte Weide. 1. Waseg.-Heerde Groß- u. Kleinvieh gesund, 2. (Was.) Kleinvieh krank, Massai Groß- u. Kleinvieh krank (2 ganz frische Fälle). Tsetse nur in der Regenzeit, einzeln, weiter aufwärts, nicht beim Dorf. Macht nach Wasegua Rinder krank, nach Massai ungefährlich. Schöllerfliege macht nach beiden Stämmen krank, nach den Wasegua nur das Kleinvieh an „Kidei“. Gleichfalls nur weiter die Höhe hinauf vorhanden.	728,6	27,5	9⁰⁰a m.	23. 2.
69. Mikomasi. 3 Dörfer dicht zusammen.	23. 2.	—	—	Groß- und Kleinvieh, durchaus gesund. Angaben über Fliegen wie im nahen Langata. Weide und Dörfer aber fliegenfrei.	724,7	31,5	3⁰⁰p.m.	23. 2. halbbedeckt
70. Kihuiro (3 Heerden) Nebendörfer: Mikomasi Groß- u. Kleinvieh, Mwule Groß- u. Kleinv. Rongeni Kirundai Großvieh Ramaduba Jhindi Groß-u Kleinv. Zingamwe Kleinvieh Kidunba „ Karamba „	24. 2. — 25. 2.	+	+	Fliegen kommen beide, stets zusammen, vor. Schöllerfliege in größeren Mengen, Tsetse nur einzeln; kleine Tsetse für bedeutungslos gehalten. Sind im Pori und folgen den Heerden. Die im Pori liegenden Dörfer sind stärker betroffen:] So Kihuiro selbst, Jhindi, Karamba. Präparate noch nicht untersucht. Nur 1 Schöllerfliege erhalten.	719,8	29,9 schwül, Himmel bunt.	2¹⁵p.m.	25. 2.
71 Ndungu Ndungu Waseg. „ Pare I unterhalb Nd. „ Massai in der Niederung Nebendörfer: Bumba in der Ebene, frei Kambani am Berge Pare II am Berge höher als Kambani Mrono, in der Niederung Goma Mgando, weitab in der Niederung	25. 2. — 26. 2.	+	+	Beide Fliegenarten hier im pori, nicht am Wasser; beide machen krank, Krankheit wird bestimmt unterschieden. Kranke Tiere vom eigentlichen Ndungu, Pare I und Massaidorf, Kambani; alles gesund in Bamba, Pore II, Mrono und Mgando. Fliegen nicht selbst gesehen; Präparate noch nicht untersucht.	716,3 bunt, dicke Haufenwolken. windstill, nachmittags schwere Gewitterregen (gegen 4 Uhr).	30,8	2⁰⁰p.m.	26. 2.
72. Gonja, viele zerstreute kleine Dörfer. Maure, zerstreut, meist im Pori, Kasiga, östl. im Pori, Ngambo südöstl. ? Kimuni südl. im Pori, Mu(r)era südl. frei, Kadando im Pori, Luzewa ?	26. 2. — 28. 2.	— ?	+	Schöllerfliege immer da, aber nur einzeln, macht Vieh krank an Fieber, nicht Kidei. Tsetsen unbekannt. Schöllerfliege im Pori. Krankes Vieh in Maure (3 Heerden, Groß- u. Kleinvieh, 1 Rinderheerde gesund), Kasiga (Kleinvieh), Ngambo (Groß- u. Kleinvieh),; Kimuni (Rinder), Kadando (große Rinderheerde und Kleinvieh). Gesundes Vieh Muera und Luzewa (Rinder, in Luz. Kleinvieh). Viele kranke Tiere nicht wiedergebracht. Präparate noch nicht untersucht.	716,2 nach Gewitterregen am Spätnachmittag.	23,0	6¹⁵p.m.	27. 2.

Name des Ortes.	Datum	Tsetse vorh. + nicht −	Schöllerfl. vorh. + nicht −	Bemerkungen			
73. Kwa Feraji	28. 2.	+	+	Fliegen beide hier, nur einzeln (nicht gesehen); machen beide krank, in der Regenzeit gefährlicher. Nur Kleinvieh, gesund	Aufziehender Regen, Gew. S.E.-Wind. 708,9	31,0	2⁵⁰ p.m.
74. Weg nach Kisuani, Mitte	28. 2.	+	?	Fange 3 Tsetsefliegen (kleine Art) vom Menschen, nach schwachem Regen; rechts und links ziemlich dichtes Pori. ca. 3⁰⁰ a. m.	—	—	—
75. Kisuani	28. 2. — 3. 3.	+	+	Beide Fliegenarten vorhanden, im Pori. Tsetse macht die schnell verlaufende, Schöllerfliege die langsam verlaufende Krankheit. Seit „altersher" dies Verhältnis bekannt. Schöllerfliege auch in den großen Futtergräsern. Maden und Eier unbekannt. Schöllerfliege wird von den ausgeschickten Leuten gebracht; die beiden Tsetsearten, obwohl sie beide hier sein sollen, nicht. Präparate noch nicht untersucht.	708,5 heraufziehendes Gewitter S.E.-Gewitterwind.	28,0	6¹⁵ p.m.
Viele Nebendörfer, Vieh wie in Kihuiro u.s.w. angetrieben: Kanbema Rinder, Kleinvieh, kranke Tiere; Meta mkombote „ „ „; Manano „ „ „; Katununi Kleinvieh „ „; Bumba kwa Schari Kleinvieh, 1 Kalb „; Bara-bara Kleinvieh „ „; Kinonga Groß- u. Kleinvieh ? ?; Itombe la kutu Kleinvieh (im Pori) „; Mkinundo Rinder u. Kleinvieh gesund „; Mwazu „ „ „; Mwanguma „ „ „; Roa; Jimi Rinder u. Kleinvieh (im Pori) kranke Tiere.							
76. Zwischen Kisuani u. Maji ya juu	3. 3	+	?	Auf halbem Wege auf dem Posse über die Berge nach den letzten großen Ebene drei (kleine) Tsetsefliegen von Menschen gefangen.			7¹² a. m.
77. Maji ya juu (im Pori)	3. 3. 4. 3.	+	+	Kleine Tsetse gefangen, Schöllerfliege soll da sein. 2 Heerden Klein-, 1 Großvieh. In der ersten Kleinviehheerde vor 2 Monaten Krankheit, in der anderen jetzt 2 Stück.	?	?	?	3
78. Von da nach Kwo Sengiba	4. 3.	+	?	ca. 2½ Stunde hinter Maji ya juu wieder kleine Tsetse gefangen; mäßige Höhe, dichter Buschwald mit Blößen. Austritt aus den Bergen.	--	—	4
79. Kwa Sengiba	4. 3. — 5. 3.	+	+	Kleine Tsetse beim Rasthaus gefangen; ist unbekannt, soll aber mit Massaiheerden gelegentlich kommen; Schöllerfliegen einzeln im Pori. 2 Kleinviehheerden, kranke. Lungenseuche? Präparate nicht untersucht.	709,6	21,3	7⁰⁰ a. m.	5
80. Mwana mato	5. 3.	+	−	Kleine Tsetse soll überall auf der Weide sein, macht krank. Dorf liegt zerstreut im Überschwemmungsgebiet, Weide im Pori. Viel krankes Vieh. Schöllerfliege unbekannt. Krankheit 2—4 Tage Dauer.	—		
81. Weg von Kwa Sengiba bis Kambi ya simba	5. 3.	+	−	Fliegenfänger bringt abends Tsetsefliegen, die er unterwegs gefangen. Weg mit Ausnahme von Mwana mato stets im Pori.	—		
82. Kambi ya simba	5. 3. — 6. 3.	?	?	Kein Vieh vorhanden, Leute kennen die Fliegen nicht. Dorf in Lichtung und Schamba.	700,8 bezogen.	21,2	6⁰⁰ a. m.	6
83. Kifaru Kwa Malange	6. 3. — 7. 3.	+	+	Sollen beide vorhanden sein, Tsetse Rinder, Schöllerfliege Kleinvieh krank machen; vorhandenes Kleinvieh jetzt gesund; 2 Kälber sehen verdächtig aus.	702,4 701,9 aufziehendes Gewitter	— 28,7	12¹⁵ p. m. 12⁵⁰ p. m.	6

Name des Ortes	Datum	Tsetse vorh + nicht −	Schöl-lersl. vorh + nicht −	Bemerkungen.	Baro-meter	Ther-mo-meter	Stunde	Tag
84. Kisaruberg(Pau-ganibrücke)	7. 3.	+ ·	−	Eine kleine Tsetse gefangen. Busch und Wald mit Lichtungen. Wieder am Menschen.	—	—	9²⁵ — 11⁰⁰ p. m.	
85. Himolager, jen-seits des Rasthaus.	7. 3.	+ +	−	Eine große und eine kleine Tsetse vom Menschen gefangen. Lichtung unter hohen Bäumen; ringsum Pori mit Graslichtungen.	—	—	ca. 3⁰⁰ p. m ca. 5¹⁵ p. m.	
86. Zweitletztes Flüßchen vor Mo-schi	8. 3.	+	−·	Im Gelände Tsetse geieden ohne sie fangen zu können. ca. ³/₄ Stunden vor Moschi. Pori mit Lichtungen. Vorkommen o. Oblt. Merker be-stätigt.	—	—	ca 12⁰⁰ a. m	
87. Moschi	8. 3. — 13. 3.	—	+	Auf krankem Ochsen, der geschlachtet wird, Schöllerfliegen; kidei mikrosko-piert. Glaube sie am 11 3. einzeln auch auf den Milchkühen gesehen zu haben.	Höhenlage bekannt.		—	:12 3
88.		—	—	Erkundet von Oberlt. Merker, daß ndorobo auch hier, gütig; ferner daß bei Bießboma 3 Stellen mit echter Tsetse.	—	—	—	
89. Kahe	13.3.— 14. 3.	+ +	+	Beide Tsetsen vielleicht hier im Pori, große sicher; Schöllerfliegen selbst gesehen Sollen alle bloß stechen, nicht kront machen. Kleinvieh, anscheinend gesund.	—	—		
90. Mbaraßa	14. 3.	+	+	Tsetse und Schöllerfliege vorhanden (letztere gesehen), machen beide kront. Drei kranke Stück Kleinvieh (1 schon tot). Im Pori.	Drückend, aufsteigende Wolken 702,0	30,8	2⁰⁴ p.m	14. 3
91. Nachtlager auf dem Wege nach Kisangara, ca.3¹/₂ von Mbar.	14. 3.	—	+	Gegen Sonnenuntergang Schöller-fliegen gefangen, einzeln. Lager an Berglehne auf Lichtung im Pori.	—	—	ca. 6⁰⁰ p. m.	
92. Weg nach Kisa-ngara, ca. 2 Std. vor diesem	15. 3.	+	+	Flußtal mit Gras und hohen Bäumen am Wasser. Eine kleine Tsetse und 1 Schöllerfliege im Grase.	—	—	ca. 7⁵⁰ a.m.	
93. Kisangara	15. 3.	+	+	Schöllerfliege geieden, Tsetse soll da sein; beide machen kront. Hauptsäch-lich auf tiefer gelegener Weide im Pori. Schöllerfliegen auch im Dorf. Krankes Kleinvieh.	679,0	30,0	3²⁵ p.m.	15. 3
94. Limbeni	15.3.— 16. 3.	+ +	+	Beide Tsetsen und Schöllerfliegen, sollen im Pori, nicht im Dorf sein; krantmachen soll hier nur die große Tsetse u. zwar Eiel.	783,1	18,2	5⁴⁵ a.m.	16. 3
95. Marago Same	16.3. — 17. 3.	−	−	Sollen beide nicht da sein, aber auch beide nicht kront machen. Gesundes Kleinvieh am Ort.	Große Haufenwolken. 690,3	24,9	8²⁵ a.m.	17. 3
96. Kisuani	17.3.— 18. 3.	−	−	Diesmal kleine Fliegen zu bekommen.	—	—	—	
97. Kwa Feraji	18.3.— 19. 3.	+	−	Eine Tsetse vom Menschen gefangen, nachdem das Vieh vorbeigegangen.	dick bezogen, später schwerer Regen.		5⁶⁰ p.m	18. 3
98. Von da bis Ki-huiro	19.3.— 21. 3.	−	−·	Keine Fliegen mehr gesehen, nur Bremsen.	—	—	—	
99. Von Kihuiro nach Mkumbara, bara bara	21. 3.	+		Etwa ³/₄ Stunde vor Mkumbara im Pori bei Mondschein, kühle Nacht, dicht vor Regenfluß 1 Tsetse vom Menschen. 3 Stunden vorher Gewitter.	—	—	ca. 10⁰⁰ p. m	
100. Korogwe	2. 4.		+	Eine einzelne Schöllerfliege. Mehr-fach leichte Regen, die Nacht darauf schwere Güsse.	−·			

Ich möchte gleich vorausschicken, daß sich diese Liste insofern vielleicht etwas ändern wird, als ich bei einzelnen Stücken, die Anfangs der Reise gesammelt wurden, nicht sicher bin, ob es sich um eine große Tsetseart oder eine kleine Bremse handelt; der Stechrüssel ist wie bei Tsetse.*)

Bei meiner Reise habe ich mich auch bemüht, die den stechenden Fliegen in den verschiedenen Landschaften beigelegten Namen aufzuzeichnen. Es mögen mir wohl hin und wieder kleine Hörfehler untergelaufen sein, doch bin ich sicher, im Ganzen die Bezeichnungen, wie sie mir gegeben wurden, richtig wiedergegeben zu haben. Ob diese Bezeichnungen aber überall zutreffend sind, muß ich als etwas zweifelhaft betrachten. Denn die Leute verwechselten sehr häufig ganz verschiedene Fliegenarten miteinander und brachten mir auch häufig genug an Stelle von Stechfliegen Saug- und Schmeißfliegen. Für die eigentlichen Tsetsen, — in meiner Sammlung sind deren mindestens zwei — kommt noch sehr störend der Umstand hinzu, daß die in Spiritus konservierten Exemplare — und zu Anfang standen mir nur solche zu Gebot —, ein von den lebenden oder trocken konservierten durchaus verschiedenes Aussehen annehmen, das besonders deshalb irreführend wirkt, weil die Haltung der Flügel gänzlich verändert wird. Und gerade die Flügelhaltung ist für den allgemeinen Eindruck das maßgebendste. Ich muß darauf noch zurückkommen, da die durch den Spiritus veränderte Flügelhaltung in den mir zugänglich gewesenen Beschreibungen der Tsetse als die „natürliche" bezeichnet wird, während gerade das Gegenteil der Fall ist.**)

Bei der Aufzählung der Bezeichnungen werde ich die Namen der Ortschaften geben, da ich mir über die Stammeszugehörigkeit ihrer Bewohner nicht überall im Klaren bin.

Ort	Tsetse		Schöller-fliege	Bremsen		Dasselfliege	andere Fliegen
	große	kleine		große	kleine		
Buhuri	pääuge	—	—	pääuge	—	—	—
Bondei		—	—	pääuge		—	—
				ndeʒi			
Umba	—	—	—	pääuge	—	—	—
Kwa Mainde	—	—	—	paange		—	—
Kwa Mbwewe	sofúro †)	—			—	—	—
	sofúra						
Muheza		sofúro	chafúo	—	—	—	—
Bagamoyo am Mkulumuʒi	sofúro	?	—	—	—	—	—
Mission bei Schöllerplantage	sofúro	?	—	—	—	—	—
Schöllerplantage	?	?	?		nˊgi ?	—	—
Ngomeni		sofúro	—	—	—	—	—
Alt-Ngomeni		sofúro	—	—	—	—	—

*) Diese zweifelhaften Stücken sind die große Tsetse, gl. tabaniformis.

**) Nur bei Sir Horrh Johnston, Zentralafrika, habe ich nachträglich die richtige Flügelhaltung geschildert und abgebildet gefunden; auch er klagt über die irreführenden bisherigen Darstellungen. Neuerdings auch v. Lommel, Mitteilungen aus dem agron. techn. Laborat. des Ref. f. Landeskultur in Dar-es-Salám. Berichte über Land- u. Forstwirtschaft in Deutsch Ostafrika, Heidelberg, Carl Winter 1903. I. Bd. Hst. 4.

†) Unbezeichneter Vokal mit Accent ist kurz zu sprechen.

Ort	Tsetse große	Tsetse kleine	Schöller-fliege	Bremsen große	Bremsen kleine	Dasselfliege	andere Fliegen	
Masinde bei Ngom. Kwa Mkuwutu	sofúro			päänge		—	—	
Usegua Bagamoyo	—	mbægwe chobára	päänge	?		—	—	
Merüsi	nsi (?)	chobárä	jöfúrö	mbægu		—	—	
Korogwe	wie die Schöllerfliege		sofúro, chafúlo	—		—	—	
Kwa Schemschi	—	—	chobára	mbægwe	päänge	mbüo	—	
Ngombezi	—	—	chobára	mbægwe	mbægwe ndogo.	—	—	
Maluyuni	ndöróbö? findäti?		findäti chofúlo	mbægwe kubwa	—	päänge	—	
Matarawanda	unbekannt		findäti	mwa	ngombe	—	—	
Mombo	?		sofúro sofúlo	mbugwe		—		
Madara	päänge?		sofúro	mbugwe	päänge	—		
Masinde	päänge		findäti sofúro	mbugwe kubwa	ndogo *	mbüo	—	* ebenso die kleine Tsetse von Lewa
Kasiga	—	—				—	findäti,** sofúro	** eine ganz andere Stechfliege die von Kasiga
Wasegua Langata	päänge		sofúro findäti	mbugwe		—	päänge	
Kihuiro		chafúo, chafúlo * päänge **	findäti	—	—	—	—	* die von Lewa ** die von Bagamoyo
Ndungu	päänge		findäti	päänge		—	—	
Gonja	vielleicht (!) päänge		findäti	päänge		—	—	
Kwa Feraji	päänge		findäti	—	—	—	—	
Kisuani	päänge ngi *		findäti	ngi		mbüo	—	* kleine Bremse von Lewa u. Schöller.
Maji ya juu	ngi? unbekannt		findäti	mgæo	—	—	—	
Kwa Sengiba	unbekannt		findäti	—	—	—	—	
Mwana mata	findäti		unbekannt	—	—	—	—	
Kisaru Kwa Malange	findäti kubwa		findäti	—	—	—	—	
Kisangara	paonge		findäti	—	—	—	—	
Limbeni	ndoróbo	päänge	sofúro	mbugwe		—	—	Stubenfliege = findäti dto.
Marogo Same	paange		shofúlo	mbugwe kubwa	ndogo	—	—	
Kisuaheli	kuuma ngombe			—	—	—	—	
Massai:								
Korogwe, Leute von Martienssen	Ol Kimbæi		laibjanga	—	—	ndoróbo	—	
Langata	?	kimbædje	laibjanga	Kimbædje	moráno	—	—	
Kahé	?	tungætha	nihi			—	—	
Mbarana	itongæra	moráni	ngangætwe	—	—	—	—	
Kisangara in Moschi	ol Kimbäi	ndoróbo	—	—	—	—	Fliege von Kasiga = ndoróbo	
Kinyamwezi	chajúo		—	—	—	—	—	

Fortsetzung folgt.

Die Mission in Togo.

Von R. Fies, Oslebshausen.

Die Norddeutsche Missionsgesellschaft in Bremen feierte am 21. und 22. Juni ihr 67. Jahresfest. Eröffnet wurde dasselbe mit einem Missions-Kindergottesdienst in der Liebfrauenkirche nachmittags 3 Uhr. Gegen 2000 Kinder der Bremer Kindergottesdienste hattten sich mit ihren Helfern und Helferinnen eingefunden. Frisch und fröhlich stimmte die muntere Kinderschar die bekannten Missionslieder an. In kurzer, trefflicher und dem Verständnis der Kinder angepaßter Rede, verflochten mit schönen Beispielen aus der Heimat und Heiden-welt, zeigte Superintendent Müller aus Blumenthal, was die Kinder von der Mission haben, und was die Mission von den Kindern hat. Es wurde dankend hervorgehoben, daß die schöne Ketakirche von deutschen Kindern erbaut ist, und Bremer Kinder es waren, die den Anfang gemacht und die ersten Bausteine herbeigetragen haben.[1]) Mit großem Interesse folgten alsdann die Kinder den Ausführungen des Missionars Spieth aus Togo. Er zeigte an ergreifenden Beispielen, wie die dortige heidnische Jugend schwer unter dem Banne des Heidentums und des Fetischismus zu leiden hat. Schon in frühester Jugend werden viele Kinder den Göttern geweiht, haben diesen später zu dienen und ihnen Opfer zu bringen. Durch die Arbeit der Mission werden aber auch dort fröhliche und gehorsame Kinder erzogen, die später selbst zum Segen werden für ihre heidnischen Landsleute.

Um 6 Uhr folgte der Festgottesdienst, der sehr gut besucht war. Nach der ausgezeichneten, warmen Festpredigt von Hof- und Domprediger Ohly-Berlin erstattete Missionsinspektor Schreiber den Jahresbericht. Dieser zeigt ein über-aus erfreuliches Bild. Daß die Missionsarbeit solch segensreiche Fortschritte zu verzeichnen hat, ist vor allem eine Folge jahrzehntelanger, treuer Geduldsarbeit der Missionare. Außerdem trägt die schnelle Entwicklung der Kolonie das ihrige dazu bei. Im Jahre 1890 repräsentierte der ganze Handel in Deutsch-Togo die Summe von 2 806 000 Mk., im Jahre 1902 dagegen 10 434 000 Mk. Das deutet auf große Veränderungen hin, die im Lande eingetreten sind. Die all-gemeine Unsicherheit der Verhältnisse und des Verkehrs hat aufgehört, und der Kaufmann kann dem Beamten weit in's Innere hinein folgen. Besondere Sorgfalt verwendet die Regierung auf die Anlage und Unterhaltung guter Wege. Höchst

---

[1]) Für den Bau einer evang. Kirche in Lome liegen schon 25 000 M. bereit, ebenfalls von deutschen Kindern gesammelt.

wichtig und dankenswert ist auch die Errichtung einer Post- und Telegraphen-station in Agome-Palime, 118 Kilometer von der Küste landeinwärts. Schon hat das deutsche Lome mit seinem größeren Hinterland das englische Keta, wo z. B. die Schnelldampfer der Woermann-Linie z. T. gar nicht mehr halten, weit überflügelt. Wenngleich nun bei dem regen Handelsverkehr sich unter den in sittlicher Beziehung auf niedriger Stufe stehenden Eingeborenen allerlei schädliche Wirkungen zeigen, so kommt doch die Öffnung des ganzen Landes und die Hebung der äußeren Verhältnisse auch der Mission zu gut. Die Leute merken, daß eine neue Zeit angebrochen ist, deren Anforderungen sie mit Hülfe der Mission leichter zu begegnen hoffen.

Im Interesse eines schnelleren und einfacheren Geschäftsbetriebes wurden Kasse und Spedition im Laufe des letzten Jahres von Keta nach Lome verlegt. Wichtig war ferner der Beginn der Diakonissenarbeit in Lome, sowie der An-fang der Übernahme der bisherigen Baseler Arbeit in Deutsch-Togo am oberen Volta. Im Dienste der Gesellschaft stehen 20 Missionare und neun Missions-schwestern. Diesen 29 europäischen Missionarbeitern, von denen 9 augenblicklich zur Erholung in der Heimat weilen, stehen 76 eingeborene Gehilfen und 8 Gehilfinnen zur Seite. Die Zahl der Heidentaufen belief sich im Vorjahre auf 367, soviel wie nie zuvor. Auf 5 Haupt- und 50 Nebenstationen waren 3324 Gemeindeglieder gesammelt, gegen 2908 im Jahr 1901. Die Zahl der Schüler ist von 1487 auf 2024 gestiegen; an 49 Orten befinden sich 54 Schulen, darunter ein Seminar und 2 Mittelschulen. Die afrikanischen Gemeinden haben für ihren Unterhalt im Laufe des Jahres die schöne Summe von 12991 Mk. aufgebracht. Die Ein-nahmen für die Generalkasse der Gesellschaft betrugen im Jahr 1902 156685,55 Mk., die Ausgaben 170462,98 Mk., so daß ein Fehlbetrag von 13777,43 Mk. vor-handen ist. Für das Defizit aus den Vorjahren in der Höhe von 50681,11 Mk. gingen ein 17051,11 Mk. Die Gesamtschuld beträgt mithin z. Z. 47407,43 Mk.

An die Erstattung des Jahresberichtes schloß sich als besondere Weihe die Ordination des Missionars Sommer und die Verabschiedung der Diakonisse Minna Huchthausen, die zum zweiten Mal nach Afrika auszieht.

Am 22. Juni tagte vormittags die Generalversammlung mit den Freunden und Mitarbeitern der Norddeutschen Mission, wozu besondere Einladungen er-gangen waren. Mit den Vertretern der verschiedenen Hilfsvereine aus Bremen-Stadt, Bremen-Land, Hamburg, Lübeck, Altona, Uthlede, Blumenthal, Neuen-kirchen a. d. Unterweser, Oldenburg und Osnabrück wurde in dieser Versammlung nach Beratung der neuen Statuten die seit 2 Jahren vorbereitete Neuorganisation der Norddeutschen Missionsgesellschaft durchgeführt.

Die Nachfeier des Jahresfestes fand unter zahlreicher Beteiligung am Nachmittag desselben Tages auf dem Schützenhof statt. Nach einer biblischen Eröffnungsansprache hielt Missionsinspektor Schreiber einen packenden Vortrag über „Gottes Gaben und unsere Aufgaben für die Norddeutsche Mission". In seiner Rede ging er zunächst auf die erfreulichen Errungenschaften der Mission hier in der Heimat und draußen auf dem Missionsfeld ein und wies dann auf ihre ferneren großen Aufgaben hin. Als besondere Gabe wurde die am Vormittag vollzogene Neuorganisation der Gesellschaft genannt. Es kommt nun aber darauf an, die neuen Formen mit dem rechten Geist und der rechten Liebe zum Segen des Missionswerkes zu füllen. Hinsichtlich der eingegangenen Geldgaben wurde mit warmem Dank betont, daß die Gesellschaft selten eine solch große Einnahme gehabt hat, wie im letzten Jahre. Zu allgemeiner großer Freude ist auch die Mission vor Trauerfällen durch den Tod von Missionaren oder Missionsschwestern gnädig bewahrt geblieben. Als eine neue Einrichtung hat sich gelegentlich des diesmaligen Jahresfestes der Missions-Kindergottesdienst bewährt. Ein Missionsblatt für Kinder soll mit Beginn des neuen Jahres erscheinen. Aus all diesen Gaben erwachsen uns aber auch große Aufgaben. In Lome, der Hauptstadt des Togolandes, müssen wir mit unserer Arbeit noch kräftiger einsetzen. Der Bau eines Schwesternhauses, zu welchem der erforderliche Grund und Boden uns von einem eingeborenen Christen geschenkt ist, ist dringend notwendig, und endlich muß dort eine Kirche gebaut werden. Eine weitere Aufgabe sieht unsere Mission in der Lösung der Sprachenfrage. Seit dem Jahre 1847 arbeiten unsere Missionare an der Erforschung der Evhesprache; eine Reihe von Übersetzungsarbeiten sind geliefert. Der sprachbegabte Missionar Westermann hat ein evhe-deutsches Übungsbuch geschaffen und befaßt sich nun damit, ein möglichst genaues, umfangreiches Sprachlexikon zusammenzustellen. Der erfahrene Missionar Spieth, der erst vor wenigen Jahren das Neue Testament revidiert hat, übernimmt demnächst die Übersetzung und Revision des Alten Testaments, so daß in absehbarer Zeit die ganze Bibel dem Evhevolk in seiner Muttersprache wird in die Hände gelegt werden können. Eine große Aufgabe ist ferner der Missionsgesellschaft dadurch geworden, daß sie die Außenstationen der Baseler Missionsgesellschaft übernommen hat. Diese Aufgaben zu erfüllen, wird aber nur möglich, wenn alle Missionsfreunde opferbereit für das schöne Werk arbeiten.

Hierauf sprach der verdiente Missionar Spieth, der seit 1880 in Togo tätig ist, ergreifend und überzeugend über das Erlösungsbedürfnis der Evheer. Die Gesetze, die Sprache und das öffentliche Leben dieses Volkes beweisen, daß es ein Schuldbewußtsein hat; die vielen Opfer und gewaltigen Anstrengungen auf religiösem Gebiet zeugen von einem Erlösungsbedürfnis. Mit großem Interesse folgte die Versammlung diesen Ausführungen und ließ sich überzeugen, daß die Arbeit der Mission unter dem Evhevolk reiche Früchte trägt.

Am Dienstag, den 23. Juni, erfolgte im Anschluß an das Jahresfest die Begründung einer Hanseatisch-Oldenburgischen Missionskonferenz. In fast allen Teilen Deutschlands bestehen jetzt Missionskonferenzen, im ganzen 19 an der Zahl. Dieselben haben sich für die Förderung des Missionssinnes als ein wirksames Mittel erwiesen. Da nun unsere Hansestädte und das benachbarte Oldenburg durch ihre Geschichte und überseeischen Beziehungen besondere Missionspflichten haben, die trotz des wachsenden Missionseifers kleinerer Kreise im allgemeinen noch viel zu wenig erkannt werden, faßten verschiedene Männer, denen die Evangelisierung der Heidenländer am Herzen liegt, aus Bremen, Hamburg, Lübeck, Altona und Oldenburg die Gründung einer Hanseatisch-Oldenburgischen Missionskonferenz ins Auge, welche den Missionsgesellschaften in Barmen, Breklum, Bremen, Hermannsburg, Herrnhut und Leipzig in der Weise dienen will, daß sie durch Wanderversammlungen, Vertretung der Mission in der Lokalpresse und die Verbreitung von Missionsschriften die Teilnahme für die Mission zu wecken und zu vertiefen sucht. Nach einer biblischen Ansprache von Pastor Dr. Funke begrüßte Pastor Tiesmeyer die etwa 60 Teilnehmer der

Konferenz. Hierauf hielt Missionsinspektor Dr. Siebel-Leipzig einen lichtvollen packenden Vortrag über die Entwicklung und Bedeutung der deutschen Missionskonferenzen. Die von dem Schriftführer, Missionsinspektor Schreiber, verlesenen Satzungen für die zu gründende Konferenz wurden en bloc von der Versammlung angenommen. Somit war die Konferenz konstituiert. Nach § 4 der Satzungen wurde nun ein Vorstand gewählt, der als Ort für die nächstjährige Tagung der Konferenz Hamburg bestimmte. Mitglied dieser Konferenz kann jeder Missionsfreund werden, der mit den Satzungen einverstanden ist und einen jährlichen Beitrag von einer Mark zahlt. Den Schlußvortrag hielt Missionar Spieth über die Entfaltung der Evangelischen Mission in Deutsch-Togo. In klarer, instruktiver Weise sprach Redner vom äußeren Wachstum, dann von der religiös-sittlichen Entwicklung und schließlich vom Verhältnis der Christen zur Obrigkeit und christlichen Kultur. Möchte doch die Arbeit dieser ins Leben gerufenen 20. deutschen Missionskonferenz auch unseren deutschen Kolonien von reichem Segen sein!

Das Land der Zukunft: Argentinien.

Aus der Feder eines Deutschen.

Alle Zeitungen · in Buenos Ayres und insbesondere die „Prensa", der zweite Coloſus, geben mit Stolz Nachrichten über die Rundreiſe des Schul-ſchiffes — Sarmiento! — In der Tat, die argentiniſche Bevölkerung kann ſtolz ſein, wenn ſie die begeiſterten Beſchreibungen über das herzliche Willkommen, welches der Beſaßung des Schiffes in Europa zu Teil wurde, lieſt! — Das argentiniſche Schulſchiff „Sarmiento!" Bedeutungsvolles Wort! — Prophetiſches Vorzeichen! — Wer würde vor 20 Jahren geglaubt haben, daß dieſer ſüd-amerikaniſche Staat, in welchem Bürgerkriege zur zweiten Lebensbedingung geworden zu ſein ſchienen, ein Schulſchiff auf Rundreiſen um die Welt ſenden würde, — daß dieſer Staat, deſſen Bankbillete mit gelindem Erſtaunen angeſehen und deren Annahme mit bedauerndem Achſelzucken in Berlin im Jahre 1877 höflichſt ab-gelehnt wurde, ſich mit Ehrgeiz den Großmächten Europas mittelſt eines Schul-ſchiffes vorſtellen würde; — ein Staat, welcher heutzutage noch — nur in den höheren und wohlunterrichteten Kreiſen der alten Welt bekonut iſt; ein Staat, deſſen Beſuch von der Mehrheit als ein wagehalſiges Unternehmen angeſehen wird und viele veranlaßt, ihr Teſtament zu machen; — ein Staat, deſſen Name vielen nur einem Traume gleich ſeit den Schulzeiten her erinnerlich iſt, — dieſer Staat — dieſe junge Republik — eine der jüngſten der Welt, ſendet ein Schulſchiff auf Reiſen und ſtellt ſich damit den Völkern vor! —

Mit deut Großhandel, mit den Bauken in Verbindung ſtehen, heißt und bedeutet ſchon etwas, — das jedoch iſt nicht der Ehrgeiz der argentiniſchen Republik! — Was man hier anſtrebt, iſt: ſich mit den Völkern in Verbindung zu ſeßen, bekonut — geachtet zu werden und damit den Vorurteilen einen Hemm-ſchuh anzulegen!

Die argentiniſche Republik iſt das Land der Zukunft! — Sie weiß das und iſt ſtolz darauf!

Sehen wir uns einmal dieſes junge Reich, dieſes ehrgeizige junge Reich etwas genauer an, und unterſuchen wir die Gründe, welche dieſe Konföderation von 14 Provinzen zu ihrem Stolze berechtigen!

Ein einziger Blick auf die Karte von Südamerika genügt, um uns mit der Überzeugung zu erfüllen, daß den La Plata-Staaten ihrer vorteilhaften Lage wegen eine große Zukunft vorbereitet iſt!

Die argentiniſche Republik hat die Form eines koloſſalen und langen Dreiecks, deſſen Baſis unter deut Wendekreiſe und deſſen Spiße im tiefen Süden

3

liegt, — sie nimmt infolgedessen das günstigste Klima ein! — Ihre größte Länge von Norden nach Süden ist 350, ihre größte Breite von Osten nach Westen ist 206 und ihr Flächeninhalt beläuft sich auf 2 894 257 Quadratkilometer, sie ist demzufolge sechsmal größer denn Deutschland und ist das zweitgrößte Land Südamerikas; — das größte ist Brasilien mit 8 337 218 Quadratkilometern.

Wenn man nun annimmt, daß der Boden durchschnittlich dieselbe Produktionsfähigkeit von Lebensmitteln hat, um ein Volk zu ernähren — wie Deutschland, — eine der ungünstigsten Voraussetzungen, die gemacht werden kann, — dann findet man, daß hier Raum für 270 000 000 Seelen mehr ist! — [Francisco Latzina: La república argentina como destino de la immigración europea!] — Der Ausruf des großen argentinischen Denkers, Sarmiento: El mal que aquija á la República argentina es la estensión — das Übel, an welchem die argentinische Republik leidet, ist die Ausdehnung — besagt sehr viel, — er ist Wahrheit!

Die majestätischen Kordilleren mit ihren so verschiedenartigen Vegetationszonen, nehmen ein Viertel des schon angegebenen Areals ein. — Die anderen drei Viertel sind gleich einem ungeheuren grünen Meere, welches nur spärlich hier und dort von überaus sanften Hügelketten durchzogen ist. — Ein Teil dieser Ebene heißt die „Pampa“ — ein in das argentinische Idiom aufgenommenes Indianerwort, welches dem spanischen Llanura gleichkommt und „Fläche“ bedeutet! — Die Wellungen des Bodens sind hier unbemerkbar. — Das Auge findet keinen Horizont und — gleichviel nach welcher Seite es sich wendet — nimmt es nur einen unendlichen Ozean von Gras wahr, einen Ozean, in welchem sich, wie die Inseln in einem Archipelagus, permanente und nicht permanente Lagunen befinden, einen Grasozean, welcher im Sommer Fata morgana's zeigt, welche mit denen der Sahara rivalisieren können! — Wäre diese Ebene von schiffbaren Flüssen durchkreuzt, dann könnte man sie ein „El Dorado“ nennen!

An Flüssen fehlt es nicht, sie sind jedoch untauglich für den Wasserverkehr. — Der Grund dieser Untauglichkeit liegt in der Bodengestaltung.

Die meisten Quellen befinden sich in den Anden, und weit in dem Gebirge, die Gewässer brausen mit reißender Geschwindigkeit dahin, wenn sie jedoch in die beinahe horizontale Ebene kommen, dann vermindert sich ihre Schnelligkeit mehr und mehr, das Flußbett wird breiter, verliert an Tiefe, die Wassermenge wird geringer und der Fluß fängt an, unzählige Bogen und Krümmungen zu beschreiben. — Diesem Mangel an schiffbaren Flüssen hilft jedoch eine 2500 Kilometer lange Seeküste ab, eine Seeküste, welche sich von Kap Antonio (meridionale Grenze des Rio de la Plata) bis zur Dungeneßspitze (südlichster Punkt des Kontinents) erstreckt und viele für Häfen geeignete Buchten hat.

Die schiffbaren Flüsse im Norden sind der Rio de la Plata, welcher durch das Zusammenfließen des Paraná und Uruguay gebildet wird — der Paraná, Uruguay, Paraguay und Picolmayo!

Der Rio de la Platafluß wurde im Jahre 1515 von Juan Diaz de Solis entdeckt und Mar dulce oder süßes Meer genannt, da der Entdecker glaubte, daß dieser, einer der größten und schönsten Flüsse der Welt, ein Meer sei! — Sebastian Gabotto, der Nachfolger von Sotts, fand jedoch im Jahre 1525, daß dieses sogenannte süße Meer ein Fluß sei! Er folgte der Küste und sah, an verschiedenen Stellen landend, mit Erstaunen, daß die Eingebornen große Silber-schätze besaßen, welcher Umstand ihn bewog, die Indianer zu fragen (mittelst Zeichen), wo das edle Metall herkäme. Als die Frage durch ein kontinuierliches Hinweisen auf den Fluß beantwortet wurde, glaubten die Spanier, daß es im Flusse gefunden werde. Daher der Name Rio de la Plata oder Silberfluß. Es ist beinahe überflüssig zu bemerken, daß das Silber nicht vom Flusse ge-wonnen wurde, sondern daß es von Peru gebracht worden war; die Spanier wußten zur Zeit nicht, daß eine Landesverbindung zu haben war. — Im tiefen Süden, d. h. in Patagonien, befinden sich fünf schiffbare Flüsse: Rio Colorado, Rio Negro, Rio Chubut, Rio Discado und Rio Crus.

Die Hauptstadt der Republik ist Buenos Ayres, oder Aires (Aires ist richtiger in grammatikalischer Hinsicht), sowohl in politischer als auch in kommer-zieller Beziehung.

Als die spanischen Abenteurer sich am rechten Ufer des R. d. l. P. aus-schifften, fühlten sie sich von der hier herrschenden Atmosphäre so angenehm berührt, daß sie ausriefen: Que buenos aires son los de este suelo (wörtlich übersetzt: „Was für schöne Lüfte sind die dieses Bodens" — oder frei — „Was für schöne Lüfte herrschen in diesem Lande"), und es fiel dem Gründer Don Pedro de Mendoza ein, als er im Jahre 1535 den Grundstein der Stadt legte, diese Stadt Buenos Aires zu nennen, welchen Namen sie auch beibehielt, als sie zum zweiten Male im Jahre 1580 von Don Juan de Garáy gegründet wurde; ich sage zum zweiten Male, da die erste Niederlassung wenige Jahre nach ihrer Erbauung von den Indianern niedergebrannt worden war. Heut zu Tage führt nicht allein die Stadt, sondern auch eine ganze Provinz den Namen Buenos Aires; die Hauptstadt ist jedoch La Plata, mit seinem Hafen Ensenada, welcher im Jahre 1882 am 19. November gegründet wurde. La Plata ist capital provinzial und seines Hafens und Glanzes wegen eine der großartigsten Städte der Welt; Buenos Aires ist capital federal mit einem Federal-Bezirke! —

Das Klima der Republik ist heiß im Norden, gemäßigt im Zentrum, kalt im Süden, und wenn man sich einen Begriff über das Klima zu machen wünscht, muß man das Werk von Karl Vogel lesen: Le monde terrestre au point ac-tuel de la civilisation. —

Wenn man nun das Klima des Landes und die Beschaffenheit seines Bodens prüft, sieht man sofort, daß die Vegetation unübertrefflich sein muß und in ihrer unendlichen Verschiedenheit sich zum Hauptfaktor und Beförderer sowohl des öffentlichen als auch des Privatreichtums gestaltet. Es würde zu weit führen, hier eine detaillierte Aufzeichnung der verschiedenen Pflanzen zu machen; um jedoch die mannigfache Produktionsfähigkeit des Bodens ein wenig zu beleuchten, erwähne ich: Zuckerrohr, Reis, Mate-Yerba, Kaffee, Tobak, Wein, Mais, Weizen, Hafer, Gerste, Baumwolle, Oliven, Äpfel, Birnen, Feigen, Pfirsiche, Aprikosen, Kirschen 2c., Hölzer: Quebracho blanco und colorado, lapacho aranday (ähnlich der Eiche), Eichen, Nußbäume, Zedern, Palmen, Linden, Birken, Eschen, allerlei Sorten von Nadelhölzern 2c.

Die meisten Eisenbahnen hier sind von den Engländern gebaut, und es ist ein trübseliger Anblick, den uns diese Eisenbahnen gewähren! — In einem Lande, wo Eichenholz, welches dem Wetter und der Nässe des Bodens einen

gerabezu wunderbaren Trotz bietet, in solcher Hülle und Fülle und so billig
zu haben ist, — in einem solchen Lande legt man die Schienen auf direkt
von England importierte eiserne steepers oder Schläfer (zwei Schüsseln mit einer
Eisenstange verbunden gleich), welche jede drei oder vier Jahre gewechselt
werden müssen!

Und Mineralien? Deren hat es vollauf. Heiße Quellen und last but
not least — Tieren! — Ehe ich jedoch zu der Viehzucht übergehe, diesem wichtigsten Produkte, mit welchem ich mich eingehender zu beschäftigen wünsche,
fahre ich mit der Beschreibung fort, um nicht mehr auf dieselbe zurückzukehren.

Das kolossale Landgebiet der Repúblika argentina liegt größtenteils in
der gemäßigten Zone. Der Boden hat eine wunderbare Fähigkeit, die reichsten
und verschiedenartigsten Produkte zu erzeugen. — Das ausgedehnte hydro-
graphische System bietet die günstigsten Verkehrswege, in Verbindung mit
einem großartigen Eisenbahnnetze! — Alle diese Faktoren zusammengenommen
sichern dem Lande bedeutende Aussichten, sowohl für die Entwicklung der
massenhaften Lebenselemente, welche in ihm vorhanden sind, als auch für den
Handel mit dem Auslande, und es kann nicht bestritten werden, daß die Stärke
und Wichtigkeit des Reiches in direkter Proportion zu dem Werte des Landes
und seiner unberechenbaren Fähigkeit, erstklassige Artikel für den Konsum zu produzieren, stehen! — Man exportiert lebendes Vieh — carne congelado (dem Er-
frierungsprozeß ausgesetztes Fleisch), im Jahre 1901 wurden 2 722 727 gefrorene
Hämmel, 498 375 gefrorene Ochsen exportiert, — Weizen, Mais, Leinsaat, Käse
und Butter. Der Butterexport hat augenblicklich einen großen Aufschwung genommen und unglaubliche Dimensionen erreicht.

Im Jahre 1901 waren angebaut mit Mais allein

1.	In der Provinz Buenos Aires			681 217	ha
2.	"	"	" Santa Fé	442 367	"
3.	"	"	" Entre Rios	81 198	"
4.	"	"	" Cordoba	35 072	"
5.	"	"	" Corrientes	37 305	"
6.	"	"	" Santiago del Estero	12 152	"
7.	"	"	" San Luis	13 210	"
8.	"	"	" Tucumán	21 328	"
9.	"	"	" Mendoza	7 941	"
10.	"	"	" San Juan	4 921	"
11.	"	"	" La Rioja	16 533	"
12.	"	"	" Catamarca	6 618	"
13.	"	"	" Salta	20 000	"
14.	"	"	" Juiny	1 530	"

Territorios

Chaco 4401 ha, Formosa 524 ha, Missiones 9579 ha, Neuquén 100 ha, Pampa
Central 9800 ha, Chubut 1/16 ha. Zusammen 1 405 806 ha mit Mais, und man
rechnet, daß ein halbmal mehr mit Weizen ꝛc. und Leinsamen bepflanzt war; folglich
waren 2 108 709 ha unter Anbau. Um nun einen Begriff der Fruchtbarkeit zu
geben, lasse ich eine andere Tabelle folgen, welche bezeugt, wie viel von jeder
Sorte gesät und was geerntet worden war.

Das Land war 25 cm tief gepflügt. Die Pflege beschränkte sich auf Unkraut ausreißen und Beseitigen solcher Ähren, welche von dem sogenannten carbon (Ustilago carbo) (oder in Brand gehende Ähren) angegriffen waren.

Weizen, roter, bärtiger, von Spanien gesät 10 kg gab 120 kg

Herisson bärtiger	5—	gab	75—
d'Olona	10—	„	150—
Weizen, amerikanischer	10—	„	60—
„ „ Ridi	5—	„	80—
„ „ Tuanse	15—	„	220—
„ „ Bordeaux	10—	„	130—
Roggen, Aelanstedt	10—	„	55—
Hafer, Lincoln	5—	„	159—
„ weißer Ligowo	5—	„	175—
„ schwarzer Bru	5—	„	110—
Gerste, italienische	5—	„	109—
„ Havanua	10—	„	145—
„ Moravia	10—	„	150—
„ Accoalin	35—	„	1054—
„ schottisch Annat	20—	„	767—
Leinsaat, dickes Korn	5—	„	38—
„ Riga	5—	„	40—
„ Neapel	5—	„	31—

Dieses von der Natur so reich ausgestattete Land wurde bis zum 8. August 1776 von den Vizekönigen in Peru regiert. — Im Jahre 1776 ernannte man in Madrid einen besonderen Vizekönig für Buenos Aires, in der Person des Generalleutnants Zaballos. Am 6. Juli 1806 sandte England den Sir Home Popham und Sir William Beresford, mit dem Befehle, die La Plata colony zu annektieren. Die Expedition schlug fehl, die englischen Truppen waren nicht im Stande, das Land einzunehmen. — Aut 7. Juli 1807 kam eine andere englische Flotte nach Buenos Aires unter General Whilitoke. — Dieses Mal jedoch war das Fiasko schlimmer als vorher. Am 25. Mai 1810 emanzipierte sich die Kolonie von der spanischen Autorität, und man machte die verschiedenartigsten Versuche, dem Lande eine Regierung und eine Konstitution zu geben, bis endlich am 9. Juli 1816 der Kongreß in der Provinz Tucuman die Unabhängigkeit der Vereinigten Staaten des Rio de la Plata proklamierte und einen Präsidenten einsetzte. Die Sachlage fing an, Vertrauen einzuflößen, als, wie man es nennen kann, ein politischer Tab eintrat mit der Einsetzung des Tyrannen Juan Manuel Rosas am 6. Dezember 1829. Die Republik hörte auf und der Staat konnte in politischer Hinsicht als höchst unbedeutend angesehen werden! — Dieser abnorme Zustand dauerte bis zum 3. Februar 1852 — — Rosas Fall —, und das mit eiserner Hand in den Staub gedrückte Volk fing wieder an, aufzuleben. — Uneinigkeiten brachen jedoch zwischen den Provinzen aus, die Provinz Buenos Aires trennte sich von der Konföderation und gab sich eine eigene Konstitution am 11. April 1854. Diese Separation dauerte bis zum Jahre 1859, wo eine Nationalversammlung zusammentrat, welche am 25. September 1860 die heutige Konstitution verfaßte und sanktionierte. —

Während der nächsten 20 Jahre war Argentinien ein Schauplatz von Revolutionen, welche persönlichen Ehrgeizes halber begonnen wurden, und erst seit dem Jahre 1880 fand das Land einigermaßen Ruhe und Gelegenheit, sich zu entwickeln! —

Eisenbahnen durchkreuzen nun die vor verhältnismäßig kurzer Zeit von Menschen noch unbetretenen Pampas und Steppen von Norden nach Süden — von Osten nach Westen! — Städte sind angelegt — Einwanderung strömte in das Land; dieselbe ist jedoch augenblicklich im Abnehmen begriffen wegen der überaus drückenden Verhältnisse. — England öffnete seine Geldsäckel und ließ den gleißenden Mammon in die Hände eines Volkes fließen, welches durch Erfolge leichtsinnig gemacht, das geborgte Kapital in der unsinnigsten Weise verschleuderte. England hatte ja ein Ziel im Auge, es kannte die unerschöpflichen Reichtümer des Landes und wollte die Besitzer desselben in seine Gewalt bekommen. Der goldene Versucher brachte das zu Stande, was die Waffen vergeblich versucht hatten. — Die Konstitution garantierte völlige Preßfreiheit, von welcher dann auch im höchsten Maße Gebrauch gemacht wird. — Jede Nation, d. h. die auf höhere Kultur Anspruch machen kann, findet wenigstens 2 oder 3 Zeitungen in ihrer Landessprache, welche in Buenos Aires gedruckt werden. Das mächtigste Organ ist die Prensa „La Prensa", welche nun auch eine ihr gehörige Zeitung in Paris herausgiebt. — Enorme Summen werden ausgegeben, um Künste und Wissenschaften zu unterstützen, — Maler, Bildhauer werden auf Staatskosten nach Europa geschickt, um zu studieren — kurz, alles Mögliche wird getan, um die Nation auf eine gleiche Stufe mit den ersten Kulturstaaten zu bringen. Der einzige Fehler, den man begeht, ist: Es geht zu schnell und — mit geborgtem Gelde! — Was bei andern Staaten Jahrhunderte in Anspruch nahm, hat man hier teilweise in 35 Jahren zu Stande gebracht. — — Man kann in Argentinien niemals mit Bestimmtheit angeben, was die Regierung im Auge hat. Die Politik ist gleich dem berühmten Testamente Peters des Großen — ein Geheimnis —, ob jedoch so inhaltvoll — steht dahin! Das einzige Programm, dem man hier pflichtgetreu folgt, ist: Schulden machen und des zu hohen Zinsen geborgten Geldes so schnell wie möglich wieder los werden. — Diese Mißverwaltung in ökonomischer Hinsicht hat der Republik im Auslande viel Schaden getan. Ein solcher Zustand kann jedoch nicht dauern, und gewiegte Kapitalisten werden bald die Solidität der richtigsten und zur Zeit noch unausgebeuteten Werte Argentiniens erkennen und schätzen lernen — nämlich — Agrikultur und Viehzucht.

Die enorme Schuldenlast des Staates ist allerdings bedenklich; doch ist sie ein Übel, welchem eine ökonomische Regierung nach und nach abhelfen kann, wenn man bedenkt, daß von den 100 000 000 Schafen und 28 000 000 Bovinos 78 000 000 und 20 000 000 allein auf die Provinz Buenos Aires fallen, daß ungeheure Ländereien noch gar nicht in Anspruch genommen worden sind, z. B. das argent. Chaco, la Pampa centrale, das Sta Cruz Territorium! — Ein sichere Hypothese über die Leistungsfähigkeit der Republik in betreff der Viehzucht aufstellen, würde dem Raten gleichkommen: jedoch, wenn man die Anzahl des Viehes, welches die Prov. Bs. As. heute ernährt, den Boden und das Klima der Nachbarprovinzen und Territorien in Betracht zieht, dann kann man ohne Bedenken voraussagen, daß das gegenwärtige Kapital in 25 Jahren verdoppelt sein wird — ohne das Land in irgend welcher Weise zu überlasten! — Nicht allein das! — Man muß bedenken, daß New South Wales in Australien allein 21000000 Schafe durch die anhaltende Trockenheit verloren hat, — daß Australien schon vor drei Jahren den Höhepunkt seiner Produktionsfähigkeit erreicht hatte, — daß Nordamerika genügend zu tun hat, seine 80000000 Einwohner zu ernähren, und schon lange den Zenith überwunden hat! —

Deutschland z. B., dessen Bevölkerung in so großem Widerspruch steht zu seinem Flächenraum im Vergleich mit andern Ländern, könnte nur gewinnen bei einem regen Austausch von Produkten mit Argentinien, dem Lande, welches sich noch im Embryo-Zustande seiner Leistungsfähigkeit befindet. Der Zeitpunkt wird kommen, wo Europa Argentinien als Lieferantin schätzen lernt.

Man glaubt das nicht in Deutschland! Im Gegenteil, man glaubt, daß Argentinien völlig von Europa abhängt, und man vergißt, daß Argentinien, wenn es dazu gezwungen wird, der Selbsterhaltung wegen auf seine eigenen Hülfsquellen zurückgreifen wird, d. h. seine Bedürfnisse selbst zu fabrizieren und damit zu beweisen, daß es z. B. Chilanen, wie den in der Versammlung von Ostende beabsichtigten, mutig entgegentritt.

Mit großem Erstaunen vernahm man hier die Nachricht, daß am 18. September 1902 eine Versammlung von englischen und deutschen Schiffsgesellschaften stattfand, in welcher beschlossen wurde, die Frachtpreise nach Südamerika um 20% — zu erhöhen! Hier ist ein Versehen! — Ich sagte nach Südamerika — doch nein, — so schlimm ist es nicht — es heißt nur — nach dem La Plata — alias Argentinien! Warum? Will man das augenblicklich in pekuniärer Hinsicht verlotternde Land ruinieren! Glaubt man, daß der Argentinier, der Nachkomme jener Braven, welche die englischen Legionen zurückgeschlagen haben, so tief gesunken ist, um dergleichen Erpressungen zu ertragen von Ländern, die für das tägliche Brot (wenn man den Massen erlaubt — genügend zu essen) von ihnen abhängig sind? —

Die großen Organe wie die „Prensa", „La Nacion" 2c. fordern das Volk auf, gegen diese Beschränkung Front zu machen, da sie der ökonomischen Entwicklung Gefahr bringt.

Es ist das erste Mal, daß Schiffsgesellschaften ein Bündnis schlossen. — Die Liga von Ostende ist ein Beweis von dem verderblichen Einfluß der Privatkapitale bei großartigen Unternehmungen. Zuerst machen sie einander Konkurrenz und versuchen, Vorrang zu erringen, ohne Opfer zu scheuen, in der Hoffnung, den Gegner zu ruinieren; bald jedoch erkennen sie die Nutzlosigkeit dieses Verfahrens, sie lassen von Feindseligkeiten ab und schließen zuletzt ein Bündnis! — Allerdings hat die Sache ihre Bedenken, da ein großer Teil des Importgeschäftes nach Südamerika, insbesondere nach dem Rio de la Plata, vermittelst Antwerpen und Hamburg, betrieben und von den besagten Schiffsgesellschaften bedient wird. Daß dieses Bündnis hier Erregung hervorruft, ist selbstredend! Daß die Nation aufgerufen wird, durch schnelle Maßregeln sich zu schützen, folgert aus dem Angriff. Deutschland und England haben zu demselben, wie sie meinen, den passendsten Moment gewählt. In dem Zustande der Schwäche, hervorgerufen durch die zerfahrene Politik der Regierung, indem die produzierenden Kräfte sich befinden, ist die Erhöhung der Frachtpreise ein wichtiger Faktor, um die Konsum-

artikel zu verteuern! — Diese Kapitalevolutionen finden Argentinien unvorbereitet. — Unvorbereitet! — Ja! — Doch — nicht hülflos! — Denn —
wenn auch der Staat beinahe ruiniert ist — so hat das Volk doch Geld —
Geld in Hülle und Fülle, Geld, welches auch in Frankreich, Italien, Spanien
herzlich gern angenommen wird. England und Deutschland sind nicht die einzigen
Länder der Welt! — Das Volk hat Geld! — Wo ist außerdem das Land, in
welchem für einen einzigen importierten Bullen 15000 pesos papel bezahlt werden,
wie es vor wenigen Wochen in Bs. Aires geschah? — 15000 pesos papel Gold
(20 M.) zu 11,50 pesos papel gerechnet, sind gleich 27826 M.; oder 1391 Pfd.
Sterling. — Für einen Bullen, der in England höchstens 400 Pfd. Sterling gekostet
haben kann. Der argentinische Großhandel kann, um der Liga entgegenzu-
treten, mit Frankreich, Italien, Spanien Handelsverträge schließen; dann müssen
sich England und Deutschland neue Märkte für ihre Produkte suchen. Schon
hat man sich geeinigt, nichts zu konsumieren, was von besagten beiden Ländern
kommt; es ist vorauszusehen, daß deutsche und englische Güter in Argentinien
boykottiert werden. Ein Resultat der 20 %. Die Liga handelte wenig voraus-
sehend. Es ist nicht eine substanzlose Regierung, die man narrt, sondern ein
Volk, welches sich mit zäher Hartnäckigkeit verteidigen wird.

Die Liga von Ostende greift jedoch nicht allein Argentinien an, sondern
auch Europa, da die Produkte, welche vom La Plata nach drüben gehen, ebenfalls
im Preise steigen werden, und diese Preiserhöhung würde geradezu vernichtend
auf die Fleischpreise einwirken.

Der Tag wird und muß kommen, an dem auch Deutschland sich genötigt
sehen wird, seinen Nahrungsbedarf von Amerika zu beschaffen. Für den Augenblick könnte Rußland aushelfen — es ist jedoch zweifelhaft, ob es im Stande
ist, die Bresche für lange Zeit zu füllen, und wenn seine Kapazität aufhört,
was dann?

Argentinien weiß das und erwartet ruhig den Moment, wo das Vieh
bedeutende Preissteigerung erfährt.

Die große Verschiedenheit der Rassen ist im Stande, die verwöhntesten
Ansprüche zu befriedigen! — Argentinien hat keine Geldopfer gescheut, um sich
mit den besten Rassen von Europa in Verbindung zu setzen, sowohl in Bezug
auf Bovinos als auch auf Ovinos equinos, porvinos! — Die Estanzieros rivalisieren mit einander in der Züchtung von seinen Rassetieren.

In der Züchtung der Pferde ist man soweit gegangen, daß man das
einheimische Criollopferd fast gänzlich verdrängt hat, und das ünm Schaden des
Landes, — da das mestizo-Pferd für die Pampa untauglich ist. Viele Estan-
zieros haben dieses zu ihrem Schaden einsehen gelernt, und man findet heute
Estanzias, wo man Criollopferde für die harte Kamparbeit und Mestizos für
Handel und leichte Arbeit züchtet.

Die Bovinos, welche meist und mit größtem Erfolge gezüchtet werden,
sind: Durham, Hereford, Shorthornes (Kurzhörner), Polledangus (Hörnerlose)
und Freiburg Holstein. Die Ovinos sind Southdown (black Faces, Schwarzköpfe),
welche in verhältnismäßig kurzer Zeit sehr fett werden, spanische Merinos (eingeführt 1766 durch Daubenton), sächsische Merinos (eingeführt 1762), deutsche
Negrettis (Schwarzrücken, eingeführt 1836), österreichische Schafe von Holitz (Don
Domingo Olivera kreuzte seine Schafe mit dieser Rasse bis 1858; im Jahre 1858

importierte er Tiere von Chezebiß in Oberschlesien, welche direkt von der Züchterei des Prinzen Lichnowsky in Kuchelna abstammen, — im Jahre 1875 importierte derselbe Herr deutsche Negretti von Mecklenburg); beiseits dessen Rambouillet-Schafe (eingeführt 1855) und von der kaiserlichen Züchterei in Frankreich bezogen.

Seit 1855 kreuzt man Negretti und Rambouillet und der Erfolg ist ein größeres Schaf und feinere Wolle.

Das sogenannte Cheviot oder schottische Bergschaf ist auch vertreten, jedoch nur auf den Falklandinseln.

Eine dieser Rassen wird vollständig vernachläßigt, nämlich das Southdown, seiner Armut an Wolle wegen und auch wegen seiner Neigung zur Fußrott-Krankheit.

Die andern Rassen werden gezüchtet, jedoch nicht in demselben Maße wie früher, aus dem Grunde, daß sie zu zart sind und auch vom Fußrott und Bronchial oder Lungenwurm angegriffen werden; beiseits dessen werden sie nicht so schnell fett, weshalb die Züchter, besonders englische Züchter, sich veranlaßt sahen, die langwolligen Schafe von England einzuführen, nämlich Lincoln, Leicester und Rommy Marches. Nach wenigen Jahren erkannte man das Lincoln-Schaf als das am meisten dem größten Teile des argentinischen Bodens angeeignete Tier. Es gedeiht gut, gibt schöne Kreuzungen mit den Merinos, widersteht dem frostigen und regnerischen Winterwetter besser, gibt einen guten Carcas für den Gefrierprozeß, ist sehr zahm und gewinnt beim lebenden Versand an Gewicht während der Seereise. Die wundfüßigen und sehr scheuen Merinos mit ihren kleinen carcassa und der Indifferenz im Fettwerden, haben Boden verloren.

Diese Umrisse genügen, um dem Leser einen Begriff von der argentinischen Republik zu geben. In wenigen Worten will ich alles oben Angeführte zusammenfassen, ehe ich eine Beschreibung des Frigorifico rc. gebe.

Ein Land, welches eine Maximal-Leichtigkeit, die notwendigen Lebensbedürfnisse zu produzieren, mit einer leichten, schnellen und ökonomischen Verbindung mit den Zentren der Nachfrage vereinigen kann, — muß ein bevorzugtes genannt werden.

In dieser Hinsicht ist die argentinische Republik obenan zu stellen. Erstlich verbürgt ihre Fruchtbarkeit eine sichere und reiche Ernte, zweitens bringt ihre geographische Lage sie in Verbindung mit der konsumierenden Welt. Ihre Nähe zu den europäischen Märkten erlaubt ihr, vorteilhaft mit Australien zu konkurrieren. Die speziellen Eigenschaften ihres Bodens und Klimas, so sehr für die Viehzucht geeignet — die große Landstrecke, welche sie besitzt, eine Landstrecke, welche dem Züchter Gelegenheit bietet, Vieh mit weniger Geldkosten zu halten als jedwedes andere Land, und ihn damit in den Staub setzt, es billiger und doch gewinnbringend zu verkaufen, — alles dieses sind Vorzüge, welche die argentinische Republik im Viehexport an die Spitze stellen. Demzufolge darf das Laad sich mit Recht als den künftigen Fleischversorger für die mit Seelen überfüllte „Alte Welt" ansehen. — — —

Wie schon vorher bemerkt, hat Argentinien zwei Manieren, seinen großen Überfluß an Vieh zu verwerten: Frigorifico und Lebend-Tier-Export. — Der Fleischgefrierprozeß ist sehr interessant.

Die Tiere werden von den Verkaufs- und Empfangshöfen nach großen überdachten Umzäunungen gebracht. Hier wird alles geschlachtet, was für den Gebrauch bestimmt ist. — Der für den Export auserlesene Rest wird nach einem großen Hause getrieben, wo die Vorbereitungen für das Schlachten mehr kompliziert sind. Der Fußboden ist hier von Asphalt und beständig mit Wasser bespült.

Sobald das Schaf oder der Ochse getötet ist, wird das Tier auf einen bereitstehenden Wagen gelegt, die Haut des Kopfes und der Läufer wird abgelöst, der Wagen wird nach der zum Aufhängen bestimmten Abteilung geschoben. Sobald die Tiere aufgehängt sind, geht's an die Arbeit. Einige Schlächter häuten nur, andere nehmen die Eingeweide aus, andere nehmen sich des Fettes an, bis zuletzt die Dressierer und Schneider kommen. Die Dressierer geben den Schafen ein zierliches Aussehen, die Schneider halbieren die Ochsen. Wenn alles fertig ist, geht's an das Wiegen, um dem Gewichte gemäß zu sortieren, und dann nach dem Abkühlungsraume, wo das Fleisch aufgehängt und für 5 bis 7 Stunden gelassen wird.

In dem Abkühlungsraum ist ein Elevator, welcher mit den für das Gefrieren bestimmten Abteilungen in Verbindung steht. Mit Hülfe dieses Apparates wird das Fleisch, welches in reine, weiße, leinene Tücher gehüllt ist, in die dunkeln, frostbedeckten Zimmer gehoben, wo es für 48 Stunden bleibt. Ehe man jedoch das Fleisch dem Erfrieren aussetzt, wird es gewogen und wiederum, ehe es in die Schiffe gepackt wird, im ganzen drei mal. — Das Gefriersystem ist Ammonia. — Alle Teile der Tiere, Blut und gewisse Eingeweide ausgenommen, werden benutzt. Gedärme, vom Fett befreit, werden in Wurstschalen oder Gitarrensaiten verwandelt. Der Kopf, Fettstücke rc. werden gekocht und das Talg für Exportzwecke gesammelt. Das Nierenfett rc. wird in große eiserne Zisternen geworfen und mit Hülfe kalten Wassers gekühlt und gehärtet, sodann mit Maschinen gebrochen und geschmolzen. Es ergibt eine feine, gelbe Masse, ähnlich einem Kartoffelbrei. Diese Masse wird nach einem warmen Zimmer gebracht, in reine Tücher gewickelt und unter die hydraulische Presse gelegt. — Da Fett bei einer Temperatur von 32° C. flüssig wird und Talg bei einer Temperatur von 52° C., wird der Preßraum in einer Temperatur von 40° C. erhalten. Das Resultat ist, daß das Fett in einem flüssigen Zustande abläuft, und daß das Talg in festem Zustande in den Tüchern bleibt. Dieses Fett wird unter dem Namen „Oleo Palmatina" für Kochzwecke verkauft.

Diese Industrie ist für den Züchter von großem Werte, z. B. wenn Trockenheit oder Flut es notwendig machen, die Anzahl des Viehes zu vermindern.

Ob dieses gefrorene Fleisch dem frischen an Kraft gleichkommt, bleibt dahingestellt. — Die Ansicht vieler ist, daß dasselbe wenigstens 30% verliert, und auch ich schließe mich derselben an, da vieles zu Gunsten dieser Hypothese angeführt werden kann. Erfahrung und Logik veranlassen mich dazu, mich denen anzuschließen, die gefrorenes Fleisch nur dann konsumieren, wenn sie frisches weder für Liebe noch für Geld erlangen können.

Ich habe Gelegenheit gehabt, vielfach mit Indianern zusammenzukommen, und fand zu meinem größten Erstaunen, daß dieselben im Momente der Tötung eines Tieres sich beeilten, das Blut aufzusaugen. Sie sagten, daß der Dampf des Blutes der meist nährende Teil des Tieres sei. Der Wilde wird vom Instinkt gelenkt, und die Natur impft ihren wilden Söhnen das Verlangen nach dem ein, was ihnen am vorteilhaftesten ist. Niemand kann bestreiten, daß frisches Fleisch, besonders wenn es noch warm ist, einen gewissen Geruch hat, der uns sättigt und der zugleich unser eigenes Blut zu schnellerem Pulsieren durch die Adern veranlaßt, sowie, daß diese Zeichen mit dem Älterwerden des Fleisches sich allmählig verlieren. Die Suppe, welche vom Fleisch gleich nach dem Tode des Tieres gemacht wird, hat einen stärkeren Geschmack und erreicht mehr, als wenn das Fleisch 3 oder 4 Tage alt ist. Das Erfrieren verhindert das Schlechtwerden des Fleisches, verhindert das Eindringen der Luft in sehr großem Maße. Dieser undefinierbare mysteriöse Geruch, ich möchte sagen — des Lebens — muß zum größten Teil verloren gehen, und wenn das Fleisch im Schiffe auch während der Überfahrt mit Schnee bedeckt ist, so ist doch zu bedenken, daß das Tier, wenn es am Bestimmungsort anlangt, sehr oft schon gegen 40 Tage tot ist.

Nichtsdestoweniger ist es gut und kann billig in großen Quantitäten geliefert werden. Die Quantität füllt die Lücken der Qualität; ein voller Magen bekümmert sich nicht um extrafeine Qualität — und — das Hauptbedürfnis des Arbeiters ist: — Satt werden! —

Solche Leute jedoch, die nur prima Qualität konsumieren, Leute, bei denen die Qualität die Lücken der Quantität füllt, solche Leute können auch von Argentinien versorgt werden. Man sendet einfach lebendes Vieh, und das führt uns zur Beschreibung des Exportes von lebendem Vieh.

Diese Fleischversendung ist ein wenig kostspieliger als die andere, und sollte das 20% Gespenst sich in eine Realität verwandeln, dann wird sie noch teurer werden; aber dennoch würde das in dieser Weise versendete Vieh noch um vieles billiger sein als z. B. das in Deutschland gezüchtete.

Der Export lebenden Viehs wird augenblicklich nur in geringerem Maßstabe betrieben, da unser größter Abnehmer — England — sich hartnäckig weigert, die Sperre gegen lebendes Vieh aufzuheben! — Der angebliche Grund der Sperre ist das sogenannte Aftosa-Fieber. — Als seiner Zeit der Export lebenden Viehes in Aufschwung kam, bildeten sich eiligst verschiedene Syndikate in London, um Vieh nach England zu bringen. — Agenten etablierten sich und fingen an, Geschäfte zu machen. Frigorifico und lebender Vieh-Export waren nun beide in den Händen der Engländer, und eines schönen Tages erschienen in den Zeitungen Anzeigen —, welche — mit Staunen und Grauen las man sie — dem Publikum höflichst mitteilten, daß man in — London — eine Konferenz gehalten habe, in welcher — Einkaufspreise — für argentinisches Vieh festgestellt worden wären, und daß höhere von den Züchtern unter keiner Bedingung verlangt werden dürften — da man ihnen das Vieh einfach nicht ablaufen würde! — — Kingsland and Cash! — Tablaal — Das war denn doch zu bunt! — Niemand wollte verkaufen! — Lächelnd warteten die Engländer — als eine belgische Gesellschaft anfing, nach Belgien und Frankreich zu exportieren und, obgleich viel bessere Preise zahlend, dennoch glänzende Geschäfte machte. — Auch bildeten sich andere Kompagnien und sandten lustig weg Fleisch in des Löwen Revier, d. h. nach London selbst, wo man froh war, dieses notwendigste Lebensbedürfnis wieder in Hülle und Fülle zu haben. — Das englische Kapital war geschlagen und mußte sich, um nicht vollständig Fuß zu verlieren, in den

Staub der Dinge fügen! — Für den Augenblick wurde nachgegeben, jedoch nicht, ohne — zu intriguieren. Man fing an, Frigorificos zu bilden. Man vigilierte auf die erste Gelegenheit, um mit einem plausiblen Vorwande einzuschreiten. — Sie kam! — Das Aftosafieber! — Den Menschen ungefährlich, ohne Gefahr für die einheimischen Tiere, da lebendes Vieh niemals lebend aus dem Londoner Markte kommt und dort nur acht Tage lebend erhalten werden darf. Nun ist das Wunderliche an der Geschichte, daß die englischen Frigorificos sich trotz der Sperre mit doppelter Energie an das Exportieren machten. Ob behaftet mit Aftosafieber oder nicht (Foot and mouthdisease: Fuß- und Maulübel) dem englischen Frigorifico war es ganz gleich — alles wurde geschlachtet und gefroren. Noch wunderbarer ist die Tatsache, daß unausgesetzt lebendes Vieh von Argentinien nach den englischen Besitzungen in Afrika abgeht. Dort braucht man nicht das Fleisch, sondern das lebende Tier! —

Spanien importiert flottweg. Mit Italien schweben Verhandlungen.

Der Transport ist eine schwierige Sache. Sobald passendes Vieh im Kamp gekauft und nach Buenos Aires gebracht ist, wird es in große, der Hafenbehörde eigene Corales geschlossen, wo es von Veterinarios untersucht wird, und bleibt dort, bis das Schiff zu seinem Empfange fertig ist. Der Capataz, welcher die Truppe zu führen hat, ist nun einem perpetuum mobile gleich. Er hat zwar noch nichts mit dem Vieh zu tun, aber er muß die Einrichtung der Ställe beaufsichtigen, — Futter untersuchen, wiegen und in Empfang nehmen und die Anlagen der Wasserleitungen mit Argusaugen überwachen, — da, wenn das Vieh verladen und alles reisefertig ist, Umladungen geradezu unmöglich sind! — Das Wasser — seine ausreichende Menge und Verteilung ist eine Hauptsache. Man muß alles überwachen, da natürlicherweise Kapitän und Agent jeden Platz an Deck ausnutzen. — Sie verlieren ja nichts! — Dann das Messen der Ochsenställe und der Schafeinzäunungen. Es kann in manigfacher Weise bewerkstelligt werden. — Nominell stimmt ja alles! Aber die Frage ist — können die Tiere, insbesondere die Schafe, bequem an die Futterkästen herankommen? Es geschieht sehr oft, daß, wenn die Tröge gefüllt werden, 10 oder 15 Schafe in der Mitte stehenbleiben, weil sie, da die Tröge rund herum angebracht sind, nicht ankommen können.

Die Ochsenställe werden in Abteilungen, welche je vier Ochsen halten, geteilt, ihre Außenseiten müssen von dicken Flanken und Bollen und wohl am Schiffe befestigt sein. Der Fußboden ist von Holz und mit Leisten versehen, um den Tieren einen Fußhalt zu geben. Es ist notwendig, die Ochsen vor dem Wetter zu schützen, und jeder muß einen minimalen Platz von 2,44 m Länge und 0,81 m Breite haben. — Auf jedes Schaf werden 0,50 qm gerechnet. Wenn Dampfer Ochsen an Deck führen, so ist es gebräuchlich, das von Brettern gemachte Dach für Schafe einzurichten; dasselbe muß jedoch wasserdicht sein, um das Naß- und Schmutzigwerden des Rindviehs zu verhindern.

Was das Futter anbetrifft, so rechnet man im Durchschnitt 12 kg Heu (Alfalfa) für einen Ochsen, 5 kg für ein Kalb, 10 kg für ein Pferd und 3 kg für ein Schaf und hält es für ratsam, sich mit Futter für mindestens 37 Tage zu versehen, da die Reise (bei günstigem Wetter) 30 Tage dauert.

Alles kann beaufsichtigt werden, das Wasser jedoch macht Schwierigkeiten. Wenn der Dampfer in das Dock geht, dann ist alles leer. — Jeder mögliche

Raum wird vollgeladen, und die Wasserbehälter, für die Tiere bestimmt, bleiben leer, bis es wieder zuat La Plata hinausgeht! — Sobald der Dampfer in tiefes Fahrwasser gelangt, fängt man an, die Behälter zu füllen, und es ist vorgekommen und kann wieder vorkommen, daß ein Füllen der Behälter die Stabilität und die Seetüchtigkeit des Schiffes beeinträchtigt; dann muß man entweder mit dem Einpumpen aufhören oder — wird es zu spät bemerkt — auspumpen. — Resultat — Wassermangel. Was das Kondensieren anbelangt, so kommt das nicht in Frage, weil der Kohlenvorrat nur knapp für die Maschine genügt, und da zweitens ein enormer Kondensor erforderlich wäre! — Man kann das begreifen, wenn man weiß, daß die für einen Ochsen erforderliche minimale Quantität 45 l ist, für ein Schaf 4 l per Tag. Eine nur kleine Truppe zählt immerhin 150 bis 200 Ochsen und 1800 bis 2000 Schafe. Es würde also ein Kondensor notwendig sein, der die Kapazität hat von (150 und 1800 angenommen) 5780 und 7200 oder 13950 l oder 14 t (50 l als täglicher Verlust gerechnet) zu kondensieren. Es ist außerdem eine bewiesene Tatsache, daß kondensiertes Wasser, wenn auch mit dem Reste des frischen Wassers vermischt, sogleich von den Tieren wahrgenommen wird und sie anekelt. Außerdem muß man noch in Betracht ziehen, daß es völlig ohne Nährwert ist und den Durst nicht stillt, im Gegenteil, es schadet gradezu und reduziert das Vieh. — Die Symptome, welche der Genuß dieser künstlich bereiteten Flüssigkeit hervorruft, sind: Verlust des Appetits, Diarrhö, Einfallen der Flanken, trocknes Maul ꝛc.. Aus allem diesen folgt, daß kondensiertes Wasser vermieden werden muß.

Um sich gegen das Übel des Wassermangels zu schützen, muß sich der Capataz die außer Bords angebrachte Wassermarke ansehen (Lloyds registry), dann die am Stein befindlichen Fußmaße, zugleich berechnend, wieviel Tonnen dazu gehören, um ein Schiff einen Zoll sinken zu lassen; gewöhnlich nimmt das 23 bis 25 Tonnen in Anspruch. — Ein Dampfer, welcher die oben angegebene Anzahl von Tieren führt, muß wenigstens 560 Tonnen Wasser tragen, wenn alles gut von statten gehen soll.

Sobald das Schiff zum Verladen der Tiere fertig ist, wird es mit Hülfe von Schleppdampfern nach dem Quai dos Embarcaderos (Einschiffungsplatz für lebendes Vieh) gebracht. Zuerst geht es an das Verladen der Ochsen. Mit Hülfe einer sich nach und nach verengenden Gasse bringt man die Ochsen hintereinander. Am Ende dieser Gasse ist eine Falltüre, und hinter dieser eine andere zu einem großen Kasten gehörende. Dieser Kasten steht auf einer Wage, welche in einem kleinen nahebei stehenden Häuschen gelegen und wo auch das Gewicht notiert wird. Beide Türen werden zu gleicher Zeit aufgehoben, und der Ochse, glaubend seine Freiheit gewonnen zu haben, stürzt nach vorn in den Kasten, die Türen fallen, das Gewicht wird aufgeschrieben, und auf ein gegebenes Zeichen hebt ein hydraulischer Krahn Kasten und Tier hoch in die Luft und setzt dann seine Last auf dem Deck des Dampfes nieder. Das wildeste Tier ist während dieser Luftfahrt sehr ruhig. An Deck angelangt wird die eine sich vorn am Kasten befindliche Tür von einem Manne, welcher sich hinter dieselbe stellt, geöffnet, und herauskommt der Ochse, sehr oft seinen Ärger an Brettern und Baiten auslassend. Außerhalb der Ställe stehen Leute mit Drähten, um einen an den Hörnern befestigten Strick zu fassen (derselbe ist schon in der Gasse an dem Kopfe des Tieres befestigt worden — eine nicht leichte Arbeit); sobald es dann an seinem Platze angelangt ist, wird es angebunden.

Wenn das Hornvieh verladen ist, geht es mit den Schafen los! Dieses ist leicht. Mit Hülfe einiger Leithämmel, zum Embarcadero gehörig, geht das leicht von statten, und man hat nichts weiter zu tun, als zu zählen. Sobald der letzte Hammel an Bord ist, gehört der Copataz zum Schiffe. Ein Agent hat schon die Peones oder Arbeiter für die Reise — wie will man das bezeichnen — bueno — zusammengelehrt und stellt sie nun dem Capataz vor, ihm zugleich die Reisekontrakte zur Unterschrift überreichend. Man rechnet einen Mann für je 20 Ochsen, — 1 für 50 Kälber, — 1 für 200 Schafe. Die Hälfte dieser Leute wäre genug, taugten sie etwas! — Hier liegt ein großer Mangel, ein großes Übel! Gute Leute sind nicht zu haben aus dem Grunde, weil sie nicht genügend bezahlt werden, um ihre Rückreise zu bestreiten, und daß die Dampfer nur dem Copotaz eine freie Rückreise oder 10 $ statt dessen gewähren. Das Geholt der Peone ist niemals weniger als 2 $ und niemals mehr denn 3½ $, und dann nur in Fällen, wenn Leute für die Reise spärlich zu haben sind. Diese Summe reicht nicht aus, um zurückzukommen, und die Folge ist, daß wir nur Leute bekommen, die wieder noch Europa zurückkehren wollen und durch Geldmangel gezwungen sind, sich zurückzuarbeiten! — Schneider, Schuster, verpfuschte Kaufleute, Schreiber, Hotelgarcons ꝛc., doch niemanden, der mit Tieren umzugehen versteht, — Leute, die Ochsen (milde, wie die argentinischen) nur in Bildern gesehen haben, und die, erlaubten die Umstände es, — eine möglichst große Distanz in einem Minimum von Zeitverlust zwischen sich und diese schrecklichen Biester bringen würden. — Diese Arbeit erfordert Kampmänner, die doron gewöhnt sind, sich mit diesen Tieren zu beschäftigen. Die halbe Mannschaft, angeworben und frei wieder zurückgebracht, würde viel bessere Resultate erzielen.

Was den Capataz betrifft, so muß er Kosmopolit sein, da er niemals wissen kann, welcher Nationalität sein Schiff angehört, und ebenfalls Arbeiter aus aller Herren Länder unter sich hat. Jedenfalls kommt man mit einem Arbeiter besse aus, wenn man mit ihm in seiner Muttersprache spricht. — Gewandtheit mit Tieren umzugehen, ein Verstehen derselben, ist für den Copataz im höchsten Grade erforderlich. Der gewiegteste europäische Viehzüchter macht orge Mißgriffe mit argentinischem Vieh (bewiesenermaßen). Der Copataz oder einer seiner Leute muß dett Lasso handhaben können, da, ist dieses nicht der Foll, ein Ochsr, der loskommt, nicht wieder befestigt werden kann und demnach durch Ausschlagen und ungebührlichen Gebrauch der Hörner die anderen Tiere beunruhigen und böses Schaden anrichten würde. — Diese ungezähmten Biester lassen sich nicht anfassen, im Gegenteil — sie kommen mit gesenktem Haupte auf den zu, der sich in ihre Nähe wagt. Um Copataz zu sein, muß man ein größeres Repertoir von Kenntnissen haben, als ein Professor, man muß im Stande sein, allen möglichen und unmöglichen Eventualitäten die Stirn zu bieten! — Praxis und Theorie. — Willige Leute und eine gutes Schiff können ihm sein umfassendes Metier indes bedeutend erleichtern.

In Betreff der Schiffe gestatte ich mir eine Bemerkung. — — Sollte je der Tag dämmern, wo Deutschland Vieh von Argentinien importiert, dann rate ich jedem Unternehmer, die Schiffe der Hansagesellschaft zu benutzen. — Ich spreche aus Erfahrung! — Unglücklicherweise hatte ich nur einmal Gelegenheit, mit einem Hansaschiffe als Capataz zu fahren. Diese einzige Reise hat mir aber den Unterschied zwischen deutschen und englischen Schiffen gezeigt — und ich nehme die Gelegenheit wahr, dem Herrn Kapitän Dietrichsen, seiner Zeit Kapitän des Hansaschiffes „Sonnenburg", meinen Dank auszusprechen! — Die Statuten der Hansogesellschaft sehen alle möglichen Fälle vor und eine Kompagnie, welche Offiziere wie die, welche ich die Ehre gehabt habe auf der „Sonnenburg" kennen zu lernen, auf ihren Dampfern hat, eine solche Kompagnie kann eine nur biedere sein.

Der Unterschied zwischen den Hansaschiffen und den meisten englischen, mit denen ich gefahren bin, war ein greller, sowohl in der Wasserversorgung, Leichtigkeit des Füllens, Verpflegung meiner Leute als auch in der Hülfsbereitschaft bei schlechtem Wetter.

Es traf sich, daß wir während meiner Reise mit der „Sonnenburg", seit dem Momente, daß wir St. Vincent verließen, bis wir in die Mansha eintraten, Stürme von vorn hatten. Wäre es ein englisches Schiff gewesen, dann wäre die Hälfte der Tiere umgekommen. Es war so schlimm, daß die Schafe vorn niemals trocken und warm wurden. Meine Leute fürchteten sich nach vorn zu gehen. Um Wasser zu geben, vierte der Herr Kapitän auf meine Bitte ab (einem Engländer wäre das garnicht eingefallen, er würde es einfach, wie es mir ja auch passiert ist, hochnasig abgeschlagen haben). Gras in die Krippen zu stecken, war unmöglich. Die Divisionen in den Schafställen hatten wir niedergebrochen, um den Tieren Gelegenheit zu geben, sich so weit als möglich nach hinten zu drängen und sich gegenseitig zu wärmen. Das Gras warf ich auf die Hämmel, und sie fraßen es sich gegenseitig von den Rücken ab. Was für eine Arbeit! — Und beinahe allein, da mir die Schiffsmannschaft nicht immer zur Seite stehen konnte. Zuletzt sahen wir uns genötigt, ein fast unglaubliches Manöver auszuführen — nämlich — die Schafe von hinten nach vorn und von vorn nach hinten zu bringen, und das im Sturm! Auch hier bewies sich das Hansaschiff. (Wir ließen die Hämmel über die Brücke laufen — es waren Lincolns — wären es Merinos gewesen, hätten wir sie tragen müssen, da sie zu scheu und wild sind, selbst zu laufen.) Ich bin sicher, daß ich im gleichen Falle auf einem englischen Schiffe die Hälfte der Tiere verloren hätte! Darum nochmals herzlichen Dank Hansagesellschaft, Offizieren und Ingenieuren der „Sonnenburg". Eure Bereitwilligkeit, mir zu helfen und meinen Bedürfnissen zuvor zu kommen, rettete mir großes Kapital. — Dies war meine letzte Reise im Jahre 1899 kurz vor der englischen Hafensperre.

Die Versorgung des Viehs ist einfach. Die Hauptsache ist, sich das Futter einzuteilen. Die Heuballen sind gezählt und gewogen, demzufolge kann man den durchschnittlichen Verbrauch pro Tag berechnen. Das Schiff liefert das Wasser. In den Tropen ist es notwendig, zweimal Wasser zu geben, und das geschieht am besten früh morgens und spät am Nachmittag, ehe Heu verabreicht wird, da ein durstiges Tier trocknes Heu nicht anrührt und dasselbe nur schmutzig und ungenießbar werden würde, weil es den Ochsen vor die Füße geworfen werden muß.

Heu und Wasser sind jedoch nicht die einzigen Nahrungsmittel für die Tiere. Man hat verschiedene Versuche mit Korn gemacht und gefunden, daß gebrochener Mais in heißem Wetter nicht ratsam ist. Die Mischung, welche mir die besten Resultate geliefert hat, besteht vorzugsweise aus Kleie (die argentinische enthält meistens 15% Mehl, ist demnach sehr nahrhaft), Hafer, Leinkuchen 2c.; wenn man es versteht, den wilden Ochsen, die dergleichen eingesehen haben, das Fressen dieses in Süden mitgenommenen Futters beizubringen, dann hat man gewonnenes Spiel. Trotzdem verlieren die Ochsen selbst unter den günstigsten Umständen während der Seereise 22 bis 30 kg an Gewicht, indes die Schafe (Lincoln; Merino verliert immer und viel) 1,500 kg bis 2,000 kg an Gewicht zunehmen.

Das Reinigen der Ställe ist eine schwierige Arbeit, insbesondere das der Ochsenställe, und es muß täglich, jedoch nur stückweise, getan werden, da an ein komplettes Reinigen des Deckes jeden Tag nicht zu denken ist! — In wenigen Worten, die Hauptaufmerksamkeit muß den Ochsen zugewendet werden, und man muß sehr vorsichtig in ihrer Behandlung sein. Viele dieser Tiere bekommen vom beständigen Stehen geschwollene Beine, und nicht jeder kann das wilde Geschöpf bewegen, sich hinzulegen. Läßt man es jedoch dazu kommen, daß es völlig steif wird und — sich von selbst hinlegt — dann steht es auch nicht wieder auf und ist somit meistenteils verloren! Man muß es eben verstehen, mit diesen Tieren umzugehen. Das Reinigen der Ställe muß scharf beaufsichtigt werden, da die Arbeiter sich schon von vornherein mit Widerwillen an das Werk machen, mit widerspenstigen Tieren die Geduld verlieren und, da Mistgabeln notwendig sind, sehr oft der Versuchung nicht widerstehen können, die Gabeln in die Tiere anstatt in das Heu zu stecken. Ein solcher Stich, speziell im heißen Wetter, erzeugt eine böse Wunde.

Diese kurze Beschreibung genügt, um eine Idee zu geben über die Art und Weise, wie totes und lebendes Vieh von Argentinien nach Europa geschafft werden kann. Der augenblickliche Export ist noch nicht erschöpfend für die Produktionsfähigkeit, da das Vieh sich sogar in geometrischer Proportion multiplizierend vermehrt, obgleich während des ersten Trimesters dieses Jahres 697603 gefrorene Hämmel und 155108 gefrorene Ochsenviertel nach England gesendet wurden. 1901 gingen 2722727 gefrorene Hämmel und 498375 gefrorene Ochsenviertel nach England und im September dieses Jahres allein 303104 gefrorene Hämmel und 36377 gefrorene Ochsenviertel, nämlich: River Plata fresh meat Comp. 117422 und 34484, — Las Palmas Produce Comp. 58266 und 17161, — Sansinena Comp. 127478 und 34752; die ersten Ziffern sind Schafe, die zweiten Ochsenviertel. —

England sagt, man könne die Häfen wegen des Aftosafiebers nicht öffnen, und doch sind im September 1400 lebende Schafe nach Cape Town gegangen!! — Sie! — Man braucht sie dort zum Züchten. Der Durchschnittspreis, zu welchem Hammelfleisch auf dem Smith field Market in London während der letzten zwei Wochen verkauft wurde, war $3\frac{3}{8}$ d per Pfd. oder 28 Pfennig.

Als Jules Verne 20000 legnas unter der See schrieb, sah man ihn als einen Visionär an und nannte den „Nautilus" ein schönes Märchenwunder, bis das Märchen zur Wirklichkeit wurde: „Submarine Schiffe". — Ob man je ein Manöver, wie das vom „Nautilus" ausgeführt, als Kapt. Nemo sich in eine Eismauer eingeschlossen sah, zustande bringen wird, ist nun die Frage! — Als Lord Lytton Bulwer sein „The coming race" publizierte, da schüttelte man die Köpfe und lächelte! — Edison jedoch, der vizard of the North, hat Bulwers Träume in Bezug auf die Elektrizität teilweise realisiert und Santos Dumont in Beziehung auf die „fliegenden Schiffe"! — Deshalb! Visionen können Wahrheit werden, nur sind wir genötigt, sie als Visionen anzusehen, bis sie Wahrheit geworden sind! — Bulwer beschreibt uns in seinem Werke „The coming race" ein Volk, ein in Zivilisation so weit fortgeschrittenes Menschentum, welches er Ana nennt, daß es das Fleischessen als ein dem menschlichen Charakter gefährliches Laster ansieht. Mit großem Pathos beschreibt er die Szene, als die Anas die beiden Ingenieure auffinden und untersuchen, zu ihrem großen Schrecken erkennend, daß beide Männer, der tote sowohl (einer wurde durch das Zerreißen des Strickes in den Abgrund geschleudert und dort von einem Drachen aufgefressen, nur Kopf und Zähne blieben übrig) als der lebende, zu den Fleischessern gehörten, was durch die Zähne bewiesen wurde. Bis diese Vision jedoch Wahrheit wird, bis unsere Zähne sich trans- formieren, bis unsere Daumen länger werden, bis Jünglinge und Mädchen sich Flügel anbinden und in der Luft promenieren, bis die Jungfrauen anfangen, den Hof zu machen, und die Jünglinge sich scheu errötend in sich selbst zurückziehen, bis Ochsen, Pferde, Schafe als nutzlos von der Erde verschwunden sind, bis alle diese von Bulwer in seinem Werke ausgesprochenen Visionen Wirklichkeit geworden sind, — bis dahin müssen wir uns an Dr. Gautier halten! Es ist Zeit genug, an die Abschaffung des Fleischessens zu denken, wenn die Menschheit dessen nicht nötig hat. — Dieser Zeitpunkt ist noch nicht gekommen. Gautier beweist uns im Gegen- teil, daß jede Person ein Minimum von 54 g und ein Maximum von 110 g ge- braucht, also durchschnittlich 82 kg jährlich, daß, könnte diese Quantität nicht in den Bereich eines jeden Menschen gebracht werden — sei es durch die Unfähigkeit des Landes, es zu produzieren — sei es durch Verteuerung — die Menschheit un- bedingt zurückgehen müsse, wegen Mangel an Nahrung! Dem Volksfreund muß daran gelegen sein, dem Volke zum Genusse dessen zu verhelfen, was für sein körperliches Bestehen notwendig ist. — Vor allem müssen dem Arbeiter die Lebens- notwendigkeiten derartig geboten werden, daß er sie erwerben kann; der Fleischgenuß darf ihm nicht unmöglich gemacht werden.

Worum also nicht Gebrauch machen von dem, was die Vorsehung so überreich manchen Ländern verliehen hat? Tausende und abertausende kg von Fleisch gehen in Argentinien verloren, während in Europa Millionen von Menschen sich mit dem — Ansehen der in den Schlächtereien gebotenen Lebensmittel begnügen müssen — nach der Augenweide seufzend murmelnd:

„Gott sei Dank, ich habe gespeist".

Buenos Ayres, 15. 5. 1903.

Friedrich Wilhelm von Harder.

Bericht über eine im Auftrage des Kaiserlichen Gouvernements von Ostafrika unternommene Reise von Tanga nach Moschi, um das Vorkommen der Tsetsefliege festzustellen.

Von Dr. L. Sander, Marinestabsarzt a. D.

II.

Als Namen für die Trypanosomakrankheit (oder Krankheiten) hörte ich bei den Bantustämmen durchweg die Bezeichnung Kibéi,*) bei den Massai Ulbigäna in Latango (in Kwai aber denselben Namen für eine unter ähnlichen Erscheinungen verlaufende, jedoch sicher von Surrah verschiedene Krankheit), in Mbaraüa „ondára". In Kisaru kwa malange gab mir ein dort ansässiger Mbantu, wohl ein Mnyamwezi wie die übrigen Leute des Ortes, als Massaiwort für diese Krankheit „durukulu" an, ein Wort, das ich von den Massai selbst, meinen Eseljungen eingerechnet, nicht gehört habe. Über den Sinn dieser Krankheitsnamen vermag ich nichts anzugeben.

Ich habe auch gelegentlich nach dem Namen für die Zecken gefragt. In Kisegua hieß sie „Ngüha", in Kibondei „Küpa", bei den Massai von Martiensßen in Korogwe „Mahéra".

Da ich außer den zwei Tsetsearten, die von altersher der Surrahübertragung verdächtig sind, noch eine (bzw. zwei) von ihnen durchaus verschiedene Stechfliegenart gefunden habe, die nach meinen Beobachtungen, sowie den Angaben der Eingeborenen eine ähnliche Rolle zu spielen scheint, so halte ich es für das geeignete, erst die als verdächtig zu bezeichnenden Fliegen meiner Sammlung zu beschreiben und die Momente zu erörtern, die sie mir als verdächtig erscheinen lassen.

Hier muß ich vorausschicken, daß ich leider genaue Maaße nicht geben kann, weil ich keinerlei Meßapparat in meiner Ausrüstung hatte.

An erster Stelle gebe ich die Beschreibung der von mir auf Schöllerplantage als verdächtig befundenen und dort zuerst gefangenen Fliege, die ich aus diesem Grunde im vorliegenden Bericht vor erfolgter systematischer Bestimmung und Benennung als „Schöllerfliege" bezeichnet habe.*) Die Beschreibung ist nach einem

---

*) Wie mir Herr Stabsarzt Dr. Fülleborn nachträglich mitteilte, soll dieser Name eigentlich nur „Seuche" bedeuten und gewöhnlich für die Rinderpest gebraucht werden; mir gaben die Leute aber diese Bezeichnung ausdrücklich als die einer „neuen von den Fliegen veranlaßten Krankheit" an.

**) Nach vorläufiger Bestimmung im zoologischen Museum der Universität Berlin ist es eine Stomoxys, die für mein Laienauge unserer heimischen St. calcitrans außerordentlich ähnlich ist.

am 3. Februar in Korogwe gefangenen Stück am 4. Februar angefertigt. Das Tier war in einem Glaskölbchen aufbewahrt worden, darin aber erstickt, zeigte seine natürliche Farbe und Haltung und entsprach in Zeichnung und Färbung ungefähr dem allgemeinen Mittel:

Größe, wie eine Stubenfliege, eher etwas kleiner und schlanker, jedenfalls nicht größer.

Die Färbung ist für das unbewaffnete Auge graubräunlich mit einem Stich ins Rote, der Mittelstreifen auf dem Schild sehr deutlich — vorn fast weiß, auf dem Schild hellrehbraun —, das Schildchen hellrehbraun mit verwaschenem dunkelbräunlichen Tupf in der Mitte.

Die dunklen Streifen des Schildes neben dem hellen Mittelstreifen sind wie diese ebenfalls scharf abgegrenzt, schwarzbraun. Dann folgt rechts und links wieder ein schmaler etwas verwaschener Streif von schmutzig-lichtrehbrauner Farbe, dann wieder ein dunkler Längsstreif, der nach außen hin scharf gegen die fast weißgelben costae (Brustseiten) abgesetzt ist.

Der Hinterleib ist, wenn ungefüllt, fast viereckig gegen den Thorax abgesetzt; er ist im ganzen nahezu achteckig, etwas länger als breit. Sein Vorder- und Hinterrand sind schwarz, der Hinterleib selbst schmutzig ledergelb mit zwei schwarzen Querbinden, die drei dreieckige Fortsetzungen nach oben und unten tragen, so daß drei unterbrochene Längsstreifen entstehen. Diese Streifenanordnung macht nicht den Eindruck von weißgelben Querbinden, vielmehr den von zwei schwarzen auf hellem Grunde.

Die Augen sind glänzend rotbraun, nierenförmig; vorn und hinten von einem weißgelben sehr auffallenden Saum umgeben. Die Mittellinie des Kopfes ist schwarz, behaart.

Die Flügel sind schwach rauchgrau, metallisch glänzend. Der linke Flügel deckt an der Wurzel den rechten. Die Flügel sind etwas spitzer und länger als die der Stubenfliege, in der Haltung von der der Stubenfliege kaum zu unterscheiden. Sie überragen den Hinterleib mit der Hälfte ihrer Länge. Der Innenrand ist gegen die Spitze hin nicht einfach abgerundet, sondern etwas zugespitzt:

Der Stechrüssel ist verhältnismäßig sehr stark, an Dicke den Beinen gleich. Er ist etwa so lang wie der Thorax, von dunkelslohbrauner, stark glänzender Farbe, glatt wie poliert. Oben am Körperende geht er in eine flaschenförmige lange Ampulle über. Sein freier Teil ist etwas gebogen; an der Spitze leicht verdickt.

Die Unterseite der Fliege ist schmutzig ledergelb, stark mit schwärzlichen Haaren besetzt.

Die Beine sind entschieden schlanker als die der Stubenfliege.

Wenn die Fliege vollgesogen ist, erscheint der Hinterleib herzförmig (wobei die ziemlich scharf ausgesprochene Spitze nach hinten sieht). Das Tier macht jetzt den Eindruck, als ob es krumm gezogen und über die Unterfläche zusammengebogen sei. Die Flügel sind einander genähert und hängen dogig über den vollen Hinterleib, etwa wie bei einer naßgewordenen Stubenfliege.

Mit der Lupe (in doppelter bis vierfacher Vergrößerung) zeigt sich das Schild und das Schildchen wie Atlas glänzend, fein und dicht behaart. Eine starke, pfriemenförmige, schwarze Borste steht jederseits am Vorderrande des Prothorax, fast in der Halsfurche, seitlich heraus, eine ebensolche an der Vorderecke des Mesothorax; ein kleiner Büschel haarförmiger Borsten vor der Flügelwurzel. Vom

4*

Hinterrande des Schildchens ragen nach hinten über den Hinterleib vier kurze weiße haarförmige Borsten gerade heraus, in regelmäßigen Abständen verteilt.

Der Hinterleib ist dicht behaart mit langen fahlen oder schwärzlichen Haaren, je nach der Grundfarbe des Teils, auf dem sie sitzen. Seitlich am Hinterrande des ersten Ringes bilden sie einen schwarzen Büschel.

Die Beine tragen nur an den Coxae Haare. Die folgenden zwei Glieder sind glatt, aber wie sein gerieft und genarbt. Die Endglieder sind mit starken Borsten besetzt. Die Füße enden in zwei feine Krallen.*)

Der Rüssel hat an der Spitze eine knopfartige, mit einem Halse gegen den übrigen Teil abgesetzte Anschwellung. Unter dem Mikroskop (Vergrößerung etwa 15—20fach; Maßstab nicht mitgegeben) erscheint sie olivenförmig, auf der Unterseite weiter proximalwärts reichend, an der Spitze mit einer schlitzförmigen Öffnung und einigen feinen, starren Härchen versehen. Der übrige Rüssel glänzt wie poliert und ist durchaus nackt und glatt.**)

Die birnförmige Anschwellung des oberen Rüsselteiles geht durch ein Gelenk in eine größere, kegelige, vorstülpbare und einziehbare Anschwellung über, die aus der Unterfläche des Kopfes heraustritt und nach hinten und unten zurückgezogen wird.

Nach der Beobachtung an lebenden Fliegen ist hierzu noch nachzutragen: die Längsstreifung auf Schild und Schildchen fällt recht deutlich ins Auge, grauschwarz und schmutzig weiß — gelegentlich ist das ganze Tier dunkler, dann ist die Zeichnung weniger deutlich —, ebenso die Querstreifung des Hinterleibes. Die Flügelhaltung ist fast die der Stubenfliege, vielleicht sind die Flügel etwas mehr genähert und etwas verkehrt dachförmig. Die Beine sind sehr fein, wie Borsten.

Charakteristisch ist der Sitz beim Stechen: der eingestochene Saugrüssel erscheint wie ein siebentes Bein, auf das sich der Körper hauptsächlich stützt. Der Hinterleib schwillt beim Saugen fast auf das doppelte an und enthält dann einen reichlichen Tropfen Blut. Beim Sitzen und noch mehr beim Fliegen hängt er wie ein schwerer Sack herab; der Flug ist aber auch dann noch sehr gewandt. Ungestört sitzen die Fliegen längere Zeit an derselben Stelle. Es findet also keineswegs ein blitzähnliches Heranstürzen und wieder Verschwinden statt, wie Konsul Gleim das der Tsetse zuschreibt.

Als Lieblingsstellen zum Stechen werden Beine und Bauch gewählt, ohne daß aber andere Körperstellen gemieden werden. Denn aufgescheucht fliegt die Fliege sehr schnell und gewandt und ohne jedes Geräusch auch auf die anderen Körpergegenden.

Als Futtertiere für diese Fliege habe ich so ziemlich alle Haussäugetiere kennen gelernt, da ich sie auf folgenden gesehen aber gefangen habe: Maskatesel, grauer Esel, Maultier, Pferd, Kameel, Rind, Schaf, Ziege, Hund. Ob sie auch die Katzen und Schweine angeht, kann ich nicht sagen. Den Menschen sticht sie auch und zwar ganz empfindlich. An der Stichstelle bildet sich eine große Quaddel

---

*) Die Haftplättchen waren am frischen Exemplar nicht sichtbar; dagegen treten sie an den (in Alkohol) konservierten Exemplaren sehr deutlich hervor.

**) Auch dies stimmt beim konservierten Exemplar nicht; bei ihm ist er fein quer gerieft und jederseits mit vier kurzen in regelmäßigen Abständen über seine Länge verteilten Borsten besetzt.

mit einem, dem Flohſtich aufs genaueſte gleichenden Zentrum, die einige Stunden ſtehen bleibt und ſtark juckt; der Stich ſelbſt iſt ſehr ſchmerzhaft.

Auch wildlebende Tiere muß ſie angehen, da ich ſie in menſchenleeren unbewohnten Pari ebenſo getroffen habe, wie in der Nähe von Wohnſtätten; bei letzteren iſt ſie aber zweifellos häufiger und zahlreicher. Von welchen Wildarten ſie das Blut ſaugt, vermag ich nicht anzugeben, da ich ſie nicht unmittelbar auf oder bei einer beſtimmten Gattung geſehen habe; doch glaube ich, daß ſie die Wiederkäuer und Einhufer bevorzugen dürfte. Wenigſtens habe ich bei dem einen Verſuche (Korogwe bis Kwa Schemſchi) nicht geſehen, daß die mit einer Erdratte zuſammengeſperrten Fliegen irgend welche Verſuche machten, dieſe zu ſtechen. Auf Geflügel und Federwild habe ich ſie überhaupt nicht geſehen.

Gefunden habe ich ſie in allen Höhenlagen von Schöllerplantage (30. Januar, 5.⁵ p. m. bei 26,5° C., Windſtille und halbbedecktem Himmel Barometer 746,8, alſo etwa 100 m üb. d. Meer) bis nach Sakarre, Wilhelmsthal, Kwai und Moſchi, d. h. bis zu Höhen von 1500—1800 m. Sie hielt ſich hier bei den Viehſtällen und menſchlichen Wohnungen, in unbewohntem Gelände in Buſch-Baumpori*) mit Grasunterwuchs, „porini na tatika majani“ **) auf. Das Fehlen oder Vorhandenſein von Waſſer ſchien von keinen weſentlichen Einfluß; wenn ein ſolcher vorhanden iſt, ſcheint er mir mehr nach der Seite hin zu liegen, daß ſie zu feuchte Stellen meidet. Im Gelände ſelbſt habe ich ſie nur ein einziges Mal beobachten können: zwiſchen Mbarana und Kiſangara, in einem weiten, üppig mit einem hohen verzweigten Gras beſtandenem Flußtal. Hier ſaß ſie auf der Oberſeite der etwa 5—6 mm breiten Blätter dieſes Graſes (von dem ich unter Nr. 5 eine Probe mitgebracht habe***). Sonſt haben ich und meine Leute, ſowie die Weißen, die mich gelegentlich unterſtützten, ſie immer von einem ihrer Futtertiere oder einem Menſchen gefangen. Unſere Bemühungen, ſie auf die Gewächſe der Umgebung zu verfolgen oder ſie dort zu entdecken, ſcheiterten ſtets, wahl ihrer geringen Größe und ihres ſchnellen Fluges wegen. Nur ſo viel kann ich ſagen, daß ſie Stellen, die einen lichten bis mittleren Schatten boten, zu bevorzugen ſchien.

Sie flog und ſtach zu allen Tagesſtunden mit Ausnahme der früheſten Morgenſtunden, wo alles noch ſchwer taunaß war. In der Nacht habe ich ſie nie bemerkt. Vielleicht iſt ſie in den Mittagsſtunden am lebhafteſten.

Während des Regens ſcheint ſie ſich an geſchützten Orten zu bergen, da ich im Regen nie eine bemerkt habe. Auch ſchien es mir, daß ſie in der trockenen Zeit und an trockenen Tagen lebhafter und zahlreicher ſchwärmt, als in der Regenzeit und an feuchten Tagen, ja, daß in der eigentlichen Regenzeit ihre Anzahl abnimmt, z. B. in Korogwe. Die Kälte ſcheint inſofern auf ihre Lebensäußerungen von Einfluß zu ſein, als ſie bei kühler Luft, z. B. in Wilhelmsthal, Kwai und Moſchi, mir entſchieden träger und weniger bewegungsluſtig vorkam, als in wärmeren Tagen und bei wärmeren Wetter.

Sie ſcheint ein ſehr reges Nahrungsbedürfnis zu haben. Denn von den von mir gefangenen und in Gefäßen ſo gehaltenen, daß die Luft ungehindert zutreten

---

*) Pori = Buſchwald; häufig aber auch als gleichbedeutend mit „unbewohnte, unangebaute Gegend“ gebraucht.

**) Im Pori und auf dem Gras!

***) Noch nicht beſtimmt.

konnte, waren die meisten schon am nächsten Tage tot und die überlebenden schienen an den blutgefüllten Toten zu saugen.

Der abgesetzte Kot sieht dem von Stubenfliegen außerordentlich ähnlich; vielleicht ist er etwas dunkler und dünnflüssiger. Die verschiedene Art der Ernährung kommt also darin nicht zum Ausdruck.

Einmal hatte ich auch Gelegenheit die Eier zu sehen, leider ohne die Möglichkeit sie sich weiter entwickeln zu lassen: Eins der in Korogwe am Menschen gefangenen Weibchen legte auf die Unterfläche des liegenden Gläschen 30—40 Stück in der Nacht nach ihrer Gefangennahme. Sie waren etwa 1 mm lang, gelbweiß (elfenbeinfarben), schlank, an einem Ende zugespitzt und mit einer dunkleren Längsfurche auf der dem Glas zugekehrten Fläche. Es waren Eier, nicht etwa kleinste Maden, denn sie waren völlig bewegungslos. Die Fliege war am 3. Februar gefangen und hatte die Eier in der Nacht zum 4. gelegt. Die Regenzeit hatte noch nicht voll eingesetzt, wenn auch einige leichte Gewitterschauer schon niedergegangen waren. Von den mehreren hundert andern gleichzeitig in Korogwe, sowie von allen später oder früher gefangenen legte keine einzige Eier.

Ich muß dahin gestellt sein lassen, in welcher Weise die normale Fortpflanzung stattfindet. In Kihuiro behaupteten die Leute zwar, daß sie wie die Schmeißfliege ihre Eier an geschlachtetes Fleisch und an Wunden von Tieren lege; doch hat hier wohl eine Verwechselung eben mit Schmeißfliegen vorgelegen. Eine größere Bedeutung messe ich den Angaben der Leute von Kisuani bei, die dahin gehen, daß „früher nur wenige Tiere von Sindaki-Stichen starben, heute aber viele; die Sindaki hätten sich beträchtlich vermehrt." Im Zusammenhang mit der weiteren Angabe, „daß sie sich in den großen Futtergräsern aufhielten", und der der Leute von Makuyuni und der Massai von Langata, daß „das Vieh krank würde, wenn es das Gras fräße, in dem Schöllerfliegen seien" (vgl. auch H. Eid's Ansicht über die Entstehung der Surrah*), sowie dem ferneren Umstande, daß die eine gefangene Fliege die Eier an der dunklen Unterseite des liegenden Gläschen absetzte, könnte man daran denken, daß die natürliche Stelle für die Eiablage jene Grasflächen seien und zwar, nach Analogie des gleichen Vorgangs bei andern Fliegen, das Gemüll, das sich am Boden einer solchen Grasfläche aus abgestorbenen Blättern und Stengeln bildet.**) Die Zunahme der Schöllerfliegen in den letzten Jahren — eine Klage, die ich übrigens fast überall am Wege (für alles Ungeziefer und die seuchenhaften Viehkrankheiten) gehört habe — würde dann auf das Unterbleiben der Feldbrände, die ja jetzt verboten sind, zurückzuführen sein, eine Erklärung, an die man wohl denken muß, da eine andere fehlt.

Die Fliege kommt meist in größeren Mengen zusammen, selten einzeln vor; nach den Angaben der Eingeborenen am zahlreichsten und häufigsten kurz vor der Regenzeit.

In Alkohol aufbewahrt ändert sie ein wenig die Farbe, d. h. sie dunkelt und

---

*) In einem mir vom kais. Gouvern. gütigst überlassenen Bericht des Ökonomierats Eid, dem Leiter der Versuchswirtschaft Kwai.

**) Die heimische Stomoxys calcitrans legt ihre Eier in faulende Substanzen, hauptsächlich den Mist der Haustiere; ihre Larven entwickeln sich hier mit denen der Stubenfliege gemeinsam. (Leunis, Brehm, Meißen rc.).

die Zeichnung verwischt sich mehr. Ihre Haltung, insbesondere die der Flügel, ändert sich n i c h t.

Über die feinere Anatomie, Unterscheidungsmerkmale für Männchen und Weibchen u. dgl. muß die weitere Untersuchung Aufschluß geben. An der lebenden war äußerlich der Geschlechtsunterschied nicht ausgeprägt. Möglicherweise sind in der Sammlung zwei Arten dieser Sammlung vertreten: wenigstens erschienen mir einige vom Fuße des Paregebirges größer und etwas anders gefärbt, als z. B. die von Korogwe.

Von den Tsetsefliegen habe ich zwei Arten angetroffen und gefangen, eine kleinere, die in der Größe etwa den mitgegebenen Probestücken aus Kilwa entspricht, und eine größere, wie sie sich in den Sammlungen der Kulturabteilung iu Dar-es-Salām befindet, nach der Herr Regierungsrat Dr. Stuhlmann seinen Aufsatz verfaßt hat und die gleichfalls aus Kilwa stammt und von Herra Lommel kürzlich von dorther in größerer Anzahl mitgebracht warben ist. Im übrigen möchte ich erst die systematische Bestimmung meiner Sammlung abwarten, ehe ich ein bestimmtes Urteil über die Anzahl der von mir gefangenen Tsetsearten abgebe *) aber eine genaue Beschreibung liefere: denn die Probestücke waren durch den konservierenden Alkohol in Färbung und Form derartig verändert, daß sie in keiner Beziehung der Beschreibung Herrn Dr. Stuhlmann's oder den lebenden Stücken entsprachen. Ich war, da ich auch den Aufsatz Herrn Dr. Stuhlmann's nicht hatte auf die Reise mitbekommen können, lediglich auf meine Erinnerung an die ein einziges Mal gelesene Stuhlmannsche Beschreibung und die an die vor mehr als einem Jahrzehnt flüchtig gesehenen Tsetsefliegen angewiesen, um meine Fangstücke zu bestimmen. So kann ich nur sagen, daß sie im allgemeinen der Stuhlmannschen Beschreibung gut entsprechen. Die Querstreifung durch helle Querbinden am Hinterleib ist deutlich ausgesprochen. Die allgemeine Färbung ist trübgrau, etwa wie die unserer heimischen Auguststechfliege, vielleicht mit einem Stich ins Rate, und die Flügelhaltung gleicht durchaus der von dieser, aber ganz und garnicht der der Spirituspräparate; d. h. die Flügel sind übereinander gelegt, sobaß der linke den rechten völlig deckt und daß die äußeren Ränder beider einander parallel verlaufen. Sie werden vollständig wagerecht gehalten. Die Flügel sind auch bei den Tsetsearten ungefähr doppelt so lang als der Hinterleib und zeigen am hinteren Ende dieselbe, ich möchte sagen fledermausflügelartige, Form der Zuspitzung wie die der Schöllerfliege. Die Flügel sind von trüb rauchgrauer Farbe, mit einem Stich ins Ratbraun und ohne den auffallend metallischen Glanz, den die der Schöllerfliege aufweisen. Sie erscheinen vielmehr, wie die ganze Tsetsefliege mehr so, als ob sie leicht mit Asche oder Staub bepudert wären.

Der Hinterleib war bei allen von mir gefangenen Tsetsefliegen flach und leer und etwas winklig über seine Unterfläche gebogen; beim Tabe und auch nur stundenweisen Aufbewahren, bevor sie in Alkohol kamen, trocknete er flach zusammen bis etwa zur Dicke eines starken Kartenblattes und die Knickung wuebe ganz ausgesprochen, indem sich die hintere Hälfte unter die vordere schlug:

Der Rüssel ist eine feine lange borstenähnliche Röhre mit einer Anschwellung

---

*) Nach mündlicher Mitteilung des Herrn Grünberg, Assistenten am zoologischen Museum der Universität Berlin, handelt es sich vorwiegend um Glossina longipalpis (morsitans), also die echte Tsetse.

am Körperende. Rechts und links von ihm stehen zwei sehr viel feinere Borsten, die gewissermaßen eine nicht geschlossene Scheide für ihn bilden, und beim Stechen samt beim getrockneten oder eingelegten Stück sich seitwärts abbiegen; die Dreiteilung des äußeren Stechapparats kommt dann erst deutlich zu Gesicht. (Die Schöllerfliege und die meisten Bremsen, z. B. die große Rinderbremse haben dagegen einen im Verhältnis sehr viel stärkeren einfachen röhrenförmigen Rüssel). Beim lebenden Tier sieht der Stechapparat senkrecht nach unten, beim eingelegten horizontal nach vorn in der Richtung der Körperachse.

Ich habe auf der ganzen bereisten Strecke überall, wo ich die Tsetsefliegen fand, diese im Gegensatz zur Schöllerfliege immer nur vereinzelt gesehen und gefangen. Die größte Anzahl, die ich auf ein und derselben Stelle erbeutete, waren drei (halbwegs zwischen Kisuani und Maji ya juu) und auch diese drei kamen nicht zu gleicher Zeit, sondern in Zwischenräumen nach einander. Auch sämtliche Eingeborene gaben an, daß die Tsetse stets nur einzeln vorkomme.*) Bemerkenswert erscheint mir, daß ich und meine Leute nicht eine einzige Tsetse an einem Tier abfangen konnten, sondern alle von mir gesammelten sind am Menschen gefangen. Ihr Stich soll recht schmerzhaft sein, stärker als der der Schöllerfliege; ich selbst kann nicht darüber urteilen, da nicht ich, sondern nur meine farbigen Begleiter gestochen wurden.

Ein summendes Geräusch bei dem Heranfliegen haben weder ich noch meine Leute gehört; vielmehr geschah dies stets ohne jedes hörbare Geräusch, ebenso wie beim Herumfliegen nach dem Aufscheuchen nichts zu hören war. Von den gefangenen dagegen habe ich, ähnlich wie von Bremsen oder Bienen ein ziemlich feines und hohes Zirpen gehört, wenn ich sie aus dem Netz in das Gläschen tat. Soweit ich beobachten konnte, stürzten sich die Tsetsefliegen auch nicht, wie Konsul Gleim schreibt, blitzschnell auf ihr Opfer, stachen es und waren dann ebensoschnell wieder verschwunden. Vielmehr habe ich sie vielfach in der Art, wie etwa eine Hausfliege tut, erst um den Menschen, den sie stechen wollte, herumfliegen und sich dann auf der gewählten Stelle für längere Zeit niederlassen sehen. So hatte z. B. bei der ersten, die ich erhielt, der betreffende Mann vollkommen Zeit erst vorsichtig das Bein, auf dem sie sich festgesetzt hatte, so zu heben, daß er die Fliege bequem mit der Hand abfangen kannte. Das entspricht auch vielmehr der physiologischen Wahrscheinlichkeit: denn die Fliege sucht ja den Menschen oder das Tier nicht auf, weil sie ihn etwa wie eine Wespe oder Biene stechen und vertreiben will, sondern weil er ihr Nahrung, sein Blut, geben soll. Der ganze Saugapparat ist aber (f. die Stuhlmannsche Schilderung) gar nicht auf ein so plötzliches und kürzeste Zeit während des Saugen eingerichtet. Dabei würde die Fliege wohl verhungern müssen. Die Stellung der stechenden Fliege gleicht, soweit ich sehen konnte, durchaus der der heimischen Augststechfliege (Pferdebremse u. f. w., je nach der Provinz): sie sitzt parallel der Körperoberfläche und senkt nur den Rüssel ein; ein „Sich auf den Rüssel stützen", wie das bei der Schöllerfliege scheinbar der Fall ist, findet nicht statt.

Beim Menschen wählten die von mir gesehenen Tsetsefliege vorzugsweise die Beine und Arme. Ich würde das darauf zurückführen, daß diese bei meinen Leuten

*) Dies gilt nur für das von mir bereiste Gebiet; im Süden, in der Gegend von Kilwa traten auch sie, wie mir Herr Lommel, der zur gleichen Zeit wie ich, aber im Süden reiste, in dichten Schwärmen auf.

im Gegensatz zum übrigen Körper unbekleidet waren, hätte ich nicht von den Eingeborenen gehört, daß sie auch bei den Tieren die Beine und die Unterseite bevorzugt. Auch das, was mir als Bißstellen der Tsetse gezeigt wurde, hatte an diesen Körpergegenden seinen Sitz.

Auf dem Menschen habe ich die Tsetse zu allen Tageszeiten und einmal, bei hellem Mondschein auch gegen 10 Uhr nachts angetroffen. Immerhin schien es mir, als ob sie die Morgenstunden von etwa 7—10 Uhr und die Nachmittagsstunden von 3—5 oder 5½ bevorzugte; jedenfalls aber ist ihr Erscheinen in der Nacht die Ausnahme, wie ja schon die allgemeine Laienerfahrung annimmt und nur in mondhellen Nächten zu erwarten. (Dagegen scheint mir die Annahme, daß die Nacht nicht blos mondhell, sondern auch warm sein müsse, nach meinen Erfahrungen nicht zutreffend; denn die, in der mein Fliegenfänger eine Tsetse an sich selbst kurz nördlich vor Mkumbara fing, war sogar recht kühl, so kühl, daß meine Leute, trotzdem sie schon 6½ Stunden marschiert waren und kein Wasser hatten, von dem mitgenommenen Reservewasser nicht trinken wollten.)

Die Leute in Muheza gaben nur an, die „Fliegen", „sofuro", stächen am meisten in den ersten Morgenstunden bis gegen 10 Uhr hin und dann wieder Nachmittags von ½5—½6. In der Zwischenzeit verbärgen sie sich in Erdlöchern. Ich kann aber nicht mit voller Bestimmtheit sagen, daß das gerade auf die Tsetse paßt; denn mit sofuro bezeichneten sie sowohl die kleine Kilwatsetse, wie die Schöllerfliege und verwechselten sie dabei fortdauernd noch mit einer der Schöllerfliege ähnlichen Schmeißfliege.

Nach meinen Beobachtungen möchte ich sagen, daß von viel größerem Einfluß für das Schwärmen der Tsetsefliege ein gewisser hoher Feuchtigkeitsgehalt der Luft bei nicht zu niedriger Temperatur ist. Denn ich traf sie allemal dann am reichlichsten, wenn es kurz zuvor geregnet hatte und die Luft noch stark wasserbeladen war. Ja sogar die in der Nacht gefangene Tsetse fand sich an einer Stelle, wo einige Stunden zuvor ein schwerer Gewitterguß niedergegangen war. An ganz sonnenhellen und trockenen Tagen entsinne ich mich nicht, eine einzige Tsetse gesehen zu haben.

Das gleiche Verhalten findet in Bezug auf die Jahreszeit statt, sowohl nach meinen eigenen Beobachtungen, wie nach den Angaben der Eingeborenen und verschiedener Weißen: In der Regenzeit ist die Tsetsefliege überall häufiger als in der trocknen Zeit; ja sie kann in der trockenen Zeit vielerorts ganz verschwinden oder wenigstens so in der Zahl zurückgehen, daß es praktisch einem völligen Verschwinden gleichkommt. Dieses Verhalten ist am ausgesprochensten auf der Strecke von Schöllerplantage (oder vielmehr der katholischen Mission am rechten Ufer des Mkulumuzi) bis nach Kwa Feraji hin; weniger ausgesprochen ist es (nach den Angaben der Eingebornen) von Kwa Feraji bis Moschi, bzw. westlich des Paregebirges von Limeni (oder Marago Same?) bis Moschi. Die eingehendsten Angaben habe ich in Muheza hierüber erhalten (vom Aliben): Die Tsetse sei hauptsächlich und in großer Zahl (mingi) in den Monaten Juni, Juli, August und September in der Umgegend, im Oktober—November nur in geringer Zahl (hapana mingi sana), im Dezember, Januar garnicht (hapana kabisa), im Februar gäbe es, je nachdem schon Regen gefallen oder nicht, einige wenige (kidogo, kama mvna), im März, April und Mai kämen sie mit dem Regen. D. h. also: sie fangen an in der Regenzeit aufzutreten, vermehren sich in dieser, halten dann einige Monate aus und verschwinden aus einer noch festzustellenden Ursache mit der steigenden Sonne und Trockenheit. Auch Pater Haberkorn gab mir an, daß in der Trockenheit bei seiner Missionsstation im Mkulumuzi keine Tsetse vorhanden seien, wohl aber in der Regenzeit und zwar dann in solchen Mengen, daß seine Tiere, insbesondere die Maskatesel von ihnen ganz bedeckt seien und allein schon unter den Stichen schwer zu leiden hätten.

Ob die Angaben dieser Art, die wie gesagt von allen Eingeborenen in ähnlicher Weise bestätigt wurden, in allen Punkten genau den Tatsachen entsprechen, kann nur eine sorgfältige, über mehrere Jahre sich erstreckende Beobachtung ergeben. Mir war es selbstverständlich nur möglich festzustellen, daß es wohl so sein kön ne; d. h. ich habe keine Beobachtungen zu verzeichnen, die dem widersprechen.

Was die Höhenlage betrifft, bis zu der die Tsetsefliegen hinaufgehen, so scheint sie geringer zu sein, als die für die Schöllerfliege. Denn der höchste Punkt an dem ich selbst sie noch gesehen habe — ich konnte hier keine fangen oder später erhalten; doch ist mir für diese Stelle das Vorkommen echter Tsetse durch Oberleutnant Merker bestätigt worden — lag etwa 200 m unterhalb Moschi, also auf ruud 1300 m (gegenüber den 1800 m von Kwai für die Schöllerfliege). Ob aber diese meine vereinzelte Beobachtung maßgebend ist, muß ich dahingestellt sein lassen. Denn wenn ich sie auch in den Usambara und Parebergen nicht im eigentlichen Berglande gesehen habe, so könnte doch bei dem viel sanfter ansteigenden Kilimandjarosiaß die Fliege noch in einer größerer Höhenlage vorkommen. Die Temperatur- und Witterungsverhältnisse an Kilimandjaro weichen ja auch bis zu ziemlicher Höhe hinauf weniger von denen der Ebene ab, als das bei dem Usambara und Paregebirge der Fall ist. Oberleutnant Merker gab mir auch an, daß er bei Viehboma zwischen Moschi und Arusha 3 (drei) Stellen mit Sicherheit kenne, an denen die Tsetse vorkomme. Immerhin dürften die Tsetsefliegen wärmebedürftiger sein, als die Schöllerfliegen, also damit auch in kälteren Hochlagen nicht mehr vorkommen, in denen die Schöllerfliege noch in Mengen gedeiht. Über den etwaigen Einfluß der Höhenlage auf die „Gefährlichkeit" beider Fliegenarten später.

Entgegen der allgemein herrschenden Anschauung, daß die Tsetse vornehmlich in tiefgelegenen feuchten Gegenden, namentlich in Talschlünden ihren Standort habe, kann ich, sowohl nach meinen Erkundigungen bei den Eingeborenen, wie nach den eigenen Beobachtungen nur sagen, daß eher das Gegenteil der Fall ist.*) Ich habe sie an den verschiedensten Stellen und vielfach weitab vom Wasser — einigemal allerdings auch in nächster Nähe von sumpfigen Niederungen — getroffen: das ähnliche an all diesen Plätzen war aber das Vorkommen einer ziemlich dichten und hohen Grasdecke — am häufigsten von der in Makuyuni und zwischen Mbaraua und Kisangara gesammelten Art — mit reich belaubten, schattigen, aber nicht allzu dicht stehenden Bäumen dazwischen; kurz das, was wir in Südwestafrika eine Busch-Baumsteppe nennen. Freie Plätze und Dörfer meidet sie. Eine bestimmte führende Baumart habe ich nicht herausfinden können; eher schon die eben genannte

---

*) Offenes Wasser scheint sie gänzlich zu meiden; so ist in Korogwe das rechte Ufer des Ruvu (Pangani) furrah- und tsetsefrei, das linke verseucht; die herrschenden Winde stehen über den etwa 25 m breiten Fluß vom rechten Ufer her. Schon Johnston berichtet, daß auf dem Wasser der Flüsse keine Tsetsefliege sich finde, die Ufer mögen noch so arg mit ihr besetzt sein.

Grasart. Für die mir in Muheza als führend bezeichnete, das große breitblätterige schilfartige Gras der Niederungen und feuchten Hänge in Usambara und Bondei, das das Vieh so gern frißt, habe ich diese Angabe nicht bestätigt gefunden. Ich möchte unter gleichzeitiger Berücksichtigung der Tageszeiten und der Wetterlagen, bei denen die Tsetse besonders rege ist, ihre Ansprüche an das Gelände in der Hinsicht finden, daß es ihr einen nicht zu lichten Schatten bietet, in dem sie auf ihre Futtertiere warten kann. Ihr Schattenbedürfnis ist jedenfalls noch beträchtlich höher, als das der Schöllerfliege.

Ob das Gras hierbei blos die Rolle spielt, die Futtertiere anzulocken, muß ich vorläufig dahingestellt sein lassen. Möglich wäre es, daß es auch zur Fortpflanzung der Fliege in irgend einer Beziehung sicht, ähnlich wie bei der Schöllerfliege das der Fall sein dürfte.

Nach den mir gewordenen Angaben scheinen die Tsetsefliegen im Gegensatz zur Schöllerfliege mehr die größeren Tiere als Blutlieferanten vor den kleineren zu bevorzugen. Nach meinen eigenen Beobachtungen muß ich den Menschen an die allererste Stelle zu setzen; dann folgt wohl das große Wild, Büffel, große Antilopen, Zebra, Esel, Pferde und Rinder; dann erst das Kleinvieh und das Kleinwild. Hunde scheinen für gewöhnlich nicht eben sehr bevorzugt zu werden. Dagegen spricht keineswegs die von Konsul Gleim mitgeteilte Beobachtung aus Portugiesisch-Südwestafrika: denn die Jagdhunde, die dem von der Tsetse bevorzugten Wilde folgen, leben natürlich unter anderen Bedingungen als die Dorfhunde. Jene leben eben in der am stärksten von Tsetse besetzten Gegend und sind dazu noch durch den Jagdeifer oder die folgende Ermüdung weniger eifrig im Abwehren der Fliegen; die Dorfhunde dagegen leben an verhältnismäßig tsetsefreien Plätzen. — Die Empfänglichkeit für die Surrah, um das hier gleich zu erwähnen, hat übrigens eine ganz andere Reihenfolge, als die für das Gestochenwerden.

Daß die Tsetsefliegen übrigens dem Vieh, entgegen der bisherigen Ansicht, wirklich auch über größere Strecken hin folgen, dafür habe ich außer dem Zeugnis der Eingeborenen eine ganz sichere eigene Beobachtung aus Kwa Feraji vom 19. März: „Kurz hinter dem Vieh des Dorfes kommen zwei Massais mit einem Rinde von Kisuani her. .... 5⁵⁰ wenige Minuten nachdem dies Rind, das wie das andere Vieh dicht bei meinen Leuten vorbei mußte, in's Dorf hinein war, bringt mir mein Fliegenfänger, der bereits seit etwa 1 Stunde an seinem Platz gesessen hatte, eine Tsetsefliege, die ihn eben gestochen hatte. Sie muß also mit dem Kleinvieh des Dorfes oder dem einzelnen Rinde mitgekommen sein." Die betreffenden Notizen habe ich unmittelbar nach dem Heranbringen der Fliege niedergeschrieben; ein Irrtum ist also wohl ausgeschlossen. In Korogwe behaupteten die Leute, die Krankheit (Kidei) werde mit dem Karawanenvieh, namentlich vom Kilimandscharo her eingeschleppt und in Kwa Sengiba, daß das Sterben unter dem Kleinvieh mit den Massaiheerden komme, bei denen sie auch Fliegen gesehen hätten, die der vorgezeigten (trockenen) Tsetse gleichen.

Über die Fortpflanzung der Tsetse, die Art und den Ort ihrer Eiablage, das Aussehen der Eier, deren Entwickelungsdauer u. s. w., die Maden und Tönnchen konnte mir kein Eingeborener Mitteilungen machen. Nur in Muheza erhielt ich vom Akiden und den alten Leuten eine Auskunft, die man vielleicht nach dieser Richtung hin deuten darf. Ich gebe sie im Wortlaut der unmittelbaren Niederschrift wieder. Die Übersetzung aus dem Kisuaheli hat mir Herr Spediteur Zschaetzsch Satz für Satz während des schauri gegeben, so daß wohl ein Mißverständnis ausgeschlossen ist: „Die Fliegen sollen in der Steppe heimisch sein in den Früchten des Baumes msaráka; wenn die Steppe abgebrannt ist ziehen sie in die hiesige Gegend. Der msaraka ein mittelgroßer Baum, Rinde rauh, grauweiß (etwa wie die einer rissigen Weißbuche). Blätter ähnlich wie eingelegter Zweig Nr. 2, Früchte klein, wie ein Fingernagel, wie Kaffeekirschen in Farbe, nicht eßbar." Auch in Südafrika gilt ein ähnlicher Baum, bei den Basuto „marúlla", bei den Zulu „Ungána" genannt als beliebter Aufenthaltsort der Tsetsefliegen, wie mir Herr Schütze (in Muheza) mitteilte. Er hat rotgelbe, kirschen- oder pflaumenartige Früche, silbergraue Rinde, kleine Blätter. Es ist ein großer Baum und aus seinen Früchten brauen die Eingeborenen ein Bier. Der Bur geht mit seinen Ochsen nicht mehr dahin, wo dieser Baum vorkommt.

Der von den Muhezaleuten als msarola bezeichnete Baum ist auch in Ngomeni und Umba unter diesen Namen bekonut. Der Eingeborene, der mir diese Auskunft gab, ein halbwüchsiger Boy des Streckenaufsehers Jaeschke in Ngomeni, wollte ihn mir aber nicht zeigen, wohl weil Teile des Baumes zu Liebesträuken oder Gift benutzt werden.

Einen Baum gleichen Namens und mit ähnlichen Blättern (d. h. wie die der Wallnuß, juglans atra, oder noch besser die des Essigbaumes, rhus toxidodendron) grauer, ein wenig rissiger Rinde und kaffeekirschengleichen Früchten, aber von sehr hohem Wuchs, einen Baum erster Ordnung, sah ich dann bei Mombo im Galeriewald des Mombo. Auch in den Bergen von Westusambara hatte ich ihn bei Sakarre gesehen, gleichfalls als Urwaldriesen, doch seinen Namen nicht erfahren können.

Hat dieser Baum, der richtige msaraka der Wabondei, wirklich etwas mit der Fortpflanzung der Tsetse zu tun, so müßte man annehmen, daß die Fliegen bei ihrem Verschwinden in die Steppe im Oktober und November, Monate die etwa der Blütezeit des von mir gesehenen großen msaraka entsprechen würden, in die jungen Früchte oder Blüten ihre Eier ablegen, daß diese in ihnen ausschlüpfen, die Maden sich mit ihnen entwickeln, beim Abfallen der Früchte ausschlüpfen, sich in den Boden oder den unter den Bäumen liegenden Mulm eingraben, hier verpuppen und Anfang Februar mit dem Regen wieder ausschlüpfen. Der Vorgang wäre an sich durchaus nicht unwahrscheinlich oder gar unmöglich und auch die Entwickelungszeit von 2—2$\frac{1}{2}$ Monaten entspräche der bei einigen andern parasitischen Fliegen. Im gewissen Widerspruch damit steht nur, daß gerade die Leute von Muheza selber angeben, daß die Fliegen im Juni, Juli, August in der größten Zahl vorhanden seien, während sie im März, April, Mai mit den Regen kämen. Das klingt doch so, als ob sie sich in diesen drei Monaten März—Mai noch an Ort und Stelle vermehrten.

Träfe die Sache mit dem msaraka zu, was eine eingehende Beobachtung während der in Betracht kommenden Monate an Ort und Stelle zu prüfen hätte, so würde damit ein Weg gegeben sein den Fliegen beizukommen. Man brauchte nur die Früchte und den unter den Bäumen liegenden pflanzlichen Abfall und die oberste Bodenschicht zu verbrennen, um die Nachkommenschaft der Fliegen in großen Mengen zu vernichten.

Ich verfüge nun aber noch über eine eigene Beobachtung, die allerdings recht unsicher ist, aber, da sie auf eine ganz andere Art der Lebensweise für die Nach-

kommenschaft der Fliege hinwiese, bringend der Nachprüfung bedarf: Meine Leute
hatten mir schon beim Ausmarsch von Korogwe ins eigentliche Fliegengebiet erzählt,
daß dort in der Regenzeit die Menschen unter Pusteln zu leiden hätten, in denen
eine Made säße. Mir war die Sache aber entfallen, weil trotz meiner Anordnung,
daß jeder, der so etwas an sich merke, sofort zu mir kommen solle, sich niemand
während des ganzen Marsches bei mir gemeldet hatte. Auf dem Wege von Maurwi
nach Korogwe nun spürte ich selbst plötzlich so etwas wie einen Fliegenstich an der
linken Hand und sah eine graue Fliege von Größe und Gestalt der Tsetsefliege
wegfliegen, als ich noch der gestochenen Stelle schlug. Im Laufe desselben Tages
spürte ich fortdauernd Schmerzen an dieser Stelle, sie schwoll zu einer kleinen roten
Pustel an, auf deren Höhe eine kleine Öffnung sich befand, aus der fortwährend
Serum austrat. Des Nachmittags kam mein Eseljunge mit einer ähnlichen,
nur größeren Beule an der Spitze des linken Ohres. Ich glaubte in der Öffnung
so etwas wie einen Eiterpfropf zu sehen, machte einen kleinen Einschnitt und holte
eine ca. 1 cm lange 4 mm dicke Fliegenmade heraus. Daraufhin machte ich am
nächsten Morgen bei mir das gleiche, und förderte eine entsprechend kleinere, etwa
2:0,8 mm große Fliegenmade zu Tage.

Diese Beobachtung im Verein mit der, daß mir der Akida von Muheza bei
einer Kuh in Potwe (der Wanyamwezi) offene Stellen, die aufgehackten Dasselbeulen
gleichen, als „sofurostellen" bezeichnete, läßt mich daran denken, daß event. auch die
Maden der Tsetse als Hautparasiten bei Mensch und Tier leben könnten. Leider
war es mir nicht möglich, die beiden Maden aufzubewahren und bis zum Ausschlüpfen
zu züchten. Dann wäre ja die Frage entschieden gewesen. Das Ablegen der
Nachkommenschaft würde bei einer solchen Art der Fortpflanzung wahrscheinlich
nicht als Ei, sondern als Made geschehen, die Tsetse dann also lebendiggebärend
sein, d. h. die Eier entweder schon im Tragsack oder in der Legröhre ausschlüpfen.
Dieser Vorgang ist bei vielen Fliegen, deren Maden parasitisch leben, z. B. den
Sarcophagiden, soweit sie auf oder in Heuschrecken schmarotzen, der gewöhnliche.
Die junge Made ist dann mit einem zähen Klebestoffe versehen, der sie der Haut
des Wirtstieres anhaften läßt, und die Made selbst bahnt sich sofort nach dem
Abgelegtsein den Weg durch die Haut. Das Ablegen der Made seitens der Mutter-
fliege geschieht mit solcher Schnelligkeit, daß man z. B. auf den Heuschrecken nur
bei äußerster Aufmerksamkeit und großer Übung überhaupt sieht, daß sie das
Wirtstier berührt hat. Das würde mit dem „blitzartigen auf ihr Opfer stürzen
und ebenso wieder entfliehen", wie es Konsul Gleim beschreibt, gut in Einklang
stehen; nur daß dabei ein Stechen und Saugen, sondern eben das Absetzen der
Nachkommenschaft stattfände.

Sehr wahrscheinlich ist aber eine solche Art der Fortpflanzung für die Tsetse
nicht; sie wird wohl in der Art wie etwa die der Stubenfliege stattfinden, der sie
ja auch im System nahesteht. *)

---

*) Bruce teilt in seinem „Further Report on the Tsetse-fly" mit, daß er bei den
von ihm studierten Tsetsefliegen die Fortpflanzung beobachtet habe; und zwar geschehe das
in der Weise, daß das Weibchen eine gelbe Made „nahezu von der Größe des Hinterleibes
der Fliege" gebäre, die in 10 Leibesringen gegliedert sei, schleunigst von dannen tricche, um
einen Schutzwinkel aufzusuchen, in dem sie sich binnen wenigen Stunden unter Dunkelfärbung
zu einem Tönnchen verpuppe, das an trockenem Orte aufbewahrt, etwa 6 Wochen brauche
um die Fliege entschlüpfen zu lassen. Austen (A Monograph of The Tsetse Flies. Lon-

Die dritte Fliegenart, die nach den Angaben der Eingeborenen für die Über-
tragung der Surrah noch in Frage kommen könnte, habe ich nur dreimal auf meinem
Wege getroffen: in Kasiga (zwischen Mombo und Mazinde), in Latanga (am
Mangasee) und am Kilimandjaro. Gesehen habe ich sie nur in Kasiga und Moschi,
erhalten nur von Kasiga aus und zwar in solchem Zustande, daß eine systematische
Bestimmung nicht mehr möglich ist. Die Beschreibung muß ich hier nach der Erinnerung geben. (Sehr gut erhaltene Stücke von dieser Art hat Oberleutnant
Merker in Moschi). Sie wurde von den Kasigaleuten als „sindaki“ oder „sofuro“
bezeichnet, von den Massai in Moschi als „ndorobo“; die Wasegua in Latanga
nannten sie „paange“; die dortigen Massai kannten weder ihren Namen noch ihr
Vorkommen. Nach den drei positiven Angaben lebt sie „im Pori am Wasser“,
hauptsächlich in der Regenzeit, und verursacht nach den Angaben der Kasigaleute
und der Massai vom Kilimandscharo eine der Surrah gleiche Erkrankung mit demselben Verlauf wie diese. Die Wasegua von Latanga wußten nicht anzugeben, ob
sie krank mache.

Es ist eine sehr schlanke Stechfliege von etwas über Stubenfliegenlänge, von
schwarzer Farbe mit vollem röhrenförmigen Rüssel ohne Seitenborsten. Der Leib
ist entgegengesetzt wie bei Tsetse und Schöllerfliege anscheinend nicht behaart, sondern
mattglänzend und glatt, so daß sie etwas an eine geflügelte schwarze Ameise
erinnert. Der Kopf ist auch bei ihr, wie bei den meisten Stechfliegen, verhältnismäßig groß. Die Einschnürungen zwischen Kopf und Brust und zwischen Brust
und Hinterleib sind ziemlich tief. Der ganze Körper erscheint runder als der der
Schöllerfliege und namentlich als der Tsetse. Sie ähnelt in dieser Beziehung sehr
einer gelb und schwarz gezeichneten Bremsenart, die vornehmlich den Menschen
sticht, überall vorkommt und namentlich in Ostusambara auch in den Häusern sehr
häufig ist. Wie bei dieser sind auch ihre sonst durchsichtigen rauchgrauen Flügel
mit durchsichtigen schwarzen Flecken gezeichnet und auch die Haltung und Form ist
dieselbe; nämlich wagerecht ziemlich stark dreieckig auseinandergefaltet, schmal,
mindestens von der doppelten Länge des Hinterleibes und noch der Spitze hin abgerundet. (Die Bremse hat jedoch noch gelbbraune Felder auf den Flügeln außer
den schwarzen Flecken und ist im Ganzen etwas größer, die Flügel etwas breiter.)

Sie soll wie die andern Stechfliegen namentlich in der Regenzeit vorkommen.
Weiteres über ihre Lebensweise konnte ich nicht in Erfahrung bringen.

Bezüglich der Rolle, welche die aufgeführten Fliegen bei der Übertragung
der Surrah spielen, habe ich Nachstehendes beobachten und in Erfahrung bringen

von 1903), dem ich diese Notiz entnähme, beschreibt die Tönnchen als 6,3—7 mm lang,
3,3—3,66 mm breit, dunkelbraun, aus 12 Segmenten bestehend. Das letzte Segment ist
wie das der Larve tiefschwarz, rechts und links zu zwei vorstehenden Lippen ausgezogen,
die ein 0,5—1,0 mm tiefes Grübchen zwischen sich lassen. Die Larve hat zwei Lippen-
häkchen. Austen macht besonders darauf aufmerksam, daß andere Tsetsearten sich in der Art
der Fortpflanzung etwas anders verhalten könnten. Die Art, die Bruce beobachtet, ist
nicht dieselbe, wie die von mir gesehene; es wäre dennoch also immerhin möglich, daß meine
letztere Beobachtung zutreffend wäre.

können. Ich muß dabei vorausschicken, daß es nach dem Zeugnis der Eingeborenen, wie nach meiner eigenen Beobachtung zwei verschiedene Arten von Surrah in den von mir bereisten Gebieten giebt: eine ganz akut, in 1 bis höchstens 4 Tagen — zuweilen schon in wenigen Stunden — tötlich verlaufende, bei der kein Fall von Heilung den Eingeborenen bekannt ist, und eine langsamer verlaufende über eine Reihe von Tagen — sika mengi — bis Monate sich hinziehende von der die Tiere gelegentlich, in Ausnahmefällen genesen können. R. Koch spricht auch von solch verschiedenen Verlauf und faßt beides als ein und dieselbe Krankheit auf. Ich glaube bei meinen Blutpräparaten einen Unterschied auch in der Form wie in der Menge des im Blute enthaltenen Krankheitserregers, des Trypanosoma sp., gefunden zu haben (doch möchte ich den bestimmten Entscheid darüber bis zum Abschluß der Untersuchung aller meiner Deckgläschenpräparate verschieben). Jedenfalls aber hält ein Teil der Eingeborenen beide Formen streng auseinander und schreibt sie dem Stich verschiedener Fliegen zu; ja, an einer Stelle wurde nur eine ganz bestimmte Tsetseart, die große der von Herrn Lommel bei Kilwa gesammelten gleichende, für gefährlich, und zwar nur für Esel, gehalten, die andere Tsetseart und die Schöllerfliege dagegen für bedeutungslos. Da wir über die Art, wie die Übertragung des Trypanosoma durch die Fliegen geschieht, noch nichts sicheres wissen, ja das Trypanosoma bisher noch von keinem Forscher innerhalb des Fliegenleibes gefunden worden ist,[*] so halte ich es für angezeigt, selbst vor beendetem Abschluß der Untersuchung meiner Sammlungen schon jetzt alles beizubringen, was ich in dieser Hinsicht erfahren und erkunden konnte.

Mein Hauptgrund, die Schöllerfliege für stark verdächtig zu halten ist der, daß ich Kibei und zwar stets die langsam verlaufende Form in Gegenden fand, wo nur die Schöllerfliege aber keine Tsetse vorhanden war.

Nach den Aussagen der meisten Eingeborenen spielt die Schöllerfliege bei der Übertragung der Surrah auf das Kleinvieh ihre Hauptrolle; ob sie auch dem Rindvieh und Eseln gefährlich sei (Pferde und Schweine kommen erklärlicher Weise für die Eingeborenen nicht in Betracht), darüber sind meine Gewährsmänner geteilter Ansicht, meist bejahen sie es; nach meinen eigenen Beobachtungen halte ich auch Maskatesel, Kälber und Jungvieh, sowie gelegentlich ein ausgewachsenes Rind für gefährdet. Ich möchte den Eindruck, den ich erhalten habe, dahin zusammenfassen, daß entsprechend dem etwas kürzeren Stechrüssel der Schöllerfliege Vorbedingung ein etwas dünneres Fell bei den Futtertieren ist. Daher wohl auch ihre ganz ausgesprochene Vorliebe für die Bauchseite der Tiere und die Innenseite von deren Beinen; denn hier ist die Haut am dünnsten. Nächst diesen Körperstellen wird die gleichfalls dünne Gesichtshaut, dann die der Gelenkbeugen am Rumpf und sodann die Haut über beat Schulterblatt bevorzugt. Kaum je habe ich bei Großvieh eine Schöllerfliege auf dem mit dicker Haut bedeckten Rücken oder Hals gesehen und die Büffel und die Büffelkälber in Kwai waren gänzlich frei von dieser Fliege, während das mit ihnen zusammenstehende Rindvieh (zum guten Teil rein oder gemischt europäischen Blutes) und namentlich die Kälber dicht mit ihr besetzt waren. In den zuerst von mir berührten Orten, wo ich die Schöllerfliege noch nicht kannte, konnte ich natürlich auch nicht nach ihr fragen. Jedoch habe ich für Muheza und

---

[*] Geschrieben im April 1902; die Literatur war mir eben nicht zugänglich gewesen.

die Dörfer von dort bis Schöllerplantage, auf beiden Seiten des Mkulumuzi, ebenso für die von Muheza bis Korogwe den Verdacht, daß die Probestücke der Tsetse von Kilwa, die mir in Alkohol eingelegt mitgegeben waren, von den Leuten vielfach als Schöllerfliege, wegen der gleichen Flügelhaltung mit dieser, angesprochen worden sind und daß daher die Angaben sich wohl auf diese beziehen, nicht auf die Tsetse. Von Korogwe ab verfüge ich dann über bestimmte Angaben: davon lauten die aus Maurwi, Mazinde, Langata-Massai, Mikomasi, Kihuiro, Ndungu, Gonja, Kwa Feraji, Kisuani, Maji ya juu, Kisaru kwa Makange, Mbaraua, Kisangara und Limbeni bejahend dahin, daß die Schöllerfliege ganz bestimmt eine der Kidei (Surrah) gleiche oder ähnliche Krankheit mache, meist mit dem Zusatz, daß sie langsamer verlaufe als die eigentliche Kidei (Ndungu, Gonja, Kwa Feraji, Kisuani, Kisaru kwa Makange, Kisangara). In einigen Orten ist sogar nur die Schöllerfliege als Überträgerin der Krankheit bekonut, so in Mazinde, Langata-Massai, Mikomasi, Kihuiro, Gonja, Maji ya juu. In Mazinde wurde mir die Auskunft, daß die Schöllerfliegen stets da seien, wenn die Ziegen an Kidei erkrankten, in Kihuiro und Kisuani, daß stets das Kleinvieh zuerst an der langsam verlaufenden Form erkrankte und zwar kurz vor oder im Beginn der Regenzeit, dann erst das Großvieh etwa 1 bis 2 Monate später. In Limbeni bezeichneten die Leute zwar Tsetse wie Schöllerfliege in der nächsten Umgegend — mit gelegentlicher Ausnahme der großen Tsetse — für ungefährlich, doch mußten sie, daß beide Fliegenarten anderuorts durch ihren Stich Krankheit erzeugen. In Makuyuni erklärte allerdings der Jumbe und Akida, daß die Schöllerfliegen die Rinder blos plagten, ohne sie krank zu machen, beschuldigte aber (ähnlich wie die Massai in Langata) das Gras, in dem diese Fliegen säßen, als Krankheitserreger. In Moschi war die Fliege, obwohl vorhanden, nicht bekonut.

Verneinend fiel die Antwort in Korogwe aus: hier sollten sie nur stets auf krankem Vieh sitzen, ohne selbst die Krankheit zu übertragen. Erstere Behauptung entspricht nicht den Tatsachen, wie ich vielfach Gelegenheit hatte zu sehen. In der ganzen Gegend habe ich ferner viel krankes (Stond-) Vieh, zum Teil in frischer Erkrankung gesehen. Alle Fälle gehörten (auch mikroskopisch) der langsam verlaufenden Form an und Schöllerfliegen habe ich massenhaft, Tsetsefliegen dagegen mit Ausnahme von Bagamoyo, nirgends von Muheza bis Kwa Feraji in dieser Jahreszeit gesehen. Verneinend war ferner die Auskunft der Jumben von Mwana mata: er kannte die Schöllerfliege überhaupt nicht, wie sie schon in Kwa Sengiba und weiterhin in Kambi ya simba gleichfalls unbekannt war. Da ich ebenso wie meine Leute sie in diesen Orten gleichfalls nicht gesehen haben, so dürfte sie dort vielleicht überhaupt nicht vorkommen. Die Auskunft, die ich in Kahr für Schöllerfliege wie Tsetse erhielt, daß beide nichts zu bedeuten hätten als wie quälende Stechfliegen, halte ich für eine Ausflucht, um der ganzen Sache zu entgehen. Denn Mißtrauen zeigten uns diese Massai in jeder Weise.

(Schluß folgt.)

Von Mogador nach Marrakesch.

Reiseeindrücke aus dem Maghreb el Aksa.[2]

Von Dr. P. Mohr, Berlin.

Mit 4 Abbildungen.

Wie im Fluge war die Zeit im gastlichen Hause des Herrn v. Maur mir vergangen. Das wichtigste und wesentlichste hatte ich kennen gelernt. Es galt sich zur Weiterreise zu rüsten und Abschied von der schönen Stadt zu nehmen. Denn Mogador ist schön, von einer malerischen Schönheit. Unvergeßlich werden mir das kraftvolle Licht und die wunderbar wechselnden Farben sein. Die Lichtreflexe und die Nüancen namentlich am Abend an der See auf dem alten sandsteingelben verwitterten Pulverhaus, diese lichten Schatten und die köstlich weiche, balsamische, volle Luft, das sind Schönheiten, die Auge und Sinn in ewige Gefangenschaft nehmen.

Nun galt es also, Abschied nehmen und packen. Über Ain Habschar wollte ich in bequemen Marschtagen nach Marrakesch. Gastfreundliche Unterkunft war mir von Herrn Marx in Marrakesch bei einem seiner Schutzbefohlenen zugesagt.

Doch bevor ich fortfahre, will ich noch etwas von den marokkanischen Wirren erzählen und einigem andern, was damit zusammenhängt. Schon während meines 14 tägigen Aufenthaltes in Tanger hatte ich die Absicht gehabt, einen Abstecher nach Tetuan zu machen und hatte mich in dieser Angelegenheit an Herrn Konsul Lüderitz gewendet. Leider wurde mir der Bescheid, daß der Pascha von Tanger, der bekannte Si Mohammed Torres, alle Verantwortlichkeit strikt ablehne und auch keine Soldaten mitgeben könne. Darauf hatte ich die Absicht ausgesprochen, dann wenigstens im Südwesten zu reisen und Marrakesch besuchen zu wollen. Sollte ich dazu kreinu Sultansbrief erhalten, so bäte ich wenigstens um eine Empfehlung an den Kaid von Marrakesch.

Der Erfolg war sehr interessant. Offiziell erklärte mir Herr Lüderitz, daß die Kaiserliche Gesandtschaft mir entschieden abrate, ins Innere des Landes zu begeben, inoffiziel aber händigte er mir mit „einem" vergnügten Auge das verschlossene Empfehlungsschreiben ein. — In Mogador aber erging es mir genau so. Offiziell verwarnte mich Herr v. Maur mit amtlichem Gesicht, inoffiziell aber als

---

[1] Vgl. den in Nr. 34 der Deutschen Kolonialzeitung Jg. 1903 veröffentlichten Reisebericht des Verfassers über Mogador.

[2] Die wissenschaftlichen Ergebnisse meiner Reise werden in der Zeitschrift „Nordafrika", Verlag C. Bertelsmann-Gütersloh, zum Abdruck gelangen, soweit sie überhaupt veröffentlicht werden.

guter Landsmann tat er alles, um meine Karawane auszurüsten. Und das war
keine Kleinigkeit. Es galt ein Reittier zu beschaffen für mich, ein anderes für
meinen Diener Bu Schaib aus Casablanca, übrigens ein treuer guter Kerl, der
ziemlich gut sich in Deutsch verständigen konnte. Außerdem Packtiere zu besorgen
nebst Küchenausrüstung und Proviant. Da sich mir noch zwei junge Teutsche,
Studierende des Malfaches, angeschlossen hatten, war alles dreifach zu beschaffen.
Zelt und Feldbett hatte ich mir aus Berlin mitgenommen, von C. Reichelt, und
war damit auch außerordentlich zufrieden. Wassersäcke nahm ich von Tippelskirch,
auch diese haben meinen vollen Beifall, nur wäre es nötig, an der Innenseite einen
kleinen Lederstreifen zu befestigen, da sich sonst das Segeltuch leicht zerscheuert.

Als Reittier wurde ein Maultier erstanden — für 80 Donro, ein sehr hoher
Preis, allerdings mit Zaumzeug und Sattel. Dabei sei gleich bemerkt, daß ich es
später in Casablanca für 53 Douro veräußert habe. Die Vorliebe für Maultiere
auch für Forschungsreisende kann ich nicht teilen. Zwar sind die Tiere außerordentlich strapazierfähig, aber andrerseits haben sie auch zahlreiche Fehler. Gewöhnlich ist jedes Tier sehr scheu und gehorcht nie der Faust. Will man irgendwo
absitzen, um etwas zu untersuchen, so will das Tier mit Gewalt der Karawane
nach, auch wenn jemand anders noch zurückbleibt. Der Hauptfehler ist ihr leichtes
Scheuwerden. Mein Tier hatte die üble Eigenschaft, kein Stück Papier fallen zu
sehen, ohne zu erschrecken. Sehr schwierig war die Ausbreitung einer Karte während
des Reitens. Einmal, in Djebilet, passierte es mir, als der Wind in meine Karte
fuhr, daß es wie verrückt im Kreise umhersprang, den Zaum zerriß und den
Sattel zum Herunterrutschen brachte. Trotzdem kam ich ohne Unfall auf beide
Beine zu stehen.

Sehr lästig ist auch der breite Sattel. Ich habe oft zu Pferde gesessen, nichtsdestoweniger war die breite Sitzart mir anfangs sehr beschwerlich. Schließlich wird
auch das Maultier bei längeren Reittouren schlapp und bedarf fortwährenden An-
spornens. Die Araber baumeln ununterbrochen mit den Beinen oder stechen das
Tier mit den langen Packnadeln in den Widerrist. Noch ein Fehler ist, daß Maultiere vor allen Aasgerüchen scheuen. Wenn nun Kamele mit noch frischen Schaffellen
autommen, pflegte auch mein Tier das Weite zu erstreben. Prof. Fischer erzählt,
daß eins seiner Reittiere stets vor Kamelen gescheut habe, ich vermute, daß es
Kamele bepackt mit frischen Schaffellen waren. Mein Maultier hatte zudem noch
die üble Eigenschaft, wenn es müde murde, zu stolpern. Mir war es schon beim
Kauf aufgefallen, daß es vorn sehr eng stand, vermutlich eine Folge der engen
Fesselung. Aber von diesen Fehlern abgesehen, war ich später mit ihm ganz zufrieden. Allmählich lernt man auch ein Maultier reiten.

Was nun die sonstige Ausrüstung anbetrifft, so will ich zu Nutz und Frommen
späterer Marokkoreisender bemerken, daß man an Konserven, Marmeladen, Frucht-
gelees rc. alles in Tanger und Casablanca in ausgezeichneter Qualität und sehr
billig haben kann, billiger als in Deutschland. Nur Butter und Zwieback, Pumper-
nickel, Käse lohnt von Europa mitzubringen. — Alles andere, Tee, Zucker, Kaffee,
ist in Marokko billig. Kaffee kommt jetzt vielfach aus Deutschland. Der französische,
der gemahlen verkauft wird, ist jämmerlich. Auch die Geschirrsachen waren erstaunlich
billig, die zinnernen Teekannen werden aus England eingeführt. In allen diesen
Artikeln ist aber die deutsche Industrie vollkommen konkurrenzfähig.

Außer den Reittieren für die Diener, die natürlich hoch oben auf den kunstvoll verschnürrten Sachen thronten, hatten wir als Packtiere nach bewährtem Muster 2 Kamele gemietet. Der Preis betrug 9½ Douro. Der Mann erhielt 1 Douro für Essen und Futter. Die 2 Maultiere kosteten 7 Douro.

Einen Soldaten oder einen Sultansbrief hatten wir nicht mit, dagegen borgte ich mir von einem der Herren einen Karabiner, während ich selbst eine Jagdflinte mithatte. Ein Gewehr ist nicht gerade wegen des Ernstfalles von Nöten, sondern wenn ich mich so ausdrücken darf, um „Eindruck zu schinden." Ein gutes Gewehr importiert dem Marokkaner gewaltig. Das erste war, wenn wir in ein Dorf kamen und die Gewehre zusammenstellten, daß jeder herankam und das Ding sich besah. Gewaltig imponierte meine Browning-Pistole, trotzdem der Araber kein Freund von Revolvern ist. Aber als ich ihnen mal im Garten des Kaid von Sibi Moktar etwas vorschoß und genau Zentrum traf, war ihre Verwunderung groß.

Steppe.

Im ganzen Südwesten werden die Gewehre in einem langen Futteral getragen und quer über den Sattel gelegt. Dennoch glaube ich, daß bei einem überraschenden Angriff es etwas schwierig ist, die Flinte herauszuwickeln und zu laden. Aber der Zweck ist gewöhnlich erreicht, vor einer bewaffneten Karavane nimmt sich auch der Straßenräuber in Acht. Denn im Grunde ist der Marokkaner sehr feige, das haben mir langjährige Kenner besonders versichert.

Also für alle Fälle waren wir auch bis an die Zähne bewaffnet. Denn man muß auch nicht vergessen, daß geradezu wahnwitzige Gerüchte aller Art an der Küste auftauchten. Noch zwei Tage vor meiner Abreise, ich war gerade mit

5*

meiner harten Photographenpflicht beschäftigt, hörte ich die Stimme des Herrn
v. Maur nach mir rufen.

„Schöne Geschichten das! Der Relas meldet soeben, daß der Sultan und
Menebhi im ‚hebs‘ (Gefängnis) sind. Fes ist gefallen. Und das sonderbare ist,
daß alle drei Kuriere, die gestern und heute gekommen sind, übereinstimmend die
Nachricht gebracht haben.“

„Und das rufen Sie so laut“, fragte ich.

„Na, verstehen tuts ja doch keiner“, erwiderte er mir lachend.

Und dann gibt man sich zufrieden und wartet die Dinge ab. „Inschallah!“
Unter solchen Auspizien traten wir also am 7. Mai die Reise an.

Es war ein herrlicher Sonnentag, als wir um 10³⁰ aus dem Duffalatore
den Weg nach Schedma hinausritten. Und um es gleich vorwegzunehmen, ich bin
nach Marrakesch gelangt, buchstäblich ohne einen Tropfen Schweiß zu verlieren.
Stets war ein angenehmer Wind vorhanden, sodaß ich unterwegs nie an Durst gelitten habe, ausgenommen den ersten Marschtag von Ain Habschar. Dagegen war
es auf der Rückreise von Marrakesch nach Saffi heißer, da der Wind im Rücken war.

Und auf noch etwas anderes möchte ich aufmerksam machen, was die Änderung
der Zeiten anbetrifft. In den 50er Jahren reiste der Frhr. v. Maltzan in der
Nacht nach Marrakesch, 1872 nahmen v. Fritsch und Rein noch eine Dschelabia
(weißer arabischer Mantel) um und legten einen Turban sich zu, der Oberstleutnant
v. Conring mußte in Saffi gehorsamst die Erlaubnis des Sultans zum Reisen
abwarten, der Premierleutnant Quedenfeld durfte 1881, trotzdem er im Besitz eines
Sultanbriefes war, in Marrakesch nicht in der Medina (d. i. das ist das maurische
Viertel) wohnen, sondern nur im Judenviertel.

Wir brauchten dagegen weder jemanden um Erlaubnis fragen, noch reisten
wir in der Nacht, noch in maurischem Kostüm, noch unter maurischer Bedeckung.
Und wenn man fragt, wer diese Umgestaltung der Dinge bewirkt hat, so ist das das
Verdienst dem Handel und unternehmenden Kaufleuten zuzuschreiben, von deren
kühnen Reisen zwar kein beredter Chronist meldet, die aber im wahrsten Sinne des
Wortes Pioniere und Bahnbrecher genannt werden müssen. Daß es gerade die
alten Kaufleute am schwersten gehabt haben, ist selbstverständlich. Und für die
jahrelangen Entbehrungen und Mühen ist oft das Äquivalent nicht sehr groß gewesen, während es der junge Nachwuchs heute durchaus leichter hat. Allerdings
wird er auch im allgemeinen nur gering bezahlt. In Marokko wird vom Gehalt
die gute Luft abgezogen, das ist Grundsatz. Mir scheint aber auch, daß dadurch
verhütet werden soll, daß sich die Jungen zu früh selbständig machen; denn wer
im Monat sich mit 50 M. und freier Station begnügt, hat gewöhnlich nicht gerade
Überfluß am nervus rerum.

Nach dieser kleinen Abschweifung kehre ich zu unserer Reise zurück. Ain
Habschar, das ja durch Theobald Fischers Schilderung bekannt geworden ist, liegt
6 Stunden von Mogador, wir kamen bereits Nachmittags um ¾4 an. Es ist in
Wahrheit ein kleines Paradies, und der herrliche Weg dahin führt meistens den Straude
entlang. Gleich beim Ausreiten hatten wir zwei wunderhübsche Bilder. Über die
Düne, die der Küste vorgelagert ist, und die einen ausgeprägten Saharacharakter
trägt, kam ein Araber mit seinem Eselchen daher. Als das Tier, dem der Mann
folgte, auf dem Kamm der Düne einherschritt, da bob sich der braune Mann mit
seinem unbedeckten Haupte und das kleine, schläfrigen Auges langsam dahinziehende

Grautier gegen den blauseibenen Himmel und die rötlich gelbe Sandwoge wie ein Traumbild von der Wirklichkeit ab.

Und nicht minder schön war es, als über die blaue See am azurnen Himmel ein Zug Flamingos dahinschwebte. Auf ihrem schneeigen Gefieder lag ein zartes Rosa. Und diese drei Farben waren wie ein feiner Lichtakkord, der durch den Äther flog.

Wir, die wir zumeist in Europas graudustrer Herrlichkeit dahinleben, verlernen ja ganz die Freude an der Farbe, und es wäre wirklich für einen Maler hier ein Eldorado, sich an Farben zu berauschen.

In der Steppe.
Von Sidi Moktar nach dem Aut ed Schemel.

Marokko ist aber nicht allein schön und gesund, es ist auch im höchsten Grade fruchtbar. Aber vielleicht glaubt man es mehr einem Engländer als einem Deutschen. Ich setze daher folgende Zeiten des englischen Konsuls aus Dar el Beida (Casablanca) hierher: „I have travelled over a good deal of Africa, including our Southern colonies, and never have I met so generally fertile a country as Morocco, or a climate better suited to Europeans. Cattle, horses, sheep, goats and poultry thrive amazingly, without care or attention.

In agricultural districts the lightly-ploughed soil yield excellent crops of all descriptions of grain and pulse. In other districts the vine flourishes under the most primitive treatment."

Ein andrer Bericht des Reisenden Hooker bringt folgendes: „Man kann Marokko nicht zu sehr rühmen, wenn man von seinen natürlichen Hülfsquellen spricht. Das Land hat alle Vorteile: Milde des Klimas, Reichtum an Wasser, Fruchtbarkeit des Bodens, Verschiedenheit der Produktionen, glückliche handelspolitische Stellung

zwischen zwei Meeren an der Ecke eines Kontinents. Obwohl unter derselben Breite
wie Algerien ist das Maghreb el Aksa diesem Land durch die Gesamtheit seiner
geographischen Bedingungen überlegen.

Während die französische Kolonie als Zentralzone eine Region von uniformen
Platos besitzt, die salzhaltig sind und fast ohne Wasser, hat Marokko ... eine be-
wundernswerte Kette von Bergen mit Flußtälern, verschiedenen Klimaten, die die
ganze Stufenfolge der Landflora aufweisen, mit Ausnahme einiger Pflanzen der
Tropenzone. Die Marokkaner könnten alle Arten von Nutzgewächsen, die für die
Ernährung und die Industrie dienlich sind, erzeugen, und ihre Berge sind nicht
minder reich an Metalladern als diejenigen Spaniens.“

Ein reicher und entwicklungsfähiger Bezirk ist unstreitig das Tal von Ain
Habschar. Hier könnten alle Frühgemüse, Frühkartoffeln, Orangen, Zitronen,
Wein rc. gebaut werden. Eine Schwierigkeit, und das ist allerdings hier die
Hauptsache, liegt in einer gewissen Feindseligkeit der Bevölkerung. Aber auch darin
vollzieht sich bereits ein Wandel; durch die vielfachen Reisen und Besuche von
Europäern werden die Eingebornen mehr mit christlichen Gewohnheiten vertraut
und sehen immer mehr, daß die Christen gar nicht so schlimme Leute sind, wie sie
von ihren Heiligen hingestellt werden.

Auch an unserm Lager, wir hatten die Zelte inmitten herrlicher Oliven aufgestellt, entwickelte sich Abends ein großes Freudenfest — natürlich auf unsere Kosten.
Die halbe Nacht klang die Geige und wurde unmäßig viel Tee getrunken.

Bei Ain Habschar erhebt sich der Djebel Habib, dessen einen Stollen ich, wie
bereits erwähnt, besucht habe. Wenn ich recht verstanden habe, heißt das Loch
Bismun. Um es unauffällig besuchen zu können, gebrauchte ich eine kleine Kriegslist.
Ich erklärte, Schweine jagen zu wollen und nahm mir einen ortskundigen Mann
mit. Als wir nach ³/₄ stündigem Ritt in die Nähe dieser von weitem sichtbaren
Höhle kamen, äußerte ich die Lust, dieses merkwürdige „Loch“ genauer in Augenschein
nehmen zu wollen. Nach ziemlich beschwerlichen Aufstieg kamen wir auch hinauf.
Von Schlacken habe ich an dieser Stelle nichts bemerkt.

Mit meinem Führer bin ich noch weiter das Tal entlang geritten. Bei seinem
Bruder, der einen hübschen Garten mit Wein bepflanzt besaß, etwa 1 ¹/₂ Stunden
vom Lager machte ich Halt. Nach Bewirtung mit einer Schale saurer Milch bin
ich hier umgekehrt. Die genauere Erforschung des Djebel Habib bleibt demnach
noch immer eine zu lösende Aufgabe.

Um den Leser nicht mit der Wegschilderung zu ermüden, will ich unsern
Marsch über Hedebba, Bran Kuriat, Alt Taheria, El Hebb, Sidi Aischer nach
Mokaddem Massud hier nicht weiter schildern, trotzdem diese Route geographisch
noch unbekannt ist.

Arganwälder mit Getreide und Mais, oder Palmettogestrüpp und Weinpflan-
zungen geben der Gegend ihr Gepräge. Nur eins will ich hier noch kurz schildern,
den letzten Teil des Weges vor unserm Lagerplatz. Eine Viertelstunde vor Sidi
Aischer hörte der lichte Arganwald auf, es war heiß und drückend im Wald.
Langsam zieht die Karawane dahin durch dürftige Wiesen und magere Getreidefelder.
An einem Brunnen wird Vieh getränkt, wir schlagen einen südöstlichen Weg ein,
der einen Bergrücken hinaufführt nach einem Dorf Hamed Bil Hasch. Schwerfällig
treten die Tiere, es ist allmählich Nachmittag geworden; als wir den Rücken des
Berges erklommen, breitet sich vor uns flachwelliges Land und hinten am Horizont

leuchten vom Sonnenglanz umflossen die blitzenden Schneefelder des Atlas. Es war ein überraschendes Bild von unvergleichlicher Schönheit, die blaue Gebirgsmasse mit den tief hinabreichenden Schneefeldern. In der Tat habe ich auch später in Marrakesch in solcher Gloriole die Berge nicht mehr gesehen. Die Luft war

Palmenhain von Marrakesch.

Eine Schule, mit ihrem Lehrer einen Ausflug machend, am Wege nach Mazagan.

außerordentlich klar, man hätte glauben mögen, nicht weiter als 2 oder 3 Stunden vom Fuße der Riesen zu stehen.

Die Weiterreise übergehe ich hier. Von Moladdem marschierten wir den nächsten Tag nach Sidi Moktar — durch die Steppe.

Um ein Bild von der Reise durch die Steppe zu geben, will ich hier meinen Tagesbericht hersetzen, wie ich ihn damals aufgeschrieben habe:

Von Sidi Moktar nach Msela Schischaua.

Die Karavane ist bereits mehr im Zug. Doch müssen wir gehörig antreiben, damit wir früher als am vorhergehenden Tage fertig werden. Dennoch wird es schließlich 6⁰⁰, ehe wir marschbereit sind. Die Futterpreise, die wir zu bezahlen haben, sind etwas bedeutend ausgefallen (5 Peseten inkl. Stroh). Doch schließlich ist man froh, wenn man mit einem blauen Auge davonkommt.

Der Tag ist herrlich. Der Himmel etwas bewölkt. Die Temperatur beträgt 12½ Grad Réaumur. Wir reiten querab auf den Karawanenweg, der sich deutlich erkennbar in bedeutender Breite auf der ebenen Steppe dahinzieht.

Die Luft ist köstlich. Man möchte so immerfort reiten.

Klar erhebt sich vor unserm Augen der Ank ed Dschemel, nach seiner eigenartigen Gestalt der Kamelsrücken genannt. Eine leichte Brise fächelt uns Kühlung. Wie Glockengeläute klingt es von meiner Flinte.

Welch' wundersames Schweigen! Und welche Blicke in diese duftverwobene Weite! Der Atlas ist mit einem Dunstschleier verhangen. Doch schimmern seine blauen Massen durch den Morgenduft. Es ist doch ein wunderbares Gebirge, so nah und so verschlossen.

Von den Gräsern blitzen keine Taudiamanten wie bei uns, nur hin und wieder in der mit Rollkieseln überdeckten Ebene ein grünender Dornenstrauch und einige gelbverdorrte Grasflächen. Und doch ist es schön und herrlich und weitet die Brust. Sie ist eintönig, die Steppe und doch so wechselreich. Und welche Linien, welche Farben und welch' ein Licht! Die Schatten sind soviel lichtdurchtränkter, und die Berge haben so müde, vornehme Linien.

Schön ist die Steppe mit ihrer Sonnenglut, ihren dürftigen Dornbüschen und ihrer tiefen Stille.

Karawanen tauchen auf, schwerbeladene, schwankende Kamele. Riesengroß erscheinen sie am leuchtenden Himmel. Weiße Gestalten hocken auf kleinen Eseln. Stumm naht der Zug, und rasch hat ihn die Einsamkeit verschlungen.

Endlich sind wir auf der Höhe des Kamelrückens. Von Sammlerhänden ist eine Pyramide von allerlei Gestein, Chalcedonknollen, Quarzen, Kalksteine aufgeschichtet, ein wahres Fest für einen Geologen.

Auch ich belade mich mit auserwählten Handstücken. Ich habe aber meinen Buschaib in dem schlimmen Verdacht, er hat einige davon aus seiner Schuari (Tragkorb) wieder hinauspraktiziert. Denn im Verlauf der Reise hatte ich eine große Kiste davon gesammelt.

Von der Höhe des Bergrückens blinkt wieder ein grüner Streifen aus der Ebene. Wir sehen Viehherden, menschliche Wohnungen und Getreidefelder. Ein Flüßchen hat hier die Steppe durchbrochen und ein kleines Paradies geschaffen. Und während mir mein Buschaib von dem Herrn „Kraf" erzählt (gemeint ist der Herr Graf Pfeil), der eine Maschine gehabt habe, die die ganze Nacht Licht gemacht habe, und wie der Herr „Kraf" immer die Wege hat gehen wollen, die noch gar kein Europäer gegangen sei, reiten wir die Senkung hinunter und kommen durch Getreidefelder nach dem Dorf Schischaua. Doch, da wir nicht im Dorfe bleiben wollen, reiten wir durch den Fluß, an dessen Ufer unzählige blühende Oleander wachsen, hinburch an seinem rechten Ufer entlang nach einem schönen, von riesigen Oliven

bewachſenen Platz, den wir als Lagerort auswählen. Wir ſind in Schiſchaua, inmitten eines Paradieſes. Feigen, Aprikoſen, uralte rieſige Weinſtöcke, Olivenbäume,
alles grünt und gedeiht in ſtrotzender Kraft.

Des Nachmittags nehmen wir ein Bad im „Fluß", wir würden Bach ſagen.
Es reicht zwar nur bis zum Knie; aber das Bad iſt himmliſch. Übrigens iſt der
Geſchmack des Waſſers „maien", d. i. gut, „biſef maien", ſehr gut.

Dabei will ich gleich bemerken, daß ich überall in Marokko Waſſer getrunken
habe, auch in Marrakeſch. Ich würde das nicht hervorheben, wenn nicht Profeſſor
Fiſcher es beſonders betonen zu müſſen geglaubt hat, daß er keinen Tropfen Waſſer
anders als in gekochtem Zuſtand in der Form von Tee oder Kaffee genoſſen habe.
Das Waſſer an der Küſte und in den Hafenſtädten Marokkos iſt durchaus nicht

Kutubia in Marrakeſch. Die Kugeln der Spitze ſind ſehr ſtark vergoldet.

ſchlecht und wird ruhig von Europäern ohne ſchlimmere Folgen genoſſen. Vielfach
filtert man es auch. Um die Wirkungen zu erproben, habe ich das Waſſer ohne
Filterung genoſſen in Ain Habſchar, Schiſchaua, Marrakeſch und in allen Küſten-

städten, mit Ausnahme von Rabat. Das Wasser in Tanger war das schmackhafteste. In den ersten Tagen hatte ich eine ganz leichte Dysenterie. Späterhin habe ich nur in Marrakesch üble Wirkungen verspürt, auch mein Buschaib litt sofort an heftiger Dysenterie und klagte das Wasser el ma an. Doch wurde die Ordnung durch einige Tropfen Opium wieder hergestellt. Ich bin aber im Zweifel, ob nicht ein gut Teil Schuld an unsrer Magenverstimmung die arabischen Gastschmausereien trugen.

Übrigens haben fast alle Marokkaner einen schlechten Magen. Und wenn man einen fragt, wie es ihm geht, bekommt man oft die Antwort: „La bas' (Es geht!). Aber der „kersch", der Bauch ist nicht gut. Das unmäßige Essen ruiniert den Magen, und das unmäßige Teetrinken die Nerven. Jeder Marokkaner ist nervös, fast niemand kann ohne Zittern etwas halten. Aber ich schweife ab. Also das Wasser ist im allgemeinen nicht schlecht, das ist natürlich wichtig festzustellen, sollte es einmal zu kriegerischen Verwicklungen mit Marokko kommen. Die jungen Leute in Marrakesch machten mich darauf aufmerksam, im Sommer tränken sie so einen ganzen Wasserkrug (eine berrada) voll Wasser aus, sonst wäre es überhaupt nicht auszuhalten.

Die weitere Schilderung meines Weges übergehe ich hier, die Strecke ist ja geographisch nicht mehr unbekannt. Wenn man es eilig hat, kann man die Entfernung von Schischaua nach Marrakesch in einem Tage zurücklegen. Wir brauchten 2 Tage, denn am nächsten Tage, an dem wir um $^3/_4 7$ aufbrachen, machten wir in Amschra Halt.

Amschra ist ein armseliges kleines Dörfchen mit wenigen Hütten, in eigentümlichen konischen Formen, umgeben von einer Pisémauer mit Dornhecke. In der Nacht ging ein gründlicher Regenschauer nieder, nachdem es schon am Tage vorher ein wenig geregnet hatte. Die Temperatur war daher am Morgen gründlich abgekühlt.

Als ich früh um $^1/_2 6$ auf die Pisémauer stieg, um einen Rundblick zu nehmen, war es frisch wie bei uns an einem Frühlingsmorgen. Das Getreide stand reif auf den Feldern, teilweise war es auch schon geschnitten. Störche stolzierten gravitätisch im Grase, wilde Tauben flogen auf die Felder, wären nicht die Strohhütten gewesen, man hätte meinen müssen, man befände sich irgendwo in Deutschland. Eins aber verlieh der ganzen Landschaft ihr besonderes Gepräge, und das war die majestätische Kette des Atlas. In glitzernder Morgensonne leuchteten die Schneefelder, nur der oberste Rand leicht von weißen Wolken verhüllt. Schnee im tiefen Afrika. Immer wieder mußte das Auge auf diese eigenartige Welt hinblicken, die noch kein kühner Bergsteiger bezwungen hat. Wem wird es vergönnt sein, diese Rätsel der Atlaswelt zu erschließen?

Und als ich noch auf die Berge so hinblickte, kam einer unserer Diener, Abdelkader, der ein wenig englisch und französisch sprach. Er erklärte mir, daß er dort schon mit einigen Engländern gewesen sei. Bei genauerem Nachforschen kam es heraus, daß er s. Zt. mit Mr. Thomson die Reise gemacht habe. Interessant war mir, daß er die Bewohner als viel friedlicher und gastfreier schilderte als hier unten. Ich erzähle das hier, vielleicht ist es späteren Forschern vergönnt, diese Angaben nachzuprüfen.

Wir ritten um 7^{15} ab, und nach 2 Stunden deutete Buschaib auf eine ganz feine Spitze, die sich unvermittelt am Horizont erhob. Es war die Kutubia, der große Turm der Moschee von Marrakesch. Und bald tauchten auch zur Linken Palmenwälder auf, und näher immer näher kamen wir dem heiß ersehnten Ziele. Aber nichts war von der Stadt sonst zu sehen, auch als wir ganz nahe herankamen, verschwanden die niedrigen Häuser vor dem Palmenwald und den Mauern der Marrakesch umgebenden Gärten.

Unterwegs hatten wir ein heiteres Erlebnis, das ich hier noch mitteilen will. Je näher wir der Stadt kamen, je mehr Marktbesucher holten wir ein. Eine Zeitlang begleitete uns eine Partie, die meinen Buschaib etwas zu häuseln anfing. Sie meinten, die Leute von der Stadt wären schon ganz verweichlicht, die könnten schon nicht mehr zu Fuß laufen, aber sie Landleute, sie könnten noch Strapazen ertragen. Mein Buschaib aber nicht faul parierte den Hieb mit den Worten: „Ganz recht! Die Landleute wären wie die Tiere, die lägen auch nur auf der Erde und äßen leih Fleisch und tränken schmutziges Wasser. Aber die Städter wohnten in Häusern, tränken klares Wasser, und trügen schöne Kleider und wüschen sich." Darauf gab es natürlich ein großes Halloh, und manch scharfer Witz, der mit lautem Gelächter begrüßt wurde, prasselte auf den armen Buschaib herunter, bis wir die Leute überholt hatten.

Beim Einzug in Marrakesch wäre es mir beinahe schlecht gegangen. Mein Maultier, das nicht recht dahin wollte, wohin zu gehen ich für nötig befand, bekam einen Schlag mit meiner Gerte und sprang plötzlich davon. Zum Glück gelang die Parade unmittelbar vor einem 10—12 m tiefen Loch. Es waren die Kanalisations-löcher der unterirdischen Berieselung. Derartige Löcher gibt es fast überall um Marrakesch; nichts kennzeichnet sie. Verfällt einmal ein Kanal, stürzt die Oberdecke ein, so wird der Schaden nicht repariert. Auch auf unserm Wege zum Dukkalatore mußten wir über ganz schmale, stehen gebliebene Erdbrücken, die zu beiden Seiten gähnende Löcher aufwiesen.

Durch prangende Gärten von Aprikosen, Feigen, Wein, Berberfeigen ging der Weg zum Dukkalatore, das ein unschöner Pisébau ist. Wie ein Gruß des Südens war ein Haufen schönster Orangen, den ein Araber zum Kauf anbot. Ernst nickten die Zollbeamten, wir waren in der Hauptstadt Südmarokkos, in Marrakesch, der „Roten Stadt", glücklich angelangt.

Forschungsreisen in Nordostafrika.

In Heft 8 IV. Jahrgangs der Beiträge zur Kolonialpolitik und Kolonialwirtschaft sind die Leser über das Vorgehen der französischen Expedition des
Vicomte du Bourg de Bozas in die Länder der Aruffi-Galla unterrichtet. Nun
sind am 21. März d. J. die französischen Mitglieder der Expedition in Frankreich
(Bordeaux) wieder eingetroffen, leider ohne den verdienten Führer, der am
25. Dezember v. J. in Amadis, einer Station des Kongostaates, am Uelle, an
den Folgen des Fiebers gestorben ist, ein neues Opfer, das der dunkle Erdteil
forderte.

Sie verließen die Hauptkarawane in Goba*), während der Führer mit
kleiner Begleitung dem Rufe des Negus Negesti nach Adis-Abeba folgte. Der
Aufenthalt dort währte 2 Monat, die zu kleineren Vorstößen in die Umgebung
benützt wurden; auch Adis-Halem**), die demnächstige Residenz des Kaisers,
wo für denselben ein steinerner Palast gebaut wird, wurde besucht.

Das Gebiet zwischen Adis-Abeba und dem Rudolfsee***) welches zunächst
besucht wurde, ist wie bekannt mehrfach von Forschern bereist, der Vicomte schlug
jedoch teilweise eine neue Route ein und da seine Ansichten über diesen Teil des
Landes mit denen seiner Vorgänger nicht ganz übereinstimmen, wollen wir dieselben etwas näher betrachten. Der Reisende hielt sich westlich der Route der
Frhr. von Erlangerschen und O. Neumannschen Expedition, an dem östlichen
Abfall des Westrandes des großen Grabens und erreichte hier Höhen von
2100 m — 3150 m. Die durchquerte Provinz Gurage ist seit langer Zeit im
Besitz Abessiniens, ihre Bewohner stehen auf einer höheren Stufe der Kultur
als die sie umgebende Galla-Bevölkerung. Die Frauen, welche stark ausgesprochenen
semitischen Typus haben, gelten als besonders hübsch und sind deshalb in ganz
Abessinien gesucht. Die Kultur der Banane ist sehr verbreitet, ebenso wird
Sorghum (Hirse), Mais, Gerste re. gebaut.

Die nördlich daran grenzende Landschaft „Kambata" ist bei einer durchschnittlichen Höhe von 2500 m äußerst fruchtbar, die zahlreichen Bewohner von
schmächtigem Aeußern sind sehr arbeitsam. Von hier wurde eine mehr östliche
Richtung eingeschlagen und im Lande Sibamo die Vereinigung mit der von Goba
kommenden Hauptkarawane herbeigeführt.

---

*) Siehe Kartenskizze im 8. Heft des Jahrgangs IV der Beiträge zur Kolonial-
politik.

**) Die sechste Umsiedelung unter Menelik II. v. Seydlitz, Gr. Lehrbuch der
Geogrph. S. 186.

***) La Géographie Bulletin d. l. Société de Géogrph. Nr. 2 1903.

Der nördlich liegende Abassa (Abassi bei Neumann) wie der Challa-See (Lamina d. Neumann—Schahale d. von Erlanger*) wurden besonders ersterer näher erforscht.

Beide Seen sind durch ein, etwa 35 km breites wüstenähnliches Gebiet getrennt. Der Challa bedeckt eine in vulkanischem Tuff entstandene Einsenkung, seine Höhe beträgt 1800 m, etwa 100 m weniger als der Abassi, die Ufer sind teils steil, teils findet man einen Strand von 50—100 m Breite. Das Wasser ist unrein und stark natronhaltig, deshalb auch nicht trinkbar, die gemessenen Temperaturen zeigten infolge der warmen Quellen an einzelnen Stellen bis 50°C. Der See scheint im Wachsen begriffen, wie zahlreiche abgestorbene Baumstämme in seinem Bette, die teilweise schon mit 3 m Wasser bedeckt sind, beweisen.

Der Abassasee hat bei einer Höhenlage von 1900 m flachere Ufer, die von etwa 150 m — 200 m hohen Hügeln umgeben sind; sein Zufluß, dessen Quelle in den Arussibergen liegt, heißt Kado. Das Wasser ist rein und trinkbar, den Grund bilden vulkanische Trümmer, die Tiefe wechselt zwischen 0,30 — 3 m. Auch dieser See scheint aus denselben Gründen, wie beim Challa, im Zunehmen begriffen. Das Land Sidamo südlich und westlich des Sees machte einen gut kultivierten Eindruck, man findet hier verhältnismäßig gut gehaltene Straßen und Brücken, ebenso viele Märkte, die Wohnungen der Eingeborenen sind groß und lustig und von gut gehaltenen Anpflanzungen umgeben. Die Sidamos gehören zu den Galla, sind von ziemlich heller Farbe aber klein und mager, die Männer wenig bekleidet, dagegen tragen die Frauen einen kleinen Rock von Fell. Sie bauen Tabak, Baumwolle, Kaffee ꝛc., bedienen sich hierbei jedoch nicht des Pfluges sondern der Hacke.

Auf dem Wege in das Land der Walamo, welches westlich des Grabens liegt, wurde der Abbaysee (Abbaja) besucht, in denselben fließen von Nordost der Guidaba, von Nordwest der Bilalli (Bilatti). Der See, welcher in 1370 m Meereshöhe liegt, ist im Zurückgehen begriffen, wie die in 2 km Entfernung von seinem Nordufer gefundenen frischen Muscheln verschiedener Molluskenarten, die dem See angehörten, beweisen. Das Nordufer ist sehr flach, die Temperatur des Wassers, das trinkbar aber trübe ist, beträgt 27° C. Die Ansicht der Reisenden, daß der Sagan den Abfluß des Sees bildet, ist irrtümlich, da durch Herrn O. Neumann das Gegenteil festgestellt ist.**) Über den ehemaligen Zusammenhang dieser abessinischen Seenkette, vom Znaï- bis zum Abayasee, wie ihn Welby, Harrison und auch O. Neumann u. Frhr. v. Erlanger anzunehmen scheinen, ist der Vicomte du Bourg de Bozas anderer Ansicht. Nach ihm würde in diesem Falle die Einsenkung (Graben), in welcher die Seen liegen, südlich des Abaya einen Querriegel gehabt haben, dessen Dammhöhe mindestens so hoch, als der am höchsten gelegene See, der Abassi, also 1900 m gewesen sein müßte. In diesem Falle aber wäre z. B. $^7/_{10}$ des Landes Walamo mit Wasser bedeckt gewesen, und man würde infolge davon dort Seeablagerungen finden, was jedoch

---

*) Der schon von verschiedenen Seiten ausgesprochene Wunsch, daß eine Übereinstimmung in der Bezeichnung dieser Seen herbeigeführt werden möge, tritt auch in diesem Falle hervor, da anderenfalls eine geographische Verwirrung unausbleiblich erscheint.

**) Siehe Zeitschrift der Gesellschaft für Erdkunde zu Berlin Nr 1. 1902.

troß angestellter Nachforschungen nicht der Fall ist. Die Bildung der einzelnen Seen erklärt der Reisende durch die von den Gebirgen vorspringenden Ausläufer, welche so einzelne Bassins gebildet haben, in denen sich das Wasser gesammelt hat.

Eine Lösung dieser hoch interessanten geographischen Frage kann erst erfolgen, wenn sich die wissenschaftliche Spezialforschung der Sache annimmt.

Der Abfall des Grabens westlich des Abayasees ist außerordentlich schroff, der Bericht spricht von mauerartigen Absätzen, die bis zu 2000 m Höhe im Lande Walamo zu ersteigen waren. Die Walamo selbst, welche zu den Galla gehören, haben sich zum Teil mit Negern gekreuzt, sie sind Ackerbauer und besitzen zahlreiche Herden. Die Expedition wandte sich nun südlich in das Land Gofa, wo die Route des Herrn O. Neumann gekreuzt wurde. Das Gebirgsland von Gofa hat eine Höhe von 2500 m, die Bewohner zahlen an Abessinien einen jährlichen Tribut, ihr Herrscher ist eine junge Frau, die durch ihre helle Farbe auffällt. Der Reisende machte ihr einige, ihrem Geschlechte entsprechende Geschenke, welche jedoch keine günstige Aufnahme fanden, dagegen wünschte sie einen Revolver und Männerstrümpfe. Auf dem Weitermarsch nach Süden wurde das Land der Basketos erreicht, welches augenblicklich der von Abessinien am weitesten südlich besetzte Punkt ist. Hier zeigt sich deutlich eine Völkerscheide, indem der reine Negertypus immermehr hervortritt. Die Basketos sowohl Männer wie Weiber gehen fast gänzlich unbekleidet, letztere verlängern durch eingesteckte Holzpflöcke ihre Oberläppchen derart, daß sie bis auf die Schultern herabreichen, dieses erscheint ihnen offenbar als Gipfel der Schönheit. Die Basketos sind Ackerbauer, bedienen sich jedoch ganz primitiver Gerätschaften. Bezüglich der Regenzeit auf dem abessinischen Hochlande bemerkt der Reisende, daß dieselbe im Juni beginnt, um plötzlich gegen den 15. September hin aufzuhören; in den südlichen Provinzen Sidamo, Walamo ꝛc. tritt der Regen bereits im Mai ein und endet zur selben Zeit, die Regen sind jedoch im Süden weder so regelmäßig noch so heftig wie nördlicher. Die Temperaturen sind je nach der Höhenlage äußerst verschieden, so war z. B. in Uba (1400 m) die Durchschnittstemperatur bei Tage + 27°, bei Nacht 13° C am 4 Mai.

Von dem Gebirgslande der Basketos, welches den südlichsten Ausläufer des Abessinischen Hochlandes (2000 m) bildet, stieg die Expedition in das Tal des Bobi, eines Nebenflusses des Omo, hinab und folgte ihm bis zu seinem Zusammenflusse mit letzterem. Der Omo wurde am 2. 6. 02 erreicht und mittelst Flössen überschritten, er hat hier eine Breite von 70 m bei einer Tiefe von 6 m. Ebenso wie H. O. Neumann bei seinem Übergang über den Fluß im Lande „Malo", so fielen auch hier dem Reisenden die zahlreichen Krokodile und Flußpferde auf. Auf dem rechten Ufer des Omo, bis zum Rudolfsee zeigten sich die Eingeborenen scheu und feindselig, sie hielten die Expedition ohne Zweifel für eine abessinische Karawane. Nach den angestellten Messungen liegt der Rudolfsee 565 m hoch, das nördliche Ufer, welches nur besucht wurde, ist auf mehrere Kilometer sehr flach. Der See macht den Eindruck einer sumpfigen Lache, deren Wasser, weil zu natronhaltig, nicht trinkbar ist. Hinsichtlich der Entstehung des Sees ist der Vicomte der Ansicht, daß sich hier ursprünglich ein Teil der Ebene befand, welche sich bis zum Nil ausdehnt, daß aber dieser Teil durch vulkanische Erhebungen von der noch bestehenden Ebene getrennt und infolge davon ein Sammelbecken für das abfließende Wasser wurde.

Nach Erforschung des Nordufers schlug die Expedition eine mehr westliche Richtung ein, um durch bisher unerforschte Gebiete zum Nil zu gelangen. Das Land nordwestlich wie westlich des Rudolfsees wird durch Stämme der kriegerischen Turkana, welche Nomaden sind, bewohnt. Sie sind von großer Statur, dabei kräftig, und nähern sich in ihrem Äußeren den nilotischen Völkern, auch gehen sie absolut nackt, nur die Weiber tragen einen kleinen Schurz um die Hüften, dagegen legen sie offenbar großen Wert auf ihre künstlichen Haarfrisuren. Die Viehzucht ist ihre Hauptbeschäftigung, sie besitzen große Herden von Ziegen, Schafen, Rindern, Eseln und Kamelen, deren Erträgnisse sie ebenso wie Elfenbein und Straußenfedern gegen die durch Suaheli-Karawanen von Süden gebrachten Waren (Perlen, Eisen und Lanzen) umtauschen.

Im Gebiet des Rudolfsee, wie im Lande der Turkana zeigte sich der Beginn der Regenzeit, Ende Mai bis Anfang Juni, während des Durchzuges der Expedition durch Auftreten von Gewittern an. Die Regenzeit muß hier wie in allen wüstenartigen Gegenden sehr unregelmäßig eintreten. In Turkana wurde bei 740 m Höhe am 24. Juli eine mittlere Tagestemperatur von $+ 33\frac{1}{2}°$ (Maximum $+ 41°$) festgestellt.

Westlich vorgehend gelangte man, allmählich bis zu 1610 m Höhe ansteigend, zur Wasserscheide zwischen den Zuflüssen zum Nil und zum Rudolfsee, einem ausgedehnten Plateau, das sehr regelmäßig gegen den Nil abfällt. Es wurden dann nach teilweise sehr beschwerlichem Marsch, die Nebenflüsse des Nils: Assua und Niama überschritten und im Lande der Madi, eines Ackerbau treibenden Volkes, welches sich teilweise zum Muhammedanismus bekennt, am 9. Septbr. 1902 der Nil bei Nimule erreicht. Hier befindet sich eine englische Station, die mit 2 Kompagnien der Kings African Rifles besetzt ist und zu Uganda gehört. Im Gebiet des Nils wurden bei 920 m Höhe am 31. August eine mittlere Tagestemperatur von $+ 31°$, eine mittlere Nachttemperatur von $+ 14\frac{1}{2}°$ gemessen. Die Regenzeit beginnt im Mai, nach etwa einem Monat tritt eine Trockenzeit von etwa 30 Tagen ein, dann jedoch folgt eine Regenzeit von 5 Monaten, indem fast täglich Niederschläge in Form von Gewittern erfolgen.

Die extremsten Temperaturen, welche während der Reise von Adis-Abeba bis zum Nil gemessen wurden, waren: Maximum am 24. Juli im Lande Turkana bei 740 m Höhe $+ 41°$ im Schatten — Minimum am 17. März auf dem Westrand des Grabens im Lande Gurage bei 2020 m Höhe $+ 7°$ C.

Nimule liegt an dem Punkte, wo der Nil, nachdem er von Wadelai ab nordöstliche Richtung innegehalten, sich scharf nach Nordwest wendet, bis hier ist sein Lauf*) nach dem Ausfluß aus dem Albertsee langsam, das Bett etwa 1—2 km breit und von sumpfigen Ufern umgeben. Nördlich Nimule ändert sich das Bild vollständig, der Fluß wird durch auf beiden Seiten herantretende Gebirgsketten plötzlich auf 80 m zusammengepreßt und bildet infolge dessen bis oberhalb Redjaf zahlreiche Schnellen und Fälle, die jede Schiffahrt unmöglich machen.

Die Expedition**) verließ Nimule am 7. Oktober und wurde durch einen englischen Dampfer nach dem etwa 2 Stunden oberhalb am linken Ufer des Nils

---

*) Geographical Journal Nr. 2. 1900.
**) Siehe Revue Française et Exploration. Gazette Géographique Mars 1903 — Dépeche Coloniale. Mouvement Géographique 1 Mars 1903.

gelegenen kongolesischen Posten Dufile gebracht, man hat hier die Reste der Befestigungen Emin Paschas wieder neu aufgebaut. Die Belgier oder besser gesagt der König Leopold II. als Souverain des Kongostates hat bekanntlich die sogenannte Enclave von Lado von England zu Pacht erhalten. Dieses Gebiet reicht von Mahagi am Westufer des Albertsees bis Kero nördlich von Lado am Nil, die Grenze im Norden ist der 5° 30' n. Br., im Westen der 30° östl. Länge von Greenwich, von dem Schnittpunkt des letzteren Grades mit der Wasserscheide zwischen Kongo und Nil, folgt sie derselben bis zu einem Punkte ca. 30 km westlich Mahagi. Die Enklave ist mit zahlreichen Stationen besonders am Ufer des Nils besetzt und wird augenblicklich durch Herstellung einer für Automobile fahrbaren Straße, zwischen der Station Nyangara am Uelle und Redjaf am Nil, verbunden.

Vom Dufile wandte sich die Expedition nach Westen und gelangte nach Überwindung von zwei Gebirgsketten auf ein wellenförmiges Hochland, welches landschaftlich der abessinischen Provinz Schoa sehr ähnelte. Dies Plateau ist von einer zahlreichen, Viehzucht und Ackerbau treibenden, Bevölkerung besetzt. Die Station Yei, welche auf dem weiteren Marsche erreicht wurde, liegt in einer welligen Savanne am Ufer des Flusses gleichen Namens, der in den Nil mündet. In Yei befindet sich ein befestigtes Lager, das auch mit Artillerie (Nordenfeld u. Maxim-Geschütze) besetzt ist. Man macht hier den Versuch Pferde, die aus Wadaï stammen, zu züchten.

Nachdem die Wasserscheide zwischen Kongo und Nil und damit auch die Grenze zwischen dem engl. ägyptischen Sudan u. dem Kongostaat überschritten war, folgte die Expedition dem Donga bis zu seinem Zusammenfluß mit dem Kibali, dann dem so entstandenen Flusse, der von hier ab den Namen Uelle annimmt, bis zur Station Amadis, wo der bereits seit dem Aufbruch von Nimule erkrankte Führer starb.

Der Weg zwischen den einzelnen Stationen, welchen die Expedition bis hier benutzte, ist teilweise sehr morastig, und es dürfte wohl noch längere Zeit vergehen, bis derselbe für Automobile benutzbar ist. Die Herstellung der Straße zwischen Nyangara und dem Nil ist jedoch eine Notwendigkeit, wenn man hört, daß z. B. die Station „Donga" (am Zusammenfluß des Donga und Kibali) monatlich 500—600 Träger braucht, um Waren zum Nil zu befördern. Der größte Teil dieser Waren dient übrigens zum Unterhalt für die kongostaatlichen Truppen (Munition, Stoffe rc. womit die Soldaten gelöhnt werden, sowie Geschenke für einzelne Häuptlinge); von der Enclave „Lado" wird bis jetzt nur Elfenbein zum Kongo befördert.

Werfen wir nun einen flüchtigen Blick auf die gesammte Reise dieses Forschers, so muß man anerkennen, soweit dies die bis jetzt vorliegenden Resultate erlauben, daß dieselbe für die geographische Wissenschaft manches Neue gebracht hat; ob die Ansichten des Führers, besonders hinsichtlich der abessinischen Seenplatte die richtigen sind, wird erst die Zukunft lehren. Jedenfalls ist vom Standpunkt der Wissenschaft aus zu beklagen, daß dieser intelligente und heldenmütige Forscher in jungen Jahren bereits ein Opfer seiner Pflicht wurde.

G. A. Kannengießer.

Bericht über eine im Auftrage des Kaiserlichen Gouvernements von Ostafrika unternommene Reise von Tanga nach Moschi, um das Vorkommen der Tsetsefliege festzustellen.

Von Dr. L. Sander, Marinestabsarzt a. D.

III.

In einer Reihe von Ortschaften wurde ferner beiden Fliegenarten eine schädliche Wirkung abgesprochen, wie ich glaube mit Recht, denn sie lagen schon ziemlich hoch: das sind Mabára auf ca. 900 m im Aufstiege von Mombo nach Wilhelmsthal und die gleichfalls hochgelegenen Orte an der Westseite des Paregebirges: Limbeni (683,1 Aneroidbarom. bei 18,2°, 5⁴⁴ a. m.) und Marago Same (690,3 mm bei 24,9°, 8²⁵ a. m.) (d. h. beide lagen wohl erheblich höher als 800 m; die Nachttemperatur war recht frisch). Es dürfte sich bei diesen Orten wie bei denen, wo ich nur die Schöllerfliege, und diese ganz sicher als ungefährlich, sah: Sakarre, Wilhelmsthal und Kwai, darum handeln, daß der Parasit, das Trypanosoma, dort nicht mehr gedeiht. Ob die Schöllerfliege wirklich Surrah überträgt, oder ob meine Nachrichten und Deutungen von Beobachtungen unzutreffend sind, kann nur ein direkter Versuch lehren; Zusammensperren von einem kranken und einem gesunden Tier mit Fliegen unter Umständen, die diesen letzteren eine naturgemäße Entwickelung gestatten, eine Infektion auf andere Weise aber ausschließen.

Im Gegensatz zu diesen Angaben über die Schöllerfliege sind der Orte, wo ich die Tsetsefliege als völlig ungefährlich bezeichnen hörte, ziemlich viele: Ngomeni, Bagamoyo tudwa in Usegua, Mabára, Mazinde, Langata-Massai, Mikomasi, Kihuiro, Gonja, Maji ya juu, Kwa Sengiba, (Kahe), Limbeni selbst, Marago Same. Dazu gehörig (wenigstens den vorgezeigten Fliegen nach): Die Dörfer links des Mkulumuzi von Schöllerplantage nach Muheza, Muheza selbst (machten früher krank, jetzt nicht!). Ihre Schädlichkeit war betont in Makuyuni, Ndungu, Kwa Feraji, Mwana muta, Kifaru kwa Malange, Mbaraua, Limbeni (hier nicht am Ort selbst). Ausdrücklich als die schlimmere von beiden Fliegenarten, d. h. die, die die schneller und bösartiger verlaufende Krankheit überträgt, wurde sie bezeichnet in Langata-Wasegua, Ndungu, Kwa Feraji, Kisuani, Kifaru kwa Malange, Kisangara.

Die Orte, in denen sie als ungefährlich bezeichnet wurden, liegen fast sämtlich ziemlich hoch — ich gebe als Anhang eine Liste mit den Barometerständen —, oder wenigstens ging das Vieh auf hochgelegene Weideplätze; so in Langata-Massai, Mikomasi, Kwa Sengiba. Nur Kihuiro und Gonja machen hier eine Ausnahme. In Kihuiro war sie erst nicht sicher bekannt, dann sollte sie nur ganz vereinzelt vor-

6

kommen und in Gonja wollte sie der Jumbe gar nicht leunen; ich habe aber Grund, seine Angaben überhaupt für unzuverlässig zu halten, ebenso wie die von Kahe.

Es ist schwer bei dem jetzigen Stande unserer Kenntnisse über die Bedingungen, unter denen Surrah vorkommt, eine Erklärung dafür abzugeben, weshalb an dem einen Orte die Tsetse (und Schöllerfliege) diese Krankheit überträgt, an einem anderen nicht. So weit es sich um eine größere Höhenlage handelt, muß man daran denken, daß das Trypanosoma als ein im Blut der Warmblüter lebender Parasit zweifellos eine der Bluttemperatur dieser Tiere nahestehende Temperatur zu seinem uns noch unbekannten Entwicklungsgange braucht. Bei den Fliegen, als Poikilothermen, ist die Körpertemperatur von der Außentemperatur abhängig, d. h. sie sinkt mit fallender Außentemperatur und steigt mit zunehmender Außentemperatur. Von einer gewissen, namentlich an den Hängen steil aufsteigender Gebirge, wie es Usambara und Pareberge sind, nicht allzu beträchtlichen Höhenlage ab, sinkt die Nachttemperatur erheblich unter die Bluttemperatur eines Warmblüters. Ähnlich wie die Höhenlage oder das Steilaufsteigen eines Gebirges wirkt auch die Lage weiter binnenlands, d. h. das „Kontinentalklima" ist gleichfalls durch verhältnismäßig kühle Nächte ausgezeichnet. Man könnte aus diesen Erwägungen den Schluß ziehen, daß an den Orten, wo diese Stechfliegen zwar noch vorhanden sind, aber nicht mehr die Surrah übertragen, die beim Saugen von ihnen mit dem Blut aufgenommenen Keime des Trypanosoma nicht mehr die zu ihrer Entwickelung nötige Temperaturhöhe in den Fliegen fanden, oder daß der beträchtliche Temperaturwechsel zwischen Tag und Nacht in diesem Sinne wirke. Aber: wir wissen noch garnichts von dem Entwickelungsgang solcher Keime in den Fliegen; denn bis jetzt sind solche, wie gesagt, noch nicht in ihnen gefunden worden.*) Sodann aber kommt noch ein zweiter Grund in Betracht: Die Fliegen sind garnicht einmal alle Jahre an ein und demselben Orte gefährlich, wie nach zuverlässigen Beobachtungen feststeht. Auch meine eingeborenen Gewährsmänner versichern zum Teil das Gleiche. Wir müssen also vorläufig dahingestellt sein lassen, wodurch dieses verschiedene Verhalten eigentlich bedingt wird.

Da selbst noch nicht einmal feststeht, daß gerade der Stich der Fliegen die Krankheit überträgt, so darf ich nicht verschweigen, daß mehrfach behauptet wird, nicht die Fliegen veranlaßten die Krankheit, sondern sie entstehe dadurch, daß das Vieh Gras fresse, in dem diese Fliegen sich aufhielten. So wurde mir z. B. in Makuyuni gesagt und etwas ähnliches in Langata von den Massai, in Kisuani von den Wapare und am Kilimandscharo von den Massai über die dortige Nborobo-

*) Die Untersuchungen meiner Präparate und Beobachtungen an der Stom. calcitrans lassen es, wie ich auf dem Kolonialkongreß schon vorläufig mitteilte, als wahrscheinlich erscheinen, daß in der Tat das Trypanosoma iu der Stomoxys einen geschlechtlichen Entwickelungsgang durchmacht. Inzwischen ist von mehreren Seiten her das Vorkommen lebender Trypanosoma im Magen von Stomoxyden, die an kranken Tieren gesogen hatten, bestätigt worden. Bruce hat freilich den gleichen Befund bei seiner Tsetseart gehabt, kommt aber trotzdem zu dem Schluß, daß die Übertragung der Krankheit durch die Tsetse mechauiich geschehe.

Inzwischen ist von Surgeon Majar Curry auf den Philippinen der Nachweis geliefert, daß die Stom. calcitrans die indische Surra überträgt und das gleiche gilt nach einer brieflichen Nachricht des Regierungsrats Dr. F. Stuhlmanns an mich für Mauritius.

fliege. Welche Rolle allerdings die Fliegen dabei spielen, das wußten die Leute auch nicht einmal anzudeuten.

Diese Frage läßt sich wohl nur durch dauerndes Studium an einer bestimmten Stelle lösen, keineswegs auf einer Expedition wie die meine war, die günstigsten Falls nur einige wenige Tage auf jeden Ort verwenden kann.

Die Krankheit selbst gestaltet sich, um das zu wiederholen, verschieden, je nachdem die Schöllerfliege oder die Tsetse die Keime überträgt. Am meisten und augenfälligsten unterscheiden sich der Anfang und die Dauer der Krankheit oder wohl besser Krankheiten. Um den Bericht nicht gar zu sehr auszudehnen, werde ich meine eigenen Beobachtungen mit den entsprechenden Angaben der Eingeborenen zusammenstellen und um die Vergleichung beider Krankheitsbilder zu erleichtern, die Seite teilen und links die Erscheinungen der von Schöllerfliegen übertragenen, rechts die der von Tsetsefliegen übertragenen Krankheit geben. Die erstere nenne ich der Kürze wegen mit der Bezeichnung, die beide bei den Eingeborenen führen, nämlich Kidéi, die andere mit dem gewohnten indischen Namen Surrah.*)

Kidéi.   Surrah.

Erscheinungen bei dem Stich.

Die Tiere werden unruhig und stampfen mit den Vorderfüßen, namentlich die Reittiere. Bei großen Mengen von Fliegen laufen die Tiere fort.

Erscheinungen gleich nach dem Stich.

An den Stichstellen bilden sich harte Quaddeln, ähnlich wie die von Mückenstichen, jedoch etwas größer. Beim Menschen tragen sie in der Mitte eine von einem roten Hof umgebene punktförmige Stichstelle, etwa wie ein Flohstich, und jucken stark; sie bleiben hier mehrere Stunden sichen. Bei den Tieren findet sich häufig auf der Höhe der Quaddel ein wenig frisches oder später eingetrocknetes Blut. Auch bei den Tieren scheinen sie stark zu jucken, denn diese versuchen mit dem Maule oder sonstwie die Stellen zu scheuern. Bei den empfänglichen Tieren sind Quaddeln — ob es die ursprünglichen sind, ist nicht mit Sicherheit zu sagen —, noch zu sehen oder zu fühlen, wenn die eigentliche Krankheit beginnt. Die Haare über diesen Quaddeln gehen aus, wachsen aber später bei gelegentlichen Nachlässen der Erkrankung oder etwa beginnender Heilung nach. Am deutlichsten sicht- und fühlbar sind sie bei Masklateseln, an Rindern und Kleinvieh sind sie undeutlicher, oft besser zu fühlen als zu sehen. Auch ist namentlich bei letzteren der Haarausfall weniger stark ausgesprochen. Bei Eseln sieht

Außer Schmerz und gelegentlichem Blutaustritt habe ich keine Lokalerscheinungen beobachtet oder von solchen gehört.

---

*) Neuerdings hat Laveran nachgewiesen, daß Surrah und Nagana zwei verschiedene Krankheiten sind; die Surrah ist die indische Form, die Nagana die afrikanische; es müßte also überall, wo ich „Surrah" gesagt habe, eigentlich „Nagana" heißen. Veranlaßt bin ich zur Wahl des Ausdrucks „Surrah" durch R. Koch (Reiseberichte, Berlin 1898).

Kibéi.

das Fell aus als ob die Motten darin wären.
Die Quaddeln finden sich stets in großer
Anzahl.

Inkubationsdauer:
unbekannt, jedenfalls mehrere Tage.

Surrah.

11 bis 13 Tage.
Die Tiere erschienen in den letzten Tagen
der Inkubation träger und ermüden leichter.
(mein Reittier)

Erscheinungen beim ersten Ausbruch der Krankheit.

Die Quaddeln bilden sich zu leichten An-
schwellungen um (ndui *), mapelo **). Dann
stellt sich Fieber ein. Die Freßlust vermindert
sich; die Tiere knirschen mit den Zähnen
(wanakula roho yao) und fressen gelegentlich Sand. Der Durst ist nicht vermehrt.
Das Fell wird rauh. Die Augengegend
schwillt an, namentlich ist das untere Lid betroffen; desgleichen die Ohren an der Wurzel.
Die Ohren hängen sehr bald in charakteristischer
Weise nach unten, ebenso der ganze Kopf.
Auch die Maulpartie schwillt etwas an, an
den Nüstern hängt etwas grauweißer Schleim
besonders beim Kleinvieh. Die Atmung ist
beschleunigt. Die Tiere husten etwas und
niesen ziemlich häufig, wodurch der Schleim
aus den Nüstern geschleudert wird. Der Mist
ist etwas härtlich, leicht angehalten. Maul
geifert etwas. Ausgebreitete Schwellungen
an den abhängigen Teilen fehlen.

Es besteht Zittern in der Haut und
Schwäche in den Beinen und im Kreuz, die
Tiere zittern vielfach in den Beinen; der
Gang ist gespannt, steif, taumelnd.
Unter diesen Erscheinungen, fortschreiten-
der bis zum äußersten gehender Abmagerung,
bei gelegentlichen Nachlässen und wieder mit
Fieber einsetzenden Verschlimmerungen tritt
nach Wochen bis Monaten der Tod unter
den Erscheinungen der Entkräftung und lang-
samsten Erstickens ein. Die Haltung wird
immer „zusammengestellter", der Gang immer
steifer, das Fell immer rauher, des Blutes
wird immer weniger, so daß in den vorgeschrittenen Stadium schon ein tüchtiger Schnitt
dazu gehört, um das für Präparate nötige

Die unteren Partien des Leibes, bei
Maultieren und Eseln namentlich die Schlanch-
und Nabelgegend, ferner die Unterbrust und
der Kehlgang schwellen an, oft recht beträchtlich, mit festweicher Schwellung, die so stark
werden kann, daß Harnverhaltung eintritt.
Weniger stark, doch mehr als bei Kibéi, schwillt
die Maulgegend an, etwa ebenso stark die
Augen und der Ohrengrund. Es setzt häufig
starker Schüttelfrost, stets aber Fieber ein.
Das Fell wird rauh und zwar stärker als bei
Kibéi. Aufhebung der Freßlust, Knirschen mit
den Zähnen, Sandfressen noch ausgesprochener
als bei Kibéi, ebenso Mistverhaltung und
das Hartwerden des Mistes. Ausfluß aus der
Nase kann fehlen; Atmungsbeschleunigung ist
stets im ausgesprochensten Maße vorhanden,
in den akutesten Fällen bietet sie das Bild
des langsamen Erstickens; dann sind die Ohren
kalt und blutleer.

Knötchen in der Haut sind nicht zu fühlen.
Dasselbe, nur noch ausgesprochener.
Dabei scheinen Schmerzen im Leibe zu
bestehen; das Maultier schlug mit dem Kopf
nach der Flanke wie bei Kolik und warf sich
ungestüm umher, wie bei solcher.

Unter Zunahme aller Erscheinungen tritt
nach wenigen Stunden bis Tagen der Tod
ein unter deutlichen Erstickungserscheinungen.

*) = Pocken.
**) = Pusteln.

Kidéi.	Surrah.
Blut zu gewinnen. In den Pausen kehrt die Freßlust etwas zurück.	
Heilung sehr selten aber nicht ganz ausgeschlossen.	Heilung ganz unbekannt.
Zum Schluß sind Ohren und Glieder kalt, das Tier stunden- ja tagelang außer Stande sich zu erheben.	
Dauer: viele Tage bis Monate.	Dauer: Stunden bis höchstens 4 Tage, 1—2 Tage gewöhnlich.

Als Heilmittel gegen beide Krankheiten kommen Brennen und die verschiedenen Arten Aderlaß bei den Eingeborenen zur Anwendung. Das Brennen geschieht mit glühenden Eisen. Es werden Striche an Stirn, Ohr, Schulter und Seite, oft in eigentümlich kunstvollen Mustern und Bogen, gezogen. Das Brennen wird vornehmlich im Anfang der Erkrankung angewendet. Wenn die Tiere erst anfangen die Ohren und den Kopf hängen zu lassen, wird zum Aderlaß geschritten: zunächst durch Abschneiden der Ohrspitzen oder Längsschnitte in die Ohren, also die allgemein durch ganz Afrika angewandte Methode. Hilft auch dies nicht, so wird die Drosselvene am Halse durch einen Strick, der mit einem Stock als Knebel zusammengedreht wird, verschlossen und zum Anschwellen gebracht und dann ein Pfeil in die strotzend gefüllte Ader hineingeschossen. Die Eingeborenen geben mit bezeichnendem Achselzucken zu, daß die Mittel alle nicht viel helfen und mehr angewendet würden um überhaupt etwas zu tun, als daß man Hoffnung auf Erfolg damit verbände.

Die Massai behaupten, daß manches Stück durchkäme, wenn man es die ersten Tage am Saufen verhindere; vielleicht von dem Gedanken geleitet, daß durch das zutretende Wasser das im Magen enthaltene steinharte Futter quelle und damit die ohnehin vorhandene große Atemnot noch steigere. Wenigstens habe ich von ihnen das Mittel nur bei der „Uldigana" empfehlen hören. Wenn sie nun auch unter diesem Namen nach dem, was ich selbst gesehen habe, verschiedene Krankheiten bezeichnen, so haben diese doch alle das Gemeinsame, daß starke Atemnot, Schwellung des Kehlgangs und Fieber besteht.

Von Weißen hörte ich in den akuten Fällen mit ausgebreiteten Schwellungen an den abhängigen Partieen ein Dampfbad empfehlen, wohl in der Annahme, daß die Verhinderung des Stallens das Gefährliche ist und die Schwellungen lokal bedingte, durch Stiche an diesen Stellen hervorgerufen seien. Von Erfolg mußten auch sie nicht zu berichten. Das gleiche gilt vom Katheterisieren.

Von Schutz- oder Heilimpfung habe ich bei den Eingeborenen und Weißen nichts in Erfahrung bringen können; ebensowenig von Vorbeugungsmitteln, auch nicht in der Art, wie etwa die Buren sie anwenden, daß sie nämlich Tsetsestriche nur in der Nacht passieren. Für die eigentliche Viehhaltung kommt diese Maßregel ja auch nicht in Betracht und das Reisen mit Vieh oder Viehtreiben in der Nacht ist ja bei den ostafrikanischen Eingeborenen nicht üblich. Einige Händler haben, gezwungen durch Wassermangel, die gefährdeten Gegenden im Gewaltmarsch, natürlich vorwiegend in der Nacht, durchtrieben und damit anscheinend die Anzahl der Erkrankungen in ihrer Heerde herabgedrückt (z. B. Martienssen). Ob hier aber nicht auch die Jahreszeit — denn die wasserlose Zeit am Ende der Trockenperiode ist die „fliegenfreieste — mitgeholfen hat, muß ich dahingestellt sein lassen.

Der Leichenbefund ist bei beiden Krankheiten ziemlich ähnlich, wenn auch natürlich die langsam verlaufende Kibei durch ans Äußerste gehende Fettarmut infolge der hochgradigen Abmagerung deutlich von der Surrah unterschieden ist. Doch das ist kein Unterschied, der mit dem Grundwesen der Erkrankung zusammenhinge: er ist vielmehr nur durch die verschiedene Dauer bedingt. In den Angaben der Eingeborenen ist, wie auch in den beiden von mir aufgenommenen Sektionsprotokollen, ein scheinbarer Unterschied zwischen beiden Krankheiten darin zu finden, daß einmal, und meist bei Kibei, das Fleisch und der Herzmuskel als von heller, das andere mal, meist bei Surrah, als von dunkler Farbe beschrieben wird. Der Hauptgrund für diesen verschiedenen Befund dürfte wohl darin liegen, daß namentlich die langsamer verlaufenden Fälle noch häufig zur Notschlachtung kommen und damit das Tier ausgeblutet wird; dann erscheint auch die Gesamtmuskulatur heller; die z. T. ganz stürmisch verlaufenden Fälle der Surrah gehen wohl häufiger an der Krankheit selbst zu Grunde. Denn selbst den Negern mag das Fleisch so schwer kranker Tiere nicht sehr verlockend erscheinen, zumal die ausgebreiteten serösen Ergüsse es noch unappetitlicher und schlechter haltbar machen und die Leute aus Erfahrung wissen, daß es zudem von sehr schlechtem Geschmack ist. Dann bleibt alles Blut in den Geweben, sie erscheinen also dunkler und um so dunkler, als regelrechte Erstickungsnot den Schluß begleitet. Bei meinen beiden Sektionen war dieser Unterschied sehr deutlich zu verfolgen. Bei längerem Liegen wird übrigens auch das Fleisch der geschlachteten kibeikranken Tiere auffallend dunkel, fast blauschwarz, wie ich oft genug in Nguelo zu beobachten Gelegenheit hatte, wo der Schlächter uns mehr wie einmal derart krankes Fleisch zuzuschicken versuchte. Wenige Stunden genügen, um diesen Farbenwechsel deutlich zu machen. Das Fleisch schmeckt übrigens sehr bitter und unangenehm und geht außerordentlich schnell in Fäulnis über.

Kibei.	Sektionsbefund.	Surrah.

Haut kaum verändert, dünn, schlaff. Reste des Unterhautfettgewebes, namentlich an den geschwollenen Stellen, sulzig-ödematös. Muskeln dünn, blaß, meist trocken, gelegentlich feucht, serös durchtränkt. An den Lungen nichts Abnormes, sie sind durchaus lufthaltig, ohne Verdichtungen. Etwas seröser Erguß in die Brusthöhle vorhanden oder fehlend. Herz vergrößert, schlaff, eher hell als dunkel in Farbe, das wenige Herzfett schlaff, gelb-sulzig ödematös. Im Herzen dünnflüssiges Blut in ziemlicher Menge; im Herzbeutel meist etwas rötlich gefärbter Erguß. In der Bauchhöhle etwas mehr, hellgelblich bis rötlichgelb gefärbter meist klarer Erguß. Leber mäßig vergrößert, etwas feucht durchtränkt, ohne auffällige Veränderungen auf dem Durchschnitt. Das Netz und die Reste des Darmfettes sulzig-ödematös; am Magen äußerlich nicht viel zu sehen; im Pansen weiches Futter, meist in geringer Menge oder auch blankes

Haut feucht durchtränkt, sonst meist unverändert; gelegentlich soll sie fleckweise wie mit Blut unterlaufen sein (frische Stiche!). Unterhautfettgewebe je nach Ernährungszustand, meist gut fetthaltig, serös durchtränkt; von der Unterlippe bis zum Damm, d. h. in den abhängigen Partien sehr stark dünnsulzig ödematös, namentlich am Kehlgang und vom Nabel bis zum Damm, bei männlichen Tieren am stärksten am Schlauch; es entleert sich beim Einschneiden aus diesen Stellen viel gelbes dünnflüssiges Serum. Dasselbe Ödem zwischen Blatt und Brustwand. Muskulatur nicht geschwunden, dunkel, feucht durchtränkt, ohne Blutergüsse (falls nicht etwa bei dem Umherwerfen vor dem Tode eine Schlagstelle vorhanden ist). Im Herzbeutel ziemlich reichlicher Erguß von hellgelber klarer Flüssigkeit; Herzfett nicht oder wenig verändert, dann ödematös; Herz vergrößert, Farbe und Konsistenz wenig oder nicht verändert (meist etwas

Waffer, im Pfalter trockenes bis steinhartes, im Blättermagen dünnflüssiges Futter, seine Wände dünn; im Darm etwas trockenerer Inhalt als gewöhnlich. Nirgends im Magen oder Darm Blutergüsse, Geschwüre oder Entzündung. Milz nicht vergrößert, frei, auf dem Durchschnitt dunkel, stark gekörnt, ist bis mittelweich. Nichts an Nieren und Nebennieren, Bauchspeicheldrüsen und Harnblase. Blut in den Gefäßen sehr dünnflüssig „kama*) maji“ d. h. die innern Organe zeigen keinerlei „organische Erkrankungen“, nur die Zeichen einer hochgradigen Unterernährung. Daneben die Zeichen einer Blutveränderung mit Anzeichen einer Kohlensäureüberladung.

dunkel), im Herzen viel dünnflüssiges dunkles Blut.

Die Lungen zusammengefallen, stark blut- oder durchaus lufthaltig. Wenig oder keine Blutaustrittsstellen; wenig oder kein Erguß in die Brusthöhle. Luftröhrenschleimhaut gestreift, nicht geschwollen.

Leber dunkel, glatt, wenig vergrößert, blut- und sehr saftreich. Auf dem Durchschnitt gleichfarbig lehmbraun, wenig Zeichnung.

Meist Erguß in der Bauchhöhle. Fett des Netzes u. Damms wenig verändert, sonst Befund an Magen, Darm, Milz, Nieren u. s. w. wie bei Kibei.

Keine Organerkrankung, dagegen ausgesprochene Anzeichen von Kohlensäureüberladung und gewisse Zersetzung des Blutes (Dünnflüssigkeit, mangelhaftes Gerinnen).

Es scheint also bei den Krankheiten oder Krankheitsformen die letzte Todesursache Mangel an Sauerstoff, hervorgerufen durch eine Blutveränderung zu sein. Dem entspricht auch der mikroskopische Blutbefund, der in beiden Fällen eine weitgehende Zerstörung und Verminderung der roten Blutkörperchen, der Sauerstoffträger des Blutes, ergiebt. Es handelt sich also um eine Art „innerer Erstickung“, wie sie rein chemisch etwa bei Kohlenoxydgasvergiftung oder noch ähnlicher bei solcher mit Arsenwasserstoffgas sich findet. In wieweit etwa Stoffwechselprodukte der im Blute enthaltenen Fremdorganismen, der Trypanosomata, beteiligt sind, läßt sich noch nicht entscheiden.

In Bezug auf die Formelemente des Blutes finden sich bei beiden Krankheiten in die Augen fallende Unterschiede, die, soweit sie die normalen Formelemente betreffen, der Ausdruck des zeitlich verschiedenen Verlaufes sein dürften. Bei der akuten Form, der Surrah, ist nur eine Verminderung der roten Blutkörperchen, zahlreiche zerfallende und verblaßte Formen, auffällig; Kernteilungsvorgänge der weißen Blutkörperchen sind reichlich vorhanden, eine Vermehrung der weißen Blutkörperchen aber nicht in die Augen fallend. Vielleicht ergiebt eine genaue Zählung mit den dafür erfundenen Apparaten, die mir aber nicht zur Verfügung standen, auch hier eine solche. Bei der Kibei dagegen ist die Vermehrung der weißen Blutkörperchen gegenüber der Zahl der roten ganz augenfällig und schon während des Krankheitsverlaufes zu verfolgen. Die roten Blutkörperchen nehmen dabei entschieden an Zahl erheblich ab, sodaß nicht etwa bloß eine Leukämie, eine Vermehrung der weißen Blutkörperchen bei annähernd gleichbleibender Zahl der roten Blutkörperchen vorliegt, sondern eine echte Oligocytämie.

Ferner nehmen die roten Blutkörperchen sichtlich nicht blos an Zahl, sondern auch an Größe ab; doch will ich den Entscheid darüber bis zum Abschluß der Untersuchungen meiner Blutpräparate hinausschieben. Außer den roten Blutkörperchen ist zweifellos auch die ganze Blutmenge vermindert, es handelt sich also

*) = wie Wasser.

auch um eine wahre Anömie, denn bei den länger erkrankten Tieren bluteten kleine Stiche und Schnitte überhaupt nicht.

Diese Veränderungen werden nach allgemeiner Annahme durch den im Blute enthaltenen Parasiten, das Trypanosoma sp. bedingt. R. Koch hat schon angegeben, daß bei der chronischen Form, wie er sie nennt, Kidei wie ich sie vorläufig bezeichne, der Parasit in den Pausen fehlt und während der fieberhaften Zeiten sich findet, daß also ein ähnliches Verhältnis besteht, wie bei Malaria. Freilich ist bei der Kidei noch nicht sicher bekonnt, welche Umstände das Fehlen und Wiedererscheinen des Parasiten bedingen. Denn ganz so zuverlässig ist der Zusammenhang zwischen dem Einsetzen des Fiebers und dem Auftreten des Trypanosoma noch nicht festgestellt. Ich hoffe, [baß mein reichliches Material darüber einige Aufschluß bringen wird. Bei der Surrah, der akut verlaufenden Farm, scheint der Parasit stets während des ganzen Krankheitsverlaufes vorhanden zu sein.

Nach meinen vorläufigen Untersuchungen scheint mir das Trypanosoma der Kidei etwas kleiner, schlanker und stets in geringerer Anzahl vorhanden zu sein als der etwas größere und am geißelfreien Ende etwas spitzere Parasit der Surrah. Ferner erscheint mir die Geißel des Surrahtrypanosoma länger und zugleich die Flimmersaumbildung bei ihm ausgesprochener als beim Kideitrypanosoma. Ob diese „Eindrücke" sich bewahrheiten, muß die weitere eingehende Aufarbeitung ergeben, ebenso wie sich erst nach dieser über die in den Präparaten enthaltenen „Morulaformen" und andere auf Jugendzustände des Trypanosoma oder dgl. zu bezeichende Gebilde urteilen lassen wird.

Von äußerster praktischer Wichtigkeit aber will es mir erscheinen, wenn sich tatsächlich eine solche „gute" Unterscheidung zwischen den beiden Parasiten und damit den beiden Krankheiten finden läßt. Denn erstens würde damit erwiesen sein, daß nicht blos die Tsetsefliegen eine Surrahähnliche Krankheit übertragen, und zweitens würde sich damit die Frage nach der Bekämpfung der Surrah wesentlich ändern. Denn beide Krankheiten nehmen verschiedenen Verlauf und ihre Überträger oder Zwischenwirte haben recht verschiedene Lebensbedingungen.

Ob Mischinfektionen beider Krankheiten vorkommen, oder ob eine die andere ausschließt, ist mir übrigens nicht bekannt. Wäre letzteres der Fall, was nur ein direkter Versuch im festen Laboratorium lehren kann, so würde damit vielleicht ein bequemerer Weg gegeben sein, Schutzimpfung zu erzielen, als der bisher von Koch angegebene der mehrfachen Tierpassagen.

Die Lebensbedingungen der beiden Fliegen sind in der Weise verschieden, daß sie erstens zu verschiedenen Jahreszeiten ihr Hauptvorkommen haben, zweitens daß sie sich gegen das Vordringen der Kultur verschieden verhalten. Um den letzten Punkt vorweg zu nehmen, so ist bekannt und von den Buren längst erprobt, daß die Tsetse „pad geest", d. h. wo die Besiedelung annimmt, verschwindet die Tsetse mehr und mehr. Die Vernichtung des Wildes allein kann nicht die Ursache sein, wie bisher allgemein angenommen wird, da sie Blut von den verschiedensten Tierklassen, ja sogar mit Vorliebe vom Menschen sangt. Sie hätte also ausreichende Lebensbedingungen, falls nicht eben außer dem Wild noch eine besondere Beschaffenheit der Bodenbedeckung dazu gehört. Man müßte dann daran denken, daß die Entwickelung der Tsetsebrut nur mit Hülfe des Wildes stattfinden kann; dem stehen aber viele Bedenken entgegen. Ich will nicht bestimmt sagen, welche Seite der Besiedelung für die Tsetse ungünstige Lebensbedingungen schafft, aber mir will das

Verhalten folgendermaßen erscheinen: Die Burenpioniere treiben jedenfalls mehr Viehzucht als Ackerwirtschaft; also kann es kaum die Zunahme der bestellten Fläche sein, denn der Grenzbur bestellt nur seinen „Tuin", seinen Garten, und diese Fläche kann gegenüber einer Weide von 10000 preußischen Morgen nicht ins Gewicht fallen. Dagegen entfernt der Bur von der Weidefläche so viel als möglich Busch und Baum. Und so könnte es, bei der ausgesprochenen Vorliebe für Schatten, den die Tsetse bekundet, bei ihrem Gebundensein an das gleichzeitige Vorkommen von Bäumen oder besser Horsten in der Grasflur, wohl dieser Umstand sein, der sie vor der Burenkultur zurückweichen macht. In gewisser Beziehung wird auch bei der Negerkultur und bei der europäischen der Busch- und Baumbestand vermindert, in etwas würde also wohl auch bei diesen Kulturen die Tsetse sich vermindern. Nun scheint sie aber die Kulturbäume Bananen, Palmen, Kaffee, Obstbäume nicht zu lieben. Denn überall fand ich sie seltener da, wo wirklich größere Kulturen bestanden, und die „porini" gelegenen Dörfer waren ganz außerordentlich mehr von Surrah und Kidei unter dem Vieh betroffen, als die auf freien Flecken gelegenen, wie sich das namentlich in Kisuani, Gonja und Kihuiro erkennen läßt. Es wäre also auch für Ostafrika bei wachsender Bevölkerung, d. h. zunehmender Besiedelung und Urbarmachung eine Abnahme der Surrah zu erwarten, wenn es sich blos um die Tsetsefliege handelte.

Kommt aber auch die Schöllerfliege als Überträgerin eine Trypanosomakrankheit in Betracht, so würde ein solcher Einfluß der zunehmenden Kultur wahl sehr viel weniger, wenn überhaupt, in Erscheinung treten. Denn die Schöllerfliege findet sich in der Nähe der Dörfer und in diesen selbst mindestens ebenso zahlreich als im Wildbusch und -Wald, ja nach meinen Beobachtungen sogar zahlreicher.

Was das Hauptauftreten der beiden Fliegenarten zu verschiedenen Jahreszeit anlangt, so ist nach dem, was ich gesehen und gehört, die Schöllerfliege in der letzten Zeit vor der Regenzeit und in der Vorregenzeit am häufigsten, die Tsetsearten in der eigentlichen Regenzeit und den Monaten kurz nach dieser. Ich kann mich des Eindrucks nicht entschlagen, daß die Schöllerfliegen sozusagen erst der Tsetse den Boden bereiten, und dazu stimmt, daß mir von mehreren Seiten z. B. in Mazinde, Kihuiro, Kisuani und ich glaube auch Ndungu, die Angabe wurde, die Krankheit zeige sich zuerst bei dem Kleinvieh und zwar vor der eigentlichen Regenzeit; erst 1—2 Monate nach den ersten Fällen unter dem Kleinvieh treten die ersten Erkrankungen beim Großvieh auf. Ferner erhielt ich in Kihuiro, Kwa Feraji, Kisuani u. a. O. die bestimmte Auskunft, die Tsetse käme stets mit der Schöllerfliege zusammen vor, zwischen dem Vieh, die Schöllerfliege in Mengen, die Tsetse einzeln. Stimmen diese Angaben, was nur durch dauernde Beobachtung an festem geeigneten Platze zu lösen ist, so wäre es angezeigt, den Kampf in erster Linie gegen die Schöllerfliege zu richten.

Jedenfalls wird aber die Gefahrzeit für die Viehtriebe und das Rindvieh wesentlich verlängert, wenn beide Fliegen in Betracht kommen.

Über den Prozentsatz von Vieh, der aus einer Heerde erkrankt, ist es unmöglich bei einer bloßen Durchreise ins klare zu kommen. Denn die Erkrankungen — nicht der Verlauf allein, sondern auch das Krankwerden — ziehen sich über viele Monate hin. Man kann daher keineswegs von der gerade vorhandenen Zahl erkrankter Tiere auf die ganze Erkrankungsanzahl einen Schluß ziehen und ebensowenig von den etwa gerade vorkommenden Todesfällen. Die Tiere „sterben", wie die Leute von Korogwe sagten, „eigentlich nur einzeln"; dabei aber war z. B. in Kwa Mburi das ganze Vieh eingegangen, und das müssen, nach den umliegenden Dörfern zu urteilen, etwa 30 Haupt Rinder und 60—70 Stück Kleinvieh gewesen sein.

Es ist also die Surrah und Kidei jedenfalls als eine Viehkrankheit aufzufassen, die von großer wirtschaftlicher Bedeutung ist und dringend einer Gegenmaßregel und Abhülfe bedarf. Das ist ja auch nicht blos meine und die Auffassung der Viehzucht und -Handel treibenden Kreise, sondern vor allem auch die des kaiserlichen Gouvernements, sonst hätte es mir nicht die Expedition übertragen und Herrn Lommel in ähnlicher Mission nach Kilwa geschickt.

Da alle bekannten und bisher angewandten Heilmethoden ohne Erfolg geblieben sind und wir bisher noch nicht einmal die Grundfragen in der Lebens- und Wirkungsweise der betreffenden Fliegen kennen, geschweige dann Unterlagen haben um diesen zu Leibe gehen zu können, so bleibt vor der Hand nichts anderes übrig, als zu versuchen auf dem von R. Koch beschrittenem Wege weiter zu gehen und die Schutzimpfungen der gefährdeten Tiere durchzubilden, so daß sie praktisch verwendbar wird.*)

Daneben her muß notwendig das Studium der Fliegen weitergehen und zwar müssen wir ihre Lebensweise — vor allem die Fortpflanzungs- und Wirkungsweise genau kennen lernen; denn es werden sich aus dieser Kenntnis, ebenso wie für die Malariafrage bei den Moskitos, Mittel und Wege ergeben, um den Fliegen selbst beizukommen und der durch sie bedingten Einimpfung der Trypanosomakeime vorzubeugen.

Beides ist nur von einem festen Institut aus möglich, das mitten in der Fliegengegend gelegen, doch die Möglichkeit dietet, siets gesundes unverdächtiges Vieh zu Versuchszwecken zu beschaffen und zu halten. Des Genaueren habe ich das schon in einem kurzen Bericht ad hoc ausgeführt, den ich auf Wunsch des Referenten der Medizinalabteilung Herrn Oberstabsarzt I. Kl. Dr. Steuber vom Lazaret in Dar-es-Salâm aus diesem eingereicht habe. Über die Einrichtungen dieses Instituts im einzelnen mich jetzt hier zu verbreiten, dürfte den Rahmen dieses Berichtes über die Ergebnisse meiner Expedition weit überschreiten.

Das einzige, was sich vielleicht den Viehhändlern schon jetzt raten läßt, ist möglichst die Monate November bis Januar für das Heranschaffen des Viches nach der Küste zu wählen und in Korogwe auf dem rechten Ufer der Rubu das Vieh aufzustellen. Der Weg westlich vom Paregebirge ist jedenfalls nicht zu empfehlen, da er keine Sicherheit gegen Erkrankung des Viehs dietet, dabei aber durch schweres wasserloses Pori — bis 9 Stunden ohne Wasser — führt und die Wegdörfer sehr arm an Lebensmitteln sind.

Für die Viehzüchter wäre vorläufig höchstens Stallhaltung ein Mittel zur Besserung. Ein anderer, aber vorläufig wohl noch weniger gangbarer Weg, um den Viehhandel offen zu halten, wäre die Durchführung der Eisenbahn bis nach den Viehgegenden und Einstellung von fliegensichern Wagen in die Züge.

---

*) Ich bitte dazu die Mitteilungen des Regierungsarztes Dr. Schilling aus Togo auf dem Kolonialkongreß über die von ihm ausgeführten Schutzimpfungen zu vergleichen.

Anhang.

B. Brennen des Grases.

Auf der ganzen bereisten Strecke war nur eine Stimme, daß seit dem Verbot das alte Gras abzubrennen, die Viehkrankheiten und alles Ungeziefer recht erheblich zugenommen hätten. Ob das wirklich in einem causalen Zusammenhang wenigstens für die Zunahme der Surrahkrankheiten steht oder ob es blos ein zufälliges, von anderen Gründen bedingtes Zusammentreffen ist, läßt sich ohne weiteres nicht sicher entscheiden. Denn man darf nicht außer Acht lassen, daß die Zahl des durchgetriebenen Viehs erheblich gerade in den letzten Jahren zugenommen hat und daß das meiste Handelsvieh aus altbekannten Tsetsegegenden kommt, oder vielmehr durch solche getrieben wird. In Korogwe wurde denn auch, wie ich glaube mit vollem Recht, beiden Ursachen, dem Unterbleiben des Abbrennens und der Zunahme der Viehtriebe, die Schuld an der Zunahme der Surrahkrankheit zugemessen.

Kann es für die Surrahkrankheiten zweifelhaft sein, welchem Umstand dies höhere Gewicht zuzuschreiben ist, dem Nichtabbrennen oder dem verstärkten Viehtriebe, so ist es für andere Viehkrankheiten nicht zweifelhaft, daß überwiegend das Stehenbleiben des alten überständigen Grases ihre Zunahme bedingt: hierher gehört in erster Linie das durch Zecken übertragene Texasfieber. Die Zecken leben und entwickeln sich im Grase. Und wenn sie auch gelegentlich auf Büsche und Bäume kriechen und sich von hier aus auf das durchgehende Vieh herabfallen lassen, die Mehrzahl, und vor allem die mit der Fortpflanzung beschäftigten Weibchen und ihre junge Brut, besonders im Larvenzustande, lebt im Grase und muß in großer Menge einem Feldbrande zum Opfer fallen. Sie müssen also, wenn die Feldbrände unterbleiben, in größerer Zahl sich ansammeln. Dasselbe gilt wohl auch von andern mehr lästigen als schädlichen Insekten: den Stubenfliegen, Bremsen, Dasseln (hier die Tönnchen (die Puppen), denn die Maden leben unter der Haut), Öftrusfliegen (wie Dasseln, nur daß die Maden im Magen leben) u. f. w. Auch Skorpione, Schlangen u. dgl. dürften bei Stehenbleiben des alten Grases günstigere Bedingungen für ihre Vermehrung finden. Noch mehr dürfte das für Schädlinge des Ackerbaus der Fall sein. Man muß nur einmal den Filz gesehen haben der in solchem nicht abgebranntem Grasfelde entsteht, und das Gewimmel von niederem Geschmeiß, das sich in ihm wohl fühlt, um sich sofort darüber klar zu sein, daß er allem möglichen Ungeziefer eine erwünschte Heimstätte und Brutstätte bietet.

Diese Filzbildung hat auch auf das nachwachsende Junggras eine verschlechternde Wirkung, so daß die Weide dadurch an Güte verliert. In gleicher Weise wirken auch die stehengebliebenen trockenen Halme, ehe sie von Wind und Wetter zu dem Filz zusammengeschlagen werden. Selbst die rein mechanische Behinderung des weidenden Viehs durch das wie Fußangeln wirkende Altgras und seinen Mulm dürfte nicht zu unterschätzen sein.

Ein reiner und klarer Graswuchs ließe sich an und für sich auch auf andere Weise als durch Abbrennen erzielen, nämlich durch Abmähen zu geeigneter Zeit oder gründliches Abweiden. Ob aber Abmähen jetzt schon in dem Umfange, wie es geschehen müßte, sich in Ostafrito durchführen läßt, das ist doch mehr als zweifelhaft. Wenigstens wird diese Möglichkeit wohl kaum Jemand bejahen, der auch nur kurze Zeit die dortigen Wirtschaftsverhältnisse mit eigenen Augen gesehen hat. Das Abweiden wird gleichfalls bei dem verhältnismäßig geringen Viehreichtum des

Landes (im Verhältnis zu den großen Weideflächen) nur an ganz beschränkten Stellen möglich sein.

Aber selbst wenn eine oder die andere dieser Methoden in Ostafrila möglich und durchführbar wären, um die Anhäufung alten verrotteten Grases zu verhüten, so würde man doch mit ihnen für die Bekämpfung des im Grase nistenden und hausenden Ungeziefers nicht das leisten, was die uralte afrikanische Art, das Abbrennen, besorgt. Bei dem Mangel eines kalten Winters mit Eis und Schnee würde sich bei bloßem Abmähen oder Abweiden stets noch ein großer Teil der Brut oder der fertigen Insekten u. s. w. auch in der kürzeren Grasnarbe halten. Beim Abbrennen, an dem besonders das alte Gras und der Mulm beteiligt ist, wird aber gründlich mit all dem Ungeziefer aufgeräumt, das sich nicht mit Hülfe der Flügel oder durch Verkriechen in tiefe Erdlöcher vor dem Feuer retten kann. Von den geflügelten Geschmeiß fällt immerhin auch noch, zumal bei größerer Ausdehnung des Feldbrandes, ein erklecklicher Teil den Flammen zum Opfer. Ja, das Feuer wirkt entschieden in den Tropen viel nachdrücklicher als es in den gemäßigten Zonen der Fall wäre, oder wie dort der Winter mit seinem Eis und Schnee es tut. Die meisten Tropenschädlinge aus der niederen Tierwelt bringen ja einen viel größeren Teil ihres Lebens in freiem Leben zu und sind auch in ihren Jugendzuständen meist nicht mit so weitgehenden Schutzmaßregeln versehen oder durch ihre Lebensweise so gegen äußere Einflüsse gesichert, wie die der gemäßigten Zone, die sich in ihrer ganzen Entwickelung besser gegen die Unbilden der Witterung vorsehen müssen.

Ist nun einerseits das Brennen des Feldes in den Tropen zweifellos eine für die dortige Acker- und Viehwirtschaft außerordentlich zweckmäßige Maßregel, so hat es doch andererseits auch seine nicht zu unterschätzenden Nachteile. Ich sehe hier ab von der Zerstörung der Gelege mancher Erdnister. Denn diese Gefahr halte ich keineswegs für so groß, als es gemeinhin geschieht; die Erdnister brüten ja zumeist erst dann, wenn das Feld grün ist, also nicht mehr brennt. Dagegen ist die Vernichtung des im Graslande sich ansiedelnden Baumwuchses, ja unter Umständen ein Zurückdrängen des Waldes eine nicht zu bestreitende Folgeerscheinung des Feldbrennens. Meines Erachtens wird aber auch in dieser Hinsicht die Gefahr des Brennens übertrieben. Denn die Ziegen und die ihnen nahestehende Antilopen sind mindestens ebenso schlimme Baumverwüster, nur daß sie auch noch ältere Büsche und Bäume vernichten als das Feuer zumeist tut. Da aber Ziegen gerade auf denselben Stellen gehalten werden, die dem Abbrennen unterliegen, und auch die Antilopen solche Stellen bevorzugen, so dürfte diesen Tieren wohl mindestens der gleiche Anteil an dem Zurückgehen des Baumwuchses und dem Nichtaufkommen von Jungholz zuzuschreiben sein als dem Feuer. Ja vielleicht noch ein größerer, denn diese „Grassteppen" führen meist als einzeln oder in Gruppen eingesprengte Bäume und Sträucher nur solche Arten, die auch die Ziege nicht angeht.

Jedenfalls ist der Baumbestand, den wir jetzt in solchen Grasflächen sehen, nicht von großem wirtschaftlichen Werte; als Nutzholz meist gänzlich unbrauchbar, als Brennholz wegen seiner Härte und Sparrigkeit nicht eben besonders gut, also kaum wert, daß er mit so großen Nachteilen für andere Seiten des Wirtschaftslebens geschützt wird, wie dies durch das Verbot der Feldbrände geschieht.

Der eigentliche wirtschaftliche Schaden des Feldbrennens liegt meines Erachtens darin, daß er die eigentlichen Waldbestände schädigt. Weniger dadurch, daß es zu wirklichen Waldbränden kommt; denn das ist, so weit ich gehört habe, in Ostafrika eine Seltenheit, sondern dadurch, daß er die Randbestände der Wälder und Horste in ihrem Wuchse hemmt, aber sie gar vernichtet, daß er also die Ränder der geschlossenen Baumbestände öffnet. Und das wird meines Wissens von unsern heimischen Forstwirten als große Gefahr für den Bestand und das Gedeihen erachtet, dürfte wohl also auch in den Tropen ebenso liegen.

Unter diesen Umständen würde sich also der wesentliche Schaden des Feldbrennens verhüten lassen, wenn man das Feuer verhindert bis an die Waldränder heran zu kommen. Inwieweit das möglich ist, kann ich nicht beurteilen. Denn erstens habe ich in Ostafrika keine Gelegenheit gehabt einen großen Feldbrand zu sehen; ich kenne solche nur aus Südwestafrika. Dort liegen die Verhältnisse sicherlich etwas anders, denn dort ist der Grasbestand schütter und verhältnismäßig niedrig; in Ostafrika dagegen geschlossen und hoch. Was ich aber an den abgebrannten Flächen, die noch frisch waren, gesehen habe, läßt mich schließen, daß auch in Ostafrika die Gewalt und Hitze des Brandes und damit die Gefahr für den älteren Baumwuchs lange nicht so erheblich sind, als gewöhnlich gemacht wird. Das heißt: das Feldfeuer in Ostafrika muß sich durch ähnliche Mittel, vielleicht in etwas erweiterter Ausdehnung und mit größeren Arbeitsaufwand in gewollten Grenzen halten lassen, wie es Ansiedler und z. T. auch Eingeborene in Südwestafrika vermögen und ausführen.

Die zweite Frage ist die: sind die Eingeborenen zu bewegen und einsichtsvoll genug um solche Maßnahmen zur Beschränkung des Grasfeuers auf die gewollten Grenzen durchzuführen? Ich bin zu jung im Verkehr mit den ostafrikanischen Eingeborenen, um das ohne weiteres beantworten zu können und naturgemäß wird bei der großen Verschiedenheit der Stämme und bei ihrer unendlichen Anzahl das Verhalten sehr verschieden sein. Von den ackerbautreibenden Stämmen, die ich kennen gelernt habe, glaube ich, daß sie wohl die Zweckmäßigkeit solcher Maßregeln zur Begrenzung der Feldbrände einsehen und sie nach Kräften ausführen würden. Wenigstens war ich manchmal überrascht über ihre feinen Beobachtungen und ihr klares Urteil hinsichtlich dessen, was ihrem landwirtschaftlichen Betriebe gut und was ihm schädlich ist, und wie sie mir so manches Mal Maßregeln als sehr vernünftig und zweckmäßig zu erklären wußten, die nach dem bei uns zu Haus für die Landwirtschaft Gültigem es gar nicht zu sein schienen. Anders dagegen dürften sich die reinen Viehzüchter, z. B. die Massai, so weit sie noch nach alter Art leben, verhalten. Diese Stämme kennen eben nach keine Rücksicht auf den Ackerbau und beachten und beurteilen nur das, was ihrem Vieh gut ist. Und für dieses ist zweifellos die Grasfläche besser als der Wald.

Für die Tsetse dürfte übrigens das Abbrennen oder nicht Abbrennen des Feldes ziemlich ohne Belang sein; sie hält sich eben nicht in der reinen Grassteppe, sondern nur in der mit dichterem Busch be- oder umstandenen auf. Vielleicht aber ist ein Einfluß auf die Schöllerfliege zu erwarten.

Alles in allem glaube ich, daß ein geordnetes Feldbrennen, d. h. ein in gewisser Reihenfolge und derartig stattfindendes Brennen, daß nicht die Waldränder mit ergriffen werden und daß nicht das Feuer nach Belieben soweit und solange laufen kann, als es will, vorteilhaft und äußerst zweckmäßig für den landwirtschaftlichen Betrieb in den mehr steppenartigen Landschaften Ostafrikas ist. Auf den Bergen ist es jedenfalls weder so angezeigt, noch so vorteilhaft als in der Grassteppe, dofür aber um so gefährlicher, und zwar nicht blos für die nächste Nähe, sondern für weite Gebiete im Umkreise. Am gefährlichsten und aufs strengste zu untersagen und zu uhaben aber ist das Abbrennen der Berg- und Gebirgskämme und schroffen Hänge, mögen sie noch Wald tragen oder schon von altersher verwüstet sein. Die sichere Folge ist lokal: Verkarstung; für Nähe und etwas größere Ferne: Abnahme und Verschlechterung der Niederschläge, weniger Regen und den in Güssen, statt in mildem Niederfinken.

Selbst das ungeordnete Feldbrennen, in der Weise wie bisher, dürfte in den tiefer gelegenen ebenen Gegenden wohl ohne allzugroße Bedenken gestattet werden, wenn schon es zweifellos Nachteile im Gefolge hat, die zum Teil seine Vorteile wettmachen. Selbstverständlich rede ich nicht der Einführung und Gestattung solch planlosen Brennens das Wort, denn das Erstrebenswerte ist zweifellos. das planmäßige Abbrennen unter geordneter Leitung und Beschränkung des Feuers. Ich meine nur, daß man es für die nächste Zeit nicht zu genau zu nehmen braucht, wenn die Leitung des Feuers mißglückt. Das Leiten will eben auch erst gelernt sein und der durch einen Fehler angerichtete Schade ist nicht allzu groß.

Ganz bestimmt zu verbieten und aufs Strengste zu bestrafen aber ist, wenn beim Neuschlag für Kulturen das Fener nicht sorgfältig geleitet und verhütet wird, so daß es über die Klärung weitergreift. Das ist gleichzeitig die beste Schule zu lernen, wie das Feldfeuer zu leiten und zu hemmen ist.

Die deutsche Kolonie San Bernardino in Paraguay.

Diese Kolonie wurde 1883 mit von Deutschland eingewanderten Kolonisten besiedelt. Der ursprüngliche Koloniegrund von 6163 ha wurde im Jahre 1898 nach durch Ländereien vergrößert, welche die Regierung für Besiedlungszwecke durch Expropriation ankaufte. Die Größe der Kolonielose war auf 7½—15 ha festgesetzt; sie wurden von der Regierung zum Selbstkostenpreis an die Kolonisten abgegeben, zahlbar in zwei Raten, und zwar die erste Rate bei der Kontraktvollziehung und die letzte zwei Jahre später. Erst nach Zahlung der zweiten Rate wurde der volle Besitztitel erteilt, und zwar unter der Bedingung, auch in den folgenden zwei Jahren der Grundstücke weder zu veräußern, noch mit Hypotheken zu belasten. Für den Zweck dieser Kolonie-Erweiterung hatte die Regierung Ländereien im Werte von M. 16000 angekauft, vermessen und als Kolonielose an neue Ansiedler verkauft.

Um nach San Bernardino zu gelangen, fährt man von der Hauptstadt Asuncion mit der Eisenbahn eine Stunde bis Aregua, oder bis Patiño-cué, von dort mit der Pferdebahn bis an den, aus frühistorischer Indianerzeit an Legenden-reichen Spacaray-See und dann zwei Stunden auf einem der kleinen Dampfer bis San Bernardino, das auf einer Anhöhe, inmitten herrlicher Vegetation an dem romantischen Ufer des Sees gelegen ist. Schon im Jahre 1897 hatte die Kolonie 377 ha unter Kultur und es waren 2319 ha mit Draht eingezäunt. Angepflanzt werden hauptsächlich: Mais, Mandioca, Bohnen, Erdnüsse, Zuckerrohr, Tabak, Bananen, Baumwolle, Luzerne, Ananas und Gemüse aller Art. Es befinden sich ferner auf der Kolonie 7642 Fruchtbäume, darunter: Kaffee, Apfelsinen, Maulbeer, Aprikosen, Mandarinen, Rizinuspalmen und Weinreben. Im benachbarten Altor, das zum Departement San Bernardino gehört, befanden sich deutsche Kaffeekulturen mit 80000 Bäumen und vielen tausend anderen Fruchtbäumen.

Der Census des Jahres 1902 ergab folgenden Wirtschaftsbestand der Kolonie San Bernardino, ohne Altor:

Ackerbau.		Plantagenbau.		Viehzucht.	
Pflanzen	ha	Kulturen	Stückzahl	Vieh	Stückzahl
Tabak	30.00	Kaffee	95.760	Rinder	3 167
Zuckerrohr	34.50	Baumwolle	5.869	Pferde	402
Mais	201.00	Rizinus	1.520	Maulesel	12
Mandioca	185.25	Apfelsinen	16.120	Schafe	120
Bohnen	57.75			Ziegen	101
Zwiebeln	2.25			Esel	78
Kartoffeln	51.00			Schweine	283
Erdnüsse	55 00				
Gesamt:	616.75	Gesamt:	119.269	Gesamt:	4 163

An Federvieh waren 10 341 Stück verschiedener Art vorhanden.

Im Jahre 1886 zählte die Kolonie erst 382 Seelen, die sich im Jahre 1899 auf 823 und im Jahre 1901 auf 1202 vermehrt hatten; darunter 124 Deutsche. Es befinden sich auf der Kolonie 5 Hôtels und 3 Ärzte, ferner zwei deutsche Schulen für Knaben und Mädchen. San Bernardino ist heute der beliebteste Luftkurort der La Plata-Staaten, nach welchem sich die feine Welt Argentiniens während der rauhen Wintermonate mit besonderer Vorliebe flüchtet, um dort das kalte stürmische Klima und die baumlosen Grassteppen des La Plata mit den herrlich milden und gesunden Lüften des von prachtvoller Flora umwebten Ipacaray-Sees zu vertauschen.

Diese Wendung der wirtschaftlichen Verhältnisse der Kolonie verursachte, daß die ursprünglich für den Ackerbau bestimmte Bevölkerung sich heute nicht mehr ausschließlich dem Landbau und der Viehzucht widmet, sondern neben diesen Erwerbszweigen in erster Linie eine Anzahl verschiedener kleinindustrieller Beschäftigungen, die aus dem sehr regen Fremden- und Luftkurbesuch entspringen, betreibt. Es erklärt sich hieraus, daß der Viehbestand der Kolonie, aus wenig über 4000 Stück bestehend, ein für paraguayer Verhältnisse überaus niedrig ist, während der Ort gute Hôtels, sowie Vergnügungs- und Ausflugsorte mit reizenden Aussichtspunkten, Feld-, Wald- und Wasserpartien in reicher Auswahl besitzt. Moderne Villen zieren den Ort, in welchem sich auch eine Brauerei, mehrere Brennereien, Likörfabrik, Anlagen zur Herstellung eingemachter Früchte, Palmöl- und Seifenfabrik, Gerderei, Ziegelei, Milch-, Butter- und Käsewirtschaften und eine Kelterei für Ananas- und Apfelsinenwein befinden. Im Kaffeebau allein sind M. 250000 veranlagt, wähend die verschiedenen Industrieanlagen der Jurisdiction von San Bernardino insgesamt auf M. 1500000 geschätzt werden.

Die Deutschen in San Bernardino unterhalten mehrere gesellige Vereine, denen sich auch Österreicher, Schweizer und andere Kolonisten germanischer Nationalität anschließen; diese Vereine sind: „La Patria", „Dentscher Verein San Bernardino", „Schützen- und Gesangverein".

Prof. Dr. Karl Kaerger, der landwirtschaftliche Sachverständige der Kais. Deutsch. Gesandschaft in Buenos Aires, gibt von den deutschen Kolonisten in San Bernardino folgendes humoristische Bild: „Nahrungssorgen hat keiner von ihnen und mit anderen Sorgen quälen sie sich nicht. Sie genießen die schöne Natur und das ihnen allmählich mundgerecht gewordene schauderhafte „Schluchtbier" im Kreise gleichgestimmter Landsleute, lassen sich infolge des Entgegenkommens der paraguayer Regierung von einem deutschen Bürgermeister regieren, können ihre Kinder in deutsche Schulen schicken, kurz, sie entbehren nichts, was sie für ihr Wohlbefinden nötig halten und bilden auf diese Weise sozusagen eine Oase glücklicher Selbstgenügsamkeit, wie sie in den beiden Amerika mit ihrem rastlosen Streben nach materiellen Gütern so selten anzutreffen sind." Die „Paraguay-Rundschau", eine seit 9 Jahren in Paraguay erscheinende, sehr gut redigierte deutsche Zeitung vornehmlich wirtschaftlichen Inhalts fügt obigem Urteile des offiziellen Reichs-Sachverständigen noch die ergänzende Bemerkung hinzu: „Das ganze Paraguay mit seiner friedlichen Bevölkerung, seinem heitern Himmel und seiner schönen Natur stellt eine solche „Oase glücklicher Selbstgenügsamkeit" unter den Ländern des Erdballs dar. Arm ist nur der, der sich arm fühlt, und das kommt hier selten vor."

Durch ein Regierungsdekret vom 30. August 1901 wurde San Bernardino zu einem Departement erhoben und ging damit aus der Jurisdiction des Ministers des Äußern in die des Ministers des Innern über.

R. von Fischer-Treuenfeld, Dresden.

Zur Neuordnung der kolonialen Bevölkerungsstatistik.

In der Nummer 16 des laufenden Jahrganges des amtlichen „Deutschen Kolonialblattes“ sind die Grundzüge veröffentlicht, welche von nun an für die „koloniale Bevölkerungsstatistik“ anzuwenden sind. Die Kolonialabteilung des auswärtigen Amtes, welche, soviel mir bekannt ist, auf diesem Gebiet im engen Anschluß an das statistische Reichsamt arbeitet, hat hiermit den 2. Teil der Neuordnung der kolonialen Statistik erledigt, deren erster, wichtigerer Teil in den im Vorjahre veröffentlichten Grundsätzen über die koloniale Handelsstatistik seine Erledigung gefunden hatte. Wie diese in der Kolonialzeitung (1902 Nr. 40) einer kurzen Besprechung unterzogen worden sind, so soll auch die „Bevölkerungsstatistik“ an dieser Stelle kurz gewürdigt werden. Zwischen meinen Aufsätzen über dieses Thema im Jahrgang II der „Beiträge zur Kolonialpolitik und Kolonialwirtschaft“ und den im Kolonialblatt veröffentlichten Grundsätzen liegen 3 Jahre, ein kurzer Zeitraum, wenn man erwägt, daß z. B. die Idee einer besonderen arbeitsstatistischen Abteilung im statistischem Reichsamt mehr als 10 Jahre zu ihrer Verwirklichung bedurfte. Es hat sich wohl das Bedürfnis nach der Neuordnung der kolonialen Statistik an maßgebender Stelle selbst stark fühlbar gemacht. Die neuen Grundsätze entsprechen fast völlig dem, was der Verfasser in Heft 17 der „Beiträge“ 1900/01, und was die Kolonialgesellschaft auf der Hauptversammlung zu Lübeck im Jahre 1901 vorgeschlagen hatte. Damit hat Verfasser zugleich die Genugtuung, daß von dem nun zu erwartenden bevölkerungsstatistischen Material zu dem von ihm seinerzeit bearbeiteten ohne Mühe nach rückwärts eine Brücke geschlagen werden kann. — Was nun die erwähnten Grundsätze im einzelnen anlangt, so werden den zu verwendenden Tabellen in 9 Paragraphen die zu deren Abfassung notwendigen Gesichtspunkte vorausgeschickt. Sie umfassen nur die weiße Bevölkerung; von der gleich ausführlichen und regelmäßigen Statistik der Farbigen soll vorerst noch abgesehen werden. Sollten nun den einzelnen Schutzgebieten nicht noch besondere Winke erteilt worden sein, so ist in § 1 der Grundsätze eine Bestimmung dessen zu vermissen, was als „Weißer“ aufzufassen sei. Sind z. B. die der „gelben“ Rasse angehörigen finnischen Missionare im Amboland als „Weiße“ zu betrachten? Wie steht es mit der Abgrenzung gegen das Halbblut? Gilt der Perser, der Portugiese, wenn er in Goa geboren ist, als Weißer? Die Entscheidung dieser Grenzfragen wird wohl meist von der „Farbenempfindlichkeit“ des erhebenden Beamten abhängen; eine etwaige ungleiche Behandlung darf aber, da sie nur wenige Individuen betrifft, nicht zu schwer ins Gewicht fallen. Die Ausscheidung des Bevölkerungsstandes geschieht u. a. auch nach der Religion und enthält das Rudiment einer Altersgruppierung, indem Personen über und unter 15 Jahren unter-

7

schieden werden. — Die einzelnen auszuweisenden Berufsgruppen, deren weitere Zerlegung den Verwaltungen der Schutzgebiete jeweils überlassen wird, lassen zweckmäßig die Zugehörigkeit zu den großen Berufsabteilungen des Reichsstatistik erkennen. Sogar der Nebenberuf wird teilweise bereits berücksichtigt, indem unterschieden wird, ob ein Regierungsbeamter nebenher etwa auch Pflanzer ist, und ob etwa ein Handwerker im Regierungsdienst steht. Nur würde es sich doch empfehlen, die Konsuln, jedenfalls die Berufskonsuln, welche zu den sonstigen Berufen und Berufslosen verdammt werden sollen, ebenfalls unter die Beamten zu zählen. Ob dagegen ein Ortsvorsteher als Kommunalbeamter mit Recht in diese Kategorie zu zählen sei, dürfte Bedenken begegnen. Bei den Frauen wird der Beruf nur dann angegeben, wenn sie ledig oder verwitwet sind. Daß also etwa eine Lehrerin heiratet und doch ihrem Beruf treu bleibt, scheint nicht für möglich gehalten zu werden. — Für die Einteilung nach der Nationalität ist zweckmäßig die Staatsangehörigkeit *) maßgebend. Allerdings befinden sich in allen Kolonialgebieten in nicht unbeträchtlicher Zahl Personen ohne Staatsangehörigkeit. Sollen diese nicht unter besonderer Rubrik selbständig untergebracht werden, so dürften sie vielleicht am besten der Nationalität ängerechnet werden, zu der sie nach Abstammung und Sprache gehören. Jedenfalls ist eine diesbezügliche Bestimmung in den Grundsätzen zu vermissen. Bei der Feststellung des Familienstandes wird eine doppelte Unterscheidung verlangt, welche es ermöglicht, eine Kontrolle der Mischungsverhältnisse zwischen Weißen und Farbigen zu üben. Bei den verheirateten Männern ist anzugeben, ob die Frau eine Weiße oder eine Farbige ist, bei den mit weißen Frauen verheirateten weißen Männern, ob die Frau im Schutzgebiet lebt oder nicht. In dieser letztern Forderung, welche als ein Streifzug in das Gebiet der Moralstatistik sich betrachten läßt, gehen die Grundsätze dankenswert über die seinerzeit ausgesprochenen Wünsche hinaus.

Bei der Statistik der Bevölkerungsbewegung sind nachzuweisen: Geburten, Todesfälle, Eheschließungen, Zu- und Wegzüge. Für die letzteren bestehen m. W. nach keine fortlaufenden Aufschreibungen; in welcher Weise die Erhebung erfolgt, ist nicht gesagt. Es darf vielleicht angenommen werden, daß bei der Feststellung des Bevölkerungsstandes neu vorgefundene Individuen als zugezogen, nicht mehr vorgefundene Individuen als weggezogen gezählt werden. Dann würde allerdings oft ein nur ein paar Tage Anwesender mit Unrecht als „Zugezogener", d. h. als bleibender Gewinn des Schutzgebietes gezählt werden. — Bei den Todesfällen werden 8 Todesursachen (Malaria, Schwarzwasserfieber, Dysenterie und Folgeerscheinungen, Typhus, Tuberkulose, sonstige Krankheiten, Unglücksfälle, Selbstmord) angegeben; die Kindersterblichkeit (unter 5 Jahren) wird besonders ausgeschieden. Diese Nachweise sind als völlig hinreichend und entsprechend zu erachten.

Der für die Tabellenanfertigung maßgebende Zeitpunkt ist überall der Anfang des Kalenderjahres, das auch für die Statistik der Bevölkerungsbewegung maßgibt. Über auffallende Daten der Tabellen hat ein besonderer Begleitbericht Aufschluß zu geben. Von den sieben zu liefernden Tabellen dienen 5 der Statistik des Be-

---

*) Es wäre nicht ohne Interesse den Anteil der einzelnen deutschen Bundesstaaten an der deutschen Bevölkerung in den Schutzgebieten zu kennen. Einzelne Bezirke von Deutsch-Ostafrika haben bisher schon solche Ausscheidung getroffen. Vielleicht werden diese Aufzeichnungen von den Beamten freiwillig aus eigenem Interesse fortgesetzt?

völferungsstandes, 2 derjenigen der Bevölkerungsbewegung. Mit Ausnahme einer einzigen bringen sämtliche Tabellen ihre Angaben nach den einzelnen Wohnorten ausgeschieden, so daß in ihnen bereits die Grundlagen einer Statistik der einzelnen Gemeinwesen enthalten sind. Besonderes Interesse werden jedenfalls, insbesondere bezüglich Südwestafrika, die Duten der Tabelle V erwecken, wo die einzelnen Nationalitäten nach ihrem Berufe ausgeschieden siad. Als überflüssig und daher zu beseitigend erscheinen die Spalten 21—23 der Tabelle IV, enthaltend die „Unerwachsenen", da diese, ebenso wie hier nach Wohnorten und Geschlecht, bereits in der Tabelle I ausgeschieden werden. Auch die weiße Gesamtbevölkerung ist hier bereits angegeben, so daß Spalte 24 der Tabelle IV ebenfalls überflüssig ist.

Über die Statistik der farbigen Bevölkerung hat die Kolonialverwaltung keine bindenden Vorschriften erlassen, sondern es den einzelnen Schutzgebieten überlassen, je nach den bestehenden Verhältnissen und den vorhandenen Mitteln das Mögliche zu tun. Immerhin sollen die in einem Runderlaß vom 8. Januar 1902 enthaltenen Ausführungen nun der hiernach vorzunehmenden Statistik der Farbigen zu Grunde gelegt werden. Es werden danach die eingeborenen und die nicht eingeborenen Farbigen unterschieden; daneben die Mischlinge noch besonders hervorgehoben. Es wäre wünschenswert, den Begriff des Mischlings einigermaßen erläutert zu sehen. Als sicher ist nur das eine anzunehmen, daß die besondere Aufmerksamkeit der Statistik blos den Abkömmlingen weißer und farbiger Eltern, nicht aber seneu verschiedener farbiger Eltern gelten soll. Aber wo hört der Mischling auf? Gelten z. B. die Duadronen schon als reine Farbige? Die nicht eingeborene farbige Bevölkerung, welche der Beobachtung zumeist nicht so schwer zugänglich ist, soll hinsichtlich Geschlecht, Wohnplätzen, Nationalität und Beruf unterschieden werden. Die delden letzteren Punkte werden besonders in Afrika großen Schwierigkeiten begegnen; denn z. B. eine Horde Massai aus Britisch-Ostafrika, welche nach deutschem Gebiet auswandert, würde hierher zu rechnen sein. Es müßte denn sein, daß man den Begriff des Eingeborenen in Afrika nicht auf den dem einzelnen Schutzgebiet angehörigen beschränkt, sondern auf jeden Afrikaner ausdehnt. Dann würden aber die hochgebildeten Ägypter und Tunesier mit den Massai gleich behandelt. Jedenfalls wird die Statistik der nicht eingeborenen Farbigen viel Arbeit machen, aber auch viel Neues bringen; denn frither war eine solche nur in der Südsee und, zum großen Teil wenigstens, in Deutsch-Ostafrika gepflegt worden.

Eine Statistik der eingeborenen Farbigen scheint vorerst überhaupt noch nicht beabsichtigt zu sein. Denn in dieser Richtung setzt die Anweisung nur Ermittelungen über die Zahl und die Verteilung der Geschlechter voraus, die mehr in den Bereich der geographischen Forschung als in den der statistischen Erhebung gehören. Besonderes Augenmerk soll dabei der Einwirkung von Krankheiten und Seuchen geschenkt werden, und auch die Kindersterblichkeit soll tunlichst beobachtet werden. Hieraus ist zu ersehen, daß von einer Ordnung dieses Teiles der Bevölkerungsstatistik noch nicht die Rede ist. Es ist dies umsomehr zu bedauern, weil in mehreren Schutzgebieten, so auf Samoa und den Marschallinseln oder in Kiautschou, Zählungen der Eingeborenen teils schon mit Erfolg stattgefunden haben, teils leicht zu ermöglichen sind. Es besteht nun die Gefahr, daß diese statistischen Daten an ähnlicher Verwirrung und Unregelmäßigkeit leiden wie bisher diejenigen der weißen Bevölkerung. Freilich ist ja noch nicht eine allumfassende statistische

7*

Erhebung der Eingeborenen zu verlangen; aber da, wo solche möglich sind aber bereits vorliegen, sollte durch entsprechende Anweisung für die nötige Einheitlichkeit und Folgerichtigkeit gesorgt werden. Es mag bemerkt werden, daß die bereits vorhandenen statistischen Daten eine historisch-statistische Forschung nicht ausschließen; eine solche würde aber durch einheitliche Ordnung auch der Eingeborenenstatistik eine wesentliche Förderung erfahren.

Immerhin muß die Allgemeinheit der Kolonialverwaltung dankbar sein, daß sie wenigstens die Statistik der weißen Bevölkerung in einigermaßen feste Bahnen gewiesen hat, und hierin einen Wechsel auf die Zukunft erblicken. In mancher Hinsicht wird den Kolonialbeamten eine beträchtliche Last aufgebürdet; so insbesondere bei dem Erfordernis einer alljährlichen Erhebung in Südwestafrika, das sich wohl in absehbarer Zeit als überlästig fühlbar machen wird. Doch mögen sich die belasteten Behörden draußen trösten bei dem Gedanken, was die Bevölkerungsstatistik in der Heimat bedeutet. Dieselbe tiefgehende Bedeutung kann einst auch die koloniale Bevölkerungsstatistik erlangen.

Dr. R. Hermann.

Liberia.

Der Negerfreistaat Liberia an der westafrikanischen Pfefferküste wurde 1822 von einer nordamerikanischen Missionsgesellschaft gegründet mit der guten Absicht, den befreiten Farbigen ein Asyl in ihrer Urheimat zu bieten und gleichzeitig dadurch für Westafrika einen Kulturfaktor und Religionsstützpunkt zu schaffen. Der Erfolg entspricht keineswegs den aufgewandten Mühen und Mitteln.

Die Angabe der Größe des Landes ist willkürlich, ebenso diejenige der Einwohnerzahl, deren Schätzung zwischen einer halben und zwei Millionen schwankt. Im Nordwesten grenzt die Republik an das englische Sierra Leone-Gebiet, im Südosten an die französische Elfenbein-Küste-Kolonie. Nach dem Innern zu sind die Grenzen noch nicht genau festgelegt.

Von einer tatsächlichen Beherrschung dieses ganzen Landes, das immerhin die Größe Bayerns haben dürfte, durch die Liberianer, d. h. die von Amerika Eingewanderten oder deren Nachkommen, kann natürlich keine Rede sein, da die Liberianer kaum über den Küstensaum und die Unterläufe der zahlreichen Küstenflüsse vorgedrungen sind.

Die Hauptstadt Liberias, gleichzeitig der Sitz der höchsten Landesbehörden sowie der fremden Konsulate, darunter eines deutschen Berufskonsuls, ist Monrovia mit etwa 5000 Einwohnern.

Liberia dürfte eines der fruchtbarsten tropischen Länder sein; nur der flache Küstensaum ist sandig und unfruchtbar. Direkt hinter dem erwähnten Strandwalle liegt ein breiter Sumpfgürtel, der hie und da mit Grassteppen von oft ziemlicher Ausdehnung abwechselt. Die kurzen, seichten und mit eintönigen Mangrovenwäldern bestandenen Küstenflüsse sind Gezeitenwässer, die größtenteils durch schmale Kanäle mit einander in Verbindung stehen. Zur Ebbezeit bilden diese Gewässer weite, überriechende Sümpfe, die gefährlich sind als Brutstätten der bösartigsten Fieber. Auffallend ist hier die Spärlichkeit tierischen Lebens.

Die folgende, etwas ansteigende Buschregion ist nicht nur gesünder, sondern auch ungemein fruchtbar und teilweise nicht ohne landschaftliche Reize. Der stark eisenhaltige Tonboden gibt hier die höchsten Ernten; doch ist der schwarze Ansiedler zu indolent und träge, um durch bessere Bearbeitung des Bodens größere Erträgnisse und durch sorgfältigere Erntebereitung höhere Preise seiner Produkte zu erzielen. Die Hauptkulturpflanze Liberias ist der liberianische Kaffeebaum. Die Güte des Liberiakaffees ist anerkannt; aber durch nachlässige Aufbereitung der Ernte seitens der Pflanzer wird das Produkt so entwertet, daß der Kaffeebau als unrentabel von vielen aufgegeben wurde. Die Kultur des Zuckerrohrs, die früher in ausgedehntem Maße von den Farmern am Sankt Paulsfluß betrieben wurde, ist stark zurückgegangen. Ingwer gedeiht vorzüglich; der Liberia-Ingwer wird höher bezahlt als derjenige des benachbarten Sierra Leone. Die Kokospalme steht meistens in vereinzelten Exemplaren bei den Hütten der Liberianer, während der Kolanußbaum hie und da bei den Dörfern der Eingeborenen gefunden wird. Größere Anpflanzungen dieser hier großartig gedeihenden Nutzpflanzen gibt es in Liberia nicht. Obwohl der eisenhaltige Lateritboden für Kakao sich gut eignen dürfte, ist nirgends der Versuch mit Kakao gemacht, ein deutlicher Beweis für den Mangel an Unternehmungsgeist, der den Liberianer besonders auszeichnet. Bananen, Guaven-, Limanen-, Orangenbäume ꝛc. findet man vereinzelt oder in Gruppen auf den verwilderten Gartenplätzen der Farmer, deren notdürftig zusammengehaltene Bretterbehausung fast immer von einem dichtkronigen Mangobaum etwas geschützt wird. Die Eingeborenen beschränken sich hauptsächlich auf den Anbau von Reis, Cassadas, Etos und Mais.

Die mehr bergige Gegend nach dem Innern zu ist verhältnismäßig schwach bevölkert, und mit dichten Urwäldern bedeckt, die nur stellenweis etwas gelichtet sind, um einem armseligen Eingebornendorf Platz zu machen.

Der Wildreichtum Liberias ist bedeutend, namentlich milde Büffel und verschiedene Arten von Antilopen sind häufig, Leopard und die Tigerkatze vertreten die Raubtiere, während das kleine liberianische Flußpferd samt eine Art Zwergelefant als Spezialität Liberias zu bezeichnen sind. Das Land ist so gut wie unerforscht und würde für Zoologen wie Botaniker, auch Geologen ein reiches Feld lohnender und interessanter Tätigkeit bieten.

Das Klima Liberias ist ein echt tropisches mit allen Nach- und Vorteilen eines solchen. Wie alle Tropenländer hat auch Liberia seine Trocken- und seine Regenzeit. Die Trockenzeit dauert von etwa Mitte November bis Ende April, die große Regenzeit von Mitte Juni bis Mitte Oktober ungefähr; die übrige Zeit verbleibt den gewitterreichen Übergangsperioden.

Für den Europäer ist das Klima Liberias absolut unzuträglich; das ganze Heer der tropischen Krankheiten fordert zahlreiche Opfer unter den Weißen, und es ist hier allgemein der Branch, daß der Europäer nach zwei- bis dreijähriger Tätigkeit zu längerem Aufenthalt nach Europa zurückkehrt.

Der Liberianer, d. h. der Eingewanderte oder dessen Nachkomme unterscheidet sich streng von den Eingeborenen, die er verächtlich natives nennt im Gegensatz zu sich selbst als american gentleman. Der american gentleman hält es vermöge seiner hohen und hervorragenden Geburt und Stellung unter seiner Würde, viel zu arbeiten, er überläßt die verhaßte Arbeit möglichst ganz den verachteten natives, die er natürlich nie bezahlt, sondern mit Versprechungen vertröstet. Der schwarze Herr hält strengstens das Gebot „Ruhe ist des Bürgers erste Pflicht", er ruht fortgesetzt, und hat er wirklich garnichts mehr zu beißen, so muß der gutmütige native, dem er vielleicht ein Stückchen Land zu einer Town gegeben, unfreiwillig mit Geflügel und Vorräten aushelfen. Eine Leidenschaft jedoch, außer dem Schnaps, zeichnet den Liberianer aus, und das ist die Politik. Er politisiert mit einem Eifer, der eines besseren würdig wäre, und eine neue Präsidentenwahl ist z. B. der Anlaß zu großartigen oratorischen Leistungen, unterstützt natürlich durch reichlichen Schnapsgenuß, der durch die Bestechungsgelder der jeweiligen Präsidentschaftskandidaten ja ermöglicht wird. Es ist klar, daß durch die vorausgegangene Sklaverei der Charakter des Liberianers keine Besserung erfahren hat; und trotz den zahlreichen Bethäusern und

Missionaren — die Hauptsekten sind die Methodisten, Baptisten und Episkopalen — trotz einer stark zur Schau getragenen Frömmigkeit, nimmt die Unsicherheit ständig zu.

Die Eingeborenen weichen immer mehr gegen das Innere zurück, um den Aussaugungen der Liberianer zu entgehen.

Die bekanntesten Stämme der Eingeborenen Liberias sind die für unser Kamerun und Togo als Arbeiter in Faktoreien wie Pflanzungen schwer zu entbehrenden Vey und Buffa. Leider gehen die intelligenten, aber unkriegerischen Vey, die sogar ihre eigene Schrift besitzen, immer mehr in den benachbarten Stämmen auf. Der seetüchtige Küstenstamm der Kru hat sich bereits über die ganze West-küste verbreitet. Sie sind für die westafrikanische Schiffahrt ein großer Fuktar geworden durch ihre Gewandtheit beim Löschen und Luden der Dampfer, namentlich aber durch ihre Sicherheit beim Passieren der oft nicht ungefährlichen Brandungen längs der Küste. Im übrigen sind die Kru Meister im Stehlen und Betrügen; sie treiben, wenn möglich, auch etwas Seeräuberei. Daß die Zivilisation bei ihnen Einzug gehalten hat, beweisen richtig durchgeführte Strikes gegen die Dampferlinien, die den weißen Kaufleuten viel Schaden und den Kapitänen oft Verlegenheiten und Ärger bereiteten. Von weiteren Eingeborenenstämmen Liberias sind zu erwähnen die mächtigen kriegerischen Pessy, die Mende, Kossa, Gre, Golah und die im Innern seßhaften mohamedanischen Mabingo.

Bei Meinungsverschiedenheiten mit den Eingeborenen hat die liberianische Armee regelmäßig den Kürzeren gezogen, was jedoch den Stolz des Liberianers auf seine Armee keineswegs vermindert. Diese Armee besteht aus fünf Regimentern Fußvolk à ca. 300 Mann und einem Detachement Artillerie. Wehrpflichtig ist jeder Bürger vom 18. bis 60. Lebensjahre. Man darf sich keine Soldaten nach europäischem Begriffe vorstellen; denn jeder kleidet und bewaffnet sich auf eigene Kosten, kommt zu den Übungen, wenn er gewillt ist, und tut daun, was er zur Verteidigung des Vaterlandes für nötig hält. Die Kriegsstärke des liberianischen Heeres beträgt ca. 3000 Mann. Eine Flotte ist nicht vorhanden.

Der Handel Liberias, der sich fast gunz in deutschen Händen befindet, entspricht keineswegs dem natürlichen Reichtum des Landes und wird durch hohe Ein- und Ausfuhrzölle danieder gehalten.

Die Einfuhr besteht zum größten Teil in Schnaps, Reis und Tabak, während die Produkte der Ölpalme hauptsächlich in der Ausfuhr figurieren. Der Gesamtumschlag eines Jahres dürfte 1½ Million Mark kaum übersteigen. Im übrigen geht der Handel infolge der zunehmenden Verarmung der Ansiedler mehr und mehr zurück.

Eine heimische Industrie gibt es in Liberia nicht.

Die Landwirtschaft sollte naturgemäß der Haupterwerbszweig des Landes sein; doch liegen die Verhältnisse sehr im Argen und die Lage der Pflanzer ist, nicht ohne eigenes Verschulden, oft eine wirklich traurige, hauptsächlich infolge der Entwertung des Kaffees. So rächt sich hier die fast ausschließliche Kultur des Kaffeebaums, die zu einer gänzlichen Vernachlässigung der übrigen Zweige der tropischen Landwirtschaft führte.

Der Viehreichtum ist nicht groß. Pferde sind an der Küste fast unbekannt; dagegen findet man ein kleines schön gebautes Rind, kurzbeinige Ziegen und ein glatthaariges Schaf werden vereinzelt allenthalben gehalten, schwarze Schweine gibt es zahlreich. Größere Herden Viehs sucht man vergeblich.

Die staatlichen Zustände Liberias sind nicht gerade mustergültig. Die öffentlichen Kassen leiden am chronischen Mangel an Geldüberfluß, der schon oft die kühnsten Finanzoperationen veranlaßt hat. Da die herrschende Partei zuerst so gut wie möglich für sich selbst sorgt, so bleibt zu öffentlichen Zwecken gewöhnlich sehr wenig übrig. Die Beamten können nicht bezahlt werden und müssen sich mit staatlichen Anweisungen begnügen, auf die sie in den Faktoreien Anleihen aufnehmen, da sie monatelang auf eine An- oder Abzahlung seitens des Staates warten müssen. Das ausgegebene Papiergeld ist unter die Hälfte seines nominellen Wertes gefallen.

Diejenige Partei, die gerade am Ruder ist, bringt ihre Hauptagitatoren in die öffentlichen Ämter unter und überläßt es ihnen, sich möglichst gut und rasch bezahlt zu machen.

In der Landeshauptstadt Monrovia, auf die der Liberianer nicht wenig stolz ist, sind die Straßen mit mannshohem Gestrüpp bewachsen, und zahlreiche Ruinen geben Zeugnis einer früheren besseren Zeit, verleihen der Metropole ein verwahrlostes, verfallenes Aussehen. In Liberia gibt es weder Eisenbahn noch Telegraph. Verbindungswege mit dem Innern sind wenig vorhanden und im denkbar primitivsten Zustande.

Überall Mißwirtschaft und Zerfall, kurz das richtige Negerregiment. Es bewährt sich auch bei Liberia der alte Satz: Der Neger hat weder Talent zum Staatenbilden noch zum Staaterhalten.

Marrakesch, die Rote.

Von Dr. P. Mohr.

Ein alter Geograph, T. F. Ehrmann, schreibt im Jahre 1805: „Marokko oder eigentlich Meraksch, Stadt, welche in den ältesten Zeiten Martox genannt wurde, und vermutlich auf der Stelle gebauet ist, wo das alte Bocanum Hemerum gestanden, bei den Spaniern aber Marruecos heißt, ist die Hauptstadt der ganzen Landes, und zugleich die ordentliche Residenz des Sultans. Sie liegt in einer schönen Ebene, welche an das Gebirge Atlas stößt, und ist nicht so groß, wie man sie gewöhnlich angibt; die meisten Häuser sind klein und übel gebaut, sehr unrein, so wie auch die Gassen. Sie hat keine Wälle und Gräben, sondern eine hohe Mauer, welche an einigen Stellen sehr verfallen ist. Die Zahl der Einwohner schätzt man auf kaum 20 000 Seelen. Das Schloß, Mensia genannt, nimmt einen großen Raum ein, und besteht aus abgesonderten Gebäuden und Gärten, die mit hohen Mauern umgeben sind. An dem einen Ende ist ein Platz für die Strauße und ihre Jungen eingerichtet, und außerhalb des andern Endes ist eine große Löwengrube. Nicht weit vom Palast ist die mit Mauern umgebene Judenstadt. — Marokko ist zur Sommerszeit der wärmste Ort im ganzen Lande, und der kälteste im Winter, wo man vor dem Aufgang der Sonne bisweilen eine dünne Eisrinde auf dem Wasser sehen kann."

Der alte Ehrmann hat mit seiner Schilderung noch heute im großen ganzen Recht. Immer wieder muß man die Erfahrung machen, wieviel doch schon die Alten kannten von dem, was wir Neueren als neue Entdeckung so gern hinausposaunen möchten. Aber die Alten hatten auch mehr Zeit, sie lasen und dachten mehr und produzierten weniger Bücher.

Daß die Stadt sehr alt ist, geht aus verschiedenem hervor. Auch hat hier zweifellos eine römische Ansiedlung bestanden. Einer der deutschen Herren, Herr R. aus Saffi, erzählte mir, daß ihm ein Jude die Mitteilung gemacht habe, daß in der Nähe von Marrakesch Steine zu finden wären, die menschliche Gesichter trügen: Daß uns sonst noch Marrakesch und die Atlaswelt manche Überraschung bringen wird, ist sicher. Im Atlas soll es auch ein Zwergvolk geben. Über ihren Wohnort habe ich aber nichts in Erfahrung bringen können.*)

Um aber auf die Schilderung des Vorhingenannten zurückzukommen, so sei sie noch nach einigen Punkten ergänzt. In der Reisebeschreibung des vormaligen

---

*) Die Mitteilung verdanke ich gleichfalls einem Deutschen. Eine Londoner wissenschaftliche Gesellschaft hatte diesen Herrn gebeten, genauere Nachforschungen darüber anzustellen. Als der Herr aber bat, auch etwaige Kosten ihm zu ersetzen, ward nichts mehr von der Gesellschaft gehört.

holländischen Kavallerieleutnants H. Haringmann, die Ehrmann deutsch herausgab, heißt es von der Löwengrube: „In der Stadt Marokko hat der Kaiser eine Löwengrube, worin sich auch Panther, Tiger und andere wilde Tiere befinden. Diese Grube ist unter der Erde, doch zum teil von oben offen und mit einer runden Mauer eingefaßt; alle Jahre einmal wird sie gereinigt und ausgeputzt, zu welcher gefährlichen Arbeit man gewöhnlich Juden nimmt, welchen man einen Strick um den Leib bindet und sie so mit großen Besen versehen hinunterläßt. Inzwischen geben sich Freunde und Verwandte der Unglücklichen alle Mühe, durch Schafe, Hühner und andere Tiere, die sie hinunterwerfen, die wilden Tiere von den Juden abzuhalten, welche inzwischen so gut wie möglich, und soweit es die Zeit erlaubt, die Höhle säubern.“ Diese Schilderung von den Daniels in der Löwengrube klingt wohl grausiger, als sich die Szenen in Wahrheit abgespielt haben dürften. Schon der alte Höst, den wir gleichfalls kennen gelernt haben, erzählt, daß Juden die Aufseher der Löwengrube und mit den Löwen durchaus vertraut sind, was auch wohl anzunehmen ist, da sie jeden Tag die Tiere gefüttert haben.

Noch heute hat ja bekanntlich der Sultan einen Tierpark, der zum größeren Teil — aus Deutschland bezogen ist. Diesen Tierpark hat der Sultan auch natürlich nach Fäs mitgenommen, als er vor 2 Jahren nach Fäs übersiedelte.

Doch kehren wir zu Marrakesch zurück. Die Stadt dürfte heute 60—80 000 Bewohner zählen; doch fehlt mir jeder Maßstab, um diese Zahlen mit einiger Gewißheit aufrecht zu erhalten. Wenn der Sultan in Marrakesch weilt, dürften wohl 20 000 Menschen mehr in seinen Mauern weilen. Die Stadt ist weitläufig gebaut, noch innerhalb der Stadtmauern befinden sich zahlreiche Gärten. Viele der Straßen sind überdeckt mit auf hölzernen Stangen ruhendem Rohr. Über manche rankt sich auch echter Wein, so daß man vollkommen im Schatten geht. Ebenso passend ist die Bemerkung Ehrmanns, daß die Stadt viele verfallene Häuser enthält. Alle Häuser, die ich gesehen habe, sind aus Stampfbeton gebaut. Es ist eine Art roter Lehmerde, wovon die Stadt auch den Namen „Hamri“ „die Rote“ erhalten hat. Maurer sind vielfach Neger. Die Mauer wird in der Weise hergestellt, daß in einem länglichen Kasten die rotbraune, mit Kalk gemischte Erde gestampft wird. Die Arbeiter vollführen dabei einen geradezu höllischen Gesang. Mit Schaudern besinne ich mich auf das Erwachen nach der ersten Nacht. Die halbe Nacht hatten die Weiber auf den Dächern ihre Triller erschallen lassen, die halbe Nacht war in der Nachbarschaft ein Fest gefeiert worden, und die Handtrommel hatte ihre dumpfen Töne erklingen lassen. Ich lag in einem riesigen Eisenbett, im traumhaften Halbschlummer, als plötzlich der „Gesang“ anhub. Es war ein Wechselgesang von zwei Tönen. Zuerst konnte ich mir die Sache nicht erklären, ich glaubte, daß man eben hier wie anderswo die Nacht durch-gefeiert habe; erst später in der Märzschen Fonda wurde mir des Rätsels Lösung. Vor der Fonda wurde ein marokkanisches zweistöckiges Haus gebaut — allen marokkanischen Anforderungen der Neuzeit entsprechend. Wie man sieht, haben es also die Maurer in Marokko nicht leicht; zur Anstrengung von Armen und Beinen gehört auch eine solche der Gesangsmuskeln.

An dieser Stelle möchte ich auch eine Bemerkung von Gerhard Rohlfs berichtigen. Er erzählt (in der Deutschen R. f. Geogr. u. Statistik 1893), daß Marrakesch nur einstöckige Häuser besitze. Heute ist das sicher nicht mehr richtig; nicht allein im arabischen Virrtel, sondern auch in der Mellah gibt es viele zweistöckige Häuser. Ich selbst wohnte in einem sog. Riat, einem Gartenhaus des deutschen

Schutzbefohlenen Si Taher ben Hachmuchba el Ranschaui, das gleichfalls zwei-
stöckig war. Auch das Haus des Scherif Mulai Brahim ben Abballah und die
Häuser, in denen die jungen deutschen Kaufleute wohnten, waren sämtlich zwei-
stöckig. Ebenfalls besitzt Maclean ein fast europäisches Aussehen tragendes Haus
mit Fenstern nach der Straße.

Wenn auch der Name Marrakesch „geschmückt" oder „verschönert" bedeutet,
so ist im allgemeinen die Lage der Stadt nicht mehr schön zu nennen. Dennoch
hat Marrakesch zwei große Schönheiten, das sind seine Gärten, seine Palmen und
die gewaltige wunderbare Atlaswelt, die man von jedem freieren Platz oder größerem
Hause erblicken kann, namentlich der schneebedeckte Glaui, nach dem 1900 auch die
zur deutschen Gesandtschaft gehörenden Offiziere einen Ausflug machten.

Des weiteren hat Marrakesch ein wirklich interessant zu nennendes Bauwerk,
die Kutubia, den schon geschilderten 250 Fuß hohen Moscheeturm, der eine auffallende Ähnlichkeit mit der Giralda in Sevilla besitzt.

Kutubia bedeutet eigentlich Bücherei. Die Bücher sollen aber von dem Sultan
Sidi Mohammed im Jahre 1760 an die Kabis oder Richter verteilt worden sein.
Auf der Spitze des Turmes befindet sich drei vergoldete Kugeln, über die allerlei
Gerüchte im Umlauf sind. Sie sollen neben der Urkunde der Erbauung Münzen ꝛc.
enthalten.

Der Turm muß früher von großer Schönheit gewesen sein; jetzt ist seine
grüne Ziegelglasur zum teil abgefallen und nicht mehr ersetzt worden. Auch sonst
befinden sich in Marrakesch einige Moscheen, doch ohne irgend welche Schönheit.
Zum Zweck des Photographierens der Moschee begleitete mich ein Soldat des Kaid;
ich bin sonst meistens zu Fuß in der Stadt spazieren gegangen, nur mit Begleitung
meines Bu Schaib. Dabei möchte ich ausdrücklich konstatieren, daß die Bevölkerung
von Marrakesch einen durchaus friedlicheren Charakter als die in Fas zeigt.
Nirgends bin ich belästigt oder beschimpft worden; da mir die arabischen Schimpf-
worte bekannt sind, hätte ich das wohl gemerkt. (Eins der häufigsten, wie man
mir gesagt, ist Lain albuk, verflucht sei dein Vater). Auch die im Lande lebenden
Deutschen haben mir meine Beobachtung bestätigt. Verschiedene Male war ich mit
meinem Dirurr in den Suks Einkäufe machen und mir die Waren ansehen; nirgends
fiel der „nsrani" aber auf. Auch als ich in der Hauptgeschäftszeit mit dem dortigen
deutschen Arzt, Herrn Dr. Holtzmann*) in der „kasseria", dem Handelsviertel,
Einkäufe machen ging, sah man nach dem Christen sich nicht weiter um. Ich schreibe
das vornehmlich dem Umstand zu, daß einmal die Bevölkerung weniger fanatisch
ist, ferner jetzt 4 junge deutsche Kaufleute dort beständig leben und sonst auch
Europäer sich öfters sehen lassen. Gleich am zweiten Tage meiner Ankunft begleitete
uns Herr Dietrich, ein Angestellter des Hauses Marx, auf den Pferdemarkt; auch
hier konnte ich unbelästigt Aufnahmen machen. Gewöhnlich fragte man nur, woher
wir seien oder von welcher Nation. Die Auskunft lautete dann in den meisten
Fällen: „Pruss", nur in den Küstenstädten sagten die Leute auch „aleman". Im
allgemeinen ist jetzt der Europäer, der in Marokko reist, „tascher", d. h.
Kaufmann. Der Titel hat ja ein klein wenig etwas Herablassendes, etwa so wie

*) Dr. H. ist auch Arzt des Bruders des Sultans, des Scherifen Mulai Hafid, der
in Marrakesch residiert

unser Händler. Aber im allgemeinen macht er heute eine Rangerhöhung durch, er wird vorzugsweise nur auf den Europäer angewandt. Der arabische Händler wird mit Si, also Herr, angeredet. Sidi oder Sidna ist die Bezeichnung für den Sultan und bedeutet Mein Herr — Monsignore!

Wenn ich nun den Eindruck schildern soll, den Marrakesch auf mich gemacht hat, so will ich zuvörderst bemerken, daß ich eigentlich erst in Marrakesch den vollen Eindruck einer arabischen Stadt empfangen habe.

Für einen Ethnographen oder Soziologen ist die Stadt eine wahre Fundgrube. Alle Küstenstädte haben heute schon etwas europäisches an sich. Tauger vollends, trotzdem die Rifkabylen etwas unstreitig Wildes und Ungewöhntes in die allgemeine Staffage bringen. Sie sind gewissermaßen die besondere Note der Gesandtenstadt. Nirgends sieht man auch soviel Bewaffnete auf der Straße wie gerade in Tanger; in den übrigen Städten erscheint die Bevölkerung fast ohne Waffen. Gewiß sieht man auch in Casablanca auf dem Markt mit Steinschloßgewehren Bewaffnete umherlaufen; aber eine so ausgesuchte und selbstverständliche Bewaffnung wie in Tauger ist nirgends vorhanden.

In Marrakesch sind es nur die Gebirgsberbern, die man ab und zu mit ihren langen Steinschloßgewehren in den Straßen sieht.

Neben den Berbern sind es die Neger aus den verschiedensten Teilen des Sudan, die das Straßenbild beleben, ferner Araber vom Norden, Süden und dem Sus. Wegen der vielfachen Vermischung mit Negerblut sieht man natürlich die verschiedensten Nüanzierungen. Hierzu kommen noch die Juden.

Die Straßen der Stadt habe ich nicht schmutziger gefunden als in undern marokkanischen Städten. Allerdings hatte es längere Zeit vor meinem Besuche in Marrakesch nicht geregnet. Ich kann daher das folgende Urteil des Herrn Grafen Pfeil, das er in seinen Geogr. Betrachtungen fällt, nicht ganz teilen. Graf Pfeil schreibt: „Die öffentlichen Brunnen sind längst nicht so zahlreich wie die von Fez. Wegen der ebenen Lage hat natürlich der Straßenschmutz ein weit größeres Beharrungsvermögen als in solchen Städten, in denen er an Regentagen von selbst die steilen Straßen hinab an irgend einen Sammlungsort wandern muß. Folgerichtig liegt denn auch der Schmutz in den Marrakescher Straßen tief, bedauerlich tief."

Nun ganz so schlimm erscheinen die Verhältnisse doch nicht. Die Stadt hat ein ausgedehntes Kanalisationsnetz, das zur Ableitung der Schmutzwässer dient. Außerdem wird der Schmutz durchaus nicht überall liegen gelassen; ich habe selbst die Leute fegen und die Abfälle wegführen sehen. Schließlich trocknet jede Pfütze sehr rasch. In der Regenzeit mögen aber wohl schlechtere Zustände herrschen. Nun, ich glaube aber, daß es auch noch in Deutschland Städte gibt, in denen man bei Regenwetter nicht gerade mit Wonne auf die Straße geht. An Gründlichkeit dürfte der europäische Schmutz aber dem dortigen in nichts nachstehen.

Was übrigens die Brunnen und Tore von Marrakesch andetrifft, so habe ich etwas Schönes an ihnen auch nicht entdecken können. Die meisten Brunnen machten einen verfallenen Eindruck. Die schönsten sind die von El Moasin und Echrob und schuf. Die Portale sind von schöner Holzschnitzerei. Die Tore waren direkt häßlich; nur das Tor vom Eingang zum Sultanspalast sah imponierender aus. Die Namen der 7 Tore sind: Bab Dukkala, Bab del Moghreb,

Bab del Bar, Bab del Rahmiß, Bab del Hammar (das rote), Bab Babelen, Bab ok Siba, Bab del Kohmed. Ein fortifikatorischer Wert liegt den Mauern nicht inne. Ich habe nicht einmal Geschütze an den oder auf den Mauern bemerkt. Gräben und Wälle sind nicht vorhanden, wenigstens an den Mauern, die ich passiert habe.

Da ich hier auf das militärische Gebiet geraten bin, so möchte ich auch die Bemerkung noch einschieben, daß ich eine Eroberung des Atlasvorlandes in keiner Weise für schwierig halte, namentlich, wenn man fliegende berittene Kolonnen aufstellt und die Hauptwasserversorgungsplätze besetzt. Die Wege sind für berittene Batterien durchaus passierbar, und der Hinaufmarsch auf die Stufen im Vorland ohne Schwierigkeiten. Die Operationskolonnen werden sich in erster Linie an den Flüssen hinaufschieben müssen. Auf dem Sebu wird man mit kleinen Dampfern hinauffahren können. Bei Wahl richtiger Jahreszeit werden die Nebenflüsse leicht überwunden werden; nichtsdestoweniger werden die Hauptaufgabe in einem Kriege mit Marokko Artillerie, Pioniere und Train zu lösen haben. Besonders von der reichlichen und vielseitigen Anwendung der letzteren Truppe wird außerordentlich viel abhängen. Die Araber werden sich in erster Linie darauf werfen, die Verproviantierungslinien abzuscheiden. Es würde sich vielleicht empfehlen, einen Teil der Mannschaften mit Lanzenbewaffnung zu versehen, da es stets zu Nahkämpfen kommen dürfte. Auch als Bedeckungsmannschaften würden Lanzenreiter am besten sich ohne Zweifel bewähren. Das erste Ziel muß sein: Entwaffnung der Araber, Wegnahme des Heerdenbesitzes und Besetzung der Hauptkarawanenwege. Dann ist ein längerer Widerstand unmöglich. Gefährlich würde eine zu große Zersplitterung der Truppen wirken. An einen nennenswerten Widerstand der Küstenstädte oder größeren Binnenlandorte ist nicht zu denken.

Nach diesem Exkurs kehre ich zu einem friedlicheren Ausblick auf die Gewerbs- und Handelsverhältnisse von Marrakesch zurück.

Interessant und mir selbst neu war die straffe, an unser Mittelalter erinnernde Gliederung der Zünfte. Auf Befragen habe ich folgendes festgestellt: Es gibt Zünfte

a) der Schneider,

b) der Tischler. Hierunter werden gerechnet: Bautischler, Möbeltischler, die Tischler für Ackergeräte, für Koffer. Die Möbeltischler, sofern sie Zedernholz verarbeiten, rangieren besonders.

c) Klempner, sind gleichzeitig Glaser.

d) Schuhmacher. Hier sind Neuschuhmacher und solche für alte Schuhe, also Flickschuster.

e) Schmiede. Hufschmiede, Kupfer- und Messingschmiede, Gold- und Silber-, Messer- und Waffenschmiede. Nägelschmiede, Ciseleure und Graveure bilden eine eigene Zunft.

f) Unter den Hufschmieden gibt es zwei Abteilungen, die eigentlichen Hufschmiede und die für Gitter und Eisen. Jede hat einen Odmann, und diesem untersteht ein Untermann.

Des weiteren sind zu nennen: Gerber, Müller, Anstreicher, Maurer, Brunnenarbeiter, Färber, Barbiere, Ledertäschner, Weber, Seidenspinner, Töpfer, Seiler, Sattler, darunter für Stoff und Leder, Fleischer, Stuckarbeiter, die Packsättelarbeiter bilden gleichfalls ein eigenes Gewerbe. Sie teilen sich in solche, die Sättel aus Stroh und Sacktuch machen, und in solche, die die schönen rotbeschlagenen Maultier- und Pferdesättel arbeiten.

Der Meister wird moallim genannt, der Geselle ssana, der Lehrling mutallim. Über dem Gewerbeobmann steht ein Beamter des makhsen, der die Steuern einnimmt. Die Läden gehören der Regierung oder sind „habbus", d. h. Güter der Moscheen.

In Fäs gibt es sogar ein Gewerbe der Wächter. Brunnenmacher sind in ganz Marokko nur die Leute aus der Gegend des Dra, die sog. Draui. Über die Kunst der Leute bin ich stets erstaunt gewesen. Mit großer Geschicklichkeit graben sie Brunnen bis zur Tiefe von 80—90 m. Wie sie das mit ihren einfachen Werkzeugen in dem oft harten Gestein ermöglichen, ist wunderbar.

Eigenartig ist auch die Absatzorganisation in Marokko. Gewöhnlich werden die Waren einem Marktauktionator übergeben, der sie versteigert. Die Hauptmarktzeit ist des Nachmittags von 5 bis 6. Dann sind die verschiedenen Warenhallen geradezu brechend voll. Die Auktionatoren zeigen die zu veräußernden Waren und schreien den ihnen zuletzt gebotenen Preis aus. Es herrscht das denkbarst regste Leben. Ist eine weitere Preissteigerung nicht zu erwarten, dann laufen sie zum Besitzer, der entweder die Ware losschlägt oder Weiterverkauf befiehlt. Der Unterschied im Bazarwesen zwischen Tunis, Algier und hier ist frappierend. In jenen ersteren beiden Ländern hat die französische Herrschaft ganz andere Verhältnisse geschaffen, vor allem ist das öffentliche Ausruferwesen nicht vorhanden. In Marrakesch sind auch die meisten Warenhallen mit Barrieren abgesperrt. Wozu das geschieht, ist mir nicht recht klar. Manche der Hallen sind hoch und überwölbt von einem Holzdach. In einer der Hallen, wo Teppiche, Haiks 2c. feilgeboten wurden, kaufte ich einen Teppich Spahi genannt, um die ganzen Verkaufsverhandlungen auch kennen zu lernen. Charakteristisch sind die achteckigen Sterne im viereckigen Feld, ferner rote Carres mit gelben, grünen und blauen Streifen. Als Maß dient der Unterarm (drāa = Elle). Der Teppich war 7 solcher Längen lang und kostete 48 Pes. Davon wurde ein Marktgeld von 4,25 Pesetas erhoben. Die Abgabe ist von einem Dollar 25 centimos.

Nur noch wenige Gewerbe stehen in Marrakesch in Blüte. Zwar wird noch viel im Lande gewebt und gesponnen, aber die Preise dieser einheimischen Waren sind hoch und können nur schlecht die europäische Konkurrenz ertragen. Hervorragend erscheint mir die Lederfärberei und Pantoffelfabrikation, ferner die Punzarbeiten in Leder. Sowohl Kissen wie Tafeldecken zeigen originale hübsche Muster. Auch große Messingteller zeigten oft selten schöne Arbeiten. Diese Gegenstände sind geradezu charakteristisch für Marrakesch, ebenso die bekannten roten Taschen, in denen der Araber sein Geld 2c. zu tragen pflegt. In Marokko scheint jede Stadt ihre besondere Spezialität zu haben. In Rabat sind es die Töpfereien und Teppiche, die von oft hoher Schönheit sind. In Fäs die Stickereien und Brokatarbeiten, in Mogador Gold- und Tischlerarbeiten, die sich guten Rufes erfreuen. Die Fabrikation von Gewehren und Waffen scheint rückgängig. Gegenüber den altarabischen, eingelegten Waffen ist das neuere wenig ansehnlich.

In der Straße der Messingwaren passierte mir beim Einkauf ein kleines Abenteuer. Mein Begleiter, Herr Dr. Holtzmann unterhandelte gerade inbetreff eines Messingtellers, als mir jemand auf die Schulter klopfte. Erstaunt drehe ich mich um, hinter mir steht eine chokoladenfarbenes Wesen weiblichen Geschlechts, von oben bis unten in das Gewand der nacktesten Unschuld gekleidet. Sie wollte mir die Hand reichen und auch einen Teller, den sie ruhig einem der Händler aus der Hand nahm. Dr. H. schüttelte ihr die Hand statt meiner und verstand es geschickt, sie hinwegzubugsieren. Es war eine Irrsinnige und als solche in Marokko heilig. Daß mitunter derartige Zusammenstöße mit Irrsinnigen nicht angenehm werden können, liegt auf der Hand. In Fäs sind zwei solcher Irrsinnigen vorhanden, ein Mann und ein Weib. Einer hält sich immer in der Nähe des andern auf, jedoch wenn sie einander ansichtig werden, kommt es zu den größten Schimpfereien.

Auch die Juden beschäftigen sich mit vielerlei Gewerben. In der Mellah von Marrakesch, die übrigens weit freundlicher ist als die von Mogador, sollen gegen 2000 Nähmaschinen im Gebrauch sein. Die Preise pro Maschine sind 17—20 Dollar. Die Gesamtzahl der Juden in der Stadt schätzte Dr. H. auf 15000. Wie überall, so haben auch hier in Marrakesch die Juden die meisten Fäden des Handels in den Händen. Sie sind die unerläßlichen Vermittler zwischen den Arabern, resp. Berbern und den Europäern. Auch unter den Juden haben sich mit der Zeit beträchtliche Vermögen gesammelt, doch können sie ihren Reichtum genau so wenig zeigen wie die Araber. Immerhin sind natürlich diejenigen, die unter europäischem Schutz stehen, allen Chikanen entrückt und können auch zeigen, was sie besitzen. Es dürfte vielleicht allgemein interessant sein zu erwähnen, daß Frankreich hier sehr wenig Schutzgenossen besitzt. Früher besaß Frankreich mehrere Protegierte, wie der terminus technicus in Marokko lautet. Infolge einiger politischer Vorteile an der Orangrenze ist die Zahl beschränkt, was natürlich böses Blut gemacht hat. Denn diese ehemaligen Protegierten sind zuerst der Willkür der Behörden ausgeliefert. Jetzt ist französischer Konsularagent Abdelasis Barrada, ferner der Semsar des Hauses Brunschvig in Tanger Omar bil Meschad. (Das Wort bil ist zusammengezogen aus Ben il und bedeutet Sohn des). Dann ist noch zu nennen der Jude Jarod Hasan.

Unter englischem Schutz steht Si Budka el Ranschaui und Mulai el Hasch in Tamesloch, der Besitzer großer Olivengärten.

Si Budka ist namentlich Besitzer vieler Häuser. Als Hausagrarier bevorzugt er die Marrakescher Damenwelt, die somit indirekt unter englischem Schutze steht.

Der Mulai ben el Hasch (letzteres Wort bedeutet bekanntlich Heiliger, das d wurde in Marrakesch nicht ausgesprochen) wohnt in dem 20 km entfernten Tamesloch (auch Tameslucht). Über die Entstehung seines Reichtums macht der Marquis de Segonzac folgende Angaben: Sein Reichtum stammt aus den Einkünften einer bedeutenden Sania, also Moscheeneinkünften, die steuerfrei sind. Die übrigen seiner Besitzungen waren gleichfalls steuerfrei infolge Rechtsgewohnheit seit undenklicher Zeit. Güter und Viehbesitz von Nachkommen des Propheten sind horra. Eine neuere Verfügung des Sultan hatte diese Steuerfreiheit der Schürfa abgeschafft, die also jetzt genötigt wurden, achur, das $^1/_{10}$ der Ernte, zu zahlen und sekkat, 2°/° des Wertes der Tiere, wie es das musulmännische Gesetz jedem Muhammedaner vorschreibt.

Mulai el Hasch wollte dieser Steuer sich nicht unterwerfen. Da er zu nahe an Marrakesch wohnte, wagte er nicht, offen zu widerstehen. Er suchte daher Schutz für seine Güter und seine Person bei einer europäischen Macht.

Zuerst wandte er sich an Frankreich: Ein derartiger Fall war bisher noch nicht vorgekommen. Ein Scherif wünschte den Titel eines Schutzgenossen. Die Sache konnte Konsequenzen haben, man mußte zuerst an höherer Stelle anfragen, überlegen... Der Scherif, dessen Hab, Gut und Freiheit auf dem Spiele stand, hatte nicht Zeit zu warten, er wandte sich an England, welches ihn mit offenen Armen aufnahm. Die englische Protektion erstreckte sich nicht allein auf seine persönlichen Güter, sondern auch auf die habbus-Güter, deren Nutznießung er hatte. Um sich fortab als Besitzer zu dokumentieren, umzog Mulai el Hasch das ganze mit einer Mauer.

Der Sultan nahm diesen Mißerfolg hin, ohne etwas zu sagen. Aber um diesen verderblichen Einfluß des Überläufers zu bekämpfen, setzte er ihm an die Seite als Konkurrenten einen andern Scherif, Mulai et-Tahar

Ob dieser Si Tahar nicht derselbe ist, der jetzt deutscher Schutzgenosse ist, kann ich nicht sagen. Jedenfalls wäre der Effekt für den Sultan ein überraschender gewesen.

Von Marrakesch möchte ich nicht scheiden, ohne der geradezu glänzenden arabischen Gastfreundschaft zu gedenken, die mir dort geboten wurde. Man kann nicht zuviel davon rühmen. Mag in meinem Fall noch ein besonderer Umstand Geltung haben, es sollte in dem Gast der langjährige Geschäftsfreund, Herr Marx, geehrt werden, so habe ich doch von vielen Seiten gehört, daß arabische Gastfreundschaft weit, sehr weit geht.

Wenn der Araber einlädt, ist Herr und Knecht geladen. Alle sind ihm willkommen, und unzählige Male wiederholt der Gastgeber dem Eintretenden die Worte: Mahabebbik! Mahabebbicum! Sei mir willkommen, seid mir willkommen! Und er läßt etwas „draufgehen", wenn er Gäste bei sich sieht, es muß reichlich sein, „biseff", und „msien", gut.

Das erste Mal war ich zu Si Tahar geladen. Von Europas Kultur angekränkelt hatte er im Festraum in einer Nische, in der später die holden Sängerinnen Platz nahmen, einen Tisch mit Stühlen aufgestellt, an dem wir speisen konnten. Und auf dem Tisch stand schönes kaltes deutsches Bier (cervisa). Und dann ging es los! Der erste Gang in runder großer Schüssel drei braune saftige Tauben mit Rosinen und Mandeln in Arganöl gebraten. „Msien! Msien!", riefen wir aus einem Munde, und tapfer erhoben wir die Hände zum lecker bereiteten Mahle. Rosinen und Mandeln verschwanden, und auch die Tauben trotz des ranzig schmeckenden Öles. Kaum hatten wir geendet und bei dem „Pilsener" uns andern Geschmack geholt, da stand schon eine zweite Schüssel, überdeckt mit einem irdenen Deckel vor uns. Und siehe da, es waren drei schöne Hähne. Drei Hähne in ranziger Butter saftig und bräunlich gebraten. „Msien! Msien!", riefen wir dem derweil sich in seinem Hause herumdrückenden Gastgeber zu, und nochmals erhoben wir die Hände zum leckeren Mahle. Denn beleidigend ist es, von dem Dargebotenen nichts zu nehmen. Und von den Hähnen verschwanden zwei. Wieder nahmen wir zum Bier unsere Zuflucht, es war kühl und schäumend.

Als wir uns kaum versehen, stand aber schon eine neue Schüssel da, und als man den Deckel abhob, da lag ein halber Hammel darin.

Knusprig und verlockend! Wer konnte da widerstehen! Und männiglich nahm ein Teil. Und wieder ward eine Schüssel gebracht und geöffnet, und siehe da, es war Kuskussu. Ein weißer lockerer Griesberg, in dem Rosinen und Hammelfleisch versteckt war.

„Msien, biseff! Si Tahar. Bara kelautik, bara kelautik!", riefen wir ihm zu. Wir hatten übergenug. Mahabebbikum, war die Antwort. Ihr seid in einem deutschen Hause, ich bin auch ein Deutscher, und was der liebenswürdigen Redensarten mehr waren. Und wir aßen, fürs Vaterland. Es war wirklich pro patria, aus Todesverachtung.

Und wieder kam etwas Zugedecktes. War es etwa hammeliges oder rind- viehartiges, ich weiß es nicht. Nur Herr Dietrich, der junge Mann von Herrn Marx aß, wenn nach nur ein Häppchen. Und noch drei Schüsseln mußten wir über uns ergehen lassen, bis es zum Schluß eine schöne Ananas von den Cana- rischen Inseln gab. Dann begann das Fest. Ich denke, so muß ein römisches Symposion gewesen sein. Wir saßen resp. lagen auf leinwandbezogenen Kissen an den Wänden entlang. Sklaven und unverschleierte Sklavinnen brachten Messingleuchter und stellten sie in die Mitte des Zimmers. Gäste traten ein und nahmen nach zeremonieller Begrüßung Platz. So eine marokkanische Be- grüßung ist etwas lang, mindestens 2—3 Minuten werden verschiedene Höflich- keitsphrasen gewechselt.

Z. B. m' sicher (guten Abend). Asch quarik? Wie geht es dir?
La bas! Es geht.
La bas alik? Geht es dir gut?
Bara kelautik. Ich danke dir.
Kif endal Wie geht es? — Ma kain bas oder alhamdu illah! Nicht schlecht. Gelobt sei Gott!

Und zum Schluß sagt man denn: Laischal tickel barraka! Ich habe genug und danke dir. Bekanntlich küssen die Araber zum Gruß sich die Hände oder legen auch die Hand auf das Herz. Erst nachdem all' das geschehen, wird von Geschäften oder anderm gesprochen.

Natürlich wurden wir den Gästen nicht weiter vorgestellt. Man saß da und betrachtete sich. Dann kam eine Überraschung. Ein Neger brachte zwei silbern schimmernde Gefäße mit langer Spitze. Unser Gastgeber nahm eins davon in die Hand, ein andrer das zweite und ehe wir es uns versahen, wurde über unser schuldloses Haupt ein halber Liter Rosenwasser ausgegossen. Ver- gebens war alles Sträuben, vergebens Vorhalten sämtlicher Taschentücher, erst nachdem der ganze Inhalt entleert, konnten wir wie durchnäßte Pudel uns Hände und Gesicht abtrocknen. Darauf wurde Tee gereicht mit Gebäck und süßen Kuchen. Natürlich grüner Tee mit nana, d. i. Krauseminze. Der Tee war übersüß, es ist ein besonderes Lob, wenn man dem Gastgeber sagen kann: Du hast uns mit Zucker getränkt. Die Teebereitung ist eine besondere Ehre und wird gewöhnlich dem Ehrengast zugeteilt.

Nach dem Tee kamen zwei Messingteller mit Getränken. Als besondere Ehrung erhielt ich das Amt des Mundschenken. Daß das keine leichte Aufgabe war, wird man daraus ersehen, daß gegen 12 Personen oder Kehlen zu versorgen waren. Es gab 2 Flaschen Whisky, 1 Cognac, 1 Selt, 1 Karaffe roten Atlas- wein und — 1 Flasche Karlsbader Sprudel. Weiß Allah, wie sich die hierher verirrt hat.

Bekanntlich verbietet der Koran dem Araber den Weingenuß, aber in Marrakesch scheint man es mit dem Koran nicht so genau zu nehmen. Vermutlich hat man in Marrakesch schon recht lange Wein getrunken; denn der Weinbau ist sehr alt, ich habe selbst hundertjährige Weinstöcke gesehen. Das Schlimme ist, daß man jetzt auch andern Alkoholicis recht sehr zuspricht. Und wie der Araber trinkt! Ein kleines oder größeres Glas langsam zu trinken, kennt er gar nicht. Ein Glas ein Trunk, das ist Parole d'honneur. Und dabei war die Temperatur sicher 22° R. im Zimmer. Als sie auf mindestens 24 gestiegen war, kamen die Sängerinnen, die ersten Damen, die ich unverschleiert sah.

Schön war keine, dafür aber umso stärker und geschminkter. Die eine hatte die ganze Lippe schwarz gefärbt, alle zwischen Augenbrauen und in der Mitte des Kinnes einen schwarzen Strich. Die Kleidung war aus schwerem Seidenbrokat. Und dann begann der Gesang, nachdem die Handtrommeln über Kohlenfeuer angewärmt waren.

Gesang, das ist vielleicht nicht die richtige Bezeichnung, es war ein näselndes monotones Geplärre, um Steine zu erweichen und Menschen rasend zu machen. Dazwischen dieser dumpfe Dreitakt der Trommel. Und der Schluß war immer ein unaufgelöster Akkord. Es war das alte Lied von der Liebe und ihrem Leide. Als sie aber geendigt, sagte der Gastgeber laut und vernehmlich: Bara kelauticam! Und seine Gäste wiederholten es. Zum Lohne wurden den Gesangskünstlerinnen eine Flasche Whisky dargeboten.

Ich aber suchte aus Atlaswein und deutschem Sekt eine trinkbare Mischung herzustellen. Und als der Sekt zur Neige ging, kam der Karlsbader heran. Die Temperatur war 25° R. So war es allmählich Mitternacht geworden, als der Hausherr mit seinen arabischen Gästen zusammenrückte. Es wurde ein niedrer Tisch (teifur) hineingebracht, und jetzt begann das arabische Nachtmahl.

Zum Schluß noch ein heiteres Erlebnis. Mein Nachbar, ein Landsmann, dem es auch allmählich an Gesprächsstoff fehlte, begann mit meinem Buschaib ein Gespräch. „Nun sag mir mal, Buschaib, Du bist aus Casablanca? Hast Du dort Verwandte?“

„Ja, hab i schon. Ein' Bruder!“

„Na, und was ist der?“ — „Tischler“, erwiderte Bu schaib.

„Und was treibst Du eigentlich, wenn Du nicht mit Fremden herumreisest. Du bist doch nicht immer unterwegs?“

„Na, denn knd i durch d' Eier!“ erwiderte treuherzig Bu schaib.

Bu schaib war nämlich von Profession Eierbeschauer bei einem deutschen Kaufmann gewesen.

So endete das erste arabische Gastmahl in Marrakesch, der Roten.

Der Kaiserkanal.

Seine Geschichte, sein jetziger Zustand, seine Bedeutung und sein Lauf innerhalb Schantung.

Von P. Georg M. Stenz, S. V. D.

(Mit 5 Kartenskizzen.)

I.

1. Geschichte des Kanals.

Die chinesischen Annalen erzählen von einer großen Überschwemmung, die um die Zeit des alten Kaisers Jao (ca. 2357 v. Ch.) das chinesische Reich betroffen habe. Mehr als 150 Jahre soll es gewährt haben, bis die Wasser sich wieder verlaufen hatten. Aber auch dann noch waren viele Seen und Sümpfe zurückgeblieben und die versandeten Flüsse verheerten Jahr für Jahr die fruchtbaren Ebenen. Kaiser Jü (2223), dem die Chinesen so manche große Tat zu verdanken haben, gelang es erst, wenigstens die Hauptflüsse wieder zu regulieren.*)

Immerhin war die Regulierung nicht derart, daß von Zeit zu Zeit nicht doch noch Überschwemmungen vorkamen, und man war daher gezwungen, ein Mittel zu finden, um diese furchtbaren Wassermassen anders abzuleiten. So brachten denn Not und Elend die Chinesen dazu, Kanäle zu bauen, die einesteils die großen Wassermengen verteilen, anderenteils auch zur notwendigen Bewässerung der Reisfelder und auch zum bequemeren Transport der Landeserzeugnisse dienen konnten.

Der erste, der von diesen Kanalbauten schreibt, ist Konfuzius (557—479). In seinem „Frühling und Herbst" erzählt er, daß Ngä-lung, Fürst von Lu, im 9. Jahre seiner Regierung (486) die Stadt Han-tsch'eng gegründet und den Kanal Han-kou gegraben habe, der den Kiang (Jang-tse) mit dem Hatt-ho verband. Dieser erste Kanal hat für die spätern als Muster gedient. Allerdings ließ man es zunächst für lange Zeit mit dieser einen Probe bewenden.**)

---

*) In einer Inschrift, die Jü nach Trockenlegung des Landes, in den Berg Ju-lu-sung eingegraben, sagt er: „Der ehrwürdige Kaiser sprach seufzend: Herbei Ratgeber, Gehülfe! Die Jaien, große und kleine, bis hinauf zum Gipfel der Vögel und den Wildhöhlen, alles ist überschwemmt, eingetaucht. Deine Sorge sei, zu öffnen den Weg und abzuleiten das Wasser. — Lange vergaß ich meines Hauses, wohnte auf dem Ju lu-Gipfel, unter Nachdenken und Abmühen verging der Leib, keine Ruhe hatte ganz und gar der Geist; ich ging, kehrte wieder, richtete ein, ordnete an. — Vollendet ist die Arbeit, ich habe mein Opfer dargebracht im zweiten Monat; zu Ende ist die Trübsal, es wendet sich das dunkle Geschick. Des Südens Ströme fließen nach dem Meere hin. Gewänder sollen angeschafft, Mahle bereitet werden; es leben alle Lande in Genügen; es schwinge sich das Volk zu Reigen und Tanz!" (Inschrift des Jü, übersetzt von Julius von Klaproth. Berlin 1811).

**) Die Stadt Han-tsch'eng lag nicht weit vom Jang-tse entfernt, und der Han-kou bespülte die Mauern der Stadt. Der Kanal durchquerte einige Seen (z. B. Fanliang. Potsche, Sche-jang), ließ aber andere wie den Lu-jang und U-kuang unberührt und mündete bei Ma-kou in den Hoä-ho.

Die folgenden Dynastien, die teilweise durch fortwährende, hartnäckige Kriege für große Friedenswerke behindert waren und, in ihrer Residenz, fern in Sse-tsch'uen nicht direkt unter der Wassernot zu leiden hatten, taten zum weiteren Ausbau des Kanals nichts. Erst gegen das Jahr 225 n. Ch. ließ in friedlicher Zeit ein König von U den Juin-jen-ho graben, der eine Fortsetzung des Han-kou genannt werden kann und zum leichteren Transport des Salzes dienen sollte, wovon er auch seinen Namen besitzt. Er berührt nämlich auf seinem Laufe die großen, kaiserlichen Salzlager. Der Kanal besteht noch heute.

Unterdessen war der alte Kanal, der nun schon fast 730 Jahre bestand, wieder in recht jämmerlichen Zustand geraten und bedurfte einer gründlichen Ausbesserung. Dieselbe wurde ungefähr um dieselbe Zeit, als der Juin-jen-ho gegraben wurde, von einem König aus Wei besorgt.

Die verdienstvolle Dynastie der Sui (590—618) hat auch zum Ausbau des Kanalsystems sehr viel getan. Kaiser Wen-ti ließ, weil der alte Kanal die Zahl der Schiffe und Barken nicht fassen konnte, einen zweiten Kanal graben, den Schan-jang-ho, der dem Han-kou fast parallel lief. Mehr als 100000 Menschen, erzählen die Annalen, waren bei diesen Bauten beschäftigt, und schnell konnte der neue Wasserweg dem Verkehr übergeben werden. Heute ist dieser Kanal unbrauchbar geworden. — Ein anderer Kaiser dieser Familie, der pracht- und glanzliebende Jung-ti (605—618), ließ den Han-kou nach Süden verlängern bis zu der reichen Handelsstadt Han-tschou und verband so den Hau-ho mit dem südlichen Meere. Zur Hebung des Handels ist dieser Kanal eine goldene Straße geworden, und ist es geblieben bis auf den heutigen Tag.

Aus den nächsten Jahrhunderten berichten dann die Annalen nicht viel über den Kanal. Im 4. Jahre des Kaisers Hi-uttg (Schin-tsung) (1071) überschwemmten aber die Fluten des Hoang-ho wieder einmal das Land in ganz entsetzlicher Weise. Der gelbe Unhold wechselte bei dieser Gelegenheit auch sein Bett und teilte sich in zwei Teile. Der eine Arm folgte dem Pe-ts'ing-ho (Nord-Ts'ing-ho) und verlor sich im Ozean, der andere dagegen vereinigte sich mit dem Nan-ts'ing-ho (Süd-Ts'ing-ho) und strömte mit diesem in den Hau-ho. Zum Glück waren die Ufer des Hung-tsche-Sees, in den sich der Hau-ho ergoß, kurz vorher durch mächtige Dämme erhöht worden, so daß er jetzt ein geräumiges Reservoir bildete, bis sich die furchtbaren Wassermengen langsam in die mit dem Hung-tsche in Verbindung stehenden Seen, Pao-ing, Kuo-ju, Schau-pe verzogen hatten.

Durch diese Katastrophe war nun auch der Hoang-ho mit dem Jang-tse verbunden.

Die Dämme der Seen und Flüsse, in die das ungestüme gelbe Wasser sich ergoß, waren aber auf die Dauer nicht stark genug, um diesem Andrang stand zu halten und die Chinesen mußten auf Mittel sinnen, diese Kraft zu schwächen. Sie zogen deshalb kleinere Kanäle und Gräben, die sie durch verstellbare Schleusen je nach Bedürfnis mit dem Wasser des Hauptkanals speisten und die für die großen Reisfelder von unendlichem Werte wurden.

Im Jahre 1280 hatte Kublai Khan sich des Drachentrones bemächtigt und seine Hauptstadt nach Peking verlegt. Da die Umgebung der Stadt nicht wohlhabend ist und die Verbindung mit dem reichen Süden zu Lande recht beschwerlich und zur See, der vielen Räuber und schrecklichen Stürme wegen, recht gefährlich war, ersann er ein Mittel, den Süden auf andere Weise mit dem Norden zu verbinden: Er wollte den Han-kou bis Peking verlängern. Innerhalb 3 Jahren führte er das Riesenwerk aus. Im Jahre 1289 konnte er schon die Eröffnung feiern. Die Verlängerung betrug ca. 1000 km. Der Kanal maß nun in seiner ganzen Länge 3000 Li = 400 Meilen. Wahrhaftig ein Kaiserkanal!*)

Unter den Kaisern der letzten Jahrhunderte hat sich besonders Kang-hi (1661—1723) für den Kanal interessiert und viel zu seiner Verbesserung getan.

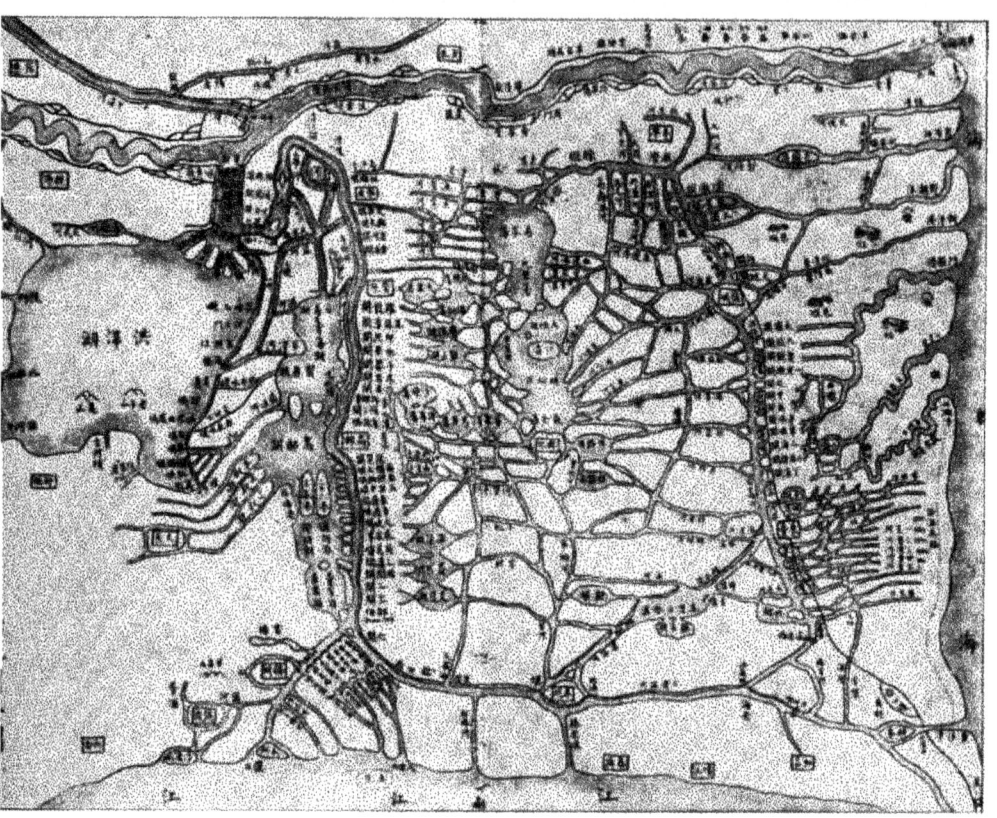

Der Kaiserkanal von Tsching-kiang bis zur Seeuze Schantung.***)

Vollständig vollendet, ungefähr in seiner jetzigen Gestalt, wurde er aber erst vom Kaiser Kien-lung (1736—1796). Der Kaiserkanal ist also das Werk von mehr als tausend Jahren.**)

---

*) Der Name „Kaiserkanal“ ist nicht chinesisch. Im chinesischen wird er Juin-leang-ho b. i. „Fluß zum Transport der Steuer“ genannt, weil dies sein eigentlicher und Haupt-zweck ist.

**) Als im Jahre 1850 der Hoang-ho sich wieder einen neuen Weg suchte, wurde dadurch auch der Lauf des Kanals etwas modifiziert.

***) Eine wertvolle Studie über den Kaiserkanal, speziell soweit derselbe in der Provinz Kiang-nau fließt, hat P. Gandar, S. J. herausgegeben unter dem Titel: Le canal impérial (Chang-hai 1894).

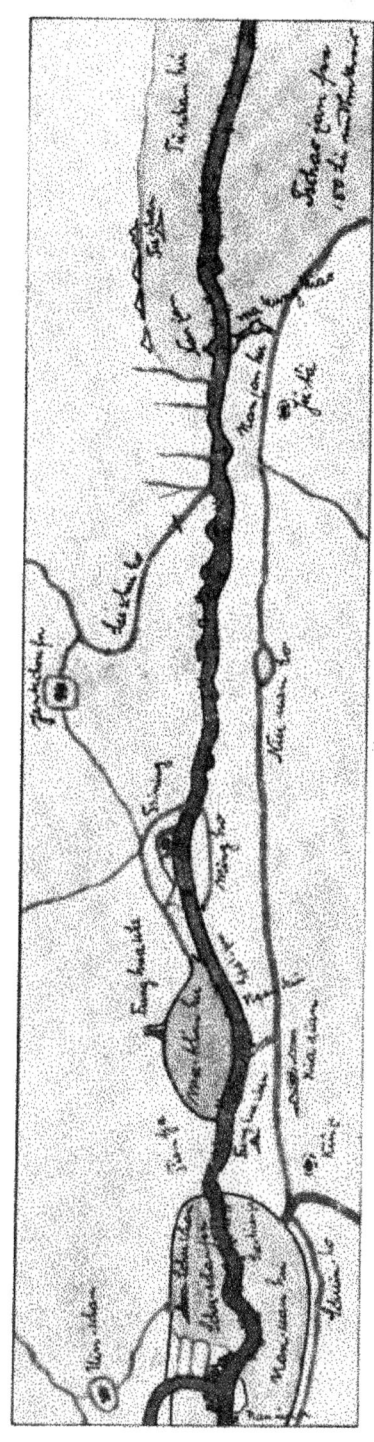
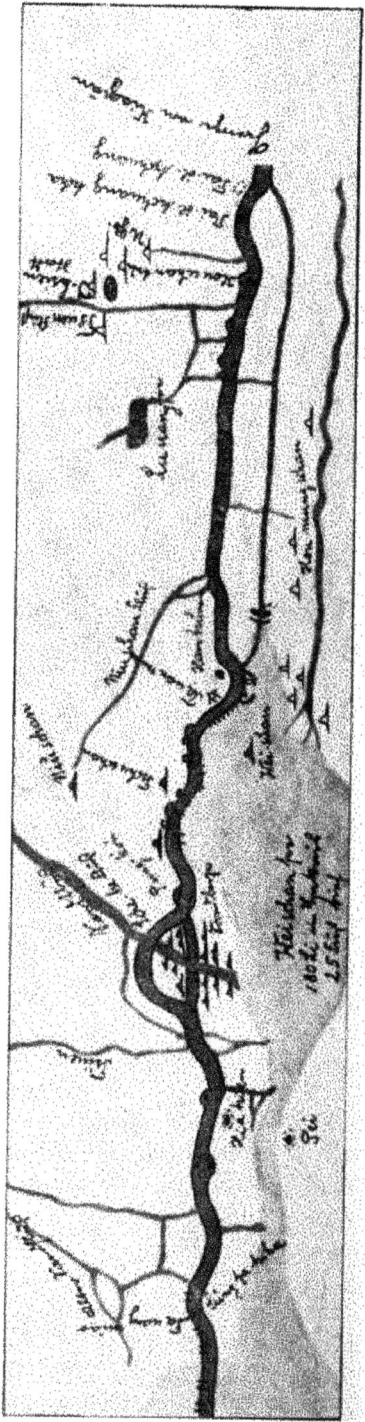

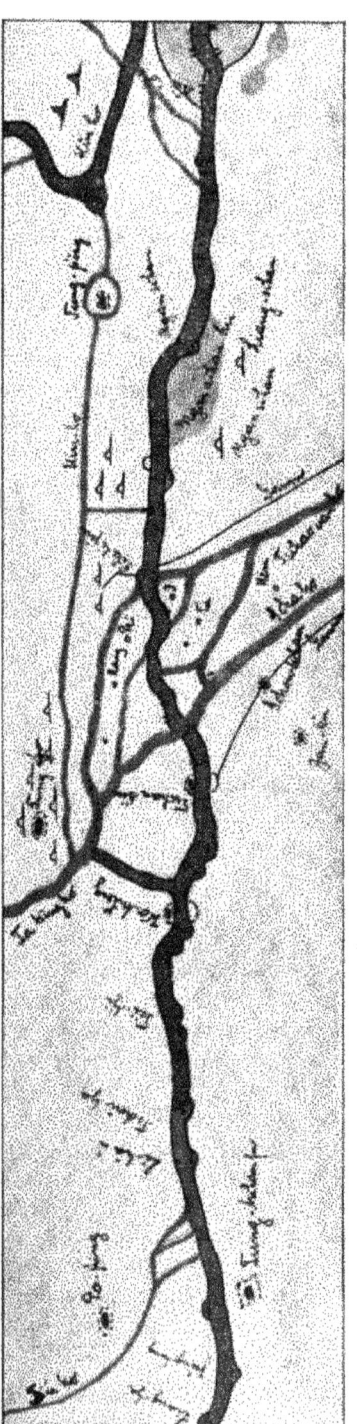

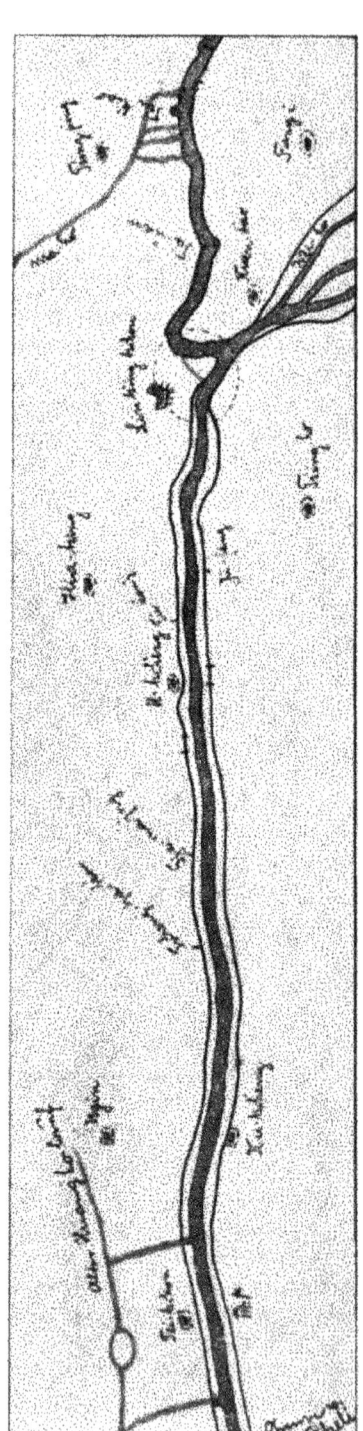

Der Kaiserkanal innerhalb der
Provinz Schantung.

⊙ Stadt, hsien, tschou, fu   miao = Tempel
ho = Fluß   tscha = Schleuse
hu = See   kiao = Brücke

△ = Berg, Gebirge
꞊ tscha
= tong   = pa.

Augenblicklich wäre der Kanal auch wieder einer gründlichen Aufbesserung
bedürftig. Er sieht jetzt in dem größten Teile seines Laufes einer traurigen Ruine
ähnlich und trägt seinen stolzen Namen mit Unrecht. Aber wer soll diese Regulierung vornehmen? — Die Europäer, bef. die Deutschen, werden sich hüten, hierbei
mitzuhelfen. Und gerade jetzt könnte der Kanal für das chinesische Reich von un-
ermeßlichem Nutzen sein!

Auf meinen Fahrten, die ich auf dem Kaiserkanal gemacht, und auf denen
ich mehr als einmal Gelegenheit hatte, die chinesische Lottwirtschaft kennen zu
lernen, mußte ich das große Werk in seiner Anlage und Ausführung, sowohl im
Ganzen, wie in einzelnen Partien, bewundern und anstaunen. Zu einem solchen
Werke gehören großer Unternehmungsgeist und bedeutende technische Fähigkeiten.
In seine Dämme, in die riesigen Quader, die den Kanal umschließen und einengen,
ist mit Blut und Schweiß die tausendjährige Geschichte eines hochbegabten Volkes
eingeschrieben; seine Städte und Dörfer, die er umspült, zeugen von blühendem Handel
und reichen Ernten — aber die traurigen Nachkommen sind ihrer Vorfahren nicht
würdig und nicht fähig mehr, das Riesenwerk vor völligem Verfall zu wahren.

2. Von Tsining-tschou bis Tsching-kiang auf dem Kaiserkanal.

Meine letzte Reise auf dem Kaiserkanal machte ich im Jahre 1900, und zwar
von Tsining-tschou bis Tsching-kiang. Ich hatte mir in Tsining-tschou eine größere
Dschunke für die Fahrt ausgewählt, die ich für 60 Diao (ca. 90 M.) mietete. Das
Schiff, das früher einmal als „Flaggschiff" des kaiserlichen Obermandarins der
Getreideschiffe gedient hatte, war leicht und schön gebaut, etwa 10 m lang und
3 m breit. Da aber auch die ganze Familie des Schiffers, Großvater, Vater und
Sohn mit Frauen und Töchtern, auch die „Matrosen" im Schiffe Unterkunft hatten
war der mir und meinem Diener zugemessene Raum doch nicht gerade zu groß.

Die „Sternschnuppe", so nannte mein Dirurr das Schiff nach seiner erst-
täglichen, ausgezeichneten Leistung, sah nach außen recht fix und proper aus, im
Innern aber ließ sie so manches zu wünschen übrig. Die Fenster waren, soweit
sie vorhanden, teils von Glas, teils von Papier. Das Papier, frisch aufgeklebt,
zerriß aber bald, als der Kasten, durchs Segel getrieben, bis in seine geheimsten
Fugen krachte. Eine nagelneue, veilchenblaue Tapete, mit der die Wände, Ritzen
und Löcher überkleistert waren, machte das Innere „vornehm". Die Möbel bestanden aus einer Pritsche als Bett, einem Tisch und einigen hilfsbedürftigen
Stühlen. Unter uns, im Gepäckraum, hausten die Mäuse und Schnacken, über uns
spannten die Spinnen ihre Netze aus, und in Fugen und Ritzen herrschten Wanzen
und anderes Getter. Auf Deck aber stolzierten Hähne und Hühner, die am Morgen
die Stelle der Weckuhr versahen und mir jedesmal das Abtsche Lied in Erinnerung brachten: „Früh morgens, wenn die Hähne krähn." Ein hoher Mast ragte
in die Luft mit einem wohl hundertmal geflickten Segel, und hoch oben am Mast
ließ ich die schwarz-weiß-rote Fahne hissen, die stolz und frei im frischen Winde
flatterte.

Tsining-tschou ist eine der bedeutendsten Handelsstädte der Provinz Schautung
und es hielt schwer, durch alle Schiffe und Nachen und Flöße, die auf dem Kanal
lagen, sich hindurch zu winden. Aber voll Ehrfurcht sahen die Chinesen — es war

das unmittelbar vor den letzten chinesischen Wirren — auf die deutsche Flagge, und ehrerbietig wichen sie uns aus. Selbst die Brücken, die sonst nur nach Gelderpressungen aufgezogen werden, wurden diesmal schnell und ohne das mörderische offizielle Geschrei gehoben. Ich kam also ungeschoren vor die Tore der Stadt, und da ein lustiger Nordwind hinter uns dreinfegte, schoß die „Sternschnuppe" unter ihren Segeln pfeilschnell voran.

Am ersten Tage legte ich 100 Li zurück. (20—30 Li südlich von Tsining beginnt der Tschao-jan-See, durch den der Kanal gebaut ist. Um diese Zeit, — es war Ende April —, waren weite Strecken des Sees ausgetrocknet und mit Feldfrüchten, besonders Sorgho angebaut. Der See wird vom Kanal her durch mächtige Steinquadermauern und Dämme aus Lehm getrennt. Die Dämme wurden an manchen Stellen so breit, daß langgestreckte Dörfchen dort angesiedelt waren, aus denen freilich eine bittere Armut herausschaute. Die Dämme werden auch als Straßen benutzt und sind an vielen Stellen mit Weidenbäumen dicht bestanden.

Im Vorhergehenden habe ich davon gesprochen, daß die Dämme oft durch Schleusen unterbrochen werden. Diese Schleusen dienen teils dazu, den Kanal mit dem Wasser der Seen zu speisen, teils auch das Hochwasser durch die kleineren Kanäle und Gräben, die das Land durchkreuzen, abzuleiten und die Felder zu bewässern.*)

Spät am Abend wurden die Anker geworfen in Nan jan, einem bekannten und wichtigen Handelsplatze. Von hier aus werden besonders viel gesalzene Fische, Enten, Enteneier, Matten und Hüte aus Binsen und Binsen selber verschifft. Der Fischreichtum in den chinesischen Binnenseen ist ganz enorm, die Enten und Gänse werden zu Tausenden auf den Seen „geweidet."

Früh morgens, als die Hähne krähten, weckte ich schon die Herren Matrosen wieder und brachte sie nach einigem verzweifelten Recken und Strecken auch glücklich soweit, daß sie abfuhren. Der Wind wehte für uns zu günstig, als daß ich die faulen Burschen noch hätte länger schlafen lassen können. Wer hätte daran gedacht, da bis jetzt Alles so recht nach Wünschen ging, daß wir auf unserer „Sternschnuppe" noch so viel Ungemach erleben sollten!

Tagsüber vertrieb ich mir die Zeit durch Studien, Kartenaufnahmen und Zeichnen und während mehrerer Stunden ging ich auf dem Damme, dem Flusse entlang und lag dem edlen Waidwerk auf Enten, Tauben und Hasen ob. Leider wurde auch die schönste Taube unter den Händen unserer chinesischen Küchenfee unappetitlich und ungenießbar.

Als wir abends die Anker warfen in Hia-tschin, einem großen, 7 km langen, stadtähnlichen Orte, waren wir ca. 120 Li weit gesegelt, für chinesische Verhältnisse eine anständige Leistung. Da hier, wie an allen größeren Orten am Kanal, sich eine katholische Christengemeinde befand, stieg ich ans Land, um dieselbe zu besuchen. Zu

---

*) Man unterscheidet dabei die tong, die ziemlich hoch am Damm angebracht sind und nur ca. 3 Fuß im Quadrate messen. Sie dienen zum Ablaufen des Hochwassers und zur Berieselung der Reisfelder; — die tscha, die quer durch den Kanal gebaut sind und dazu dienen, bei Wassernot das Wasser zu stauen. Durch schwere Bretter wird dann der Kanal geschlossen und je nach Bedarf jedesmal wieder geöffnet; — die pa, die meist den Abschluß von Seen oder anderen größeren Kanälen bilden. Es sind mächtige Bauwerke, aus schweren Quadern aufgeführt.

meinem größten Schrecken erfuhr ich hier, daß unweit von dort der Kanal vollständig versandet sei und ich unmöglich mit meinem Schiffe weiterfahren könne. Da aber die Zopfmänner gerne etwas übertreiben in ihrer Sprache, so glaubte ich ihnen nicht alles und ließ am folgenden Morgen in aller Frühe doch wieder die Anker heben.

Die Sonne schaute an diesem Morgen recht trübe und unwirsch drein, der Wind wehte uns scharf entgegen, und die Matrosen mußten unsere flinke „Sternschnuppe" ziehen. Mit fast jedem Schritt, den sie taten, entfloh dem Gehege ihrer Zähne ein kräftiger, chinesischer Fluch; ich glaube, sie mußten, daß uns keine angenehmen Tage blühten. Um 8 Uhr morgens hatten wir mit Ach und Krach 20 Li zurückgelegt, und damit war auch einstweilen unserer Fahrt ein Ende geboten. Knarrend fuhr das Schiff auf eine Sandbank auf.

Während die Schiffer ihren Morgenreis verzehrten, stieg ich vom Schiff herunter, um die folgende Flußstrecke zu besichtigen. An dieser Stelle durchkreuzt ein Scha-ho „Sandfluß", hier Sche-tze-ho „Kreuzfluß" genannt, den Koual, der ungeheure Sandmassen im Spätsommer von den Bergen mit sich führt. Augenblicklich war er vollständig ausgetrocknet, während er zu manchen Zeiten ein mächtiger Strom werden kann. Diese Stelle hat denn auch der Regierung schon sehr viel Geld gekostet, und wie die verschiedenen Anlagen, oberhalb und unterhalb der Flußmündung, zeigen, haben die chinesischen Ingenieure sich schon viel den Kopf zerbrachen, um hier den Kanal in Ordnung zu halten.

Hohe Sandberge sind aufgefahren an den Ufern; jedes Jahr, wenn die kaiserlichen Getreideschiffe kommen, wird gebaggert, und jedes Jahr schwindelt man sich notdürftig über diese Stelle hinweg. Für die Kanalbeamten ist diese Stelle eine wahre Silbergrube, und deshalb sind sie auf eine gründliche Reparatur auch gar nicht versessen.

Hier war z. B. vierzehn Tage vorher repariert worden, und der Kaiser hatte dafür 1500 Tael bezahlt, während die wirklichen Ausgaben sich auf höchstens 100 Tael beliefen. Die Beamten wollen ja auch leben, und da der Staat sie nicht freiwillig bezahlt, holen sie sich heimlich das Geld. Der Schleusenmandarin, der etwas unterhalb eine Schleuse (tscha) bewacht, der also eigentlich dafür zu sorgen hat, daß diese Stelle immer genügend tiefes Wasser hat, wird für seine Dienste fast gar nicht bezahlt, und den Lohn, den er erhält, muß er noch an seine Vorgesetzten abgeben. Er läßt deshalb die Schiffe nicht durch die Schleuse ohne gewisse und hohe Abgaben für seinen Säckel zu verlangen, und, falls die Schiffer sich weigern, schließt er die Schleuse überhaupt nicht, sodaß kein Wasser sich sammeln und die Schiffe nicht fahren können. Im letzten Jahre soll der Mandarin hier ein reines Einkommen von 70000 Tael (à 2,30 M.) gehabt haben.

Ich schickte, nachdem ich eingesehen, daß das Weiterkommen mit großen Schwierigkeiten verbunden war, zunächst einen Boten zu dem nächsten Schleusenmandarin und bat ihn, die Schleuse zu schließen. Der Obermandarin (Tao-tai) des Kanals hatte vor meiner Abreise in Tsining mir mitgeteilt, daß er ein Schreiben an alle Schleusen gesandt, damit sie mir behilflich seien und schon früh die Schleusen schlössen. Aber der Befehl war bis jetzt noch nicht angekommen. — Übrigens war der Beamte hier sehr freundlich und ließ die Schleuse sofort schließen. Schwere viereckige Balken wurden zwischen die Schleusenköpfe eingelassen und mit Brettern verbunden, aber der Löcher und Ritzen blieben in den Brettern so viele, daß das Wasser handbreit noch zwischendurch schoß. Wollte ich also auf das angestaute

Waſſer warten, dann konnte ich noch eine Woche long hier liegen. Ich mußte demnach ein anderes Mittel erſinnen.

Die Kunde, daß ich im Sche tze ho feſtſaß, war bald in die nächſten Dörfer gedrungen, und von allen Seiten kamen Leute herbei, um uns zu begaffen. Ich forderte die Leute auf, gegen ein Trinkgeld das Schiff über den Saad zu ziehen, und ſie halfen mir auch. Nachdem der Ballaſt aus dem Schiffe entfernt war, wurden lange Seile daran befeſtigt, und 200 Mann zogen das Schiff. Die „Stern-ſchnuppe" knarrte einigemal, bewegte ſich auch ein paar Schritte, blieb dann aber ganz unbeweglich liegen.

Wie nun weiterkommen? Die Chineſen gaben ein neues Mittel an: den Fluß ausbaggern. Ich wollte mit Brettern eine Barriere einige Meter vor dem Schiffe durch den Fluß bauen, um dadurch das Waſſer anzuſtauen, wurde aber für dieſen meinen Plan ganz gründlich ausgelacht. Alſo Baggern! Die „Bagger-bretter", d. i. große, ſchaufelartige Bretter lagen in einem Schuppen verſchloſſen; der Schleuſenmandarin gab dieſelben aber gerne her. Ein kräftiger Mann drückte nun dieſes Brett tief in den Flußſand ein und 10—20 Andere zogen mit Stricken langſam zum anderen Ufer. Obgleich die Leute ſich tüchtig anſtrengten und 10 „Baggermaſchienen" in Betrieb waren, war der Erfolg doch nur ſehr gering. Ich kam deshalb doch noch wieder auf meinem Plan zurück und führte ihn auch aus. Etwa 100 Schritt abwärts ließ ich einige Pfäle in den Fluß treiben, Volken, Kiſten und Bretter vorlegen und mit Strohmatten die Ritzen verdichten. Die ſchlauen Chineſen lachten mich aus, aber um meine Blamage doch ganz zu erleben, blieben ſie an Ort und Stelle und warteten ab.

Nachdem wir ca. ¹/₂ Stunde gewartet hatten, war das Waſſer ſchon ziemlich hoch geſtiegen, die „Sternſchnuppe" war wieder freigeworden und triumphierend fuhr ich über die ſchnell eingeriſſene Barriere hinweg und gebrauchte das unge-ſammelte Waſſer auch noch, um etwas weiter zu kommen. Bald aber ſaßen wir wieder feſt. Es war unterdeſſen ſchon Abend geworden, und wir mußten daran denken, in dieſer kleinen Wildnis, die wegen ihrer Räuberbanden bekannt iſt, uns für die Nacht zu verſchanzen.

Am folgenden Morgen waren wir ſchon wieder früh an der Arbeit. Mit Hilfe der Barriere kamen wir langſam jedesmal 100 Schritte weiter und hatten endlich am Abend die Schleuſe erreicht. In 2 Tagen 20 Li! Noch in der Nacht fuhren wir durch die Schleuſe, um in das nächſte große Dorf, nach Han-tja tſchuang zu gelangen.

Die Schleuſe in Han-tja war allerdings geſchloſſen, aber Waſſer hatte ſich nicht viel geſammelt, da die Bretter nicht waſſerdicht ſchloſſen.

Ein Mittel gab es, weiterzukommen, nämlich, wenn uns aus dem Wei-ſchan-See Waſſer gegeden wurde. Der See war mit Waſſer gefüllt, aber alle guten Worte an die Schleuſenwächter, ſelbſt klingende Verſprechungen halfen nichts, die mächtige Schleuſe (pa) zu öffnen. Auch mein Freund, der Obermandarin in Tſining, den ich telegraphiſch um Hülfe bat, gab mir zur Antwort: „pu ken", „ich wage es nicht". Nau, ich konnte es dem Manne nicht verdenken, da für ihn ſehr viel auf dem Spiele ſtand.

Um dieſes zu verſtehen, muß ich kurz etwas einflechten über die „Flußmandarine". Für den Kaiſerkanal ſiad ſehr viele Beamte angeſtellt, ſogenannte Flußmandarine (ho-kaen), teils um das Jahr hindurch für die Inſtandhaltung des Kanals zu forgen, teils um die kaiserlichen Getreideschiffe nach Peking zu bringen. Außer dem Generalgouverneur (ho-yuen) unterscheidet man 8 Obermandarine, 242 Untermandarine, 118 Begleitoffiziere mit 66110 Mann. Außer diesen fungieren an den Schleusen noch die Schleusenmandarine (tscha-kuen) und an den Zollstationen die Zollbeamten. Ein ganzes Armeekorps mit Generälen und anderen Offizieren steht am Ufer (auf dem Papier!), in den verschiedenen Städten zerstreut, um die kaiserlichen Schiffe zu beschützen.

Diese Mandarine haben dafür zu sorgen, daß zur Zeit, wenn die beladenen Getreideschiffe kommen, der Fluß in Ordnung ist. (Da das aber niemals ganz untadelhaft der Fall ist, beziehen die Mandarine, die die Schiffe begleiten, von den übrigen hohe Trinkgelder, auch Reisegelder genannt.) Auch für Wasser müssen sie sorgen, und wehe ihnen, wenn die Götter keinen Regen schicken. Für solche Fälle wird das Wasser in den verschiedenen Seen aufgespart. Ob nun das Jahr hindurch die Kauffahrteischiffe Wasser haben oder nicht, das kümmert diese „Väter und Mütter" des Volkes nicht, genug wenn die kaiserlichen Schiffe im Sommer gut durchkommen.

Interessant ist es, wie der Mandarin in Kiang-nan sich behilft, falls er kein Wasser hat — und das ist häufig der Fall, weil er wegen des starken Gefälles nach Kiang-nan hin, das Seewasser vermittels der Schleusen nur schwierig bis nach Schantung bringen kann. Jeder sorgt nämlich für sich und seine Haut, der Mandarin von Schantung für Schantung, die anderen für ihre Bezirke. — Er schickt also ein Schiff voraus, auch wenn er dasselbe über Sand und Steine mit größten Unkosten ziehen lassen maß und sorgt dafür, daß dasselbe nach Ta-ol-tschuang, dem Grenzdorfe Schantungs, kommt. Natt muß der Tao-tai von Schantung schleunigst für Wasser sorgen. Er läßt das Seewasser los, das nun der Andere mit seinen Schleusen auffängt. Ist er boshaft, dann fährt er zuletzt so langsam, daß das Wasser vollständig abläuft und der Schantung = Tao-tai nun auf dem trocknen sitzt. Große Studer! — Auf dem Rückwege ist die Sache aber noch schlimmer. Jeder bringt die Schiffe bis an die Grenze seines Bezirkes und macht dann die Schleusen zu. Jeder sehe, wie er fertig werde. So traf ich auch diesmal, wie wir später sehen werden, mehrere hundert Getreideschiffe etwa 10 Stunden unterhalb Ta-ol-tschuang, die dort noch auf Wasser zur Heimkehr warteten, während es ihren Schwesterschiffen eben geglückt war, mit dem Wasser stromabwärts zu kommen, und sie nun schon bald wieder mit voller Ladung zurückkehrten.

Um also nicht in Verlegenheit zu geraten und vielleicht sein Amt zu verlieren, telegraphierte mein chinesischer Freund mir: „pu ken", „ich wage es nicht."

Mir blieb nichts übrig, als abzuwarten, bis sich genügend Wasser an der Schleuse (tscha) gesammelt hatte. Die unfreiwillige Muße benützte ich, um mit dem hochwürdigen P. Weig S. V. D., der zufällig in Han-tja-tschuang sich aufhielt, eine kleine Segelpartie auf dem See zu machen.

Der See, der überaus fischreich ist, ist sehr belebt. Ein ganzes Völkchen, ganz von gewöhnlichen Chinesen verschieden und ohne die Rechte und Pflichten der gewöhnlichen Zopfträger, mit vollständig anderen Sitten und Gebräuchen, die Mau-tse, lebt auf diesem See. Ganze Flottillen von großen und kleinen Fischerfahrzeugen durchkreuzen die Fluten. Auf einer Landzunge stiegen wir aus, um das herrliche Schlößchen einer unglücklichen Engländerin zu besichtigen, die bis hierhin ihrem mandeläugigen Liebhaber gefolgt war, um dann, nach kurzem Liebesrausche verkannt und verlassen, die Flucht zu ergreifen. Jetzt haben zahme und milde Tauben ihre Nester in den reizenden Pavillons und in den luftigen Sälen aufgeschlagen, die Gebäulichkeiten gehen dem Verfalle entgegen und bald werden üppige Schlingpflanzen die traurigen Ruinen bedecken.

Die Gegend ist reich an Eisen. Ich brach mir einige Stücke vom Felsen los und fand darin bei späterer Untersuchung 70% Eisen. Die Bewohner der umliegenden kleinen Dörfchen brachten uns größere Stücke Magneteisen, die sie ebenfalls dort gegraben hatten.

Bei unserer Rückkehr nach Han-tja-tschuang hatte sich etwas Wasser hinter der Schleuse gesammelt, und ich ließ deshalb noch am selbigen Abend die Anker heben. Anfangs schien die Fahrt sehr gut zu gehen, bald aber wurde sie immer langsamer und schwieriger und, nachdem wir 30 Li gefahren, saßen wir ebenfalls fest, und zwar so fest, daß keine Aussicht mehr war, weiter zu kommen.

Unsere Lage war höchst fatal. Die Gegend war der vielen Räuber wegen sehr gefährlich, und an ein Weiterkommen war auf Wochen hinaus nicht zu denken. Ich entschloß mich deshalb, die schmucke „Sternschnuppe" zu verlassen und flußabwärts ein anderes Fahrzeug zu mieten. Die Räubergefahr ist an der Grenze zweier Provinzen immer groß und war hier der Hungersnot wegen, die im vorigen Jahre geherrscht hatte, besonders gefährlich. Ganze Dörfer waren hier an den durch Hunger entstandenen Krankheiten ausgestorben, in größeren Ortschaften fanden regelmäßige Menschenmärkte statt, auf denen für 18—20jährige Mädchen nur 10—15 Mark und für 5—10jährige Knaben nur ca. 10 Mark gegeben wurden.

Mein Gepäck wurde auf einen Ochsenwagen verladen, und hoch oben auf Kisten und Kasten zog ich am folgenden Morgen in Tä-öl-tschuang ein, wo ich in der dortigen katholischen Gemeinde überaus freundliche Aufnahme fand. Für viel Geld und gute Worte gelang es mir am selben Tage noch, zwei kleine Nachen zu mieten.

Elender bin ich in meinem Leben noch nicht gefahren. Ich konnte nur auf dem Boden des Nachens liegen, indem ich Kopf und Beine gegen die Seitenwände legte. Das Dach bestand aus einer schmutzigen, zersetzten Strohmatte. Mit diesem „Frosch", — so wurde das Fahrzeug bald genannt, krochen wir zwei Tage lang durch den großen Kaiserkanal. An manchen Stellen mußten alle Mannschaften — auch ich — ins Wasser steigen, um mit vereinten Kräften den „Frosch" über Sandbänke zu schieben.

Ich hatte übrigens Leidensgenossen, und das tröstet ja immer etwas. Einige haudert kaiserliche Getreideschiffe, die von Peking zurückgekehrt waren, lagen hier schon seit 15 Tagen und warteten ebenfalls auf Wasser.

Den „Frosch" hatte ich aber doch bald gründlich satt, und bei nächster Gelegenheit suchte ich mir ein besseres Schiff. In Tsau-ho, einem großen Marktplatze, hieß es, das Wasser sei fortan auch für größere Schiffe fahrbar, und ich verließ meinen „Frosch", um auf einem anderen Wohnung zu nehmen. Da der Wind sehr ungünstig war, verließen die Schiffer an dem Tage den Ankerplatz nicht mehr und ich hatte das Vergnügen, zwischen andern Schiffen eingeklemmt, das Schimpfen und Schreien und Heulen und Klagen der vielen Schiffsweiber und Kinder mit anzuhören.

Früh am nächsten Morgen wurden bei sehr günstigem Winde die Anker gelichtet, die deutsche Fahne flatterte wieder hoch oben am Maste. In kurzer Zeit hatten wir 30 Li zurückgelegt, saßen dann aber wieder fest und konnten Klagelieder über chinesische Mißwirtschaft singen. Während ich auf die Jagd ging, gelang es noch einmal das Schiff flott zu machen und konnten wir obermals 30 weitere Li fahren. Mit Schrecken sahen wir aber schon von ferne, daß die Schleuse geschlossen war, und unzählige Schiffe vor derselben des Augenblickes harrten, wo sie geöffnet würde. Daran war jedoch lange nicht zu denken. Es galt das Wasser aufzustauen, bis es zu den zurückgebliebenen Getreideschiffen käme. Das konnte noch Wochen lang dauern. Weder Geld noch gute Worte bahnten mir den Weg, und als ich zum zweiten Male Vorstellungen beim Mandarin machen wollte, war der Vogel ausgeflogen und überhaupt nicht mehr zu finden.

Ich verließ also von neuem mein Schiff und mietete mir jenseits der Schleuse ein neues, das fast noch schlechter war als unser „Frosch." Ungehindert kam ich damit aber weiter, mußte freilich manchen Witz über mich ergehen lassen.

Das Interessanteste auf dieser Fahrt waren die großen Schleusen vor Ts'ing-kiang-p'u. Es sind drei Schleusen unmittelbar untereinander, von denen die citte, die Tieu-fei-tscha, ein Gefälle von 3—3¹/₂ m hat. Es ist mit Gefahr verbunden, die Schiffe hier herunterstürzen oder hinaufziehen zu lassen.

Nachdem die Schiffer ihren Penoten den k'oton gegeben und Opfer gebracht hatten, steuerten sie langsam der Strömung zu. Von ferne hörte man das Rauschen und Tosea des Wassers. Immer schneller wurde die Fahrt, bis wir zwischen den mächtigen Steinquadern der Schleusenköpfe durchglitten. Noch ein kräftiger Ruck am Steuer, um dem Schiffe die richtige Lage zu geben, dann stürzt dasselbe in den weißschäumenden, brausenden Abgrund hinab, um nach kurzer Zeit wieder im glatten, ruhigen Fahrwasser zu schwimmen. Bergauf wird das Schiff von 100—200 Mann mit Winden gehoben.

Endlich war ich also in Ts'ing-kiang-p'u, einem der größten Handelszentren an den Ufern des Kanals, und damit wieder dem Bereiche europäischer Kultur näher gekommen. Der schwierigste Teil meiner Reise war nun überwunden. 600 Li (ca. 300 km) hatte ich in 18 Tagen zurückgelegt! Zum ersten Male nach 7 Jahren sah ich wieder einmal eine Dampfpinasse hier. Wie eigenartig mich der schrille Ton der Dampfpfeife berührte! Ich war plötzlich in eine andere Welt verrückt. Natürlich wählte ich den kleinen Dampfer zur Weiterreise bis Tsching-kiang.

Jeder, der in China Reisen macht, sollte sich doch wenigstens einmal das Vergnügen machen, mit einem solchen Dampfer zu fahren. Einmal wird freilich auch genügen. Die Pinasse selbst nahm keine Passagiere auf, vielmehr wurde eine große Dschunke dafür ins Schlepptau genommen. Ich mietete mir den ersten Platz und war deshalb durch Bretterwände von der zweiten Kajüte getrennt. Aber in diesen Wänden waren Risse von 1 Fuß Breite, und die Herren von der zweiten Klasse machten sich ein Vergnügen daraus, ihre glattrasierten Schädel und grinsenden Gesichter da hinburch zu stecken und sprachlos mich stundenlang zu betrachten. Wir hatten etwa 50 Mann an Bord, von denen mindestens 30 Opium rauchten. Wie die Heringe lagen alle zusammen auf dem Boden. Da die Hitze sehr groß war, zogen die meisten bald ihre Kleider zum größten Teile aus. Ich wollte einmal draußen frische Luft schöpfen am Abend; aber wohin ich meine Füße setzte, trat ich auf Arme und Beine und Zöpfe und anderes. Licht kannte man natürlich nicht.

Zuletzt stolperte ich über ein paar Beine und fiel einem Chinesen um den Hals, wobei ich einen Teetopf und einige Teller zerbrach.

In der Nacht gegen 4 Uhr wachte ich plötzlich auf. Unter mörderischem Schreien hatten die Herren sich an den Zöpfen und Hälsen. Nach 1½ tägiger Fahrt landeten wir endlich in Tsching-kiang am Jang-tse, und ich war damit wieder an den Toren des „himmlischen Reiches" angelangt.

Etwa 50 Li von Ts'ing-kiang-p'u mußten wir die größte Zollstation, Hutt-kuen, passieren. Solche Stationen sind besonders im Gebiete von Kiang-nan viele, teils offizielle, teils private. Sie sind für die armen Schiffer und Kaufleute gefürchtete Orte. Natürlich leidet darunter auch der europäische Handel. Quer durch den Kanal sind Ketten gelegt, die die Schiffe aufhalten sollen. Kaum sind die Anker geworfen, als auch schon ein großer Nachen allerhand uniformierte Subjekte auf das Schiff ausspeit, die nun alles durchstöbern, feilschen, handeln und im Falle der Not auch Gewalt gebrauchen. Auf dem Papier stehen für alle Waren freilich bestimmte Taxen, aber darum kümmert man sich wenig. Das arme Volk wagt ja doch nicht, gegen diese Raubritter sich zu wehren.

Die Stationen sind entweder kaiserliche oder private einzelner Mandarine. Erstere müssen ihre Einnahmen in den großen kaiserlichen Säckel fließen lassen, die andern sind für bestimmte Zwecke oder Bedürfnisse der Mandarine eingerichtet und bestehen ohne Recht. Frech sind die letzteren natürlich ebenso wie die ersteren. Uns Europäern wagen sie aber doch nichts abzufordern.

Als kaiserliche Zollstationen gelten Hang-tschou mit einem Einkommen von 122 660 Taels, Jang-tschou-fu mit 55 722 Taels, J-tscheng und Koa-tschou mit 7656 Tael. Su-tschou wird jährlich für 192 670 Taels vergeben. Die Stationen in Huä-kuen und Sü-ts'ien bringen jährlich 201 960 Taels, Lin-ts'ing-tschou, die einzige in Schantung 29 660 Taels und Peking 103 480 Taels. Die Gesamteinnahme beträgt mithin 713 798 Taels, die der privaten Stationen wird mindestens dasselbe betragen, und die Erpressungen der Zöllner dürften nicht geringer sein.*)

Für den europäischen Handel wird es notwendig sein, wenigstens die Ungerechtigkeiten der Zölle zu entfernen.

Wie traurig aber, daß dieses großartige Werk, der Kaiserkanal, in solchen Verfall geraten ist. Gerade die letzte Strecke, durch herrliche Seen, durch fruchtbare Gegenden, an reichen Städten und Dörfern vorbei zeugt von der einstigen Höhe alter chinesischer Kultur; aber fast schien es mir, als ob über dem ganzen Bilde ein Trauerflor schwebte. In europäischen Händen würde der Kanal von unberechenbarem Nutzen für das ganze Land sein.

---

3. Die soziale Bedeutung des Kaiserkanals.

Der chinesische Name des Kanals „Jain-lian-ho" läßt uns den Hauptzweck desselben erkennen: Er soll zum bequemeren Transport der Steuern (des Getreides) dienen. Wenn auch die neuere Zeit eine viel leichtere Verbindung des reichen Südens zum ärmeren Norden hergestellt hat durch den bedeutenden Dampferverkehr, der an der chinesischen Küste blüht, so ist die alte Verbindung vermittelst Dschunken und Barken quer durchs Land noch immer nicht gänzlich aufgehoben. Und wir

*) Le canal impérial par P. Gandar, S. J.

dürfen sagen, daß die chinesische Regierung damit nicht unklug handelt. Für die Provinzen, Städte und Dörfer, die der lange Zug der „Getreideflotte" (lean-mi tsch'uen) passiert, wäre der Ausfall von unberechenbarer Bedeutung, — einstweilen wenigstens, solange noch nicht für bequemere Verkehrswege gesorgt ist, und solange die Hunderttausende von Schiffern und Schiffsarbeitern nicht beschäftigt werden können.

Nach den kaiserlichen Jahrbüchern sind die einzelnen Provinzen zu folgenden Steuern an Reis und anderem Getreide verpflichtet:

Kiang-nan jährlich 1 432 273 pic.
Tsche-kiang „ 670 832 „
Kiang-si „ 795 063 „
Hu-kuang „ 96 934 „
Ho-nan „ 221 342 „
Schan-tung „ 353 963 „
3 570 407 pic.

Wenn auch diese Zahlen nicht ganz genau genommen werden dürfen, so ist doch sicher, daß eine sehr ansehnliche Getreidemenge nach Peking abgeliefert wird. Da die einzelnen Getreideschiffe nur ca. 300 pic. laden, so wären mehr als 10 000 Schiffe zu diesem Transporte nötig. Mehr als die Hälfte, in manchen Jahren ²/₃ und sogar ³/₄ der Steuer wird aber in unserer Zeit schon auf Dampfer verladen.

Die Schiffe sind in einzelne Abteilungen (pan) geteilt, deren jede 60 Schiffe zählt und unter einem Mandarine steht, der auf einer prächtig eingerichteten Salatdschunke dieselben begleitet. Die Dschunken gehören privaten Besitzern, die aber mit der Regierung einen bestimmten Vertrag abgeschlossen haben und deshalb auch in schlechten Zeiten zur Fahrt gezwungen werden können. Für jedes picul beziehen dieselben 800 cash (er. 1 M.), gerade genug, um nicht zu verhungern. Ihr eigentliches Geschäft besteht darin, daß sie andere Waren zollfrei mit sich führen dürfen, und das tun sie natürlich in der ausgiebigsten Weise. Oft fahren neben einem Getreideschiffe noch zwei, drei andere Schiffe desselben Besitzers.

(Schluß folgt.)

Der Kaiserkanal.

Seine Geschichte, sein jetziger Zustand, seine Bedeutung und sein Lauf innerhalb Schantung.

Von P. Georg M. Stenz, S. V. D.

(Mit 5 Kartenskizzen.)

II.

Der Warenumsatz dieser großen Kauffahrteiflotte — es fahren in manchen Jahren 3—5000 Schiffe hintereinander — ist so in der ganzen Länge des Kanals natürlich enorm. Fast könnte man dann den ganzen Kanal einen einzigen, großen Marktplatz nennen. In größeren Städten werden für mehrere Tage die Anker geworfen, und 10—20 Stunden weit eilen die Leute vom Lande herbei, um ihre Einkäufe zu machen. Größere Kaufleute schicken ihre Agenten den Schiffern mehrere Tage weit entgegen, um frühzeitig die besseren Geschäfte zu machen. Hauptsächlich werden Holzstämme (Tonnen), Bretter, Stangen, Bambus, Baumwolle, Öl, Petroleum, Porzellan ꝛc. mitgebracht. In manchen Städten werden auch Festlichkeiten veranstaltet, Theater gespielt, Schaubuden aufgestellt, so daß das Volk von allen Seiten dann dorthin zusammenströmt.*)

Wir sehen daraus, welche Bedeutung der Kanal für das Land hat.

---

*) Die Schwierigkeit und Umständlichkeit bei dem Reistransport auf dem Kanal in unserer Zeit beleuchtet sehr gut ein Bericht der Pekinger Staatszeitung (King-pao) über denselben aus dem Jahre 1892. Ich entnehme denselben dem Werke „Le canal impérial par P. Gandar S. J. (Chang-hai 1894):

Süd-Kiangsu schickte 1892 auf dem Kanal 105700 pic. Reis auf 376 Dschunken,
Nord-Kiangsu „ „ „ „ 115800 „ „ 451
221500 pic. „ 827 Dschunken.

Anfangs April kamen die Schiffe in Ts'ing-kiang an, — gegen den 8. waren die großen Schleusen passiert, — am 23. Mai kamen die ersten Schiffe nach Schantung, — vom 11. bis 17. Juni passierte man Tsining-tschou. Am 3. Juli Ankunft in Sche-li-p'u, wo der Übergang über den Hoang-ho leicht vor sich ging, weil das Wasser gleiche Höhe hatte, — am 18. Juli waren die letzten Dschunken über den Hoang-ho (hatten also 15 Tage gebraucht) gesegelt, — am 9. August Ankunft in Tei-tschou. Da der Wei-ho viel Wasser hatte, war die Weiterfahrt günstig.

Bei Tsining-tschou mußte der Kanal auf einer Länge von 140520 Fuß ausgebessert werden. Kosten: 35844 Taels (damals noch à 4—5 Mark), die die Provinzialschatzkammer von Schantung bezahlen mußte. — Bei Lin-ts'ing-tschou mußten 200 Li ausgebaggert werden, und außerdem mußte der Damm bei Tao-tscheng-p'u verbessert und in Lints'ing das Flußbett auf einer Länge von 6200 Fuß erneuert werden. Kosten: 49814 Taels.

9

Es sind aber durchaus nicht blos die Getreideschiffe, die den Handel auf dem Kanal vermitteln; ähnliche, wenn auch geringere Bedeutung haben die jährlich mehrmals erscheinenden „Salzflotten", Schiffe, die das Salz aus dem Süden bringen und in die verschiedenen kaiserlichen Salzdepots abladen. (Salzhandel ist in China Monopol.) Auch der private Handel, der durch einzelne große Kaufhäuser und Schiffsbesitzer betrieben wird, ist recht bedeutend.

An den Ufern des Kanals liegen ja die großen, blühenden Handelsstädte, wie Su-tschou, Tsching-kiang, Jang-tschou, Ts'ing-kiang, Huä-ngan, Tä-öl-tschuang, Hia-tschin, Tsining, Lin-ts'ing u. a., die ihre reichen Hinterländer mit Waren versehen und auch große Ausfuhr haben.

Tsining z. B., eine Stadt in Schantung von mehr als 500 000 Einwohnern, versieht ganz Ts'au-tschou-fu, Jeh-tschou-fu, und teilweise Tä-ngan-fu mit Waren und sendet nach Schanghai und ins Ausland Felle, Federn, Erdnüsse, (Öl) u. a. in großen Mengen. Aus Schanghai und dem Süden werden dort besonders eingeführt: Baumwolle, Baumwollfäden, Tuche, Wollstoffe, Petroleum, Zucker, außerdem: Zünd-hölzer, Uhren, Lampen, Schirme, und wie die anderen kleinen Pioniere europäischer Kultur heißen.

Nan-jan, ein anderer Hafenplatz in Schantung, führt große Schiffsladungen gesalzener Fische, ferner Enten, Enteneier, Matten, Hüte und Binsen aus.

Hia-tschin soll einen Handel haben, der Tsining nicht viel nachsteht.

Han-tschuang und Tä-öl-tschuang, ebenfalls zwei große Ortschaften mit be-deutendem Handel, könnten als Kohlenhäfen von Bedeutung werden. Schon jetzt sieht man manche Kohlenschiffe dort untern, die sogar vereinzelt bis Tsching-kiang segeln.

Ts'ing-kiang, Huä-ngan, Jang-tschou sind bekannt als große Handelszentren. In Pao-jng allein werden jährlich für ca. 90000 Tael Bohnen eingeschifft.

Auf einer Reise, die ich in den neunziger Jahren einmal auf dem Kaiser-kanal machte, zählte ich nicht weniger als 3227 große Handelsdschunken auf der Strecke Tsining—Tsching-kiang, kleinere Schiffe, Frachtnachen, Personenschiffe konnte ich nicht zählen.

Schade, daß der Kanal augenblicklich in solch jämmerlichem Zustande sich be-findet! Die größere Hälfte des Jahres hindurch genügt ja der Wasserstand nicht mehr für tiefergehende Schiffe. Der Handel würde sonst noch viel enormer sein.

Es sei mir zum Schlusse nun auch noch gestattet, auf eine Bedeutung hin-zuweisen, die der Kanal in Zukunft haben könnte. In der Nähe des Kanals liegen ausgedehnte und ausgezeichnete Kohlenlager. Ich möchte zudem auch an-nehmen, — und meine oben beschriebene Reise beweist mir das —, daß auch andere Gesteine, bes. Eisen sich dort finden. Wie leicht und billig ließen diese Gesteine sich nach Tsching-kiang bringen! Es bedürfte nur einer gründlichen Ausbesserung des Kanals und einer geordneten ständigen Regulierung desselben. Kostspielig würde diese Ausbesserung nicht, wenigstens längst nicht so teuer, wie der Bau einer Bahn. Nach meiner Ansicht ließe es sich auch unschwer erreichen, daß kleine Dampfpinassen den Kanal wenigstens bis Tsining befahren, für den Handel ein unberechenbar großer Vorteil! Freilich die deutsche Kolonie, Tsingtau, hätte da-durch Schaden. Sollten aber andere nicht einmal auf den Gedanken kommen, den Kanal derartig zu benützen? —

4. Der Kaiserkanal innerhalb der Provinz Schantung.

a) Größere Ortschaften, Städte, Schleusen (tscha, pa).

1. Von Tä-öl-tschuang *) bis Hia-tschin

*) tschuang-Dorf.

bis Hott-ts'ien-tscha	18	Li
„ Tnin-tja-tschuang	10	„
„ Ting-tja-miao	8	„
„ Uen-nien-tscha	12	„
„ Tschan-tschuang	10	„
„ Liu-li-sche	8	„
„ Tei-tschuang	6	„
„ Han-tschuang	24	„
„ Tschau-ho-tscha	25	„
„ P'ung-k'ou-tscha	25	„
„ Hia-tschin	20	„
	166 Li	

2. Von Hia-tschin bis Tsi-ning-tschou.

bis Jang-tschuang	6	Li
„ Sung-tja-tscha	24	„
„ Hing-tschuang	44	„
Tsch'uen-tja-k'oh *)		
Siü-tja-k'ou		
Fan-tja-k'ou		
Uang-tja-k'ou		
Ma-tja-k'ou		
Mung-tja-k'ou		
Sche-tja-k'ou		
„ Li-kien-tzi **)	12	„
„ Nan-jan	18	„
„ Tsao-lin-tscha	12	„
„ Seite-tschuang-tscha	12	„
„ Tschung-ts'ien	5	„
„ Sin-tscha	6	„
„ Sin-tien-tscha	8	„
„ Sche-fu-tscha	18	„
„ Tschao-tschuang-tscha	8	„
„ Tsining-tschou	7	„
	180 Li	

3. Von Tsining bis Ngan-schan-tscha.

bis Ho-k'iao ***)	30	Li
Sche.li-p'u ****)		
Ngan-k'iu		
„ Sse-ts'ien-p'u	30	„
„ Liu-lin-tscha	12	„
„ Sche-li-tscha	10	„
„ K'a-ho	13	„
„ Juon-k'ou	16	„
„ Kin-k'ou	16	„
„ Ngan-schan	30	„
	157 Li	

---

*) k'ou = Öffnung, Tor.   **) tzi = Markt.   ***) k'iao = Brücke.   ****) p'u

4. Von Ngan-schan-tscha bis Tung-tschan-fu

Passage über den Hoang-ho

bis Tá-tja-miao-tscha	30 Li	
„ Sche-li-sin-tscha	10 „	
„ Tung-lu-tschin	10 „	
„ Tschang-ts'iu	10 „	
King-men-jschan hia	19 „	(10?)
„ Uo-tsch'eng schan hia	12 „	
„ Ts'i-tji schan hia	12 „	
„ Tschou-tja-tien	14 „	
„ Li-hä-u	14 „	
„ Tung-tsch'an-fu	22 „	
	153 Li	

5. Von Tung-tschan-fu bis Liu-ts'ing-tschou

bis Jung-tung-scba	22 Li
„ Liang-tja-tscha	22 „
„ T'u-k'iao-tscha	15 „
„ Tä-uang-tscha	34 „
Wei-tja-nang	
„ Lih-ts'ing-tschou	38 „
	131 Li.

6. Von Lin-ts'ing bis Tei-tschou

bis Hou- (Hua) tscha	2 Li	
„ Si-ho-k'iao	7 „	
„ Hia-ho-k'iao	10 „	
„ Ju-fang	69 „	(?)
I'ing-ku-tien		
Hïa-tsin-tsch'ang		
„ Tu-k'ou-j	20 „	
„ U-tsch'eng	40 „	
„ Tja-ma-jng	40 „	
„ Tscheng-tja-k'ou	50 „	
„ Ku-tsch'eng	35 „	
„ Tei-tschou	60 „	
	333 Li.	

7. Von Tei-tschou bis zur Grenze der Provinz Tscheli

bis Pei-ts'ao-ua	20 Li
„ Schah-hia	
Lao kuin-t'att	30 „
„ San-tja-juen	30 „
„ Liang-tien-j	10 „
	90 Li.

Gesamtlänge des Kanals in Schantung = 1210 Li.

Gesamtlänge des ganzen Kanals wird berechnet auf 3630 Li.

b) Erklärung der Karte.*)

Die Grenze Schantungs beginnt bei dem Dorfe Tä-öl-tschuang in der Unter-präfektur J-hsien. Der Bau durch die steinigte, hügelige Landschaft bis Hatt-tschuang, war schwierig; das Gefälle des Wassers ist groß. Mehrere Bergflüsse, die zu manchen Zeiten ganz unscheinbar aussehen, zur Regenzeit aber zu mächtigen Strömen anwachsen können, bringen Sand und Geröll mit von den Bergen und verschütten fortwährend den Kanal.

Bei Han-tschuang befindet sich die große Schleuse (pa) für den Wei-schan-See, der bei einem Umfang von 180 Li und einer Tiefe von 25 Fuß unermeßliche Wassermengen bergen kann. Der Kanal ist durch einen breiten Damm vom See getrennt.

Durch einen seichten Wasserarm ist der Wei-schan-see mit dem Tschao-jan-See verbunden. Gewöhnlich verdecken hohe Binsen und Gräser das Wasser; hundert-tausende wilder Enten spielen dort im sicherem Versteck. Zur Regenzeit aber sind beide Seen mit Wasser gefüllt, und das Ganze scheint nur ein See zu sein. Auch der Tschao-jan-See hat 180 Li im Umkreis.

Der Kanal verläßt für kurze Zeit den See und zieht durch die Seha-schau „Sandberge", wo er von dem Sche-tse-ho durchkreuzt wird. Das ist die Stelle, wo ich mit meiner „Sternschnuppe" zum ersten Male festsaß. Dieser Sehe-tse-ho kommt von den Bergen Jtschou-fu's und bringt von dort her die Sandmassen mit. Wie man mir sagte, — und es scheint richtig zu sein — sind die hohen Berge und Hügel, die hier den Kanal und Fluß umgeben, künstlich angefahren.

Bei Sung-tja-tscha tritt der Kanal wieder in den See ein, und zwar teilt er diesmal denselben. Zur Linken wird er Tschao-jan, zur Rechten Tu-schan-See genannt. Letzterer soll 196 Li umfassen. Der Tschao-jan wird außerdem bei Nan-jan noch einmal durch eine große Brücke, Ma-kung-k'iao, geteilt und trägt dort den Numen Nan-jan-hu. Der ganze See, besonders aber der Nan-jan-See, ist seicht und wird zum Teil in der trockenen Jahreszeit mit Feldfrüchten bebaut. Ein Teil des Sees ist vor etlichen Jahren künstlich ausgetrocknet worden und ist jetzt mit vielen Dörfern besetzt. Diese Ansiedlung hat bis auf den heutigen Tag schon zu vielen Kämpfen und Schlachten geführt. Die Einwanderer kamen nämlich aus der Ferne, meist aus Ts'au-tschou-fu und nahmen das Land als herrenloses Gut in Besitz, die reichen Gutsherren jener Gegend aber, an die der See früher grenzte, behaupteten, das neue Land gehöre ihnen. Man rüstete sich zum Kampfe, und viel Blut ist schon seither deshalb vergossen worden. Die neuen Ansiedler sind aber bis jetzt Sieger geblieben und haben große Dörfer mit festen Mauern gebaut.

Der Kanal ist von dem See meist durch mächtige Quadern getrennt. An einzelnen Stellen erweitert sich aber der Damm, und dort sind kleine Dörfchen erbaut.

Kanal und See werden von dem großen Sse-schui-ho mit Wasser versorgt.

Jenseits der großen Handelsstadt Tsining tritt der Kanal wieder in einen See ein, den Ma-tschin-hu, der ca. 40 Li umfaßt und die meiste Zeit des Jahres trocken daliegt und dann mit herrlichem Weizen bepflanzt wird. Zur Zeit des Regens aber füllt er sich mit Wasser und reicht dann nicht selten bis Tsi-ning. Mitten im See zerstreut liegen auf hohen Dämmen mehrere blühende Dörfer.

---

*) Diese Karte ist nur im Besitz der Führer der kaiserlichen Getreideschiffe.

Einige Li weiter, nachdem der Kanal den Ma-tschin-hu verlassen hat, tritt er in einen aabern See ein, der den Namen Nan-nang-hu und Schn-schan-hu trägt. Ersterer mißt 93 Li, letzterer 65 Li im Umkreise.

Bei Nan-nang tritt der mächtige Uin-ho in den Kanal ein und speist denselben mit Wasser. Ein Teil des Wassers fließt nach Süden, der andere nach Norden. Während man also bisher gegen den Strom fuhr, gleitet man von hier ab leicht mit den Wellen flußabwärts. — Jenseits der Mündung des Uin-ho (tin-schui-k'ou) sind große, schöne Tempel gebaut, in denen die Schiffer der kaiserlichen Getreidedschunken jährlich feierliche Opfer darbringen und den Götzen, des. dem Liung-nang und Tä-nang, zu Ehren Theater spielen lassen. Der Uin-ho steht durch einen Arm auch direkt mit dem Hoang-ho in Verbindung, kann aber durch bedeutende Schleusen davon abgesperrt werden.

Nachdem dann der Kanal den kleinen Ngan-schan-hu berührt hat, findet der sehr schwierige Übergang über den Hoang-ho statt. Es ist das dieselbe Gegend, die viel durch Überschwemmungen zu leiden hat.

Von da ab fließt der Koual ziemlich ruhig dahin. Vor Tung-tsch'an-fu mündet der Tu-ho und bei Tu-k'iao, 60 Li weiter, der Ma-ho in den Kanal. Bei Litt-ts'ing nimmt er den großen Wei-ho auf oder besser, der Wei-ho dient ihm als Bett.

Der Kanal ist auf dieser Strecke in ziemlich gutem Zustande und das ganze Jahr befahrbar.

Praktische Schlußfolgerungen aus den neuesten Untersuchungen über Trypanosen.

Von Dr. L. Sander, Marinestabsarzt a. D.

Vortrag, gehalten am 24. September in der 29. Abteilung der 75. Versammlung Deutscher Naturforscher und Ärzte in Cassel.

Seit uns die klassischen Untersuchungen von David Bruce im Zululand die Erkenntnis des wahren Wesens der Tsetsekrankheit gebracht haben, hat auch in Europa ein eifriges Bestreben eingesetzt, dieser durch einen bis dahin ziemlich unbekannten Erreger verursachten Seuche auf den Grund zu kommen und Abhülfemittel gegen sie zu finden. Möglich wurden solche Untersuchungen für unsere heimischen Forscher dadurch, daß Tiere, die künstlich mit einer der drei bisher bekannten Formen, der afrikanischen, der indischen oder der südamerikanischen, krank gemacht worden waren, nach Europa überführt wurden. Während nun aber draußen in Indien und Südamerika an Ort und Stelle ausführliche Untersuchungen von eigens damit beauftragten Forschern weitergeführt wurden, ist dies in Afrika bis in die allerletzten zwei Jahre nur gelegentlich und vorübergehend geschehen. Trotzdem aber ist uns gerade von der afrikanischen Form, der Nagana, die Ätiologie noch am besten bekannt. Hier wissen wir wenigstens durch die Feststellungen von Bruce mit Sicherheit, daß das krankmachende Trypanosoma durch einen lebenden Zwischenwirt übertragen wird. Bruce hat bekanntlich eine Tsetsefliege, eine Glossinaspezies — er nennt sie nach Westwood morsitans —, als solchen Überträger nachgewiesen. Völlig geklärt aber haben auch seine Untersuchungen diese Frage noch nicht; so manche Seite davon liegt noch in tiefem Dunkel.

Von Surrah und Mal de Caderas aber wissen wir noch nicht mit Sicherheit, wie die natürliche Ansteckung zu stande kommt; zwar werden auch hier verschiedene Insekten der Übertragung beschuldigt, doch ist deren Rolle noch keineswegs sichergestellt.

Die Untersuchungen in Europa haben uns wertvolle Aufschlüsse über die Morphologie der Erreger, der verschiedenen Trypanosomenarten, gebracht; leider aber haben sie nicht in gleicher Weise Licht in die Biologie der Trypanosomen gebracht. Denn noch kennen wir mit Sicherheit bei diesen Protozoen der Flagellatenklasse nur die Form der ungeschlechtlichen Fortpflanzung, nämlich die durch Längsteilung, während wir doch nach allen Analogien als sicher annehmen müssen, daß auch eine geschlechtliche Art der Fortpflanzung vorhanden ist.

In drei weiteren wichtigen Punkten aber haben diese Untersuchungen unsere Kenntnisse sichergestellt, und zwar zum Teil besser, als das an Ort und Stelle möglich gewesen wäre: Erstens haben sie erwiesen — das Hauptverdienst gebührt hier den Franzosen Laveran und Mesnil — daß Nagana, Surrah und Mal de caderas wirklich drei von einander verschiedene Krankheiten sind, daß es also nicht angängig ist, wie Robert Koch anfänglich getan hat, den Ausdruck Surrah auch für die afrikanische Form zu gebrauchen. Vielleicht ist übrigens Koch vollkommen im Recht gewesen, wenn er das nach seinen Befunden in Dor-es-salam tat: ich habe wenigstens in meinen ostafrikanischen Präparaten zwei Formen von Trypanosomen, von denen die eine den Beschreibungen des Trypanosoma Brucei, das andere denen des Trypanosoma Evansi entsprechen könnte. Leider war es mir noch nicht möglich, Vergleichsmaterial für das letztere zu erhalten. Diese letzteren Formen aber finden sich hauptsächlich bei den Präparaten, die in der N ä h e der K ü s t e von kranken Tieren entnommen wurden, auch aus Gegenden, wo Tsetse-fliegen n i c h t zu finden waren. Der Verkehr mit Indien ist lebhaft und es wurden auch schon vor unserer Besitzergreifung des öfteren indische Rinder nach Ostafrika gebracht; die Einschleppung von Surrah und ihr Vorkommen an der Küste neben der mehr im Innern herrschenden Nagana ist also durchaus möglich. Die Nagana aber „Tsetse" zu nennen, wie jetzt von der Kochschen Schule aus geschieht, halte ich nicht für angezeigt. Denn erstens bedeutet Tsetse nichts weiter als „Fliege"; zweitens aber wird unnötig ein neuer Name neben dem von Bruce nun schon ein-mal eingeführten hineingebracht.

Zweitens haben die Untersuchungen in Europa erwiesen, daß auch eine ganze Reihe von Tieren, die nach allen bisherigen Beobachtungen an Ort und Stelle der natürlichen Infektion gegenüber sich refraktär verhalten, der künstlichen Infektion durch Einimpfung trypanosomenhaltigen Blutes unter die Haut oder in die Venen oder in die Bauchhöhle zugänglich sind und ihr, vielleicht etwas langsamer als die bisher als empfänglich bekannten Tiere, aber ebenso sicher erliegen. Die Reihe der einer künstlichen Infektion zugänglichen Tiere ist so erschreckend groß, daß man mit großer Wahrscheinlichkeit annehmen kann, keines der landlebenden Säugetiere sei ihr gegenüber widerstandsfähig.

Drittens aber haben diese Versuche ergeben, daß alle bekannten Heilmittel der künstlichen Infektion gegenüber versagen; einige von ihnen bewirken wohl eine Verlängerung der Krankheitsdauer, wirkliche Heilungen der Krankheit sind damit aber nicht zu erzielen; vielleicht mit einer Ausnahme: in ganz vereinzelten Fällen hat Menschenserum nach Laveran und Mesnil bei kleinen Versuchstieren eine wirkliche Heilung bewirkt.

Wie die Heilmittel versagen auch alle Vorbeugungsmittel. Zu einer Ver-wendung in der Praxis aber sind sie von vornherein ungeeignet; denn wo eine Wirkung eintrat, kam sie durch unmittelbare Einwirkung der angewendeten Stoffe auf das eingespritzte Blut zu Staude, nicht aber dadurch, daß sie den Säften des Tieres eine solche Parasiten-tötende Kraft verliehen hätten.

Bei diesen Versuchen hat es sich auch herausgestellt, daß irgend welche nennenswerte Immunität von durchseuchten Eltern auf die Nachkommen nicht vererbt wird — wenigstens nicht in der ersten Generation, die allein daraufhin untersucht ist. Wohl aber ist die alte Beobachtung aus den Heimatländern dieser Seuchen bestätigt worden, daß sowohl einzelne Tierarten wie einzelne Tiere ein und derfelben Art in verschiedenem Grade widerstandsfähig gegen die Trypanofen sind und daß das eine oder andere Tier von der künstlichen Infektion ebenso genesen kann, wie es bei der natürlichen Krankheit beobachtet worden war. Solche Tiere sind dann gegen eine neue Infektion geschützt. Das ist sehr merkwürdig. Denn das parasitenfrei gemachte Serum von Tieren, die an einer Trypanofe erkrankt oder verendet sind, oder irgend welche nach Analogie der Bakteriengifte aus Trypanofomen oder trypanofomenhaltigen Blut hergestellten Präparate laffen keinerlei Einwirkung auf gesunde Tiere, weder einen temperaturfteigenden noch irgendwie immunifierenden, und keinen Einfluß auf die ausgebrochene Krankheit erkennen. Das Serum durchseuchter Tiere hat ähnliche abtötende Wirkung auf die entsprechende Trypanofomenart, wie das menschliche, steht letzterem aber erheblich an Wirksamkeit nach und wirkt nur auf die Trypanofomen derselben Krankheit, von der das Tier genesen war, nicht auch, wie das Menschenserum auf die der anderen Trypanofen.

Es scheint sich auch zu erweisen, daß bei lange fortgesetzten künstlichen Passagen durch andere Tierklassen als Wiederkäuer die so gezüchteten Trypanofomenstämme eine Abschwächung ihrer Virulenz für Wiederkäuer erlangen, dabei aber doch eine Erkrankung auslösen, die den Tieren, welche die Infektion überstehen, eine aktive Immunität verleiht. Leveran und Mesnil sprechen sich allerdings sehr reserviert über diesen Punkt aus, aber vielleicht nur deshalb, weil sie in der gleichen Veröffentlichung die Schlußfolgerung Robert Kochs aus seinen Versuchen in Dares-falam zurückweisen, daß schon wenige solcher Passagen eine derartige Abschwächung der Virulenz zur Folge hätten.

Im Gegensatz zu diesen Untersuchungen in Europa haben uns die in den Heimatländern der seuchenhaften Trypanofen unternommenen Forschungen eigentlich nur zwei neue Feststellungen gemacht.

Die erste und wichtigste — leider ein Verdienst der englischen Liverpool School of Tropical Medicine und von Franzosen, aber nicht von Deutschen — ist die: „Auch der Mensch unterliegt der Infektion mit Trypanofomen in solchen Gegenden, wo derartige Seuchen unter dem Vieh herrschen!" Und nicht etwa blos in seltenen, vereinzelten Fällen, sondern, soweit sich bis jetzt übersehen läßt, sogar ziemlich häufig und in vielen Gegenden der Tropenländer. Ja, eine der schlimmsten, stets mit dem Tode endenden Krankheiten, die von der westafrikanischen Küste immer mehr vordringende und an Boden gewinnende Schlafkrankheit der Neger, ist nach Castellanis Untersuchungen gleichfalls eine Trypanofe. Sie bildet eine der schlimmsten Geißeln unter der eingeborenen Bevölkerung, scheint aber, nach den bisherigen Feststellungen, wenigstens die Weißen zu verschonen.

Das zweite Ergebnis der außereuropäischen Forschungen ist der von Elmassian und Migone in Argentinien bei einem Pferde gemachte Blutbefund: Sie fanden bei ihm 5 Tage hindurch eigentümliche Gebilde frei im Blutwaffer. Das Tier war, als des Mal de caderas verdächtig in Beobachtung genommen und wurde so gehalten, daß eine in der Zwischenzeit eingetretene Neuinfektion als ausgeschlossen gelten kann; nach 5 Tagen aber traten die Trypanofomen des Mal de caderas im Blute auf, während die eigentümlichen bis dahin vorhandenen Gebilde verschwanden und sich deutlich die Erscheinungen einer chronischen Form des Mal de caderas herausbildeten. Leider geben die Autoren keine Abbildung; aber Fremdwesen im Blute, die ihrer Beschreibung gleichen, habe auch ich in manchen meiner

Präparate aus Ostafrika. Sie stammen von Tieren, die noch nicht deutlich krank, aber der Erkrankung verdächtig waren, und ausgebildete Trypanosomen fehlten ganz oder bis auf wenige Exemplare in solchen Präparaten. Inzwischen habe ich brieflich aus Ostafrika auch von anderer Seite Nachricht von ähnlichem Befund und zwar an Tieren, die unter fortlaufender Beobachtung waren und bei denen bald darauf Trypanosomen auftraten; bei meinen Präparaten handelt es sich nur um einmalige Blutentnahmen. Elmassian und Migone betrachten diese Gebilde als parasitäre Formen, sprechen sich aber nicht des Eingehenderen über ihre Bedeutung aus, obwohl sie durchblicken lassen, daß sie sie für eine Vorläufer- oder Jugendform der Trypanosomen halten. Ich selbst muß mir natürlich noch stärkere Reserve in der Deutung auferlegen, da ich ja eben nicht über fortlaufende, sondern nur Einzeluntersuchungen verfüge. Eine Beziehung zu den Trypanosomen glaube aber auch ich annehmen zu dürfen. Ich komme auf diese Befunde noch zurück.

Neue Beobachtungen über die Ätiologie haben leider diese Untersuchungen in den Heimatländern der Trypanosen kaum beigebracht. Wir wissen noch kaum mehr als Bruce uns gelehrt hat. Die neueren Untersucher standen wohl etwas zu sehr unter dem Zeichen, das jetzt den wissenschaftlichen Gesichtskreis so vielfach beherrscht: die überwiegende Betonung der mikroskopisch-mikrobiologischen Forschung.

Ein neues Mittel der Eingeborenen zum vorübergehenden Schutze von Vieh, das Tsetsestriche passiert, hat uns aber Schilling mitgeteilt: Die Abkochung der Blüten einer Pflanze, Amomum melegueta wird den Tieren eingerieben und soll durch seinen Geruch die Fliegen verscheuchen; er hat aber die Wirkung nicht selbst erproben können. Die alten, schon von Livingstone bekanntgegebenen Mittel waren Beschmieren der zu schützenden Tiere mit einer Mischung aus Lehm und Kuhmist oder mit Löwenfett. In Ostafrika wurden die Reittiere mit einem dicht anschließenden Anzug bekleidet.

Versuche mit Medikamenten zur Heilung oder Vorbeugung haben sich in den neueren Untersuchungen draußen ebenso unwirksam gezeigt wie in den älteren und wie in den europäischen gegen die künstliche Infektion.

Das einzig wirksame scheint noch immer das von den Buren erprobte zu sein, daß man die Tsetsestriche bei Nacht passiert. Die Tsetse soll dann nicht stechen oder ihr Stich soll zu dieser Zeit ungefährlich sein.

Die Versuche, auf dem von Koch vorgeschlagenen Wege eine Schutzimpfung zu erzielen, scheinen in der Praxis nicht von dem gewünschten Erfolge gekrönt gewesen zu sein: Zahl und Schwere der Erkrankung unter den Impflingen scheint ohne ersichtliche Regel noch in weiten Grenzen zu schwanken.

Die Untersuchung des Blutes der natürlich immunen Tiere ist seit Bruce gleichfalls nicht weiter gefördert.

So ergibt sich als Schlußfolgerung für die Praxis: Wir haben vielleicht Mittel, um durchpassierendes Vieh für kurze Zeit gegen die natürliche Infektion zu schützen, aber noch keine, um dem Standvieh einen sicheren Schutz zu gewähren und noch kein Mittel, um die einmal ausgebrochene Krankheit zu heilen.

Dagegen hat sich gezeigt, daß diese Seuchen auch den Menschen ernstlich bedrohen.

Die Ätiologie der Krankheit ist seit Bruces Untersuchungen für die Nagana nicht weiter erforscht; wir wissen vom Überträger und der Art der Übertragung nur, was Bruce uns darüber mitgeteilt hat. Für Surrah und Mal de caderas wissen wir in dieser Beziehung noch so gut wie nichts.

Die Lebensweise und die Lebensbedingungen der die Nagana übertragenden Fliege sind noch sehr in Dunkel gehüllt. Insbesondere können wir noch nicht mit Bestimmtheit sagen, ob alle Tsetsearten als Überträger wirken können, oder nur einige wenige; und auch noch nicht, ob die Übertragung etwa bei verschiedenen Tiergattungen durch verschiedene Tsetsearten bewirkt wird.

Über den Überträger der menschlichen Trypanose und der Schlafkrankheit sind wir noch ganz im Unklaren. Für die Trypanose wird von den erkrankten Europäern der Biß oder Stich eines „stechenden Insektes", einer „blutsaugenden Fliege" als Krankheitsursache beschuldigt; welcher Art das Insekt war, vermögen sie nicht anzugeben; bei den Eingeborenen fehlt auch dieser Hinweis.

Eine neue Unklarheit in die Ätiologie habe ich hineingetragen, indem ich für Afrika nach den Angaben der Eingeborenen und meinen eigenen Beobachtungen neben der Tsetse auch einen Wadenstecher als Überträger einer Form der Nagana beschuldigen mußte. Gleichzeitig ist dies von Curry für die indische Surrah auf den Philippinen geschehen. In der Folge wurden hier in Deutschland — ich weiß nicht, ob auch sonst noch — Versuche mit unserer einheimischen Stomoxys calcitrans von künstlich infizierten Tieren her angestellt. Sie sind negativ ausgefallen. Doch beweist das für die Frage gar nichts, denn wir wissen zunächst noch nicht einmal, ob die afrikanische und die philippinische Stomoxys, obwohl beide als „calcitrans" bezeichnet worden sind, wirklich mit unserer einheimischen calcitrans identisch sind. Außerdem sind noch einige Punkte in der Art der Übertragung dunkel, so daß nicht ausgeschlossen ist anzunehmen, daß Versuche dieser Art bei uns in Europa überhaupt scheitern müssen.

Die heutige, auf den Bruceschen Untersuchungen fußende Anschauung über das Wesen der Übertragung der Nagana durch die Tsetse ist ja allerdings die, daß es sich dabei um einen rein mechanischen Vorgang handele.

Mir will aber dieser Schluß durchaus nicht zutreffend erscheinen und zwar aus folgenden Gründen. Von Analogieschlüssen sehe ich ganz ab.

In den Versuchen von Bruce zeigten sich die aus verseuchten Gegenden gebrachten Tsetsefliegen bald nach der Ankunft und innerhalb 24 Stunden voll infektiös; nach 48 Stunden auch noch, aber von da ab ließ ihre Fähigkeit die Nagana zu übertragen sehr nach, es bedurfte vielfacher Stiche, um eine Erkrankung zu erzeugen und nach einigen Tagen Gefangenschaft der Fliegen waren sie überhaupt nicht mehr im Stande, Nagana zu übertragen.

Das klingt so und ist auch von Bruce so gedeutet worden — wenigstens nach den Anführungen anderer Autoren über diese Versuche; Bruces Originalveröffentlichung ist mir leider noch nicht zugänglich gewesen —, daß die Infektionskraft der Fliege am größten ist unmittelbar nachdem sie an einem kranken Tier gesogen hat. In der Mehrzahl der Fälle aber wird ein solches Angehen eines zweiten Tieres unmittelbar nachdem sich die Fliege an einem anderen vollgesogen hat, nicht stattfinden. Denn der Leib der Fliege ist zum Bersten gefüllt und sie zeigt nach Lommel Beobachtungen auch nach 24 Stunden keine große Begierde, wieder frisch zu saugen. In der überwiegenden Mehrzahl der Fälle aber wird sich die Fliege auch wirklich vollsaugen, wenn sie einmal gestochen hat. Denn ihr Stich ist erst gegen den Schluß des etwa 20—30 Sekunden lang dauernden Saugens schmerzhaft, so daß dann erst die Fliege abgewehrt wird, die sich einmal festgesetzt hat. Bruce selber hat seine Fliegen auch mehrere Stunden weit herholen laffen; fie kamen alfo gar nicht unmittelbar vom Saugen. Und diefe Fliegen werden wohl durchweg bei dem Verfuch, die Fänger oder eigens als Lockmittel mitgebrachte Tiere zu ftechen, gefangen fein. Denn die vollgefogene Fliege fliegt nicht herum, fondern verfteckt fich; jedenfalls hatten alle Tfetfefliegen, die ich habe herumfliegen fehen um zu ftechen, einen durchaus leeren Leib und das gleiche erzählte mir Herr Lommel von den von ihm gefangenen. Es ift alfo anzunehmen, daß die Fliegen, mit denen Bruce feine Verfuche machte, fchon als er fie erhielt einen Zeitraum von mindeftens 24 Stunden geruht und das vor diefer Zeit aufgefogene Blut bereits verdaut hatten.

Nun übertragen die Tfetfefliegen nach Bruce die Nagana auch dann, wenn fie von Tieren gefogen haben, die zwar naganakrank find, in deren Blut aber unfere Mikrofkopie, auch mit allen Hilfsmitteln, keinerlei Trypanofomen nachweifen kann. Da die Menge Blut, die eine Tfetfefliege einfangt, nicht fehr erheblich größer ift, als die zu einigen Deckglasausftrichen nötige, fo kommt man felbft dann mit der Theorie der mechanifchen Übertragung nicht aus, wenn man annimmt, der Saugapparat der Tfetfe wirke wie ein Filter und halte alle Trypanofomen im Rüffel zurück. Dem widerfpricht aber fchon der eigene Befund von Bruce, der in Fällen mit freien Trypanofomen im Blut diefe auch im Mageninhalt der Fliege gefunden hat.

Es bliebe noch die Möglichkeit, daß der Speichel der Tfetfe die Trypanofomen nach der Stichftelle hinziehe und fo eine Anreicherung des dort vorhandenen Blutes mit Parafiten bewirke. Aber die Tfetfe faugt nur 20—30 Sekunden, eine Zeit, die viel zu kurz ift, um einen folchen Vorgang in irgendwie erheblichem Maßftabe zu ermöglichen. Da liegt es doch fehr viel näher, eine Entwicklung und Vermehrung des Parafiten innerhalb der Tfetfe anzunehmen!

Nun haben Elmaffian und Migone im Blute eines Pferdes Gebilde nachgewiefen, die Jugendftadien von Trypanofomen darftellen könnten und ich habe ähnliche Gebilde auch in Oftafrika gefunden. Ift diefe Deutung richtig, und darüber können nur fortgefetzte Unterfuchungen natürlicher Trypanoferkrankungen Auffchluß geben, fo würde das dafür fprechen, daß bei der Überimpfung durch die Tfetfe das Trypanofoma auch in einer anderen Form und Entwicklung fich befindet, als wir es auf der Höhe der Erkrankung im Blute empfänglicher Säugetiere kennen, d. h. wieder: es fetzt das eine noch unbekannte Weiterentwicklung im Leibe der Tfetfe bezw. der anderen Überträger voraus.

Die Stiche der Tfetfe während der Nacht follen die Krankheit nicht übertragen. Als Einfluß, der die Infektion verhindern könnte, ift in diefem Falle doch nur die niedrigere Temperatur denkbar. In den Gegraden, wo die Tfetfe vorkommt, dürfte die Nachttemperatur aber wohl kaum unter 12—10° C. über dem Nullpunkt heruntergehen. Und das ift eine Temperatur, die bei künftlichen Infektionen die Lebens- und Infektionskraft der Flagellatenform der Trypanofomen kaum beeinflußt. Wohl aber könnte ein folcher Einfluß der herabgefetzten Temperatur auf eine Entwicklungsform des Trypanofoma in der Fliege vorhanden fein. Denn da die Lebensvorgänge der Fliege während der Nacht gegenüber der Tageszeit herabgefetzt find, könnte das auch von Einfluß fein auf die mit Blute aufgenommen in einer hypothetifchen Entwicklung begriffenen Trypanofomen.

Ferner können wir mit den künftlichen Infektionen bei größeren Tieren, nicht die ganz ftürmifch, innerhalb weniger Stunden tötlich verlaufenden akuten

Fälle von Nagana hervorrufen, obwohl doch sicher eine Einspritzung von 10, 20 ja 50 und mehr Kubikzentimeter trypanosomenhaltigen Blutes eine unendlich viel größere Menge der Flagellatenform in das Tier einführen muß, als das selbst der Stich von 100 Tsetsefliegen tun kann. Auch das spricht dafür, daß das Trypanosoma in der Fliege eine Entwicklung durchläuft und in einer Form von unendlich viel geringerer Größe aber um so höherer Zahl und schnellerer Vermehrungsfähigkeit durch die Fliege eingeimpft wird.

Auch die Abschwächung, die Trypanosomenstämme durch fortgesetzte künstliche Übertragung erleiden, kann man in diesem Sinne deuten.

Auch die sichergestellte Tatsache — auch Herr Martini hat das ja erst kürzlich wieder festgestellt — daß Tiere wohl gegen die natürliche Infektion immun sind, der künstlichen aber ebenso verfallen, wie natürlich aufs höchste empfängliche, weist auf diese Deutung hin. Der von Herrn Martini gegebenen wenigstens vermag ich mich nicht voll anzuschließen: Denn die Rinder, Ziegen und Schafe leben in Afrika in voller Freiheit, ohne irgendwelche Arbeit zu leisten, und erkranken doch; andererseits sind die Zebras auf Mbuguni (Neu-Trakehnen), auch während sie eingekraalt waren und eingebrochen wurden, nicht erkrankt. Das Einkraalen und noch mehr das Einbrechen solcher Wildlinge bedeutet aber für sie sicher mindestens eine ebensolche Verschlechterung ihrer Lebenshaltung als das von Herrn Martini vorgeschlagene Arbeiten im Zuge bei schon gezähmten Zebras.

Es ist die Frage, ob ein solcher Entwicklungsgang des Parasiten in der Fliege stattfindet, und besonders, ob er nur unter höherer Temperatur stattfinden kann, von recht weittragender Bedeutung für uns hier im gemäßigten Klima. Und gerade, daß wir überall im gemäßigten Klima bisher von diesen drei Trypanosenseuchen verschont geblieben sind, während sie innerhalb der Tropen sich in Gebiete verschleppen lassen, die bis dahin frei von ihnen waren, spricht dafür, daß etwas ähnliches der Fall ist. Denn so gut wie während des amerikanisch-spanischen Krieges nach den Philippinen und Java, wie während des englisch-burischen Krieges nach Mauritius und den Seychellen die Surrah mit Vieh verschleppt worden ist, so sicher ist das auch schon — abgesehen von den Laboratoriumsversuchen — nach Europa mit den Tieren für zoologische Gärten und Menagerien der Fall gewesen. Aber bei uns blieben die Fälle auf die eingeführten Tiere beschränkt auf den tropischen Inseln jedoch führten sie zu einer mörderischen Epizootie.

Die Behauptung, das liege daran, daß bei uns eben die geeigneten Überträger fehlten, ist eine Behauptung, nicht sicherer begründet als die eben von mir besprochene. Denn auf allen diesen Inseln wird die Stomoxys calcitrans als Überträgerin beschuldigt, die sich bei uns bisher als unfähig dazu gezeigt hat. Immerhin gebe ich zu, wie ich oben schon erwähnt habe, daß dies auch daran liegen könne, daß die tropische calcitrans eine andere Art sei, als die europäische.

Eins aber ist sicher: hier bei uns können wir die Frage nach dem Zwischenwirten nicht lösen.

Und doch gewinnen die Überträger jetzt für uns ein um so höheres Interesse, als die Versuche, den von ihnen übertragenen Krankheiten auf dem bei Bakterien- oder den anderen Protozoenkrankheiten bewährten Wege beizukommen, bisher mehr oder weniger resultatlos verlaufen sind und auch nicht einmal die Aussicht eröffnen, in welcher Weise das möglich sein wird. Dazu kommt noch, daß nach der Feststellung, auch der Mensch sei diesen Seuchen unterworfen, und dem besorgniserregenden Weiterumsichgreifen der Schlafkrankheit jetzt nicht mehr bloße wirtschaftliche und veterinärhygienische Interessen die möglichst ausgiebige Bekämpfung dieser Seuche verlangen, sondern auch die menschlich-medizinische Hygiene. Da wir kein Mittel kennen, um die Krankheit selbst zu bekämpfen, müssen wir nun eben versuchen, der Entstehung der Krankheit vorzubeugen. Nach dem bisherigen Ergebnis aller auf Vorbeugung gerichteten Versuche aber bleibt nur nach die Erforschung und Bekämpfung der Überträger als letztes Mittel dies Ziel in absehbarer Zeit zu erreichen.

Freilich! nach vor einem Jahre wurde mir auf dem Kolonialkongreß ein Vorschlag im gleichem Sinne auf das heftigste bestritten, „denn die Ausrottung von Insekten sei einfach unmöglich.“ Nun, inzwischen haben wohl die Erfolge der Liverpool School in Ismailia und Freetown bewiesen, daß diese apodiktische Verurteilung zum mindesten etwas verfrüht war.

Nach dem wenigen aber was wir über die Lebensgeschichte der Tsetsefliege wissen, erscheint der Kampf gegen diese Fliege sogar recht aussichtsvoll. Schwieriger allerdings wäre es, wenn auch nach andere Fliegen, oder gar wie Manson für die menschlichen Trypanosen annehmen zu dürfen glaubt, auch noch andere Insekten, in diesem Falle eine Zecke, ein Argaside, in Betracht kämen.

Doch halten wir uns einmal an den einen sicher gestellten und von allen Seiten anerkannten Überträger, die Tsetse.

Von ihr steht zunächst einmal fest, daß ihr örtliches Vorkommen in ihrem Verbreitungsgebiet räumlich meist ganz außerordentlich beschränkt ist. Nicht über die ganze Flur einer tsetseverseuchten Ortschaft regellos verstreut kommt diese Fliege vor, sondern sie findet sich nur an kleinen Stellen, schmalen Gürteln, innerhalb dieser Flur. Sie entfernt sich offenbar wie die Mücken unter gewöhnlichen Verhältnissen nicht weit von ihrer Geburtsstätte. Diese „Tsetsegürtel“ haben die gemeinsame Eigenschaft, daß sie alle mit mäßig dichtem Baumwuchs bestanden sind; im dichten Urwalde und in der freien sonnendurchglühten Steppe findet sich keine Tsetse. Der Boden unter den Bäumen solcher Tsetsegürtel ist grasbestanden und von den dort sich findenden Grasarten wird die eine mit hohen wirtelförmig verästelten Stengeln von den Eingeborenen Ostafrikas als „schädlich für das Vieh“ bezeichnet, schädlich, weil es die der Nagana entsprechende Krankheit hervorrufe. Wo ich dieses Gras gefunden habe, da war auch Nagana unter dem Vieh.

Nun beschreibt Bruce die Fortpflanzung der Tsetse derart, daß man annehmen muß, die Made werde von der weiblichen Fliege ganz in der Nähe der Stelle abgesetzt, wo das Tönnchen seine Puppenruhe durchmacht, und daß diese Stelle trocken sein müsse. Wenn die vollausgewachsene gelbe Made geboren sei, krieche sie schleunigst davon, um einen Schlupfwinkel aufzusuchen, in dem sie sich binnen wenigen Stunden unter Dunkelfärbung zu einem Tönnchen verpuppe. Bruce führt weiter an, daß bei Aufbewahrung des Tönnchens an einem trockenen Orte nach 6 Wochen das Ausschlüpfen der Fliege stattfinde. Daraus schließe ich, daß ihm die Tönnchen bei Aufbewahrung an feuchtem Orte zu Grunde gegangen sind, daß also die Tönnchen in der Natur auch einen trockenen Schlupfwinkel brauchen. Damit steht in Übereinstimmung, daß Lommel wie ich, die beiden neuesten Untersucher der Biologie der Tsetse, diese Fliege stets, im Gegensatz zu den bisherigen Angaben, an verhältnismäßig trockenen Stellen, keineswegs aber im „Sumpf“

gefunden haben. In Übereinklang damit steht auch die überall wiederholte Behauptung der Eingeborenen in Ostafrika, daß seit Aufhören des Feldbrennens die Zahl der Tsetsefliegen und der Naganafälle zugenommen habe. Setzte die Tsetse ihre Brut in sumpfigen Gegenden ab, so würde das Feldbrennen dieser keinen Schaden zufügen, denn der Sumpf bleibt von diesen Feuern meist verschont. Das obenerwähnte Gras aber steht mit Vorliebe an trockeneren Stellen und schafft mit seinem reichen Blätterwerk und dem Gewirr der Stolonen einen dichten Mulm auf dem Boden, ganz geeignet zur Puppenwiege eines Trockenheit liebenden Fliegentönnchens. Werden also in ihm die Maden der Tsetse abgesetzt und schreiten sie hier zur Verpuppung, so ist ein Einfluß des Feldbrennens auf die Fliege erklärlich, denn gerade dieses Gras wird vom Vieh sehr gern gefressen und daher mit Vorliebe von den Eingeborenen — und wie ich betonen möchte auch von den Buren abgebrannt. Liegt tatsächlich ein solches Verhältnis vor, was natürlich nur besonders darauf gerichtete Untersuchungen feststellen können, so hätten wir auch eine neue Erklärung, weshalb die Tsetse vor der Burenkultur zurückweicht, oder wie das gewöhnlich ausgedrückt wird, mit dem Verschwinden des Wildes verschwindet. Der Bur brennt eben noch mehr als der Eingeborene und beseitigt außerdem nach Möglichkeit die Bäume im Weidefelde, deren aber die schattenliebende Tsetse zu ihrem Gedeihen bedarf. Daß es nicht das Verschwinden des Wildes als solches sein kann, was die Abnahme der Tsetsezahl und der von ihr veranlaßten Erkrankungen bewirkt, das geht gerade aus meinen Beobachtungen hervor: Denn auf der ganzen Strecke Tanga—Moschi, die ich bereiste, fehlt Großwild fast gänzlich, seit die Karawanenstraße hindurchgeht; trotzdem aber hat die Zahl der Tsetsefliegen und die Zahl der Naganafälle nach dem übereinstimmenden Urteil der Eingeborenen und Weißen, die hier ansässig sind, zugenommen.

Ich halte es nach diesen Erfahrungen durchaus für möglich, ja für wahrscheinlich, auch im Gegensatz zu Lommel, daß wir bei genauerer Kenntnis der Lebensweise der Tsetse auch Mittel und Wege finden, ihre Zahl wesentlich zu vermindern. Nur müssen wir eben erst diese Kenntnis erwerben.

Nicht verfehlen möchte ich aber, in dieser Beziehung noch zu erwähnen, daß Austen, von dem jüngst eine treffliche, auch die biologische Seite ausreichend berücksichtigende Monographie über die Tsetsefliegen erschienen ist, es nicht nur nicht für ausgeschlossen, sondern für beinahe wahrscheinlich hält, daß andere Tsetsearten, als die, mit der Bruce arbeitete, eine andere Fortpflanzungsweise haben. Unsere ostafrikanische Tsetse ist aber bestimmt — nach Austen selbst — eine andere Art und das gleiche dürfte mit den in Togo und Kameran heimischen wohl der Fall sein. So erklären sich vielleicht auch die Verschiedenheiten der Angaben über die Lebensweise der von den verschiedenen Forschern und Reisenden beobachteten Tsetsefliegen.

Die Fragen nach der Lebensweise der Tsetsefliegen und der Möglichkeit, ihre Verbreitung auf Grund der so erworbenen Kenntnisse einzudämmen, lassen sich aber nur an Ort und Stelle lösen. Nur dort ist auch die Stelle, wo das Verhalten der natürlich immunen Tiere studiert werden kann, vor allem die wichtige Frage, wie sich deren Serum in Vorbeugungs- und Heilungsversuchen verhält. Deshalb wiederhole ich hier meinen Vorschlag vom vorigen Jahr: solche Untersuchungen an Ort und Stelle vorzunehmen. Und um so dringender tue ich es diesmal, als unsere in der Zwischenzeit gewonnenen Erfahrungen meiner damaligen Anschauung

Recht gegeden haben und jetzt auch von Seiten, die meinen Vorschlag vor einem Jahr aufs schärfste bekämpften, wenigstens für einige Punkte in der Trypanosenfrage die gleiche Forderung erhoben wird. Ich kann es um so ruhiger und um so reineren Gewissens tun, als ich dabei von keinerlei persönlichen Motiven geleitet werde: Denn, allerdings zu meinem großen Leidwesen, würde ich heute ebensowenig solche amtlichen Forschungsreisen übernehmen können, als vor einem Jahre. So glaube ich wenigstens beanspruchen zu können, daß meine Vorschläge in objektive Beurteilung gezogen werden.

Solche Untersuchungen in den Heimatländern der seuchenhaften Trypanosen können, wie die Verhältnisse bei uns liegen, nur von der Regierung aus in die Hand genommen und fortgeführt werden. Denn vermögende Private, die wie der Chairman der Liverpool School of Tropical Medicine aus eigenen Mitteln die nötigen Gelder zur Verfügung stellen, haben wir wohl kaum. Von größeren, geldstarken Verbänden sind aber nur industrielle in unsern Kolonien interessiert und bei denen habe ich bis jetzt weder das Verständnis für solche Fragen noch die Neigung getroffen, dafür größere Mittel bereit zu stellen. Unsere Gouvernements draußen nehmen sich schon nach Kräften der Sache an. Aber ihnen steht weder die nötige Anzahl Ärzte zur Verfügung, daß sie einen davon für solche Untersuchungen vollkommen frei machen könnten, noch haben sie ausreichende Mittel, ihn zweckentsprechend auszurüsten. So finden wir denn draußen wohl überall das Bestreben, diese wichtigen Fragen zu lösen, aber aus Mangel an verfügbaren Kräften und Mitteln nur Anläufe zu ihrer Lösung, während die Frage von Tag zu Tag brennender wird.

Ich glaube, wenn die hier versammelten Herren der Sektion für Tropenhygiene einmütig die Entschließung faßten, daß die Bereitstellung von Mitteln und die Freimachung von Ärzten für diese Untersuchungen dringend notwendig sind, dann finden sich auch Stellen und Wege, durch die beides zu erreichen ist.

Ich beantrage zu beschließen:

Die 29. Abteilung, Hygiene, Bakteriologie und Tropenhygiene, der 75. Versammlung deutscher Naturforscher und Ärzte in Cassel hält es im Interesse der Trypanoseforschung wie insonderheit der Erschließung unserer Schutzgebiete für dringend erforderlich, umfassende Untersuchungen an Ort und Stelle vornehmen zu lassen und richtet an den Herrn Reichskanzler die Bitte, Mittel für diesen Zweck bereitzustellen.

Inzwischen aber zwingen die Erfahrungen aus den Seychellen und Mauritius, daß lebendes Vieh aus Trypanosegegenden vor der Einführung in tropische Gebiete einer sorgfältigen Untersuchung unterzogen wird, und daß eine solche Untersuchung für alle Fälle auch für Ankünfte aus den Tropen in Deutschland stattfindet. Ich schlage damit nur vor, was auf Antrag Laverans und Nocards schon im Juli vorigen Jahres von der Akademie der medizinischen Wissenschaften in Paris zum Beschluß erhoben ist und was bei uns seit dem Herbst vorigen Jahres schon unter der Hand geschieht, wie ich aus der letzten Veröffentlichung Herrn Martinis in der Deutschen medizinischen Wochenschrift ersehe.

Von Marrakesch nach Saffi.

Von Dr. P. Mohr, Berlin.

Ein Schutzbrief des Sultans. Ein Brief des Prätendenten. Gründe für den gegenwärtigen Aufstand. Ein schwankendes Charakterbild. Deutsche Interessen und ihre Förderung.

Auch für Marrakesch war die mir zur Verfügung stehende Zeit viel zu kurz, um tiefer in dieses so eigenartige und wunderbare Milieu zu bringen. Kein Tag verfloß, ohne daß nicht hier und dort ein Besuch gemacht wurde; aber um als Marokkoerforscher Neues und Wesentliches heimzubringen, muß man nicht 2 oder 3 Monate im Lande weilen, sondern mindestens 4 oder 5, am besten noch länger. Das wird man für die Zukunft im Auge behalten müssen. Weiterhin sind arabische Vorkenntnisse eine dringende Notwendigkeit, das habe ich selbst am eigenen Leibe erfahren müssen. Nur wer einigermaßen arabisch kann, wird für die weitere Erforschung Marokkos Wertvolles zu sammeln in der Lage sein. Dann wird man auch an den Orten noch Neues entdecken, an denen schon mancher Forscher vorher tätig gewesen ist. Ohne mich einer Übertreibung schuldig zu machen, kann man wohl sagen, daß sogar von dem von Prof. Fischer-Marburg sog. Atlasvorland sicher noch ein Drittel unbekannt ist. Sowohl die Um er rebia und der Tensift, der bei Marrakesch vorüberfließt, sind noch in einigen Teilen unbekannt, und das gilt auch von verschiedenen ihrer Nebenflüsse. Geologisch*) ist das Atlasvorland überhaupt noch wenig, namentlich in zusammenfassender Weise, geschildert worden. Für den Geographen und Geologen sowie den Sociologen bietet also Marokko noch viel, recht viel Neues. Auch der Botaniker und Ethnograph kann hier eine reiche Fundgrube von allerlei Wissenswertem aufdecken. Möge daher dieser kleine bescheidene Hinweis von unsern großen gelehrten Gesellschaften nicht ganz unbeachtet bleiben.

In Marrakesch hatte ich auch Gelegenheit, einen marokkanischen Frei- und Schutzbrief (dahir), der einem im Dienste des Hauses Marx stehenden Semsar vom Sultan erteilt war, kennen zu lernen.

Bereitwilligst gestattete der Besitzer, daß eine Abschrift genommen wurde. Letztere wurde durch einen thaleb (Gelehrten) besorgt. Bevor dieser letztere den

---

*) Der Dschebel Habib bei Mogador ist von einem Geologen noch nicht gründlich untersucht worden. Ebenso der Dschebel Akhdar (grüne Hang), der übrigens kein heiliger Berg sein soll — es befindet sich aber auf ihm die Kubba eines Heiligen, der noch den Namen führt Abdallah el Hawnäi — (Heiland der Frauen). Auf diesem Berg befinden sich auch die interessanten Ruinen von Guerando.

Brief abschrieb, küßte er ihn ehrerbietig. Des allgemeinen Interesses halber sei
dieser Brief hier in einer Übersetzung angeführt. Herr Prof. Stumme in Verbindung mit Herrn Prof. Fischer-Leipzig hat die Güte gehabt, den Brief zu über-
setzen. Er lautet, wie folgt:

Der Lobpreis gebührt Gott allein!

Abschrift von einer Licenz von höchster Stelle. Es erhöhe sie Gott! Ihr Wortlaut:

Gott!

Abd-el-Asis Bett el Hasan

Sein Beschützer und Herr.

Dieses Unser Schreiben — das Gott erhöhe und in seiner Wirkung zu Ehren
bringe! — verbleibe in der Hand seines Inhabers, des Kaufmanns Naim, Sohnes
des Kaufmanns Ishâq (Isaak) Qurjat von Mogador, und es werde aus ihm ersehen,
daß Wir, mit der Hülfe Gottes und seiner Stärke, Macht und Kraft, haben herabfallen lassen über ihn den Mantel der Ehrung und des Schutzes und ihn beigesellt
haben den Kaufleuten seiner Art hinsichtlich des Beschützens. Und damit seinen
Pfad nicht erschrecken und seine Seite nicht beschädigen (irgendwelche) Untertanen
infolge der Armut oder durch Einmischung in seine Handelsgeschäfte, so befehlen
wir den hier in Betracht kommenden von Unsern Statthaltern und Gouverneuren,
daß Sie es (das Schreiben) kennen lernen und seinen Erfordernissen gemäß handeln
und es nicht nach der andern Richtung überschreiten möchten! Dahin ist unser
erlauchter Befehl ergangen am 5. Tage des Gumâdâ I des Jahres 1314.

Wie ersichtlich, ist der arabische Briefstil recht verschieden von dem unsern.
Jeder Brief wird mit einer Lobpreisung Gottes eingeleitet, und es ist üblich, in
jedem Schreiben, wo es passend ist, einen Koranvers anzubringen. In der geschilderten Weise werden auch die Verträge abgefaßt, und man kann sich demnach zur
Genüge vorstellen, wie wenig die schmucklose europäische Art den marokkanischen
Traditionen entspricht. Es wäre daher ganz interessant, wenn die Verträge mit
dem Sultan auch in arabischem Original veröffentlicht würden. Namentlich wäre
es angebracht, den deutsch-marokkanischen Handelsvertrag zu veröffentlichen. Bei
dem deutschen Vertrag soll sich eine Bestimmung über die Erneuerungsmöglichkeit
des Vertrages nach Ablauf von 5 Jahren nicht im arabischen Original befinden.

Da der Leser im vorhergehenden einen Brief des Sultan kennen gelernt,
so wird es gewiß interessieren, auch ein Schreiben des heute so viel genannten
Prätendenten gleichfalls kennett zu lernen.

Bekanntlich ist der Prätendent ein sehr fleißiger Briefschreiber und versteht
es vortrefflich, mit seinen Briefen Eindruck zu machen. Das betreffende Original
entdeckte ein deutscher Kaufmann, Herr R. in Tanger, bei einem seiner marokkanischen Angestellten. Von diesem Brief ist eine wortgetreue Abschrift und Photo-
graphie von seiten des Konsuls gemacht worden. Der Brief lautet in der Übersetzung, die ich Herrn Konsul Lüderitz verdanke:

Preis sei Gott allein!

Es gibt keine Macht und keine Kraft außer bei Gott!

Hier folgt ein Siegel, wie es nur von einem wirklichen Sultan gebraucht
wird. Es enthält in der Mitte dett Namen Mohammed dett Hassan.*)

---

*) In der Umschrift die Worte: Es gibt keinen Gott außer Allah, und Mohammed
ist sein Prophet! Wer dir anhängt, o Heil der Menschheit, ist ein Edler und Gott schützt
ihn vor jedem Rächer.

An unsere Diener, die braven Ulad Buabib! Möge Gott Euch beistehen! Wir entbieten Euch unsern Gruß! Und die Barmherzigkeit Gottes und Seine Segnungen!

Die beiden Unterdrücker und Übeltäter, Eßlimi und Hambun Schebjai und wer zu ihnen gehört von Verruchten und Gottlosen, haben sich von den weisen göttlichen Geboten abgewendet und sich in die Bande des unheilschaffenden Teufels verstricken lassen, ohne daß sie wüßten, daß Gottes starke Gewalt über ihnen ist, und daß Sein zwingendes Recht ihnen näher ist als ihre Halsadern. Wir befehlen Euch daher, daß Ihr Euch an ihre Schwellen heftet, ihre Nacken zu Boden drückt, sie an ihren Haarschöpfen erfaßt, niederschlagt, auf ihren Häusern Eure Zelte aufrichtet und über sie herfallt mit allen Euren Kräften und Eueen zahlreichen Scharen, auf daß sie ohne Verzug ganz dessen gewiß werden, daß sie ohnmächtig sind und es kein Heil und keine Vermittlung für sie gibt.

Möge Gott Euch gnädig sein und Euch den rechten Weg führen!

Dies ist unser scherifischer, durch Gott kraftvoller Befehl, der ergangen ist am 3 Moharram 1321 (1. April 1903).

Der Brief ist zweifellos ein sehr interessantes Dokument. Er zeigt wie der Kampf zwischen den beiden mit Feuer, Schwert und Feder geführt wird. Der zu Grunde liegende Sachverhalt ist folgender. Der Sultan wollte sich den Prätendenten vom Halse schaffen, indem er zwei Meuchelmörder dang, die den Prätendenten beseitigen sollten. Gegen diese hetzte nun der Prätendent die Stammesgenossen der Ulad Buabib. Es ist vielleicht hier der Ort, mit zwei kurzen Worten die gegenwärtige Bewegung, die Marokko durchzittert, zu berühren. Es sind 2 Momente, die dem Prätendenten zu seinem gegenwärtigen Erfolge verholfen haben. Das erste, was nicht hinwegzuleugnen ist, ist eine allgemeine Mißstimmung gegen den jungen Herrscher. Er soll die Europäer zu sehr bevorzugen, und was noch am meisten ins Gewicht fällt, Maclean erfreut sich wirklich ganz ungemeiner Unbeliebtheit. Bekanntlich war früher noch Mr. Harris persona grata am Hofe, aber Maclean hat ihn ausgestochen; das ist so allgemeine Meinung, und nun lebt Herr Harris fern von Madrid in seiner schönen Villa am herrlichen Strande von Tanger, weit draußen bei den Ruinen von Tanger Bali. Das zweite Moment, das bisher viel zu wenig gewürdigt ist, ist eine gewisse Messiassage in der Berbernbevölkerung.

Die Berbern, die noch heute in Algerien wie in Marokko ein tiefer Gegensatz von den Arabern trennt, leben der Hoffnung, daß dereinst aus ihrer Mitte ein Mann erstehen werde, der alle Stämme einigen und sie von dem Araberjoch befreien werde. Dieses Moment hat aber der Prätendent sicher in kluger und berechnender Weise ausgenützt. Daß sich ferner der Aufstand so sehr in die Länge zieht, kann auch nicht weiter Wunder nehmen. Die Berbernstämme in den Gebirgen des Nordwestens gehören wohl noch heute zu den ungebärdigsten, niedrigsten Horden der ganzen Welt; es ist das „Blad es Siba", das ununterworfene Land, in dem seit 4 Jahrtausenden beständig Kämpfe der Bewohner unter einander an der Tagesordnung waren, das Land, in dem zum größten Teil weder arabische Sultane geherrscht noch zum Zeichen ihrer Gewalt Steuern eingetrieben haben. Will man das Leben und Treiben dieser Horden verstehen, so muß man das große Werk von Mouliéras „le Maroc inconnu" lesen. Hier herrschen in dem finstersten Marokko die gemeinsten Laster und die widerlichste Korruption. Auf die meisten

10*

Horden aber paßt kein besseres Wort als das, das Leo Africanus öfters von den Berbernstämmen braucht, sie sind wie das Vieh. Sie paaren sich wie das Vieh und handeln nach Instinkten. Für diese noch ungezähmten Bestien in Menschengestalt ist die Araberherrschaft einfach ein notwendiges, kulturförderndes Durchgangsstadium. Ihr einmütiges Widerstreben zeigt den stets klaffenden Gegensatz.

Auch einem Prätendenten würden sie nur so lange folgen, wie er ihnen goldene Berge und absoluteste Freiheit verspricht. Nicht einen Schritt weiter. Gegenüber dem jungen Sultan Abdulasis muß aber eine andere Beurteilung Platz greifen.

Wenn man die in letzter Zeit veröffentlichten Schilderungen vom jungen Sultan Abdulasis liest, so hat man fast den Eindruck, als wenn der Sultan der größte Trottel von der Welt sein müßte. Man hat ihn als kindisch und als kindlich hingestellt, als eine Menschen, der nur allerlei unnützen Zivilisationsspielereien huldige, der in europäischen Kleidern radele, Automobil fahre, photographiere, kurz einen Hans in allen Gassen. Und doch ist diese Beurteilung schief und einseitig und nicht geeignet, ein richtiges Bild von dem jungen Herrscher der Marokkauer zu geben. In Tanger munkelt man noch mehr. Da wundert man sich, daß er so wenig für das andere Geschlecht inkliniere, seine Stimme sei zu weiblich, ja man sagt, daß er sich sehr stark in die Tochter Macleans verliebt habe. Gewiß ist vieles daran richtig; der Sultan photographiert und radelt, er hat einen Weg von Fes nach Meknäß bauen wollen, extra, um auf ihm Automobil fahren zu können. Da aber die englischen Ingenieure kleine Fähnchen zur Wegabsteckung anwandten, dachte das leicht verhetzte Volk, der Sultan habe das Land den Engländern übergeben. Denn die Aufstellung einer Fahne bedeutet Besitzergreifung.

Und dennoch, wenn man Abdulasis nach seinen Taten beurteilt, so muß man sagen, er ist besser, viel besser als sein Ruf. Gewiß hat er, der aus voller Unwissenheit und Unerzogenheit auf den Thron Berufene, wie jeder andere Herrscher vor ihm Sultanslaunen offenbart; aber die Veranlagung ist gut, nur übel gelenkt. Wie naiv er ist, zeigt folgende kleine Episode. In Rabat besichtigte er die von einem deutschen Ingenieur erbaute Festungsanlage. Zur Probe wurde aus den gewaltigen Geschützen ein Geschoß abgefeuert. Die Sache imponierte ihm gewaltig, und mit Tränen in den Augen umarmte er den Erbauer. Dann fragte er auf ein vor der Reede ankerndes englisches Kriegsschiff zeigend: „Sag mal, haben die Schiffe dort auch so dicke Wälle von Steinen wie hier der Bau?"

Und fragt man, wie geht es denn zu, daß der Sultan allerlei moderne Erfindungen erhält? So muß man berücksichtigen, daß eine ganze Schar von Kaufleuten jederzeit bereit ist, wenn irgend etwas neues auftaucht, es „Sidi", mit Verlaub zu sagen, anzuschmieren. Und daran beteiligen sich alle Nationen, Engländer, Franzosen und Deutsche. Denn der Sultan ist der beste Käufer in seinem Lande, ob er nun goldene Cameras kauft oder Gewehre, Diamantringe oder Löwen und Leoparden, Automobile oder Bekleidungsstoffe für die Soldaten. Heute ist der Makhsen (die Regierung) dazu da, um gehörig geschröpft zu werden. Die Millionen des verstorbenen Großveziers sind zerflossen wie der Schnee auf dem Atlas, das ist richtig.

Von diesen Sultanslaunen aber abgesehen, hat Abdulasis wirklich seinem Volke genützt. Er hat im Gefängniswesen Reformen eingeführt. Früher mußten die Gefangenen von ihren Verwandten ernährt werden, heute erhalten sie Brot von der Regierung.

Auch der Ämterverkauf an den Meistbietenden ist jetzt zum teil schon abgeschafft. Die Beamten werden besoldet, die Zollbeamten erhalten sogar eine ziemlich hohe Vergütung. Beispielsweise erhält der Kaid in Saffi jetzt 10 Dollar den Tag, der in Marrakesch sogar 500 Dollar im Monat. (Ein Dollar oder auch Douro genannt beträgt nach heutigem Kurs 3 M.). Eine andere Reform des Sultan war das neue Steuerreglement, das nach langen Beratungen zur Einführung gelangen sollte. Die Steuer beträgt:

		per Jahr
Olivenbäume 100 Stück		5 Dollar.
Weinstöcke	„	1 „
Feigen, Granaten und andere Bäume		2½ „
Kamele, das Stück		1 „
Kühe, Pferde, Maulesel		½ „
Esel		¼ „
Vieh		50 centimos.
Ziegen		25 „
Pflug mit 2 Pferden		10 Dollar.
„ mit 2 Kühen		5 „
„ mit 2 Eseln		2½ „

Auf diese Steuer wurden die alten abgeschafft. Plötzlich aber verweigerten die Franzosen und aus Liebenswürdigkeit die Russen ihre Zustimmung zur Einführung. So kam der Sultan in arge Verlegenheit. Es gingen keine Steuern ein, er brauchte Geld und wußte nicht, woher nehmen, ohne zu stehlen. Da kamen denn die Franzosen, Engländer und Spanier und borgten großmütig dem armen Sultan ein paar Millionen. Denn zu gleicher Zeit war bekanntlich der Prätendent erstanden, der Bu Hamara oder, wie die Araber ihn nannten, „Rogi", das ist der Aufrührer oder Rebell; Rogi ist also sein Name. Das mögen sich besonders die famosen Spezialberichterstatter merken, die noch immer alle marrokanischen Namen falsch schreiben, weil sie nie in Marokko waren und nie einen marokkanischen Namen richtig gehört haben. Dasan und nicht Wazzan heißt auch der bekannte Residenzort des bekannten Scherifen. Tasa oder Tesa heißt ferner das jetzt von Menebhi eingenommene Berberndorf, nicht aber Tazza; das sei im Vorbeigehen bemerkt.

Das ist die innere wahre Geschichte der ersten marokkanischen Anleihen. Der Sultan brauchte Bestechungsgelder für die Berberstämme, er brauchte Geld für seine Kriegsführung, seine in Amerika gekauften Winchesterbüchsen und seine deutschen Kanonen, Geld für seinen Hofhalt und die Kaids, die die Gelegenheit wahrnehmen, um „hohle Pfötchen zu machen". Da nun der Prätendent noch immer nicht tot ist, so wird der Sultan weiter borgen müssen. Denn, wenn er auch nicht Geld brauchen wollte, es werden sich jetzt Leute finden, die durchaus ihr Geld an den Sultan loswerden wollen. Das ist das Merkwürdige dieses Falles. Und so dürfte Marokko, das geheimnisvolle, uns bald noch interessanter werden. Denn auch der Prätendent hat Geld, und zwar gutes französisches Gold, und verfügt über moderne Waffen, ja sogar über Dynamit, wie seiner Zeit die Sprengung der Kasbah Frachana bewies. Was aber die Stellung des Sultans zu den europäischen Mächten betrifft, so scheint mir das richtige Wort Herr Rudolf Zabel geprägt zu haben. Man muß sich daran gewöhnen, den Sultan als unter europäischem Kuratel stehend anzusehen.

Das ist in der Tat das richtige. Bedauerlich aber bleibt, daß man die gegenwärtige Lage nicht dazu benützt, eine stärkere Öffnung des Landes im allgemeinen durchzusetzen. Sicher am meisten würden das die Araber selbst uns danken. Denn der Europäer, namentlich der anständige, bedeutet für sie Ruhe, Ordnung und Schutz vor Bedrückungen. Denn an einen Mochalaten oder Semsar eines Europäers wagt sich mit seinen blutsaugerischen Erpressungen ein Kaid selten heran. Aber in der gegenwärtigen Sturm- und Drangperiode, wo ein kleines Kriegsschiff mehr nützen könnte, als 10 meterlange Berichte und Vorstellungen eines Gesandten, scheint man es mit der Unantastbarkeit der europäischen Schutzgenossen nicht mehr ganz genau zu nehmen, wie mir noch jüngst berichtet wurde. Unter dem Vorwand, der Mann ist ein Rebell, wandert so mancher Mochalat, der gerade für einen Europäer Land bestellen sollte, ins Gefängnis.

Noch verwunderlicher erscheint aber, daß die Fiktion aufrecht erhalten wird, daß alles verboten ist, was nicht offiziell erlaubt wird. Ein ganz charakteristisches Beispiel aus der jüngsten Vergangenheit sei hier angeführt. Von einem kaiserlichen Konsulat wurde an die nachgeordneten Vizekonsulate folgendes Schreiben (in Französisch im vorliegenden Fall, da der betreffende Vizekonsul Engländer ist) gesandt: „En vertu d'un ordre du gouvernement marocain il sera permis dès à présent la culture des vers de soie ainsi que l'exportation des cocons et de la soie grège contre paiement d'un droit de douane de 10% valorem. Toutefois le gouvernement s'est réservé de révoquer cette permission en cas qu'il en résulterait des préjudices pour le makhzen ou pour les sujets marocains. J'ai l'honneur de vous prier de porter ce qui précède à la connaisance des négociants allemands à Masagan."

Dazu wird von beteiligter Seite bemerkt: Daß die Seidenraupenzucht nicht gestattet ist, ist neu, die Erlaubnis dazu einfach erheiternd, der Ausfuhrzoll von 10% außerordentlich hoch. Einfach klassisch ist der Schluß, wonach die marokkanische Regierung eines schönen Tags alles mit einem Federstrich wieder vernichten kann.

Wahrscheinlich ist diese Konzession von französischer Seite erlangt worden, da Frankreich ein großes Interesse daran hat, in seiner nächsten Nähe ein geeignetes Produktionsgebiet für Seide sich zu schaffen. Immerhin zeigt dieser Fall, daß noch vieles in Marokko durch einen geschickten diplomatischen Vertreter erreicht werden kann, gerade im Interesse seines Landes.

Was nun die Vertretung deutscher Interessen durch einen Ausländer betrifft, so stehe ich durchaus nicht auf dem Standpunkt, daß nun in jedem Falle ein Deutscher das Konsulat erhalten muß. Auch von einem Ausländer können deutsche Interessen ganz gut vertreten werden. Zudem muß man berücksichtigen, daß unter unsern lieben Landsleuten in Übersee die Kritik eine schärfere ist, wenn ein Deutscher die Vertretung unsrer Interessen innehat. Bekanntlich ist es viel leichter, ein Kamel durch ein Nadelöhr zu ziehen, als drei Deutsche zu einer gemeinsamen Ansicht und Aktion zu bringen. Aber daß in Fes, wo der englische und französische Vertreter residieren, der deutsche Konsul fehlt und in Marrakesch ein Spanier uns vertritt, erscheint auch einem bescheidenen Gemüte nicht recht einsichtsvoll.

Vor allem in Marrakesch müßte ein deutscher Konsularagent oder Vizekonsul sitzen, der die Gesandtschaft über alle Vorgänge auf dem laufenden erhält. Als im Januar dieses Jahres der Sultan eine Schlappe erlitt, kam mit einem Male von der Gesandtschaft in Tanger der Befehl, sofort an die Küste zu gehen. In Marrakesch war alles still und friedlich, wie ja auch im ganzen Atlasvorland, abgesehen von der Rabater Umgebung, alles in Ruhe blieb. Den Engländern in Marrakesch (Missionaren), war auch der Befehl zugesandt, Marrakesch zu verlassen; doch war ihnen eine 8tägige Frist gestellt, und ich glaube, es war auch gesagt, wenn die Ereignisse gefahrdrohend werden würden. Als die Nachricht in Marrakesch bekannt wurde, daß die Europäer wegziehen sollten, ließ der Gouverneur sagen, daß er sich für ihre Sicherheit verbürge, und daß die Lage erst dadurch sich verschlechtern würde, wenn die Europäer wegziehen würden. So kam es, daß einer der jungen Deutschen, Herr Niehe, den Mut hatte, in Marrakesch zu bleiben, während die andern zur Küste zogen. Dieses Verhalten hat auch namentlich in unsern industriellen Kreisen die gebührende Anerkennung gefunden; denn es ist ganz klar, daß unsere deutschen Fabrikanten durch die ewigen Alarmnachrichten aufs äußerste erschreckt waren und Besorgnis hatten, ihre Waren nach Marokko zu senden. Nicht weniger zur allgemeinen Beunruhigung haben einige sonderbare Kriegsberichte in einigen deutschen Blättern beigetragen, die wir in Marrakesch stets mit großem Vergnügen lasen. Wie große Blätter derartige, von keinerlei Sachkenntnis getrübte Berichte bringen konnten, bleibt mir stets schleierhaft! Besonders interessant war die marokkanische Gefahr in einer sächsischen Zeitung ausgemalt, wo man schon ein Blutbad in Marrakesch als sicher hinstellte.

Auf ein andres Faktum, das mit dazu beiträgt, daß sich die Aufstände in Marokko in die Länge ziehen, sei an dieser Stelle gleichfalls aufmerksam gemacht, das ist der Waffenschmuggel. Würden die europäischen Mächte wirklich einig sein und ein wachsames Auge auf den Waffenschmuggel richten, so würde in absehbarer Zeit jeder Aufstand schon im Keime erstickt sein, allein aus Mangel an Pulver und Patronen. Aber gerade im Riff ist jeder mit einem guten Gewehr bewaffnet. Würde man etwas größere Aufmerksamkeit auf die Fischerflotillen werfen und in Ceuta, Melilla, Port Say und Nemours scharf auf die Schmuggler aufpassen, so würde es bald im Riff an den modernen Patronen mangeln. Allerdings müßte man auch dem Sultan selbst etwas mehr auf den Leib rücken. Ist es doch in Fes vorgekommen, daß ein kaiserlicher Prinz aus den Waffenbeständen des Sultans selbst Gewehre und Patronen infolge von Geldverlegenheit verkauft hat. Was die Eingeborenen an Pulver fabrizieren, ist gering und natürlich Schund. Daß auch manchmal die Soldaten, wenn sie keinen Sold einmal erhalten, kurzerhand ihre Gewehre verkaufen, kommt natürlich auch vor; aber hierdurch würden nicht die enormen Pulvermengen gedeckt werden, die die einzelnen Stämme verbrauchen. Der Pulververbrauch in Marokko muß ein ganz bedeutender sein, da bekanntlich außer zu Kriegszwecken viel Pulver bei dem beliebten Phantasiereiten verknallt wird.

Also ich resümiere mich dahin, auch in Marokko kann man von europäischer Seite viel tun, um Aufstände zu erschweren oder fast im Keime zum Erlöschen zu bringen. Leider werden stets die besten Absichten der Mächte durch die gegenseitige Eifersucht zu nichte gemacht. Der Zustand wird ja leider so lange währen, bis eine endgültige Interessensphärenabgrenzung geschehen sein wird. Denn daß der sog. marokkanische Staat noch lange sein Leben fristen wird, glauben selbst die Marokkaner nicht mehr.

Doch kehren wir nach dieser Abschweifung zu meiner Reise zurück. Von

Marrakesch nach Saffi sind etwa 22 Reitstunden. Der Weg führt durch die Kabilen R'hamna, H'mar und Abda, die neben denjenigen von Duklala und Schauia zu den mächtigsten, dem Sultan treuen Stämmen gehören. Abba und Duklala gehören zu den weitaus reichsten Provinzen von ganz Marokko. Als dritte im Bunde ist Schauia zu nennen. Dieses so sehr gerühmte Land wollte ich besonders gern kennen lernen. Nach de Foucauld soll R'hamna 11000 Mann zu Pferde, Duklala 6000 und Schauia 7000 aufbringen können. Es sind also sehr starke Stämme, die diesen Teil Marokkos bewohnen.

Da mein Gepäck in Marrakesch sehr angeschwollen war, mußte ich drei Maultiere mieten. Mit diesen ritt ich denn am 20. Mai morgens 8 Uhr aus den Toren der Roten Stadt gen Saffi. Kein Schutzsoldat begleitete uns, kein Sultansbrief diente als Geleit oder zwang uns irgend eine Route auf, als einfacher „tascher" zog ich durch das Land. Ein Schutzsoldat ist immer eine unangenehme Zugabe. So ein Kerl, der eigentlich seinen Namen durchaus zu Unrecht führt, da er zu allem andern als zum Schützen dient, er ist eigentlich nichts als Schmarotzer, ist für den Europäer ein unangenehmes und kostspieliges Reisehindernis. Aber nach den Verträgen ist der Sultan nur zu Schadenersatz verpflichtet, wenn man so ein biederes Wesen, genannt Makhâzni, mitnimmt.

Nun, ich habe das Vergnügen, diese lebendige Versicherungsprämie mit mir herumzuschleppen, nicht gehabt, habe bar bezahlt, was ich verzehrt habe, und das ist auch in Marokko die Hauptsache. Dem „tascher" kommt man jetzt gern entgegen; denn sie wissen, der Mann tut niemandem etwas zu Leibe, sie wissen, daß er kein Spion ist, und daß er seine Wachen und das Futter für seine Tiere überall bezahlt.

Der Weg, wie ich ihn zu nehmen gedachte, führte über die Orte Nsalah, el Wad, Wad el Harmel, Sarf Siffer, Bu Slef, Tschinin, El Amrani oder Amrania, Ras el Ain, Dar hiddi bin Du oder Smaajat, Suma See, Nsala Sidi Achmed, T'lat, Sidi Embarek bin Gudra, Saffi.

Der Weg ist im allgemeinen nicht sehr interessant. Nachdem wir den Tensift durchschritten hatten — wir benutzten nicht die berühmte Kantarabrücke - passierten wir mehrere Trockenläufe, bis wir an den Dschebilet kamen. Der Dschebilet bildet eine interessante geologische Formation; streckenweise tritt ein blauer, steilaufgerichteter Schiefer zu tage, hin und wieder findet man große Blöcke von einem rosaroten Quarz. Der Dschebilet, eigentlich kleines Gebirge, ist ein nicht schwierig zu passierender Höhenzug von etwa 900 m Höhe. Der Aufstieg ist in keiner Weise beschwerlich. Große Schaf- und Ziegenherden weideten an den Abhängen die schon spärlichen Kräuter und Gräser ab. Wir schlugen nicht den Hauptkarawanenweg ein, sondern einen mehr nach Südwesten abzweigenden Weg. Unsern Rastort Bu Slef erreichten wir um 1¹⁄₂ Uhr. Der kleine Wasserlauf liegt in einem Talkessel an einer steilen Felswand. Sträucher, Oleander und einige Bäume mit dichtem dornbuschartigem Geäst begleiteten das lebenspendende Element. Wir lagerten uns unter dem kühlenden Schatten eines der hier stehenden Bäume, und ich kann wohl sagen, ich habe nie mit größerem Wohlbehagen nach langem Wandermarsch ein kühles Glas Bier getrunken, als hier eine Tasse heißen grünen Tees. Es ist anregend und besonders zweckmäßig, gerade auf anstrengenderen Touren lieber eine Tasse Tee zu nehmen als irgend ein anderes Getränk.

Auch für Truppen dürfte sich gerade Teegenuß besonders empfehlen.

Von Bu Stef nach dem nächsten Duar, dem Dorf Dschinin, in dem es wieder Waſſer gab, ritten wir faſt 1½ Stunden. Da wir den Wind im Rücken hatten, so waren wir alle etwas angeſtrengt, um so mehr, da wir schon seit morgens 4 Uhr auf den Beinen waren, wenn wir auch erſt um 8 Uhr aus Marrakeſch abgerückt waren. Aber ich erklärte, weiter reiten zu wollen nach dem Dorf Amrani, das als ein großes Duar mir empfohlen war. Von Dschinin geht der Weg ziemlich ſteil auf den Kamm des Berges. Die ganze Gegend machte einen verlaſſenen und öben Eindruck. Keine Karawane begegnete uns, nur ein paar Araber, die ihren Zelten zuſtrebten.

Und doch war es ein herrlicher Ritt durch dieſe schweigende Bergeinſamkeit. Von der Küste her erhob ſich ein erfriſchender Wind, und von der untergehenden Sonne erleuchtet erglühten zahlreiche Bergſpitzen in feurigem, roten Glanze. Um ¼5 paſſierten wir ein kleines Duar, und eine Stunde später erfolgte der durchaus ſanfte Hinabſtieg zur Ebene. Unabſehbar dehnte ſich vor unſern Blicken das Flachland. In der Ferne ſahen wir Zeltduare und weidende Heerden, Rauch stieg auf, die Luft war so wunderbar klar und friſch, daß man meinen konnte, man wäre zur Frühlingszeit irgendwo in Deutſchland. Gleich nach dem Hinabſteigen paſſierten wir zurlinken ein großes Dorf, etwa 1 km abſeits der Straße, es beſtand aus lauter Strohhütten. Ich zweifelte aber, daß es El Amrani ſei, da ich mir einbildete, daß „große" Dorf Amrani würde doch wohl einige Piſébauten aufweiſen; daher beſtand ich auf dem Weitermarſch. Am Wege trafen wir ein junges Mädchen, Bu Schaib ritt hin und erhielt auf ſein Erkunden angeblich die Antwort „Amrania". Aber da ich mehr an ſeine Müdigkeit glaubte als an die Wahrheit ſeiner Erkundung, ſo wurde weiter geritten. Nach weiteren ¾ Stunden wurde es merklich dunkel und in weiter Ferne war nichts zu ſehen. Nur zur linken tauchten wieder ein paar spitzkegelige Strohhütten bei einem wilden Feigenhain auf. Darauf ritten wir denn zu. Es war ein ganz armſeliges, kleines Zeltduar. Etwa 5—6 Zelte. Hinter der niedrigen Duarhecke, unmittelbar an dem Schaf- und Ziegenlagerplatz, wurde das Zelt aufgeſtellt. Es war faſt unmöglich, in den harten Boden die eiſernen Pfähle hineinzutreiben. Das Leutezelt mit den Holzpflöcken konnte überhaupt nicht aufgeſchlagen werden; ſo mußten ſie in ihre Decken gehüllt, ohne Schutzdach ſchlafen.

Inzwiſchen hatte ſich der Himmel immer mehr verdüſtert, ein kalter Wind fegte über die Steppe, hundemüde hatte ich mich auf das Bett geworfen, als es auch richtig zu regnen anfing. Aber eine gute Zigarette und ein Glas echten Afrikanerweins — es war algeriſcher, eine liebenswürdige Spende der Fean v. Maur — ſtellten bald die Stimmung wieder her. Möge mir daher der freundliche Leſer durch die folgende kleine Erinnerung folgen, sie wird ihn ſicher eher als alles andere über marokkaniſches Lagerleben unterrichten.

„Wenn du, ..., mich hier in meinem Intérieur ſehen würdeſt, du würdeſt ſicher vor Vergnügen ſchmunzeln. Auf einem umgeſtülpten marokaniſchen Teeglas ſiedt ein dünnes Paraffinlicht und erleuchtet mit ſeinem matten Schein das maleriſche Stilleben in meinem Zelt. Den Tiſch ſchmücken in Ermangelung von einem ſtilvollen Tiſchtuch zwei Handtücher. Eben hat mir Buſchaib drei Spiegeleier in ranziger Butter gebraten; ich kann ihm das durchaus nicht abgewöhnen, er liebt ranzige Butter über alles in der Welt. Daneben steht mein Tee in ſchöner engliſcher Zinnkanne. Wenn man ihn trinkt, hat man einen Nachgeſchmack von

Viehjauche. Die frische, ungesalzene Butter duftet gleichfalls so. Um den Tee genießen zu können, habe ich ihn erst noch mit Zitronen- und Apfelsinensaft behandelt. Aber es hilft alles nichts, und da bleibe ich denn lieber bei der Zigarette und dem Rotwein. Dazu das vielstimmige Tierkonzert. Wenn ein neuer Trupp ankommt, erhebt sich immer ein großes Halloh. Die Nacht kann gut werden. Die kleinen Ziegen schreien wie kleine Kinder, na und Kindergeschrei hat ja jeder gern. Ja, um Marokkoforscher zu werden, muß man vielerlei können und dulden. Man muß Tee schlürfen können mit nana (Pfefferminzkraut) und einem halben Hut Zucker darin. Das ist so des Landes Brauch. Wenn der Araber dir eine Schmeichelei sagen will, so sagt er: „Du hast uns mit Zucker getränkt." Dann muß man zeitweise 2 Schüsseln, Tauben mit Rosinen und Mandeln, Hühner, Kuskussu, Arganöl und smin (ranzige Butter) mit Anstand vertragen können und dazu kräftig — sit venia verbo — aufstoßen. Allerdings ist dieser Brauch bei ganz feinen Arabern schon im Schwinden begriffen. Aber in Marrakesch bei dem Mtai Brahim, den wir besuchten, gehörte es noch zu den feineren Regeln des marokkanischen Sittenkodex.

Ein ander Mal muß man fasten können wie ein Büßer, muß Durst und Hitze ertragen und vor allem scheue Maultiere durch kräftiges Schlenkern mit den Füßen zum traben anzutreiben verstehen. Wenn mich mein alter Rittmeister so durch die Steppe juckelnd gesehen hätte! Und dann die Zügel- und Schenkelhülfen bei Trapp und Galopp! Überhaupt wäre für den Herrn Chef vices sehr interessant gewesen, besonders was die Behandlung der Pferde auf dem Marsch betrifft. Des Morgens wird meistens weder gefüttert, noch geputzt noch getränkt. Höchstens nimmt der Pferdewärter einen glatten Stein und fährt dem Gaut einmal damit über das Fell. Dann wird auch unterwegs von vielen gar nicht getränkt. Kommt man aber an den Rastort, so werden erst die Menschen versorgt und nachher erst die Tiere. Dabei bleiben die Sättel stundenlang nach dem Marsch auf dem Tier liegen, und der Araber hält darauf, daß der Gaut sich nicht legt. Das Liegenbleiben der Sättel soll verhüten, daß sich Druckstellen bilden und das Tier sich zu schnell abkühlt. Das Niederlegen soll ungesund sein. Die Beine werden kurz angebunden, und stehend, ohne Decke oder irgend einen Schutz, verbringt das Tier die Nacht. Die Brustseuche möchte ich einmal sehen, sollten unsere Militärpferde auch nur eine kalte Nacht so in der Steppe verbringen.

Durch die harte Behandlung gedeiht aber auch hier ein Pferdematerial, das mitunter noch ganz Hervorragendes bietet. Unstreitig die schönsten Pferde auf meiner ganzen Reise habe ich in Marrakesch gesehen. Eigentümlich war dort das Vorreiten der Pferde. Die Verkäufer oder Händler standen förmlich in den Sätteln und rasten mit den Tieren eine etwa 1 km lange Strecke gewissermaßen im Wettlauf herunter. Die Pferde galoppierten ohne Zügel, der Reiter hielt die Arme verschränkt, hoch vor das Gesicht, einige kehrten sich auch in vollster Karriere um, mit den Armen einen Gewehrschuß nach rückwärts markierend. Das ganze hat etwas unendlich faszinierendes und eigenartiges, ein malerischer Vorwurf für einen Orientmaler von hinreißender Wirkung. Alles atmet Kraft, Leben, Bewegung und dazu im Hintergrund die majestätische, schneebedeckte Atlaskette. Es ist wirklich bedauerlich, daß bisher nur ein oder zwei Maler studienhalber Marokko aufgesucht haben. — —" — —

Die Meinung der Reisenden, die sich dahin ausgesprochen haben, daß Marokko heute nur noch schlechtes Pferdematerial besitze, kann ich nicht teilen. Jannasch in seiner Handelsexpedition (S. 256) bekennt, daß er niemals so viel schlechte Pferde beisammen gesehen habe wie bei dieser, der marokkanischen Armee, in welcher selbst das Gefolge des Sultan ausgesucht schlechte Pferde ritt. Dazu muß man bemerken, daß das Aussehen nur zu leicht täuscht. Meistens hat auch die schlechte Wartung der Pferde schuld. Man muß unterscheiden zwischen den eigentlichen Berbern und den eigentlichen arabischen Pferden. Die ersteren sind bedeutend größer als die Araber, von kräftigem Gliederbau, breiter Brust, starkem Hals und kurzem Oberbau. Daher ist der Sprung sehr kurz. Die Araber dagegen sind zierlicher und feiner. Die ersteren erinnerten mich unter dem schweren Sattel, der genau dem mittelalterlichen spanischen gleicht, an die Pferde, auf denen der eiserne Ritter turnierte, wie sie z. B. in der armeria in Madrid ausgestellt sind. Übrigens dürfte interessieren, daß die Leute aus dem Sus, die ich in Saffi sah, zurückkehrend von einer mahalla des Sultan aus Fes, ausschließlich Stuten ritten. Welches der eigentliche Grund hierfür ist, ist mir nicht recht klar, da meistens die Araber nur Hengste reiten.

Am nächsten Morgen waren wir sehr früh auf den Beinen. Die Temperatur hatte sich infolge des starken nächtlichen Regens sehr abgekühlt, und so fror ich sogar etwas unter meinen Decken im Zelte. Drei Mann hatten die Nacht gewacht, für Futter und Wachen erhielten sie 2 Peseten, wodurch sie sich königlich belohnt fühlten. Sie halfen meinen Leuten auch beim Zeltabnehmen, und der Oberwächter, der das Geld in Empfang genommen hatte, schloß sich sofort auf einem Eselchen uns an, um im nächsten größeren Dorf das Geld in Waren umzusetzen.

Wie unberührt die Leute hier von der Kultur noch waren, zeigt folgendes. Dem Ältesten des Dorfes, der sich, wie üblich mit einigen andern Männern des Morgens bei mir eingefunden hatte, um das große Schauspiel des Zeltabbrechens und des Aufbruches mitanzusehen, — auch eine Tasse Tee, die ja so leicht bei einer solchen Affäre abfällt, ist schon ein Zugmittel — bot ich eine Zigarette an, er verschmähte aber die Gabe. Und Buschaib erklärte mir, daß er noch nie geraucht habe. Beim Ausreiten aus Mogador und in der Nähe der Küstenstädte ist es mir dagegen sehr oft passiert, daß die Feldarbeiter eine gute Strecke zur Straße gelaufen kamen, um sich eine Zigarette zu erbetteln. Wie aber der Tee das Nationalgetränk des Marokkaners genannt werden muß, so die Pfeife Kiff das nationale Rauchlaster. Kiff, also kleingeschnittener Hanf mit etwas Tabak vermischt, ist heute noch in Marokko viel beliebter als Tabak.

Unser Aufbruch fand bereits um 6³⁰ statt. Um ³/₄9 erreichten wir das Dorf Ras el Ain. Die Gegend ist hier schon ziemlich bebaut. Zu einem großen Teil war hier das Getreide schon geschnitten. Vielfach aber war man noch mit dem Schneiden beschäftigt. Die Männer schnitten das Getreide etwa 2 Handbreit über dem Erdboden mit einer Sichel ab, und die Frauen legten die Bündel zusammen. Die meisten Frauen hatten ihr Antlitz unverhüllt. Trafen wir aber auf der Straße eine, so bemühte sie sich, wenigstens einen Zipfel ihres Tuches vor das Gesicht zu halten.

Um 9 Uhr passierten wir bereits ein zweites Dorf, Noassar zur rechten des Weges und 9¹/₂ Dar Hiddi bin Du oder Smanjat. Der Boden war hier ein roter Sandboden, die Felder standen brillant. Vor dem Dorf glückte es mir, eins der bekannten karthagischen Hühner zu schießen. Sie sind von der Größe unseres Rebhuhns und haben eine hübsche, lebhafte Zeichnung. Unser Weg zog sich fast ununterbrochen durch Getreidefelder dahin. Feld reihte sich an Feld, auf den Stoppeln aber weideten Rinder und Schafe. Es war eine Lust, diese prächtigen Felder zu sehen.

Da die gefürchteten Heuschrecken in diesem Jahr nicht gekommen sind, muß der Ertrag ein bedeutender sein. Nirgends zeigen sich in den Feldern Lücken oder ist das Getreide gelagert. Das Stroh ist allerdings auch außerordentlich stark. Wenn man bedenkt, daß die Erde seit Jahrhunderten oder noch besser seit Jahrtausenden nicht gedüngt worden ist, kann man sich einen Begriff von der Fruchtbarkeit dieses Bodens machen. Die Erde hier ist die bekannte Roterde. Ich habe vielfach Proben mitgenommen, um sie hier auf ihre Zusammensetzung untersuchen zu lassen.

Gegen $\frac{1}{2}$11 kamen wir an den Symia-See, den einzigen Salzsee Marokkos. Je näher wir kamen, je mehr Leute sahen wir dem See zureiten. Es war gerade großer Markttag, der sehr lebhaft besucht ist. Die Umgebung des Sees ist keineswegs tot und trist. An den Ufern wuchsen viele Gräser, in denen zahlreiche Kamele weideten, außerdem waren auch einige Zwergpalmen am Ufer vorhanden. Die Umgebung des Sees zeichnet sich durch besondere Fruchtbarkeit aus. Infolgedessen hatte sich schon ein Engländer aus Saffi hier angesiedelt. Doch der Kaid hatte es schließlich verstanden, den Mann zur Zurückkunft in die Stadt zu bewegen, indem er vorgab, ihn nicht ordentlich hier draußen schützen zu können. Der wahre Grund dürfte allerdings der sein, weil er verhindern wollte, daß der europäische Einfluß sich ausdehne. Soviel mir bekannt ist, gibt es bisher nur einen Deutschen, der nicht allein den Mut, sondern auch die Energie gehabt hat, allen Chikanen zum Trotz sich dauernd auf dem Lande anzusiedeln. Vom Symasee hatten wir ein welliges Hügelland zu durchschreiten, kleine Duare umsäumten den Weg. (Miachua $\frac{3}{4}$12). Um $\frac{3}{4}$1 gelangten wir nach Habi Bir Hel, wo wir eine einstündige Rast machten. Im Schatten eines Dorfhauses machte ich es mir bequem, wir erhielten auf unsere Bitten Butter, Eier und Wasser, und so war rasch ein frugales Frühstück fertig. Von der anwesenden Damenwelt wurde ich bei allen Hantierungen sehr bestaunt. Wie mir Buschaib erklärte, hatten die Damen noch nie einen Europäer gesehen. Übrigens waren einige wirklich hübsche Gesichter darunter. Die Damen trugen sich auch hier unverschleiert.

An einem der Gentlemen sollte ich ärztliche Künste zeigen. Er hatte bei irgend einem Streit eine Kugel in den Kopf bekommen, die Kugel war noch im Kopfe, die Wunde schon im Verheilen. Ich mußte leider auf das Vergnügen, sie herauszuziehen, verzichten aus Mangel an Werkzeugen, wie ich erklärte.

(Fortsetzung folgt.)

Über die heißen Quellen von Furnas auf der Insel Sao Miguel (Azoren).

Von Korpsstabsapotheker L. Bernegau.

Gelegentlich meiner Studienreise nach der Insel Sao Miguel (Azoren) besuchte ich in Begleitung unsers Konsulatsvertreters Herrn Wallerstein das Gebiet des Geisersprudel und heißen Quellen in Talkessel von Furnas, um Proben der verschiedenen Quellen und Schlammquellen für die chemische Untersuchung zu entnehmen.

Mit freundlicher Unterstützung des Herrn Jeronymo aus Furnas, der uns in liebenswürdigster Weise eingehende Auskunft über die Geschichte der einzelnen Quellen erteilte, entnahmen wir von 15 Quellen je drei Weinflaschen voll Wasserproben.

Die Temperatur der einzelnen Quellen wurde bestimmt. Sie schwankte zwischen 15 und 98° Cels.

Kalte, laue, warme und heiße Quellen liegen in einem Umkreise von ca. 500 Schritten unmittelbar nebeneinander. Das Wasser tritt an keiner Stelle bis zum Kochpunkt erhitzt heraus.

Der Unterschied der Temperaturen erklärt sich dadurch, daß einzelne Quellen in ihrem Laufe einen größeren Weg zurücklegen, wodurch sie abgekühlter an die Oberfläche treten. Die Quellen führen in der Hauptsache eisenhaltiges Wasser; einzelne Quellen sind sehr kohlensäurereich.

Eine Quelle, genannt Agua santa, deren Temperatur 88° Cels. betrug, hatte ein Wasser, welches opaleszierte und einen weißlich-trüben Bodensatz hatte, herrührend von Aluminiumgehalt. Die Quelle fließt durch bimsteinartigen Boden. Von den Eingeborenen wird die Quelle als Gurgelwasser bei Halsleiden benutzt. Einzelne Quellwässer sind schwefelhaltig.

Die Quellwässer werden von den Azoreanern und Portugiesen, die von den andern Azoreninseln herüber kommen, für die verschiedensten Krankheiten benutzt, so für Hautleiden, Syphilis, Blasen- und Nierenkrankheiten, Bleichsucht, Dyspepsie und namentlich Rheumatismus und Podagra.

Die großen Quellen, die Caldeira murada, auch Agua sulfurea genannt, die Agua Quentúras und die Agua ferrea alcalina werden in ein Badehaus geleitet und zum Trinken und Baden benutzt.

Das Badehaus ist einfach, aber sehr sauber gehalten. Die größte der heißen Quellen, die Caldeira murada, sprudelt unter heftigem Zischen und Tosen mannshoch aus der Erde hervor. Das Wasser hatte eine Temperatur von 98° Cels. und war klar.

Die Agua azeida, welche mit einer Temperatur von 15° Cels. an die Oberfläche tritt, war sehr kohlensäurereich. Der Geschmack dieses Quellwassers war
sehr erfrischend.

Einzelne Quellen führten einen rhabarbergelben, sehr porösen, leichten Eisen-
schlamm. Die Temperatur betrug 20° Cels. Die Eingeborenen benützen diesen
Schlamm gegen Bleichsucht als Heilmittel.

Das Gebiet der heißen springenden Quellen in Furnas ist ungemein interessant. Es sprudelt und locht überall, oft mannshoch, empor aus dem bimsteinhaltigen
Gelände. Der ganze Umkreis ist mit Dämpfen erfüllt. Die Vegetation der gegen-
überliegenden Bergabhänge, bewachsen mit Farrnen und Ericas, hat durch die
Dämpfe nicht gelitten.

In der Umgebung der dampfenden Quellen war eine üppige Vegetation von
Planten, welche fortwährend von den heißen Dämpfen benetzt wurden. Das
Chlorophyll-Grün der von Saft strotzenden Blätter ist durch die Einwirkung
der Dämpfe nicht angegriffen. Die Blätter haben eine prachtvolle grüne Farbe.

Man befindet sich hier auf einem aktiven tätigen Vulkan, der seine Kräfte
zusammenhält, um im gegebenen Augenblicke seine feurigen Laven über die Insel
zu ergießen, um alle Kultur auf Jahrhunderte wieder zu zerstören.

Der letzte Ausbruch war vor 300 Jahren.

Der quecksilbersalbenähnliche, blaugraue Schlamm, den ich Ihnen hier*) zeige,
ist der berühmten Caldeira Pedro Botelho, im Volksmunde Boca do enferno, Höllen-
schlund, genannt, entnommen. Diese Quelle soll in Verbindung mit der großen
Caldeira murada stehen.

Die Schlammquelle, welche 10 Fuß in der Länge, 5 Fuß in der Breite mißt,
locht in einer grottenartigen Nische, deren Wand aus Bimstein bezw. Kieselsinter
zu bestehen scheint. Mit heißen Dämpfen locht unter dumpfem Getöse hier aus
dem Erdinnern eine schwere, blaugrau gefärbte, dickflüssige Schlammmasse hervor.

Die Temperatur des Schlammes zeigte 96° Cels.

Die Schlammmasse hatte die grottenartige, bimsteinartige Wand fast vollständig bedeckt.

Die umgebende Vegetation, Ericas, ist grauweiß. Etwas erkaltet auf der
Handfläche gerieben, zieht die Masse in die Haut ein. Nach dem Trocknen an der
Luft sieht die Handfläche aus wie mit Zement bestrichen; die Masse bildet dann
feine Schuppen auf der Haut, welche abblättern.

Beim Reiben bildet sich aus den Schuppen ein feines, zementgraues Mehl,
welches in die Haut eindringt. Die Hand wird geschmeidig und weich, wie nach
Gebrauch eines Fettpuders. Die Handfläche ist jetzt vollkommen rein. Durch das
Pulver werden die Nägel poliert, als ob die erste Manicure die Nägel sorgfältig
behandelt hätte. Die Schlammmasse ist im Erdinnern einem vollkommenen Schlemm-
verfahren unterworfen worden.

Die Quelle ist seit Alters her bekannt.

Die Schlammmasse ist 1868 von dem französischen Chemiker Foulé analysiert
worden. Die Analyse verdanke ich der Liebenswürdigkeit des Arztes von Furnas,
Herrn Dr. Ferreira d'Almeida Crespo. Sie lautet:

Silica . . . . 61,23 p. c.

Alumina . . . . 25,41 „

*) Auf der 75. Versammlung Deutscher Naturforscher und Ärzte zu Kassel.

Magnesia	. . . .	8,47	"
Potasche	. . . .	1,35	"
Perogyd de ferro	. . . .	0,92	"
Cale	. . . .	0,51	"
Soda	. . . .	0,41	"

Herr Prof. Dr. Thoms hatte die Liebenswürdigkeit, die Schlammmasse und die Quellwässer unter seiner Leitung durch seinen Assistenten, Herrn L. Diesfeld, analysieren zu lassen.

Analyse des Schlammes der Caldeira Pedro Botelho in Furnas (Insel Sao Miguel, Azoren), von H. Thoms und L. Diesfeld.

Wasser (durch Trocknen bei 120° bis zur
Konstanz ermittelt) . . . . 77 p. c.

Trockensubstanz.

Glühverlust der trocknen Substanz	. . .	13,00	p. c.
Si O$_2$	. . . .	52,08	"
Al$_2$O$_3$	. . . .	28,97	"
Fe$_2$O$_3$	. . . .	3,78	"
Ca O	. . . .	0,87	"
Mg O	. . . .	0,46	"
K$_2$O	. . . .	0,61	"
		99,77	p. c.

Nach der qualitativen Analyse ist Eisen sowohl in der Oxydulform wie in der Oxydform vorhanden. Chlor und Schwefelsäure ließen sich in sehr geringer Menge nachweisen. Die Analysen der Quellwässer werden in den Berichten der Pharmazeutischen Gesellschaft veröffentlicht werden.

Die Bewohner von Furnas brauchen die heißen Quellen zu Nutzzwecken. Ich sah, daß durch Eintauchen der Weidenrinden in die offenen, heißen Quellen die Korbflechter ihre Weiden entschälten, daß geschlachtete Schweine mit Benutzung des Quellwassers enthaart, und Früchte, wie Yams, Bataten, Mais, Kürbisse gekocht werden.

Besonders wurde das Quellwasser zur Herstellung von Maisbrot benutzt. Durch Benutzung des Quellwassers wird der Maisteig aufgeschlossen und das Brot eisenhaltig. Die Eingeborenen legen frische Lorbeerblätter in den Backofen und dämpfen bezw. backen darin den Maisbrotteig. Das Maisbrot ist auf der Insel die Hauptnahrung neben Fischen, süßen Kartoffeln und Yams.

Nach den schriftlichen Urkunden waren in der Nähe der Caldeiras von Furnas im XVI. Jahrhundert Alaunfabriken in Betrieb, die 580 portugiesische Zentner Alaun lieferten, während bei den auf der Nordseite der Insel gelegenen Caldeiras da Ribeira Grande Alaunfabriken 4833 portugiesische Zentner erzeugten (vgl. George Hartung „die Azoren", Verlag von Wilh. Engelmann, 1860).

Nach Mitteilung der Herren Jeronymo in Furnas und Maas in Ribeira Grande sollen neben den Alaunfabriken auch Färbereien im Betrieb gewesen sein, welche hauptsächlich den früher berühmten Drachenblut-Farbstoff verarbeiteten. Das Drachenblut wurde von der Insel Teneriffa geholt.

Bei dem vulkanischen Ausbruch von 1630 sind die Fabriken verschüttet worden. — — —

Bericht über die auf den Marschallinseln herrschenden Geschlechts- und Hautkrankheiten.

Von Stabsarzt Dr. Krulle.

(Arbeiten aus dem Kaiserlichen Gesundheitsamte, Baud 25, Heft I, S. 148).

Über den Gesundheitszustand auf den Marschallinseln, namentlich bezüglich der Verbreitung der Syphilis wuren sehr ungünstige Gerüchte im Umlauf, die die Kolonialabteilung des Auswärtigen Amtes veranlaßten, den auf diesem Gebiete besonders ausgebildeten Stabsarzt Dr. Krulle dorthin zu entsenden; nach einzelnen Berichten sollten bis zu 50% der Bevölkerung an Syphilis leiden und eine Entartung und ein Aussterben derselben infolge dieser Krankheit wahrscheinlich sein. Stabsarzt Krulle hielt sich in den Jahren 1901/02 7 Monate lang auf den Marschallinseln auf und besuchte namentlich Jaluit, Nauru, Mille, Arno, Maloelab und Mejit. Sein Bericht ist weniger pessimistisch, er glaubt, daß nicht mehr als 10% der Bevölkerung an Syphilis, und zwar meist im tertiären Stadium leidet. Von ansteckender (primärer und sekundärer) Syphilis kamen ihm nur 3 Fälle zu Gesicht (zwei bei Farbigen, einmal bei einem Weißen eine frische Infektion); doch verheimlichen die Eingeborenen aus Scham oder anderen Gründen die Geschlechtskrankheiten. Ein besonders bösartiger Charakter läßt sich den dortigen Erkrankungen durchaus nicht nachsagen — es wurde nur ein Fall von Lues maligna konstatiert — und die meisten Fälle tertiärer Syphilis haben ihre Ursache in dem völligen Fehlen ärztlicher Behandlung bis vor einigen Jahren. Die tertiäre Syphilis hat zu einer Reihe schwerer Zerstörungen namentlich im Gesicht (Sattelnasen, Verlust der Nase, Durchlöcherung der Nasenscheidewand oder des Gaumens) geführt; Folgeerkrankungen der Syphilis (Tabes, Nervenleiden) fehlen. Schanker scheint weniger verbreitet zu sein, sehr stark hingegen der Tripper, namentlich auch bei Weißen infolge Ansteckung durch farbige Frauen; da eine starke Neigung zur Verheimlichung besteht, lassen sich keine Zahlen angeben.

An eine Degeneration oder Abnahme der Bevölkerung als Folge der Syphilis glaubt der Berichterstatter nicht; überall ist reicher Kindersegen.

Schließlich kommt Krulle noch auf einige Hautkrankheiten zu sprechen, die zum Teil wohl früher als Folgeerscheinung der Syphilis angesehen worden sind. Für Leprakranke besteht auf Jaluit ein — damals mit 6 Kraaten belegtes — Heim; auf Absonderung wird streng geachtet. Stark verbreitet sind die durch Pilze veranlaßten beiden Hautkrankheiten Tinea imbricata und die Djenn oder Eomarepar genannt. Beide äußern sich in kreisförmiger Abschuppung, die bei ersterer von starkem Jucken begleitet ist; die Heilung wird erreicht durch Anwendung antiparasitärer Mittel; die Eingeborenen benützen das aus den reifen Nüssen des Tamanobaums gewonnene Öl, und zwar bei der Djenn genannten Hautkrankheit mit gutem Erfolg.

Die stark verbreitete Framboesia tropica ist im Zurückgehen begriffen.

Die auf den Karolineninseln in Bezug auf Haut- und Geschlechtskrankheiten herrschenden Verhältnisse gleichen denen der Marschallinseln.

Dr. Hailer-Berlin.

Josef Chamberlain.

Von Dr. Martin Weißmann.

Das helltönende Wort Chamberlains von der „glänzenden Vereinsamung", „splendid Isolation", das er auf die besondere Stellung Groß-Britanniens gegenüber den kontinentalen Mächten gemünzt, scheint sich an dem englischen Kolonie-Minister selbst in Wahrheit umzusetzen. Er ist jetzt so isoliert, wie er gewünscht hat, daß es England werde und sei. Der Mann, der hinter sich stets die Majorität in den Ministerberatungen und in den Abstimmungen des Unterhauses hatte, steht nun vereinsamt, fast vereinzelt da. Denn sein jetziger Anhang, der ihm durch dick und dünn folgen will, der sich seinen Fersen anheftet, wie der Rachechor der Eumeniden dem Vatermörder Orestes, zählt gar nicht mit, ist numerisch und geistig null. Über das Niveau dieser „Nichtlinge", dieser „Nobodys" ragt gigantisch empor die eherne Figur des demissionierenden englischen Kolonialministers, des Mannes ohne Rücksicht und ohne Sentiment, aber stets mit dem klaren und sicheren Ziele vor Augen.

Die alte Wirtschaftspolitik Englands, die den Reichtum des Inselreiches gebildet, und die öffentliche Meinung, welche die Grundsäule der englischen Freiheit ist, haben ihn mit ihrer vehementen Wucht zu Boden gestreckt. Jetzt ist die große Frage, bedeutet diese Demission Chamberlains einen Fall, einen Sturz ins ewige Nichts, oder ist es nur ein Rücktritt für den Augenblick, um im geeigneten Momente als first man hervorzutreten? Chamberlain ist eine Proteusnatur, die in den verschiedensten Masken dasselbe Gesicht zeigt, kein Gefühlsdusler und kein Sentimentler. Als Berufspolitiker stieg er nicht durch seine parlamentarische Begabung, nicht durch seinen persönlichen Charm, noch durch schriftstellerische Kraft, sondern lediglich durch seine echt englische „Doggedness", durch die Kunst der Organisation, welche er getreu seinem amerikanischen Wahlmaschinenideal, dem „Caucus", auf der Macht des Geldes errichtet hatte, zum höchsten Range als englischer Staatsmann empor. Seit fast einem Jahrzehnt ist Chamberlain die treibende Kraft der englischen Regierung, und dies bloß durch seinen Mut und Fleiß, durch seine Entschlossenheit und Kühnheit. Er hat nie Ideale gehabt und besitzt auch keine, ohne dabei gesinnungslos zu sein. Was nicht für den Erfolg der Stunde spricht, wirft er rücksichtslos über Bord, er wirkt für die Stunde und lebt in der Stunde. Daher wird auch der Name Chamberlains, von dem zu Lebzeiten die Blätter so stark widerhallen, und dessen Demission sämtliche Tagesneuigkeiten stark übertönt, kein ewiger in der Geschichte seiner Heimat sein.

Die politische Carrière Chamberlains erstreckt sich über eine Periode von 30 Jahren und weist ununterbrochen Erfolge auf. Die Klimax der Erfolge steigt dieser Birminghamer Kaufmann Sproße für Sproße empor. Und doch besitzt er nicht eine einzige jener großen politischen Eigenschaften, welche unbestritten als Charakteristikon einer großen staatsmännischen Persönlichkeit gelten, zeigt sich überall und stetig sein naiver Dilettantismus. Er gilt als der beste Redner und erster Debatter im englischen Unterhaus und ist es auch; doch seine Reden spiegeln wieder

11

die ganze materialiſtiſche Seite der neueren engliſchen Politik, ſind die eines
großen Kaufmannes, nicht eines Großkaufmannes, der für einheitliche,
befruchtende, produktive Ideen mit ſeiner ganzen Kraft eintritt, ſind die Speeches
eines „Shopkeepers" und nicht eines whole sale trademan's. Ein gewandter Rede-
Jongleur, ein Eskamoteur an Ideen, ein Spieler mit politiſchen Syſtemen begann
er als Republikaner, der nur mit Arbeiter-Revolutionen ſo herum ſäbelraſſelte.
Als „Roter" in die Höhe gekommen, beherrſchte er ſchon als „Radikaler" ſeine
Adoptivvaterſtadt Birmingham, terroriſierte als ſolcher in den 80er Jahren auch
Weſtminſter, ging 1886, gelegentlich des großen „Split" in der liberalen Partei,
zum Unionismus über und iſt jetzt der Verfechter des engherzigſten Toryismus,
von dem er in ſeinen grünen Tagen, „Salad days", das erdenklich Schlechteſte zu
ſagen wußte. Chamberlain hat die verſchiedenſten Metamorphoſen durchgemacht
und iſt ſtets derſelbe geblieben, derſelbe ausgezeichnete Geſchäftsmann mit der großen
Geſchäftsroutine und unverwüſtlichen Arbeitskraft. Die Gambetta'ſche Formel des
politiſchen Lebens verkörpert er wie kein anderer: Du travail, encore du travail
et toujours du travail.! Blaubücher, vor denen ſein Amtskollega Balfour, wie
vor Geſpenſtern erſchrickt, erledigt er mit einer Genauigkeit und Sorgfalt, wie ein
tüchtiger Kaufmann die Jahresbilanz. Chamberlain hat eine außergewöhnliche phyſiſche Veranlagung. Er iſt
68 Jahre alt, und die Beweglichkeit ſeiner Glieder, der Glanz ſeiner Augen, die
Friſche ſeiner Geſichtsfarbe und die aufrechte, leutnantsmäßige Haltung ſind die
eines Mannes in den 40er Jahren. Trotzdem er nie Sport betrieben hat, kein
Cricketer und kein Golfer war, ſtets lieber zu Wagen fuhr, als zu Fuß ging,
ſtrotzt er von Geſundheit, iſt der typiſche, kräftige, muskulöſe, hagere Angloſachſe.
Gegenüber der dünnen Fiſtelſtimme des jetzigen engliſchen Premiers, die jeden
Augenblick umzukippen droht, klingt die Stimme Chamberlains wie eine Trompete
des letzten Gerichts, ſobald er zum Angriffe auf die verhaßten Gegner übergeht.
Mit dem Toue ſchon ſchmettert er die Feinde nieder, und doch bleibt ſeine Stimme
dabei klar, deutlich und modulationsfähig, wenn ihr auch die tieferen Noten, durch
welche Gladſtone ſeine Zuhörer im Banne hielt, fehlen. Und dabei trägt Chamberlain
ein Monokle, das anerkannte Privileg von Baronets und Toryoberſten. Und eine
exotiſche Orchideenart iſt ſeine ſtändige Knopflochdekoration in ſeiner ganzen Laufbahn geweſen, vom Kaufmann zum Bürgermeiſter in Birmingham, vom Bürgermeiſter in Birmingham zum Abgeordneten im engliſchen Unterhauſe, vom Abgeordneten zum Miniſter und vom Miniſter zum Kommandanten der Hochtories.
Trotz ſeiner vornehmen, feudalen Allüren iſt Chamberlain doch ſtets ein provinzialer
Typus geblieben, der nichts, rein nichts vom Blendenden und Faszinierenden des
Großſtädters, von der Schönheit der großen Geſte und Poſe beſitzt, der nur durch
unmittelbaren Common Sense und nicht auf die Phantaſie wirkt. Im Hauſe der Gemeinen iſt und bleibt Chamberlain die formidabelſte und
geſchickteſte Figur. Die großen Rivalen des engliſchen Unterhauſes Bright, Disraeli
und Gladſtone ſind tot, und jetzt gibt es in Altweſtminſter keine Redner mehr,
die ſich auf die Höhe ſittlicher, ernſter und vornehmer Eingebungen emporzuſchwingen
vermögen, wie ſie dieſen idealen Staatsmännern eigen war. Ohne Univerſitäts-
bildung mit der beſchränkten Erziehung einer Londauer Mittelſchule vermag
Chamberlain geſchickt und ſchneidig ein Auditorium von Profeſſionspolitikern und
bequemen Gentlemen auf den grünen Unterhausbänken zu feſſeln und zu beherrſchen,

weil er im hervorragenden Maße gerade das besitzt, was man die „House of Commons Manner" nennt. Die Sozialisten und Arbeiterführer, wie Hyndam, Tom Mann, Ben Tillet, Keir Hardie, welche es in ihrer Gewalt haben mit ihren Philippiken viele tausende von Blousenmännern bis zum Gipfel der Begeisterung aber auch Empörung mit sich fortzureißen, fallen im Unterhause, wenn sie zu großen Speeches Anlauf nehmen, ab, weil ihnen eben jene undefinierbare „Manier des Hauses der Gemeinen" fehlt, weil ihre starken leidenschaftlichen, niederschmetternden Kraftworte bei den sattgegessenen englischen Deputierten kein Echo finden, und weil ihnen auch vielleicht die rhetorischen Griffe eines Joe abgehen. Man sucht vergebens in den Reden Chamberlains nach einem lateinischen oder griechischen Epigramm, nach einer literarischen Anspielung, womit man einer intelligenten Zuhörerschaft den Gaumen wetzt. Der Common Sense des Birminghamer Schraubenmachers enthält sich alles dessen, aus dem einfachen Grunde, weil ihm jede klassische Bildung Ultima Thule ist. Wenn er schon Zitate anführt, so sind es solche aus der Bibel aber aus Shakespeare, die er doch einmal gründlich gelesen zu haben scheint. Fehlt Chamberlain auch der elegante Redeschmuck der großen englischen Parlamentarier der Vergangenheit, so sind doch seine Reden sehr eindrucksvoll, weil sie die Verkörperung des englischen Gemeinsinns sind. Sein Redestil ist klar und licht und dabei prickelnd und interessant. Er spricht in kurzen Sätzen und vergalloppiert sich nie in die Irrpfade einer großen Periode, aus denen schwer zu entkommen ist. Unterbrechungen bringen ihn, weil er stets frei spricht, nie aus dem Konzepte, im Gegenteil, er erweist sich als größten Redner im Ripostieren. Marmorkalt verliert Chamberlain nie seine innere Ruhe und Selbstbeherrschung, wenn er auch zu Zeiten in eine Heftigkeit von Ton und Sprache verfällt, die sich nicht mit der Tradition der Höflichkeit im parlamentarischen Leben Groß-Britanniens verträgt. Es bedeutet stets „Krieg bis aufs Messer", wenn Chamberlain spricht. In der Konversation und dem Verkehr sonst höflich, ist er rücksichtslos und unerbittlich, wenn er öffentlich von Westminster zur ganzen Welt spricht. Da existiert für ihn nur eine Meinung, die Seinige, und wer sich erkühnt anders zu denken, ist ein Narr oder ein Schuft. Mit seinen Reden hat Chamberlain wegen ihrer Heftigkeit und Verwegenheit nie einen Gegner belehrt. Großmut in der Politik ist ihm fremd, wo er im Schoße des Kabinettes stets ein gewinnendes Naturell bekundet.

Ein Sophist, hat er im Wechsel der Zeiten die verschiedensten Gedankenrichtungen vertreten. Seinen jetzigen Busenfreunden hat er Namen und Bezeichnungen gegeben, die noch heute nach mehr als zwanzig Jahren zutreffen. Den Herzog von Devonshire nannte er einmal einen politischen Rip van Winkle, von Lord Salisbury und Lansdowne sagte er, daß sie einer Menschenklasse angehören, die sich nicht mühe, und „denen es Gott im Schlafe gibt", und von Viscount Goshen, dessen trockene Züge und grabeskalte Stimme betont sind, meint er einst, er sei nützlich wie das Skelet bei den ägyptischen Festen, um stets den Jubel und die Freude zu dämpfen. Wo sich Chamberlain hinstellt, fliegt der Staub auf, und durch seine treffende Bitterkeit hat er sich tausende von Feinden geschaffen, aber auch zugleich Millionen von treuen Anhängern gemacht.

Das Ideal eines Pleaders hat Joe große Reden für und gegen Transvaal, für und gegen die Iren, für und gegen die Privilegien der englischen Staatskirche, für und gegen die Arbeiter gehalten. Am 7. Januar 1881 sprach er zum Beispiele in Birmingham folgendermaßen über Südafrika:

„..... die Boers sind ein häusliches, fleißiges, wenngleich etwas rauhes und ungebildetes Volk von Farmern, das vom Ertrage des Bodens lebt, ein tiefes, strenges religiöses Gefühl beseelt sie, und von ihren Vorfahren, den Männern, die sich ihre Unabhängigkeit von Philipp II. im holländischen Freiheitskampf erkämpften, haben sie ihre unbezwingliche Freiheitsliebe ererbt. Sind das nicht Eigenschaften, die sich Männern der anglo-sächsischen Rasse anempfehlen? Sind das nicht Tugenden, die wir mit Stolz zu den besten Charakterzügen unserer eigenen Nation rechnen? Und gegen ein solches Volk sollen wir zu den Waffen appellieren? Ist es denn möglich, daß wir eine gewaltsame Anektierung des Transvaals aufrecht erhalten können, ohne uns den Vorwurf, ich will nicht sagen nationaler Tollheit, aber eines nationalen Verbrechens zuzuziehen?" Und am 5. Februar 1900 stößt er die wagemutigsten Drohungen gegen die Boers, welche bis dahin stets Sieger waren, aus: „Es soll kein zweites Majuba geben, nie wieder sollen die Boers mit unserer Zustimmung, während wir die Macht in Händen haben, im Herzen Afrikas eine Zitadelle der Friedensstörung und des Rassenhasses errichten können, nie wieder sollen sie die Oberhoheit Groß-Britanniens gefährden können, nie wieder sollen sie imstande sein, einen Engländer so zu behandeln, als gehörte er einer inferioren Rasse an."

Der Einfluß und die Macht Chamberlains bestehen darin, daß er Midland hinter sich hat, daß er gebunden und geleitet ist an die große Wählerschaft des Haupt-Blocks von England, wo er trotz des „nemo propheta in sua patria" als Heros verehrt und geliebt wird.

Denn sein Verhältnis zu Birmingham, seiner Adoptiv-Vaterstadt, ist von großer Bedeutung für das richtige Verständnis dieses Staatsmannes. Es ist ein Verhältnis der gegenseitigen Achtung und des reziproken Vertrauens. Eine Äußerung Lord Randolph Churchill's veranschaulicht es sehr klar: „Es scheint, als ob Chamberlain und Birmingham Synonyma wären; Joseph Chamberlain ist Birmingham, und Birmingham ist Joseph Chamberlain; er vertritt sich selbst im Gemeinderate und vertritt sich selbst auch im Unterhause." Die Birminghamer lieben ihren Chamberlain, den sie „our Joe" nennen, und Chamberlain liebt wiederum diese Stadt, welche ihn für das öffentliche Leben ausgestattet hat, und wo er familiär ist, weil er an kleine Vaterländer in dem großen glaubt. Es ist das Band der intimsten Freundschaft, das Mann und Stadt verknüpft. In Birmingham liegt der Einfluß Chamberlains. Er tat auch alles Menschenmögliche für diese Stadt, die er würdig der Hauptstadt von Midland und zur Antipodin von Manchester machte. Früher schmutzig, dunkel, ohne jeden architektonischen Schmuck, ist das Chamberlainsche Birmingham gut gepflastert, gut beleuchtet und mit schönen Palästen geschmückt. Science-College, Board-School, Reference-Library, Town-Council, Art-Galery, Midland-Institute und viele andere Bauten sind durch die Initiative Chamberlains in Birmingham errichtet worden. Die „Slums" aus der Mitte Birminghams, die mit ihren schmutzigen Gäßchen die Stadt verunzierten, entfernte er und baute die schönste Straße an ihre Stelle: die Corporationstreet. Die Gas- und Wasserleitung, welche vor Chamberlain unvollkommen und privat war, kam unter ihm in die Hand einer Korporation, wodurch alles viel billiger und auch hygienischer wurde. Sein segensreiches Wirken in der Gemeinde hat Birmingham durch einen Brunnen im gothischen Styl, der sein Medaillon-Portrait trägt, zwischen den zwei schönsten Bauten, dem Council-House und der Reference-Library, verherrlicht. In seiner

Adoptiv-Vaterstadt Birmingham wollte Chamberlain auch das Gothenburger System, das er auf seinen Reisen kennen gelernt hatte, einführen, wonach die Gemeindevertretung nicht nur kontrollieren, sondern auch besitzen sollte. Als er aber die Public-Houses von Birmingham für die Stadt ankaufen wollte, stieß er auf das Parlament, und er mußte von diesem Vorhaben abstehen. Um diese Zeit (im Jahre 1874) ist Chamberlain „a bit of Red", ein halber Roter. In seinen Ausdrücken ist er wenig vorsichtig und bekennt sich bald zum kommunistischen Programm, das erst vor drei Jahren Paris entstellt hat. Er teilte die Meinung sehr vieler Radikaler, daß in England eine Republik kommen müsse. Es war nämlich damals die Ansicht verbreitet, daß durch die Wogen der fortschreitenden Demokratie in England die Krone, die anglikanische Kirche und das House of Lords mit einigen anderen Überresten des Feudalismus weggeschwemmt werden würden. Aber selbst in diesen „Salad days", das heißt in der grünen Zeit seiner politischen Karrière, war Chamberlain von jedem Extrem fern; er glaubte an eine Evolution und nicht an eine Revolution. Als daher der Prinz von Wales 1874 Birmingham besuchte, schrie ihm der Republikaner Chamberlain nicht wie der heißblütige Franzose dem Czar bei seinem Besuche in Paris „Vive la Pologne!" entgegen, sondern empfing ihn sehr freundlich, und die „Times" erwähnten, daß seine Ansprache an den Kronprinzen von „vollendeter Höflichkeit, männlicher Unabhängigkeit und gentlemanlikem Fühlen" erfüllt gewesen sei.

Im Juni 1885 fiel das Ministerium Gladstone, und zwar unmittelbar wegen einer Biervorlage. Auf dem Bier beruht die unheimliche Macht der Tories; 1874 kam so Disraeli ans Ruder und 1885 wiederum Lord Salisbury, wenngleich das Land weder der Liberalen noch der Radikalen müde war. In der Herbstkampagne vor der allgemeinen Wahl wuchs Chamberlain an Ansehen und Einfluß, zumal sein Rivale und Parteigänger Sir Charles Dilke infolge eines Aufsehen erregenden Prozesses die öffentliche Laufbahn im „gern moralspielenden England" aufgeben mußte. Chamberlains Politik unterscheidet sich um diese Zeit nur äußerst wenig von der Gladstones. Beide waren reformatorisch, der Eine für ein Minimum von Reformen, der Andere für ein Maximum. Die irische Frage begann aber auch bald, ihre Schatten vorauszuwerfen. Mit Parnell konnte kein Übereinkommen geschlossen werden, weil er um so mehr verlangte, je mehr man ihm gewährte. Chamberlain, ein persönlicher Freund Parnells, der für seine Befreiung von Kilmainham eine Lanze eingelegt hatte, spielte eine Zeit lang vergebens den Vermittler, zwischen den offiziellen Liberalen und irischen Nationalisten. Parnell bestand darauf, in Dublin das Parlament, das 1800 geschlossen wurde, wiederherzustellen. Chamberlain meinte darauf in einer Plattformrede, das hieße dreißig Meilen von England einen fremden und unabhängigen Staat schaffen, was für Irland und England gleich nachteilig wäre. Damit war noch nicht das irisch-nationalistische Programm verworfen, und beide Parteiführer lebten in gutem Einvernehmen miteinander. Allein bei der allgemeinen Wahl schwenkte Parnell zu den Tories über und schob Chamberlain und Gladstone alle Ungerechtigkeiten gegen Irland in die Schuhr. Lange aber gingen auch Salisbury und Parnell nicht zusammen, und wie die Konservativen das Zwangsgesetz M. Smiths durchgesetzt hatten, brachten die Parnelliſten, die das Zünglein an der Wage im englischen Parlament waren, die Regierung zu Falle, und am 30. Januar 1886 wurde Gladstone zum dritten Male Premier mit Chamberlain als Minister des Innern. Wie nun Chamberlain in seiner zweiten

Ministerschaft dem Great old man mitspielte, ist odios. Die Reibungen zwischen John Morley, dem Sekretär für Irland, und Joseph Chamberlain nahmen kein Ende, und Gladstone mußte bald die Hoffnung aufgeben, die Beiden einander zu nähern. Nach anderthalb Monaten demissionierte Chamberlain, blieb aber noch nominell bei der liberalen Partei und identifizierte sich nicht, wie Hartington, mit der Opposition. Als Grund seiner Demission gab Chamberlain an, er sei gegen das Landankaufsgesetz, weil die Tausend-Millionen-Pfund-Anleihe für Irland eine Anleihe dritter oder vierter Hand an eine fremde Nation wäre, die unmöglich je dafür aufkommen könnte. Die ganze Last fiele infolgedessen wiederum England zu, das dafür zu zahlen hätte, daß ihm ein Teil seines viele Jahrhunderte alten Besitzes genommen werde. „Man liquidiert nicht,“ sagt Chamberlain zum Schluße, „ein Reich, das 200 Millionen Untertanen hat und das Werk vieler Jahrhunderte ist.“ Gladstones erbleichendes Gestirn mochte nicht den Glanz der aufgehenden Sonne Chamberlains missen, und um die Stimmen der Radikalen zu haben, erklärte der greise Staatsmann in einem Manifest vor der zweiten Lesung der Home-Rule-Bill, daß das Landankaufsgesetz nicht mehr im Programm der liberalen Partei stehe. Nichtsdestoweniger machte Chamberlain mit Lord Salisbury gemeinsame Suche und stimmte gegen seinen alten Führer.

Als nun Gladstone bei einer Home-Rule-Debatte in der Minorität blieb und die Neuwahlen eine konservative Majorität im Parlamente ergaben, verschmolzen Dissentient-Liberals unter Hartington und Chamberlain mit den Konservativen zu den Unionisten. Der „rote“ Chamberlain wurde ein Parteigänger des „gelben“ Salisbury und der Tories, die er einst die „Stupid Party“ nannte. Das war der große Wendepunkt in der liberalen Partei. Chamberlain, ein halber Home-Ruler, verließ die Sache seiner Partei und nahm mit sich einen Teil jener Liberalen, die vor ihm und ohne ihn treu zu Gladstone hielten. Wenn er einfach seine Lehenspflicht gekündigt hätte, man hätte Chamberlain verziehen. Bright, Duke of Devonshire und Goschen haben das Gleiche getan. Aber daß er dem Feinde einen soliden Block von liberalen Wahlschaftsbezirken im eigentlichen Herzen Englands brachte, konnte ihm nicht verziehen werden. Die anderen Liberal-Unionisten bezeichnet man als schwachherzig, schlimmstenfalls als abtrünnig, Joseph Chamberlain wird Verräter, Deserteur genannt. Mit der Partei, „die sich nicht plagen noch mühen und die im Schlafe ihr Glück machen will, das andere im Schweiße ihres Gesichtes erarbeitet haben“, verband sich Chamberlain, als er sah, daß er es bei der liberalen Partei, die reich an Talenten war, nicht zum Protagonisten bringen könnte. Sein ungezügelter Ehrgeiz, um jeden Preis eine große Rolle zu spielen, trieb ihn dazu. Bevor noch der Herzog gefallen war, wollte er schon den Mantel an sich reißen. Er wollte zu Lebzeiten des Testators Gladstone die Erbschaft antreten.

Als junger Parlamentarier griff Chamberlain heftig die imperialistische äußere Politik Lord Beaconsfields an, und im Ministerium Gladstone galt er noch als Anti-Imperialist, trotzdem Bright, der Führer der Friedenspartei um jeden Preis, schon damals sagte: „Der jüngere Abgeordnete Birminghams war der einzige Jingo im Ministerium Gladstone.“ Als Kolonial-Sekretär im Ministerium Salisbury (1895) beginnt Chamberlain offen mit dem lärmenden Jingoismus der Music Halls zu sympathisieren und sucht nach einem äußeren Band, das alle Glieder des großen britischen Reiches fest umschließen und das freundschaftliche Verhältnis zwischen dem Mutterstaate und den Tochterstaaten inniger machen sollte. Dieses Band glaubte

Chamberlain in seinem Zollverein für das britische Imperium (British Customs-Union) gefunden zu haben, der Freihandel innerhalb des Mutterstaates und der einzelnen Kolonien festsetzt, fremden Staaten wiederum Zoll auferlegt. Dieser Weg würde zu einer tieferen und weitergehenden Einheit führen. Das Muster, das Chamberlain hier vorschwebt, ist der „Deutsche Zollverein", durch den die einzelnen Staaten des Deutschen Reiches aneinandergekettet wurden. Zwischen Großbritannien und seinen Kolonien müsse auch zuerst ein solcher Verein geschaffen werden. Dadurch würde zwar in das Freihandelssystem der Manchesterschule ein Loch gebohrt, aber darum kümmert sich Chamberlain nicht. Er war nie ein reiner Doktrinär des Cobbenismus. Übrigens hatte Cobben selbst manche Axiome seiner Lehre beim Abschluß seines englisch-französischen Handelsvertrages verlassen, und Chamberlain muß nicht orthodoxer sein als der Apostel des Freihandels. Allein er erkennt mit Betrübnis, daß die Anregung zu dieser British Customs-Union von den Kolonien ausgehen müsse, und ach! die Kolonien sind so lau in ihrem Vorgehen, sie wollen gar nicht sehen, was das Interesse Englands ist.

Während der diamantenen Jubelfeier der Königin Viktoria glaubte Chamberlain den günstigsten Moment gefunden zu haben, die Reichsfrage zu fördern. Dieser Gedanke ist dem Kolonial-Minister besonders teuer. Imperial Federation ist das Um und Auf seiner politischen Ambition. Er will für England, respektive Großbritannien und seine Kolonien, ein Bismarck werden. Durch einen Krieg hätte das große britische Reich der Imperialisten zusammengezimmert werden sollen.

Auf dem Umwege von „Fair Trade versus Free Trade" ist Chamberlain mit der Zeit Schutzzöllner geworden, trotzdem er sich dagegen sehr verwahrt. Und wieder wollte sich Chamberlain im Kampfe für den Protektionismus und den britischen Zollverein, mit dem Patriotismus des guten Briten identifizieren und jeden einen Kleinengländer, einen Reichsfeind, einen vaterlandslosen Gesellen nennen, der nicht mit ihm gehen würde. Allein diese Strategie des kritiklosen Nationalismus, die Joe erst herrliche Früchte gelegentlich des unseligen Burenkrieges getragen hatte, verschlug nicht, und mit dem Worte „Landesverräter" war nichts auszurichten, da nicht nur der Imperialist Rosebery, sondern die Majorität des englischen Kabinettes Chamberlain die Gefolgschaft aufkündigte und sich die Tatsache, daß England aus seinen Kolonien für 110 Millionen Pfund Waren, ausländische Erzeugnisse dagegen für 220 Millionen Pfund einführt, nicht wegleugnen läßt. Von der Höhe der imperialistischen Warte erscheint Chamberlain aller soziale Kampf in England gegenüber seiner Reichsidee nur als Kirchturmspolitik. Chamberlain ist kein Idealtypus der Menschheit, im nebligen London und rauchigen Birmingham konnte auch ein solcher nicht heranreisen. Er ist die Verkörperung, wenn man will, die vollendete Verkörperung des nüchternen, praktischen, aber auch egoistischen Engländers, der nach Earl of Rosebery den besten Handlungsgehilfen der Welt abgibt. Ihm fehlt das Geniale des Schotten und das rein Menschliche des Iren, er ist Engländer bis auf die Fingerspitzen, und nach dazu Midland-Engländer, der sich bewußt ist, was er anstrebt. Und hoch ist das Ziel, das er sich gesteckt hat: Die Premierschaft von England. Die will er erreichen; der Weg, der ihn dazu fährt, ist ihm Nebensache. Kein Sentimentalitätsdusler und keine halbe Blüte der Spezies Mensch, besitzt doch Chamberlain eines, was nach Altmeister Goethes Wort das Höchste der Erdenkinder ist: In der amorphen Masse des Millionentrosses die Prägung der Persönlichkeit . . . . .

Neues und Praktisches aus dem Hamburger Institut für Schiffs- und Tropenkrankheiten.

Von Johannes Wilda.

In der „Marine-Rundschau" vom August/September findet sich unter anderen sehr bemerkenswerten Beiträgen ein solcher, der zunächst ganz fachmännisch, d. h. zurückscheuchend anmutet und den Laien durch graphische Darstellung mit Abcissen und Ordinaten erschreckt. Und doch behandelt gerade dieser ein allgemein interessierendes Gebiet! Aus diesem Grunde möchte ich auf ihn aufmerksam machen. Das Thema ist kein direkt zur Marine gehörendes, es ist ein medizinisches, teilweise ein industrielles und erörtert eine wichtige Frage für Medizin, Industrie, Schiffahrt, Marine, Armee und Kolonialangelegenheiten, sowie für alle Touristen, Erzieher, Eltern u. s. w.

Dieser Beitrag rührt von dem Marine-Oberassistenzarzt Dr. Stephan her; er beruht auf Erfahrungen, die in dem Hamburger Institut für Schiffs- und Tropenkrankheiten, Direktor Hafenarzt und Physikus Dr. Nocht, gemacht sind. Sein Titel lautet: Experimentelle Studien über Sonnenstich und über Schutzmittel gegen Wärmeausstrahlung. Unter dieser trockenen Überschrift erfahren wir allerlei höchst Interessantes. Es ist zugleich der Titel einer von Dr. P. Schmidt im Augustheft des „Archivs für Hygiene" *) veröffentlichten Studie.

Dr. Stephan hat den Dr. Schmidt bei seinen Arbeiten unterstützt und meint mit Recht, daß es schade wäre, wenn die Resultate, gemäß des streng wissenschaftlichen Charakters des „Archivs" nur auf die Kenntnisnahme des engen Kreises der Fachgelehrten angewiesen bliebe, man müsse sie auch von ausschließlich praktischen Gesichtspunkten aus betrachten. Indem er sich auf die Mitteilung der von beiden Herren gemachten Originalbeobachtungen beschränkt, erzählt er folgendes:

Hitzschlag und Sonnenstich sind theoretisch scharf zu unterscheidende Krankheiten. Hitzschlag ist die durch Wärmeaufstauung eintretende Überhitzung des Körpers, Sonnenstich die rasch einsetzende Reizung des Gehirns durch Sonnenstrahlen, ohne Steigerung der Körperwärme. Die näheren Vorgänge aber waren bisher unbekannt; praktisch konnte man oft unmöglich sagen, ob ein Mann dem Hitzschlag oder dem Sonnenstich zum Opfer gefallen sei.

Die genannten Herren haben nun zur Erforschung dieser Frage, ein eigenartiges Experiment gemacht; sie untersuchten mittels einer Thermosäule und einer 65 kerzigen Nernstlampe die verschiedenen Schichten eines einer frischen Leiche entnommenen Schädels auf ihre Durchlässigkeit. Die Berechtigung, diese Lampe statt des Sonnenlichtes mit seinen sichtbaren und unsichtbaren Wärmestrahlen zu nehmen,

---

*) Bei R. Oldenbourg, München-Berlin.

weist Dr. Schmidt in seiner Arbeit nach; in dem M. R.-Artikel, also auch hier, mußte wegen der vielen physikalischen Einzelheiten, die für die Praxis ohne Belang sind, darüber hinweggegangen werden.

Es ergab sich die überraschende Tatsache, daß bereits nach 5 Sekunden Wärme durch den Schädel hindurch gegangen war. Außerdem gelang es, mit einer noch schwächeren Lampe als Lichtquelle durch die ganze Schädeldecke hindurch scharfe photographische Bilder zu erhalten. Der Schluß ergab sich: Das Licht der unvergleichlich viel heißeren Tropensonne muß den Schädel geradezu blitzartig durchschlagen und auf das Gehirn einwirken.

Daher tritt der Sonnenstich selbst unter dünnen Segeln ein.

Nun prüften die Forscher die einzelnen Schädelschichten für sich, wobei sie zu diesen wichtigen Schlüssen gelangten: Weiße Haut läßt doppelt so viele Wärmestrahlen durch, als schwarze. (Inwiefern farbige Haut zur Verfügung gestanden hat, wird hier nicht besonders erwähnt.)

Haar läßt nur wenig Wärme durch, bietet somit, wie schon die Erfahrung lehrt, wirksamen Schutz.

Wenn man die Durchlässigkeit von Muskel $= 1$ setzt, so läßt Fett $1\frac{1}{2}$ mal weniger, Knochen 2 mal weniger, Blut und Gehirn 6 mal weniger Wärme durch. Der „Lebensknoten" im verlängerten Rückenmark, also das Zentrum für Atmung und Herzsteuerung, das in der Verbindung zwischen Wirbelsäule und Schädel liegt, besitzt nur einen Schutz von großer Wärmedurchlässigkeit, ist somit höchst gefährdet! Daher der bekannte, notwendige Nackenschutz in den Tropen, der andererseits aber den Luftdurchzug nicht behindern darf.

Gehirn läßt auffallend wenig Wärme durch. Aber man irre sich, wenn man meine, dies sei zweckmäßig, weil dadurch einer raschen Erhitzung des Gehirns entgegengewirkt werde; es verhielte sich gerade umgekehrt! Nach dem physikalischen Gesetz, nach welchem sich die Wärme dort am meisten aufspeichere, wo sie von einem wärmedurchlässigen Körper (die übrigen Schädelteile, Hirnwasser und Hirnhäute) in einen weniger durchlässigen übergehe, sammelt sich gerade darum am meisten Wärme im Gehirn an, und zwar zum Unglück zumal in der grauen Hirnrinde, die man heute für den Sitz der seelischen Tätigkeit ansieht. Hieraus erkläre es sich auch, warum man manchmal schon alle schweren Erscheinungen des Sonnenstiches bemerke, wo für warnende Vorboten, für anatomische Veränderungen noch gar keine Zeit war.

Besonders eingehend wurden die Blutuntersuchungen gemacht. Blut sei also ein ausgezeichneter Wärmeschutz, allein nur gesundes. Je weniger Blutfarbstoff (Hämaglobin) es enthalte, desto wärmedurchlässiger würde es. Damit rücke die Bedeutung der so häufigen Tropenanämien, gleichviel aus welcher Ursache sie entstanden wären, in ein ganz neues Licht. Der Tropen- und Vorbarzt hätten für die Folge der Blutarmut eine erhöhte Aufmerksamkeit zu widmen; zwanglos erkläre es sich jetzt, warum Malariakranke oder sonstwie blutarme Leute zum Sonnenstich neigten, ferner, warum Sonnenstich und perniziöse Malaria so oft zusammen vorkämen aber verwechselt würden. Der einfache Apparat von Gowers genüge zur Feststellung des gefährlichen Grades von Blutarmut, d. h. Blut von weniger als 60 bis 70% Blutfarbstoff. —

Außer diesen Ergebnissen „Beiträge zur Entstehung des Sonnenstiches" gingen aus den Untersuchungen nun solche für Tropenstoffe und Kopfbedeckungen hervor.

An einen brauchbaren Tropenstoff stellt man folgende Anforderungen:

1. Er darf nicht zu viel Sonnenwärme durchlassen.
2. Er muß möglichst viel Luft durchlassen.
3. Er darf nicht zu schnell und zu stark benetzbar sein.

Was den letzten Punkt betrifft, so hat Dr. Mense-München über Schweiß-untersuchungen konstatiert: Gewaschene Seide und Leinwand sinken (fangen sich voll) in warmem Wasser sofort, Baumwolle nach 5 Sekunden, Flanell nach 13 Minuten, Jäger'sche Wolle nach 21 Minuten. Leicht benetzbare Stoffe erzeugen Erkältungs-krankheiten.

Beim Verhalten eines Stoffes gegen Wärme ist die in ihm aufgespeicherte und die ihn durchdringende bei der Beobachtung scharf zu trennen. Blaues Zeug bietet vorübergehend vorzüglichen Wärmeschutz, wird aber bei Sonnenhitze bald unerträglich. Ein weißes, dünnes Hemd auf bloßem Leibe ist angenehm, vermag aber selbst gegen Hautverbrennung durch die Tropensonne nicht zu schützen. Helle, glatte Stoffe werfen einen bedeutenden Teil des Sonnenlichtes zurück. Die beiden Herren begnügten sich nicht damit, beliebige Gewebe nur auf deren Herkunft (Wolle, Leinen, Seide zc.) zu untersuchen, weil diese Versuche praktisch fast wertlos seien. Sie verwendeten vor allem die im Dienstgebrauch befindlichen Marinestoffe und Kopfbedeckungen. Die für Stoffe gezogenen Schlüsse sehen sie nicht für endgültig an; sie wollen der Technik nur den Weg zeigen, auf dem diese weiterzuarbeiten hat. Dagegen betrachten sie die Resultate bezüglich der Kopfbedeckungen für un-mittelbar von Wert.

Die Stoffprobe ergab, daß grauer Drell am wenigsten erhitzend wirkte, dann weißer Köper, dann gelber Kati, nun weißer Flanell und schließlich schwarzer Lüster. Von Kopfbedeckungen erwies sich der Tropenhelm, besonders der mit breitem, hochzuklappenden Nackenschutz, als weitaus die beste. Es folgen bezüglich der Wärmedurchlässigkeit die blaue Mannschaftsmütze mit Futter, die weiße Mannschafts-mütze mit Futter, der Strohhut, und schließlich die ungeeignetste weiße Mütze ohne Futter.

Die ebenso wichtige Frage der Luftdurchlässigkeit brachte das weitaus günstigste Resultat für Flanell; ungefähr nur halb so günstig zeigte sich Schilfleinen, während Drell, Köper und Kati ziemlich gleichwertig und höchst minderwertig zu erachten waren. Endgültige Entscheidung hängt auch hier mit von den Dickeverhältnissen ab. Leider spricht sonst manches gegen Flanell als Uniformstoff; so die geringe Haltbarkeit bei hohem Preis. — Was die Kopfbedeckungen betraf, so nahm auch bezüglich der Luftdurchlässigkeit der Tropenhelm mit freistehendem Korkring und Luftlöchern einen so idealen Rang ein, daß der Filzhut dabei garnicht in Frage kommt.

Die technischen Folgerungen aus diesen Untersuchungen werden nun als Schluß des wichtigen Beitrags angeführt. Der Verfasser meint, die ähnlichen ver-dienstvollen Experimentalarbeiten, z. B. von Pettenkofer, Nacht und Rubner, seien nicht in die Praxis gedrungen, weil den Autoren vornehmlich daran gelegen gewesen sei, die Theorie der bis dahin völlig unbekannten Verhältnisse aufzuklären, und weil die wissenschaftlichen Zeitschriften von den Praktikern nicht gelesen würden. Ein Blick auf die verwirrende Mannigfaltigkeit der Tropenkleidung spreche schon für die herrschende Unklarheit auf diesem Gebiete. Dr. Stephan sagt: „Wir haben aus dem Munde eines der bedeutendsten Fachleute gehört, daß die Webindustrie hier völlig im Dunkeln tappt. Für die Prüfung der Wärmedurchlässigkeit hat man in der Technik überhaupt kein Mittel, und die Luftdurchlässigkeit eines Stoffes bestimmt man auf die Weise, daß man den Rauch einer Zigarre hindurchbläst. Die Behörden schwanken in ihren Forderungen, und von den Fabriken werden alljährlich Tausende nutzlos für Versuche geopfert."

In bewußter Weise hätten die genannten Herren sich nun zur Aufgabe gemacht, einen Ausweg aus diesen Schwierigkeiten zu finden. Nach fachmännischem Urteil aus der Webindustrie gewährten die im Tropenhygienischen Institut ausgearbeiteten Methoden dank ihrem neuen Wärmeprüfungsapparat, der die kleinsten Unterschiede in der Art, Dicke und Farbe des Gewebes anzeige, einer Behörde jetzt die Möglichkeit, sich zu entscheiden, welche von 20 aber 30 Drell- oder Kattsorten sie wählen solle, also nicht nur, ob sie sich blos für Drell oder Katt zu entscheiden habe. Hierfür habe das persönliche Gefühl, bisher der einzige Maßstab, natürlich versagt. Sollte keiner der vorhandenen Stoffe befriedigend genug sein, so könne man heute planmäßig, nicht nur anfällig, zu besserem vordringen. Das Prüfungsinstrument für die Behörden sei ungemein einfach. Es sei selbstverständlich, daß die Schmidt'schen Methoden nichts weiter beanspruchten, als die wissenschaftlich-technischen Grundlagen für die Erzeugung und Beurteilung brauchbarer Tropenstoffe zu liefern. Einen Idealmilitärstoff, der alle guten Eigenschaften vereinige, werde man nicht schaffen können, bestimmt aber Besseres, als man bisher besäße. —

Ich denke, dieser Artikel der „Marine-Rundschau" sollte, trotzdem er nicht erschöpfend erscheint, allgemeine Beachtung finden; jedenfalls verdienen die im tropenhygienischen Institut gemachten Versuche dies in hohem Maße.

Nach Saffi.

Reiseeindrücke aus dem Moghreb el Aksa.

Von Dr. P. Mahr-Berlin.

Marokkos Bodenreichtum. Der europäische Einfluß und das Schutzsystem. Semiarc und
Mochalaten. Die Ausdehnung der Mochalata, ein notwendiges Erfordernis. Marokko als
Bodenbaukolonie. Regenfall in Saffi. Saffis Handel, insbesondere mit Deutschland.
Deutsche Post in Marokko. Aussichten des deutschen Handels.

Von meinem Rastorte waren es kaum ³/₄ Stunden, daß wir in einen Hohl-
weg kamen. Es sei nach nachgetragen, daß zwischen Riachna und Habi Bir hel
die ersten größeren Maispflanzungen zu bewerten waren. Überhaupt war die
Gegend reich an Getreide. Auch weidete viel Vieh auf den Stoppeln. Die
zahlreichen Windungen des Engpasses, der wohl in Kriegszeiten eine überaus
gefährliche Stelle sein dürfte, passierten wir in 1³/₄ Stunden. Am Ausgange befanden sich viele Zisternen und eine „kubba". Auch hier war das Getreide schon
abgeerntet. In der Hauptsache wird in Marokko Hartweizen und ·Gerste
gebaut. Die Gerste ist eine vorzügliche Futtergerste, zu Brauzwecken dürfte sie sich
im allgemeinen nicht eignen. Doch möchte ich nicht unterlassen darauf aufmerksam
zu machen, daß von einigen Lyoner Fabrikanten algerische Gerste seit Jahren mit
Erfolg bei der Biererzeugung verwandt worden ist. Wie in Algerien und Tunis
rechnet man auch ·in Marokko nach Pflugland. Und zwar unterscheidet man nach
großen und kleinen Pflügen. Der Maßstab ist das zur Verwendung kommende
Tiermaterial. Werden Pferde, Maultiere, Ochsen und Kamele gebraucht, so ist das
ein großer Pflug, Esel ein kleiner Pflug. Man hat also unter einem Pflug ein
Stück Land zu verstehen, das ein Mann mit einem Gespann Tiere innerhalb der
Bebauungszeit — Oktober bis Februar — beackern kann. Ein großer Pflug
nimmt folgende Posten an Saat auf:

3 Kamelladungen Gerste,
1¹/₂   „   Weizen,
1   „   Bohneu,
¹/₂ Sack Mais.

Ein Kamel trägt etwa 4—4¹/₂ Ztr. Ein kleiner Pflug nimmt an Saat
etwa die Hälfte eines großen auf. Mott beobachtet auch eine gewisse Fruchtfolge.
Wenn die Felder brach gelegen haben, so wird Gerste oder foenum graecum
(arabisch holba), gepflanzt, dann Weizen (gimh) aber Mais (bischna). Kartoffel-
bau ist heute noch wenig üblich, trotzdem sich Marokko hervorragend zur Früh-

kartoffelproduktion eignen würde. Der Bedarf an Frühkartoffeln in Europa ist ein
sehr großer. Algerien, Malta, die Kanarischen Inseln sind heute vornehmlich an
dieser Erzeugung beteiligt. In Malta liefern die dortigen Felder zwei Ernten im
Jahre. Die erste Saatzeit ist Oktober und November und bereits im Januar und
Februar wird geerntet. Die zweite Ernte findet im April und Mai statt, nachdem die
Kartoffeln im Dezember und Januar gesteckt sind. Diese Saat wird aus Irland
bezogen. Da Kartoffeln sowie alle Gemüse der nördlicheren Zone leicht entarten,
so muß öfters eine Erneuerung der Saat stattfinden. Es ist weiter hervorzuheben,
daß die Kartoffelfelder in Malta nicht künstlich bewässert werden. Alles hängt
dort vom Regen ab. Dagegen werden in Algerien die Felder im Winter gut
bewässert. Dort sind die Hauptgemüseproduzenten Spanier. Wie weit sich die
Kartoffel verbreitet hat, zeigt der Umstand, daß sie sogar in Biskra gepflanzt wird.
Die Schwierigkeit besteht nur in der Aufbewahrung der Saat.

Neben Kartoffeln sind es noch andere Frühgemüse, die mit Leichtigkeit in
Marokko gedeihen. Es seien hier nur Artischoken genannt. Gerade hier in der
Nähe der Küste wird dereinst eine große Kultur der Frühgemüse entstehen, da
Marokko vor Algerien noch besonders begünstigt ist durch den täglichen, am Morgen
stattfindenden Taufall (nda) eine charakteristische Erscheinung an der maroka-
nischen Küste.

Doch kehren wir zu meiner Reise zurück! Ich hatte diesmal die Absicht,
nicht wieder den Nachmittagsritt zu weit auszudehnen. Anfangs hatte ich mir
vorgenommen, in der Nsala Sidi Achmed Figi zu übernachten. Als wir aber
gegen ⁷/₄6 an dem Dorf Dar Kaid el Muissat vorüberkamen, stand ein junger Mann
an seinem Feigengarten und fragte uns, wo wir übernachten wollten. Wir
nannten das Dorf, und da meinte er, wir könnten ruhig hier bleiben, sein Garten
sei sehr schön. Dieser liebenswürdigen Aufforderung mochte ich keine Absage zu
teil werden lassen. Gewiß handelte der Mann nicht aus uneigennützigen Motiven.
Er wußte, daß jeder „tascher" (Kaufmann) seine Nachtwache bezahlt und auch
Futter zu guten Preisen kauft, aber es ist doch auch ein Zeichen, daß der sog.
marokkanische Fanatismus immer weiter zurückfließt, der Marokkaner lernt immer
mehr, daß es auch für ihn vorteilhaft ist, wenn Europäer zu ihm kommen. Nicht
zu allen Zeiten und nicht überall ist schon heute die Verbindung mit Europäern
den Marokkanern vorteilhaft gewesen. Es ist leider noch wahr, daß mitunter das
europäische Schutzverhältnis von Europäern zu ihrem Vorteil ausgenutzt wurde.
Jeder, der in Marokko reist und lebt, lernt bald diese offenen Geheimnisse kennen,
die Fälle, in denen Mochalatenscheine zum Vorteil skrupelloser Personen verkauft
werden. Aber zum Glück sind diese Fälle immer seltener.

Die Mochalata ist eine ganz eigenartige marokkanische Einrichtung. Sie ist
heute vielleicht das einzige Mittel, um in die Hochburg des marokkanischen Fanatismus eine Bresche zu legen. Aus diesem Grunde sei es mir gestattet, mit einigen
Worten auf diese wichtige Einrichtung einzugehen.

Die Mochalata, ein Ausdruck, der eigentlich Freundschaft bedeutet, hat ihren
Ursprung im Judenrecht und ist daher sehr alt. Als die Juden aus Spanien ver-
trieben wurden, wurden sie von den marokkanischen Sultanen nach Marokko eingeladen.
Sie traten in ein besonderes Schutzverhältnis zum Sultan, für das sie gewisse
Schutzgelder zu bezahlen hatten. Früher bezahlten die Juden neben andern Ab-
gaben am Ramadanfeste einen „duhat", d. i. einen viertel Doura. Heute bezahlten

sie für den jährlich zu erneuernden Schutzschein 15 Peseten. Man nahm nun an, daß, wie der Schutz freiwillig begründet war, er auch freiwillig wieder aufgegeben werden konnte. Dieses Schutzrecht übertrug sich auch auf die Europäer, nachdem es 1767, 1863 und zuletzt 1880 in der Madrider Konvention eine fortwährende Weiterbildung erfahren hatte.

Die europäischen Schutzgelder, die noch bis in den Anfang des vorigen Jahrhunderts gezahlt wurden, sind allmählich gefallen. Immer mehr hat der europäische Einfluß im Lande selbst überhand angenommen, wohl oder übel hat das Land sich den Europäern erschließen müssen, und in den 8 Hafenstädten, die unter ähnlichen Verhältnissen wie in China dem Handel eröffnet sind, hat das Europäertum schon so gut wie gesiegt. Am meisten trägt nun heute zu einer Ausbreitung des europäischen Einflusses das marokkanische Schutzrecht bei.

Man hat zwei Klassen von kaufmännischen Schutzgenossen zu unterscheiden, die Semsare und die Mochalaten, das erstere Vollschutzgenossen, die letzteren minderen Schutzes. Auch hier hat sich schrittweise eine Umbildung der ursprünglich üblichen Rechtsverhältnisse vollzogen. Der Semsar war ursprünglich ein Einkäufer. Er pflegte die von den Karawanen nach der Stadt gebrachten Erzeugnisse des Landes aufzukaufen. Da die christlichen Kaufleute auf den Einkauf in der Stadt angewiesen waren und gerade diese ihre Einkäufer von der Ortsobrigkeit am meisten belästigt wurden, stellte sich die Notwendigkeit heraus, sie zu schützen. Mit der Zeit aber erstreckten sich auch die Geschäftsverbindungen der Kaufleute auf das Innenland und so wurden die Semsare Aufkäufer, die im Auftrag der Europäer und mit ihrem Geld oder ihren Waren die Erzeugnisse des Innenlandes aufkauften. Im weiteren Verlauf wurden dann die Semsare (französisch sensaux) volle kaufmännische Schutzgenossen. Ihre Zahl ist seit dem englischen und spanischen Vertrage resp. dem französischen von 1863 beschränkt. Es dürfen von jedem Kaufhause nur 2 Semsare, wie der Ausdruck in Marokko lautet, gemacht werden. Außerdem soll nur, wer im großen Handel treibt, 2 Semsare erhalten. Nach dem 1863er Vertrag ist der Vollschutz nur individuell, zeitlich und nicht vererblich. Auch hier sind mit der Zeit Änderungen eingetreten. Das Schutzverhältnis trägt heute im allgemeinen den Charakter des dauernden und vererblichen. Jeder Semsar, dem der Schutz entzogen würde, würde sofort eine willkommene Beute des marokkanischen Kaid werden. In der Praxis werden von manchen Gesandtschaften die verschiedenen Bestimmungen anders ausgelegt. So wird von einigen gestattet, daß ein Kaufmann mehr als 2 Semsare erhält. Zu großen Unzuträglichkeiten verführt auch der vage Begriff, daß nur der Großkaufmann 2 Semsare erhalten kann. Sehr streng, und zwar zum Nachteil des deutschen Handels, soll sich unsere Gesandtschaft an den Wortlaut des Arrangements halten. Man muß aber fragen, wann heißt ein Handel in Marokko groß? Außerdem führt die Art und Weise des Nachweises des Umsatzes zu Mißständen. Man denke sich z. B. folgenden Fall. Der Vizekonsul ist ein Kaufmann. Soll nun derjenige, der 2 Semsare erhalten will, zu seinem Konkurrenten herangehen und ihm Einsicht in seine Bücher gewähren? Man wird angeben müssen, daß hieraus sehr leicht unangenehme Zustände entstehen müssen. Es müßte darüber eine amtliche Mitteilung ergehen, wann die Gesandtschaft einen Handelsumsatz für groß ansieht und wann nicht. Dabei wird man des weiteren noch berücksichtigen müssen, daß in Marokko schon ein Handel groß genannt werden muß, wenn er anderswo nur als klein oder mittelgroß gilt.

Eine zweite Klasse der mehr oder weniger unter europäischem Schutz Befindlichen ist die Klasse der Mochalaten. Prof. Th. Fischer meint nach einer auch mir vorgelegenen Quelle, daß die Mochalata kein Schutz im Sinne des internationalen Rechtes sei. Das möchte ich entschieden bestreiten. In dem französischen Arrangement steht: „Daß die Ackerbauer, Viehzüchter und eingebornen Bauern nicht gerichtlich verfolgt werden können, ohne daß das zuständige Konsulat sofort davon unterrichtet wird, um das Interesse seiner Schutzbefohlenen wahrzunehmen."

Die Liste aller Protegierten wird durch das betreffende Konsulat der Ortsobrigkeit zugestellt, welche von den Veränderungen fortlaufend Kenntnis nehmen wird. Jeder Protegierte wird mit einer Karte versehen, in doppelter Sprache, die die Natur der Dienste anzeigt, die ihm dieses Privilegium gewähren. Diese Karten werden von der Gesandtschaft ausgegeben.

Da dem genannten Arrangement damals sofort Belgien, Sardinien, die Ver. Staaten, Groß-Britannien und Schweden beitraten, so beruhen auch die Bestimmungen der Mochalata auf internationalem Recht.

Die Mochalata ist also gleichfalls ein durch die Zwangslage der Umstände geschaffenes Institut, das leider heute eine ganz feste gesetzliche Grundlage noch nicht hat. Soviel mir bekannt, ist die Zahl der Mochalaten nur usuell begrenzt. Daß noch heute die Chikanen der Kaids sich in erster Linie gegen diese noch sehr unvollkommen geschützten Leute wenden, liegt auf der Hand. Ein besonderer Übelstand ist darin begründet, daß von der deutschen Gesandtschaft die sog. Mochalatenscheine erst sehr spät herausgegeben werden, gewöhnlich zu Anfang des Jahres. Nun liegt die Sache so. Wenn der Mochalat nicht schon zum Oktober, wenn die Zeit der Bestellung beginnt, seinen Schein hat und damit gewissermaßen der Vogelfreiheit als marokkanischer Untertan entzogen ist, ist den Interessen des Europäers wenig gedient. Denn sowie der Kaid Wind davon erhält, daß der oder jener Mochalat mit einem Europäer zusammenarbeiten will, steckt er ihn, wenn er zu den nicht europäerfreundlichen Kaids gehört, sofort ein oder chikaniert ihn in andrer Weise, so daß der Europäer dann das Nachsehen hat. Es ist daher wohl nicht zuviel verlangt, wenn die Wünsche unserer Kaufleute in diesem Punkte mehr berücksichtigt würden, gilt es doch dem Absperrsystem des Islam ein Schnippchen zu schlagen.

Man muß auch nicht aus dem Auge verlieren, daß die eingeborene Bevölkerung in Marokko gerade durch den Umstand, daß sie mit Europäern das Land bewirtschaftet, in die Lage gekommen ist, überhaupt etwas für sich herauszuwirtschaften. Die Regierung „mahlsen" und die Heuschrecken, das sind nach marokkanischer Auffassung die Hauptübel des Landes. Die Heuschrecken jedoch kommen nur zeitweis, die Regierung immer. Dies wird demjenigen, der die Leute nach dem Grund ihres Elendes befragt, wie Dr. Kampfmeyer jüngst in seinem hübschen Büchlein „Marokko" erzählt, als des Übels Kern mitgeteilt. Übrigens ist auch in Algerien früher das gleiche Wort im Schwange gewesen. In Marokko nun war in diesem Jahre weder die Regierung noch die Heuschrecken gekommen, die Folge war, daß die Felder eine reichliche Ernte trugen.

Als ich am nächsten Morgen die breite Karawanenstraße nach Saffi entlang ritt, mußte ich immer wieder mich über die kolossalen Getreidefelder wundern. Tausende von afrikanischen Lerchen jubilierten und trillerten in der Luft, die Leute standen in den Feldern und banden Garben. Um 7 Uhr setzte der starke Tonfall ein, der eine Stunde ununterbrochen andauerte und mir zuerst den Eindruck eines

seinen Frühjahrsregens machte. Dabei war der Himmel bezogen und die Luft so
kühl, daß ich mir meinen Regenmantel anziehen mußte. Die ganze Szenerie aber,
die reifen, lückenlosen Getreidefelder, der schwere, chokoladenfarbene Boden, der graue
Himmel und der feine Regen machten vollkommen den Eindruck einer deutschen
Flachlandschaft. Gerade dieser starke Taufall an der Küstenzone ist für die Landwirtschaft von nicht zu unterschätzender Bedeutung. Saubohnen, Kichererbsen und
besonders Mais und Flachs gedeihen hier prächtig. Auch wir kamen durch wohl-
angebaute Mais- und Flachsfelder. Wie man mir sagte, rechnet man bei Mais
60fachen Ertrag, bei Bohnen 15—20fachen, Korn 4—5fachen. Natürlich gibt es auch
höhere Erträge, wenn das Jahr regenreich ist. Europäer, die mit verbesserten
Methoden arbeiten würden, würden wohl ohne Schwierigkeit noch höhere Erträge
erzielen. Mit welcher Leichtigkeit würde wohl hier eine deutsche Kolonie empor-
blühen, hier, wo man als Europäer ohne Gefahr vor Fiebern und Typhus leben
kann? Mir ist es vollkommen unerfindlich, wie Oskar Lenz seiner Zeit zu einem
absprechenden Urteil über Marokko als Einwanderungsland für europäische
Ackerbauer kommen wollte. Lenz kann unmöglich die Verhältnisse hier an der Küste
genauer studiert haben, sonst würde er nicht so eine unhaltbare Behauptung aufgestellt haben, daß die klimatischen Verhältnisse doch derart seien, daß deutsche
Landleute kaum dort arbeiten könnten. Ein Ausbleiben des Regens im Winter
mache eine Ernte im Sommer unmöglich rc. Abgesehen von der Tatsache, daß
schon jetzt eine so bedeutende Kolonie in Marokko lebt, sind die Verhältnisse an der
Küste für eine europäisch betriebene Landwirtschaft noch ganz besonders günstig. Das ist
auch die Anschauung von neueren Forschern, wie Graf Pfeil und Prof. Th. Fischer.
Die Verhältnisse in Marokko sind unendlich viel günstiger als in Südwestafrika;
das lehrt ja auch jedem Laien ein Blick auf die Handelsziffern Marokkos. Unter
dem heutigen schlechten Regime hat Marokko bereits einen Außenhandel von
80 Mill. Mrk. Wie rasch würde derselbe steigen, wenn die mittelalterlichen Ausfuhrverbote aufgehoben würden, wenn Eisenbahnen und Straßen das Land
durchziehen würden.

Außerdem muß man nicht vergessen, daß Marokko sehr dünn bevölkert ist
und noch viel Brachland vorhanden ist. Auch ist natürlich jede intensivere Kultur
mit Einschränkung der Weideländereien verbunden. Schließlich muß man auch
nicht vergessen, daß der Berber bez. arabisierte Berber der Ebene ein sehr fleißiger
Landarbeiter ist und nicht wie der Algerier rungenfaul.

Da ich oben von den Regenverhältnissen gesprochen habe, so füge ich hier
nach den Beobachtungen des deutschen Vizekonsuls in Saffi eine Übersicht über
das Jahr 1902—1903 bei. Man muß aber stets berücksichtigen, daß die Hauptsache der Tau macht.

Regenmenge in Saffi 1902—1903:

1902	Oktober	91	mm
	November	121⁵	„
	Dezember	108⁵	„
1903	Januar	32	„
	Februar	27	„
	März	45	„
	April	25	„
	Mai	2	„
	insgesamt	452	mm

In Mogador betrug für den gleichen Zeitraum der Regenfall, nachdem mir inzwischen von Herrn v. Maur die Zahl für Mai mitgeteilt ist, 367 mm, demnach war die in Saffi gefallene Regenmenge größer.

Mein Weg nach der Stadt folgte im allgemeinen dem Karawanenweg, also über den Marktort el Tleta, Sidi Embarek. Hinter Tleta trat Schwarzerde, von den Eingebornen tirs genannt, auf, besonders aber bemerkte ich Schwarzerde hinter Sidi Embarek. Trotzdem ich Nichtgeograph bin, glaube ich es aussprechen zu müssen, daß ich ebenso wie Graf Pfeil nicht an die von Herrn Prof. Fischer aufgestellte Theorie der Entstehung von Schwarzerde, wonach sie aus Staubablagerungen aus dem innern Steppengebiet entstanden sein soll, glaube. Vor Sidi Embarek waren rote, chokoladenbraune und hinter Sidi Embarek schwarze Erden. Wenn also der Wind diese Erde hingetragen haben soll, so müßte er einmal roten, einmal schwarzen und andern Sand bewegt haben. Bemerkenswert ist ferner, daß, wo Schwarzerde vorkommt, die ringförmigen, ausgetrockneten Wasserlöcher einen geradezu auffallenden, tiefschwarzen Ton zeigten. Auch ich habe von den vorkommenden Erden eine größere Menge gesammelt, die zur Zeit in Jena untersucht wird. Vielleicht bringt die Untersuchung etwas mehr Licht in diese noch ungeklärte Frage. Es dürfte gleichfalls interessieren, daß bei Ausschachtungsarbeiten der Farm eines Deutschen bei Sidi Embarek von den Arbeitern im Kalktuff unter der felsharten Kalkdecke 2 interessante Muschelfunde gemacht worden sind. Nach Untersuchung in der hiesigen geologischen Landesanstalt waren es Purpura haemastoma L., ferner Cardium cfr costatam L. Das erstere ist die Muschel der Purpurschnecke. Es sei daran erinnert, daß Jannasch am Wad Draa sogar lebende Purpurschnecken gefunden hat. (Jannasch, deutsche Handelsexpedition S. 134).

An einer Anhöhe hinter Sidi Embarek gelang es auch mir, aus einem Brunnenaufschluß zahlreiche wertvolle Handstücke zu sammeln. Die tieferen Schichten bestehen aus einem grauen und weißen feinkörnigen Marmor. Erwähnenswert ist noch, daß auf den unmittelbar vor Saffi sich erhebenden Hügeln sich eine eigenartige, intensiv rote Erde befindet, über deren Zusammensetzung ich aber nichts Genaueres berichten kann. Mit einigen Worten sei hier der Stadt Saffi gedacht, in der ich um die Mittagszeit eintraf. Saffi gilt mit Recht als eine der schönsten Hafenstädte Marokkos, leider hat sie schlechte Hafenverhältnisse. Würde sie wie Tanger einen Landungssteg haben, so würde der Handel der Stadt noch einmal so rasch aufblühen.

Saffi, arabisch Asfi, ist der nächste Hafenplatz von Marrakesch, etwa 160 km von der südlichen Hauptstadt entfernt. Die Stadt mit Rodai kann heute etwa 15 000 Einwohner zählen und ungefähr 1500 Juden. Die Stadt ist 1641 von den Portugiesen verlassen. Auf die Portugiesen weist auch die Burg hin, die sich in beherrschender Lage am Wege nach Marrakesch erhebt. Die Burg macht in der Tat einen imponierenden Eindruck, gegenwärtig ist sie die Wohnung des Stadtkaid, unter dessen Obhut sie allmählich ihrem Verfall entgegengeht. Eine Merkwürdigkeit von Saffi ist, daß die durch das Stadttor von Saffi geschiedene Vorstadt Rabat eine Freistadt ist. Verbrecher, Schuldner und sonstige Übeltäter sind, wenn sie sich hier ansiedeln, dem rächenden Arm der Obrigkeit entzogen. Gegenwärtig ist Stadtkaid der frühere Landkaid von Abba Sidi Aissa Ben Omar, der sich eines großen Ansehens beim Sultan erfreut. Er hat wohl heute ziemlich einen der größten Bezirke Marokkos zur Verwaltung. Und daß er seine Leute hoch zu nehmen versteht, zeigt der Umstand, daß er, wie mir ein dortiger Deutscher jüngst erzählte, nach seiner Kaids-ernennung bei einer englischen Firma für 20 000 Doura bar Waren taufte.

Der frühere Stadtkaid aber — er war Kaid noch zur Zeit meines Besuches — Sidi Hamsa ben Himar, lebt jetzt in Saffi als Kaufmann weiter und ist engli scher Semsar. Das zeigt wohl mehr als alles andere, wie sich die Verhältnisse geändert haben.

In Saffi sind hundert Mann Fußvolk und Reiterei. Der Kommandierende führt den Titel Kaid Mir. Der Kaid Said ist gewissermaßen als Leutnant zu be-zeichnen. Er ist in Deutschland gewesen; es wird daher auch in Teutsch kommandiert.

Saffis Handel ist in den letzten Jahren ständig gewachsen. Folgende kleine Tabelle zeigt die Entwicklung:

	Gesamteinfuhr	Gesamtausfuhr	Gesamthandel
		in Mark	
1897	2 029 700	1 638 060	3 667 760
1898	1 462 560	2 639 800	3 832 360
1899	1 636 885	1 528 080	3 164 965
1900	1 494 119	2 816 453	4 319 572
1901	1 657 267	1 948 270	3 605 537
1902	2 216 452	2 599 437	4 815 889

Wie hieraus hervorgeht, war 1902 die höchste Ziffer von fast 5 Mill. Mrk. erreicht. Da in den letzten Jahren zahlreiche Ausfuhrerleichterungen durch die scherifische Regierung gestattet worden sind, steht zu hoffen, daß der Handel dauernd seine Höhe behalten wird. Neben Mais, Bohnen, Kichererbsen, Weizen und Gerste, Cumin, Canariensamen, sind es Felle, Ziegenhaare, Wolle, Wachs, Mandeln, Knochen, Eier, die den Handel der Stadt bilden. Eine Spezialität der Ausfuhr von Saffi sind Capern. Der Capernstrauch wächst wild auf den Höhen bei Saffi. Auch in Salz eingelegte Oliven sind in diesem Jahre zum ersten Male ver-schifft worden.

In erfreulichem Wachsen ist auch der Handel Saffis mit Deutschland. Er betrug in den letzten Jahren

1899	513 550 Mrk.
1900	761 592 „
1901	794 930 „
1902	852 440 „

Um aber eine weitere Hebung des Handels zu erreichen, kommt alles auf eine rasche und billige Schifffahrt an. Gerade die Ausfuhr würde sich unter den gegenwärtigen Verhältnissen verdoppeln, wenn die Frachten gewisser Artikel wie Wolle rc. sich noch ermäßigen würden. Rasch würde aber nur dann eine Schiffs-verbindung zu nennen sein, wenn im Sommer 8 tägige Verbindung hergestellt würde.

Die Zahl der deutschen Schiffe, die den Hafen in 1902 anliefen, war leider gegen das Vorjahr etwas zurückgegangen. Sie betrug in den 4 letzten Jahren im Durchschnitt 36.

Schiffsverkehr deutscher Schiffe in Saffi:

1899	35	30 431 Reg. Tons.
1900	43	40 578 „
1901	41	33 068 „
1902	33	24 274 „

Zum Vergleich seien die Zahlen für Mogador und Mafagan angeführt:

	Mogador		Mafagan	
	Zahl	Reg. Tons.	Zahl	Reg. Tons
1900	47	50 988	54	49 541
1901	46	44 087	59	52 369
1902	31	27 058	52	39 936

Wie hieraus hervorgeht, hat besonders Mafagan eine zunehmende Bedeutung für die deutsche Schifffahrt gewonnen. Bei Mogador liegen im Jahre 1902 besondere Verhältnisse vor, weswegen man darauf rechnen kann, daß 1903 die deutsche Flagge ihren alten Platz einnehmen wird. Es würde durchaus lohnend sein, wenn die von Westafrika heimkehrenden Dampfer in Mogador wieder anlaufen würden.

Auf einen besonderen Umstand möchte ich aber die allgemeine Aufmerksamkeit leuten, der sonst nicht beobachtet worden ist. Wenn heute die englische Flagge an erster Stelle in den marokkanischen Häfen erscheint, so besagt das nicht etwa, daß der englische Güterverkehr so hoch ist, sondern es besagt, daß die englische Flagge so oft gezeigt worden ist. Die Dampfer der englischen Forwoodlinie, die allerdings sehr gut eingerichtet sind, und die wöchentlich die größeren Häfen an der marattanischen Küste wie Casablanca, Mafagan und Mogador besuchen, dienen in Marokko vorwiegend dem Personenverkehr. Sie halten sich nur einen halben Tag, oft nur wenige Stunden in den Häfen auf, können also garnicht große Frachten nehmen. In der Hauptsache dienen sie auf den Kanarischen Inseln dem Frachtverkehr. Sie versorgen vornehmlich den Markt von London mit den Frühzeugnissen der Kanarischen Inseln.

Auch von Marokko wird sich ein größeres Ausfuhrgeschäft entwickeln, wenn die Ausfuhrverbote aufhören werden. Namentlich müßte von der scherifischen Regierung die Erlaubnis zur Viehausfuhr erwirkt werden. Da der Sultan sich gerade jetzt in großen Geldverlegenheiten befindet, wird ihm jede Vergrößerung seiner Zolleinnahmen nur willkommen sein.

In Saffi befinden sich 5 deutsche Geschäfte und lein französisches. Doch sind ein paar große englische Firmen etabliert. Ich fand liebenswürdigste Unterkunft bei den Herren Gebr. Richter, die sowohl in Fes wie hier und in Marrakesch ein Geschäft haben. Gemäß der Bedeutung des deutschen Handels ist auch die Ausfuhr aus Saffi nach Deutschland ziemlich beträchtlich. Im Jahre 1898 erreichte sie bereits 946 800 Mrk. In den folgenden Jahren ist sie etwas zurückgegangen; immerhin betrug sie 1902 708 840 Mrk. Wie in Mogador, Marrakesch und den übrigen Städten ist auch in Saffi eine deutsche Postzweigstelle, die von dem deutschen Vizekonsul verwaltet wird. Der deutsche Postverkehr hat sich überall in Marokko gut eingeführt und wird auch von den Eingebornen sehr stark benutzt. Noch vor 10 Jahren versahen französische Postanstalten den Verkehr, dann wurden die Postwertzeichen von den Agenten der Wörmannlinie verkauft, und so wurde denn schließlich 1899 der Wunsch der Deutschen erfüllt und ein eigener höherer Postbeamter nach Tanger gesandt. Meistens haben jetzt die Vizekonsulate oder Konsulatsverweser den ziemlich viel Arbeit erfordernden Postdienst übernommen. Jedoch ist von der Postverwaltung in Casablanca ein junger Kaufmann als Postagent angenommen und wie jüngst verlautete, sendet die Post zum 1. November einen jungen Postsekretär nach Mafagan. Meines Erachtens muß die Post in Marokko ganz gute Geschäfte machen, da sie vom Geldverkehr 1°/₀ Versendungsgebühr erhebt. Kostentlich gelingt es, auch bald nach Marrakesch und in die übrigen Küstenstädte eigene Postbeamte hinzusetzen. Das Postgeheimnis wird ja doch schließlich noch besser durch einen eigenen Postbeamten gewahrt, als wenn ein Kaufmann die Post versieht. Denn es ist doch nur zu leicht möglich, daß auch der Konkurrent die Geschäftsverbindungen erfährt, wenn Geldzahlungen oder ähnliches geleistet werden. Heute behilft man sich dann in der Weise, daß man zur spanischen oder französischen Post geht. Also das Bessere ist stets der Feind des Guten.

Saffi ist ein sehr betriebsames Städtchen.*) Hervorragend ist seine Tonwarenindustrie. Einige Muster und Farben machen einen sehr gefälligen Eindruck. Allerdings mit denen von Rabat am Bu-Regreg können sie einen Vergleich nicht aushalten. Dieses Rabat mit seiner uralten Ton- und Teppichindustrie ist die marokkanische Kunststadt par excellence. Auch die Lederindustrie Saffis, der Name Saffian kommt ja von Saffi, ist allerdings nicht mehr auf der früheren Höhe.

Mit Saffi haben deutsche Kaufleute schon in sehr viel früheren Jahren in Handelsbeziehungen gestanden. Es war das berühmte Augsburger Haus der Welser und Fugger, die durch ihre Agenten das kostbare Gewürz Saffran und auch Getreide hier kaufen ließen. Lukas Rem, der Geschäftsführer der Welser in Lissabon, erzählt in seinem Tagebuche (Augsburg 1861), daß er in Saffi etliche Scim (ein Saum gleich 5 Zentner) Saffron kaufte, er tat daran, wie er ausdrücklich erzählt, „ain nützlich guote anlegong mit disem marokkanischen Safran." Es ist nicht unwahrscheinlich, daß die Welser zur Zeit der Portugiesen hier sogar eine Faktorei gehabt haben. Es dürfte daher ganz interessant sein, daß vor kurzem der englische Konsul in Mogador auf dem Wege nach dem Sus einen Hügel entdeckt hat, auf dem eine alte Festung errichtet war. Dieser Hügel wurde von den Eingebornen takit n' aleman genannt, der Hügel der Deutschen. Hier soll vor langen Jahren eine deutsche Besatzung gehaust haben.**)

Die Herrschaft der Portugiesen in Saffi war sehr kurz, sie währte nur etwa 30 Jahre. Sie haben sich besonders um die Wasserversorgung sehr verdient gemacht. Ein paar Stunden im Hinterland von Saffi heißt eine Stelle „das Land der hundert Brunnen." Auch Saffi hat eine Wasserleitung. Leider funktioniert sie nicht mehr so recht, ihr Geruch ist daher zeitweis nicht fein. Als Leitungsröhren habe ich selbst alte Marmorsäulen gesehen, deren Kern man ausgehöhlt hatte. Sic transit gloria mundi. Überhaupt sieht man in Saffi sehr viel Marmorsäulen und alte Erinnerungen an die portugiesische Zeit. Vielleicht ist auch der Umstand der früheren europäischen Herrschaft der Grund, daß die Juden in Saffi keine mellah bewohnen, sondern mehr und mehr sich in der ganzen Stadt zerstreuen. Ihre Zahl beträgt etwa 1500. Die Stellung der Juden hat sich seit der Reise des Sir Moses Montefiore ganz enorm gehoben. Sie haben an Ansehen und Wohlstand sehr gewonnen. Von einer geknechteten und üblen Lage derselben zu reden, ist also nicht mehr angängig. Wer seine Kenntnisse allerdings aus Rohlfs oder alten Schrift-

---

*) Gegenüber einer Bemerkung von Dr. Kampffmeyer in seinem neuerschienenen Werkchen „Marokko" möchte ich darauf hinweisen, daß Saffi viel größer als Asemur ist. K. hat ja allerdings auch nicht Asemur besucht. Auf mein Befragen nach der Größe Asemurs sagte man mir als Charakteristikum: Es würden in der Woche nur 2 Hammel und 2—3 Ziegen geschlachtet. Ich möchte Asemur auf 8—9000 Einwohner schätzen.

**) Eine Abbildung des Hügels und eine Beschreibung desselben habe ich in der Zeitschrift „Nordafrika", jetzt Verlag von Fr. Siemenroth-Berlin, gedruckt.

stellern bezieht, der hat natürlich von dieser Wandlung der Dinge keine Ahnung. Die Juden sind heute die stillen Bundesgenossen der Europäer, sie schüren und erhalten die marokkanische Frage wach. Denn in den Europäern sehen sie ihre natürlichen Befreier.

Daß die Juden Marokkos aber für die Zivilisation schon reif seien, möchte ich stark bezweifeln. Auch die Franzosen würden ihnen kaum, wie in Algerien, bei einer Okkupierung Marokkos sofort das Bürgerrecht gewähren. Frankreich hat ja auch in Tunesien die Juden nicht zu vollberechtigten Franzosen gemacht. Wenn in Marokko aber heute die Araber schlecht auf die Juden zu sprechen sind, so hat auch das seine guten Gründe. Die Juden betreiben eifrig, was man an der Küste nennt, das „Kravattengeschäft“. 12°/₀ ist eine ganz humane Summe pro Monat. Und wer nicht zahlt, wandert in den Hebs, denn in Marokko existiert noch Schuldhaft.

Was die europäischen Geschäfte anbetrifft, so sind in Saffi 5 deutsche Geschäfte, darunter 3 selbständige. Die Gesamtzahl der Deutschen beträgt etwa 12. Von englischen Geschäften sind 5 vorhanden, von denen gleichfalls zwei Zweiggeschäfte sind. Es sind zu nennen: Murdoch, Butler u. Cie., ferner Lamb Broth., Llamas, und H. E. W. Andrews u. Cie. Die Compagnie ist ein Hamburger. Die deutschen Firmen sind Max Richter, Hans Richter, Weiß und Maur, Tiersch in Firma Schrader. Die englischen Geschäfte sind recht bedeutend und befassen sich mit dem Getreide-, Bohnen- und Maisexport. Eine französische Firma ist überhaupt nicht vorhanden. Dagegen eine italienische, deren Inhaber gleichzeitig Vizekonsul ist. Italiens wirtschaftliche Stellung in Marokko ist geradezu minimal zu nennen. Wie man daher von italienischen Interessen in Marokko hat sprechen können, ist mir unerfindlich. Spanien ist in Saffi durch einen Berufskonsul vertreten. Auch existiert eine spanische Post, eine spanische Kirche und ein Arzt, der sich allgemeiner Unbeliebtheit erfreut. Es wäre sehr zu wünschen, daß ein deutscher Arzt sich dort niederließe, wenn er auch vorerst keine großen Ansprüche zu machen hätte.

Um bei dieser Gelegenheit auch Spaniens Handelsstellung auf dem marokkanischen Markt zu skizzieren, so sei bemerkt, daß nach der amtlichen Handelsstatistik der gesamte Aus- und Einfuhrverkehr Spaniens nach Marokko nur 5,2 Mill. Mrk. in 1901 betragen hat, also bedeutend niedriger als der Handel Deutschlands mit Marokko war. Bei der großen räumlichen Nähe Spaniens und den zahlreich in Marokko wohnenden Spaniern ist diese Tatsache besonders eigentümlich und charakteristisch, sie zeigt, wie wenig Interessen Spanien trotz seiner traditionellen Marokkopolitik bisher im Maghreb zu begründen vermocht hat. Spanien hat sich ja auch an der wissenschaftlichen Erforschung Marokkos in kaum nennenswerter Weise beteiligt. Spanien hat Marokko bisher nicht viel angenehmes beschert. Es hat seine Juden nach Marokko getrieben, und dem Sultan im Vertrage von Tetuan seine Münze aufgedrängt, sodaß Marokko jetzt alle Schwankungen der spanischen Valuta mitmachen muß.

Heute beteiligt sich Spanien am marokkanischen Einfuhrhandel nur in ganz geringer Weise, im Jahre 1901 mit 622000 Peseten, also mit 360000 Mrk. Der Hauptartikel ist Wein. Dagegen ist die Ausfuhr aus Marokko nach Spanien größer, sie betrug im genannten Jahr 8123000 Peseten, d. i. 4,8 Mill. Mrk. Besonders Ochsen, Mais, Gerste, Eier, Früchte, Kichererbsen ꝛc. sind die Artikel, die Marokko nach Spanien sendet. Wenn aber in der spanischen Statistik noch für

37270 Peseten geschmiedetes Eisen und Stahl aus Marokko erscheinen, so wird man nur annehmen müssen, daß dieser Posten aus Marokko in Durchfuhr gekommen ist. Um diesen Betrag müßte sich also die Einfuhr ermäßigen.

Zum Schluß noch einige Worte über den besonderen Einfuhrhandel Saffis. Wie in ganz Marokko, so ist auch in Saffi Baumwollwaren, Lichte, Zucker, Tee, Tuche und Kleineisenzeug der Hauptbestandteil in der Einfuhr. Aus Deutschland kommen hauptsächlich die beiden letzteren Artikel. Aber es ist wohl in Deutschland keine Industrie vorhanden, die nicht mit irgend einem Artikel an der Einfuhr beteiligt wäre. Da hierüber auch in Deutschland selbst noch große Unbekanntschaft herrscht, sei es mir gestattet, einige der Hauptproduktionszentren und ihre Artikel anzuführen.

Natürlich marschiert hier in erster Linie die deutsche Tuchindustrie. Die Fabrikationsorte sind: Plauen i. V., Lengenfeld, Kirchberg, Kamenz in Sachsen, ferner Aachen. Wollsatin kommt aus Gera und Greiz. Seidener Satin aus Elberfeld und Crefeld. Aus Berlin kamutt Velvetsammet. Sog. kurzee Sammet wird von den Jüdinnen zu Unterröcken gebraucht.

Kleineisenwaren, ferner Stahl und Schmiedeeisen kommen aus Remscheid, Solingen, Gevelsberg i. W. Kaffee, Tee und Zucker importiert mit wachsendem Erfolg Hamburg. Daß unsere ostasiatischen Dampfer direkt Tee in Tanger abladen könnten, steht außer allem Zweifel. Die Einfuhr von Zucker ist den deutschen Fabrikanten lange wegen der hohen französischen und belgischen Prämien unmöglich gewesen. Die allein beliebte Form ist die der kleinen Brade von 1,8 bis 2 kg. Da heute die Zuckerprämien abgeschafft sind, ist auch unsere Industrie wettbewerbsfähig geworden und kann sich einen guten Absatzmarkt sichern. Wenn man bedenkt, daß Marokko 10—12 Millionen Einwohner hat, wird man es verstehen, wenn gerade dieser Artikel einer der bedeutendsten genannt werden muß. Kulante Geschäftsbedingungen sind aber eine große Hauptsache, und in dieser Beziehung habe ich mir sagen lassen, daß man sowohl in Triest wie in Antwerpen sehr viel günstiger behandelt wird.

Aus Nürnberg und Fürth werden billige Näh- und Packnadeln, kleine Spiegel, aus Magdeburg Nähmaschinen mit Handbetrieb eingeführt. Aus Bayern werden echte, legierte leonische Gold- und Silbergespinnste, aus Grünhainichen Spielwaren, aus Schlesien und Sachsen Porzellane rc. bezogen. Liegnitz sendet Petroleumlampen, Ludwigshafen Farben, Hamburg Sprit, Holzdielen, Liköre und Drogen. Frankfurt Papier- und Schreibwaren.

Für Saffi wäre Strohpappe, Kratzendraht und Strohpapier nach ein guter Einfuhrartikel. Auch Messingbleche und Emaillewaren könnten auf Absatz rechnen. Würde einmal der Marokkaner mehr selbst die Früchte seiner Arbeit genießen können, ohne den Chikanen und Erpressungsgelüsten der Kaids ausgesetzt zu sein, so steht zu erwarten, daß sich die Einfuhr von derartigen Industrieartikeln nach ganz besonders heben wird. Wollen die europäischen Mächte also ernstlich das Wohl Marokkos, so wäre allein der Weg eine neue internationale Verständigung, in der über die Frage der Ausdehnung des Schutzverhältnisses, der Durchführung eines geordneten Steuersystems, der Beaufsichtigung der Zolleinnahmen durch europäische Zollkommissare beraten würde. Heute ist ein schwacher Anfang der Verbesserung der Zollerhebung dadurch gemacht worden, daß in einigen Hafenstädten als Vermittler zwischen Marokkanern und Europäern ein sprachkundiger Europäer angestellt ist. In Casablanca war es ein Engländer. Schon eine geringe Kontrolle würde sicher im eigent-lichsten Interesse des Sultan liegen.

Gegenüber mannigfachen Verdrehungen und schiefen Darstellungen über die Stellung der Marokkaner zu Europäern und dem europäischen Handel möchte ich sehr scharf betonen, daß an der ganzen Küste bei allen gebildeteren Arabern die Überzeugung herrscht, daß der europäische Handel für Marokko eine Notwendigkeit ist. Würde der Marokkaner keinen Zucker, Tee, Kerzen aber Baumwollwaren und Tuche beziehen können, es würde die größte Revolution ausbrechen. Es ist die größte und dümmste Absurdität, wenn man glaubt, daß der Marokkaner ein blind-wütiger Fanatiker und Feind eines jeden Europäers ist. Im ganzen Atlasvorland, also in den nicht gebirgigen Teilen, ist der Araber alles weniger als fanatisch. Etwas anders liegen die Verhältnisse im Norden, speziell in Fes. Fes ist nach immer die Hochburg des Islam, und der europäische Einfluß ist sicher in Fes ge-ringer vorhanden als anderswo in Marokko. Doch dieser Fanatismus richtet sich nicht gegen den friedlichen Kaufmann. Aber so unverzeihlich dumm ist kein Marokkaner mehr, daß er nicht weiß, was ein Missionar will, und was eine französische Militär-kommission zu bedeuten hat. Nach Unterhaltungen mit Arabern bin ich erstaunt gewesen, wieviel man doch in Marokko von Europa und den europäischen Ver-hältnissen weiß. Man hält nicht die europäischen Staaten für einzelne Stämme, wie es solche in Marokko gibt, das ist ein Unsinn. Man kennt sehr wohl die einzelnen Mächte und weiß, was sie wollen. Als ich von Saffi noch einmal ins Innere aufbrach, besuchte mich zum Glase Tee auch der Ortsschulmeister eines nur kleinen Duars. Als er von meinem Diener hörte, ich sei ein Aleman-Pruß, meinte er: „Aha, ihr habt ja doch die Franzosen verhauen und ihren Sultan gefangen! Jetzt sind die Franzosen aber wieder mächtig und wollen Marokko erobern!" Und das ist auch die Anschauung in ganz Marokko. Seitdem Frankreich die Tuatoasen erobert hat, ist man auf die „francese" schlecht zu sprechen. Diesen schlechten Ein-druck verstärkt aber noch die französische Presse in Tanger, die ganz unverholen zu Werke geht. Wenn der Marokkaner nicht viel indolenter wäre und schwer-fälliger, wäre allerdings die Spannung eine größere. So kolportiert man alle Gerüchte, auch die unvernünftigsten, aber man handelt nicht.

Ein bayrisches Kolonialunternehmen im 17. Jahrhundert.

Von Regierungsrat Dr. E. Jacobi.

I.

Die Kolonialpolitik des Deutschen Reiches hat schon in früheren Jahrhunderten ihre Vorläufer in Kolonialunternehmungen einzelner deutscher Staaten und Fürsten gehabt. Am bekanntesten sind von diesen Unternehmungen die des Großen Kurfürsten Friedrich Wilhelm zu Brandenburg geworden. Sie sind vielfach dargestellt und gewürdigt. Weniger bekannt ist es dagegen, daß zu derselben Zeit, in welche die Anfänge der Kolonialpläne des Großen Kurfürsten fallen, auch in Bayern ähnliche Pläne gehegt wurden, wenn ihre Ausführung auch nicht soweit gedieh wie die der brandenburgischen Projekte. Nichtsdestoweniger verdienen auch diese bayrischen Pläne dem Gedächtnis der deutschen Kolonialfreunde erhalten zu bleiben, sei es auch nur, um zu zeigen, daß weitere Kreise in Deutschland schon im 17. Jahrhundert von jenem Geist überseeischer Unternehmungslust erfüllt waren, der in dem Großen Kurfürsten nur seinen kühnsten Vertreter fand, und der in unserer Zeit endlich das zur Erfüllung gebracht hat, was schon damals auch „an den Forellenbächen Süddeutschlands" geplant wurde.

Bayern hatte zur Zeit des dreißigjährigen Krieges durch seinen energischen Herzog, späteren Kurfürsten Maximilian I. eine bedeutende Stellung in Deutschland errungen, die sein Herrscherhaus mit berechtigtem Selbstgefühl erfüllt hatte. Maximilians Nachfolger, Kurfürst Ferdinand Maria, war zwar weniger zu weitaussehenden Unternehmungen geneigt, desto mehr aber war es seine Gemahlin, die Kurfürstin Henriette Adelheid, Tochter des Herzogs Viktor Amadeus von Savoyen. Die zweite Hälfte des 17. Jahrhunderts war die Zeit des Merkantilsystems. Nicht nur Frankreich unter der Verwaltung des großen Colbert, sondern auch alle anderen Staaten des Festlandes, die sich einer auf das Wohl ihrer Untertanen bedachten Regierung erfreuten, bemühten sich durch staatliche Förderung von Handel und Industrie den Wohlstand der Bewohner des Staates zu heben und damit zugleich den wachsenden Bedürfnissen des werdenden modernen Staates zu genügen. Diese Bestrebungen brachten es mit sich, daß in allen Ländern, und so auch in Deutschland Männer auftraten, die Projekte zur Förderung des Handels und „der Commercien", wie man damals sagte, den Fürsten und Staatsmännern annehmbar zu machen suchten. Ein solcher Mann war auch der Chemiker Johann Joachim Becher, geboren 1625 aber 1635 in Speier, gestorben 1682 in Loudon. Er studierte autodidaktisch Medizin, Theutie und Physik. 1663 war er kurfürstlicher Leibmedikus bei dem — geistlichen — Kurfürsten von Mainz und wurde dann 1664 nach vorübergehendem Aufenthalt in Würzburg und im Dienste des Kurfürsten von der Pfalz durch den bayrischen Kanzler Herrmann Egon Graf zu Fürstenberg nach Bayern berufen. Er erhielt hier den Titel eines kurfürstlichen Rats und Leibmedikus, sollte aber hauptsächlich „gute Einrichtungen in Handlungs- und Cameralsachen" treffen. Unter anderen Plänen machte er nun dem Kurfürsten Ferdinand Maria im Jahre 1664 Vorschläge zur Hebung des Handels in Bayern durch Gründung eines großen „Kaufhauses" in München. Es sollte eine Art Stapelplatz für den Handel werden. Die Pläne Bechers wurden den Räten des Kurfürsten vorgelegt, und erschienen ihnen von „solcher importantz", daß man auch die Meinung fremder Geschäftsleute und Kaufherrn darüber hören wollte. Bether wurde zu diesem Zwecke nach Brabant und Holland geschickt. Auf dieser Reise erhielt er von der Kurfürstin Henriette Adelheid ein Beglaubigungsschreiben mit, das folgendermaßen lautete: „Von Gottes Gn. Wir Henrietta Adelhaid, in Ober- und Nieder-Bayern auch der Obern Pfalz Herzogin Pfaltzgräfin bei Rhein Churfürstin, Landgräfin zu Leichtenberg geborne Kronprinzessin von Savoyen und Piemont, bekennen und thun kund jedermänniglich mit diesem offenen Brief, daß wir den hochgelehrten unsres Fr. geliebsten Hrn. Gemahls als Churf. zu Bayern Rath, Dr. Joh. Joach. Bechern, welcher von hier nacher Holland abreist, gewisse Commission bey der West. Ind. Camp. daselbsten in unserm Namen abzulegen, aufgegeben, weßwegen wir ihne dann hierzu mit gegenwärtigen von unsern eigenen Händen unterzeichneten und mit unserm Churf.-Secret verfertigten offenen Brief accreditiren wollen. Geben zu München d. 15 Aug. 1664.

L. S.:

Adelhayd."

Die Aufträge, die Dr. Becher an die Holländische Westindische Kompagnie hatte, gingen dahin, eine bayrische Kolonie in Amerika zu erwerben. Es war nur fraglich, ob in Nord- oder Südamerika. Zuerst wurde über Neu-Amsterdam, das jetzige New-York verhandelt. Die Verhandlungen über diese Erwerbung zerschlugen sich aber, da Neu-Amsterdam im September 1664 in dem Kriege Karls II. gegen Holland von 1664—67 von den Engländern erobert wurde. Nunmehr wurde über die Erwerbung einer Kolonie in Guiana verhandelt. Inzwischen war von anderer Seite, durch einen „Zeitungsschreiber" wie Becher sagt, Namens Müller, und einen Kaufmann Namens Speckhauser, der Versuch gemacht worden, durch Vermittelung des englischen Kanzlers Lord Clarendon mit England in Verbindung zu treten. Der König von England sollte an Bayern „eine Insel in Amerika" abtreten, als Lehen. Wie aber Becher behauptet, stellte sich bald heraus, daß Lord Clarendon ohne jede Ermächtigung von seiner Regierung gehandelt hatte, ohne jede Vollmacht des Königs oder des Parlaments war, und nur den Zweck verfolgt hatte, von Bayern ein möglichst großes Stück Geld herauszuschlagen. Der Wunsch in Bayern, die beabsichtigte Kolonialerwerbung irgendwo wirklich ins Leben treten zu lassen, muß aber sehr lebhaft gewesen sein; denn außer den Versuchen, mit Holland und England zu diesem Zwecke anzuknüpfen, hatte man es auch mit einer dritten Macht versucht, nämlich mit Frankreich. Simonsfeld, der in drei Aufsätzen in der Beilage zur Münchener Allgemeinen Zeitung von 1885, Nr. 172, 174 und 176 „Bairische Kolonialpläne im 17. Jahrhundert", d. h. die Becherschen Projekte, behandelt hat, meint (Nr. 176), Becher sei im Irrtum, wenn er in seinem „Politischen Diskurs", wo er von seinen Unternehmungen berichtet, angebe, daß auch Frankreich inzwischen versucht habe, Bayern für ähnliche Pläne zu interessieren, da die allerdings vorhanden gewesenen Anknüpfungen mit Frankreich erst später wären, als seine eigenen Unternehmungen. Ich glaube aber aus den folgenden Schriftstücken, die in dem Werke von Freyberg „Pragmatische Geschichte der bayrischen Gesetzgebung" Bd. 2 S. 27ff. abgedruckt sind, entnehmen zu sollen, daß Becher Recht hatte, und schon bald nach Beginn seiner Unterhandlungen in Holland auch mit Frankreich ähnliches versucht wurde. Der Unterhändler war hier Johann Tatticl Crafft von Wertheim „ein Welterfahrener dapfferer politischer Mann" wie Becher in dem „politischen Diskurs" ihn nennt. Die Unterhandlungen mit Frankreich gingen nicht direkt von dem Bayrischen Hof aus, sondern von dem Kurfürsten von Mainz. Kurfürst von Mainz war damals Johann Philipp von Schönborn, der am 19. November 1647 den Stuhl des Erzbistums bestiegen hatte. Er gehörte in dem großen Gegensatz der damaligen europäischen Politik zwischen Spanien-Österreich und Frankreich zu der Anhängern der französischen Partei. Nach dem am 2. April 1657 erfolgten Tode Kaiser Ferdinands III. hatte er mit andern Fürsten versucht, den Kurfürsten von Bayern zur Bewerbung um die Kaiserkrone zu bestimmen, worauf aber Ferdinand Maria nicht einging. Er gründete dann den „rheinischen Bund" der geistlichen Kurfürsten, der mit Frankreich in Verbindung trat, und wurde von französischen Hilfstruppen unterstützt, als er am 16. Oktober 1664 die zu seinem Kurfürstentum gehörige, unbotmäßige Stadt Erfurt eroberte. In seiner inneren Politik war er im Sinne des sich entwickelnden absoluten Fürstentums tätig. Besonders wirkte er auf dem Gebiet der Rechtspflege, der Förderung des Verkehrs und der Pflege der Wissenschaften. Er stellte die Universität Würzburg wieder her und versammelte an seinem Hof einen Kreis von Gelehrten, zu denen u. a. der junge Leibniz gehörte. Nach der Sitte damaliger Zeit nannte man ihn den Salomo Germaniae.

Schönborn nun war mit Frankreich im Jahre 1665 auch wegen einer mit Bayern gemeinschaftlich zu betreibenden Kolonialunternehmung in Verbindung getreten, wie dies aus dem folgenden Schreiben des französischen Ministers Colbert, der in Frankreich die Leitung der Kolonialunternehmungen hatte, an den Kurfürsten hervorgeht:

„Monseigneur!

Monsieur du Fresne hat mir bei seiner Rückkhonfst auß Teutschlandt ein Creditiff von Euer Churfürstl. Gnaden eingeliffert, vnd mir mithin vnterschidliche apertur gegeben, wegen festfeitell — vnd auff — Richtung der Commercien, vnd Colonien, welche in America Australi vuder der Authoritet, Souverenitet vnd Protection diser Cron beede Ihr Churfürstl. Gnaden vnd Churfürstl. Durchlaucht zu Bayern etc. anzustellen vor sich hatten, waffen auch, alst hinon dem König die proposition geschehen, Seiner Majestät dasselbige sehr wol aufgenommen haben, zu folge dessen dan auch Herr Crafft von Euer Churfürstl. Händen abgeschickt, verschaidene Memorialen praesentirt, die man examinirt, vnd durçher so die antwort zu Rucken bringet, mit vorbehalt gleichvollen darvon oder darzu zu thnen, oder noch klären Vorzustellen daß ienige welches Ihre Churfürstl. Gnaden vnd durchlaucht disem Vorhaben geben- vnd vorträglich zu sein ermessen werden, Ingestalten man sich hierinfahls auch in soweit, ulst vill die möglichkeit zuläßt, gehru accordieren wird. Der König, welcher an seinem Ort auf alle weiß vnd mitel dises lobwürdige Vorhaben zu befördern suechet, welches der hochheit Ihrer Churfürstl. Gnaden geniest, und zumahlen künftig, so wollen Ihrer selbst aigener — alß Ihrer Churfürstl. Gnaden und durchlaucht angehörigen vnderthanen so grossen nuzen zu bringen hat hierauf mit den Directoren der West Indischen Compagnia vnd mit Monsieur de la Barre Gouvenatoren Von Cayenne vnderschibliche conferenzen gehalten, welcher letztere eben frisch automen, vnd welcher außführliche relation gethan, von deß See Küsten, Porten, vnd Flüssen deß Landts Guiane, Auf welcher Er (der König) allerhand liecht bekommen, so wollen von beschaffenheit deß Landts, alß dessen Flüssen, dereu 2 Vornemblich vorhanden, welche eine offentliche einfahrt haben für die grösten Schiff, vnd die mit salchen portes versehen, daß selbige darinnen ihren guet sichern standt haben, vnd vor voller Witterung beschützt werden mögen, dereu Situation auch serners also bestellt, daß man anf den nottfahl assistenz vnd hilff von der anderen Französischen Colonien haben kan. Zu diser glicksehligen Landesart vnd bestellung kombt noch hiezu die Fruchtbarkeit der Erden, vnd die gesunde lufft, welche stettig, vnd jederzeit erfrischt wird, durch die Ostwindt, so zu mahlen auch zu disem handel sehr dienlich. Jezt wird es uf nichts anderm mehr beruhen, alß daß Euer Churfürstl. Gnaden und durchlaucht desselben sich praeualieren. Der König Mein Herr ist entschlossen, ihnen mit aller seiner macht an die haud zu gehen, vnd difes so wollen wegen der begirde die ihnen utit Ihr Churfürstl. Gnaden vnd Durchlaucht Gemein, alß beuorderist darumben, damit durch dise Gesellschafft, def Gemeinen interesse derselbe gelegenheit habe, seine guet habende Intelligence welche zwischen seiner Mayestät vnd Sie zu befünden, noch mehrers zu vergrößern, vnd gegen Sie erscheinen zu lassen die wahre estime die er vor dereuselben persohnen habe, Ihre Churfürstl. Gnaden wollen genemb halten, wan es dero gefällig, daß ich mich der occasion Ihro zu dienen gebrauche, dardurch zu bezaigen, daß Ich wegen dero Verta vnd extraordinari Talenten, mit denen Sie von Gott begabt, Jhn alle Veneration vnd respect trage, welchen Ich zu tragen schuldig, vnd daß Ich bin etc.

Euerer Churfürstl. Gnaden

Paris den 21 October anno 1665

Diemütiger vnd Gehorsambster diener
Colbert

An Ihr Churfürstl. Gnaden zu Mninz abgegangen."

Dieses Schreiben ist bei v. Freyberg a. a. O. abgedruckt, und stellt wohl eine Übersetzung des Schreibens Colberts dar, da dieser wahrscheinlich französisch geschrieben haben wird, falls er sich nicht aus Höflichkeit gegen den Kurfürsten der deutschen Sprache bedient hat. Es geht daraus verschiedenes hervor: Herr Crafft, der oben erwähnte Johann Daniel Crafft von Wertheim, ist von dem Kurfürsten von Mainz nach Frankreich geschickt, um dort wegen einer mit Bayern zusammen von Frankreich zu erwerbenden Kolonie in Guiana zu verhandeln. Der König — Ludwig XIV. — der dem Projekt günstig gesonnen ist, hat darauf mit dem Gouverneur von Guiana, Monsieur de la Barre, und den Direktoren der Westindischen Kompagnie verschiedene Konferenzen über die Frage abgehalten. Diese Westindische Kompagnie war eine der mehreren französischer Seits an der Küste von Guiana ins Leben gerufenen Unternehmungen. Bereits 1626 unter Richelieu hatten einige Kaufleute aus Rauen am Flusse Sinnamari eine Niederlassung gegründet. Sie erhielten 1633 von der französischen Regierung das Monopol des

Handels zwischen Kap Nord und dem Fluß Approuage, und gründeten 1634 die erste Station auf der Insel Cayenne. Die Gesellschaft nannte sich Compagnie du Cap Nord. Sie beförderte mehr als 800 Personen nach Guiana. 1643 und 1652 wurden zwei Niederlassungsversuche speziell auf Cayenne gemacht, die aber infolge Unverträglichkeit der Ansiedler scheiterten. Eine neue von zwei Pariser Advokaten gegründete Kompagnie erhielt trotz mehrfacher Mißerfolge im April 1657 ein Königliches Patent. Verträge mit Spanien, das sich noch immer als den allein berechtigten Eigentümer dieser Gebiete ansah, sowie mit Holland und England (1659—1692) schienen Frieden und ruhige Entwickelung zu sichern.*) Unter diesen Umständen richtete de la Barre, ein früherer Intendant, seine Blicke wieder auf Cayenne, wo sich nach dem letzten verunglückten Kolonisationsversuch der Franzosen die Holländer angesiedelt hatten.. Er rief eine Gesellschaft ins Leben, die sich Compagnie de la France équinoxiale nannte, und Oktober 1663 ein Königliches Privileg erhielt. de la Barre erhielt das Amt des Lieutenant general für ganz Amerika vom Amazonas bis zum Orinoko! Die Kompagnie rüstete 4 Schiffe aus, und der Minister Colbert, der alle französischen Kolonialunternehmungen eifrig förderte, gab ihnen 2 Staatsschiffe mit zahlreicher Bemannung mit. Der Oberbefehl wurde einem gewissen Prouville de Tracy übertragen, der die Würde eines Vizekönigs für ganz Amerika erhielt. Das Geschwader erreichte Anfang Mai 1664 Cayenne, die Holländer leisteten keinen Widerstand und räumten freiwillig die Kolonie. Colbert übertrug nun der Kompagnie de la Barre's noch weitere Rechte und das Eigentum von ganz Französisch-Westindien, Süd- und Nordamerika und Westafrika auf 40 Jahre. Ihr Titel wurde in Compagnie des Indes occidentales geändert. Zu der Zeit, in welcher das Schreiben Colberts an den Kurfürsten von Mainz erging, war also de la Barre nach Frankreich zurückgekehrt, hatte dem Könige Bericht erstattet, und die Westindische Kompagnie war infolge der Anträge von Mainz offenbar aufgefordert worden, sich über die Wünsche des Kurfürsten und Bayerns zu äußern. Sie reichte darauf das folgende „Memoire" ein, das hierauf dem Mainzischen Unterhändler Herrn Crafft zur Kenntnisnahme vorgelegt wurde. Das Memoire lautet:

„Memoire.
Messieurs les Electeurs de Mayance et de Bavière
demandent au Roy.

1.

La Concession d'un degré a chacun, a la coste de la Guajane.

ad. 1. Response: Accordè à condition que le Roy se reserve la faculté de leur indiquer le lieu; c'est à dire plus proche, ou plus eluigné des Colonies Françoises.

2.

Les tiendront en fiefs de la Couronne de France en Sorte que les Gouverneurs preposeront à leurs Colonies, reconnoistront le Gouverneur General du Roy, aux choses qui regarderont le bien commun du pays, et sa deffense.

ad. 2. Accordè à condition qu'ils seront obligés d'en demander à sa Majesté l'innestitore dans toutes les mutations.

---

*) vgl. hierfür wie f. d. folgende: Zimmermann, die Europ. Kolonien, Bd. 4 Kolonialpolitik Frankreichs. S. 56. S. 87 u. ff.

Que les Gouverneurs establis presteront Serment entre les mains du Gouverneur generale du Roy, tant pour luy que pour les habitans desdftes Colonies, portant de le reconnoistre, el luy obeir en tout de qui concernera le bien common du pays, et Sa deffence. Dont ledit gouverneur generale fera le juge, sans que le gouverneur particulier puisse alleguer que ce qu'il ordonnera ne regarde point le bien du pays, ny Sa deffense, mais sera obligé d'obeir à ses ordres, après avoir fait ses protestations de s'en plaindre à son Maistre.

Que les Sujects presteront Serment de fidelité au Roy et d'obeissance aux gouverneurs de Sa Mayesté, lequel serment ils renouvelleront tous les dix ans. Sa Majesté se reserve la faculté de bastir des forts aux extremites du pays, au cas qu'il estime necessaire pour la secureté des frontières.

3.

Feront leurs embarquemens et debarquemens dans les ports de France.

ad. 3. Accordé!

4.

Lesdits Electeurs possederont la terre susdite chacun en propre, en Sorte que chacun puisse disposer des Colonies selon son desir et y regler les choses à son grè, tant en il qui regarde la police, que l'oeconomie, en un mot qu'ils jouiront de tous droits de regales, et pourront faire exercer lesdits droits, par leurs gouverneurs.

ad. 4. Accordé.

5.

Pour faciliter le peuplement desdites terres, et pour les deffendre pourront lesdits Electeurs donner en manière de fief à d'autres Princes et Seigneurs portion d'Icelfo.

ad. 5. Accordé.

6.

Pour le passage des hommes des familles et des choses necessaires à l'establissement des Colonies, Ils pourront s'accommoder des Vaisseaux de la Compagnie des Indes occidentales, après qu'ils seront convenus avec elle du prix, Soit pour le passage ou pour les frais.

ad. 6. Accordé, en adjoustant qu'ils ne pourront se servir d'autres Vaisseaux que de ceux de ladite Compagnie.

7.

Pourront achepter des Noirs pour le seruice des Colonies de ceux qui ont privilège du Roy d'en faire le trafic, s'ils le jugent à propos, Sy mieux Ils n'ayment les envoyer acheter aux mesmes dans l'affrique à leurs risques.

ad. 7. Accordé. En restreignant l'archapt des Negres par les mains de la Compagnie seulement.

8.

Jouiront des mesmes privileges dans la Guiajane que les autres colonies françoises sugettes à la Couronne de france, et pourront librement trafiquer et commercer avec les sujets de france soit dans l'Europe Soit dans l'Amerique et autres lieux et Isles quelconques.

ad. 8. Accordé.

9.

Toute l'affaire desdites Colonies roule sour les articles susdits, soit a y reformer du adjouster ce qui sera jugé necessaire et à propos, y denoir estre adjousté ou reformé pour le plus grand Esclaircissement de chaque article, et pour l'aduencement de ce dessin.

ad. 9. Bon.

Articles a adjouter.

Quils ne souffriront le Commerce d'aucune autre Nation que des Francois.

Le Roy se reserue en faneur deladite Compagnie des Indes occidentales establie dans son Royaume la pesche dans toutes les mers, qui sera commune anec les Vaisseaux deladite compagnie et les habitans desdites Colonies.

Lesdites Seigneurs ne pourront vendre ny ceder en tout ou en partie ce qui leur aura esté concedé à aucun Prince ny Estut sans le consentement de sa Majesté, et ne pourront prendre aucune Protection que la Sienne.

Le Roy se reserue dans l'estendue du territoir on sera establie la principale Ville ou habitation desdites Colonies, l'estendue de deux lieues de Terre en quarré Sur les rivières, sur lesquelles sa principale Ville sera bastie pour la fondation d'un Evesché et d'un Chapitre, dont l'Evesque sera perpetuellement à la nomination de sa Majesté et des Roys ses Successeurs, et fera partie de l'eglise Gallicane. Sujet a un Metropolitain francois tel qu'il plaira a sadite Majesté de choisir, lequel prestera Serment entre ses mains, ainsy que les autres Evesques de France.

Sa Majesté reserue pareillement l'estendue de 20 arpans mesure de France au dedans de ladite paroisse, Ville on habitation, pour le bastiment d'une Eglise cathedrale logement de l'Evesque, cloistre et Jardins necessaires, toutes lesquelles terres tant au dettors qu'au dedans de ladite Ville seront tenues immediatement de sa dite Majesté.

§ 6.

Sa Majesté fera donner désapresent le nombre des prestres necessairs pour les fonctions curiales dans lesdites Colonies, lesquels Prestres seront sous la Jurisdiction d'un Evesque françois, tel à qu'il plaira a Sadite Majesté.

§ 7.

Quant à la Jurisprudence, la coutume de Paris et les ordonnances de sa Majesté et de ses predecesseurs seront sainies."

Dies Memoire ist so zu verstehen, daß zuerst die Punkte niedergeschrieben sind, die der Unterhändler Namens des Fürsten vorgeschlagen hat, und daß die Kompagnie sodann entweder mit ihrem „Accordé" ihre Zustimmung erklärt, oder noch weiter ihr notwendig erscheinende Bedingungen hinzufügt. Diese Zusätze der Kompagnie haben sämtlich die Tendenz, einmal die Abhängigkeit der neuen Kolonie von Frankreich recht enge zu gestalten — die Gouverneure sollen für sich wie für die Einwohner den Untertaneneid dem französischen Generalgouverneur leisten u. s. w. — und zweitens, für die Kompagnie selbst möglichst viel Handelsvorteile und Privilegien heranzuschlagen. So sollen für die Beförderung der Kolonisten nur die Schiffe der Kompagnie benutzt werden dürfen, Negersklaven, die von vornherein als unbedingt notwendig für die Kultivierung des Landes angesehen werden, sollen nur durch Vermittelung der Kompagnie gekauft werden dürfen. Die Fischerei soll der Kompagnie vorbehalten bleiben u. s. w. Ferner sollen die kirchlichen Verhältnisse so geordnet werden, daß die Kirche der künftigen Kolonie zur „Gallikanischen Kirche", d. h. zu der katholischen, aber dem Einfluß des Königs von Frankreich auf Grund der sog. Gallikanischen Artikel stark unterliegenden Kirche Frankreichs gehört.

Diese Anforderungen, die die Kompagnie stellte, schienen dem Unterhändler Crafft viel zu weit zu gehen und die Selbständigkeit der Kolonie viel zu sehr zu beschränken. Von seiten der französischen Minister wurde ihm indessen versichert, daß die Befragung der Kompagnie überhaupt nur pro forma erfolgt sei, und daß es dem Könige nur darauf ankomme, daß seine Souveränität in irgend einer Form gewahrt bleibe. Im übrigen sei man bereit, so weit wie möglich entgegen zu kommen. Crafft reiste infolgedessen wieder nach Mainz zurück, um die Sache dem Kurfürsten persönlich vorzutragen. Der Kurfürst beabsichtigte zuerst, dem bayrischen Hofe selbst von dem Fortgange der Sache Nachricht zu geben. Da sich die Ausführung dieser Absicht aber hinzog, erbat und erhielt Crafft die Erlaubnis, seinerseits einen Bericht nach Bayern zu senden, um die dort anscheinend schon kundgegebene Ungeduld zu beschwichtigen. Der im folgenden abgedruckte Bericht ist offenbar an den obengenannten bayrischen Kanzler Herrman Egon Grafen zu Fürstenberg gerichtet und gibt uns auch Kenntnis von der Gegend, in welcher die Anlage der Kolonie geplant war. Er lautet wie folgt:

„Hochgeborner Graff, Gnädiger Herr rc.

Daß Euer Gräfflichen Excellenz seither meiner wieder Kunfft noch keinen Vnterthänigen bericht gethan, ist die Vrsach, daß ich alle augenblick vertröstet gewesen, daß Ihre Churfürstl. Gnaden beneben der relation Ihre Meinung zvegleich vebersenden wollten. Eß hatt sich aber solches wegen vielerhand schweren Geschäfften bisher nicht allein verschoben, sondern weile ich deß Verzugß noch Kein End gesehen, alß habe ich endlich höchstgedachte Ihre Churfürstl. Gnaden Vnterthänigst ersucht, daß ich Vnterdessen, eine bloße relation, wie die Sachen stunden, Vbersenden dörffte, mit beigefugtem Vnterthänigsten Vorschlag, ob dieselbe, weilen sie doch bey so vielen Geschäfften hierauff Ihre Gedanken nicht legen Könnten, nicht gnädigst belieben lassen wollten, daß ich Eurer Gräfflichen Excellenz vortragen, Vnd Vnterthänig bitten dörffe, ein project sothaner privilegien, wie Sie dieselbe ihres orthß gerne sehen, vnd nothwendig erachten möchten, Befertigen zu lassen, damit endlich das werk ferner befurdert werden möchte. Welcheß denn mehrgedachten Ihre Churfürstl. Gnaden genädigst beliebe, Vnd befohlen Euerer Gräfflichen Excellenz benebenst vermeldung dero genädigsten Grußeß hierüber zu berichten, welcheß hiermit Vnterthänigst geschieht.

Beyliegend werden Ihre Gräffliche Excellenz finden, eine Copey von denen Articuln so die westindische Compagnie über meine wenige puncto von sich gegeben. Eß findet aber dieselbe so voller absarden vnd contradictionen, daß ich nicht allein bedenken getragen von Paris auß solche zu übersenden, sondern eß habe solcheß auch Ihre Churfürstl. Gnaden allhier biß dato selbst nicht vor gut achten wollen, damit bey Ihrer Churfürstl. Durchlaucht nicht vielleicht eine Ablehr von dem bemußten vorhaben dardurch verursacht werden möchte. Zuemahlen, wenn man nicht mit allen Vmbständen die eigentliche Bewandtnuß mundlich darbey referiren könne. Eß ist aber mit gedachten Articuln also beschaffen, daß nemblich an dieselbe sich gar nicht zu Kehren, noch zue stoßen ist, denn Ihre Majestät haben vermög deren von sich gegebenen Privilegien die Compagnie nicht vorbey gehen könneu, sondern derselben pro forma die Ehr geihon, alß ob solche sache ihr damit deferiret were, welches doch weitt gefehlt ist. Ich bin deßen mit großen protestationen, doch in sonderbahrer Geheimnuß Vmb der Compagnie villen, zum öftern versichert, daß man alleß geben wolle vaß bey de G. G. Churfürsten dießfallst an ihre Majestät begehren wurden, vnd daß man sich an diese der Compagnie Articul im geringsten nicht zu lehren halte, Mann möge die priuilegia einrichten wie man selbsten wolle, wenn nur die Souuerainität an Ihre Majestät verbleibe.

Daß Land, welcheß die Compagnie abtretten vnd überlaßen vill, ist mir durch Ihrer Majestät Secretair d'Estat und der Compagnie Directoren Mr. Bochamel und Mr. de la Barr der Compagnie Gouverneur von Guajane, auge-wiesen worden, darüber die Copey der neweßten Landcartten, gleich wie dieselbe dem König jüngsten praesentirt zuor täglich erwartet, aber noch nicht empfangen. Damit aber Eure Gräffliche Excellenz gleichwol Vnterdeßen so viel muglich genuge geschehen möchte, alß habe ich ein Charte, worin das Land vor etliche Jahren bezeichnet, hierbey Vbersenden wollen; in welcher dieselbe ohngefahr auff den 5' grade altitudinis die Insul Cayane finden werden, vnd neben Derselben ein Fluß R, wia genandt, welcher aber Vnrecht gezeichnet, vnd immediate an der Insul seinen Außfluß hatt, gleich wie ich solcheß obscur bewertet. Nechst diesen ist der Fluß Apurwacu, von welchem unsere Gräntzen sich anfangen, vnd in Cap de Condé sich eubigen sollen. Der länge nach aber erstreckt es sich nach der Reuier von Amazon, so weitt alß man Kommen kann. Ich achte daß alleß biß in 300 teutsche Meilen lannneß in sich begreiffe, vorinnen meines erachtens etliche Millionen Seelen sich ernehren Vnd Leben Können. Taß Land selbsten, wie ich gar particuliere nachricht habe, ist sehr gut, Vnd der beste theil zwischen beyden Flüßen von Amazoa Vnd Oronoque, vnd ist auff der ganzen Küste nirgend Krine Fischerey, alß an diesen orthen. Mann muß aber das Land vollendt biß auf R. Capisspouri begehren, an welchem die einige Fischerey von dem Lamantin oder Seekühen ist, mit welchen ein großer Haudel getrieben wird. Vber welche noch von dirfem Fluß durch daß Landt ein Vnfehlbarer Handel mit den Judiern an der R. von Amazon vnd Marignan zu hoffen an welchen orthen sich vou Natur Vnterschiedliche sortica von animalibus finden, von welchen alle zun schreiben zun veitleufftig ist.

(Schluß folgt.)

Ein Zwergvolk Kameruns.

Mit 2 Abbildungen.

Einer der interessantesten Volksstämme Kameruns dürfte wohl das im südlichen Kamerun-Gebiet lebende Zwergvolk der Bequelle sein, von den Eingeborenen auch Beköäh genannt. Sie bewohnen hauptsächlich die viele Meilen breite Urwaldzone, die sich zwischen der Batanga-Küste und den ersten Gebirgs-Höhenzügen des Hinterlandes durch den Südbezirk unserer Kamerunkolonie erstreckt.

Die Bequelle sind im wahrsten Sinne des Wortes ein Jägervolk. Ohne festen Wohnsitz leben die Bequelles zu 2—3 Familien vereint in den entlegensten und einsamsten Urwalddickichten, wie ein Nomadenvolk, das sich nur vorübergehend bald hier bald dort niederläßt. Wie unsere Abbildungen zeigen, sind ihre Wohnungen nur dürftige Blätterhütten, die ihnen während ihres höchstens wenige Monate dauernden Aufenthalts Schutz und Schirm gegen die Witterung bieten, je nachdem der Wildreichtum ihrer Jagdlust genügt, ihnen Nahrung und Ertrag gewährt. Doch nur die Männer sind's, die der Jagd obliegen, während die Frauen die Wirtschaft zu versehen haben, was hauptsächlich darin besteht, die Kinder zu verpflegen, Beeren und sonstige Früchte des Waldes zu sammeln, die neben Fleisch ihre Hauptnahrung bilden. Falls die Männer zu größeren Jagdunternehmungen in den Wald ziehen, wie etwa Treibjagden, so geben sich die Weiber auf einer Waldblöße vor ihren Hütten beschwörenden Tänzen hin, im Aberglauben, daß dieses für die Jagd glück- und erfolgbringend sei. Bei ihren Tänzen bedienen sie sich nicht, wie ihre Nachbarstämme, der Tanztrommeln, sondern als Ersatz hierfür dienen zwei parallel hingelegte, etwa zolldicke Knüttel aus Eisenholz, ca. 1½ m lang, die mit zwei kurzen Schlägeln aus gleichem Material bearbeitet resp. abwechselnd geschlagen werden. Hierdurch erzielen sie metallisch klingende hohe Töne, als Begleitung zu ihren Gesängen und Tänzen. Acker- und Gartenbau treiben sie absolut nicht; doch tauschen sie bei den benachbarten Mabealeuten ihre getrockneten Fleischvorräte gegen Gartenerzeugnisse, wie Maniot, Pisangs und andere Früchte gern ein.

Als Genußmittel dient ihnen selbst gewonnener Palmwein; schon in den frühesten Morgenstunden hängen die Männer die zur Aufnahme des Weines dienenden Kalabassen an den frisch angeschlagenen Palmen auf, so daß im Laufe des Tages die Behälter mit dem Safte sich füllen, der dann nach kurzer Gährung des Abends nach den Mahlzeiten frisch getrunken wird.

Die wichtigsten Jagdgerätschaften der Bequelle sind Schlingen und Fallen, außerdem brauchen sie das durch den Handel eingeführte Feuersteinschloßgewehr.

13

Dieses, sowie Munition und andere notwendige Werkzeuge tauschen sie sich von den näher der Küste zu wohnenden Mabealeuten ein, die dieselben von den dortigen Europäern erhandeln, wie überhaupt die Mabea den ganzen Zwischenhandel der Bequelle in Händen haben, wodurch letztere in jeder Beziehung wirtschaftlich von den Mabea abhängig sind. Die Mabea betrachten sich sogar als Herren dieses Zwergstammes; jeder angesehene Mabeahäuptling sieht in den ihm zunächst wohnenden Bequelle seine Untergebenen und stempelt sie zu Leibeigenen. Dasselbe Ab-

hängigkeitsverhältnis besteht zwischen den weiter im Innern wohnenden Bequelle und den Ngumbaleuten. Beide Stämme, die Mabea und Ngumba, halten den Bequellemann vor jeder Berührung mit dem Europäer zurück, indem sie ihnen vor letzterem Furcht einflößen und sie derart einschüchtern, daß diese sich vor dem Europäer buchstäblich verstecken, so daß es nur einem Zufall gelingen kann, dieselben zu Gesicht zu bekommen. So hatte auch ich während meines langjährigen Aufenthalts in Kamerun nur 2 mal Gelegenheit, diese Zwerge von Angesicht zu Angesicht zu sehen.

Auf einer meiner letzten Elefantenjagden hatte ich das Glück, eine noch bewohnte Ansiedlung der Boquelle anzutreffen; bei meinem Erscheinen wollten sie anfangs aufgeschreckt und entsetzt in den Busch fliehen, nach langem, begütigendem Zureden brachte ich sie davon ab, und bewegte sie zum Bleiben. Hierdurch bot sich mir Gelegenheit, die beigefügten Photographien aufzunehmen, und dürften dies wohl die ersten sein, die bisher angefertigt sind, von dem mir so interessantem Volk, von dem ich immer so viel gehört, doch nichts gesehen hatte.

Im Wuchs und Körperbau sind die Bequelle den Ngumba und Mabea ähnlich, jedoch bedeutend kleiner und schmächtiger. Ihre Hautfarbe ist schmutzig grau, fast gelb zu nennen. Charakteristisch ist der spärliche Wuchs der Augenbrauen.

Die Weiber der Boquelle werden von 'den **Mabea** vielfach zu Frauen genommen; der Mabeamann versteht es, sich diese Frau für seine Sitten und Zwecke
gut zu gewöhnen und betrachtet sie dann als ebenbürtig; dagegen würde sich
eine Mabeafrau niemals herablassen, einen Boquelle zum Mann zu wählen, da sie
sich nach ihrer Ansicht zu sehr erniedrigen würde, einen in der Kultur so weit zurückgebliebenen Buschmann zu heiraten, auch würde es ihr schwer werden, sich an solch
ein einsames und entbehrungsreiches Leben im Urwald zu gewöhnen.

Wie bereits erwähnt, besteht die Gegenzahlung der Bequelle im Tausch-
handel vorwiegend in Fleisch und anderen Jagderträgnissen, teilweise aber auch in
Kautschuk, den sie aus den Kautschulllianen des Urwaldes gewinnen.

Schon vor einigen Jahren hatte die Amerikanisch-Presbyterianische Mission in
Lolodorf in Ngumba eine Station gegründet, die speziell zur Erforschung und Be-
lehrung der Bequelle zum Christentum dienen sollte. Trotz vieler mühevollen
Versuche gelang es den Missionaren jedoch nicht, den Bequelle näher zu treten,
und wurde die Station nach einigen Jahren wieder aufgelöst. So werden wohl
auch noch ferner viele Jahre vergehen, ehe diesen Urwaldheiden die Zivilisation
zugänglich gemacht werden kann.

Longji-Kamerun.   Hans Paschen.

Kolonialwirtschaftliche Mitteilungen.*)

Von Korpsstabsapotheker L. Bernegau.

Die erfreuliche Entwicklung des Handelsverkehrs in unsern Kolonieen Togo und Kamerun, insbesondere die Einleitung des Handelsverkehrs mit den Haussa zwingt uns gebieterisch, die Kultur der Kolanuß in Togo und Kamerun in größerem Maßstabe in Angriff zu nehmen.

Die Kolanuß ist im ganzen Haussalande als Reizmittel sehr beliebt und hat einen bedeutenden Handelswert als wertvolles Tauschmittel. Auf den afrikanischen Märkten wird bei den Geschäften mit Sklaven, mit Kolanüssen oder mit Kaurimuscheln bezahlt, seltener mit dem Maria Theresia-Taler.

Wollen unsere Kolonieen Togo und Kamerun in Zukunft an dem Handel mit den Sudanvölkern teilnehmen, ist es notwendig, daß wir die bei den Kolanuß konsumierenden Völkerschaften beliebtesten Kolanußarten anpflanzen, ganz abgesehen davon, daß das aus der frischen Kolanuß hergestellte Kolanußextrakt auch für die Einfuhr in den Weltmarkt allmählich Interesse wachrufen wird.

Da eine Kolanußanpflanzung erst nach 10 Jahren Ernten einbringt, muß man dafür Sorge tragen, bei Anlage einer Kolanußkultur zeitig Zwischenkulturen mit Fruchtwechsel anzulegen, wie Erdnuß, Ananas, Bataten, (süße Kartoffeln). Die Produkte der Erdnuß, das Erdnußöl und die Rückstände der Erdnußölfabrikation, die eiweißreichen Erdnußfutterkuchen, haben sich in Europa Dank ihrer Güte rasch eingeführt, so daß der Anbau der Erdnuß in unsern Kolonieen auf das Wärmste empfohlen werden kann.

Für die deutsche Zuckerindustrie ist die Kultur der Ananas von Nutzen, insofern das Ananasextrakt für die Fabrikation von Fruchtsäften und Marmeladen eine Abwechselung im Geschmack schafft und einen aromatischen Grundkörper für die Fabrikation alkoholfreier Apfelsäfte und Apfelweine liefert. Die Ananas hat auch für die Pharmazie und Medizin Interesse insofern, als sie ein wertvolles Ferment uns zuführt für die Herstellung von Fleischsäften für die Krankenpflege und für die Bereitung von Frauenmilch ähnlicher Kindermilch aus Vollmilch.

Für die Landwirtschaft bezw. für die Müllerei ist die Anpflanzung der süßen Kartoffel beachtenswert, da nach meinen Versuchen das süße Kartoffelmehl in Verbindung mit Weizenmehl vorzüglich schmackhafte Backprodukte liefert und nicht backfähige Mehle backfähig macht.

---

*) Vortrag mit Lichtbildern, gehalten auf der 75. Versammlung Deutscher Naturforscher und Ärzte in Kassel.

Diese letztere Eigenschaft des Süßkartoffelmehls wird dem Süßkartoffelmehl seine Einführung in die Müllerei erleichtern helfen. . Die deutsche Müllerei bezieht aus dem Auslande enorme Mengen Getreide jahraus jahrein für Herstellung backfähiger Mischmehle.

Wenn wir nur einen kleinen Teil davon durch Süßkartoffelmehl ersetzen können, sind wir in der Lage, große Strecken unsrer Kolonieen in Zukunft an den Eisenbahnstrecken mit Süßkartoffeln kultivieren zu können.

Deutschland wird stets ein Getreide bezw. Brodfrüchte importierendes Land bleiben. Trotz aller Verbesserungen des landwirtschaftlichen Betriebes wird die Einfuhr von Getreide und Brotfrüchten steigen müssen, da die Bevölkerungszahl derartig im Wachsen begriffen ist, daß die Landwirtschaft nicht genügend Getreide 2c. für die Ernährung der Bevölkerung erzeugen kann. Nach Professor Schmoller — Flottenvortrag — ist Deutschland das kinderreichste Land in Europa und nimmt jährlich um 1 Prozent zu. Von 1824—1895 ist die Bevölkerungszahl von 24 auf 52 Millionen gestiegen; dabei sind ca. 6—7 Millionen nach Übersee gewandert. Diese Zahlen reden deutlich, daß wir für die Ernährung der jährlich steigenden deutschen Bevölkerung, die nach Prof. Schmoller voraussichtlich in den nächsten zehn Jahren auf 100—150 Millionen anwachsen wird, Getreide und Brotfrüchte in unsern Kolonieen erzeugen müssen, wollen wir nicht vom Auslande abhängig bleiben.

Wir haben aber in unsern Kolonieen, namentlich in dem großen Hinterlande von Kamerun, große Länderstriche, geeignet für Getreide-, namentlich Mais- und Süßkartoffelanbau. Durch intensive Bodenbewirtschaftung, ausführbar durch allmählich zu schaffende rationell betriebene Eingeborenenkulturen unter Aufsicht der Gouvernements und Förderung derselben bessern sich die gesundheitlichen Verhältnisse, und ganz allmählich werden wir dann auch daran denken können, wenn die Eisenbahnen den Verkehr mit den gesund gelegenen Länderstrichen rasch vermitteln, den Versuch zu machen, deutsche Ackerbaukolonieen in einzelnen Gebieten, z. B. in Ostafrika, anzusiedeln, wenn auch bis heute nur Südwestafrika für Ackerbaukolonieen anscheinend in Betracht kommt nach Lösung der Wasserfrage.

Zu meinen Backversuchen mit Süßkartoffelmehl bezog ich durch Vermittlung des deutschen Konsulats von der Azoreninsel Sao Miguel mehrere Fässer Bataten Die ersten beiden Sendungen kamen verdorben an, da die Reise mit Umladung in Liverpool zu lange gedauert hatte. Erst die dritte Sendung, besonders sorgfältig in Fässern verpackt, brachte verarbeitungsfähige, frische süße Kartoffeln.

Die süßen Kartoffeln wurden von der Konservenfabrik Albert Rehse Sohn in Wülfel verarbeitet, zuerst geschält, dann geraspelt und eine Minute gedämpft, darauf im Heißluftkanal getrocknet. Die Dauer der Trockenzeit betrug vier Stunden. Die getrockneten süßen Kartoffeln wurden auf der Windmühle gemahlen. Der Mahlverlust betrug 2 p. c.

Die Analyse des Süßkartoffelmehls wurde im Pharmaceutisch-chemischen Institut der Univerisität Berlin unter Leitung des Herrn Professors Dr. Thoms ausgeführt und ergab:

Stärke	42,2 p. c.
Lösliche Kohlehydrate . . .	39,6 „
darunter Zucker als Dextrose .	19,8 „
Rohfaser	2,64 „
Gesamt-Stickstoff	0,778 „ , entsprechend

Eiweiß . . . . 3,99 p. c.
Fett . . . . 0,55 „
Asche . . . . 3,65 „
Wasser . . . . Rest.

In der Hannoverschen Cakesfabrik H. Bahlsen wurden mit dem Batatenmehl Backversuche gemacht. Aus gleichen Teilen Batatenmehl und Weizenmehl wurden sehr schmackhafte Cakes hergestellt.

Nach der auf Veranlassung des Ministeriums für Landwirtschaft von der Landwirtschaftlichen Versuchsstation in Posen — Leiter Dr. Gerlach — ausgeführten Analyse des Batatenmehls enthielten die stickstofffreien Extraktstoffe im wesentlichen Traubenzucker, Stärke, Dextrin, Proteïnstoffe und Gummi. An Rohproteïn enthielt das Süßkartoffelmehl 5,25 p. c., an Reineiweiß 3,25 p. c.; davon waren 73 p. c. verdaulich. Da nach einem Berichte des Bezirksamtes in Tanga (Ostafrika) die Bataten dort vorzüglich gedeihen, ist dort auf Anregung des Kolonial-Wirtschaftlichen Komitees die erste Einrichtung einer Dörranlage zur Herstellung von Dörrbataten in Aussicht genommen.

Auf Veranlassung des Ministeriums für Landwirtschaft habe ich mit Genehmigung des Herrn Geheimrats Professor Delbrück mit der deutschen Kartoffel-kulturstation · — Leiter Prof. Dr. von Eckenbrecher — Akklimatisierungsversuche mit Bataten in Deutschland eingeleitet. Bezogen wurden zu diesen Pflanzversuchen Bataten von den Inseln Madeira und Teneriffa, ferner aus Frankreich algerische süße Kartoffeln. Das Saatgut konnte leider erst Ende Juni auf dem Versuchsfelde der Kartoffelkulturstation in der Seestraße in Berlin ausgepflanzt werden.

Nach einer Mitteilung des Herrn Prof. Dr. von Eckenbrecher scheinen die Bataten einerseits zu spät ausgepflanzt zu sein, und andrerseits waren die Witterungsverhältnisse dieses Sommers für die Entwicklung derselben ganz besonders ungünstig. Im allgemeinen stehen sämtliche Pflanzen frisch und gesund da; sie sind aber nur klein geblieben, es hat ihnen offenbar an Sonnenschein und Wärme gefehlt.

Die Pariser Stecklinge sind nicht schneller und besser gewachsen als die ausgelegten Knollen; letztere stehen mindestens ebenso gut. Es bleibt abzuwarten, was aus dem Versuch wird. Im Frühjahr gedenken wir in Süddeutschland Anbauversuche auszuführen.

In Deutschland ist der Kartoffelanbau stetig steigend. Die Spiritusfabrikation ist nicht in der Lage, entsprechenden Absatz zu sichern. 1898/1899 wurden nach amtlichen Berichten nur 6,76 Prozent der Kartoffelernte verbraucht.

Die mit Recht geförderte Herstellung von Trockenkartoffeln, welche die Konservierung großer Ernten ermöglicht und den Absatz steigern kann durch Mehrverwendung als Futtermittel und Ausfuhr in kartoffelarme Länder und die Schutzgebiete ist allein nach Prof. J. Pierstorff — „Jahrbücher für Nationalökonomie und Statistik", Jena, Verlag von G. Fischer — nicht in der Lage, der kartoffelproduzierenden Landwirtschaft dauernde Hülfe zu bringen.

Falls sich das neue Kartoffelmehl (ausgestellt wurde dasselbe auf der Kartoffelausstellung der Kartoffelkulturstation) zur Bereitung von Brot bewährt und sich einführt, ist ein größerer Absatz für die Kartoffelernten zu erwarten.

Akklimatisiert sich aber die süße Kartoffel in Deutschland und führt sich das Süßkartoffelmehl neben Getreidemehl in der Küche, dem Bäckereigewerbe, der Puddingpulver-, Cakes- und Brotfabrikation ein, verfüttern die Landwirte dann ferner gedörrte süße Kartoffeln in größerem Maßstabe für die Fleisch- und Milch-produktion, sowie als Pferdefutter, dann ist begründete Aussicht vorhanden für eine allmähliche Gesundung der deutschen Kartoffelkultur.

Über die Kultur der süßen Kartoffel auf den Azoren habe ich nähere Mitteilungen im „Tropenpflanzer", Nr. 6, Jahrgang 1902, veröffentlicht.

Auf der Insel Sao Miguel wird die süße Kartoffel hauptsächlich als Mastfutter und zur Spiritusfabrikation gebraucht. Die Spiritusausbeute ist 12 p. c. Alkohol. Die Insel erzeugt etwa 75 Mill. Ko. süße Kartoffeln, wovon die Spiritusfabriken — drei Stück — etwa 45 Mill. Ko. verarbeiten.

Dreißig Mill. Kilogramm dienen als Nahrungsmittel und als Viehfutter.

Ein Hektar trägt auf der Insel Sao Miguel im Durchschnitt 30 000 Kilo süße Kartoffeln. — — —

Ein bayrisches Kolonialunternehmen im 17. Jahrhundert.

Von Regierungsrat Dr. E. Jacobi.

II.

Waß die Kosten belanget, will ich hiernechst anweisen wie solche nach meinem geringen Vorschlag auffs allergeringste anzugreiffen, Vnd wie mit wenig tausendt Reichsthlr. der anfang gemacht werden könnte.

1). Die Essentialia der Conditionen belangendt, so sindt meine wenige vorschläg, daß man Vnter Keiner höheren Obligation daß Leben annehmen müße, alß ein Reichsfürst vor Ihrer Kayl. Majestät habe, vor allen dingen aber, daß man mit Keinen französischen Gubernatore zun thnen habe, oder Vnter demselben stehen solle, Vnd daß man bey vorfallender gegenwehr einest allgemeinen friedeß in dem Land nicht mehr alß auf daß höchste mit dem 8te, 9te oder 10te Mann assistenz zue leisten schuldig sein solle.

2). Daß wir mit eigenen schiffen fahren, vnd die Colonos einzueschiffen, Vnd die heraußgebrachte wahren in solche häffen einführen möchten, wo eß Vns gut dünke.

3). Daß wir Vnsere Slauen immediate von denjenigen Persohnen, welche wegen deß Slauen-Handelß von der Compagnie priuilegiert seien selbsten einkauffen, oder auch mit eigenen schiffen selbsten zun hohlen, Vnd einzuchandeln macht haben sollten, doch mit begedung deßen, daß wir nicht mehr Slauen einhaudeln wollten, alß wir selbsten zue eigenen Gebrauch von nöthen, alleß Vbrigen handelß Vnd Verkauffß derselben Vns Vorzeichen.

4). Die Fischerey muß Gemein bleiben, Vnd daß wir nach Vnsern gutfinden damit haudeln mögen.

5). Die Ecclesiastica stehen zu bereu Deliberation.

Tieses sindt ohnvorgreifflich meine Gedanken, Vnd Können Keine gute privilegia ohne vorgenennte puncten gemachet werden: Ihre Gräfliche Excellenz Können nach dero gnädigem Belieben beyfügen, waß Sie gut finden, vnd Obgenennte amplificiren Vnd restringiren, wie Sie eß gut finden, aber eß müßte bereu Keines Vergeßen werden. Mann hatt nicht von nöthen schlimme Conditiones anzunehmen, wenn man gute haben Kann Zunmahlen dieseß eine Sache ist, welche anderß alß Vater selbst gewundschten Conditionen anzunehmen eine Vnweißheit were. Eß hatt das ansehen, alß ob nach Ihre Gräflichen Excellenz vordiesigem Vrtheil, Spanien vnd Frankreich in diesem Stuck mit der Zeit certiren werde, welches an die

Teutsche Chur — Vnd — Fürsten die beste Conditiones geben werde. Spanien hatt vor dirsem einige conditiones spargiren laßen, welche durch andere von Ihrer Churfürstl. Gnaden in Frankreich Kommen, vorüber Vnd zue deren Annihilation alß bald andere geschmiedet, wie denn solche durch Mr. Colbert an Ihre Gräffliche Excellenz herrn Bruder, dem Hr. Bischoffen zue Metz communiciret. Ich zweifele zwar nicht, daß Euere Gräffliche Excellenz solche allbereit haben werden, habe gleichwohl auff allemfall eine Copey derselben Vberfenden wollen.

Vber das vornehmen von Guajana befindet sich noch eine andere Manier zu etlichen schönen Vnd importirenden Insuln zue gelangen, welche nur bluß zu besetzen weren, unb wenn diefeß geschehen, hette man mehr nicht zun thuen, alß daß man Spanien, Frankreich und Engelland solcheß notiticiret. Eß müßte vmb der authoritaet willen solcheß Vnter dem Nahmen einer Churfürstlichen Compagnie zue gehen, Vnd in dieselbe soviel gezohen werden alß man Könnte. Diejenige Persohn so mir den Anschlag offenbahret, hatt sich gewieße Conditiones reseruiret Vnd will selbsten 40,000 Rchsthlr. alsobald anwenden. Daß allergrößeste ist, daß solcheß gar wenig Koste, vnd gleichsam in einer mühe mit Guajana hinauß geführt werden Kann.

Der Anschlag stehet Ihre Churfürstl. Gnaden wohl an, Vnd muß vor vollziehung deßen heimlich gehalten werden; wenn ich die Ehre haben werde Euerer Gräfflichen Excellenz auffzuwarten, werde ich fernern Vnterthänigen bericht thun, darvon mir dießmahl Vmb der Kirtze willen weittläufftiger zu schreiben Vnmuglich ist, dieseß Vnterthänig bittend, daß Euer Gräfflichen Excellenz den Entwurff der priuilegien gnädigst auff sich nehmen Vnd nach deren belieben zun befördern sich gnädigst belieben laßen wollten. Hiermit befehle ich dieselbe Gotteß Schutz. Vnd verbleibe

Euerer Gräfflichen Excellenz

Vnterthänigster Diener

Johann Daniel Crafft.

Meintz den 7. Dezember 1665.

Aus diesem Schreiben erfahren wir also, wo das Loud, wo die Kolonie gegründet werden sollte, lag; es sollte von dem bei Cayenne belegenen Fluß „Apurwaca" anfangen und am „Cap de Condé" endigen. Crafft schlägt aber vor, eine Ausdehnung bis an den Fluß Capisspouri zu verlangen. Es fragt sich, wo man dieses Loud zu suchen hat. Der Fluß der hier Aparwacu genannt wird, ist ohne Zweifel derselbe, den Dr. Becher in seiner „Beschreibung des Landes Guiana" die in seinem „Politischen Diskurs" eingefügt ist, Apervacque oder Aprovacque nennt. Diese Form des Namens führt uns auf die heutige Bezeichnung des Flusses, es ist offenbar leiu anderer, als der auf den neueren Karten als Approuague oder Aporuagus bezeichnete Fluß der südöstlich von Cayenne zwischen dem 4. und 5. Grad nördlicher Breite mündet. Der Fluß Capisspouri, bis zu dem nach Craffts Vorschiag die Kolonie sich erstrecken sollte, ist auf den mir zugänglichen Karten, z. B. der Karte in dem offiziellen französischen Kolonialatlas*), ebensowenig aufzufinden, wie das Cap Condé. Ich glaube aber den Capisspouri in dem auf dieser Karte etwas südlich von dem Schnittpunkt des 4. Grades mit der Küste mündenden

*) Atlas des Colonies Francaises. Dressé par ordre du ministère des Colonies par Paul Pelet, Paris 1902.

Flusses Cachipour setzen zu sollen. Die beabsichtigte Kolonie würde sich dann über die Grenze des heutigen französischen Guyana, die bekanntlich von dem Flusse Oyapoc gebildet wird, weiter nach Süden in das zwischen Frankreich und Brasilien streitige Gebiet zwischen Oyapoc und Amazonas, das auf den französischen Karten territoire contesté genannte Gebiet, hinein erstreckt haben. Ob sich dieses Land nun durch besonders „gesunde lufft“, wie es in dem oben angeführten Schreiben Colberts behauptet wird, ausgezeichnet hätte, darf man freilich billig bezweifeln. Crafft läßt ferner durchblicken, daß man noch Gelegenheit finden werde, „einige schöne und importirende Insuln“ zu besetzen, über deren Lage er leider nichts Näheres verlauten läßt. Wichtig aber für die Beurteilung des ganzen Unternehmens ist, wie er sich das Verhältnis zu Frankreich denkt. Er schlägt vor, die Kolonie von Frankreich zu Lehen zu nehmen aber „unter keiner höheren Obligation, als ein Reichsfürst von Ihrer Kaiserlichen Majestät habe.“ Danach wäre also das Lehensverhältnis ein recht loses gewesen. Man darf daher auch nicht ein irgend wie unpatriotisches Verhalten der Fürsten darin sehen, daß sie überhaupt in ein solches Verhältnis zu Frankreich treten wollten. Unter den damaligen politischen Zuständen, wo eine deutsche Flotte nicht existierte — damals auch noch keine brandenburgische — gab es für deutsche Fürsten, wenn sie sich an der in lebhaftem Gange befindlichen Verteilung der Welt überhaupt beteiligen wollten, gar keinen andern Weg, als sich zunächst an eine der Seemächte anzuschließen, um überhaupt erst einmal einen Anfang zu machen. So wollte der Große Kurfürst ursprünglich mit Spanien nach dieser Richtung hin anknüpfen, Dr. Becher mit Holland, und wenn Crafft und seine Auftraggeber es mit Frankreich versuchten, so muß man es ihnen hoch anrechnen, daß sie überhaupt den Versuch machten, aus dem rein kontinentalen Dasein Deutschlands herauszukommen und so gut, wie es eben damals möglich war, den Deutschen auch ihren Teil zu sichern. Denn wie Crafft in einer späteren Darlegung über die Gründung einer ostindischen Compagnie sagt: „Es ist aber zu erbarmen, daß der meiste Theil vermeinet, die Welt sei mit Brettern zugeschlagen, und Teutschland sei allein so unglückselig, daß es allein müsse unglückselig sein, und daß es mit ihnen könne, was Barbaren und schier die ganze Welt thut.“ Goldene Worte, die diesem „tapferen politischen Mann“ ein ehrendes Andenken bei allen Anhängern deutscher Kolonialpolitik sichern sollten. Er verspricht sich ferner von der gegenseitigen Eifersucht und den politischen Gegensatz Spaniens und Frankreichs den Vorteil, daß diese beiden Mächte „in diesem Stück mit der Zeit certiren würden, welches an die Teutschen Chur — und — Fürsten die beste Conditiones geben würde.“ Er beabsichtigt also, diese Gegensätze der Seemächte zu benutzen, um die deutschen Unternehmungen von beiden möglichst unabhängig zu machen. Völkerrechtlich interessant ist es, daß er es für nötig, aber auch genügend hält, die Besetzung der „importirenden Insuln“ an Spanien, Frankreich und England zu notifizieren. Also eine Anzeige an die Mächte über die faktische Besitzergreifung, wie sie in den modernen internationalen Verträgen vorgesehen ist. Die „eigenen Schiffe“ mit denen man nach Craffts Vorschlägen fahren sollte, sind wohl nur als eine Handels-, nicht als eine Kriegsflotte gedacht. Andernfalls würde auch hier eine süddeutsche Analogie zu den späteren Unternehmungen des Großen Kurfürsten vorliegen.

Über den weiteren Fortgang und das schließliche Ende dieser Pläne habe ich zur Zeit nichts Weiteres ermitteln können. Vielleicht ist es mir aber später noch einmal möglich, hierauf wie auf noch andere Versuche Bechers und Craffts zurückzukommen.

Zur Geschichte der Besiedlung von Deutsch-Südwest-afrika.

Von M. R. Gerstenhauer.

I.

Über die Besiedelung des deutsch-südwestafrikanischen Schutzgebiets mit Deutschen wie mit Buren sind so viele theoretische Betrachtungen veröffentlicht worden, daß es vielleicht nicht unwillkommen ist, auch einmal das Material über die bisherigen tatsächlichen Vorgänge auf diesem Gebiet zusammengestellt zu erhalten. Ein Rückblick auf die Entwicklung der ganzen Besiedlungsfrage erscheint auch deshalb heute, fast zwanzig Jahre nach der ersten deutschen Flaggenhissung, nicht unangebracht, weil gerade jetzt durch eine Reihe bedeutsamer Ereignisse: den Beginn staatlicher Ansiedlung reichsdeutscher Bauern, die Gewinnung des britischen Südafrikas als Absatzgebietes für unsere Viehausfuhr, die Reglung des Sprachen-rechts der in die deutsche Kolonie eingewanderten niederdeutschen Buren, den Bau der Otavibahn nach dem Bergwerksbezirk im Norden des Landes, — ein neuer Entwicklungsgang begonnen, der erste abgeschlossen wird. Nunmehr wird die Kolonie durch eine starke Einwanderung sehr bald eine größere weiße Bevölkerung erhalten. Der benachbarte und verwandte niederdeutsch-afrikanische Volksstamm ist in der glücklichen Lage, seine Entstehung und die einzelnen Bestandteile seiner nationalen Zusammensetzung durch eine Art Volksstammbaum, durch genaue statistische Angaben nachweisen zu können, die uns die Forscher Coetzee de Villiers und H. T. Colenbrander zusammengestellt haben.*) Auch aus dieser Erwägung, damit der in Südwestafrika sich bildende junge deutsche Stamm denselben wichtigen nationalen Vorzug sich rechtzeitig sichere, sind möglichst genaue tatsächliche Angaben über die Herkunft der Einwanderer und die Stärke der verschiedenen Nationalitäten in der Bevölkerung wünschenswert.**)

I.

Die Annexionsversuche der Buren und der Engländer in Südwest-afrika vor der deutschen Besitzergreifung.

1. Der erste südwestafrikanische Burentreck (1875—1880).***)

Die ersten Beziehungen der Buren zu dem jetzigen deutschen Schutzgebiet begannen im Mai 1874, also zu einer Zeit, als die Deutschen noch nicht daran

---

*) Vgl. meinen Aufsatz „Entstehung des niederdeutschen Volksstammes in Südafrika" in Heft 11, 1903 der „Deutschen Erbe" von Paul Langhans.

**) Eine zusammenhängende geschichtliche Darstellung der Einwanderung in die Kolonie gibt es meines Wissens noch nicht. Vgl. meine Angaben in „Südafrika nieder-deutsch" von Fritz Bley, S. 36, 48; meine Schrift „Das Burenvolk, seine Entstehung und seine Bedeutung für das Deutschtum", S. 28, 29; „D. Kolonialztg." 1901, Nr. 36. Einiges daraus wird im Folgenden auf Grund genauer niederdeutscher Quellen berichtigt.

***) Vgl. „De Trekboeren te St. Januario-Humpata" von D. Postma, Erzählungen der Trekker selbst und andere Berichte, Urkunden usw., Amsterdam, bei Höveker u. Wormser. — Der Reiseweg der Buren ist auf der Langhansschen Karte von Südafrika eingezeichnet.

dachten, Kolonialpolitik in Südafrika zu treiben, und v o r der ersten Annexion von Transvaal durch England. England, das seinen trekkenden niederdeutschen „Untertanen" folgend schrittweise von Süden her seine Herrschaft über alle südafrikanischen Länder auszudehnen strebte, rechnete natürlich auch auf den Besitz der Landschaften von Südwestafrika. Der Hauptwert dieses Teils von Südafrika hatte anfangs gelegen in seiner reichen Ausfuhr von Elfenbein, Straußenfedern und sonstiger Ausbeute der Jagd auf das in ungeheuren Mengen vorhandene Großwild. Einige Jäger residierten mit großem Anhang von weißen und farbigen Mannschaften wie kleine Könige im Lande, so in den sechziger Jahren der Schwede Anderssen und der Engländer Green, Anführer der Herero-Kaffern in ihrem Befreiungskriege von 1863 gegen die Nama-Hottentotten, später der Schwede Erikson, der Kapländer Jordan u. a. Nachdem 1870 zwischen den Eingeborenen ein 10 Jahre dauernder Friede hergestellt war, begann eine zweite Blütezeit für das Land durch die Ausfuhr ungeheurer Rinderherden nach der im Jahre 1872 gegründeten Diamantenstadt Kimberley. Scharen von Händlern fanden ihren Erwerb durch diese Transporte, welche die Kalahari z. T. südlich an der kapländischen Grenze, meist aber auf dem Wege über den Ngami-See durchquerten. Es sind genau dieselben Straßen, auf denen jetzt, Ende 1902, die Viehausfuhr, die seit 1892 nahezu ganz aufgehört hatte, wieder begonnen hat. — Ein anderes europäisches Unternehmen war verschwunden, ohne der Kolonie dauernde Vorteile zu bringen: nämlich die 1855 begründete englische Kupferbergbau-Gesellschaft. Sie baute einige Kupfergruben auf der Khomas-Hochebene, besonders die Matchleß-Mine, ab, stellte aber schon 1858 den Betrieb ein, da die Beförderung zur Küste mit Ochsenwagen zu teuer war und schließlich durch die auftretende Lungenseuche ganz unmöglich gemacht wurde. Dagegen war ein bleibender Machtfaktor im Lande die Deutsche (Rheinische) Missionsgesellschaft geworden.*) Sie arbeitete dort seit 1841, siedelte auf ihren Stationen allmählich zahlreiche deutsche Handwerker und Händler an und trieb selbst Handelsgeschäfte, von 1868 bis 1873 unter der Firma einer großen Aktiengesellschaft mit 700000 Mark Kapital. Unter anderm legte sie, was wiederum ein Vorbild für unsere neuerlichen Versuche ist, Viehtransportstationen für die Viehausfuhr nach Kapland, besonders nach dem Kupferbergwerk von Oo'kiep an. Die weiße wie die eingeborene Bevölkerung touren von der Deutschen Mission abhängig.

Auf dies Land richteten im Jahre 1874 die niederdeutschen Buren in Transvaal ihre Augen und unternahmen das schwere Wagnis, die unbekannte, wasserlose Kalahari-Wüste mit Sack und Pack, mit Weib und Kind in wochenlangem Wanderzuge (auf 5—600 Meilen) zu durchqueren, um sich an der Westküste eine neue Heimat zu suchen. Der Hauptanlaß zu dem Trek war die Unzufriedenheit der strenggläubigen Kreise mit dem Regiment des damaligen Präsidenten Bürgers, der mit der kapschen Synode zerfallen war. Es kamen hinzu die schwierigen wirtschaftlichen Verhältnisse, die in der Republik in jenen Jahren, vor der englischen Annexion, bestanden. Der Trek war 600 Personen stark — von denen dann 300 in den unsäglichen Mühseligkeiten der Kalahari zu Grunde gingen —, und zog in drei Abteilungen aus. Die erste, van der Merwes Trek, aus 10 Familien bestehend, sammelte sich am 20. Mai 1874 im Marito-Bezirk (West-Transvaal), zog

---

*) Vgl. die Schrift des Missionars Büttner: „Das Hinterland von Angra Pequena und Walfischbai."

im April 1875 ab und kam am 7. Juni am Ngami-See an. Nach einigem Umher-
ziehen ließen sich die Trekker am 28. Jan. 1876 zu Rietfontein, dem östlichsten
Grenzort des jetzigen deutschen Schutzgebiets nach dem Ngamisee zu, für die Dauer
von 2 Jahren nieder. Unterdessen hatte die zweite und stärkste Abteilung, 90
Familien, unter Jan Greyling und L. M. Du Plessis, im April 1877 mit dem
Krokodilfluß die Westgrenze Transvaals überschritten. Endlich zog Ende Mai 1877
auch der sogen. „dritte Trekk", 40 Seelen stark, vom Krokodilfluß ab und langte
mit den Trümmern des zweiten Trekks, der auf dem langen wasserlosen Wege vollständig zersprengt und in große Not geraten war, am 23. Juni 1877 am Unterlauf
des Okawango an (wenig nördlich seiner Einmündung in den Ngamisee, bei Sibittonsdrift unter 20° s. Br.). Van der Merwes Trekk, verstärkt durch 10 Familien des
zweiten Trekks, brach am 28. Jan. 1878 von Rietfontein nach Norden auf und
traf nach sechs Tagen in Tebra, innerhalb des jetzigen deutschen Schutzgebiets, den
wieder ins tiefste Elend geratenen Haupttrupp unter Jan Greyling, der von
Sibittonsdrift unmittelbar in genau westlicher Richtung dahingezogen war. Im
Mai 1878 ging es von Tebra weiter nördlich über die „Löwenpfanne" nach dem
Okawongo. Nun herrschte unter den Trekkern leider große Verwirrung und Un-
einigkeit. 10 Familien blieben im „Jagdfeld" zwischen Okawanga und Omuramba
Ovambo zurück, wo wir sie dann im Jahre 1880 wiederfinden; ein kleiner Trekk
zog den Okawango aufwärts in das Durstfeld, in dem er wieder in große Not
geriet; die Hauptmasse wählte J. F. Botha als Kommandanten, G. J. S. v. d.
Merwe als Veldkornet, setzte sich, bald vom Okamongo abbiegend, südwestlich durch
das Durstland nach Damaraland in Bewegung und traf über Namatoni (offenbar die jetzige deutsche Station Amutoni an der Etoscha-Salzpfanne) im Juni
1879*) zu Otavi im Kaoko-Veldt ein (unweit des untern Kunene, nicht zu ver-
wechseln mit dem östlichen, durch seine Kupferbergwerke bekannten Otavi). Hier
schlugen die Buren für 1¼ Jahr ein Lager auf. Im März 1880 holten sie,
nachdem ihnen die Herero den Durchzug durch ihr Gebiet erlaubt hatten, in 32 Wagen
von Walfischbai die Güter ab, die ein im Kapland gebildeter Hülfsausschuß für sie
dorthin gesandt hatte, damit sie wieder in einen zivilisierten Zustand gelangen
konnten. Der Ausschuß bediente sich dabei der Vermittlung des englischen Magistrats
in Walfischbai, des Herrn Palgrave. Und hiermit kommen wir auf

2. den Annexionsversuch Englands (1876—1880).

Der Burentrekk nach Südwestafrika, mit dem Ziele der Gründung einer
neuen Burenrepublik an der Westküste, hatte die tatkräftigen englischen Kolonial-
politiker in der Kapkolonie in Bewegung gesetzt, und sie kamen den Buren in
Südwestafrika zuvor. Bereits im Jahre 1876 wurde Herr Coates W. Palgrave
als Spezialkommissar nach dem Damaraland entsandt, um die Annexion vorzu-
bereiten. Durch Vermittlung des englischen Agenten Lewis erlangte er 1877 von
dem Oberhäuptling Maherero und den andern Herero-Kapitänen eine Petition derselben, in der sie gegen Abtretung des Kaoko-Veldtes und des Otavi-
Bezirks, also des gesamten besiedelungsfähigen von den Herero nicht besetzten
Gebietes als „Kronlandes" an die englische Regierung um die englische Schutz-

*) Nach einem andern holländischen Bericht (s. Kolonialztg. 1886, S. 284) war es
im Juli 1878; das ist ein offenbarer Irrtum.

herrschaft baten.*) Die Schutzherrschaft wurde zunächst noch nicht erklärt, aber am
12. März 1878 wurde von einem englischen Kriegsschiff in Walfischbai die englische
Flagge gehißt und eine Art Regierung über Damaraland eingerichtet. Hiermit war die
Gründung eines südwestafrikanischen Burenfreistaates schon lange vor der Ankunft
der Buren bereitelt. Daher war auch, als im Gefühl dieser Sicherheit England
1877 Transvaal, die Burenrepublik im Südosten Afrikas, annektierte, die Folge
davon nicht, wie sonst zu erwarten gewesen wäre, eine allgemeine Auswanderung
der Buren nach Südwestafrika**); der Trekk dahin war ein gescheitertes Unternehmen.
Das Elend aus der Kalahari-Wüste hatte die Buren bescheiden gemacht, dankbar
nahmen sie die kapländischen Unterstützungen an. Auch die im „Jagdfeld" am
Okawango zurückgebliebenen Buren erhielten von Walfischbai aus Hülfe.***) Der
schwedische Jäger Erikson und der deutsche Landungsagent Koch, im späteren deutschen Schutzgebiet wohlbekannte Persönlichkeiten, liehen dem Unternehmen hülfreiche
Hand. So hatte England wie im Osten auch im Westen Südafrikas seine Allein-
herrschaft behauptet. Denn wenn es hier auch schon 1880 aus dem Innern wieder
weichen mußte, so unterband es doch, genau wie seinerzeit in Natal, die niederdeutsche Selbständigkeit, indem es den einzigen Hafen zu dem Hinterland in Besitz
hatte. Und ebenso wie damals die Buren, — die ja zu ihrer Existenz, zum Verkehr mit der europäischen Kulturwelt einen Hafen nötig haben, — weiter trekkten
nach Transvaal, dem Hinterland des portugiesischen Hafens Delagoa-Bai, so
zogen sie auch jetzt im Westen in das Hinterland des portugiesischen Hafenplatzes
Mossamedes. Denn sie hatten wohl kaum Lust, sich in Damaraland unter der
Herrschaft Englands anzusiedeln, nachdem sie derselben durch ihre Auswanderung
aus dem annektierten Transvaal glücklich entgangen waren. Und wenn sie es auch
gewollt hätten, so hätten sie es nicht gekonnt: Im August 1880 brachen die blutigen
Kriege der Herero mit den Hottentotten wieder aus (fortdauernd bis 1892). Sie
fegten die englische „Oberherrschaft" weg; Palgrave, der gerade in Gobabis mit
den Nama-Häuptlingen verhandelte, entging mit knapper Not dem Tode und mußte
nach Walfischbai fliehen. England war in einer üblen Lage: Soeden erst war der
furchtbare, kostspielige Sulukrieg beendet; das annektierte Transvaal war nicht
sicher. So entschloß sich denn die englische Regierung, das südwestafrikanische
Unternehmen vorläufig aufzugeben, alle ihre Beamten aus dem Innern zurück-
zuziehen, die erhobenen Steuern zurückzuzahlen und die Walfischbai der Kapregierung
zu überlassen.

Durch die Ereignisse im Hererolande war den Buren der Weg nach dem
Einfuhrhafen Walfischbai, die Verbindung mit den heimatlichen südafrikanischen
Kolonialländern gesperrt; die ganzen Verhältnisse waren einer Ansiedlung nicht
günstig. So brachen die Trekker am 14. Oktober 1880 vom Kaokoveldt nach
Humpata im Hinterland von Mossamedes auf und langten am 22. Dezember 1880
dort (in Huilla) an. Hier stifteten sie auf Grund eines Vertrags mit dem portugiesischen Gouverneur von Angola eine Kolonie, die im Januar 1881 durch feierliche Flaggenhissung unter portugiesische Herrschaft gestellt wurde, und fanden nun
zunächst einmal Ruhe. Von dem großen Trekk waren nur noch 55 Familien, 265

*) Büttner in der „Kolonialztg." 1886, S. 403; 1891 S. 10; Kart v. François,
„Deutsch-Südwestafrika", S. 10.
**) Vgl. Postma a. a. O., VIII, IX.
***) Über das weitere Schicksal dieser Gruppe liegen keine Nachrichten vor.

Seelen*) übrig (55 Männer, 47 Frauen, 163 Kinder); 60 Ochsenwagen, 840 Zug-ochsen, 2200 Stück Rindvieh, 100 Pferde, 5000 Schafe hatten sie sich durch die Kalahari und durch die feindlichen Eingebornenstämme hindurch gerettet. Das war das Ende des ersten, grundlegenden Burentrekks nach der Westküste und der An-fang der Buren-Ansiedlung in Portugiesisch-Westafrika, deren Weiterentwicklung im II. und IV. Abschnitt geschildert werden wird. Nur durch die soeben dargestellten wechselvollen geschichtlichen Vorgänge, infolge deren sowohl den Buren wie den Engländern der erste Versuch der Besitzergreifung von Damaraland mißlang, wurde die Gründung der deutschen Kolonie dort ermöglicht. Beide aber haben später in deren Geschichte noch fortgesetzt eine bedeutende Rolle gespielt.

II.
Die Erwerbung Südwestafrikas durch Deutschland (1884/85) und die Stellungnahme der Engländer und Trekkburen dazu von 1884 bis 1893.**)

England glaubte sich durch die Ereignisse der siebziger Jahre im unbe-strittenen Besitz der östlichen wie der westlichen Küstenländer Südafrikas. Da wurden plötzlich zu Anfang des achten Jahrzehnts die politischen Verhältnisse Süd-afrikas von Grund aus umgestaltet. Im Osten erkämpfte sich Transvaal 1880/81 seine Freiheit und errang 1884 die Unabhängigkeit. Einen ebenso schweren Schlag erlitt England im Westen: Südwestafrika wurde 1884 deutsche Kolonie. Noch kurz zuvor hatte im kapschen Landtag ein Redner erklärt: einer fremden Macht zu erlauben, sich in Südwestafrika festzusetzen, würde heller Wahnsinn sein. Ungeheuer war daher in England und Kapland die Aufregung, als Deutschland dies hoch-wichtige Land, den Schlußstein im Bau des einheitlichen Britisch-Südafrika, den Engländern vor der Nase weg nahm. Aber Bismarck durfte sich schon einmal erlauben, gegen ein englisches Lebensinteresse zu handeln. Am 24. April 1884 erklärte er der Kapregierung durch Telegramm an den deutschen Konsul in Kapstadt, daß die Erwer-bungen des Bremer Kaufmanns Lüderitz in Namaland unter dem Schutz des Deutschen Reichs ständen, und am 6. August 1884 ließ er in Lüderitzbucht, auch in Sandwichhafen, Swakopmund und bei Kap Frio die deutsche Flagge hissen. Die Veränderung der politischen Karte Südafrikas war geradezu grundstürzend. Ein ganz neuer Faktor, die Großmacht Deutschland, war in die Reihe der süd-afrikanischen Staaten eingetreten; die bisher allein in Betracht kommenden „alten" südafrikanischen Nationalitäten, Engländer wie Niederdeutsch-Afrikaner mußten beide damit von nun an rechnen. Allerdings für das nächste Jahrzehnt waren die Beziehungen derselben zur deutschen Kolonie fast nur dadurch gekennzeichnet, daß die Engländer die deutsche Herrschaft wieder zu beseitigen, die Buren das Land als Ansiedler zu besetzen strebten. Dagegen eine Einwirkung von seiten Deutschlands, des tüchtigsten Kolonialvolks der Welt, auf seinen südafrikanischen Besitz und damit auf die beiden anderen südafrikanischen Nationalitäten fand nicht statt. Eine deutsche Einwande-rung wurde nicht betrieben; die deutsche Schutzherrschaft bestand überhaupt nur dem Namen nach. Das einzige koloniale Ereignis, — außer den Umtrieben eng-

---

*) So das namentliche Verzeichnis (Postma, a. a. O. S. 105); darin fehlen aber einige Familien, wie der Fortgang des Berichts zeigt.

**) Postma, De Trekboeren, S. 170 ff.; „D. Kolonialztg." Jahrg. 1886, S. 132, 283, 402 ff., 786; Jahrg. 1887, S. 29, 71, 110.

lischer Agenten gegen die deutsche Herrschaft — nämlich die Einwanderung der Humpata-Buren in den Otavi-Bezirk, hatte wegen der baldigen Wiederauswanderung nur die Bedeutung eines Zwischenspiels. Im übrigen verhielt sich Deutschland in der Frage der Bureneinwanderung abwartend und verhinderte durch seine Haltung das Eindringen geschlossener Burentreks vom Kapland her, jedoch nicht auch die Besiedelung des südlichen Schutzgebiets durch einzeln einwandernde Burenfamilien.

In den Jahren 1884 und 1885 schloß Reichskommissar Dr. Göring mit sämtlichen Eingeborenenstämmen außer den Witboois (Gibeon), Khauas und den Bondelswarts (Warmbad und Keetmannshoop), besonders auch mit Kamaherero, dem Oberhäuptling von Damaraland, Schutzverträge, wobei er sich meist der Hülfe der deutschen Missionare (Büttner) bediente. Weiter griff das Reich nicht ein, sondern Bismarck machte in seiner jungen Kolonialpolitik zunächst den Versuch, durch große Kolonialgesellschaften nach dem Vorbilde der Holländischen und der Englischen Ostindischen Kompagnie, hier durch die „Deutsche Colonial-Gesellschaft für Südwest-Afrika", die erworbenen Kolonialländer verwalten und kolonisieren zu lassen. Doch die genannte Gesellschaft beging den Fehler, ihr ganzes Kapital auf Bergwerks-expiditionen zu verwenden, die Gold finden sollten; für die Besiedlung tat sie von 1885 bis 1891 nichts. Bergwerke aber wurden nicht eröffnet; und so machte die Kolonie überhaupt keine Fortschritte; sie blieb ein wüstes Eingebornenland, das, da allmählich auch die Viehausfuhr aufhörte, überhaupt keine Werte mehr produzierte und deshalb in Deutschland in den Ruf kam, auch gar keine Werte und Entwicklungsmöglichkeiten in sich zu tragen.

Nun pflegten zwar die Engländer, ihre neuen Kolonien in Südafrika sehr schnell und billig zu entwickeln, indem sie sie einfach mit Buren besiedelten. Ein Beispiel bot den Deutschen das anstoßende Betschuanaland, das binnen weniger Jahre nach dem ersten Eindringen der Buren ganz den alten Bezirken der Kapkolonie glich, allerdings nicht ohne die Mitwirkung der alsbald erbauten Eisenbahn. Allein im Jahre 1891 löste die dortige Regierung über 100 000 Mrk. aus Landverkäufen.*) Aber die Deutschen, die den kolonialen Aufgaben gänzlich unerfahren gegenüber standen, konnten sich weder entschließen, die Ansiedlung von Buren geschehen zu lassen, noch die Ansiedlung von Reichsdeutschen kräftig zu betreiben, und taten denn schließlich überhaupt nichts. Kostbare Jahre wurden so vergeudet, und die Folge war, daß die deutsche Scheinherrschaft immer schwächer, das Wirken der Engländer gegen sie immer lebhafter wurde.

Zwar wurden in den ersten Jahren nach der deutschen Besitzergreifung einige Anläufe genommen, aber mit zu schwachen Kräften. Von den 55 Buren-Familien im portugiesischen Angola trekkten nämlich Ende Oktober 1884 etwa 28 wieder südwärts der alten Heimat zu, in das spätere deutsche Schutzgebiet hinein. Bis April 1885 blieben sie in Otjahakana, vier Tagereisen westlich von Amutoni. Dort ließen sie sich mit einem schon lange in Damaraland sich aufhaltenden Händler Jordan, einem kapländischen Abenteurer, ein. Jordan kaufte von dem Ovambo-Häupling Kambondi in Ondonga das Land um Grootfontein im Otavi-Bezirk, „gründete" eine „Republik", die er nach dem Gouverneur der Kapkolonie, dem ersten Vorkämpfer des „Afrika für die Afrikaner", Upingtonia nannte, und siedelte die

*) Amtliches Kolonialblatt 1894, Nr. 12.

Trekburen in Grootfontein an. Das waren nun dieselben Gebiete, die Palgrave und Lewis 1877 von den Herero an die Kapregierung hatten „abtreten" laffen, um sie den Buren zu entziehen; und so begannen die Anfeindungen von seiten des Lewis und der Herero, die schließlich zur Vernichtung der jungen Niederlassung führten. Lewis kam als Vertreter des Oberhäuptlings Kamaherero (attorney of Damaraland with full power) nach Grootfontein, forderte die Buren zum Abwandern auf und wies ihnen Waterberg als Wohnplatz an. Elf Familien unter Jan Labuscagne und Rudolf Dutoit begaben sich auch im Dezember 1885 dorthin, da sie mit Jordon nichts zu tun haben wollten; sieben Familien zogen, teils über Rietfontein (Kalahari), teils durch Namaland und Westgrikwaland, nach Transvaal zurück; der Rest, 10 oder 12 Familien, blieb in Grootfontein unter L. M. Dupleffis als Landdrost.*) Die Buren traten nun durchaus nicht auf die Seite der gegen die deutsche Herrschaft intriguierenden englischen Abenteurer. Als Kanzler Nels als Vertreter des Deutschen Reichskommissars Dr. Göring beide Gruppen der Buren zu Anfang 1886 auffuchte, erklärten sie sich bereit, sich unter die deutsche Schutzherrschaft zu stellen.**) In Deutschland setzte man große Hoffnungen auf die Burenkolonie als Stütze des bislang völlig ohnmächtigen Vertreters der deutschen Regierung, als Kern einer künftigen, das Kaokoveldt und den Otavi-Bezirk umfassenden „zivilisierten, europäisch besiedelten besonderen Abteilung des deutschen Schutzgebiets",***) und es herrschte nicht geringe Aufregung über die Umtriebe des Lewis. Aber das Deutsche Reich hatte nicht die Machtmittel in der Kolonie, um seinen Schutzgenossen tatsächlich Schutz zu gewähren. Im Juli 1886 wurde von einem Bruder des Kambonbi Jordan,†) im Mai 1887 von Buschmännern R. Dutoit ermordet. So konnten sich denn die Buren, die überdies in Grootfontein sehr unter dem Ficbee litten, nicht halten und verließen Deutsch-Südwestafrika. Einige gingen nach Transvaal zurück, die meisten zogen südwärts und blieben von Februar bis Mai 1888 bei Otjimbingwe in Damaraland; aber unter den wohlbewaffneten, sich fortgesetzt befehdenden Eingeborenen des Schutzgebiets war ihres Bleibens nicht länger, sie kehrten um und kamen am 20. September 1888 wieder in Humpato an.

Ebenso scheiterten die Versuche der deutschen Beamten, die Bureneinwanderung vom Kapland her zu fördern, an der damals noch ungebrochenen Macht der Eingeborenen. Unterm 22. April 1886 berichtete Dr. Göring über diese Frage an den Reichskanzler:††) „Buren beabsichtigen für sich und andere Landsleute im Keetmannshooper und Hoachanaser Gebiet größere Länderstrecken zu erwerben. Sie würden, wie sie mir versicherten, auch in ganz trockenen Strecken bald das nötige Wasser beschaffen. Ich habe an den betr. Orten den Häuptlingen zugeredet, solche Kaufanerbietungen nicht von der Hand zu weisen, und auch die Missionare gebeten, darauf hinzuwirken, daß das Burenelement, namentlich in Namaland, gestärkt würde, weil dies ganz besonders im deutschen Interesse liege." Dazu bemerkt die Schriftleitung der „D. Kolonialztg." am 25. Juni 1886: „Dem

---

*) Der im deutschen Bericht erwähnte Bouwer (Kolonialztg. 1886 S. 406) war nicht ihr Vertreter.

**) Die deutsche Schutzherrschaft wurde auch erklärt; Kolonialztg. 1887, S. 71; 1892 S. 148.

***) A. a. O. S. 405.

†) A. a. O. S. 786.

††) D. Kolonialztg. 1886, S. 898.

14

Beobachter der südafrikanischen Zustände muß es eine ganz besondere Befriedigung gewähren, daß der Kaiserl. Kommissar durch eigene Eindrücke im Deutschen Schutzgebiete die Anschauung gewonnen hat, daß dessen Zukunft wesentlich von der Mitwirkung des uns so verwandten tüchtigen Burenelements abhängt und auf unserem freundschaftlichen Einvernehmen mit demselben beruhen wird. Diese Anschauung wird sicherlich in Transvaal und im Oranje-Freistaat, ja auch in der Kapkolonie, wo die Afrikander eine so große Mehrzahl bilden, ein warmes Echo finden und sicherlich unseren Bestrebungen in Südafrika sehr förderlich sein."

Das war damals die herrschende Meinung in Deutschland. Demgemäß begünstigte die deutsche Regierung die Einwanderung von Kapburen in den Südbezirk der Kolonie. Schon 1885 berichtet ein Deutscher aus Namaland:*) „Unweit Bloemfontein, wo ein Bur Namens Steyn wohnt, ist die Grenze zwischen dem (englischen) Korannaland mit der Hauptstadt Upington und dem Gebiet der Dirk Vilanderschen Bastards um Rietfontein-Süd. Von diesen haben einige Buren bereits ziemlich große Strecken gekauft. Ich bin der festen Meinung, daß in der nächsten Zeit Korannland, Vilanders Gebiet und das Land hinauf bis nach dem Ngamisee von Buren bewohnt sein wird." Missionar Pabst in Rietfontein berichtet denn auch schon 1887 von einem versuchten Burentrekk nach Namaland (Kolonialztg. 1887, S. 721): „Ein Kapländer (Bosmann?) hatte von Moses, Hendrik Witboois Vater, Land bei Gibeon getauft und versuchte, es mit Buren aus West-Grikwaland und Upington zu besetzen. Sie wurden aber von den Namas mit Gewalt daran gehindert."

Diese Mißerfolge und die Ohnmacht der deutschen Verwaltung ermutigten die Kaffern und die englischen Agenten sogar dazu, daß 1888 Kamaherero die deutsche Herrschaft auch formell abschüttelte und die Deutschen verjagte. Zwar mußte Lewis das Land verlassen, als 1889 die erste deutsche militärische „Macht", die Herren v. François mit 21 Reitern, die Veste Tsaobis und 1890, 50 Mann stark, Windhuk besetzten. Damit waren aber die Verhältnisse nicht geändert. Solange die Eingebornen nicht besiegt und entwaffnet waren, konnten deutsche Ansiedlungen nicht begründet werden. Bismarck weigerte sich, die Unterwerfung mit Mitteln des Reiches zu bewirken, da ja der „Colonial-Gesellschaft" dafür, daß sie mit Unterstützung der deutschen Beamten die Bergwerks- und Landrechte des Schutzgebietes erworben hatte, auch die Verpflichtung der Verwaltung des Landes auferlegt war. Doch die Gesellschaft hatte kein Geld mehr zu einem Feldzug. Zu einer kostenfreien Unterwerfung der Farbigen durch einen starken Burentrekk konnte man sich aber auch nicht entschließen. So wurde denn auch weiterhin garnichts getan. Man „wartete ab", die Entwicklung wurde dem Zufall überlassen. Daher beschränkte sich die Besiedlung auf die Einwanderung einzelner Burenfamilien in den äußersten Südbezirk. Und als 1892 endlich Deutschland beschloß, selbst die Eingeborenen zu unterwerfen und Reichsdeutsche anzusiedeln, wurden natürlich geschlossene Burentrekks erst recht ausgeschlossen.

Die Einzeleinwanderung der Buren nach Namaland ging sehr langsam vor sich, da Deutschland ihnen Sicherheit des Lebens und Eigentums nicht gewährte, so daß sie den ärgsten Bedrückungen der Hottentotten ausgesetzt waren. Nachdem,

---

*) Kolonialztg. 1886, S. 496.

wie oben erwähnt, nach 1885 die Buren sich im Rietfonteiner Bastardgebiet festgesetzt hatten, wurde bis 1890*) vom Kapitän der Bondelswarts in Warmbad auch
das Gebiet der Afrikander-Hottentotten (die äußerste Südostecke des Schutzgebiets,
Polizeibezirk Ukamas) an Europäer, Buren und einige Bastards verkauft bezw.
verpachtet. Nach Hermann-Nomtsas vermehrte sich die Zahl der weißen Familien
im Warmbader und Keetmannshooper Gebiet von 1889 bis Juli 1891 um über
16, nämlich von 44 auf über 60 (Kolonialbl. 1891, S. 379). Auf seiner Expedition durch Namaland im Herbst 1890 bereiste Reichskommissar v. François auch
diese Gebiete und besuchte von den Burenniederlassungen in Namaland die meisten, nämlich 21.**) Er berichtete darüber amtlich (Kolonialbl. 1892, S. 444): „Am geeignetsten
zur Besiedlung der Gebietsteile südlich vom 26° s. Br. sind m. E. die Buren. Ich
habe im letzten Jahre hunderte von Gesuchen von Buren betreffs pachtweiser Überlassung von Land erhalten***) und mündlich mich vielen gegenüber dahin geäußert,
daß die kaiserliche Regierung sich vorbehalte, dieser Frage näherzutreten. Ich halte
es für sehr wichtig, bald in dieser Frage zu entscheiden, da der Andrang ein
immer größerer wird und bereits zu einem gespannten Verhältnis zwischen dem
im Lande wohnenden Händler und den Buren geführt hat. Hervorgerufen ist diese
Spannung durch den ersteren, der in dem fleißigen Buren einen unangenehmen
Konkurrenten erblickt. Bei meinem Aufenthalt in Warmbad beklagte sich der Häuptling Wilhelm Christian bei mir über die Buren, dieselben achteten nicht seine
Gesetze (!). In der Tat werden von den Namakapitänen ziemlich willkürlich Gesetze
erlassen und wieder aufgehoben, gerade wie es dem Kapitän paßt. Hat ein Bur
seinen zeitweiligen Aufenthalt hübsch eingerichtet, für Wasser und Garten gesorgt,
dann kann er sicher sein, daß er nicht lange im Genuß seiner Arbeit bleibt . . . .“
François führt als Beispiele an die Buren Cillier (Familie von 10 Köpfen) auf
Blydeverwacht, Tomfries auf Aus, Blau auf Davignab (dieser mußte dem Buren
Descande weichen), ferner den Deutschen Dominikus auf Heirachabis, denen ihre
Farmen mit Häusern, Dämmen ꝛc. vom Häuptling Wilhelm Christian (bezw. Josef
Frederik von Bethanien) einfach weggenommen wurden. — Daher das ununterbrochene Streben der Buren nach Einwanderung in größeren Trekks, die ihnen
allein Sicherheit der Niederlassung verbürgte! Übereinstimmend mit François berichtet Anfang Januar 1891 der genannte Ansiedler Dominikus-Stolzenfels in
der „Kolonialztg.“: „Seitdem wir unsere Schutzherrschaft über Südwestafrika erklärt
haben, sind in den südlichen Teil etwa 30 Familien eingewandert; doppelt und
dreifach würde diese Zahl sein, bestünde dort eine geregelte Verwaltung. Viele
Buren sind bis an den Oranjefluß und auch an die Grenzen von Britisch-Bet-
schuanaland gezogen mit der Absicht, in unser Gebiet einzuwandern; aber als sie
hörten, daß eine deutsche Verwaltung nicht bestände, kehrten sie wieder um.“
So blieb, abgesehen von den eingewanderten 30 Burenfamilien im äußersten
Süden, die Bevölkerung dieselbe wie vor der deutschen Besitzergreifung: deutsche
Missionare, Ansiedler, Handwerker und Kaufleute, schwedische Jäger, kapländische

---

*) Schon vor dem Schutzvertrage mit den Bondelswarts, der im August 1890 ge-
schlossen wurde; vgl. Kolonialbl 1892, S. 210.

**) Vgl. v. François, „Deutsch-Südwestafrika“, S. 115, 116.

***) Auch François' Vorgänger Dr. Göring fand im Sommer 1890 bei seinem
Aufenthalt in Namaland hunderte von Kapburen bereit sich dort anzusiedeln, und auch er
trat entschieden für ihre Zulassung ein (Kolonialztg. 1890, S. 266).

und englische Händler und Ansiedler. Am 1. Jan. 1891 hatte das Schutzgebiet bei einer Gesamtbevölkerung von 539 (ohne Schutztruppe 489) Personen, 246 Männer 100 Weiber, 193 Kinder. Von den Männern*) waren 112 Deutsche (darunter 53 Beamte und Soldaten und nur 59 Sonstige, nämlich 13 Kaufleute, 14 Missionare, 24 Ansiedler, 8 Handwerker); 31 Buren. Von letzteren wohnten nur 2 in Damaraland (Omaruru), 29 in Namaland (8 in Warmbad, 4 in Keetmannshoop, 2 in Bethanien, 1 im Hoachanas, 14 an sonstigen Orten (offenbar auf ihren oben erwähnten Farmen um Rietfontein-Süd und Ukamas). Insgesamt waren in Namaland 108 Männer, davon 31 Deutsche (13 Ansiedler, 6 Kaufleute, 5 Handwerker, 7 Missionare), 34 Engländer (17 Ansiedler), 29 Buren. Von den 162 Weibern (56) und Kindern (106) gehörten sicher über die Hälfte zu den Buren, so daß die Gesamtzahl der Buren in Namaland etwa 135, die Hälfte aller dort wohnenden Weißen (270 an der Zahl), betrug.

Von den 81 deutschen Männern in Damaraland waren 53 Soldaten und Beamte, 28 Sonstige, nämlich 7 Kaufleute, 7 Missionare, 11 Ansiedler, 3 Handwerker; von den 37 Engländern 11 Kaufleute, 16 Ansiedler und 10 Handwerker. Insgesamt waren daselbst 252 Personen, nämlich 132 Männer und 120 Weiber und Kinder.

Wir haben diese erste Statistik ausführlich wiedergegeben, um zu zeigen, wie die Verhältnisse beim Einsetzen der deutschen Kolonisations-Tätigkeit lagen; es läßt sich nun leicht verfolgen, wieviel alljährlich auf dieser Grundlage weiter gebaut wurde. Um gleich das Gesamtergebnis dessen, was wir in den folgenden 10 Jahren in unserer Kolonie erreicht und aus ihr gemacht haben, zu veranschaulichen, sei jenem Urzustand des Landes die Zahl seiner jetzigen Bevölkerung gegenübergestellt: Es war am 1. Januar 1903 die Gesamtzahl 4640 (ohne Schutztruppe 3701), davon 2998 Deutsche (ohne Schutztruppe 2059), 1074 Buren. Davon lebten allein in Keetmannshoop 294 Deutsche (ohne Schutztruppe 148), aber 800 Buren.**) Aus diesen Zahlen geht hervor, daß die deutsche Politik des ersten Jahrzehnts, die Burentreks fernzuhalten, wodurch die Entwicklung der ganzen Kolonie so sehr verzögert wurde, schließlich doch ihren Zweck verfehlt hat. Das Abwehren der Buren durch die deutsche Regierung dauerte fort bis zum Jahre 1893, bis zur tatsächlichen Besetzung des Namalandes durch die deutsche Verwaltung. Als Unternehmer der Burentreks traten vor allem die Kapburen J. Bosmann und van der Westhuizen auf. Bosmann schloß 1890 Ansiedlungsverträge mit Andries Lambert, dem Häuptling der Khauas-Hottentotten in Gobabis, der auch das Land nach dem Ngamisee zu bis über Rietfontein hinaus beanspruchte, und forderte in kapländischen Zeitungen zum Trek dahin auf. Auch 1891 und Anfang 1892 hielt er sich in Gobabis auf und suchte vergeblich, erst von den Beamten in Windhuk, dann vom deutschen Generalkonsul in Kapstadt die Genehmigung zu dem Trek zu erlangen. Als Graf Pfeil, der im Mai 1892 im Auftrag des deutschen Siedelungs-Syndikats in der Kapkolonie deutsche Ansiedler zu gewinnen versucht hatte, im Oktober dieses Jahres durch Großnamaland nach Windhuk reiste, schloß

*) Die Statistik von Ende 1891 zählt auch 19 Schweden; ferner 310 Deutsche und 273 Engländer und Afrikander, bei einer Gesamtbevölkerung von 622 Personen.

**) So die Zahl der amtlichen Statistik der Staatsangehörigkeit; die wirkliche Zahl der Buren ist um mehrere Hundert höher. Darüber später das Nähere.

sich ihm eine Deputation von Buren (wahrscheinlich den Bosmannschen) an und verhandelte mit dem Syndikat über Ansiedlung von 40 Burenfamilien bei Hoachanas. Trotzdem Erfüllung aller aus deutsch-nationalen Rücksichten zu stellenden Forderungen (deutsche Sprache, besonders in den Schulen) zugesagt wurde, und Graf Pfeil das Unternehmen lebhaft empfahl, verweigerte v. François die Genehmigung, da gerade diese Gebiete der deutschen Besiedelung vorbehalten werden sollten.[*]) Auch hoffte damals noch François, den Ausbruch offener Feindseligkeiten mit den Eingebornen, der durch die Burenansiedlung unvermeidlich geworden wäre, zu vermeiden.[*]) Der Standpunkt der Regierung gegenüber der Bureneinwanderung war nunmehr folgender (Denkschrift über das Berichtsjahr 1892/1893, S. 26): „Auch unter den Südafrikanern und besonders unter den Buren ist starke Neigung vorhanden, nach unserem Gebiete überzusiedeln und dort in den Besitz von Farmen zu gelangen. Es ist nicht zu leugnen, daß der Bur ein guter Pionier in Südafrika ist, der Land und Leute kennt, und von dem der deutsche Kolonist Manches lernen kann. Die Verwaltung hat auch keineswegs die Absicht, den Buren grundsätzlich vom Schutzgebiet auszuschließen. Sie will nur dem vorbeugen, daß die Buren in geschlossenen Gruppen in das Land ziehen und dort mehr oder weniger selbständige politische Gemeinwesen gründen. Sie will ferner kein Burenproletariat, sondern nur solche Buren hereinlassen, die ein genügendes Vermögen in bar oder Viehherden besitzen. Schließlich besteht die Absicht, gewisse Distrikte für eine ausschließlich deutsche Besiedelung vorzubehalten. Dem stellvertretenden Kommissar (v. François) ist vorläufig die Entscheidung darüber überlassen worden, ob in einzelnen wenigen Fällen Buren zuzulassen sind oder nicht."

Die hier geäußerte Furcht vor Gründung niederdeutsch-afrikanischer Gemeinwesen war wohl kaum begründet. Nicht diesen Zweck verfolgten die Buren mit der Gruppenansiedlung, sondern nur den, sich vor den Bedrückungen der Eingebornen Sicherheit zu verschaffen. In den neuen englischen Kolonien, Betschuanaland und Rhodesien, war ihre Ansiedlung hochwillkommen, Rhodes suchte sie mit allen Mitteln zu befördern. Daß die Deutschen eine andere Siedlungsmethode haben könnten, war den Buren ganz unglaublich. Der hartnäckige Bosmann hielt noch im Mai und Juni 1893 in Bethulie im Oranje-Freistaat große Versammlungen der Trekluftigen ab. Deutschland war gerade damals gegenüber dem ganz Namaland beherrschenden Hendrik Witbooi vorläufig ohnmächtig, und die Trekker verlangten daher von der deutschen Regierung als Entgelt für ihre Waffenhülfe eine gewisse Selbstverwaltung. Unterdessen unterwarfen aber die Deutschen sowohl die Witboois wie die Khauas-Hottentotten, und der Trek richtete sich daher, wie wir unten sehen werden, in die angrenzenden, der englischen Einflußsphäre zugewiesenen Gegenden zwischen der deutschen Ostgrenze (Rietfontein-Ost) und dem Ngamisee. — An demselben Umstand scheiterte auch der Trek, den ein kapländischer Ausschuß unter v. d. Westhuizen und dem Ansiedler W. N. Spangenberg auf Klipfontein bei Rietfontein-Süd (Polizeibezirk Hasuur) in Verbindung mit Hendrik Witbooi Ende 1893 vorbereitete.[**]) Über 300 Farmen sollten an die Buren abgegeben werden, und die Anzahlungen darauf waren bereits geleistet. Noch im Juni 1894 wurde die Sache

---

[*]) Kolonialztg. 1893, S. 85, 93, 91, 131; Jahrg. 1892 S. 181, 85; Jahrg. 1895, S. 68, 74; Denkschrift über 1892/93, S. 29; François a. a. O., S. 125, 132, 133.

[**]) Kolonialztg. 1894, S, 70, 99, 124, 113.

im Landtag der Kapkolonie besprochen und von der Kapregierung eine öffentliche Warnung erlassen.

Nachdem Deutschland im August 1894 die Eingebornen unterworfen und eine Verwaltung in Namaland errichtet hatte, zeigte es sich, daß den Buren die Form der Massentrekks nicht Selbstzweck, nicht Mittel zu politischer Selbständigkeit gewesen war; denn da sie jetzt Sicherheit vor den Eingeborenen hatten, kamen sie sofort in großer Zahl, um sich anzusiedeln, aber unter deutscher Herrschaft, einzeln, ohne jede Sonderstellung. Während Ende 1893 nur etwa 200 in Namaland lebten (30 Familien), waren es Ende 1894 schon 538, Ende 1895 aber 610.

Bedeutend gefährlicher als die der Buren waren die englischen Bestrebungen in Deutsch-Südwestafrika. Sie hörten mit der Entfernung des Lewis im Jahre 1889 (s. oben) nicht etwa auf. Die Seele derselben war Sir Donald Currie.*) Man suchte durch Aufhetzung der Eingebornen den Deutschen möglichst viel Schwierigkeiten, Unannehmlichkeiten und Kosten zu machen, und hoffte, daß der kolonialfeindliche Reichstag dann schließlich kein Geld mehr bewilligen werde. Diese Hoffnung war selbst während des Witbooi-Feldzuges noch nicht aufgegeben. Eifrig wurden in den Zeitungen Vorschläge über die Abtretung der Kolonie an England gegen hohe Entschädigungssummen verbreitet (40 Mill. Mark, Daily Telegraph v. 1. April 1889). Die Engländer erreichten es auch wirklich, daß der deutsche Reichskanzler das Schutzgebiet als „Kompensationsobjekt" bezeichnete und ihm nur noch das Jahr 1891 als „Versuchsjahr" zubilligte. Bis Februar 1892 sollte sich nämlich die „Colonial-Gesellschaft für Südwest-Afrika", die hierüber schon lange verhandelte, durch teilweisen Verkauf ihrer Gerechtsame wieder Geldmittel für die Kolonie verschaffen.**) Als die interessierten englischen Kapitalisten diesen Plan zum Scheitern brachten, wurde jedoch nicht das Aufgeben des Schutzgebietes, sondern im Gegenteil die wirkliche Aufrichtung der deutschen Herrschaft beschlossen. Leider gelang aber den Engländern nun ein Vorgehen auf einem anderen Wege: Sie suchten die Werte der Kolonie, Bergwerke und Siedlungsland, in möglichst weitem Umfange zu erwerben, möglicherweise mit dem Hintergedanken, daß das Reich es allmählich müde werden sollte, die Verwaltungskosten für englische Unternehmer zu zahlen. Zum mindesten bildeten diese Erwerbungen ein Machtmittel englischen Einflusses in der Kolonie. So hatten englische Kapitalisten die Landrechte des ermordeten Jordan und die Bergbaurechte des Lewis im Otavi-Bezirk erworben und bildeten in Kapstadt ein „Upingtonia-Syndikat." Und wirklich billigte ihnen die deutsche Regierung diese Rechte zu, indem sie am 3. August 1892 die Jordansche Konzession anerkannte und der englischen South Westafrica Company am 12. September 1892 die Damaraland-Konzession mit einem Landbesitz von 13000 qkm (237 Geviertmeilen) verlieh. Die Company erwarb durch Kauf noch mehr Land dazu, vor allem das Kaoko-Veldt (63000 qkm) von der „Colonial-Gesellschaft" am 12. August 1893. So kamen genau dieselben Gebiete, die Palgrave und Lewis 1877 an England hatten abtreten lassen, nach 15jährigem Wühlen doch noch in englische Hand.***) Ein glänzendes Beispiel englischer kolonialpolitischer Zielfestigkeit und deutscher Ziellosigkeit! Die Engländer haben die nächsten zehn

---

*) François a. a. O., S. 120. Kolonialztg. 1893, S. 45.

**) François a. a. O., S. 139.

***) Vgl. Kolonialztg. 1892, S. 148; François a. a. O. S. 135.

Jahre in ihrem Konzessionsgebiet nichts zur Entwicklung der Kolonie beigetragen, sondern es brach liegen laffen und es fo der Erschließung durch Deutschland versperrt, „das Herz der Kolonie", wie es mit Recht genannt worden ist!

Gleichzeitig erwarb das englische Kharaskhoma-Syndikat auch den ganzen Süden des Schutzgebietes. In anderen Fällen, namentlich als es sich um Buren handelte, hatte die deutsche Regierung die „Erwerbungen" der Konzessionsjäger einfach als nicht vorhanden betrachtet,*) da die Häuptlinge „ihr Land an jeden verkauften, der es haben wollte",**) und zwar oft gleichzeitig an verschiedene Erwerber und gegen lächerliches Entgelt. Hier machte sie leider eine Ausnahme. Das Syndikat hatte 1889 das ganze Land der Bondelswarts (Warmbad), Velbschoenbragers (zwischen Keetmannshoop und Rietfontein-Süd) und von Swartmodder (Keetmannshoop) „gekauft". Diese Konzession konnte zwar „in ihrem vollen Umfange nicht anerkannt werden, weil damit die wirtschaftliche Zukunft dieser Gebiete ausschließlich in die Hände einer Privatgesellschaft gegeben worden wäre."***) Immerhin wurden den Engländern 50000 qkm Land verliehen (am 31. Oktober 1892). Die vertragsmäßige Gegenleistung, Bau einer Eisenbahn von Lüderitzbucht ins Hinterland, haben sie nie erfüllt. Trotzdem wurde ihnen die Konzession nicht einfach als verwirkt entzogen, sondern nur auf 12800 qkm ausgesuchten Farmlandes beschränkt. Die ganze „Tätigkeit" der englischen Gesellschaft (S. A. Territories) bestand in den nächsten 10 Jahren darin, daß sie sich von den Ansiedlern, die bis dahin in ihren Gebieten umsonst geweidet hatten, Pachtgeld zahlen ließ.†) So lastete das Konzessionswesen schwer auf der deutschen Kolonie im Norden wie im Süden. Hier hatte es übrigens noch die Folge, daß gerade die Buren ins Land eingelassen wurden, die erst zum Schaden der Erschließung der Kolonie so lange von der Regierung ferngehalten worden waren! Denn die englische Gesellschaft behielt zwar ihre Gebiete in der Hand, in dem sie durch unerschwinglich hohe Kaufpreise ihren Verkauf verhinderte, aber sie verpachtete sie doch zum Teil, und zwar fast ausschließlich an Buren.

So war die deutsch-südwestafrikanische Kolonialpolitik der ersten acht Jahre in jeder Beziehung verfehlt. Geschaffen war in dieser ganzen langen Zeit nichts; es waren im Gegenteil große Landesteile der neu erworbenen Kolonie wieder an die Engländer ausgeliefert. Ein verlorenes Jahrzehnt! Die Deutschen hatten Zeit und Geld ausschließlich auf die Aufsuchung von Metallen zum Bergbau verwandt, um hierdurch die Kolonie zu erschließen. Der Fehler war, daß sie um dieses Zieles

*) Die Engländer pflegten ebenso zu verfahren. Wenn sie von einem neuen Koloniallande Besitz ergriffen, z. B. 1894 die Kapkolonie (Rhodes) von Pondoland, erklärten sie ohne weiteres: Keine Anerkennung der vorher erworbenen Konzessionen, hinaus mit den Konzessionsjägern! — In Pondoland handelte es sich um deutsche Konzessionäre.
**) Kolonialztg. 1893, S. 93; Treff des Buren Bosmann.
***) Denkschrift 1892/93, S. 31; Kolonialztg. Jahrg. 1895, S. 81, Jahrg. 1901, S. 224.
†) Denkschrift 1892/93, S. 31, 2. Spalte; Kolonialblatt 1893 Nr. 20 (über die Pachtbedingungen v. 22. Mai 1893). Sehr bezeichnend für die englischen Konzessionsjäger ist es, daß 1895 Deutschland mit Waffengewalt einen Aufstand der Bondelswarts unterdrücken mußte, die sich durch den Verkauf ihres Landes an die Engländer als „verraten" ansahen (Denkschrift 1894/95, S. 116). Sie waren sich also über die Tragweite des von der Deutschen Regierung so ängstlich respektierten Vertrages gar nicht klar gewesen!

willen die Besiedlung vernachlässigten; denn als nun die Eröffnung von Bergwerken mißlang, war gar nichts in der Kolonie geschaffen. Der Gang der Entwicklung in den anderen südafrikanischen Ländern hätte den deutschen Kolonialpolitikern zeigen sollen, daß eine dünne Besiedlung mit Weißen der erste Schritt sein muß. Je dichter das Land bewohnt ist, desto eher werden Mineralien gefunden, wenn nur überhaupt welche da sind. Jedenfalls darf man mit der Ansiedlung nicht warten wollen, bis Metallfunde erschlossen werden; denn sonst könnte man unter Umständen recht lange warten. Und die Ansiedlung einer dünnen Bevölkerung ist auch vorher möglich, wie die Geschichte Südafrikas gezeigt hat.*) Nach diesen Grundsätzen wurde nunmehr im zweiten Abschnitt der Entwicklung der Kolonie verfahren.

III.
Die Unterstellung der Kolonie unter eine deutsche Verwaltung, staatliche Kolonisation (Schutztruppe, Eisenbahn), 1893—1902. Burenansiedlungen in Namaland und Otavi.
1. Die Jahre 1892—1895.

Die deutsche Kolonisation in Südwestafrika beginnt mit der rettenden Tat, welche die selbstverständliche Vorbedingung dafür bildete: mit der Unterwerfung der Eingebornen, dem Witbooi-Feldzug von 1893/94. Erst von da an kann man von einer Kolonisationstätigkeit reden. Eine Art Vorläufer waren zwei kleine private Siedlungsunternehmungen, das Kububer Schäferei-Unternehmen Hermanns von 1891**) und die Gründung des Dorfes Windhuk durch das Siedlungssyndikat im Jahre 1892.

Jetzt endlich, nachdem ihr ursprüngliches Kapital von 1 191 000 Mark***) auf 84 000 Mk. zusammengeschmolzen war, begann die „D. Colonial-Gesellschaft für Südwest-Afrika" auf dem Gebiete der Ansiedlung tätig zu sein. Schon 1890 fanden die Vorarbeiten statt; Sitz des Unternehmens war Kubub im Bethanier-Gebiet, später das nördlich davon belegene Nomtsas, beide im westlichen Namaland. Im September 1891 kam die erste Herde von Wollschafen von Kapland in Kubub an, die zweite im August 1892, zusammen 2—3000 Stück. Die Betriebsmittel wurden aufgebracht durch einen zweimaligen Reichszuschuß von je 25000 Mark in den Jahren 1891 und 1892; ferner brachte der Ansiedler E. Hermann Inventar und Baargeld im Betrage von 54000 Mark ein, ebensoviel an Bargeld die „Colonial-Gesellschaft." — Außerdem hatten damals größere Betriebe im südlichen Namaland der Engländer Hill auf Groendorn bei Keetmannshoop, die Deutschen Walfer in Ukamas†) und der schon erwähnte Dominikus in Heirachabis, ferner am unteren Oranje-Fluß das Petersensche Ausenkjer-Syndikat.

---

*) Die amtliche Denkschrift über den staatlichen Besiedelungsplan von 1902 führt aus, „ein deutscher Bauernstand, der auskömmlich leben könne, werde in Südwestafrika auch vor der Eröffnung von Bergwerken entstehen können." „Es beweist dies auch die Geschichte Südafrikas, in dem erst Anfang der siebziger Jahre die ersten Diamanten, erst in den achtziger Jahren Gold gefunden wurde"; also zu einer Zeit, als sich diese Kolonialländer schon sehr kräftig entwickelt und mit einer starken weißen Bevölkerung gefüllt hatten.

**) Kolonialblatt 1891, S. 105, 378, 487; Jahrg. 1892, S. 213, 524; Jahrg. 1893 S. 85, 456; v. François a. a. O., S. 84, 85, 87, 111, 117—119.

***) Kolonialztg. 1886, S. 793.

†) Kolonialblatt 1893, S. 437.

Gleichzeitig mit dem Schafzucht-Unternehmungen in Namaland entwarf die
„Deutsche Kolonialgesellschaft" (Dr. Bokemeyer) 1890 den Plan der Gründung
einer Ansiedlung in Windhuk.*) Am 10. November 1891 wurde die Gründung einer
Siedlungsgesellschaft beschlossen, und man erbat und erhielt dann im März 1892
von der Regierung das Versprechen der Überlassung des Gebiets von Klein-Windh-
huk. Daraufhin wurde von der „Deutschen Kolonialgesellschaft", in deren Kreisen man
den unwürdigen Zustand der deutschen südafrikanischen Kolonisation endlich als ganz
unerträglich empfand, am 25. April 1892 das Südwestafrikanische Siede-
lungssyndikat gegründet. Dasselbe ließ, da die Deutschen nach fast zehnjährigem
Besitz ihrer Kolonie sich immer noch nicht über die in ihr den Ansiedlern gebotenen
Lebensbedingungen klar waren, durch Sachverständige, v. Üchtritz, Graf Pfeil,
Dr. Dove, Untersuchungen hierüber anstellen. Gleichzeitig aber machte es einen
praktischen Ansiedelungsversuch durch Entsendung von Ansiedlern: Im Juni 1892
ging der erste Dampfer mit Auswandrern**) nach der von der Regierung dazu her-
gegebenen Kolonie Klein-Windhuk ab; bis Oktober 1893 wurden 25 Ansiedler-
Familien, im ganzen 55 Personen, aus Deutschland dorthin befördert, zu denen
noch 5 Deutsch-Afrikaner und 18 ausgediente Soldaten der Schutztruppe kamen,
also ein Zuwachs von 78 neuen Ansiedlern.***) Nach den in der Gründungssitzung
aufgestellten Ansiedlungsbestimmungen gab das Syndikat dem Ansiedler das Land
unentgeltlich, außerdem noch Ansiedlungs-Zuschüsse bis zu 3000 Mrk. Diese Darlehen sind nach dem Bokemeyerschen Bericht auch tatsächlich an 9 Ansiedler gezahlt
worden. Auch wurden 10000 Mk. für Darlehen an alte Schutztruppler bewilligt.

Hiermit hat sich die verdienstvolle Tätigkeit des Siedlungssyndikats erschöpft.
Alles was nun noch in dem Jahrzehnt 1892—1902 in der Kolonie geschaffen
worden ist, veranschaulicht durch die Vermehrung der deutschen Bevölkerung von
310 auf 3000 Personen, ist eine Schöpfung des Staates. Die Ansiedler
entstammten meist der, wiederholt durch zahlreichen Nachschub vermehrten, Schutztruppe, und es beruhte auch ihre ganze wirtschaftliche Existenz (wenigstens in
Damaraland) auf der Truppe. Diese bot den großen Absatzmarkt für die Mittel-
landbezirke. Das Gesagte gilt auch für die Gründung des Syndikats, die Klein-
windhuker Niederlassung. Der Gedanke der Kleinsiedlung, auf dem sie beruhte,
d. h. der Bildung einer geschlossenen Niederlassung, eines Dorfes von Ackerbauern
oder vielmehr Gärtnern, erwies sich als verfehlt. Die Ansiedler waren auf ihren
viel zu klein bemessenen Landgütern nicht wirtschaftlich lebensfähig, sie mußten sich
zum großen Teil als Frachtfahrer oder Kaufleute in Groß-Windhuk als Kostgänger
der Schutztruppe forthelfen.†)

Das allmähliche Fortschreiten bis zur Erreichung des schon erwähnten End-
erfolgs von 1902 zeigt sich in den Bevölkerungszahlen der einzelnen Jahre. Die

*) Kolonialztg. 1892, S. 63, 85; 1893, S. 85; amtliche Denkschrift 1892/93 S. 28,
29; François a. a. O. S. 120ff., S. 85.
**) Oberamtmann Nitze mit Familie, Leutnant a. D. Stoß und Frau.
***) Näheres in dem Bokemeyerschen Bericht in der Kolonialztg. 1893, S. 85. Die
Namen der Ansiedler sind angegeben in der Denkschrift der Siedelungsgesellschaft, Berlin,
im Juli 1902.
†) Vgl. die unten aufgeführten amtlichen Berichte über 1893/94 S. 112; über
1894/95 S. 118, 124); ferner K. Schwabe „Mit Schwert und Pflug in Deutsch-Südwestafrika", S. 366—72.

Zahlen des „Urzustandes" der Kolonie, d. h. der Jahre 1891 und 1892, vor dem Einsetzen der neuen Besiedlungspolitik, sind zum Teil schon im zweiten Abschnitt gegeben.

Die Gesamtbevölkerung der Kolonie abzüglich der Schutztruppe war sodann folgende:

am 1. 1. 1891:   539 — 50 =   489, also Abnahme bezw. Zunahme
„   1893:   640 — 50 =   590   „   = + 99
„   1894: 1150 — 347 =   803   „   = + 213
„   1895: 1774 — 535 = 1239   „   = + 436
„   1896: 2025 — 586 = 1439   „   = + 200
„   1897: 2628 — 880 = 1748   „   = + 309
„   1898: 2544 — 801 = 1743   „   = — 5
„   1899:*) 2827 — 776 = 2051   „   = + 308
„   1900:*) 3339 — 801 = 2538   „   = + 487
„   1901:*) 3607 — 789 = 2818   „   = + 280
„   1902:*) 4635 — 858 = 3777   „   = + 960
„   1903:*) 4640 — 939 = 3701,   „   = — 76.

Die Vermehrung der Bevölkerung im Jahre 1893 um 213 enthält die 78 deutschen Ansiedler des Siedlungssyndikats in und bei Windhuk und etwa 100 zugewanderte Buren in Namaland; die bedeutende Vermehrung um 436 im Jahre 1894 entfällt mit etwa 400 auf die Buren, mit 44 auf die Deutschen. Letztere nehmen dann im Jahre 1895 weiter um 35, erstere um 104 zu (Gesamtvermehrung 200 Personen). Der Bevölkerungszuwachs in der ersten Hälfte des Jahrzehnts ist also im wesentlichen dem Burentrek zu verdanken, der in den Jahren 1893—95 über 500 Personen stark aus der Kapkolonie in das Namaland einwanderte. Auch der zweite Kalaharitrek, der Ende 1893 im deutschen Nordbezirk ankam, ist in der Statistik ersichtlich, indem am 1. 1. 1895 im Norden 89 Buren gezählt wurden. Von 782 am 1. 1. 1896 sank die Zahl der Buren auf 742 am 1. 1. 1899, indem sie in diesen drei Jahren im Norden um 68, in Namaland um 114 abnahmen, während sie im Mittelbezirk sich um 154 vermehrten. Für 1. 1. 1897 und 1898 sind die Gesamtzahlen für die einzelnen Nationalitäten nicht angegeben, sondern nur die der Männer. Während die Gesamtbevölkerung in allen anderen Jahren jedesmal um mehrere hundert annahm, verminderte sie sich im Jahre 1897 um 5 Personen. Nun vermehrte sich die deutsche männliche Bevölkerung in diesem Jahre um 100, die burische nahm um 30 ab, die sonstige um 23; fast die ganze Verminderung der Bevölkerung entfällt also auf die Buren, die um mindestens 80 Personen abgenommen haben müssen. Die Verminderung hat vermutlich sowohl die Namaländer als die 95 Trekburen betroffen, die am 1. 1. 1896 im Nordbezirk gezählt wurden, infolge des Trekverbots aber fast alle wieder auswanderten**) (um erst 1899 wieder zurückzukehren). — Vom 1. 1. 1896 an entfällt die jährliche Bevölkerungsvermehrung fast ausschließlich auf die Deutschen, deren Zahl sich von 346***) im Jahre

---

*) Hierbei sind die mit Weißen verheirateten farbigen Weiber abgerechnet.
**) Jahresbericht über 1897/98, S. 126; vgl. auch den Jahresbericht über 1898/99, S. 124 über Rückwanderung der Namaländer Buren nach der Rinderpest i. J. 1898.
***) Die Zahlen verstehen sich ohne Schutztruppe.

1896 auf 1433 am 1. 1. 1901 hob, also um 1087. In der gleichen Zeit vermehrten sich die Buren um 183, von 782 auf 965. In der zweiten Hälfte des Jahrzehnts herrscht also gerade das umgekehrte Verhältnis in der Vermehrung.

Im einzelnen war die Entwicklung folgende:

1891. Die Gesamtzahl betrug am 1. 1. 1891[*]) 539 (ohne Schutztruppe

[*]) Kolonialbl. 1891, S. 134.

489). Von den 246 Männern (ohne Truppe 195) wohnten 132 in Damaraland, 108 in Namaland; davon waren in Damaraland 91 Deutsche (ohne Truppe nur 28), in Namaland 31 Deutsche, zusammen 115 Deutsche (ohne Truppe 62), 71 Engländer, 31 Buren.

1892. Am 1. 1. 1892[**]) war die Gesamtzahl 558 und „außerdem im Namaland noch etwa 12 Buren mit ihren Familien" (etwa 80 Personen)[***]), also mit diesen etwa 640 (ohne Truppe 590). Von den (225+12=) 237 Männern (ohne Truppe 175+12=187) wohnten 153 in Damaraland, 80 in Namaland; davon waren in Damaraland 86 Deutsche (ohne Truppe 36), in Namaland 27 Deutsche; zusammen 115 Deutsche (ohne Truppe 65), 88 Engländer, (8+12=) 20 Buren.[1])

1893. Im Jahre 1893 wurde die Schutztruppe von 50 auf 340 Mann verstärkt;[2]) von den entlassenen 42 Soldaten siedelten sich im März 1893 32 an;[3]) also ein Zuwachs von nahezu 300 Soldaten und 32 Ansiedlern. Am 1. 1. 1894 war die Zahl der Schutztruppler und Beamten 347;[4]) die Gesamtzahl der Bevölkerung 969, außerdem noch 30 Burenfamilien (= 180 Personen) in Namaland, also mit diesen etwa 1150[5]) (ohne Truppe 803); mithin eine Vermehrung der landsässigen Bevölkerung um 213 Seelen. Von der Gesamtbevölkerung sind 614 Deutsche (ohne Truppe 267), worunter 458 Männer (ohne Truppe 111, also + 46), 270 Engländer, worunter 88 Männer (± 0), etwa 213 Buren (33 einzelne und 30 Familien).

Hier sieht man zum ersten Mal den Einfluß der neuen Siedlungspolitik: in dem Zuwachs von 213 Seelen stecken neben etwa 100 zugewanderten Buren in

[**]) Die Zahlen für den 1. 1. 1892 (Kolonialbl. 1892, S. 177) sind unbrauchbar; die Zahl der Kinder ist auffallend hoch (375), dagegen ist die der Männer nur 199 bezw. 185 (gegen 246 im Vorjahr!), wovon 124 in Damaraland (gegen 132), 57 in Namaland (gegen 108!). Hier liegt auch die Erklärung: während die 1891er Tabelle für Warmbad und die Striche an der Südostgrenze (Rietfontein, Ukamas) 58 Bewohner angab, sind es jetzt nur 19; die Abnahme um 39 erklärt sich daraus, daß die 1891 von Herrn v. François berechnete geographische Lage dieser Burenfarmen jetzt wieder als östlicher angenommen wurde, so daß dieselben ins englische Gebiet fielen. — Als Zahl der Gesamtbevölkerung wird 622 angegeben (ohne Truppe 568). Die Denkschrift über 1891/92 gibt als Gesamtzahl für Oktober 1891: 620, für Oktober 1892 „annähernd" 670; wovon 320 (ohne Truppe 270) Deutsche, 270 „Engländer" (einschl. der Afrikaner). Diese Zahlen sind zu hoch gegriffen, wie die genaue Zählung vom Januar 1894 beweist.

[***]) Tabelle im Kolonialbl. 1893, S. 155.

[1]) Unter der „männlichen Bevölkerung" 8 Buren (wovon 6 in Damaraland), außerdem „12 Burenfamilien" in Namaland.

[2]) Denkschrift 1892/93, S. 25; 1893/94, S. 110.

[3]) Denkschrift 1892/93, S. 26; François S. 164.

[4]) Tabelle in Kolonialbl. 1894, S. 192.

[5]) So die Schätzung in der Denkschrift 1892/93, S. 25, 26. Dieselbe beziffert die Deutschen auf 710, die Engländer auf 290.

Namaland die 78 Klein-Windhuker Ansiedler des Siedlungssyndikats. Im Januar 1893 wohnten in Groß-Windhuk 13 Deutsche (ohne Truppe), in Klein-Windhuk mit Avis 11; Ende 1893 dort 352 (mit Truppe), in Klein-Windhuk 51, in Avis 11. Ganz Damaraland zählt am 1. 1. 1894: 539 Deutsche (ohne Truppe 192), 10 Buren im Bezirk Windhuk und 10 im Norden; Namaland (ohne Truppe) 75 Deutsche und (13+180=) 193 Buren (also etwa + 100).

1894. In diesem Jahre kam die reichsdeutsche Ansiedlung im Mittelbezirk wieder fast ganz zum Stillstand; die niederdeutsch-afrikanische im Südbezirk schwoll dagegen noch mehr an. Die Denkschrift (S. 106) bemerkt über das Berichtsjahr 1893/94: „Der Zuwachs der weißen Bevölkerung ist, abgesehen von dem durch die Schutztruppe bewirkten, leiu sehr erheblicher gewesen. Die im Herbst 1893 herausgekommenen Familien" (s. oben) „haben sich zum Teil in Groß-, zum Teil in Klein-Windhuk und Avis niedergelassen. Neuerdings" (also im Jahre 1894) „haben sich einige mit dem deutschen Schiffe oder mit dem Nautilus über Kapstadt angelangte deutsche Einwanderer auf Punkten zwischen der Küste und Windhuk, wie in Salem, Tsaobis, Uitdraai, Groß-Barmen niedergelassen." Es werde sich nun (d. h. im Juni 1894) die weiße Bevölkerung auf 1200 Personen beziffern. — Dazu kam im Juli 1894 eine Verstärkung der Schutztruppe von 221 Mann,[*] sodaß die Gesamtzahl der Bevölkerung am 1. 1. 1895[**] auf 1774 gestiegen war (ohne Truppe 1239, also + 436!). Davon sind 846 (ohne Truppe 311) Deutsche (+ 44), 206 Engländer (— 64), 678 Buren (+ 465). Gegen das Vorjahr hatten also die Deutschen um 44 zugenommen, offenbar die oben erwähnten Ansiedler am Baiweg; die Engländer um 64 abgenommen, (und zwar in den Mittelbezirken). Abgesehen von den 44 neu eingewanderten Deutschen entfällt der ganze sehr bedeutende Bevölkerungszuwachs von 436 Personen auf die Buren, die 465 mehr zählen als am 1. 1. 1894! Davon sind 538 in Namaland (d. h. Bezirk Keetmannshoop mit Gibeon)[***], also + 345; im Bezirk Windhuk 11, Omaruru-Otjimbingwe 40, Nordbezirk 89. Der Witbooi-Feldzug 1893/94, die Unterwerfung der Kolonie unter die Herrschaft Deutschlands, hatte also zunächst die Folge einer starken Bureneinwanderung in das Namaland, deren bisherige Hindernisse jetzt beseitigt waren (s. oben Abschnitt II). Eine nennenswerte reichsdeutsche Bevölkerung erhielt das Namaland nicht. Wir finden dort 173 Deutsche (ohne Truppe 61, also — 14!), 154 Engländer (+4); in Damaraland 673 Deutsche (ohne Truppe 250, also + 58), 52 Engländer (— 68!).

1895. Diese Entwicklung hielt auch im folgenden Jahre noch an: Gesamtbevölkerung am 1. 1. 1896[†] 2025 (ohne Truppe 1439, also + 200);[††] davon Deutsche 932 (ohne Truppe 346, also + 35), Buren 782 (+ 104), 244 Engländer

---

[*] Denkschrift S. 110.

[**] Tabelle im Kolonialblatt 1895, S. 323.

[***] Diese Einteilung deckt sich nicht ganz mit der in den ersten Tabellen gebrauchten „Namaland" — „Damaraland", indem damals zu Namaland auch Rehoboth, Hoachanas u. a. gerechnet wurden, die jetzt zum Bezirk Windhuk (Gobabis) gehören.

[†] Tabelle im Kolonialbl. 1896, S. 189; Jahresbericht 1895/96, S. 117.

[††] Die amtliche Denkschrift über das Berichtsjahr 1894/95 bemerkt dazu kurz (S. 118): „Die weiße Bevölkerung hat seit dem letzten Berichtsjahre nicht unerheblich zugenommen. Sowohl der mittlere Teil des Schutzgebiets als auch der Süden hat eine nicht unbedeutende Einwanderung erfahren. Zu den Weißen gehören auch die Buren,

(+ 38). Von den Deutschen wohnen in Namaland 225 (ohne Truppe 87, also
+ 26), in Damaraland 707 (ohne Truppe 259, also + 9); von den Buren in Namaland 610 (also ein weiterer Zuwachs von 72 Personen), in Windhuk 30 (+ 20),
in Otjimbingwe und dem Norden 142.

2. Wenn wir die Entwicklung der Burensiedlung von 1893 bis
1900 im Zusammenhang betrachten, so erhalten wir folgende Tabelle:

	Namaland (Keet-mannshoop u. Gibeon)	Windhuk mit Gobabis	Otjimbingwe u. Omaruru	Nord-bezirk	Sa.
am 1. 1. 1893:[1])	74	5	1	—	100
„ 1894:[1])	193	10	10[2])	—	213
1895:	538	11	6+34[3])=40	89	678
1896:	610	30	16+22[3])=38	95	782
„ 1899:[4]) 361+135=	496	109	62+60=122	27	742
„ 1900: 365+223=	588	134	59+44=103	81	897
„ 1901: 412+235=	647	?	43+16= 59	95	965[1])
„ 1902: 1150+356=	1506	?	43+28= 71	145	1864[1])
„ 1903: 798+356=	1154	150 (?)	23+ 8= 31	168	1500[1])

Die Angaben der amtlichen Statistiken über die Burenbevölkerung sind sehr
unvollständig und fehlerhaft. Wie wir oben schon gesehen haben, waren von 1885
an Buren in das Gebiet der Dirk Vilanderschen Bastards (Rietfontein-Süd) ein-
gedrungen, 1889/90 hatten sie das Gebiet der Afrikaner-Hottentotten (Polizeibezirk
Ukamas) gekauft. 1891 waren es nach Dominikus bereits 30 Familien.[5]) Die
Tabelle von Januar 1891 zählt denn auch unter der männlichen Bevölkerung
31 Buren, davon 29 in Namaland (8 in Warmbad, 4 in Keetmannshoop, 2 in
Bethanien, 1 in Hoachanas, 14 „an sonstigen Orten", d. h. in Ukamas und Riet-

welche als Händler und Frachtfahrer in das Land kamen. Namentlich als Frachtfahrer
sind sie sehr gern gesehen. Burentrekks, die sich in großer Anzahl mit der Bitte um Einlaß
an die Landeshauptmannschaft gewendet haben, sind bisher zurückgewiesen worden, mit Ausnahme einiger weniger unter dem Kommandanten Lombard eingewanderter Familien."
(Damit sind die Buren im Nordbezirk gemeint).

[1]) Wahrscheinlichkeitszahlen.

[2]) Einschließlich von 10 Buren in Outjo, das am 1. 1. 1894, 1895 und 1896 noch
zum Bezirk Omaruru gehört (vom 1. 1. 1897 an zum Nordbezirk).

[3]) Außerdem 9 Kapländer in Kap Croß; in Outjo, wo die 10 Buren des Vorjahrs
verschwunden sind, erscheinen 10 „Engländer."

[4]) Für die beiden Jahre 1897 und 1898 fehlen die statistischen Angaben (nur eine
Tabelle für Keetmannshoop ist da, die dort 366 Buren zählt). Doch läßt sich auch die
Gesamtzahl der Buren aus den Zahlen der männlichen Burenbevölkerung schließen.
Diese ist, wie folgt, angegeben:

1. 1. 1895: 152
„ 1896: 156 (+ 6)
„ 1897: 202 (+ 46)
„ 1898: 172 (— 30)
„ 1899: 162 (— 10)

Demnach haben sich die Buren im Jahre 1896, zu dessen Beginn sie 782 Köpfe
zählten, stark vermehrt; im Jahre 1897 ist ihre Zahl stark zurückgegangen, ein wenig auch
im Jahre 1898; Ende 1898 zählten sie dann 742 Köpfe.

[5]) v. François besuchte im Herbst 1890 davon „die meisten", nämlich 21.

fontein), 2 in Damaraland (Omaruru und ?). Doch die Tabelle von Januar 1892 (Kolonialbl. S. 177) zählt in ganz Namaland nur 1 Buren (männliche Bevölkerung), nämlich in Warmbad; in Damaraland ebenfalls 1 (in Omaruru). Ferner nennt die Zählung im Ort Windhuk am 1. Januar 1892 2 Buren (Kolonialbl. 1892, S. 144). Die Aufstellung im „Kolonialblatt" vom 1. März 1892 (S. 147) über die weiße Bevölkerung „im Jahre 1891" zählt insgesamt 622 Personen, davon 310 Deutsche, 273 „Engländer" und gar keine Buren. Sie fügt aber erläuternd hinzu, daß von den Gezählten „ein großer Teil keine Staatsangehörigkeit besitze, sondern zu den sog. Afrikanern zu rechnen sei." Hier sind also die Buren (ebenso wie in der Denkschrift von 1892) einfach den „Engländern" zugezählt, da sie ja englische Staatsangehörige waren. Wieder andere Tabellen reihen die Namaländer Buren nicht ihrer Aufstellung ein, sondern erwähnen sie nur am Schluß. So werden für Januar 1893 unter der männlichen Bevölkerung 8 Buren gezählt: 1 in Otyu (= Outjo?), 2 in Okahandja, 1 in Gurumanas, 2 in Schaaprevier (Farm des Buren Wiese), 2 in Namaland (1 in Warmbad, 1 in Klipfontein (Farm von Spangenberg). Außerdem werden 12 Burenfamilien als in Namaland befindlich erwähnt. Am 1. 1. 1894 ist ihre Zahl auf 30 gestiegen (offenbar besonders im Ukamaser und Rietfonteiner Gebiet). Neben ihnen werden 9 Personen in Heirachabis bei Ukamas, 4 in Klipfontein bei Rietfontein aufgeführt; ferner im südlichen Damaraland 10, nämlich 7 in Schaaprevier, 3 in Rehoboth; in Outjo (späterer Nordbezirk) ebenfalls 10. Die Tabellen für den 1. 1. 1895 und den 1. 1. 1896 bringen endlich genaue Angaben über die einzelnen Buren-Ansiedlungen in Namaland, wo die Zahl der Buren 1894 um etwa 345 auf 538 und 1895 um 72 auf 610 steigt:[*]) Es werden nicht weniger als 37, und im Jahre 1895 sogar 55 Burenniederlassungen aufgezählt, und zwar u. a.

1. im Gebiet der Rietfonteiner Bastards: Schanzkolk, Hanapan, Kais, Klipdam, Descandesbam (= Davignab), Puts, Hasuur (27 „Engländer"), Vaalgras, Avaras, Blumputs, Fonteinje, Gurus, Koyas;

2. im Gebiet der Afrikaner-Hottentotten (Ukamas): Groendorn, Heirachabis, Blydeverwacht, Jerusalem, Stolzenfels, Springputs, Ariam, Vakrivier, Noub;

3. im Gebiet von Warmbad (Bondelswarts): Warmbad, Hanab, Vellour und Vellourrivier, Roiberg (= Roifontein?), Udabis, Alourisfontein, Kerlbad, Aub, Gris, Arrus, Uhabis;

4. im Gebiet von Keetmannshoop: Keetmannshoop, Stampriet, Löwenfluß (37 „Engländer"), Khoes, Stanglap (15 „Engländer").

Deutsche finden sich besonders in Ukamas,[**]) Khoes, Rietfontein, Warmbad, Keetmannshoop; ferner in Bethanien, Lüderitzbucht, Kubub, Kuyas (Bethaniergebiet); auch in Berseba. Im Witbooi-Gebiet (später Bezirk Gibeon) haben schon 1894 Gibeon und Grootfontein deutsche Besatzungen erhalten.[***])

----

[*]) Über die Namen der ältesten Ansiedler vgl. die oben mitgeteilten Angaben v. François (Buren Cillier, Tomfries, Blauw, Deskaube); ferner nennt Plokhooy in „Neerlandia" 1903 Nr. 1 die Familien Smüts in Naukluft, Smuts in Gibeon und Christoffel Coetiee in Kuis, die sich rühmen, „dat zy of hunne ouders reeds trekboeren waren onder de Hottentotten, toen de Duitschers er nog niet waren."

[**]) Familie Walier; vgl. oben S. 35.

[***]) Vgl. die Langhans'sche Karte „Buren in D. Südwestafrika", in Petermanns Geogr. Mitt. 1900, Heft 1; ferner die unentbehrliche amtliche „Besitzstandskarte von D. Südwestafrika", auf der sämtliche Farmen verzeichnet sind.

In den Mittelbezirken finden sich, wie oben erwähnt, schon 1892 Buren in Schaaprevier, Gurumanas, Otahandja; 1893 auch in Rehoboth. Ende 1894 wohnen 11 am Schaffluß bei Windhuk, 3 in Otjimbingwe, je 1 in Ubib, Usakos und Karachas. In Outjo werden 10 und in Omaruru 74 gezählt. Während es sich in diesen beiden Orten noch um Einwanderer von Namaland her handelt, macht sich jetzt im Otavibezirk zum ersten Male der im Jahre 1893 angelangte zweite Kalaharitrekk in der Zählung bemerklich, indem in Grootfontein und den Nachbarplätzen Kalkfontein, Struisvogelfontein, Gemsbocklaagte und Kraaifontein 89 Buren aufgeführt werden. Diese werden in der nächsten Zählung (vom 1. 1. 1896) als „Trekkburen" (diesmal 95 Seelen) ausdrücklich von den anderen (von Süden gekommenen) Buren unterschieden. Der Bezirk Omaruru-Otjimbingwe zählte Ende 1895 38 Buren (22 in Omaruru, 9 in Otjimbingwe, 7 in Usakos, Ubib und Tsaobis (am Baiweg); außerdem 9 in Cap Croß); im Bezirk Windhuk ist ihre Zahl von 11 auf 30 gestiegen (in Windhuk, Rehoboth, Schaaprivier, Ongeama, Otjihaenena).

In den nächsten Jahren (1896—98) ist sowohl bei der nördlichen (Grootfonteiner) wie bei der südlichen (Namaländer) Gruppe der Buren eine Wanderbewegung nach den Mittelbezirken hin zu beobachten, die übrigens von 1899 an wieder rückläufig wird. Darüber bemerkt Kurd Schwabe: Von den Namaländer Buren seien 1894,95 die ersten in den Mittelbezirk eingezogen; 1895 seien sie an der Südseite des Auasgebirges, bei Aris, am Großen Fischfluß, bei Otjimbingwe und Omaruru aufgetreten. „Durch dies Vorrücken am Großen Fischfluß kamen sie in Verbindung mit den schon früher" — siehe oben die Statistik! — „am Schaffluß und im nördlicher Bastarblande angesiedelten Buren; durch das Vorrücken nach Omaruru im Herbst 1895 mit den Otaviburen, die zu gleicher Zeit von Humpata her (!) dort einwanderten." — Auch der amtliche Jahresbericht über 1896/97 meldet (S. 115): „Zu Anfang des Berichtsjahres" (— also Ende 1896 —) „machte sich eine Bewegung von seit längerer Zeit im Namalande wohnhaften Buren nach dem mittleren Teile des Schutzgebietes geltend." Ferner der Jahresbericht über 1897/98: „Von jenen Trekkburen (des Nordbezirks) unterscheiden sich diejenigen Buren, die in den Bezirken Gibeon und Keetmannshoop Farmen gekauft haben, sowie eine Anzahl vom Namalande heraufgekommener, z. Zt. in der Nähe von Windhuk als Pächter wohnender Buren vorteilhaft. Fest angesiedelt und vermischt mit deutschen Farmern versprechen diese, gute, nützliche Elemente zu werden. Von ihrem Viehverständnis und ihrem Blick für Auffindung von Wasser und zur Anlegung von Staudämmen geeigneten Stellen kann der aus der Heimat einwandernde, unerfahrene Farmer manches lernen. Eine Anzahl Familien haben außerdem in der allerletzten Zeit durch Eingehung von Pachtverhältnissen mit deutschen Farmbesitzern den Willen gezeigt, sich dauernd oder doch für längere Zeit im Lande ansässig zu machen."

Die Folge dieser Wanderbewegung nach dem Norden hin ist eine Leerung des Bezirks Keetmannshoop: dort wohnten am 1. 1. 1896 noch 610 Buren, am 1. 1. 1897 dagegen nur 366**), und am 1. 1. 1899 nur 361. Gleichzeitig

---

*) „Mit Schwert und Pflug in D. Südwestafrika", S. 254, 370.

**) Die Verminderung ist nicht etwa darauf zurückzuführen, daß in der Tabelle vom 1. 1. 1897 der früher zu Keetmannshoop gehörige Bezirk Gibeon abgetrennt ist; denn die Tabelle vom 1. 1. 1896 zählt in den Orten des späteren Bezirks Gibeon gar keine Buren.

stieg die Zahl der Buren im Bezirk Gibeon auf 135, im Windhuker Bezirk von 30 auf 109. Doch ist die Verminderung in Keetmannshoop nicht nur auf diese Wanderung nach Norden zurückzuführen; vielmehr nahm in diesen Jahren die Burenbevölkerung im ganzen Schutzgebiet ab: Es lebten in der ganzen Kolonie am 1. 1. 1896: 782 Buren; am 1. 1. 1899: 742 Buren; in Keetmannshoop, Gibeon und Windhuk zusammen: am 1. 1. 1896 640 Buren, am 1. 1. 1899 nur 605 Buren.

Wohl aber erfolgte durch Buren aus dem Keetmannshooper Bezirk die Besiedlung des im Jahre 1896 *) vom Distrikt zum Bezirksamt erhobenen Bezirks Gibeon. Die nach der Unterwerfung der Witboois 1894 von ihnen geräumten Gebiete westlich Gibeon — in einem schmalen Streifen zwischen dem Rehobother Bastardlande und der im Besitz der „Deutschen Colonial-Gesellschaft für Südwest-Afrika" befindlichen Khomas-Hochebene sich bis Windhuk hinziehend — waren zu Kronland erklärt worden, und viele Farmen wurden an Buren verkauft, die aus West-Grikwaland stammten und Schafherden von vielen tausend Stück ins Schutzgebiet einführten **)

Die im Jahre 1902 herausgegebene amtliche Denkschrift über die Besiedlung sagt darüber: „Für die Entstehung der Ansiedlungsgruppe im Bezirk Gibeon sind entscheidend gewesen die günstigen Wasser- und Weideverhältnisse, verhältnismäßige Leichtigkeit des Erwerbes des Bodens, Aussicht auf gute Jagd..." — So ließen sich im Frühjahr 1896 die Burenfamilien Roussouw, v. d. Merwe und Benade in der Nähe der Station Grootfontein-Süd nieder ***) (in Kleinfontein 20 Personen, in Toulouse 8); dazu kommen 6 ausgediente deutsche Soldaten in Grootfontein und die Niederlassung von E. Hermann in Romtsas. Und am 1. 1. 1899 sitzen (nach der Statistik) Buren bereits in 15 Orten des Gibeoner Bezirks mit 135 Köpfen; am 1. 1. 1900 in 19 Orten mit 223, am 1. 1. 1901 mit 235 Köpfen. Die amtliche „Besitzstandskarte" der Kolonie zeigt uns dort drei Siedlungskomplexe: 1. zwischen Grootfontein und Gibeon (Kleinfontein, Toulouse, Dawed bei Grootfontein; Karrichab, Klein-Garris, Isnb-Garris, Fonteinje, Geitsabis, Seskamelboom, Rietkuil, Dickborn, Tsubgaos zwischen dort und Gibeon); 2. einen Farmkomplex südlich Gibeon (Keitsub, Gelwater-Rous, Gaus, Kamelhaar oder Kawieis und östlich davon Noronaub und Karaam); 3. einen Komplex nördlich Gibeon um Guiganabis oder Mariental (Marienbamm, dem Deutschen Brandt gehörig, Haribes, Packriem, Swartmodder, Stampried); endlich Persip südlich Gokhas, N'peuras, Urusis, Romtsas südlich Naukluft; Kuis und Kup am Fisch- und Schafflusß.

*) Jahresbericht 1895/96 S. 127.
**) Jahresbericht 1897/98 S. 135.
***) Kolonialblatt 1897 S. 543.

(Fortsetzung folgt.)

Imperialismus und Jingoismus.

Von Dr. Martin Weismann.

In den letzten zwanzig Jahren des gestrigen Säkulums hat sich die gerade Linie in der Entwicklung der englischen Kolonialpolitik verbogen. Man erschrak in London vor der Machtentfaltung der jungen Kolonien, die so herrlich unter der „Disziplin der Freiheit" gediehen waren. Entwicklungsstadien, zu denen man früher Jahrhunderte brauchte, waren jetzt in Jahrzehnten durchlaufen. Die Kolonien waren mit wenigen Ausnahmen reif geworden, reif zum — Abfallen. Mit der glücklichen Ruhe des Besitzes war es nun aus und vorüber, und jedem englischen Staatsmann begann das Damoklesschwert vor Angen zu schweben: die selbständigen Kolonien konnten nach dem Vorgange der amerikanischen Union auf gänzliche Separation vom Mutterlande hinarbeiten. Das bildete ein Ende mit Schrecken für die liberale Kolonialpolitik in England. Die konservative Partei hätte nun gerne zu reaktionären Mitteln gegriffen. Das ging schon gar nicht! Wer garantierte denn, daß der zu straff gespannte Bogen nicht springe und den Schützen selbst verletze! Im „United Kingdom" sah es etwas prekär aus. Home Rule und Parnell-Rummel begannen in Westminster ihr unheimliches Wesen zu treiben. Man mußte jetzt gut zu den Kolonien sein, weil es politisch klug war, nicht den Strengen zu spielen. Aber trotzdem suchte man nach einem Dinge, das die überseeischen Besitzungen fester ans Mutterland kittete. Man suchte in England sehr gründlich, bei Tag und bei Nacht, und man fand auch das gesuchte Ding, spät, in elfter Stunde, fast schon um Mitternacht. Es war ein Wort.

„Denn wo Begriffe fehlen stellt sich bald ein Wort zur rechten Zeit ein." Das Wort hatte einen ausgezeichneten Klang. Es war rythmisch und sanglich, und war doch dabei antik und ehrwürdig. Man sprach davon in den Salons und in den Bars, auf dem Turfe und in den Klubs, in der Kirche und im Theater, in den Musik-Halls und in den Tingeltangels. Auf aller Leute Zunge schwebte es, und zwar schon seit mehreren Jahren. Jeder hatte davon eine eigene Vorstellung, jeder darüber seine eigene Meinung und seine eigenen Gedanken. Und das war das Beste an diesem vielsilbigen und vieldeutigem Worte: Imperialismus, das auf die Menge einen außergewöhnlichen Eindruck machte. Man nahm nun das Wort her und gab ihm einen Inhalt, oder vielmehr einige Inhalte. Denn das Wort war groß und alt genug, um für mehrere Begriffe zu dienen. Zuerst hatte es Lord Palmerston in den Sechziger Jahren mit seinem pompösen und dithyrambischen „Civis Britanicus sum"! lanziert. Doch wurde der Imperialismus in der Mitte des vorigen Säkulums vom Cobdenismus und von der Manchester Schule nieder-

15

gehalten und konnte sich nicht entwickeln. Erst als Cobben tot und das Manchester-tum abgetan war, hatte das Bastardkind der englischen Verfassung und Lord Palmerstons freie Bahn. Benjamin Disraeli pflegte fürsorglich den adeligen Sprößling und führte ihn in die beste Gesellschaft ein. Er, der ein Liebling der Queen Victoria war, verschaffte ihm Hosenbandorden und freien Zutritt ins königliche Schloß Balmoral. Der Imperialismus gewann nun viele Freunde und Gönner am Hofe, und die „Gracious Queen" trug selbst seine Farben, die übrigens denen von Union Jack gleich waren. Die führende Partei der damaligen Zeit, die Konservativen, wollten etwas von dem Imperium in den offiziellen Titel des königlichen Hauses hineinbringen, und Disraeli fand den Weg und die Mittel dazu. Er, den die Königin zum Lord Beaconsfield gefürstet hatte, ließ gleichsam, um sich zu revanchieren, die Königin wiederum am 1. Januar des Jahres 1877 zur Kaiserin, zur „Empress of India", ausrufen. Das war ein Freudentag für jeden guten „law abiding" Engländer, als die gute Königin das strahlende Diadem der Imperotoriu aufsetzte, und als Lord Beaconsfield in etwas mystischer Weise England eine „asiatische Macht" nannte. Seit dem ist der Imperialismus der leitende Gedanke in der Politik Englands geworden, und wie Großbritannien in einem Größer-Britannien aufging, so entstand auch bald neben der „asiatischen Macht" eine afrikanische, eine amerikanische und eine australische Macht.

Der Imperatortitel der englischen Krone erinnert in vielfacher Beziehung an den „Römischen Kaiser deutscher Nation", ist gleichfalls ein Symbol der unendlichen Methaphysik, wenn ihm auch vielleicht der universale Gedanke einer gemeinsam unter einem Szepter geeinigten Christenheit fehlt. Man war im 19. Jahrhundert genügsamer geworden, und wollte nur eine Vereinigung der englisch sprechenden Christen und nicht aller Christen wie anno: 1000. Die Idee eines „Greater Britain", d. h. eines kolonialen Weltreiches britischer Zunge, wurde in den Imperialismus, der ursprünglich idealer Natur war, hineingelegt, und das kaptivierte die große Menge, die Schaumschlägerworte liebt. Die Idee war sehr einfach: Ein England von der City Londons bis nach Melbourne und Sidney in Australien, ein England von Liverpool nach Montreal und Toronto in Kanada, ein England von Portsmouth bis nach Bombay und Calcutta, kurz ein England über alle Ozeane hinaus. Die Idee war ein wunderschöner Traum, dessen Verwirklichung an den Annomalien und Widersprüchen der inneren und äußeren Verfassung, wie des Urwesens des ungeheuren Kolonialreiches scheitern muß. Aber es war ein sehr schöner Traum, der berauschte und selig machte, und wer weiß, vielleicht sind Träume doch keine Schäume! Es soll ja auch vorgekommen sein, daß man tatsächlich früher geträumt, was später in Erfüllung gegangen.

Zur Zeit, als der Imperialismus „geadelt" wurde und den Hosenbandorden anlegte, war ihm ein Halbbruder geboren, und zwar in einer sehr wüsten Music-Hall-Nacht, und von einer Mutter, die absolut nicht „ladylike" ist. Kaum geboren, kam das zwei Singstunden alte Kind ins englische Findelhaus, wo es auf Staats-kosten erzogen wurde. Ein uneheliches Kind, wie der Imperialismus, hatte auch der Jingoismus keinen Vater. Es wurde in die Liste eingetragen: Père Inconnu, und da es ein Findelhauskind nach französischem Drehladesystem war, wußte man von der Mutter gleichfalls nichts: Mère Inconnue. Zwiefach Waise, wurde der Jingoismus das Ziehkind des ganzen englischen Volkes, nicht des hoch- und wohlgeborenen, das spartiatisch außereheliche Kinder aussetzt und von der Erbschaft ausschließt, sondern das Kind des niedern, kommunen Volkes, das sich auf den Gassen herumtreibt, das in den öffentlichen Gärten lungert, das in den Public Houses sauft, und das in den Music-Halls mitpfeift und mitsingt, wenn ihm eine Melodie gefällt. Der Imperialismus war in einer heißen „Westminster-Sommernacht" frei nach dem Rezepte seiner „britischen Gottheit" vom hochgemuten Lord Palmerston gezeugt, der Jingoismus war das Kind eines von. Porter und Ale berauschten Tommy Atkins und kroch, coram publico, beklatscht von einer vieltausendköpfigen Tingeltangelmenge, aus dem Mutterleibe hervor.

Der hochgemute Lordsohn wollte ursprünglich vom kleinen und geringen Tommy nichts wissen. Er war ihm zu ungeschlacht, zu bäuerisch, zu sehr kompakt. Der Imperialismus war eine Abstraktion, unbodenständig, schwebte zwischen Himmel und Erde, lebte von Licht, Luft und Liebe in einem romantischen Wolken-Kuckucksheim, der Jingoismus war sehr konkreter Natur — „We have the men, we have the ships and the money too", wie der erste Jingodichter sang — war erdwüchsig und trank hinter einem nüchternen Heckenzaun unzählige Quarters von dickem, englischen Bier. Die imperialistische Idee ist eine politische, gleich Pallas Athene gewappnet und gerüstet, und nach Gladstone auch mit „den Sporen des irrenden Ritters versehen" aus dem Haupte seiner „britischen Gottheit" entsprungen, die jingoistische Idee ist völkerpsychologisch ein Produkt des Sentiments und nicht des Hirnes, des Herzens und nicht des Kopfes. Beide, Imperialismus und Jingoismus, sind so recht genommen nicht echt-englische Ware, sondern wurden importiert. Behaupten doch einige, daß Jingo nichts anders ist als eine englische Verballhornung von Jean Chauvin. Ob die imperialistisch-jingoistische Bewegung Importware, „made in Germany, France or Russia" ist, bleibe dahingestellt. Jedenfalls ist sie ein Exzeß des nationalen Gedankens, wie es der Chauvinismus, das Alldeutschtum und der Panslavismus sind, und gilt vorläufig für englische Münze. Gegen die Krankheit der Zeit vermag man nichts auszurichten, und auch die Engländer, diese große, nüchterne und rechtsliebende Nation, die den Freiheitskämpfern aller Länder ein Asyl geboten, verfielen dem Dämon des Nationalismus und schenkte Leuten Gehör, deren Metier es war, die patriotische Empfindung des Volkes irre zu führen und zu einer lohenden, sich selbst verzehrenden Flamme anzufachen. Der politische Anachronismus: „Right or wrong my country", den einst Bismarck ostentativ beklatschte, als diese Worte zuerst Bamberger im deutschen Reichstage vorbrachte, lebte in dem England auf, das einen Lord Chatham, einen Canning, einen Spencer und einen Bright hervorgebracht.

Die imperialistische Idee nahm ihren Anfang bei einigen Intellektuellen des englischen Volkes und ging von oben nach unten, die jingoistische ward im Kot geboren und ging von unten nach oben. Diese beiden Bewegungen mußten sich treffen, und sie trafen sich auch, sie fanden sich und banden sich zu geeinigtem Vorgehen, und „viribus unitis" knechteten sie das ganze englische Volk. Es erhoben sich Männer, die gegen diesen engherzigen Standpunkt ankämpften, aber ihre Stimme wurde übertönt vom Gegröle der Schaumschläger. Die „Klein-Engländer" unter John Morley, die Manchester-Liberalen unter Sir William Harcourt, die Radikalen unter Labouchere und die Friedenspartei unter Stead mußten gegenüber dem Imperialismus und Jingoismus, dieser lernäischen Schlange, der an Stelle eines abgeschlagenen Kopfes aus dem Rumpfe gleich zwei neue hervorwuchsen, unterliegen. Die Kriegsbewegung mußte es über die Friedensbewegung davontragen, weil sie an den starken „Masseninstinkt des Zerstörens und Verwüstens" appellierte, und die liberale Partei in England mußte unterliegen aus demselben Grunde, aus welchem nach Anatole France die „Wahrheit" gegenüber der „Lüge" nicht ankommen kann, weil diese vielfältig, jene einfach ist. Der Liberalismus verlor den Zusammenhang mit dem englischen Volke, weil er dem „großen Kinde" nicht schmeicheln konnte noch wollte, und seine Reihen lichteten sich bedenklich, während der Konservatismus, der auf Union Jack geschworen hatte, an Parteigängern stets gewann. Die imperialistischen Vereine fanden zahlreichen Zuspruch, so die 1884 von W. E. Forster gebildete „Imperial Federation League", deren Ausschuß (1891) einen Federal Council vorschlug, welcher aus gewählten Vertretern des Königreiches und der selbständigen Kolonien wie aus den verantwortlichen Leitern der überseeischen Besitzungen bestehen sollte, und an Stelle des Reichsparlamentes die gemeinsamen Handelsinteressen, speziell in der Richtung auf eine „commercial union and defence (kommerzielle Einigung und Verteidigung)" zu wahren hätte. Der Vorschlag wurde angenommen, und der Verein löste sich auf (1894), um die freie Diskussion, die Art der Ausführung nicht zu verhindern. An seine Stelle traten nun: „The United Empire Trade League", welche die Einigung auf Grundlage des Schutzzollsystems, „The British Empire League", welche die Einigung auf Grundlage des Freihandels betreibt, und „The Imperial Federation (defence) committee", das in erster Linie die Verteidigung des großen Kolonialreiches durch ein gemeinsames Heer und eine gemeinsame Flotte beabsichtigt. Daneben bestehen (seit 1886) ein „Emigrants Information Office", ein Auskunfts-Bureau für Auswanderer, und seit 1868 als Nachfolger der 1837 entstandenen „Colonial Society", das „Colonial Institute", das Enquêten über Kolonisationsfragen vornimmt und die Hochburg des Konservatismus ist. Durch diese vielen Vereinigungen ward der Kolonialgedanke auf ein höheres Niveau gerückt, allein er beschäftigte zu viele Köpfe, die oft der gesunden Betätigung im Mutterlande selbst dadurch verloren gingen. Auch mußte England zu viele Kräfte als Verwaltungsbeamte an seine Kolonien abgeben, die zu Hause in produktiver Tätigkeit Ersprießliches geleistet hätten. So kam es, daß in den letzten paar Jahren England die industrielle Führerschaft, die es durchs ganze 19. Jahrhundert auf fast jedem Gebiete inne hatte, zu verlieren begann. Die natürliche Erklärung ist sein übergroßer Besitz an Kolonien, deren Verwaltungsstellen die talentiertesten jungen Engländer wegen ihrer glänzenden Bezahlung ködern, gleich dem Lichte, das die Insekten anzieht.

In dem Augenblick, als das Prestige der englischen Industrie zu erblassen begann, sprang der allmächtige englische Staat dem Industrialismus bei und bot sich als Helfer in der Not an. Als Industrialstaat war das seine Pflicht. Allein der Staat war sich nicht ganz dessen klar, was er tun sollte, um seiner Industrie, die von andern Staaten, namentlich Deutschland und Amerika, überflügelt wurde, zu helfen. Man suchte Fühlung mit der englischen Kaufmannswelt. Die wußte erst recht nicht, was zu tun sei, oder vielmehr jede einzelne Kammer riet das Gegenteil von dem, was die andere geraten. Das war schwer auszuführen. Da sahen die englischen Staatsmänner sich nach bewährten Beispielen um und fanden — Deutschland. Anfang der Vierzigerjahre schon hatte Colonel Torrens, veranlaßt durch die Erfolge des „Deutschen Zollvereins", die Herstellung eines Zollverbandes zwischen England und seinen Kolonien angeregt. Die Freihandelspartei, welche damals mächtig war, erhob lauten Einspruch gegen einen derartigen Plan, der die

Grundlage der Überlegenheit Großbritanniens auf dem Weltmarkte zu erschüttern geeignet schien, die Regierung gab damals nach und behielt sich in den überseeischen Besitzungen nur die Leitung in politischer und militärischer Hinsicht vor. In den Neunzigerjahren war aber England nicht mehr allein tonangebend auf dem Weltmarkt, und jetzt mochte es auf die ganze Welt verzichten, wenn es nur der halben — seiner Kolonien — sicher werden konnte. Trotz der englischen Demokratie ist man jetzt in Großbritannien gewillt, durch einen Zollverein den internationalen Freihandel, der England reich und mächtig gemacht hat, einzuschränken und dafür Free Trade zwischen sich und seinen Kolonien, die ein unermeßliches Absatzgebiet repräsentieren, einzutauschen. Die Londoner Konferenz vom Jahre 1887 schlug einen Zuschlagszoll für sämtliche Waren in allen Kolonien vor, so daß englische Waren vor denen fremder Länder Zollvorteile genössen. Dieser von den britischen Imperialisten angestrebte Zollverein Großbritanniens und seiner Kolonien ist eigentlich nur ein Differentialzollsystem zu Gunsten der Produkte des Mutterlandes und seiner überseeischen Besitzungen und wurde nicht approbiert, weil es an den nötigen Vorarbeiten fehlte. Gibt es ja noch nicht einmal einen englischen Reichstarif, und legen manche schutzzöllnerischen Kolonien auf englische Impoete hohe Prohibitivzölle. Trotzdem wird diese Zollunion zu Stande kommen, weil sie die einzige Rettung für Englands stark hergenommene Industrie ist, und es ist nur eine Frage der Zeit, wann und wie sie in Kraft treten wird.

Eine andere Folge des extensiven Imperialismus und Jingoismus, die vielleicht noch verderblicher ist als das Aufgeben des Freihandelsystems, ist der emporwuchernde Militarismus in England, dieses berüchtigte Hero-Worshipping, das sich seit einem Jahrzehnte in London breit macht und gewaltiglich an einen Boulangismus ohne Boulanger erinnert. Es mag paradox klingen, doch es ist dem so: Tommy Atkins ist der Vater der aggressiven jingoistischen Kolonialpolitik in England und zugleich das Kind. Es gibt nämlich auf die Daner keine intensive Kolonialpolitik ohne Kampf, und ein aggressiver Imperialismus ist ohne Militarismus unmöglich. Gegenüber dem in Waffen starrenden Kontinente vermag England seine historische Stellung nur durch schärfere Zusammenfassung, wie durch Verstärkung seiner Landwehr zu behaupten. Die Verwirklichung des „Reichsideals", d. h. die Schaffung eines einheitlichen Großbritanniens, das nicht aus lose verbundenen Teilen besteht, ist Hauptziel und Endzweck, und das Mittel dazu ist jener vielverlästerte Militarismus, jener stramme dienstliche Militärdrill, über den der hochgemute Civis Britannicus bei seinen zahlreichen Besuchen auf dem europäischen Kontinente stets spöttisch die Nase rümpft. Die Kolonialpolitik eines Russell, eines Gladstone, ja selbst eines Disraeli gab sich mit den alten militärischen Mitteln Großbritanniens, mit der unüberwundenen englischen Flotte, dem Ärmelkanal und der Kolonialarmee zufrieden, nicht so aber die Kolonialpolitik ihrer Nachfolger, des imperialistischen Rosebery und des jingoistischen Chamberlain. Dieser Bruch mit allen Traditionen Englands, diese Schwenkung in seiner Kolonialpolitik ist auch eine Folge der äußeren Verhältnisse und steht unter dem Eindrucke der Annexionen Frankreichs und Deutschlands in der Südsee.

„Auf den Spielplätzen von Eton wurde die Schlacht bei Waterloo gewonnen", sagte einst der eiserne Herzog von Wellington, „und ging die Schlacht bei Colenso verloren", ergänzte vor zwei Jahren ein englisches liberales Blatt, „The Daily News." Die „Football-Offizers" und die „Boy-Offizers" legten im letzten englischen

Kolonialkrieg in Südafrika die Unvollkommenheit und Unzulänglichkeit des militärischen Systems in Großbritannien — Söldnerscharen gegen Volksarmeen — zu
Tage, und jetzt gedenkt man in England die Lehren dieses Krieges zu beherzigen,
und nicht etwa zum alten Kolonisationssystem zurückzukehren, welches nicht darauf
ausging, neue Länder mit dem Schwerte in der Hand zu erobern, sondern durch
musterhafte Verwaltung, Anspornung und Unterstützung der Privatinitiative, wie
durch die Segnungen der Freiheit, des Friedens und der Ordnung zu gewinnen,
sondern das englische Kriegswesen auf eine „wissenschaftliche Basis", wie sich Lord
Rosebery im Januar 1900 euphemistisch ausdrückte, zu stellen.

Außer dem Militarismus, dem Gefolgsmanne des britischen Imperialismus,
wird letzterer, sollte er gegen jede Voraussetzung noch längere Zeit Regierungs-
maxime in England sein, eine Krise des englischen Parlamentarismus bewirken.
Sagte schon vor drei Jahren der englische Staatsmann Courthope diesbezüglich:
„Das Zentrum der imperialistischen Repräsentation ist nicht das englische Parlament
noch das kanadische oder australische, sondern die britische Krone. Das Zwei-
Parteisystem, das sich in England durch zwei Jahrhunderte entwickelt hat, erscheint
nicht geeignet für imperialistische Angelegenheiten. Nicht durch Parteiensystem legte
Cecil den Grund zur Union zwischen Schottland und England, und nicht durch
Parteiensystem ist die Föderation in Kanada und Australien entstanden. Die englische Konstitution muß sich entwickeln, um einen repräsentativen Rat des Reiches
zu bilden, der Kontrole ausübt und auch Kritik über alle Parlamente des Reiches."
Wie? ist die große Frage. Das „Blut- und Eisenrezept" des Amateur-Bismarck,
wie Morley spöttisch Chamberlain nennt, ist weit davon entfernt, eine reale, auf
das Erreichbare und Wirkliche gerichtete Politik zur Folge zu haben. Durch die
zielunbewußte, aber kriegerische Kolonialpolitik Chamberlains wird bloß der
historische Prozeß der Loslösung der britischen Kolonien vom Mutterlande verlang-
samt und zur Rückbildung gezwungen. Die Phantasmagorien Joes und die be-
rauschenden Tiraden der Chamberlainschen Afterstaatskunst werden nicht das
ganze Ach und Weh seines großen Vaterlandes kurieren. Der kühne Wagemut
des exzentrischen Jingopolitikers und sein von den Goldfäden der Phantasie, der
Spekulation und Konjunktur durchzogenen politischen Gewebe werden den Verfall
des freien und freimütigen Englands nicht aufhalten, sobald es nicht aufhört, seine
uralte Kolonialtradition der Pazifikation und Evolution der Töchterstaaten mit den
Füßen zu treten.

Die englische Politik im XX. Jahrhundert dürfte aber nicht imperialistisch
sein. Das Phantasiegebilde des jingoistischen Imperialismus ist durch die graue
Wirklichkeit, die zu ihrer Existenz Erfolge verlangt, verscheucht, und der Traum
eines neuen festgeschlossenen Weltreiches, in dem „die Sonne nicht untergeht", ver-
blaßt bei kritischer Beobachtung. Auch Joe wird das echt englische „Prinzip der
kolonialen Bewegungsfreiheit" nicht umstürzen. Das vermag der Redejongleur
Chamberlain, der sich von seinen Parteiorganen „Mehrer des Reiches" schimpfen
läßt, trotz seines großen persönlichen Einflusses nicht. Die rein extensiven Ziele
des britischen Imperialismus werden nicht auf die Dauer verfolgt werden können,
England steuert einem viel schöneren und erhabenern Endzwecke zu: Seiner
innern Reorganisation. Die internen Wohlstandsarbeiten Großbritanniens
werden die Kriegsstimmung der expansiven Weltpolitik bald in eine Friedens-
stimmung umgestalten. Der Anfang dieses Jahrhunderts zeigt uns eine Weltlage,

die in mehr als in einer Hinsicht jener ähnelt, welche der Beginn des XVI. Säkulums unseren Blicken bot. Wie vor 400 Jahren um den Besitz Indiens und Amerikas gestritten wurde, so handelt es sich heute um die Aufteilung Afrikas, um die Liquidierung der türkischen Herrschaft in Vorderasien, um das Schicksal der letzten Reste des zerfallenden portugiesischen und spanischen Kolonialreiches, um die Handelsherrschaft in Ostasien und Südamerika, das, wie Berichte besagen, einem Vulkane gleicht. Eine neue voraussichtlich letzte Teilung der Erde bereitet sich vor, und die Zukunft eines jeden Staates hängt davon ab, ob er sich seinen Platz „an der Sonne wahrt". England hat „mehrere Plätze an der Sonne", es braucht keine neuen. Seine Aufgabe besteht im Zusammenfassen und Durchkneten des Vorhandenen. Imperialismus und Jingoismus laufen diesen Bestrebungen entgegen, sie verhindern das Ausreifen der einzelnen Kräfte in diesem Mammutreiche, weil sie die stärksten Individualitäten für kriegerische Zwecke abziehen. Großbritannien wird daher diesen schweren Sandballast seiner inneren Verjüngung von sich werfen und bald mit dem Imperialismus und Jingoismus Tabula rasa machen. „Die schönen Tage" dieser beiden reaktionären Bewegungen „sind schon jetzt vorüber."

Ein Problem kolonialer Verwaltung.

Zugleich ein Nachruf.

Der Ende September in Hamburg fällige Woermann-Dampfer hatte unterwegs eine Totenfeier erlebt; die entseelte Hülle eines in seinen besten Jahren, in vollster Kraft dahingerafften Mannes wurde, in die deutsche Flagge gehüllt, den tiefen Gründen des Ozeans anvertraut. Wieder einmal war ein im deutschen Kolonialdienst stehender Beamter den Folgen des tückischen Klimas von Kamerun erlegen, ehe er, Heilung suchend, den Boden seines Mutterlandes wieder erreichen konnte. Das amtliche Kolonialblatt brachte den üblichen, kurzen Nachruf für den Verstorbenen, Bezirksrichter E. Diehl in Duala; sein Amt wird nach längerer Verwesung neuerdings besetzt werden und der Todesfall erscheint dann in der Jahresübersicht über die Sterblichkeit in Kamerun als Zähleinheit. So der erbarmungslose Verlauf der Dinge.

Und doch verdient die kurze koloniale Laufbahn des Verstorbenen über den persönlichen Anteil, den Schreiber dieses als Freund des Verstorbenen nimmt, hinausgehend ein allgemeines Interesse, insoferne das Typische in dieser Laufbahn stark hervortritt und die mehr interne Seite der kolonialen Politik zu beleuchten vermag. Die Schwierigkeiten der Personalfrage, welche selbst wieder als hemmende Momente der kolonialen Verwaltung wirken, lassen vieles erklärlich, entschuldbar oder unabweisbar erscheinen, was der weniger unterrichteten Allgemeinheit zu mißfallen geeignet ist. Es ist bekonut, daß vordem Missionsstationen an der Küste Westafrikas zeitweils völlig verlassen lagen, weil das gesamte Personal weggestorben war, ehe Ersatz beigeschafft werden konnte. Gegenüber diesen Zuständen sind ja zweifellos dank größeren hygienischen Erfahrungen die Verhältnisse heutzutage besser geworden. Allein wie sehr heute noch die hohe Mortalität tropischer Gebiete in den Gang der Verwaltungsmaschinerie störend eingreift, zeigte sich deutlich, als E. Diehl als bayrischer Rechtspraktikant zur Disposition des Gouvernements von Kamerun im März 1900 hinausgesandt wurde. Damals befanden sich in Kamerun von jungen Verwaltungsbeamten: Bezirksamtmann Freih. von Malsen in Kribi, die Assessoren Graf Oberndorff, Freih. von Gagern (diese drei Bayern) und von Buchka. Als Diehl in Kamerun landete, war von Gagern gestorben; von Buchka krank auf der Heimfahrt; 4 Wochen nachher starb Graf Oberndorff, wieder 4 Wochen später erlag von Malsen dem Schwarzwasserfieber. Der junge Ankömmling, der an kolonialer Vorbildung lediglich wenige Monate des Besuches des Orientalischen Seminars in Berlin aufzuweisen hatte, war etwa der 18. Assessor seit 5 Jahren, der nach Kamerun geschickt wurde; 3 Monate nach seiner Ankunft im Schutzgebiet zeichnete

er in Abwesenheit des Gouverneurs als dessen Stellvertreter! Diese Tatsache be-
deutete nicht nur eine Arbeitslast für den Ankömmling, der er keinesfalls gewachsen
sein kannte, sondern weiter einen monatelangen Stillstand all der verwaisten
Referate, die doch einer nicht in seiner Hand vereinigen konnte, und eine Ver-
antwortung, welche unter gesunden Verhältnissen einem noch gänzlich unerfahrenen
Beamten nicht aufgeladen würde. Sie bedeutet aber des Weiteren für die
Kolonialverwaltung einen finanziellen Mehraufwand von mehreren 1000 Mk.
Reisekosten für neu auszusendende Beamte. Die Sterblichkeitsziffer von
10,5% der Weißen im Schutzgebiet, 17% in Duala für 1900 bedingte die
Unmöglichkeit, irgendwie für längere Zeit voraus Bestimmungen zu treffen und
damit die zeitweise Aufhebung einer zusammenhängenden und zielbewußten
Kolonialpolitik. Die Notwendigkeit, in anderen Zweigen der Verwaltung funktions-
weise tätig zu werden, trat dann auch an den Verstorbenen fortdauernd heran;
bald in Viktoria, bald als Bezirksamtmann in Kribi findet man den eigentlich der reinen Justiz angehörigen Beamten aushelfen. Es hat dies zwar den
auch nicht zu unterschätzenden Vorzug, daß der einzelne, statt auf die Erfahrung
des engbeschränkten eigenen Wirkungskreises allein angewiesen zu sein, einen all-
gemeineren Überblick und damit ein umfassenderes Urteil gewinnt. Dagegen wirkt
der öftere Wechsel des Ressorts gerade in den Tropen, wo der Geist doch unzweifel-
haft schwerfälliger wird, entschieden aufreibend auf den Beamten.

Daß das Leben, und zwar vor allem das berufliche Leben, in den Tropen
nach gewisser Zeit gewisse Schädigungen jedes europäischen Organismus' herbeiführt,
ist bekannt, und dadurch versteht sich die Bestimmung, die für den Dienst in allen
tropischen Kolonien gilt, daß nach Ablauf von 1½—2 Jahren Dienst der Beamte
Anspruch auf längeren Urlaub in der Heimat hat. Die deutsche Kolonialverwaltung
gewährt, so viel mir bekannt, nach 1½ Jahren äußeren Dienstes 4 Monate Heimats-
aufenthalt. Nun — diese ununterbrochene Dienstzeit ist seit 1895 von einem einzigen
Juristen in Kamerun erreicht worden. Die andern haben schon früher aus gesundheitlichen Rücksichten um Urlaub nachsuchen müssen; viele sind nicht mehr zurückgekehrt. Auch dieser Umstand trägt zur Erhöhung der Zerrissenheit und Unsicherheit
in der Schutzgebietsverwaltung nicht wenig bei. — Diehl hielt ununterbrochen
22 Monate aus: als er aber im Frühjahr 1902 in die Heimat kam, war er sehr
verändert: nicht krank, aber doch von dem Überstandenen in hohem Maße angegriffen.

Der Urlaub in der Heimat hat auch auf jene, nicht seltenen Persönlichkeiten,
die „um einmal hinaus zu kommen" in die Kolonien gegangen waren, eine eigentümliche Wirkung; trotz Heim und Familie fühlen sie sich der Heimat entfremdet; sie
können sich nicht mehr eingewöhnen; die Männer der Tat empfinden sich von
den engen abgemessenen Zirkeln des Mutterlandes beengt und die attractiva der
Tropen wirkt in ihnen. Diesem doppelten psychischen Einwirken der „Wildnis",
dem wohl niemand besser Ausdruck verliehen als Hutter in seinem herrlichen
Kamerunwerk, ist es zuzuschreiben, daß die meisten, wenn sie einmal in den
Tropen geweilt, wieder dorthin zurückkehren, obwohl sie vielleicht nach monate- und
jahrelangem Aufenthalt in der Heimat die Folgen des Aufenthalts im heißen Klima
an gelegentlich wiederkehrenden Fiebern verspürt haben. Auch Diehl empfand nach
4 monatlichem Heimatsurlaub kein Bedürfnis nach einer Verlängerung desselben;
es hatte bei ihm von Anbeginn festgestanden, daß er wieder nach Kamerun gehe,
und so trat er im September die Wiederausreise dorthin an, obwohl ihn ein
medizinisch erfahrener Freund davor gewarnt hatte.

Es ist begreiflich, daß die Kolonialverwaltung die Fortsetzung des Dienstes in den Schutzgebieten bei ihren Beamten gerne sieht; ebenso wie es begreiflich ist, daß sie bei der Annahme von Bewerbern strenge Anforderungen stellt. Bekanntlich geht der letzteren eine sehr genaue körperliche Untersuchung voraus, und wer nicht durch Militärdienst seine körperliche Tüchtigkeit bewiesen hat, hat überhaupt wenig Aussicht für den Kolonialdienst angenommen zu werden. Es mag dahingestellt bleiben, ob der Gesichtspunkt der Militärtauglichkeit durchweg richtig ist, — sie ist ja nicht immer mit wirklicher körperlicher Tauglichkeit identisch. Vielleicht sind aber für die Anpassungsfähigkeit an die Tropen andere Momente maßgebend als die Muskelmasse. Jedenfalls hat die zahlreichen eingangs erwähnten Opfer Kameruns weder ihre Militärtauglichkeit noch ihre Muskelkraft vor dem Tode bewahrt. Allerdings liegt es natürlich im Interesse der Kolonialverwaltung, nur Leute zu nehmen, bei welchen die erwähnten Momente dafür zu bürgen scheinen, daß sie dem Dienst längere Zeit gewachsen sind und nicht allzu bald durch außerordentlichen Urlaub, Krankheit oder Todesfall Kosten und Störungen des Verwaltungsganges verursachen. Ebenso ist es natürlich den Interessen der Kolonialverwaltung förderlich, wenn erprobte, eingearbeitete Kräfte nach dem Heimatsurlaub wieder in das Schutzgebiet zurückkehren. Nur sollte man erwarten, daß bei der Wiederausreise die ärztliche Untersuchung mit gleicher, wenn nicht größerer Strenge walte. Dem scheint nun nicht der Fall. Wenigstens wurde Diehl einer solchen Untersuchung nicht unterstellt, und hat sich auch aus eigenem Antrieb keiner solchen unterworfen,*) obwohl anzunehmen ist, daß ihm dann ein ferneres Verweilen in Kamerun ärztlicherseits nicht wäre erlaubt worden. Zweifellos würde manchem, wenn diesem Erfordernis genügend Sorge getragen würde, der Tod erspart.

Übrigens mag an dieser Stelle darauf hingewiesen werden, daß die eingangs erwähnte kolossale Sterblichkeit gerade unter den aus Süddeutschland stammenden Beamten eine Ansicht bestätigt, die man hier und da aussprechen hört: daß nämlich die Süd- oder besser Oberdeutschen gegenüber heißen Klimaten eine verhältnismäßig geringere Widerstandskraft besitzen als die Söhne der norddeutschen Tiefebene. Freilich scheint diese Ansicht an maßgebender Stelle noch nicht gehegt zu werden; wenigstens werden in der Konsulats- wie der Kolonialkarriere Süddeutsche und besonders Bayern in beträchtlicher Zahl und anscheinend zu großer Zufriedenheit verwendet.

Es erhebt sich nun freilich die Frage: soll das Reich den Grundsatz, nur völlig gesunde Leute in die tropischen Gebiete zu schicken, in voller Strenge auch gegenüber den Wiederausreisenden zur Geltung bringen? — ein Verfahren, das einen noch häufigeren Wechsel des Personals, ja möglicherweise sogar einen fühlbaren Personalmangel herbeiführen könnte. Oder soll die Rücksicht auf die Person des einzelnen gegenüber der Erwägung zurücktreten, daß der bereits Erprobte für das Schutzgebiet erhalten bleibe, und jedenfalls eine Zurückweisung des zum Weiterdienen Bereiten nur in den Fällen offenkundigster Erkrankung sich empfehle? Erstere Eventualität dürfte unter allen Umständen vorzuziehen sein, nicht allein aus Gründen allgemeiner staatlicher Fürsorge für das Leben des Untertanen, dessen Opfer ja der moderne Staat nicht mehr rücksichtslos fordert, sondern mit Rücksicht auf die Tatsache, daß die Sterblichkeit jedenfalls durch einen wiederholten Aufenthalt bereits

*) Nach brieflicher Mitteilung.

angegriffener Naturen in den Tropen wesentlich erhöht werden muß und nichts so abschreckend zu wirken geeignet ist, wie eine hohe Sterbeziffer.

Unter den gegenwärtigen Verhältnissen nehmen manche die Keime der Malaria, welche der Heimatsurlaub nicht hatte ganz beseitigen können, wieder in die heißen Regionen mit. Steigert sich nun auch der latente Krankheitszustand nicht zu akuter Malaria, so ist doch zweifellos der Widerstand des Körpers gegenüber den vielfältigen Angriffen, welche die Berufstätigkeit dort unten auf die Gesundheit ausübt, geschwächt. . Nicht physische Erscheinungen allein sind es, die dies dartun; mehr noch wird das Gemüt angegriffen, und es zeigt sich diese Erscheinung mit erschreckender Deutlichkeit an den Briefen, die in die Heimat gehen. Die verminderte Arbeitsfähigkeit erzeugt eine Unlust an der Arbeit, eine Unzufriedenheit mit der eigenen Leistungsfähigkeit. „Zu einem Bericht, den ich zu Hause in 3 Stunden erledige," so schrieb Diehl einmal, „brauche ich hier ebenso viele Tage." Es macht sich eine erhöhte Reizbarkeit gegenüber Eindrücken von außen, insbesondere beruflicher Art, geltend; eine Reizbarkeit, die sehr oft die betrübenden Erscheinungen des Haders, der Mißgunst oder der Unfreundlichkeit, über die man in den Schutzgebieten klagt, zu erklären vermögen. Eine Neigung, alles schwarz zu sehen, was vordem doch im glänzendsten Licht erschienen war, erzeugt eine trübe Lebensauffassung überhaupt und jene Sucht zur scharfen Kritik, welche so oft aus vormaligen Kolonialschwärmern Kolonialfeinde macht. Kein Zweifel, daß beim besten Willen und gerade bei den vom regsten Pflichtbewußtsein Beseelten der Umschwung ein tiefgreifender ist, und daß dieser Umschwung ein nennenswertes Detrimentum für die koloniale Verwaltung bedeutet. Ist doch der Erfolg kolonialer Arbeit fast notwendig von einem zuversichtlichen, geduldigen und ausdauernden Idealismus bedingt! Es liegt etwas Tragisches in dem Schicksal jener, die, den Krankheitskeim im Blut, ihre Kraft im Dienst der Sache aufreiben, bis ein akuter Eingriff in den zur Aufnahme schädigender Elemente prädisponierten Organismus den Kampf desselben gegen den Tod mit einem Siege des Todes enden läßt. —

Ließe sich nicht doch die Zahl dieser Fälle vermindern, ohne daß die Interessen, vor allem auch die finanziellen Interessen der Kolonialverwaltung, zu sehr geschädigt würden. Sollte es sich nicht erzielen lassen, daß Beamte und Offiziere nur solange „drunßen" bleiben, als sie nicht von den schädigenden Einflüssen des Klimas unheilbar angegriffen sind? Freilich, die Selbsttäuschung derjenigen, die sich noch für gesund genug halten, um weiter in den Tropen zu verharren, läßt sich nicht beseitigen. Aber strenge ärztliche Untersuchungen im Schutzgebiet selbst, periodisch, oder wenn gerade Gelegenheit sich dazu bietet, könnten viel helfen. Und bei Anzeichen ernstlicher Schädigung — nicht erst bei bereits ausgebrochener Krankheit — unweigerlich sofortige Überführung in gemäßigte Klimate. Jedenfalls aber sollte gerade bei dem gefährlichsten Posten, Kamerun — selbst Neuguinea scheint nicht ganz so schlimm — eine wiederholte Aussendung der gleichen Person, wenn irgendtunlich, vermieden werden. Freilich geht damit die reine Routine in der Verwaltungsarbeit dem Schutzgebiet verloren; aber der Schaden ist, wie mir scheint doch kein allzu großer, und es dürfte diskutabel sein, ob es nicht viel wünschenswerter ist, wenn Beamte und Offiziere nacheinander verschiedene Schutzgebiete kennen lernen. Sie erlangen dabei zweifellos einen weiteren Gesichtskreis und ein umfassenderes Urteil, und ihre wesentlichen Erfahrungen können sie überall wieder verwerten.

Vielleicht könnte aber, wenn ihr Aufenthalt in den einzelnen Schutzgebieten wirklich auf kürzere Dauer beschränkt würde, die Arbeit während dieser Zeit dadurch zu einer noch erfolgreicheren gestaltet werden, daß eine längere theoretische Vorschule in colonialibus vorausgeht. Man soll in dieser Beziehung über die Arbeit am grünen Tisch nicht gering denken; eine gründliche Vorbildung ist durchaus notwendig, um sich über die in den Kolonien entgegentretenden Erscheinungen ein Urteil bilden zu können. 6 Monate mehr oder minder eifrigen Studiums am Orientalischen Seminar sind eine kurze Spanne Zeit, wenn man erwägt, daß ein Gerichtsassessor von dem, was er in den Kollegien und Gerichtssälen gelernt hat, nur wenig, dagegen sehr viel anderes: ethnographische, geographische, sprachliche, möglichst auch etwas zoologische und botanische Kenntnisse, draußen nötig hat. Die Forderung einer speziell kolonialen Vorbildung wird ja unweigerlich eines Tages durchbringen und dann auch auf die Art und Dauer der Verwendung der Kolonialbeamten ändernd einwirken. Sicherlich aber steht eine Vergeudung von Menschenleben, insbesondere des Lebens so vieler tatkräftiger Vorkämpfer der Kultur — das sind sie quand même — dem allgemeinen Interesse entgegen, das sich naturgemäß bestreben muß, diese Kräfte möglichst lang und auf möglichst verschiedenen Gebieten sich nutzbar zu machen. —

Es sei mir an dieser Stelle vergönnt, dem verstorbenen K.-Bezirksrichter Diehl einige Worte des Gedenkens zu widmen; gehörte er doch vor seiner Ausreise der Kolonialgesellschaft als Mitglied an. Diehl zählte zu den nicht wenigen, welche durch den Alpinismus größeren und weiteren Zielen ängeführt wurden. Die Eigenschaften, welche er hier sich aneignete und bewährte: äußerst kräftige Konstitution, außerordentliche Zähigkeit und Energie, Enthaltsamkeit und die Fähigkeit, sich in der Einsamkeit und ohne den Komfort des verwöhnten Europäers wohl zu fühlen; diese Eigenschaften machten ihn hervorragend befähigt zum Dienst an den Grenzen der Zivilisation. Sein inniges Verhältnis zur Natur vermochte ihn draußen für vieles zu entschädigen. Im Schutzgebiet Kamerun, in welchem er im Ganzen fast 2½ Jahre verweilte, ist er mehr als sonst gewöhnlich Beamte herumgekommen. Zwei größere Expeditionen ins Innere, die eine den Wuri aufwärts zum Epochä und ins Manenguba-Gebirge (Februar und März 1901), die andere im Bezirk Kribi den Campo auf- und den Lobe abwärts (November und Dezember 1902), hat er im Kolonialblatt (1901 Nr. 15, 1903 Nr. 7, 8, 9) geschildert. Theoretisch machte er sich vor allem auf dem Gebiet des Ausbaus des Eingeborenen-Strafrechts verdient. Im September 1903, bereits schwerkrank die Heimreise antretend, verschied er am 22. September auf hoher See nach entsetzlichem Leiden unter Tobsuchtsanfällen an Gehirnhautentzündung; seine irdische Hülle wurde, in die deutsche Flagge gehüllt, dem Meer anvertraut. Sein Tod bedeutet, wie das Kolonialblatt mit Recht hervorhebt, einen schwer zu ersetzenden Verlust für Kamerun; aber mehr noch: die koloniale Sache verliert in ihm einen ihrer treuesten, tüchtigsten und vielversprechendsten Diener. —

Dr. R. Hermann.

Rechtsgebräuche der Eingeborenen der deutschen Schutzgebiete in Afrika.

Von Schreiber, Ober-Regierungs-Rat a. D.

Für jedes Zusammenleben von Menschen ist eine gewisse Ordnung notwendig, die das Zusammenleben regelt. Ohne solche Ordnung würde ständig ein Krieg aller gegen alle im Kampfe um das Dasein bestehen. Diese Ordnung setzt auch das Vorhandensein einer Autorität voraus, die Widerwillige zur Befolgung der Ordnung zwingen kann und in Wirklichkeit dazu anhält; sie ist eine Rechtsordnung.

Bei allen, auch den unkultiviertesten Völkern bestehen solche Rechtsordnungen, wenn auch nur für die einzelnen von diesen Völkerstämmen gebildeten kleineren Gemeinschaften (Gemeinden, Dorfschaften), oder Stammesgemeinschaften.

So finden sich denn auch bei den sogenannten „Wilden" in den deutschen Schutzgebieten, den Eingeborenen in unseren afrikanischen Kolonien, bestimmte Rechtsordnungen, die das Leben dieser Menschen in ihren Dorfschaften und Verbänden der Dörfer regeln, und für das Tun und Lassen und die Lebensführung der Angehörigen deren Gemeinschaften maßgebend sind, und sind auch dort Obrigkeiten vorhanden, die berufen sind, für die Handhabungen dieser Ordnungen zu sorgen, und die selbst wieder hierbei an bestimmte Normen gebunden sind.

Selbstverständlich beschränken sich diese Rechtsordnungen auf die Regelung der einfachen Verhältnisse, in und unter denen die Eingeborenen leben, und sind daher im Vergleich zu den öffentlichen und privatrechtlichen Ordnungen der Kulturvölker sehr beschränkt und ganz untergeordneter Art, und reichen nicht aus für das Zusammenleben der Eingeborenen mit Angehörigen der Kulturvölker, oder auch für die Eingeborenen selbst, wenn sie moderne Kultur anzunehmen anfangen. Dann bedürfen sie bald ausgedehnter Erweiterungen.

Aber diese höchst einfachen Rechtsordnungen der Eingeborenen sind für diese Völker von der gleichen Bedeutung und dem gleichen Werte, wie die Verfassungen und Gesetze der Kulturvölker für diese, und oft um so mehr, als sie getragen werden von der Gewohnheit und Sitte des ganzen Volkes und sich aus den sozialen Verhältnissen und religiösen Anschauungen entwickelt haben.

Wegen dieser Bedeutung dieser Rechtsordnungen für die Eingeborenen, und weil ohne Kenntnis dieser Ordnungen das Leben der Eingeborenen, ihre Sitten, ihre Gebräuche und ihr Denken nicht verständlich, also einen erziehlichen Einfluß auf sie auszuüben nicht möglich ist, erscheint es notwendig, daß alle die, die berufen sind an der Verwaltung unserer Kolonien Teil zu nehmen, oder die mit den Eingeborenen in irgend welche Verkehrsbeziehungen treten oder in Berührung kommen, sich Kenntnis dieser Rechtsordnungen und Rechtsgebräuche verschaffen, und Verständnis für sie zu gewinnen suchen. Ohne diese Kenntnis sind bei dem Verkehr mit den Eingeborenen die nachteiligsten Mißverständnisse und Mißgriffe ganz unvermeidlich. Man kann wohl sagen, daß die meisten Konflikte mit den Eingeborenen aus solchen Mißverständnissen und aus Mißachtung der bestehenden Rechtsordnungen entstanden sind, und leicht hätten vermieden werden können, wenn die Angehörigen der Kulturstaaten die Rechtsgebräuche und Anschauungen der Eingeborenen gekannt und beachtet hätten. Die Kenntnis der Rechtsgebräuche erscheint also als ein recht wichtiger Faktor der Kolonialpolitik.

Es ist ein verhängnisvoller, großer Irrtum, wenn man meint, man könne und dürfe, ja man müsse bei der Ordnung der Verhältnisse der Eingeborenen nach den heimischen Rechtsnormen verfahren, und wenn man sich bemüht, heimisches Recht auf die Eingeborenen anzuwenden. Wenn man dies tut, verkennt man vollständig die Natur eines jeden Rechtes, welches sich stets aus der Notwendigkeit, die bei jedem Volke verschiedenen Verhältnisse des Lebens zu regeln verschieden, entwickelt und eigenartig gestaltet hat, und stets als ein Ausdruck der im Volke bestehenden wirtschaftlichen, kulturellen und politischen Verhältnisse betrachtet werden muß. Die Aufzwingung eines fremden Rechtes stellt sich stets als der tiefgehendste Eingriff in das Volksleben dar, selbst dann, wenn es sich um die Übertragung des Rechtes eines Kulturvolkes auf ein auf gleicher Kulturstufe stehendes Volk handelt, und die Belassung des eigenen Rechtes hat sich bei der Ausdehnung der Herrschaft eines Reiches und Volkes über ein fremdes Land und Volk auch stets als eine weise Maßregel bewährt. Um wie viel mehr muß die Aufzwingung eines modernen Kulturrechtes auf ein aller Kultur bares Volk bedenklich sein und den unkultivierten Eingeborenen in Afrika als eine ganz unverständliche Maßnahme, als die Einführung der Willkür an Stelle der seitherigen Ordnung erscheinen, und die größte Erbitterung gegen die Zerstörer der gewohnten, oft heilig gehaltenen Ordnung erzeugen.

Diese unliebsamen Folgen der zerstörenden Eingriffe in die Rechtsnormen und das Rechtsleben der Eingeborenen in unseren afrikanischen Schutzgebieten sind um so bedenklicher und für das Gedeihen der Gebiete um so nachteiliger, als auf den Eingeborenen vor allem die Erträge, der Handel und die Industrie der Kolonien, die aus klimatischen Rücksichten nicht mit Europäern bevölkert werden können, beruhen.

Erhaltung der Rechtsgebräuche der Eingeborenen und Achtung vor ihnen muß daher ein Hauptgrundsatz unserer Eingeborenenpolitik und Kolonialpolitik sein und allen Maßnahmen unserer Kolonialverwaltung die Richtung anweisen, allerdings mit der Einschränkung, daß, offenbar kulturfeindlichen Bräuchen, die unvereinbar sind mit den auch für die Kolonialverwaltung geltenden Grundsätzen der christlichen Moral, entgegen zu treten, Pflicht ist. Aber auch hier gilt es vorsichtig und oft sogar schonend vorzugehen, so bei der Abschaffung der Vielweiberei und der Sklaverei.

Erfreulicher Weise ist unsere Kolonialverwaltung von diesem Grundsatze auch bei der Kolonialgesetzgebung ausgegangen und hat auch von den in die Schutzgebiete gesandten Beamten verlangt, ihr Verfahren danach einzurichten. Wenn das Auftreten dieser Beamten und anderer in den Kolonien mit den Eingeborenen in Verbindung gekommenen Reichsangehörigen diesem Grundsatze nicht immer entsprochen hat, so ist das zwar bedauerlich, aber oft mit der Unkenntnis dieser Personen von den Rechtsgebräuchen der Eingeborenen zu entschuldigen.

Die Reichsregierung und Kolonialverwaltung hat dem Grundsatze: „Schonung der Rechte der Eingeborenen und Rücksicht auf die Rechtsgebräuche und Gewohnheiten" mehrfach unzweideutig Ausdruck gegeben.

Das in erster Linie hier in Betracht kommende Schutzgebietsgesetz, das die in den Kolonien lebenden Reichsdeutschen dem einheimischen Rechte und einer der einheimischen Gerichtsordnung nachgebildeten Gerichtsbarkeit unterstellt, bestimmt, daß die Eingeborenen dieser, für die Reichsdeutschen im Gesetze geordneten Gerichtsbarkeit und den in ihm bezeichneten deutschen Gesetzen nur soweit unterliegen sollen, als dies durch Kaiserliche Verordnung bestimmt wird. Diese Vorschrift des Schutzgebietsgesetzes ermöglicht es, bei voller Aufrechterhaltung der Rechtsgewohnheiten und Rechtsgebräuche der Eingeborenen, und bei der Gewährung des Rechtsschutzes in der bei ihnen seither üblichen Weise, doch da ohne Schwierigkeiten auch Änderungen dieser Gebräuche und des Gerichtsverfahrens eintreten zu lassen, wo es sich um Abstellung offenbarer, kulturfeindlicher Mißbräuche, oder wo es sich um rechtliche Beziehungen zwischen Eingeborenen und Reichsangehörigen handelt, die selbstverständlich nicht lediglich nach dem Recht der Eingeborenen geordnet werden können. Eine Kaiserliche Verordnung hat bis jetzt die für die Reichsdeutschen gültigen Gesetze und die entsprechenden Bestimmungen über die Gerichtsbarkeit nicht auf die Eingeborenen ausgedehnt; für sie haben also die materielles Recht enthaltenden deutschen Gesetze keine Gültigkeit, und ihre Streitigkeiten und Gesetzesübertretungen kommen nicht vor den für die Reichsangehörigen zuständigen Gerichten zur Entscheidung und Aburteilung, sondern ihre Entscheidung erfolgt nach ihren eigenen Rechtsgebräuchen und in den ihnen gewohnten Formen vor ihren eigenen Behörden und Gerichten, allerdings unter einer gewissen Oberaufsicht der deutschen Kolonialverwaltung. —

Zu dieser Beibehaltung der heimischen Gerichtsbarkeit ist die Kolonialverwaltung in einzelnen afrikanischen Besitzungen durch die Vereinbarungen genötigt, die seiner Zeit bei der Erwerbung der Schutzgebiete zwischen dem Deutschen Reiche und den einheimischen Obrigkeiten getroffen worden sind. Solche Abmachungen sind getroffen mit den Häuptlingen in Südwestafrika und schreiben vor, daß die Gerichte der Häuptlinge aufrecht erhalten bleiben sollen bei den Rechtsangelegenheiten der Eingeborenen. In anderen Schutzgebieten enthalten diese Abmachungen solche speziellen Vorschriften über Erhaltung der heimischen Gerichtsbarkeit nicht, sondern nur allgemein gehaltene Versprechungen, die Sitten und Gebräuche der Eingeborenen zu schonen oder die Hoheitsmacht in einzelnen Beziehungen zu schützen, z. B. in Kamerun und Togo.

Aber auch hier, wie endlich in Ostafrika, wo den früheren sogenannten Landesoberhäuptern überhaupt keinerlei Sonderrechte vertraglich zugesichert sind, hat die deutsche Reichsregierung sich die Heranziehung der Eingeborenen zur Tätigkeit in der Rechtspflege angelegen sein lassen, und die Rechtsprechung in Angelegenheiten der Eingeborenen nach den hergebrachten Rechtssätzen den Häuptlingen (Dorfbehörden und Gemeinden) überlassen. Um hierin Ordnung zu schaffen, und um kulturfeindlichen Mißbräuchen vorzubeugen, ist dann aber im Jahre 1896 der Reichskanzler auf Grund des Schutzgebietsgesetzes durch Kaiserliche Verordnung ermächtigt worden, die Strafgerichtsbarkeit über die Eingeborenen zu ordnen, und hat dies unter dem 22. Februar und 22. April erfolgreich getan, indem er für die Schutzgebiete in Ostafrika, Togo und Kamerun — in denen keine Verträge mit Häuptlingen über die Rechtspflege bestanden — die Strafgerichtsbarkeit und Disziplinarstrafgewalt über die Eingeborenen regelte, und namentlich anordnete, daß in dem Gerichsverfahren über Eingeborene zur Herbeiführung von Geständnissen und Aussagen andere Maßnahmen, als die in der deutschen Prozeßordnung zugelassenen, nicht gestattet seien, und vorschrieb, daß bei der Ausübung der Strafgerichtsbarkeit seitens des Gouverneurs und des Landeshauptmannes oder der von diesen delegierten Unterbeamten stets, je nach der Schwere der Verbrechen, die örtlichen einheimischen Behörden oder Dorfältesten oder mehrere angesehene Einwohner zugezogen werden sollen. Der Reichskanzler gibt auch Vorschriften über die zulässigen Strafarten, und behält die Verhängung der Todesstrafe allein dem Gouverneur vor.

Von den Gouverneuren sind sowohl vorher wie nachher weitere Bestimmungen erlassen, teils über Handhabung der Kriminalrechtspflege, teils über Einrichtung von Rechtsgeschäften der Eingeborenen, und es ist darin stets die Heranziehung der einheimischen Ortsbehörden oder Ältesten und Beachtung des einheimischen Gewohnheitsrechtes betont worden. Aus allem dem ergibt sich, daß die Kolonialverwaltung auf die Anwendung der einheimischen Rechtsgebräuche den größten Wert legt, und richtig erkennt, wie bedeutungsvoll für die Verwaltung der Schutzgebiete und für die Rechtssprechung in ihnen die Kenntnis der Rechtsgebräuche und Rechtsgewohnheiten der Eingeborenen ist, sowohl für die in den Schutzgebieten selbst tätigen Beamten, wie auch für alle in der Zentralinstanz mit den Kolonialangelegenheiten beschäftigten Behörden. Ohne diese Kenntnis werden die Beamten aller Art häufig Mißgriffe begehen. —

Diese Kenntnisse sich zu erwerben, ist keine leichte Aufgabe, da diese Gebräuche nicht nur in den einzelnen großen Schutzgebieten verschieden sind, sondern auch bei den in den einzelnen Gebieten, z. B. Kamerun oder Ostafrika, lebenden verschiedenen Stämmen und Völkerschaften sehr oft ganz wesentlich von einander abweichen, und da es im einzelnen Fall auch nicht leicht ist, die geltenden Rechtssätze, die ja noch nirgend aufgezeichnet sind, sondern lediglich dem Gerichtsgebrauche und dem Munde alter Leute entnommen werden können, festzustellen. Dazu kommt noch, daß die Mannigfaltigkeit der Sprachen und Dialekte es dem europäischen Forscher ungemein erschwert, von den Eingeborenen über ihre Sitten, Gebräuche und Rechtsgewohnheiten zuverlässige Auskunft zu erhalten. —

Das Verlangen bei der Kolonialverwaltung, die Rechtsgewohnheiten und Gebräuche der Eingeborenen zur Anwendung zu bringen, sie zu berücksichtigen und zu achten, ist daher leichter aufzustellen als zu erfüllen. Ein wichtiger Schritt, um die Erfüllung dieses an sich ja sehr berechtigten Verlangens zu ermöglichen oder wenigstens zu erleichtern, würde mit der schriftlichen Aufzeichnung der in den Kolonien geltenden Volksrechte, mit der Kodifikation dieser Rechte, getan werden. Diese Kodifikation kann noch nicht erfolgen, weil dazu das Material noch nicht zusammengetragen ist, allein sie muß ins Auge gefaßt, und es müssen die Vorbereitungen dazu eifrig betrieben werden, damit in absehbarer Zeit eine den Interessen der Eingeborenen der Kolonien und damit den Interessen der Kolonien selbst entsprechende Rechtspflege durchgeführt werden kann.

Als zur Zeit der Völkerwanderung germanische Stämme auf Trümmern des Römerreiches Staaten gründeten, fanden sie in den römischen Provinzen ein hochentwickeltes Recht vor. Sie ließen den Römern ihr geschriebenes Recht, lebten selbst aber weiter nach ihrem, lediglich auf Gewohnheit beruhenden, eigenen ungeschriebenem Rechte. In diesen germanischen Reichen lagen also damals die Rechtsverhältnisse ähnlich wie jetzt in unseren Kolonien, doch umgekehrt insofern, als das herrschende Volk ein minderwertiges Recht hatte als das beherrschte. Wie dort dann bald das Bedürfnis nach einer Kodifikation des Gewohnheitsrechtes der Deutschen hervortrat im Interesse des Rechtslebens der Germanen selbst, und wie dort dann die Rechtsgewohnheiten der Deutschen als leges barbarorum aufgeschrieben wurden, damit sie in den Gerichten angewandt und so besser gewahrt werden konnten, so wird sich auch in den Schutzgebieten die Notwendigkeit ergeben, die Rechtsgebräuche, das Gewohnheitsrecht der Eingeborenen, die leges barbarorum, wie man sie auch nennen könnte, zu kodifizieren, wenn man wirklich entschlossen ist, die Eingeborenen nach ihrem eigenem Rechte zu behandeln. Man braucht auch nicht zu befürchten, daß mit einer Kodifikation des Eingeborenenrechtes die notwendige weitere Ausbildung des Rechtes gehemmt und die Beseitigung der in diesem Rechte enthaltenen barbarischen Gewohnheiten erschwert werden könnte. Das Gegenteil wird eher der Fall sein; denn erst dann, wenn die Rechtsgebräuche durch Kodifikation festgestellt sind, und ihre Kenntnis damit allgemeiner geworden ist, kann die Weiterentwicklung des Rechtes der Eingeborenen wissenschaftlich in Angriff genommen werden, und erst aus dem Kodex der Rechtsgebräuche können die in ihnen liegenden heidnischen Greuel oder kulturfeindlichen Sitten, die zu beseitigen Pflicht der Kolonialgesetzgebung und Verwaltung ist, erkannt werden. —

Eine Sammlung der Rechtsgebräuche und Rechtsgewohnheiten der Eingeborenen muß die Grundlage dieser Kodifikation bilden, und, sie möglichst vollständig zu Stande zu bringen, ist eine der nächstliegenden Aufgabe der Kolonialverwaltung und der für die Entwicklung der Kolonien sich interessierenden Volkskreise.

Erfreulich ist es, daß auch die Rechtswissenschaft an dem bei den Eingeborenen in den Schutzgebieten geltenden Rechte ein lebhaftes Interesse genommen hat, und von dem Gedanken ausgehend, daß aus den bei den ursprünglichen Völkern Afrikas bestehenden Rechtsverhältnissen Aufschlüsse über das vorgeschichtliche Recht der Kulturvölker gewonnen werden könnten, Wert darauf legt, diese Rechtsverhältnisse der Eingeborenen kennen zu lernen und zu erforschen, und daß dann von der „Internationalen Vereinigung für vergleichende Rechtswissenschaft und Volkswirtschaftslehre" ein Anlauf genommen ist, die Rechtsgebräuche dieser Völker zu sammeln.

Diese Internationale Vereinigung hat im Jahre 1895 Fragebogen über die Rechtsgewohnheiten der afrikanischen Naturvölker mit Unterstützung des Auswärtigen Amtes, der Deutschen Kolonialgesellschaft und verschiedener Missionsgesellschaften an Beamte, Missionare und andere mit dem Volksleben der Eingeborenen durch jahrelangen eigenen Verkehr vertraute Personen versandt, und die zahlreich eingehend beantworteten Fragebogen dann zur Bearbeitung dem Privatdozenten an der Universität Leyden, Dr. S. H. Steinmetz, überwiesen, der sich des schwierigen Auftrages mit großem Fleiß und Geschick unterzogen hat. —

Die verdienstvolle Arbeit des Dr. Steinmetz liegt jetzt in einem stattlichen Bande vor, und gestattet einen hochinteressanten Einblick in die Rechtsverhältnisse und in die Rechtsgewohnheiten einer Anzahl der in Afrika und Ozeanien wohnenden Völkerstämme. Die Arbeit beschränkt sich nicht auf die deutschen Kolonien, sondern zieht auch andere Gebiete in den Kreis der Betrachtung. —

16

Hier werden nur die Völker behandelt werden, die in deutschen Schutzgebieten in Afrika wohnen. Aus der sehr großen Menge der verschiedenen hier lebenden Völkerschaften, die verschiedenen großen Gruppen angehören, sind in dem Steinmetzschen Buche im ganzen nur sieben behandelt,*) und nur diese bilden den Gegenstand der nachstehenden Erörterungen über Recht und Gebräuche von Eingeborenen in den deutschen Schutzgebieten, die selbstverständlich nur ein ganz skizzenhaftes Bild von den Rechtsverhältnissen dieser Völker geben können, und sich darauf beschränken müssen, flüchtige Einblicke zuerst in das öffentliche Recht und dann das Privatrecht der Eingeborenen zu gewähren.

Bei aller Verschiedenheit im Einzelnen begegnen wir bei den uns hier beschäftigenden Völkerschaften in Afrika einer Verfassung, die auf der Ehe und Blutsverwandtschaft beruht, und zeigt, wie sich auch hier aus der Familie und aus der Sippe d. h. der erweiterten Familie, allmählich eine Gemeinde und ein Staatswesen entwickelt hat oder in einer Entwickelung begriffen ist, die aber noch nirgend so weit gediehen ist, daß man von einem eigentlichen, einen ganzen Stamm oder Volk umfassenden Staate sprechen kann. Die einzelnen Gemeinwesen eines bestimmten Stammes oder Volkes stehen meist in gar keinem, aber nur sehr losen Zusammenhange mit einander, und schließen sich nur zu Zeiten von auswärts drohender Gefahr zur Abwehr zusammen.

Bei vielen Stämmen gibt es noch keine Autoritäten über Gebiete, die über ein Dorf hinausgehen, z. B. bei den Bakwiri in Kamerun, bei den Wagogo im Lande Upogo in Ostafrika und bei den Wapokomo am Tana. Hier bilden die Dorfältesten die höchste Obrigkeit, deren einzige amtliche Tätigkeit in der Verhängung von Strafen und Einziehung von Bußen für begangene Übeltaten besteht. Die eigentliche Macht hat hier der Gemeinderat das Palaver, zu dem die angesehensten, begüterten, verheirateten Einwohner des Dorfes unter dem Vorsitz des Dorfältesten zusammentreten.

Bei anderen Stämmen findet sich aber eine schon mehr ausgebildete politische Organisation, so z. B. bei den an der Küste von Kamerun in Batanga lebenden Banakas und Bapukus, die ihre eigenen Könige oder Häuptlinge haben, unter denen in jedem Dorfe Hauptleute die lokale Autorität üben, und unter denen vorhandene Familienverbände stehen.

Noch weiter entwickelt ist diese Organisation bei den Waschambala in der Landschaft Usambara, zu Deutsch-Ostafrika gehörend, nordwestlich von Sansibar, wo gegen die Entscheidung der Häuptlinge, d. h. der Obrigkeit eines Dorfes, die etwa dem deutschen Erbschulzen vergleichbar sind, und des Ortsgerichtes eine Berufung an den Distriktshäuptling zulässig ist, und gegen dessen Urteil noch an den Obersten aller Waschambala, den Oberhäuptling von Wuga, appelliert werden kann.

---

*) Es sind das die Bakwiri in Kamerun, Jäger u. Bauernvolk,
Bonata und Bapuku in Batanga zu Kamerun gehörend, Ackerbau treibend u. Schiffer,
Wagogo in Upogo, Ackerbau treibend, zu Ostafrika gehörend,
Waschambala in Usambara, desgl.,
Onbonga, Ackerbau treibende Nomaden im Amboland, Südwestafrika.
Herero, Hirtenvolk im Namaqualand, desgl.
Msalala in Uniamwesi, Handel und Ackerbau treibend.

Alle Distrikte stehen hier in einem ständigen Zusammenhange mit Wuga, von wo aus die Politik geleitet wird. Die Häuptlinge und der Oberhäuptling in Wuga haben in ihren Orten besondere Hüttenkomplexe, die mit besonderen Zäunen umgeben sind, inne (Hofburg, Butala), die je nach der Größe der Herrschaften verschieden sind. Die Hof- und Staatsbeamten tragen als Zeichen ihrer Würde eine buntgestickte Mütze, ohne die man sie nie sieht; ihre Waffen tragen sie nur auf Dienstreisen. Der Häuptling speist für sich allein, die Beamten in seiner Nähe von denselben Speisen. Wenn sie da nicht satt werden, essen sie zu Haus noch mal. Bei feierlichen Gelegenheiten sind die Beamten beim Häuptling. Einer der drei vornehmsten Beamten muß stets bei ihm sein. Der Häuptling erscheint stets in reichgestickter Kleidung. Es gibt 9 Klassen von Beamten. Der oberste Beamte (mtugu) ist der Anführer im Kriege, den der Oberhäuptling aus sicherer Ferne leitet.

Die Msalala, zu den Bangamwiri-Völkern gehörend, in Ostafrika, haben einen König — (mtemi), allein seine Würde, mit der früher große Macht verbunden war, ist jetzt nur noch ein leerer Schein, da eine Anzahl Häuptlinge viel mächtiger geworden sind als er, sich von ihm unabhängig gemacht haben und nicht dulden, daß ihre Vasallen dem Könige noch gehorchen, und über sie unbeschränkt herrschen. Der König wird bei Erledigung des Thrones durch Tod von den Großen und Vornehmen des Landes aus den Schwestersöhnen des Verstorbenen, nie aus seinen Söhnen, gewählt. Außer zu dieser Wahl tritt eine Volksversammlung nie zusammen.

Bei den Ovaherero, zu den Bantu-Völkern gehörend, im Norden des Namaqualandes in Südwestafrika wohnend, ist unter dem Einfluß der deutschen Herrschaft schon eine Änderung in der politischen Organisation insofern eingetreten, als jetzt zum ersten Male vom ganzen Volke Samuel Maharero als Oberhäuptling (Omuhona) anerkannt ist, während bis dahin kein Oberhaupt bestand, und Omuhona nur einfach Herr bedeutete, und jeder reiche mächtige diesen Namen führte gegenüber dem weniger reichen bis herunter zum niedrigsten Omukarere, dem Knecht. Je reicher jemand ist, je mehr Leute er ernähren kann und je mehr Anhänger er findet, desto mehr wächst seine Macht und sein Ansehen.

Im engeren Zusammenhange mit der politischen Organisation steht die soziale Ordnung. Im wesentlichen sind bei den verschiedenen Völkern die sozialen Verhältnisse gleich, und bei ihnen existieren mit Ausnahme der Waschambala und Msalala, keine eigentlichen Bevölkerungsklassen oder Kasten. Das Volk bildet eine Masse und Stände sind unbekannt. Fast bei allen Völkern aber gibt es Sklaven, die bei den verschiedenen Völkern verschieden gestellt sind. Den Herrn stehen bald mehr, bald weniger weitgehende Rechte den Sklaven gegenüber zu, die hinwiederum sich verschiedenen Schutzes gegen Willkür ihrer Herrn von Seiten der Obrigkeiten erfreuen. Im allgemeinen werden die Sklaven wie zur Familie gehörend betrachtet und als solche gut behandelt; sie können persönliche Rechte erwerben, vor Gericht meist selbständig klagend auftreten.

Eine besondere Art Sklaven sind die Schuldsklaven, d. h. Personen, die infolge von Schulden Sklaven des Gläubigers geworden sind, und so lange Sklaven bleiben, bis sie die Schuld durch Arbeit abverdient haben. Man kann sich selbst zum Sklaven machen bei den Wagogo, um bei Not von dem Herrn ernährt oder geschützt zu werden.

Im übrigen werden die Sklaven teils von anderen Stämmen gekauft, teils aus Kriegsgefangenen genommen, teils selbst durch Abstammung von Sklaven gezogen. Die Banaka und Bapuku schicken aber die Kriegsgefangenen zurück und behalten nur die Weiber als Sklaven, wahrscheinlich wohl, um die Gefahren und Unbequemlichkeiten zu vermeiden, die die Haltung der ungebärdigen gefangenen Männer als Sklaven mit sich bringen würde. Bei den Bakwiri in Kamerun gibt es ausnahmsweise keine Sklaven mehr, und muß dort ein bei der Bestattung des Königs zu opfernder Sklave extra von einem benachbarten Stamm gekauft werden.

Die Sklaven sind an die Scholle gebunden bei den Wapokomo, sonst aber nicht und gehören dann zu dem beweglichen Besitze.

Die Herren haften für Verbrechen der Sklaven und haben für sie die Bußen zu zahlen.

Die Ehen der Sklaven sind geordnet wie die Ehen der Freien. Bei den Waschambala hat der Herr das Recht, dem Sklaven eine Frau auszuwählen und ihm zu geben. Ist die Frau eine Freie, dann bleibt sie frei, aber die Kinder sind Sklaven. Heiratet ein Freier eine Sklavin, was nur mit Zustimmung ihres Herrn geschehen kann, dann bleibt der Mann frei; die Kinder sind frei, wenn der Mann dem Herrn einen Preis gibt, der meist bei der Heirat festgesetzt ist. Den Mann kann die Frau loskaufen mit einen Bullen und zwei Kühen.

Besondere Bevölkerungsklassen bestehen bei den Waschambala insofern, als dort die Nachkommen von Kimueri, dem Großen von Wuga, der im Anfang des vorigen Jahrhunderts die Waschambala einigte, eine Art Adel bilden, der seine Genealogie aber noch weiter zurückführt. Dieses Geschlecht der „Wakilindi", die Nachkommen von Kimueri — hat die Herrschaft inne, unter ihnen sind sämtliche einigermaßen wichtige Häuptlingsstellen verteilt. Diese Adeligen haben allerlei Vorrechte: ein Vergehen gegen sie wird härter bestraft als gegen andere, sie nehmen sich Frauen gegen ganz geringe Bezahlung, auch mit Gewalt; sie ackern, wenn sie Häuptlinge sind, nicht selbst, das Volk ackert für sie. Der Adel geht nicht verloren bei Verarmung und Schuldsklaverei. Ein Nichtabliger, der ein Kilindi-Mädchen heiratet, gilt etwas mehr als die übrigen Waschambala, trägt den Titel „höro", und wer nun eine Kilindi-Mutter hat und besonders tüchtig ist, gilt beim Volke als adelig, wird aber von den Voll-Wakilindi nicht ganz anerkannt.

Bei den Wapokomo zerfällt das Volk in Altersklassen, doch kann ein junger Mann durch Zahlungen an Verbindungen (Orden) schneller höher rücken. Die Zauberer bilden hier auch eine besondere Klasse mit eigener Organisation, aber ohne besondere Machtbefugnisse. Sie nennen sich Vermittler zwischen den Menschen und der Geisterwelt, heilen Kranke durch Gebet, Trommel und Medizin, beten zu einem Gott und den Geistern der Verstorbenen.

Bei den Msalala bestehen drei Kasten: Adel, Freie und Sklaven. Den Adei bilden bestimmte Geschlechter, er geht nicht verloren und wird nicht erworben. Wenn eine adlige Tochter einen Mann aus dem Volke heiratet, so sind die Kiubee adlig. Die Freien sind in ihren Handlungen unbeschränkt, die Sklaven sind gekauft oder Kriegsgefangene, oder Kinder von Sklaven. Kinder einer Sklavin und eines Freien sind nicht Sklaven.

Bei den Ovaherero gibt es keine eigentlichen Kasten oder Stände, aber je reicher jemand ist und je mehr Leute er sich als Gefolge halten kann, desto mächtiger ist er und desto größer ist sein Ansehen und Einfluß im Volke.

Ebenso gibt es bei den Ondonga (Südwestafrika) Adel und Untertanen. Beide Stände sind uralt und erblich. Höeige und Sklaven gibt es nicht. Verarmte Adlige verlieren zwar ihre Vorrechte, bleiben aber im Stande des Adels. Daneben besteht der erbliche Stand der Regenmacher ohne Organisation und ohne Machtbefugnisse.

Die soziale Stellung der Frauen ist bei allen Stämmen ziemlich gleich niedrig. Der Mann kauft sich seine Frau von den Eltern, und es steht somit die Frau im Eigentum des Mannes, der über sie nur mit geringer Beschränkung verfügen kann, wie über eine ihm gehörende Sache. Der Mann kann z. B. bei den Msalala und bei den in Batanga wohnenden Banaka und Bapuku die Frau ungestraft töten. Die Frauen werden beim Tode des Mannes vererbt, sie können verpfändet, verliehen und vertauscht werden. Was sie erwerben, erwerben sie für den Mann, der ihnen nur eine Hütte geben muß, in der sie wohnen. Die Frauen bestellen den Acker und führen den Haushalt.

Politische Rechte stehen den Frauen nicht zu, doch dürfen sie bei einzelnen Völkern im Palaver erscheinen und können als Zeugen auftreten, aber nicht mitreden.

Bei einzelnen Stämmen kommen Abweichungen von dieser allgemeinen Regel vor. So können die Frauen bei den Waschambala an ihrem Erwerb Eigentum haben, und bei den Msalala Häuptling werden, und wieder bei den Waschambala kann die Häuptlingsfrau an einem anderen Orte zum Häuptling bestellt werden.

Über das Gerichtswesen, namentlich das Gerichtsverfahren, gibt die Beantwortung der Fragebogen viele schätzenswerte Auskunft. Bei aller Verschiedenheit in Einzelheiten ist bei allen in Betracht kommenden Völkern und Stämmen von einem Richterstande und ständig organisierten Gerichten keine Rede. Je nach der politischen Organisation üben die Häuptlinge oder die Dorfobersten mit mehr oder weniger Inanspruchnahme der ganzen Gemeinde die Gerichtsbarkeit in Kriminalsachen aus.

Ohne Mitwirkung der Gemeinde z. B. steht bei den Msalala die Gerichtsbarkeit dem Häuptling allein zu, er spricht Recht und überträgt die Ausführung des Urteils einem Sklaven.

Bei den Waschambala übt der Häuptling mit der Volksversammlung die Rechtspflege. Diese Palaver werden in dem Hofe des Häuptlings abgehalten, in ihnen haben nur Erwachsene Sitz, Frauen sind ausgeschlossen; Gerichtszeit ist Mittag. Ebenso ist es bei den Wagogo, wo aber die Gerichtszeit von Sonnenaufgang bis Untergang dauert und bei den Bakwiri. Bei den Bonaka und Bapuku sammelt sich bei Sachen von Bedeutung die ganze Bevölkerung zum Palaver unter Vorsitz des Königs. Die Weiber nehmen Teil und tragen durch Beifalls- oder Mißfallensäußerungen zum Resultate mit bei, wenn sie auch nicht mitstimmen dürfen. Bei den Wagogo üben die Ältesten die Rechtspflege unter Beteiligung des ganzen Volkes.

Für die Gerichtsverhandlungen gilt lediglich das öffentliche, mündliche Verfahren. Es erscheinen beide Parteien freiwillig oder gezwungen vor dem Richter und tragen die Klage und Erwiderung vor, es werden Zeugen vernommen und Eide als Beweismittel geleistet.

Bei den Bakwiri dient zur Feststellung der Wahrheit eine Giftprobe, und werden, wenn es nötig ist, beide Parteien dem Gottesurteile unterworfen. Der Kläger erdietet sich oft freiwillig dazu. Wer das genommene Gift, aus einer Wurzel bereitet, bei sich behält, ist schuldig, auch wenn er am Leben bleibt, ebenso ist der schuldig, der an dem Gift stirbt; unschuldig ist nur der, der das Gift ausbricht. Eide sind hier unbekannt.

Bei den Wagogo wird der Eid unter Anrufung eines toten Verwandten geleistet, der den Meineidigen Unglück bereitet, bei den Waschambala ruft der Schwörende die Rache Gottes und seiner Vorfahren an und überzeugt damit das richtende Volk, während dazu bei den Banakas und Bapuku das einfache ja und nein genügt. Falsche Aussage zieht Herauswerfen aus der Versammlung nach sich. Ebenso erfolgen die Zeugenaussagen bei den Ondonga ohne Eid. Bei ihnen wird in Fällen, wo keine Zeugen vorhanden sind, z. B. wegen Behexung, ein Geständnis durch Tortur erpreßt. Der Angeklagte wird gebunden, Tag und Nacht ohne Speise und Trank der Sonnenglut und Nachtkälte ausgesetzt, und erklärt sich dann meist schuldig, um der weiteren Qual zu entgehen.

Bei der Rechtsprechung kommen allgemein bestimmte Rechtsgewohnheiten zur Anwendung, die durch mündliche Überlieferungen im Volk erhalten werden. Besondere Rechtskundige gibt es nicht, doch geben die alten Leute in der Volksversammlung Auskunft über die Rechtsüberlieferungen und nehmen infolge ihrer Erfahrung eine bevorzugte Stellung ein.

Die Strafen, auf die bei Vergehungen verschiedener Art erkannt wird, bestehen in Todesstrafe und in Vermögensstrafen — Bußen — selten in Einsperrung oder in Leibesstrafen. Die Bußen werden meist in Vieh geleistet. Die wegen einzelner Vergehungen üblichen Strafen sind äußerst verschieden bei den verschiedenen Völkern. Das gilt namentlich auch von der Todesstrafe, die bei dem einen Volke weit häufiger als bei dem anderen ausgesprochen wird. Bei den Wagogo und Waschambala z. B. steht sie nur auf Zauberei und auf Zurückhaltung von Regen, nicht auch auf Mord, der nur durch eine Buße gesühnt wird. Die Strafen wegen Diebstahls sind hier verschieden, je nachdem der Diebstahl unter erschwerenden Umständen begangen ist oder nicht. Als erschwerender Umstand gilt z. B. das Stehlen von Vieh aus der Weide. Bei den Bakwiri dagegen wird jede Tötung, gleichviel ob absichtlich oder nicht, mit dem Tode bestraft, alle anderen Übeltaten aber mit Bußen.

Die auferlegten Bußen teilen sich bei den meisten Völkern der Geschädigte und der Häuptling, es nimmt aber auch oft die ganze Gemeinde an ihnen insofern teil, als die gezahlten Ziegen von der Versammlung aufgegessen werden. Dies geschieht z. B. bei den wegen Verleumdung auferlegten, in Ziegen bestehenden Bußen. An diesem Essen darf selbst der Verleumder bei den Waschambala teilnehmen, wenn er bescheiden darum bittet.

Auspeitschen als Strafe ist üblich bei den Ovaherero und bei den Banaka und Bapuku, pflegt aber nur gegen niedrig stehende Personen angewandt zu werden und nicht gegen Frauen.

Die Todesstrafe wird bei den Völkern auf die verschiedenste Weise vollstreckt durch Köpfen, Ertränken, Erschießen, Abstürzen von Felsen, und mit ihrer Exekution werden von dem Häuptlinge besondere Personen beauftragt.

Die Bußen bestehen bei allen Stämmen in den bei ihnen üblichen Tauschgegenständen, also namentlich in Vieh, aber auch in Frauen. Wenn es sich um Zahlung einer Buße für eine getötete Frau handelt, dann wird neben anderen auch eine Frau als Buße gegeben. Kann die Buße nicht gleich gegeben werden, dann tritt häufig der Bußepflichtige beim Gläubiger in Arbeit, also in eine Art Sklaverei, und verdient die Buße ab. Die Ausgleichung findet oft unter bestimmten Formalitäten statt. Die Frau und die Ware werden überreicht und geprüft, dann gehen beide Parteien in ihre Dörfer zurück. Nach einer Woche ladet die Partei, die die Sachen erhalten hat, die andere zu sich ein, schlachtet eine Ziege und gibt davon der anderen Partei eine Hälfte. Beide Parteien ziehen sich dann getrennt zurück und essen ihre halbe Ziege auf, und beendigen damit das Gelage und ihren Streit.

Bei der Aufbringung der Buße beteiligen sich, wenn nötig, auch die Familienglieder.

Auch für zufällige Beschädigungen, ebenso für Schäden, die durch Sklaven und Vieh verursacht sind, werden Bußen gefordert und gezahlt; Unzurechnungsfähigkeit und sogar Notwehr haben nicht immer Einfluß auf die Haftung, vermindern aber z. B. bei den Wapokomo die Buße und schließen sie bei den Waschambala ganz aus.

Neben der gerichtlichen Verfolgung der Tötung eines Menschen besteht bei allen in Rede stehenden Völkern das Institut der Blutrache, das aber bei ihnen, je nachdem ihre politische Organisation vorgeschritten ist, und je nachdem bei ihnen die Macht der Obrigkeit so ausgebildet ist, daß sie schon einen Schutz für den einzelnen bietet, mehr und mehr gemildert erscheint, und nach und nach verschwindet, wie bei den Wagogo, bei denen sie früher in einen allgemeinen Krieg der Stämme ausartete, und jetzt nicht mehr in Übung ist.

Die Blutrache steht jetzt allgemein mit dem öffentlichen Strafrechte, wie es von den Häuptlingen und der Gemeinde geübt wird, in einem bestimmten Verhältnisse, das bei den verschiedenen Stämmen verschieden ist. Bald muß die verletzte Familie mit der vom Gericht bestimmten Buße zufrieden sein und muß die Rache ruhen lassen, bald darf sie zwischen dem Annehmen dieser Buße und der Vollziehung der Rache wählen, bald bestimmt der Häuptling, was geschehen soll, bald tritt sie nur ein, wenn die Zahlung der Buße verweigert wird oder wenn sie gegen einen nicht zum Stamm gehörenden gerichtet ist. Die Rache ist allgemein gegen den Schuldigen und seine Familie gerichtet, doch in der Regel nicht gegen Weiber und Kinder, es sei denn, daß die Rache wegen Ermordung einer Frau oder eines Kindes geübt wird. Dann wird z. B. bei den Ondonga und Wapokomo für eine Frau eine Frau, für ein Kind ein Kind geopfert. Die Blutrache, an der oft ganze Stämme beteiligt sind, endigt gewöhnlich erst, wenn von beiden Seiten eine Anzahl Leute gefallen sind, und wird durch die Volksversammlung geschlossen, oft unter Beobachtung besonderer Zeremonien.

Die Häuptlinge mit den Volksversammlungen üben aber nicht nur die Kriminaljustiz aus, sondern es werden in den Palaver alle Fragen von allgemeinerem Interesse behandelt, wichtige von Häuptlingen gefaßte Beschlüsse verkündigt, Krieg und Frieden beschlossen, aber auch zivilrechtliche Differenzen zwischen den Stammesgenossen geschlichtet und Eigentumsverteilung, Erbschafts= angelegenheiten, Schuldenregulierungen geordnet und Frauenfragen erledigt. Die Vollziehung der gefällten Urteile ist bei den verschiedenen Stämmen ver= schieden geregelt. Sie ist bei den Banaka und Bapuku dem Kläger selbst über= laffen, der auch die ausgesprochene Todesstrafe selbst zu vollziehen hat, während bei den Waschambala zur Vollziehung eines Todesurteils vom Häuptling be= sondere Perfonen bestimmt werden. Die Gerichtskosten werden in Vieh gezahlt, das meist von der Volksversammlung verzehrt wird.

Die Schulden werden vom Gläubiger selbst beigetrieben, doch muß die Pfändung z. B. bei den Bapuku von dem Palaver erlaubt werden. Bei den Waschambala ist für die Beitreibung ein besonderes Verfahren vorgeschrieben. Wenn der Schuldner nicht zahlen kann, sagt er zum Gläubiger, „warte, ich werde es mir leihen", und der Gläubiger muß dann einen Monat warten, und wird dazu von den Ältesten angehalten, die dem Schuldner behülflich sind, seine Schuld aufzubringen. Ist der Gläubiger damit nicht einverstanden, so geht er zum Häuptling. Der hält den Schuldner zur Zahlung an, bestimmt aber auch den Gläubiger zum warten. Der Gläubiger hat das Recht, des Schuldners ganzen Besitz, auch sein Weib und seine Kinder, zu pfänden. Dann aber tritt der Häuptling ein, zahlt die Schuld, der Besitz wird dem Schuldner zurückgegeben, der aber gilt so lange als Sklave des Häuptlings, bis er die Schuld im Tagelohn abverdient hat. Bei großen Schuldsummen werden auch die Brüder des Schuldners in gleicher Weise gepfändet und müssen die Schuld durch Arbeit abverdienen helfen.

Auf dem Gebiete des **Privatrechtes** sind namentlich die Rechtsgebräuche und Gewohnheiten zahlreich und am weitesten ausgebildet, die sich auf das Familienleben, auf die Ehe und Blutsverwandtschaft beziehen. Daß gerade diese Gebiete in ausgiebiger Weise geregelt sind, ist nicht auffallend, da die Sicherung der Familie und des Geschlechtes, also der Verwandtschaft, für den Bestand des Stammes und Volkes da von der größten Bedeutung ist, wo, wie bei den Eingeborenen in Afrika, die ganze Verfassung der Völker auf der Bluts= verwandtschaft beruht und vom Geschlechterrecht getragen wird. Die Bluts= verwandtschaft entsteht bei den Eingeborenen auf dreierlei Weise.

Bei den Bakwiri und Ondonga wird die Verwandtschaft nur durch die Mutter vermittelt, es gilt sogenanntes Mutterrecht, während bei den Waganda, Wapokomo und Waschambala reines Vaterrecht besteht, also die Verwandtschaft nur durch den Vater entsteht, die Kinder zum Geschlecht des Vaters gehören. Durch Vater= und Mutter= — Elternrecht — wird die Verwandt= schaft vermittelt bei den Msalala, Banaka, Bapuku und Wagogo. Überreste vom Mutterrechte, das man wohl mit Recht als das ältere Recht ansehen kann, finden sich noch bei einigen schon zum Vater= und Elternrechte vorgeschrittenen Völkern. So vererbt sich z. B. der oben erwähnte Adei bei den Msalala bei der Verheiratung einer abligen Tochter mit einem nichtadligen Manne auf die aus dieser Ehe entsprossenen Kinder, und bei der Wahl eines Königs wird stets einer von den Schwestersöhnen des Verstorbenen ernannt, nie ein eigener Sohn des Königs.

In der Sprache der verschiedenen eingeborenen Völker gibt es für Verwandte der verschiedenen Grade meist verschiedene Namen, je nachdem die
Verwandtschaft von Vaters- oder Mutterseite herstammt.

Außer der auf der Abstammung beruhenden Verwandtschaft gibt es noch
auf Adoption beruhende Verwandtschaft und die der Verwandtschaft gleichende
Blutbrüderschaft bei verschiedenen Völkern. Das Rituell bei dem Schluß der
Blutbrüderschaft ist bei den Waschambala eigenartig. Jeder der beiden, die
diese Brüderschaft eingehen wollen, macht sich eine kleine, blutende Wunde über
dem Herzen, taucht in das Blut des anderen ein Stückchen Fleisch von einem
Huhn oder einer Ziege, und ißt dieses auf. Dabei sagt jeder: Wenn mir Gefahr droht und du warnst mich nicht, so stirb; wenn ich in Not bin und du hilfst
mir nicht, so stirb.

Bei den Waganda wird unter ähnlichen Zermonien eine in das Blut
getauchte Kaffeebohne gegessen. Die Wunde wird über dem Magen gemacht.
Bei den Wagago wird ein Stück von einer Ziegen- oder Schafleder, das in das
aus den Armen genommene Blut getaucht ist, gegessen.

Bei den Banaka, Bakuiri und Wapuku sind solche Blutbrüderschaften
nicht bekannt.

Der Zweck der Eingehung solcher Verhältnisse ist die Gewinnung eines
Schutz- und Trutzverhältnisses mit strengster Verpflichtung zur Wahrhaftigkeit.
Ihre Wirkung ist Sorge für einander in jeder Beziehung, über den Tod hinaus
für die Hinterbliebenen, und zur Blutrache. Das Vermögen der Blutbrüder
bleibt getrennt. Nur Angehörige verschiedener Familien gehen Blutbrüderschaft
ein.

Von ganz besonderer Bedeutung für die Beurteilung der Verhältnisse der
Eingeborenen sind ihre auf die Ehe bezüglichen Gebräuche, ihr Eherecht.

Allen hier in Betracht kommenden Völkern ist die Vielweiberei gemeinsam.
Rechtlich kann ein Mann sich eine unbegrenzte Anzahl Frauen nehmen, in der
Ausübung dieses Rechtes wird er aber faktisch dadurch beschränkt, daß ihm die
Mittel fehlen, die Brautpreise und Unterhaltungskosten für die Frauen zu be-
schaffen. Mit dem Reichtum, aber auch mit der Macht und dem Ansehen des
Mannes, wächst so die Anzahl seiner Frauen. Die Häuptlinge und Könige
haben also viele Frauen.

Die Frauen werden allgemein gekauft von ihren Eltern, vielleicht mit
alleiniger Ausnahme bei den Ondonga, wo den Eltern kein Preis gezahlt zu
werden scheint, sondern der Braut Geschenke gemacht werden sollen. Diese
Ausnahme von der sonst in Afrika allgemein gültigen Regel ist nicht recht
glaubhaft, und beruht die hierauf bezügliche Angabe eines Missionars wohl auf
einem Irrtum.

Der Kaufpreis besteht in Vieh, dem üblichen Zahlungsmittel jener Völker,
und ist verschieden bei den verschiedenen Völkern, je nach Reichtum, Stand und
Rang des Mannes und den Eigenschaften der Braut. Als solche kommen in
Betracht ihr Alter, ihre Schönheit, ihr Stand und auch wohl ihre Jungfräulichkeit. Die Bewertung der Virginität ist sehr verschieden bei den verschiedenen
Stämmen. Bei einigen, z. B. den Waschambala, wird Wert auf sie gelegt
und für Witwen und geschiedene Frauen ein geringerer Preis bezahlt; bei den
Ondonga wird hoher Wert auf sie gelegt, bei den Wagogo, die nicht einmal
ein Wort für den Begriff Jungfräulichkeit haben, gar kein Wert.

Der Brautpreis wird vor der Eheschließung in einer Summe bezahlt. Kann der Mann das nicht, dann findet wohl ratenweise Zahlung statt, es haftet dann die Familie des Mannes mit für die Zahlung, oder es wird die Zahlung auch wohl ganz gestundet. Ist der Preis noch nicht gezahlt, wenn ein Kind geboren ist, dann nehmen bei den Waschambala die Eltern ihre Tochter mit dem Kinde zurück, bis er zahlt; der Mann kann dann zum Häuptling gehen, und wenn der für ihn zahlt, bekommt er Frau und Kind zurück, wird aber Sklave des Häuptlings, bis er den Preis abverdient hat.

Bei den Balwiri gehören die Kinder, so lange der Kaufpreis nicht gezahlt ist, dem Vater der Frau, die Frau selbst aber nicht. Sie scheidet ganz aus der Familie aus, die an ihr keinerlei Recht zurückbehält.

Der Brautpreis ist das Entgelt für die Überlassung einer Tochter als Frau. Daraus folgt, daß der Preis dem Manne zurückzuzahlen ist, wenn die Ehe nicht zu Stande kommt, oder wenn die Frau dem Manne entläuft. Bei einzelnen Völkern findet diese Rückzahlung wenigstens teilweise auch dann statt, wenn die Frau bald nach der Hochzeit stirbt, z. B. bei den Msalala und den Banaka und Bapuku. An Stelle der gestorbenen Frau kann ihr Vater dem Mann eine andere Frau besorgen und dann den Kaufpreis behalten. Die Ehen werden auf Lebensdauer geschlossen, doch ist der Mann berechtigt, die Frau fortzuschicken, der Frau aber nicht erlaubt, nach Belieben fortzugehen. Von dieser allgemeinen Regel bestehen aber Ausnahmen. Bei den Waschambala z. B. geht die Frau, wenn die Ehe unfruchtbar bleibt, zu ihren Eltern zurück in allen Ehren unter Mitnahme ihrer Aussteuer und kann sich anderweit verheiraten.

Das Recht des Mannes, die Frau einfach fortzuschicken, ist bei einzelnen Völkern allerdings insofern beschränkt, als für diese Scheidung bestimmte Gründe verlangt werden. Als solche gelten Ehebruch, Faulheit, Zauberei, Zanksucht, Unfruchtbarkeit.

Daß für die Feier der Hochzeit und schon der Verlobung verschiedene Formen üblich sind, soll hier nur erwähnt werden; da es sich dabei nicht um Rechtsgebräuche handelt, kann hier auf diese für den Ethnologen sicher sehr interessanten Gebräuche nicht weiter eingegangen werden. Nur die bei den Waschambala übliche Form der Eheschließung soll noch erwähnt werden. Der Blutfreund führt den Bräutigam neben die Braut ans Feuer in die Hütte und setzt sich beiden gegenüber. Nachdem sie sich gewärmt haben, nimmt die Braut den Bräutigam an die Hand und fragt erst den Vater und dann die Mutter, ist das mein Mann. Der Vater sagt: „Es ist gut Frau, die Mutter sagt, das ist dein Mann, und die Tochter erwidert dann, ja meine Mutter das ist er. Hierauf stimmen alle Anwesenden ein Freudengeheul an. Der Vater bindet dann seine Tochter mit einem Tuche, während der Bräutigam sich in seine Hütte zurückzieht. Die Braut mit der Brautjungfer wird dann von zwei Männern und vier Frauen aus der Verwandtschaft zum Hause des Bräutigams geleitet und dem Bräutigam mit den Worten übergeben: dies ist deine Frau. Nach einem gemeinsamen Hochzeitsessen verlassen die Begleiter dann das Haus, und die junge Frau schließt hinter ihnen die Tür.

Ehehindernisse bestehen nur in der Verwandtschaft. Der Grad der Verwandtschaft als Ehehindernis ist bei den verschiedenen Völkern recht verschieden. Bei den Banaka und Bapuku z. B. heiraten Vettern und Basen sich nicht, aber ein junger Manu, der ein Weib seines Vaters erbt, muß dieses heiraten.

Bei den Waganda sind Ehen unter Verwandten nicht verboten, und der älteste Sohn erbt alle Frauen seines Vaters mit Ausnahme seiner eigenen Mutter.

Bei den Waschambala bildet Zugehörigkeit zu derselben Familie ein Ehehindernis, ebenso hohes Alter. Man hütet sich dort also sehr, jemand alt zu nennen. Bei den Mjalala heiraten sich auch Blutsverwandte in entsprechenden Graden nicht; und bei den Wapokomo und Ondonga muß die Frau aus einem fremden Stamme sein.

Der Mann mit seinen Frauen und Kindern bildet eine Familie, ist deren Oberhaupt mit sehr weitgehender Gewalt, und erwirbt alles zu eigen, was jene erwerben.

Jede Frau hat ihre eigene Hütte, in der sie mit ihren Kindern einen eigenen Haushalt führt. Der Mann nimmt nach Belieben an dem Haushalte der Frauen Teil.

Von den Frauen nimmt bei einzelnen Stämmen eine Frau, in der Regel die, welche der Mann zuerst geheiratet hat, als Hauptfrau eine bevorzugte Stellung ein, und wird vom Manne dazu erhoben, z. B. bei den Waganda und Waschambala.

. Diese erste „große" Frau genießt allerlei Vorrechte, leitet namentlich die Arbeit der Frauen in den Pflanzungen des Mannes, verteilt Früchte aus diesen Pflanzungen unter die Frauen. Sie nennt bei den Waschambala die Kinder der anderen Frauen „ihre" Kinder.

Die verheirateten Kinder scheiden aus dem Hause der Eltern aus, umfangreichere Hausgemeinschaften kommen nicht vor.

Das gemeinsame Vermögen der Hausgemeinschaft besteht aus den Pflanzungen des Mannes und der jeder Frau überwiesenen Pflanzung, aus der sie ihren Haushalt erhält. Bei den Waschambala gehört der eigene Verdienst als Sondergut jeder Frau.

Den Mitgliedern einer Familie steht ein Erbrecht an dem Nachlasse des Familienoberhauptes zu. Zu dem Nachlasse gehören vor allem auch die Frauen. Er besteht sonst aus Kleidern, Waffen, Elfenbein, Schmuck, Vieh ꝛc.

Die Erbfolgeordnung ist bei den verschiedenen Völkern verschieden. Die Frauen vererben sich oft besonders und verschieden. Bei den Banaka und Bapuku wird die Frau Eigentum des nächsten männlichen Verwandten, und zwar umsonst, weil ja die Familie des Mannes für sie schon gezahlt hat. Bei den Waganda erbt der älteste Sohn alle Frauen mit Ausnahme seiner Mutter.

Bei den Waschambala werden die Frauen unter den Brüdern des Verstorbenen geteilt, jede mit dem Stück Land, das sie bei Lebzeiten des Mannes beackert hat. Die große Frau bringt dem Erben auch das Feld des Verstorbenen mit. Sind keine Vatersbrüder da, und begehrt kein anderer Verwandter die Witwe, so wird sie von einem Enkel heimgeführt.

Daß Frauen dem Manne in den Tod folgen, kommt nicht vor.

Grundsätzlich kommen bei allen Völkern nur Männer als Erben in Betracht, nie Frauen. Welche Männer zu Erben berufen sind, hängt in erster Linie davon ab, ob bei dem Volke Vater-, Mutter- oder Elternrecht herrscht.

Bei den Banaka und Bapuku erben die eigenen Söhne mit Ausschluß anderer Verwandten.

Bei dett Waschambala sind stets die nächstältesten der Familie des Vaters und die erwachsenen Söhne erbberechtigt, und teilen das Erbe.

Bei den Msalala teilen die Söhne die Erbschaft, zu denen auch die Franen gehören.

Bei den Onbonga gibt es keine eigentliche Erbfolgeordnung. Die Erbschaft mird geteilt unter der Verwandtschaft und der stärkere bekommt dett Löwenanteil.

Bei den Bakwiri dagegen besteht eine scharf ausgeprägte, patriarchalische Erbfolge, nach der nur ein Sohn, und zwar der älteste allein, Erbe ist. Die jüngeren Söhne erhalten nur kleine Abfindungen.

Bei den Wapokomo folgt der älteste mündige Sohn dem Vater in der Stellung als Haupt der Familie, ist er nicht mündig, tritt des Vaters Bruder ein. Die Erbschaft selbst teilen die Söhne unter einander.

Letztwillige Verfügungen sind bei den Eingeborenen nicht unbekannt. Selbstverständlich kann es sich nicht um schriftliche Testamente, sondern nur um mündliche Anordnungen dabei handeln. Wie es ntit der Befolgung solcher letztwilligen Verfügungen steht, ist eine andere Frage. Von den Msalala mird berichtet, sie befolgten sie nur, wenn sie den Erben vernünftig dünken.

Die Eeben sind nach den Rechtsgewohnheiten der meisten Bölker, die wir hier in Betracht ziehen, für die Schulden des Erblassers mehr oder minder haftbar. Nur bei den Wagogo und Msalala erlöschen mit dem Tode eines Mannes auch alle Schulden, und die Erben kammen für sie nicht auf. Allgemein haften die Eeben für die Schulden bei den Bakwiri, Waschambala und Onbonga, bei den Wapokomo nur für die Schulden an Angehörige eines fremden Stammes, nicht aber für die im eigenen Stamme, und bei den Waganda auch nur teilweise, und bei den Banaka nur pro rata ihres Erbteils.

Weit weniger entwickelt als das Familienrecht ist des Sachenrecht.

Bekannt ist allen Bölkern der Eigentumsbegriff, und bei allen finden wir ein volles, dent einzelnen zustehendes Eigentum an beweglichen Sachen, zu denen außer den auch nach unseren Rechtsbegriffen dazu gehörende Sachen, die man forttragen kann, Möbet, Hausgeräte, Waffen, Bich rc auch die Hütten gerechnet werden. Das Eigentum an diesen Sachen hört auch nicht auf, wenn sie verloren werden und so aus dem Besitz kammen.

Gefundene Sachen werden allgemein dent Eigentümer zurückgegeben gegen einen Finderlohn.

Einzeleigentum an Grund und Boden dagegen ist noch nicht vollständig entwickelt, aber augenscheinlich in einer Entwicklung begriffen, die bei den verschiedenen Völkerschaften verschieden weit gediehen ist und je nach der Gestaltung der Verfassung, unter der sie leben, sich eigenartig gestaltet hat.

Besitz an Grund und Boden mird bei allen Stämmen von Einzelnen ausgeübt und allenthalben anerkannt und geschützt; allein die Besitzergreifung steht nicht im freien Belieben jedes einzelnen, sondern ist mehr oder minder abhängig von dent Willen der Häuptlinge, die als die Herren alles Landes, das sich zur Bebauung eignet, gelten, oder die wenigstens da, wo das Land als Gesamteigentum des Stammes angesehen wird, die Verteilung unter den Volksgenossen zu leiten haben.

Hiernach haben sich die Grundeigentumsverhältnisse recht verschiedentlich gestaltet.

Bei den Ondonga, bei denen die einzelnen Stämme in festen Ansiedlungen leben, gilt der Häuptling des Dorfes als Eigentümer des bebauten Landes. Dort können Ackerbesitzer, die mit ihrem Land nicht zufrieden sind, sich vom Häuptling anderes schon bebautes Land anweisen lassen und müssen dafür dem Häuptling als Entschädigung, gleichsam als Kaufpreis, Vieh geben. Der Häuptling hat zu prüfen und zu entscheiden, ob das Verlangen nach dem anderen Acker berechtigt ist, und zwingt dann den Vorbesitzer, seinen Acker zu räumen. Unbebautes, also noch nicht in Einzelbesitz genommenes Land, kann sich der von seinem Lande so vertriebene Besitzer ohne Entgelt nehmen.

Weide und Wald sind hier der Stämme Gemeingut.

Bei den Msalala ist ebenfalls der Häuptling des Stammes Eigentümer alles Landes, und verständigt sich mit den Dorfhäuptern über die Verteilung des Landes unter die Einwohner. Jede Familie hat ein Grundstück, das sich vom Vater auf den Sohn vererbt, es besteht also schon eine Art Eigentum der Familie.

Bei den Wagogo beansprucht der Häuptling alles Recht an allen Grund und Boden, auch an Wald und Weide; er allein gestattet und regelt die Bebauung und Nutzung.

Bei den Banaka und Bapuku dagegen ist das Land das gemeine Eigentum des Volkes, des Stammes, des Distriktes. Jedermann kann im Dorfe seine Hütte bauen und seinen Garten anlegen, wo er will, soweit der Platz nicht schon anderweit besetzt ist. Wald, Wasser, Wiese, Weide sind Gemeindeeigentum. Jede Familie betrachtet dann ihren Garten als ihr Eigentum und kann sogar seine Rückgabe verlangen, wenn sie fortgezogen ist und beim Wiederkommen nach gewisser Zeit es anderweit besetzt findet. Hier besteht also schon Sondereigentum an Grund und Boden, d. h. am Hausplatz und Garten infolge der Besitzergreifung und Bebauung, also Anfang von Individual-Grundeigentum.

In ähnlicher Weise hat sich ein Familiensondereigentum bei den Wapokomo entwickelt, wo jeder Volksgenosse Recht an Grund und Boden hat, indem hier Land vom Vater auf den Sohn durch Generationen hin übergeht.

Weiter ist das Grundeigentum schon in etwas individualistisch ausgestaltet bei den Waschambala, obgleich dort nach der Volksanschauung der Grund und Boden dem Häuptlinge gehört, da dort der Besitz von bebauten Lande schon einen weitgehenden Schutz genießt. Das Land ist in Ackerparzellen geteilt, die als eine Art Erdlehen angesehen werden, und vom Besitzer verkauft oder verschenkt werden können. Aber auch hier tritt bei größeren Verkäufen der Häuptling insofern als Eigentümer auf, als er solche Verkäufe abschließt, und die Besitzer der einzelnen Parzellen zu entschädigen hat.

Bei den Bakwiri dagegen, bei denen das unbebaute Land der ganzen Ortschaft gehört, ist von einem Sondereigentum noch nichts zu merken. Der Boden gehört dem, der ihn urbar macht, nur so lange, als er ihn von Unkraut rein hält; daneben aber besteht ein Eigentum an den Palmen und Bananen, die jemand gepflanzt hat.

Die Jagd und Fischerei ist im allgemeinen frei, d. h. es kann sie jeder ungehindert ausüben. Nur da, wo die Macht der Häuptlinge sich zu einer Art Herrschergewalt entwickelt hat, und von ihnen weiter gehende Rechte über das gesamte Grundeigentum des Stammes in Anspruch genommen werden, beanspruchen und erhalten sie einen Teil der Jagdbeute, namentlich die Zähne der Elefanten, Federn der Strauße, Felle der großen Raubtiere. Dies ist namentlich der Fall bei den Ondonga und Wagogo.

Rechtsgebräuche aus dem Gebiete des Obligatorenrechtes gibt es natürlich nur wenige. Bei den einfachen Verkehrsverhältnissen, der großen Bedürfnislosigkeit der Eingeborenen, ihren einfachen sozialen Verhältnissen fehlt es an allen den Anlässen, aus denen bei uns Obligationen aller Art, namentlich auch in Beziehung zu bestimmten Sachen und Sachenrechten entstehen, und können sich so keine Rechtsgebräuche für Kauf-, Tausch-, Miets-, Dienstverträge u. s. w. gebildet haben.

Die Besitzergreifung — occupatio — bildet allgemein den Erwerbstitel, wenn auch nur für einen von den anderen zu respektierenden Besitz von Grundeigentum. Sie gilt als vollzogen bei den Banaka und Bapuku, wenn das Land urbar gemacht und eine Hütte gebaut ist, und dauert bei den Bakwiri so lange, wie der Boden von Unkraut rein gehalten wird. Bei den Waschambala dauert das Recht des einzelnen auf ihm zugeteiltes Land auch nur, so lange er es bestellt. Bei den Ondanga besteht für die Besitznahme des jemanden überwiesenen schon früher von einem anderen bebauten Landes eine bestimmte Formalität. Zur Zeit der Morgendämmerung geht der neue Besitzer mit einem Abgesandten des Häuptlings an den gewünschten Acker und zünden auf dem Acker ein Feuer an und der Abgesandte sagt dem Vorbesitzer seinen Abzug an.

Da bei den Eingeborenen gemünztes Geld erst jetzt allmählich in Gebrauch kommt und nur bei den Waganda an Stelle des Geldes Kauri-Muscheln allgemein verwandt werden, sanst aber beim Erwerbe von Gütern allerlei Handelsartikel Kattun, Salz, Tabak, Messer, Beile, Rum, Perlen 2c., z. B. bei den Banaka und Baputa, den Wagogo, oder Zeug, Vieh, Weiber nur bei den Bakwiri oder alles, was als Nahrung Wert hat, bei den Waschambala, für den Erwerb von Gütern gegeben werden, kann von einem eigentlichen Kaufe in unserem Sinn nicht geredet werden, sondern nur von Tauschverträgen, zumal die zum Tausch benutzten Gegenstände bei den meisten Völkern keinen allgemein üblichen Wert haben. Eine gleichmäßige Wertschätzung der Gegenstände, mit denen die Tausche geschlossen werden, scheint nur bei den Waschambala gebräuchlich zu sein, wo auch an bestimmten Tagen Märkte auf freien Plätzen inmitten umliegender Orte gehalten werden, auf denen eine geregelte Marktordnung mit Erhebung eines Marktzolles für den Häuptling, der für Ordnung zu sorgen hat, oder seiner Beamten gehandhabt wird.

Tauschgeschäfte werden selbstverständlich häufig und über allerlei Gegenstände abgeschlossen, und es bedarf zum Abschluß solcher Geschäfte auch gewisser Formen, um das Geschäft bindend zu machen, von denen einige uns bekannt sind. So herrscht bei den Banaka und Bapuku der Brauch, den Kauf durch einen gemeinschaftlichen Trunk oder Anbieten von Speisen zu bekräftigen. Wenn diese genossen sind, kann das Geschäft nicht mehr rückgängig gemacht werden, ebensowenig wenn ein Teil des Preises gezahlt ist.

Bei den Waganda wird der Kauf durch häufiges Händeschütteln, bei den Waschambala durch die Frage des Käufers, sind wir einig? und darauf folgende Zahlung des Preises und bei den Msalala durch Ausspucken beider Parteien auf die Erde abgeschlossen.

Wenn einer den anderen betrogen hat, muß er bei den Banaka und Bapuku die mangelhaften Objekte zurücknehmen oder etwas zugeben. Bei den Msalala haftet der Verkäufer 3 Tage lang, bei den Waschambala 6 Tage lang für verborgene Fehler des verkauften Viehes. Bei den Waschambala sagt der Käufer oder Verkäufer, dem das gemachte Geschäft leid ist, zum anderen, ich bin betrübt über den Handel, und veranlaßt damit unter Umständen Aufhebung des Geschäftes, kann dies aber nicht verlangen und geht dann betrübt nach Hause.

Bei den Ondonga werden Kaufverträge ganz formlos gemacht und können ohne weiteres rückgängig gemacht werden, wenn einer Partei das Geschäft leid ist. Es haftet hier auch niemand für heimliche Mängel.

Die wichtigsten Kaufverträge sind die Verträge, nach denen sich ein Mann seine Frau von den Eltern erwirbt. Da über den Frauenkauf schon beim Eherecht das Nötige gesagt ist, kann hier von einem Eingehen auf ihn füglich abgesehen werden.

Außer den Kauf- und Tauschverträgen kommen noch vor Bürgschaften, Pfandverträge, Verträge über Dienstleistungen, für deren Abschluß keine besonderen Formen erforderlich sind. Der Bürge, und wenn mehrere zugleich Bürgschaft geleistet haben, alle sind verantwortlich für die Erfüllung des Vertrages. Bei den Waschambalas jedoch hat der Bürge den Schuldner nur zur Erfüllung anzuhalten, und haftet selbst nicht, wenn sein Bemühen erfolglos bleibt; er liefert dem Häuptling aber eine Ziege, wenn er ihm mitteilt, daß er von der Bürgschaft frei sei.

Bei den Msalala ist Bürgschaft unbekannt, weil kein Kredit gegeben wird.

Verträge über Dienstleistungen werden einfach mündlich abgeschlossen und können in der Regel jederzeit gelöst werden. Bei den Waschambala wird ein Diener, der seine Pflicht nicht erfüllt, ohne Lohn entlassen. Viehhirten haften für den Schaden, den das Vieh durch ihre Unachtsamkeit oder ihre Rohheit erleidet, nicht aber für Schaden aus Unglücksfällen oder durch Raubtiere. Träger müssen, wenn sie ihren Vertrag nicht aushalten wollen, Ersatz stellen, und sind verantwortlich für die Last, müssen Fehlendes ersetzen.

Schenkungen können bei den Banaka und Bapuku teilweise rückgängig gemacht werden, wenn der Betreffende später reicher geworden ist als der vermeinte Geschenkgeber.

Diese kurze Skizzierung der hauptsächlichsten Rechtsgewohnheiten der eingeborenen Völker in unseren afrikanischen Kolonien genügt wohl, um darzutun, daß die auch in weiten Kreisen unseres Volkes auch unter den Gebildeten verbreitete Meinung, daß diese Völker in schrankenloser Willkür ohne gesetzliche Lebensordnung dahin lebten, vollständig irrig ist, und zeigt hinreichend, daß bei ihnen die Sitte eine das ganze Leben umfassende Rolle spielt, und daß bei ihnen ebenso wie bei uns der einzelne bei der Betätigung seines Wollens an feste Rechtsnormen gebunden ist. Diese kurzen Betrachtungen zeigen weiter, daß die Rechtsanschauungen und Gewohnheiten dieser Völker häufig von unseren

Anschauungen wesentlich abweichen und oft wunderlich erscheinen, aber auch, daß sie in mancher Weise Ähnlichkeiten mit unserem Recht haben, und daß sie so Keime enthalten, die zur Weiterentwickelung, zu einer kultivierteren Rechts-anschauung geeignet sind. Sie zeigen endlich aber auch, daß ohne die Kenntnis dieser Rechtsgebräuche die Verwaltung unserer Kolonien und die Ausübung der Gerichtsbarkeit in ihnen nur zu großen Härten führen und nicht ohne miß-ständiges Verletzen der Gefühle der Eingeborenen gehandhabt werden kann.

Das Studium der sehr verdienstvollen Arbeit des Dr. Steinmetz zeigt außerdem, daß noch sehr viel zu tun ist, um die Rechtsgebräuche der Ein-geborenen vollständig festzustellen und ihre Kenntnis weiteren Kreisen zu er-möglichen. Es ist daher mit großer Freude zu begrüßen, daß auf dem Wege, durch auszusendende und von in Afrika lebenden und mit den Eingeborenen verkehrenden Personen zu beantwortende Fragebogen weiter genaue Nachrichten über diese Rechtsgewohnheiten gesammelt werden sollen, und daß sich an diesen Arbeiten auch wieder die Deutsche Kolonialgesellschaft beteiligen will.

Die Handelsverhältnisse in China.

Von D. Kirchhoff

Den Engländern war es im Jahre 1670 gelungen, den festen Ring, welcher bis dahin das Reich der Mitte abschloß, zu durchbrechen und das Zugeständnis, im himmlischen Reich Handel treiben zu dürfen, zu erlangen. Bereits 1693 war aber eine Einschränkung dahin erfolgt, daß diese Erlaubnis nur auf Kanton Bezug habe, und trotz aller Bemühungen gelang es England nicht, sich dieser hemmenden Fessel zu entledigen. Die Folge war, daß die Handelsverbindungen zwischen China und England bezw. den übrigen Staaten nur ganz geringfügiger Natur waren, woran auch naturgemäß die Schwierigkeit einer hinreichenden Verbindung die Schuld trug. In dieser Beziehung bedeutet die am 7. Januar 1841 erfolgte Abtretung von Hongkong an England einen wesentlichen Wendepunkt; denn durch den Besitz dieser Insel war Großbritannien zu einem Stützpunkt gelangt, von welchem aus es die im Frieden von Nanking am 29. August 1842 errungenen Handelsvorteile immer mehr zu erweitern vermochte.

Von dem angegebenen Zeitpunkt an ist ein stetiges Zunehmen des Außenhandels Chinas zu bemerken, an welcher Tatsache neben der Energie der Engländer auch die fortschreitende Verbesserung der Verbindungen, die Besetzung von Tonkin u. s. w., die Schuld tragen.

Als die Insel Hongkong in den Besitz Großbritanniens überging, hatte sie, nur von wenigen Fischern bewohnt, gar keine Bedeutung; unter der neuen Herrschaft jedoch, als Mittelpunkt der Handelsunternehmungen der Engländer in China, blühte die neugegründete Stadt Victoria, an der Nordküste des Eilandes gelegen, rasch empor.

Wenn Hongkong auch im Laufe der Jahre seine führende Stellung im internationalen Handel an Schanghai abtreten mußte, so hat es sich doch immer nach eine so erhebliche Bedeutung bewahrt, daß der Ort nicht außer Acht gelassen werden darf, wenn es sich um den Handel in China handelt.

Im Jahre 1892 belief sich die Zahl der im Hafen von Hongkong einlaufenden Schiffe auf 4499 mit einem Tonnengehalt von 5166988 Tons, darunter 662 deutsche Fahrzeuge mit 635610 Tonnengehalt und außerdem 31971 Dschunken mit 2 Millionen Tonnen.

Über den Schiffsverkehr im Jahre 1901 geben folgende Zahlen Aufschluß:
Im ganzen kamen an: 45349 Schiffe mit 9680203 Tonnen
„ „ fuhren aus: 45171 „ „ 9644181 „

17

Von diesem Gesamttonnengehalt entfielen auf:

	Einfahrt	Ausfahrt	Total
England Fernverkehr:	2 917 780	2 897 300	5 814 980 Ton.
Lokalverkehr:	1 697 242	1 701 417	3 398 659 „
	4 615 022	4 598 617	9 213 639 „
die übrigen Nationen Fernverkehr:	2 637 552	2 609 902	5 247 454 Ton.
Lokalverkehr:	48 545	49 503	98 048 „
	2 685 097	2 659 405	5 345 502 „
Dschunken Lange Fahrt:	1 631 272	1 634 896	3 266 168 Ton.
Lokalverkehr:	666 248	668 699	1 334 947 „
	2 297 520	2 303 595	4 601 115 „

Außerdem führen von den benachbarten Häfen noch Dampfer mit 82 564 Ton. ein und ebensoviel Dampfer wieder aus.

In dem gleichen Frieden, in welchem die eben erwähnte Insel Hongkong definitiv an England abgetreten wurde, öffnete China fünf andere Küstenstädte für den Handel mit sämtlichen Nationen und zwar: Canton, Amoy, Futschou, Ningpo, Schanghai. Je mehr nun der Verkehr mit den anderen Staaten zunahm, desto mehr mußte die Beschränkung auf nur fünf Orte lästig empfunden werden, und die in Frage kommenden Regierungen ließen sich daher keine Gelegenheit entgehen, um von China eine Erhöhung der Zahl der Vertragshäfen zu erzwingen, so daß heute den Fremden geöffnet sind:

Jahr der Öffnung	Name	Provinz	direkter fremder Handel Einfuhr	Ausfuhr
1842	Amoy	Fokien	11 129 448	1 386 289 Taeis
1842	Canton	Kwangtung	16 492 112	21 686 212 „
1842	Futschou	Fokien	5 527 251	3 831 107 „
1895	Hangtschou	Tschekiang		
1860	Hankou	Hupei	2 141 491	3 464 194 „
1899	Jtschang	Hupei		
1860	Kinkiang	Kiangsi	19 920	
1876	Kinngtschou	Insel Hainan	2 295 891	2 107 695 „
1887	Lungtschou	Kwangsi	156 965	7 529 „
1887	Mongtze	Jünnan	3 748 339	3 066 934 „
1895	Mokou			
1899	Nanking	Kiangsu		
1899	Nanning			
1842	Ningpo	Tschekiang	2 476 026	8 256 „
1858	Niutschwang	Schöngking	4 293 737	7 303 760 „
1876	Pakhoi	Kwangtung	2 093 586	2 103 998 „
1897	Santschou	Kwangtung		
1898	Santuao	Fokien		
1842	Schanghai	Kiangsu	158 943 521	80 966 286 „
1895	Schasi	Hupei		
1895	Sutschou	Kiangsu	504 620	671 996 „
1858	Swaton	Kwangtung	13 621 300	5 413 816 „
1895	Sz'man	Jünnan	209 381	35 268 „
1860	Tientsin	Tschili	8 133 658	2 199 806 „

Jahr der Öffnung	Name	Provinz	direkter fremder Handel	
			Einfuhr	Ausfuhr
1858	Tschifu	Schautung	9604801	2494772 Taels
1860	Tsingkieng	Kiangsu	1836985	1437084 „ .
1898	Tschingwanku	Tschili		
1880	Tschungking	Sz'tschouan		
1876	Wönntschou	Tschekiang		
1897	Watschou	Kwangsi	5541017	1805085 „
1876	Wahn	Nganhwei	90254	15416 „
1898	Wusung			
1899	Jotschou	Hanau		
1894	Jatoung	Tibet		

Die Öffnung dieser Vertragshäfen brachte den nach China importierenden Kaufleuten den großen Vorteil, daß sie an Ort und Stelle direkt mit denjenigen einheimischen Firmen in Verbindung treten konnten, welche die Waren nach dem Innern weiterführten. Die nächste Maßnahme war also nach Öffnung der fraglichen Städte die Entsendung von Vertretern, welche dortselbst ihren ständigen Wohnsitz nahmen. Die zunächst in den einzelnen Vertragshäfen in geringer Zahl errichteten ausländischen Niederlassungen mußten naturgemäß mit der Weiterentwicklung des Handels sich allmählich vermehren, und dieses geschah in einer Weise, wie sich aus folgender Tabelle ergibt.

Name der Station	Firmen bzw. Agenturen					Angestellte				
	1878	1884	1898	1900	1901	1878	1884	1898	1900	1901
England	220	298	398	424	427	1953	2402	5148	5471	5410
Deutschland	49	56	107	120	122	384	474	1043	1343	1531
Japan	9	12	114	212	289	81	472	1694	2900	4170
Vereinigte Staaten	35	24	43	81	91	420	410	2056	1908	2292
Frankreich	9	12	37	82	64	224	335	920	1054	1361
Rußland	17	17	16	21	19	55	78	165	1941	1648
Spanien	1	7	20	8	15	163	202	395	221	353
Italien	0	2	9	16	14	17	70	141	133	273
Österreich	1	2	5	10	9	38	62	92	91	142
Holland	1	2	8	9	4	24	17	87	108	119
Schweden-Norwegen	1	1	4	4	2	35	70	200	204	201
Belgien	0	0	9	7	12	10	3	169	100	238
Portugal	0	0	20	9	15	0	0	1082	1175	1139
Andere	6	5	0	0	0	341	243	40	42	18
Dänen	2	2	7	3	9	69	56	162	156	179
	351	440	797	1006	1102	3814	4894	13394	16847	19074

Die Bevölkerung von Kiautschou, Hongkong, Wei hai wei, Port Arthur ist in diesen Zahlen nicht mit eingerechnet.

Entsprechend der aus obiger Tabelle sich ergebenden Zunahme der Fremden in den Vertragshäfen, welche sich allein im Jahre 1901 auf 13% gegen das Vorjahr belief, mußte selbstverständlich sich das Verhältnis der Ausländer zu der eingeborenen in den Vertragshäfen wohnenden Bevölkerung ändern, und zwar kamen auf einen Ausländer

1891	1900	1901
703	389	343 Chinesen.

Dieses Anwachsen des fremden Elements hatte naturgemäß auch eine Zunahme des Außenhandels des Reiches der Mitte zur Folge; das Anwachsen des Verkehrs spiegelt sich zunächst in folgender Tabelle wieder:

Der Schiffsverkehr in den Vertragshäfen Chinas:

Jahr	Zahl der Schiffe	Tonnengehalt
1885	23440	18068177
1886	28244	21755760
1887	28381	22199661
1888	28161	22207859
1889	29145	23517884
1890	31133	24876459
1891	33992	27710788
1892	37927	29440575
1893	37902	29318811
1894	38063	29622091
1895	37132	29737078
1896	40495	33490857
1897	44500	33752362
1898	52661	34233580
1899	65418	39268330
1900	68230	40807242
1901	64844	48416668

Auf die wichtigsten Nationen verteilen sich obige Zahlen, wie folgt:

Nation	Zahl der Schiffe			
	1878	1891	1900	1901
England	9973	17718	22818	25012
Deutschland	1983	2520	3527	6641
Japan		604	4917	6115
Frankreich		172	978	1208
Vereinigte Staaten	1018	113	1311	1241
Rußland		76	449	787
Übrige Länder		987	1101	1225
Insgesamt ausländische Schiffe		22190	35101	42229
Chinesische Schiffe europäischen Typs	5168	8567	34129	22615
„ Dschunken		3235		
	20928	33992	68230	64844

Nation	Tonnengehalt				
	1878	1891	1899	1900	1901
England	7439373	17438995	23338000	23052459	26151332
Deutschland	743457	1911987	1854000	4032147	7542829
Japan		515236	2840000	3871559	5518376
Frankreich		264660	613000	664987	733041
Vereinigte Staaten	341942	67095	310000	474479	898063
Rußland		98221	362000	292278	407989
Übrige Länder		752411	602000	555116	730214
Insgesamt ausländ. Schiffe		20068515	29919000	32943025	41981844
Chinesische Schiffe europäischen Typs.	4256678	6493191	8945000	7864217	6434824
„ Dschunken		1149082	404000		
	13446394	27710788	39268000	40807242	48416668

In Prozenten ausgedrückt gestaltet sich die Beteiligung der verschiedenen Nationen am Schiffsverkehr, wie folgt:

Nation	1896	1899	1900	1901
England	65%	59%	56%	54%
China		24%	19%	
Deutschland	6%	5%	10%	16%
Japan	2%	7%	9%	11%
Frankreich	1%	2%	2%	2%
Rußland				
Vereinigte Staaten }	unter 1%	1%	1%	1%
Schweden-Norwegen				

Ist bei den obigen Zahlen der gesamte Schiffsverkehr in den chinesischen Vertragshäfen ersichtlich, so zeigt die folgende Tabelle dagegen das Anwachsen der nur eingelaufenen Fahrzeuge innerhalb eines Jahrzehnts:

Nation	Seehandel		Küstenschiffahrt	
	1890	1900	1890	1900
England	1836	3335	6633	8090
Japan	267	751	46	1712
Deutschland	343	433	677	1334
Frankreich	63	376	24	115
Portugal	0	306	0	0
Schweden-Norwegen	12	23	12	69
Amerika	20	69	58	584
Rußland	21	57	8	167
Österreich	0	17	51	5
Korea	0	11	0	4
Holland	3	9	1	1
Dänemark	101	2	45	22
Belgien	0	1	0	1
Spanien	14	0	0	6
	2680	5460	7555	12110

Dieser erheblichen Steigerung der Schiffahrt in den Vertragshäfen entspricht naturgemäß auch ein Anwachsen des Handels, und zwar stellt sich die Steigerung des Wertes und des Tonnengehaltes, wie folgt:

Jahr	Einfuhr	Ausfuhr		Total	Gesamthandel in Millionen Tonnen
1890	127093481	87144180	Taels	214237661	24,8
1891	134003963	100947849	„	234951812	27,7
1892	135101198	102583525	„	237684723	29,4
1893	151362819	116632311	„	267995130	29,3
1894	162102911	128104522	„	290207433	29,6
1895	171696715	143293211	„	314989926	29,7
1896	202589994	131081421	„	333671415	33,4
1897	202828625	163501358	„	366329983	33,7
1898	209579334	159037149	„	368616483	34,2
1899	264748456	195784832	„	460533280	39,2
1900	211070422	158996752	„	370087174	40,8
1901	268302918	169656757	„	437959675	48,8
1902	315363905	214181384	„	529545489	

Die folgende Tabelle zeigt, in welcher Weise die einzelnen Nationen an dem obenangeführten Gesamt-Außenhandel Chinas in den letzten Jahren, samie im Jahre 1876, in welchem in dem Zeitabschnitt 1866—1878 der größte Wert des Außenhandels zu verzeichnen war, beteiligt sind, der Wert in Taols

Nation	1876 Total	1899 Einfuhr	Ausfuhr	Total
Großbritannien	56141289	40161000	13962000	54123000
Hongkong	41848916	118096000	71845000	189941000
Ostindien	16801932	31911000	1731000	33642000
Signapore		3646000	2131000	5777000
Australien	2378479	272000	670000	942000
Südafrika	—		236000	236000
Britisch-Amerika		1208000	259000	1467000
Vereinigte Staaten	7997546	22288000	21685000	43973000
Europa ohne Rußland	14932851	10772000	36763000	47535000
Rußland über Odessa				
„ über Kiachta	3281489	3522000	18556000	22078000
„ üb. Mandschurei				
Japan	4853831	35896000	17251000	53147000
Macao		3408000	5824000	9232000
Cochinchina, Tongking		1611000	945000	2556000
Java, Sumatra		629000	355000	984000
Korea		807000	729000	1536000
Übrige Länder		1559000	3819000	5378000

Nation	1900 Einfuhr	Ausfuhr	Total	1901 Einfuhr	Ausfuhr	Total
Großbritannien	45467409	9356428	54823837	41223538	8561045	49784583
Hongkong	93846617	63961634	157808251	120329884	71435103	191764987
Ostindien	16816029	2865345	19681374	24949358	3148369	28097727
Signapore	2625258	2435355	5160613	3828142	2684700	6512842
Australien	517884	861020	1378904	574362	173424	747786
Südafrika	—	224159	224159	—	299772	299772
Britisch-Amerika	653591	457589	1111180	1635457	181348	1816805
Vereinigte Staaten	16724493	14751631	31476124	23529606	16572988	40102594
Europa ohne Rußland	10273405	24976619	35250024	17046453	29268913	46315366
Rußland über Odessa	4236507	6390272	10626779	3004315	4830632	7834947
„ über Kiachta	—	832461	832461	8885	1701814	1710699
„ üb. Mandschurei	136956	5151382	5288338	346979	2748354	6195333
Japan	25752694	16938053	42690747	32567656	16875725	49343381
Macao	2236289	4710359	6946648	1868086	5239570	7107656
Cochinchina, Tongking	986445	1302833	2288278	887459	1455377	2342836
Java, Sumatra	559999	333027	893026	490452	408714	899166
Korea	1188538	804060	1992598	513516	1178608	1692124
Übrige Länder	1255897	3672744	4928641	849103	4371681	5220784

Die oben angeführten Zahlen geben, wie hervorgehoben werden muß, weder ein vollständig genaues, noch ein klares Bild des chinesischen Gesamthandels, das erstere deshalb nicht, weil in der Statistik der kaiserlichen Seezollbehörde, die auf

Dschunken ein- bezw. ausgeführten Waren, z. B. von bezw. nach Hongkong, nicht enthalten sind, und das zweite nicht, weil die in Frage kommende Behörde nur die Flagge des einführenden Schiffes, nicht aber den Herkunftsort berücksichtigt.

Immerhin geht aus den obigen Tabellen ein stetiges Anwachsen, sowohl der Einfuhr wie der Ausfuhr, hervor, und zwar zeigt die Steigerung der letzteren, daß das himmlische Reich noch außerordentlich entwicklungsfähig ist, während die zunehmende Einfuhr der Aufnahmefähigkeit des chinesischen Marktes ein günstiges Zeugnis ausstellt.

Besonders zeigen die angeführten Zahlen, daß die Hoffnung, es werde nach Herstellung der Ruhe und Ordnung in China bald eine Gesundung der kommerziellen Verhältnisse eintreten, sich rasch erfüllt hat; denn obwohl in den ersten Monaten des Jahres 1901 sich noch vielfach eine Zurückhaltung der Kaufmannschaft bemerkbar machte, da man den Ausgang der bereits im Gang befindlichen Friedensverhandlungen für zweifelhaft hielt, so war trotzdem im Jahr 1901, wie sich aus dem Angeführten ergibt, die Gesamtheit des chinesischen Ein- und Ausfuhrhandels höher als in irgend einem anderen Jahr seit 1890, abgesehen von 1899, und es steht somit zu hoffen, daß das Eingreifen der Mächte in die chinesischen Wirren keine dauernde Trübung der kommerziellen Verhältnisse hinterlassen wird.

Was nun die Ein- und Ausfuhrartikel betrifft, so ergeben sich dieselben aus folgenden Tabellen, wobei gleichzeitig ihre Bedeutung im Gesamthandel aus den angeführten Zahlen hervorgeht.

Einfuhrartikel	Wert in Millionen Taels.				
	1898	1899	1901	1900	1902
Baumwollenwaren	73,4	103,4	99,6	75,6	127,5
Opium	29,2	35,8	32,9	31,0	32,9
Petroleum	11,8	12,9	17,4	13,9	11,5
Zucker	8,5	10,2	13,4	6,4	20,7
Metalle	4,7	8,0	10,4	9,2	10,5
Kohlen	5,2	6,4	8,3	6,4	6,8
Reis	10,4	17,8	7,0	11,4	23,6
Wollenwaren	3,1	4,2	4,7	3,4	3,9
Mehl	1,7	3,2	4,7	3,3	3,8
Rohbaumwolle	2,8		3,9	1,8	3,9
Streichhölzer	2,3	2,4	3,1	2,2	3,5
Wein, Bier, geistige Getränke	0,8	1,1	3,0	1,5	1,5
Zigarren und Zigaretten		0,9	2,2	1,0	1,9
Anilinfarben	1,2	1,7	1,6	1,7	2,1
Maschinen	1,7	1,5	1,2	1,4	
Seife		0,7	1,0	0,75	1,0

Es ist aus der obigen Tabelle im Großen und Ganzen eine stetige Steigerung der Einfuhr bei sämtlichen Artikeln zu ersehen, ausgenommen sind nur die Wollwaren, bei welchen sich eine ständige Verminderung bemerkbar macht. Das Ergebnis des Jahres 1901 dürfte als Ausnahme anzusehen sein.

Es wurden eingeführt nach China an Wollwaren:

1886	1891	1896	1898	1899	1900	1901
695066	461780	481190	272934	325328	248144	351950 Stück.

Die Ausfuhrartikel sind folgende:

	1898	1899	1900	1901	1902
			Wert in Millionen Taels		
Seide:					
Filaturenseide	18,1	26,3	16,0	21,8	33,3
weiße Rohseide	17,6	29,1	14,5	17,6	20,6
Seidenzeuge	9,6	6,3	8,3	9,5	8,4
gelbe Rohseide	2,2	4,5	3,3	4,1	4,4
wilde Rohseide	2,8	5,2	2,6	2,8	3,7
Tee:					
schwarzer	19.4	21,8	17,6	11,4	12,1
grüner	4,4	4,8	4,7	4,4	6,5
Ziegeltee	4,3	4,2	2,8	2,5	4,0
Rohbaumwolle	3,1	2,9	9,9	4,7	13,1
Bohnenkuchen	2,9	3,8	2,5	4,7	5,4
Kuh- und Büffelhäute	3,7	3,9	4,1	4,5	5,7
Felle und Pelze	3,1	3,8	2,4	4,0	5,3
Bohnen	4,8	5,5	3,0	3,9	4,3
Strohgeflechte	3,1	2,8	4,4	3,6	3,9
Öle	2,4	2,5	2,3	2,8	3,5
Papier	1,7	2,1	2,5	2,7	3,0
Zucker	2,0	2,6	2,4	2,6	2,0
Mattengeflechte	2,1	1,3	2,3	2,2	2,8
Tabak	3,8	2,3	1,9	2,1	2,2
Feuerwerkskörper	1,3	1,5	1,6	2,0	1,7
Wolle	1,1	3,5	1,9	1,8	2,3
Hanf	0,7	1,3	1,0	1,3	1,8
Matten	1,5	1,4	0,9	1,3	1,1
Sesamsaat		0,5	0,9	1,2	4,1

Die beiden Hauptausfuhrartikel sind somit Seide und Tee.

Während aber der erstgenannte Artikel hinsichtlich seiner Ausfuhrmenge unausgesetzt steigt, ist beim Tee das gerade Gegenteil der Fall.

Es wurden aus China ausgeführt:

1890	1665396 Pikul		1896	1712841 Pikul
1891	1750034 „		1897	1532158 „
1892	1622681 „		1898	1538600 „
1893	1820831 „		1899	1630795 „
1894	1862312 „		1900	1384324 „
1895	1865680 „		1901	1157000 „
			1902	1519000 „

Die aus vorstehender Tabelle ersichtliche Steigerung im Jahre 1902 ist nach Ansicht Sachverständiger lediglich als eine vorübergehende Erscheinung anzusehen.

Es ist dieses Sinken der Teeausfuhr nicht etwa auf einen verminderten Konsum zurückzuführen; sondern dieser ist im Gegenteil unausgesetzt im Steigen begriffen, wie sich aus der immermehr zunehmenden Produktion in den hauptsächlich in Frage kommenden Ländern ergibt.

Es produzierten:

	1897	1898	1899	1900
China	204267000	205200000	217469000	184533000 engl. Pf.
Britisch-Indien	153482000	154122000	159806000	176387000 "
Ceylon	114466000	122395000	129662000	149265000 "
Japan	63905000	61531000	65044000	61028000 "
Java	8738000	9704000	12595000	1678000 "

Die Hauptschuld an dieser Verminderung der Ausfuhr ihres Haupthandels-artikels tragen die Chinesen selbst, da sie ihre alten und veralteten Fabrikations-methoden noch immer beibehalten und der chinesische Tee daher hinsichtlich der Güte nicht mehr die Konkurrenz des von Indien und Ceylon kommenden aus-znhalten vermag.

Diese Konkurrenz kommt z. B. bei dem nach Großbritannien eingeführten Tee sehr deutlich zum Ausbruck.

Es wurden eingeführt:

im Jahr	aus China	aus Indien	aus Ceylon	zusammen	% des Gesamt-handels aus China
1871	139	15	—	154 Mill. engl. Pf.	90
1881	139	49	0,6	188 "	78
1891	55	111	64	229 "	24
1900	18	152	111	281 "	6

Wenn man den Teekonsum der ganzen Welt ins Auge faßt, so ist der Anteil an der Versorgung durch China von 86% im Jahr 1871 auf nur 29% im Jahr 1901 gefallen.

Was nun den Handel Deutschlands mit China im besondern anbetrifft, so steht hier ein genaues Material nicht zur Verfügung, da die chinesische Zollbehörde bei den Staaten des europäischen Festlandes keine getrennte Aufstellungen macht.

Das statistische Jahrbuch gibt folgende Zahlen

	1897	1898	1899	1900	1901
Wert der Einfuhr in Millionen Mk. von China	57,5*)	39,5*)	29,0*)	35,4	44,6

	1897	1898	1899	1900	1901
Wert der Ausfuhr nach China	32,3**)	48,0**)	50,6**)	34,7	37,8 Mill. Mrk.

Der L'Économise (französisch) gibt als Ausfuhr Deutschlands nach China:

1892	1897	1900	1901
30	32	52	47 Mill. Mrk

Die Berichte über Handel und Industrie teilen über die Einfuhr nach China mit:

	an der Einfuhr waren beteiligt in %		
	Großbritannien	Deutschland	Vereinigte Staaten
im Durchschnitt 1893/95	1898/1900	1893/95	1898/1900	Ziffern stehen
29	36 Mill. Pf.St.	18	17	nicht zur Ver- 8
				fügung

	1900	1901
*) einschl. Einfuhr von Hongkong betrug	0,5	0,1
" " " Kiautschou "	0,1	0,0
	1900	1901
**) einschl. Ausfuhr nach Hongkong betrug	3,5	4,4
" " " Kiautschou "	5,7	5,3

In dem Buch „Nauticus" Deutschlands See-Interessen befinden sich folgende Angaben:

Ausfuhr aus dem deutschen Zollgebiet nach China:

	Gewicht in 100 kg	Wert
1881—85	91677	11019000 Mrk.
1898	602617	48010000 „

Einfuhr in das deutsche Zollgebiet aus China:

1881—85	7321	542000 Mrk.
1898	151785	39513000 „

Gesamthandel des deutschen Zollgebiets:

1881—85	98998	11561000 Mrk.
1898	7544402	87523000 „

Am meisten beteiligt sind an diesem Handel naturgemäß Hamburg und Bremen.

Die Ausfuhr aus beiden Häfen ist ständig gestiegen:

	Hamburg	Bremen
1895	40 Millionen Mrk.	
1896	23 „ „	
1897	17 „ „	
1898	20 „ „	
1899	28 „ „	24 Millionen Mrk.
1900	29,8 „ „	21 „ „
1901	35 „ „	26 „ „

Die Einfuhr hatte einen Wert von:

1899	17,7 Millionen Mrk.	8,5 „ „
1900	29,0 „ „	11,3 „ „
1901	21,7 „ „	9,7 „ „

Die angeführten Tabellen zeigen, daß sich der Handel nach seinem durch die Wirren des Jahres 1900 erfolgten Niedergang wieder zu erholen beginnt. Wie sich aber die Handelsverhältnisse weiter gestalten werden, hängt in erster Linie von der Gestaltung des neuen Zolltarifs ab. Der letztere, wie er aus den Verträgen von 1858 hervorgegangen war, basierte auf einem Wertzoll von 5%. Durch den Rückgang in Silber und der dadurch bedingten Silberkrise ist der Zollsatz im Durchschnitt auf wenig mehr als 4% herabgesunken.

Artikel II des letzten Friedensvertrages erhöhte deshalb die Zölle für die Seeeinfuhr derartig, daß sie tatsächlich 5% ausmachten und sämtliche Artikel umfassen mit Ausnahme von Reis, Getreide, Mehl, Gold- und Silbermünzen. Außerdem ist ein zeitweiliger Tarif spezifischer Zölle auf Baumwollenwaren, der sich nach dem Durchschnittswerte der letzten drei Jahre berechnete, auf Basis eines Übereinkommens zwischen den Handelskammern und Zollbehörden vorläufig eingeführt worden, bis zur endgültigen Revision des Zolltarifs, die freilich nicht so bald zu erwarten ist, nachdem die schwebenden Zollverhandlungen in Schanghai 1902 abgebrochen wurden und erst die Likinfrage zu einem befriedigenden Endresultat gelangt sein muß.

Nachdem im Vorstehenden ein allgemeines Bild der Handelslage in China gegeben worden ist, möchte ich zum Schluß noch auf die bedeutendsten und für Deutschland wichtigsten Vertragshäfen eingehen.

Schanghai hat sich innerhalb von sechzig Jahren zu einem der ersten Handelsplätze der Erde und zum kommerziellen Mittelpunkt Chinas entwickelt. Sein Gesamthandel übersteigt um ein bedeutendes denjenigen aller anderen Vertragshäfen und ist stetig im Anwachsen begriffen, wie aus folgender Tabelle hervorgeht:

Jahr	Einfuhr	Ausfuhr	Jahr	Einfuhr	Ausfuhr	
1890	66426000	33742000 Taels	1896	129656000	55028000	Taels
1891	73336000	40009000 „	1897	132219000	78395000	„
1892	78779000	43326000 „	1898	126631000	69084000	„
1893	83974000	49979000 „	1899	149500000	91084000	„
1894	96920000	58421000 „	1900	126808218	90158000	„
1895	98639000	70201000 „	1901	160120312	103751000	„

Diese beiden Zahlen verteilen sich für die beiden letzten Jahre wie folgt:

		1900	1901		
Großbritannien	Einfuhr von	39,8	40,0	Millionen	Taels
	Ausfuhr nach	8,4	7,7	„	„
Hongkong	Einfuhr von	20,1	29,7	„	„
	Ausfuhr nach	9,0	9,3	„	„
Indien	Einfuhr von	16,7	28,8	„	„
	Ausfuhr nach	2,8	3,1	„	„
Vereinigte Staaten	Einfuhr von	15,6	22,3	„	„
	Ausfuhr nach	13,4	15,8	„	„
Europa ohne Rußland	Einfuhr von	9,3	11,5	„	„
	Ausfuhr nach	24,2	28,6	„	„
Rußland	Einfuhr von	3,8	3,0	„	„
	Ausfuhr nach	0,8	2,6	„	„
Japan	Einfuhr von	16,8	18,0	„	„
	Ausfuhr nach	12,0	8,4	„	„

Fast die Hälfte der Einfuhr im Jahre 1901, nämlich 72,9 Mill. Taels entfielen auf Baumwollenwaren.

Diesem bedeutenden Handel entsprach naturgemäß auch der Schiffsverkehr; derselbe entwickelte sich, wie folgt:

Jahr	Schiffe	Mill. Tons	darunter Dampfschiffe	Mill. Tons	darunter deutsche Dampfschiffe	Mill. Tons
1895	6807	7,4	5964	7,1	894	0,8
1896	7002	7,9	6168	7,6	467	0.5
1897	6647	7,9	5790	7,6	376	0,4
1898	6810	8,19	5956	7,8	383	0,5
1899	7400	8,8	6551	8,5	370	0,5
1900	7322	9,4	6542	9,2	616	1,0
1901	8361	10,7	7390	10,5	1068	1,6

Im Jahre 1902 spezialisiert sich der deutsche Schiffsverkehr, wie folgt:

Es liefen im Ganzen ein:

4432 Schiffe mit 6025377 Tons, darunter deutsche 479 Schiffe mit 819794 Tons, es liefen im Ganzen aus:

4096 Schiffe mit 5951237 Tons „ „ 481 „ „ 521781 „

Gesamtschiffsverkehr:

8528 Schiffe mit 11976614 „ „ „ 960 „ „ 1341575 „

Im Einzelnen beteiligten sich an dem Verkehr:

	Anzahl		Placierungen		Raumgehalt in Tons	
	1901	1902	1901	1902	1901	1902
Reichspostdampfer	9	11	51	53	248238	254160
Norddeutscher Lloyd:						
a) Überseedampfschiffe	7	6	14	12	43478	38660
b) Küstendampfschiffe	2	2	4	11	3921	10684
c) Flußdampfschiffe	4	4	110	118	126310	134918
Hamburg-Amerika-Linie:						
a) Überseedampfschiffe	17	17	26	35	82001	112873
b) Küstendampfschiffe	5	6	104	111	116712	124259
c) Flußdampfschiffe	2	2	70	73	80150	83585
Verschiedene Reedereien Übersee- und Küstenschifffahrt	24	18	114	62	137936	57284
Dampfboote	6	4	8	13	681	59
Segelschiffe	1	—	1	—	2454	—
	77	70	532	488	841881	816482

Mit der Zunahme des Handels und des Verkehrs wuchs naturgemäß auch die Fremdenkolonie, und zwar in den Jahren 1895—1900, wie folgt:

	1895	1900
Fremde	4684	6774
Chinesen	240995	345276

Fremdenkolonie:

Nationalität:		
Engländer	1936	2691
Portugiesen	731	978
Japaner	250	736
Amerikaner	328	562
Deutsche	314	525
Franzosen	138	176
Spanier	154	111
Österreicher	39	83
Belgier	21	22

Bei der sich gerade in der letzten Zeit bemerkbar machenden Entwicklung Schanghais hat Deutschland einen lebhaften Anteil, was schon daraus hervorgeht, daß die Zahl der ansässigen deutschen Firmen sich 1900—1901 von 43 auf 68 hob und daß der deutsche Anteil in demselben Zeitraume um 7% zunahm.

Kanton, welches zuerst den einzigsten Verbindungspunkt zwischen China und den übrigen handeltreibenden Staaten bildete, hat zwar seine führende Stellung an das günstiger gelegene Schanghai abtreten müssen, ohne jedoch seine Bedeutung als Handelsplatz einzubüßen, wie die folgenden Angaben zeigen. Der Ort ist der Hauptstapelplatz Südchinas.

Es liefen in Kanton ein:

Jahr	Schiffe	Tons
1892	1743	1622402
1896	2273	1846113
1898	3660	1839405

Jahr	Schiffe	Tons
1899	3601	1870354
1900	3573	1760114 darunter 80 deutsche Schiffe mit 76996 Tons.
1901	3031	1882413
1902	3002	1879651 „ 124 „ „ „ 144718 „

Die Zahl der Schiffe verteilt sich im Jahre 1902, wie folgt:

Flagge	Zahl	Tons
Chinesisch	920	104408
Deutsch	124	144718
Englisch	1796	1554966
Französisch	121	31165
Amerikanisch	20	23724
Norwegisch	12	10887
Japanisch	9	9783

Der Gesamthandel erreichte folgende Werte:

	1899	1900	1901	
	58641864	52405172	59990264	Taels
davon Ausfuhr einheimischer Waren	26139147	21058997	23636340	„
„ Einfuhr fremder „	13889687	13627664	16514578	„
„ „ chinesischer „	17813030	17718511	19839346	„

Deutschland war an der Einfuhr mit 50% (40 Mill. Mrk.) und an der Ausfuhr mit 75% (70 Mill. Mrk.) beteiligt.

Die Zahl der ansässigen Firmen war

1900	1901
10 deutsche mit 26 Angestellten	12 deutsche
8 englische „ 21 „	8 englische
3 französische 8 „	3 französische.

Hankou, der Handelsmittelpunkt des Yangtse, in welchem sich im Jahr 1901 76 ausländische Firmen mit 956 Angestellten, worunter 10 deutsche Firmen mit 87 Angestellten befanden.

Ebenso wie die meisten anderen Vertragshäfen hat sich dieser Ort stetig weiter entwickelt, und zwar hatte die Gesamtaus- und Einfuhr einen Wert von

1898	1899	1900	1901	
70792128	90879032	78490422	86987925	Taels

Hauptausfuhrartikel ist Tee:

1900 für 4711490 Taels
1899 „ 4518445 „

Entsprechend diesem Wachsen des Handels nahm naturgemäß auch die Schiff-fahrt zu:

Es liefen ein:

1898	803	Dampfer mit	837627	Tons und	232	Segler mit	57073	Tons
1899	871	„ „	896735	„	251	„ „	62419	„
1900	1152	„ „	1051851	„	236	„ „	54660	„
1901	1273	„ „	1250502	„	254	„ „	59796	„

Es liefen aus:

1898	726	„ „	835053	„	735	„ „	102307	„
1899	862	„ „	893676	„	945	„ „	123201	„
1900	1162	„ „	1049704	„	901	„ „	111458	„
1901	1256	„ „	1248235	„	975	„ „	119713	„

Unter den Zahlen des Jahres 1901 befinden sich 245 deutsche Dampfer mit 277268 Tons bei der Einfuhr und 244 deutsche Dampfer mit 276259 Tons bei der Ausfuhr.

Tientsin, als Hafen der Hauptstadt Peking besonders wichtig, hatte folgenden Schiffsverkehr:

Es liefen ein:

1898	641	Schiffe mit	617227	Tons,	darunter 17	Schiffe	deutsche	10549 Tons
1899	855	„ „	719879	„	„ 50	„	„	37562 „
1900	850	„ „	803288	„	„ 82	„	„	59652 „
1901	703	„ „	664704	„	„ 119	„	„	105760 „

Futschou hatte eine Einfuhr von

1899	1900
1328775 Pf. St.	1291365 Pf. St.

und eine Ausfuhr von

1899	1900
1273996 Pf. St.	1089803 Pf. St.

Der Schiffsverkehr gestaltete sich, wie folgt:

Es fuhren ein:

1899	400	Schiffe mit	333150 Tons,		
1900	358	„ „	359377	„	darunter 15 Sch. deutsche mit 38660 Tons
1901	315	„ „	427248	„	„ 20 „ „ „ 71429 „

Es fuhren aus:

1899	398	Schiffe mit	333860	„	
1900	357	„ „	359133	„	15 „ „ „ 38660 „
1901	313	„ „	424746	„	20 „ „ „ 71429 „

Swatow, woselbst der Handel Deutschlands nach demjenigen von Groß-Britannien an zweiter Stelle steht.

Der Gesamthandel hatte einen Wert:

1899	1900	1901
45151906	43244520	44425745 Taels.

Der Schiffsverkehr gestaltete sich, wie folgt; es liefen ein und aus:

1899	2243	Schiffe mit	2256228 Tons,	darunter 170 deutsche Sch. mit 150582 Tons
1900	2127	„ „	2185554	„	„ 144 „ „ 141146 „
1901	2182	„ „	2310286	„	„ 304 „ „ 306826 „

Deutsche Schiffe liefen im Jahre 1900 mit folgenden Bestimmungsorten aus:

Bremen	46 mit	45560 Tons
Hamburg	23 „	20526 „
Flensburg	2 „	2606 „
Apenrade	1 „	902 „
Köln	1 „	908 „

Amoy. Der Wert des Gesamthandels betrug 1900 18121750 Taels
1899 20879654 „

und die deutsche Einfuhr war mit ungefähr 500000 Taels beteiligt.

Es wurden Dampfer aus- und einbeklariert:

1898	1589	Dampfer m.	1601085 Ts.	darunter 142 deutsche Dampf. m. 129781 Ts.
1899	1951	„ „	1910313	„	„ 212 „ „ 188674 „
1900	1787	„ „	1783190	„	„ 48 „ „ 80928 „

Dazu kammen noch

1899 Segelschiffe mit 25581 Tons, darunter deutsche mit 4479 Tons
1900　　„　　„　9038　„　　„　kein deutsches.

Kinkiang hatte einen Gesamthandel im Werte von:

1898	1899	1900
17500552	18562941	16356547 Taels.

Der Schiffsverkehr gestaltete sich wie folgt.

Es liefen ein:

1900 1911 Schiffe mit 1722418 Tons darunter 180 deutsche Sch. mit 232537 Ts.
1901 2099　„　　„　1974206　„　　„　371　„　„　„　427858　„

Es liefen aus:

1900 1966 Schiffe mit 1722762　„　　„　180　„　„　„　232537　„
1901 2157　„　　„　1975488　„　　„　371　„　„　„　427858　„

Tschifa hat ebenfalls eine wesentliche Steigerung seines Handelsverkehrs zu verzeichnen.

Es liefen ein und aus:

1879 1376 Schiffe mit 804365 Tons
1885 1633　„　　„　1261825　„
1890 2141　„　　„　1717839　„
1899 3291　„　„　2726208　„　darunter 201 deutsche Sch. mit 153857 Ts.
1900 2929　„　„　2144730　„　　„　207　„　„　„　156266　„
1901 5825　„　„　3723339　„　　„　238　„　„　„　159000　„
1902　　　　　　　　　　„　　„　190　„　„　„　156000　„

Diesem Anwachsen des Verkehrs entsprach natürlich auch eine Steigerung des Handels, und zwar betrug der Wert:

	1899	1900	1901
Einfuhr	19401000	17604000	28070000 Taels
Ausfuhr	10296000	10403000	11871000 „
	29697000	28007000	39941000 „

Die erste Stelle der ausländischen Einfuhr nehmen Baumwollenwaren ein, und zwar stieg in diesem Artikel der Wert der Einfuhr:

1898 30300000 Mrk.
1899 22111000 „
1901 32661000 „

Die erste Stelle der Ausfuhr nimmt Seide ein, und zwar im Werte von:

1901 11681000 Mrk.
1900 12083000 „

Zur Geschichte der Besiedlung von Deutsch-Südwestafrika.

Von M. R. Gerstenhauer.

II.

Die benachbarten Farmen Ababis, Bläßkranz, Bullsport, Tsauchab (bei Naukluft); ferner Barlbosch, Safneck, N'Heuras (am Fischfluß) gehören zum Bezirk Windhuk. Die Niederlassungen in diesen Gegenden stammen aus dem Jahre 1899 und sind begründet von den Buren, die 1897 sich als Pächter in der Nähe von Windhuk angesiedelt hatten (in Hohewarte, Schafrivier) und nunmehr wieder nach dem Süden zogen. Wie nämlich der „Windhuker Anzeiger" vom 28. September 1899 meldet, kauften sich von diesen Buren 7 Familien in der Naukluft, 4 Familien in Kub am Fischfluß an. Die Naukluft ist ein Gebirgsstock von der Größe des Harzes mit wasserreichen Tälern; die Buren bezahlten dort das Land (Kronland) mit 2 Mrk. den ha.

Im Bezirk Gibeon fühlten sich die Buren besonders wohl. Kirchliche Versorgung fanden sie durch den deutschen Missionar Simon in Gibeon; dem Bezirkshauptmann v. Burgsdorff gelang es, sie durch wirtschaftliche Vorteile allmählich für das Deutschtum zu gewinnen; alljährlich legten sie in größerer Zahl ihre alte Staatsangehörigkeit ab, um sodann wiederum nach einiger Zeit die Reichsangehörigkeit zu erwerben.*)

Zu Neujahr 1901 schreibt der „Windhuker Anzeiger" in seinem Rückblick auf das Jahr 1900: „Die Besiedlung hat gute Fortschritte gemacht. Namentlich die Bezirke Gibeon und Keetmannshoop sind von ihr bevorzugt worden, so daß hier mehr Kaufangebote vorlagen, als mit dem verfügbaren Kronlande befriedigt werden

---

*) Die Zahlen der Statistik lassen die allmähliche Verschiebung klar erkennen:

	Buren	Pers. ohne Staatsang.	Deutsche	„Engländer"
1. 1. 1900:	176	47	84	18
„ 1901:	—	235	103	22
„ 1902:	16	71	260	127
„ 1903:	—	71	327	162

Ende 1902 zählte nach den Angaben Simons die Gibeoner Gemeinde der niederdeutschen Kirche, also die Buren, 357 Seelen, darunter 145 Erwachsene. Ebenso die Angaben des niederdeutschen Predigers Botha im „Kerkbode" in Kapstadt („D. Wochenztg. in b. Niederl. Nr. 52/1902). Genau dieselbe Zahl hatte ich in Heft 4/1902 der „D. Erde" berechnet. Es bestehen also ein großer Teil der deutschen und fast alle englischen Staatsangehörigen der Statistik aus Buren.

konnten. Die gegen das Trekburenwesen ergriffenen Maßnahmen haben zur Seßhaftmachung eines Teiles der bisher nicht seßhaft gewesenen Buren geführt,[1] bei
denen eine erfreuliche Neigung wahrzunehmen gewesen ist, die deutsche Reichs-
angehörigkeit zu erwerben und ihre Kinder in eine deutsche Schule zu schicken."
Gemeint sind die Schulen in Windhuk und in Gibeon, eröffnet 1900,[2] die beide
eifrig von den Buren besucht wurden.

Im Windhuker Bezirk leisteten die Buren der Regierung beim Kaffern-
aufstand im Frühjahr 1896 wirksamste Hülfe als Frachtfahrer und Mitkämpfer
(Stephanus Bürgers, Cotze, Rietmann, La Rour, Voges).[3] Sie zählten am
1. 1. 1899 in 13 Orten 109 Seelen (13 in Groß-Windhuk, 38 in Hohewarte, 35 in
Schafrivier, 8 in Arris, 3 in Rietmannsfarm); am 1. 1. 1900 134 in 10 Orten
(54 in Hohewarte, 34 in Schaffluß, 9 in Kromhoef; ferner 15 in Khub (an der
Grenze von Gibeon?), 8 in Gaus im Distrikt Gobabis und 7 in Otahandja. Ungefähr bei dieser Zahl ist es vermutlich auch in den folgenden Jahren geblieben.
Eine Nachprüfung durch die Statistiken ist unmöglich, da von nun an in ihnen keine
Buren im Bezirk Windhuk mehr aufgeführt werden (im Distrikt Gobabis werden
1901, 1902 und 1903 noch einige gezählt, nämlich 25 bezw. 12 bezw. 3). Nach
den Angaben der Niederdeutschen reformierten Kirche war Ende 1902 ihre Zahl
im Bezirk Windhuk: etwa 80 Erwachsene, 150 Seelen.[4]

Im Keetmannshooper Bezirk dagegen ist die Burenbevölkerung am 1. 1.
1903 auf 800 Köpfe angewachsen, während die deutsche nur 148 Köpfe zählt.
43 deutschen Farmern stehen dort 248 Farmer fremder Nationalität, meist Buren,
gegenüber.[5] Wir sehen also, daß auch am Schluß des besprochenen Jahrzehnts,
wie am Anfang, die ganze dichtbevölkerte Südhälfte unserer Kolonie (Gibeon und
Keetmannshoop), das Namaland, ein fast ganz von Buren besiedeltes Land geblieben
ist.[6] Auch im Nordbezirk, dem Lande der ehemaligen Burenrepublik Upingtonia,
dessen Weiterentwicklung sogleich dargestellt werden wird, herrschen die Buren vor.
Dagegen die 6 Mittelbezirke der Kolonie, das Damaraland, beherbergen eine starke
hochdeutsche Bevölkerung; Buren finden sich hier nur wenige.

Eigenartig und gesondert von den übrigen entwickelte sich die ferne Buren-

---

[1] Von diesem Erfolg der Maßnahmen der Regierung spricht auch der Jahresbericht 1899/1900 S. 151.

[2] Jahresbericht 1899/1900, S. 166.

[3] Beilage zum „Kolonialblatt" v. 15. 6. 1896; Schwabe a. a. O. S. 291, 305.

[4] Die Denkschrift der Siedlungsgesellschaft von 1902 nennt die Familien Gous,
D. J. Bothma, De Jager, J. v. Herden, v. d. Merwe.

[5] Angaben der amtlichen Besiedlungs-Denkschrift von 1902; 1903 sind in Keetm.
60 deutsche und 251 burische Farmer.

[6] Das ist eben der Nutzen der Statistik, daß sie solche für die koloniale Politik
hochwichtige Tatsachen, die gerade von den meisten „Kennern" der Kolonie nur zu leicht
übersehen werden, überhaupt erst in dem deutschen, kolonialpolitisch interessierten Publikum
bekannt macht. Vgl. im II. Jahrg. dieser Zeitschrift die sehr ausführliche und verdienstvolle
Abhandlung „Bevölkerungspolitik in Südwestafrika" (S. 364 ff.) von Dr. R. Hermann, die
allerdings auch einige Angaben und Ausführungen enthält, denen nicht zugestimmt werden
kann, z. B. über die Burentreks nach dem Nordbezirk (S. 455) oder über die angebliche
Mischlingseigenschaft der Afrikander (S. 365).

18

niederlassung im Nordbezirk der Kolonie.[1]) Der zweite Kalahari-Trek nach Angola, der zu ihrer Begründung führte, eine Wiederholung des ersten großen Treks von 1875—80, ging im März 1892[2]) von Transvaal aus und traf nach etwa einjährigem Marsche auf dem alten Wege am Ngami-See vorbei im Jahre 1893 im „Upingtonia"-Bezirk ein. Auch die Schwierigkeiten und Verluste im Tebra-Feld (zwischen Ngami-See und Otavibezirk) waren die alten; die Herero-Häuptlinge Tjetjoo (Tebra-Feld) und Kambasembi (Waterberg) verweigerten den Durchzug durch ihr Gebiet und versuchten sogar, den ganzen Trek in das große Durstfeld östlich Otavi hineinzulocken und darin untergehen zu lassen. Fast wäre es zu einem großen Blutbad gekommen, — da gaben die Damaras schließlich doch nach, und die Buren erreichten Grootfontein. Der Trek stand unter dem Kommandanten J. M. Lombard und war etwa 100 Familien stark.[3]) Die größere Hälfte zog weiter nach Humpata, die kleinere unter Lombard — etwa 40 Familien — blieb im Otavigebiet, u. a. die Familien J. M. Lombard, Greys Faure, Willem Joubert, Fourie, Grobbelar, Jordaan, Duplessis, Venter, Dietrichsen, Gebrüder Meyer, 4 Familien Smit uff. Dr. G. Hartmann, der damals als Generalvertreter der South Westafrica Company in Otavi weilte, unterstützte die Buren in ihrer furchtbaren Not aufs freigebigste, indem er ihnen Lebensmittel, Kleider und vor allem Verdienst verschaffte, damit sie wieder wirtschaftlich zu Kräften kamen. Sie erhielten die Erlaubnis, sich in Grootfontein niederzulassen, bauten dort kleine Häuschen, legten Gärten an und nährten sich als Frachtfahrer für die Company und später auch für die Schutztruppe. Die amtliche Denkschrift über das Berichtsjahr 1894/95 erwähnt, daß „einigen wenigen, im vorigen Jahre (also 1894)[4]) während des Witbooikrieges unter dem Kommandanten Lombard eingewanderten Burenfamilien" die Niederlassung erlaubt worden sei, und fährt fort: „Diese gehörten zu einem größeren Trek, der sich durch den Norden des Schutzgebietes hindurch nach den portugiesischen und englischen (?) Besitzungen zog, von dort zum Teil aber wieder nach Transvaal zurückgekehrt ist (?). Die im Schutzgebiete Zurückgebliebenen bestehen aus den wohlhabenden und tüchtigen Elementen der Trekker, so daß ihnen im Einverständnis mit der South Westafrica Company die Erlaubnis erteilt worden ist, sich vorläufig im Konzessionsgebiete der Gesellschaft in der Weise anzusiedeln, daß zwischen den einzelnen Niederlassungen genügender Raum für die Ansiedlung von Deutschen verbleibt. Der Landeshauptmann hat auf seiner Reise nach dem Norden[5]) des Schutzgebietes in Grootfontein Gelegenheit gehabt, jene Familien aus eigener Anschauung kennen zu lernen, und einen durchaus günstigen Eindruck von ihnen gewonnen. Trotz der ihnen nur vorläufig erteilten Ansiedlungserlaubnis haben sie doch sofort Acker- und Gartenbau energisch in Angriff genommen und bereits günstige Ergebnisse damit erzielt. Sie fügen sich bisher

---

[1]) Die näheren Nachrichten darüber verdanke ich der Liebenswürdigkeit des Herrn Dr. Georg Hartmann, des besten Kenners der ganzen Nordhälfte Deutsch-Südwestafrikas, die er in jahrelangen Reisen nach allen Richtungen durchstreift hat.
[2]) Postma a. a. O. S. 318.
[3]) Also etwa 500 Köpfe.
[4]) Der Bericht enthält manches Unrichtige und Schiefe, wie sich aus der Hartmannschen Darstellung ergibt.
[5]) Im Herbst 1895; s. unten.

ohne jedes Widerstreben den deutschen Gesetzen und den Anordnungen der Behörden. Die meisten haben sich auch freiwillig bereit erklärt, im Falle eines Krieges mit ins Feld zu ziehen."

Wie hieraus zu ersehen ist, wurden die Verhandlungen mit der deutschen Regierung über die Ansiedlung der Trekker erst sehr lange nach deren Einwanderung abgeschlossen. Man erlaubte schließlich die Niederlassung von 50 Familien. Als aber der Landeshauptmann Leutwein endlich im August und September 1895 bei seinem Besuch Grootfonteins den Vertrag abschloß, waren nur noch etwa 30 Familien da, die übrigen waren — hauptsächlich wegen des in Grootfontein herrschenden Fiebers, auch weil sie nicht genügenden Verdienst hatten — nach Humpata weitergezogen oder südwärts nach Transvaal zurückgekehrt. Die Vertragsbedingungen sind in der „Kolonialzeitung" vom 10. Oktober 1896 abgedruckt. Die Buren kauften danach Güter von 3000 kapschen Morgen (ha). Sie verpflichteten sich, getreue deutsche Untertanen zu sein, innerhalb der Kolonie Militärdienste zu leisten und ihre Kinder deutsch erziehen zu lassen.

Die Verpflichtung zum Militärdienst wurde sehr bald praktisch. Als Anfang 1896 der große Herero-Aufstand gegen die deutsche Herrschaft ausbrach, verstärkten die Ansiedler sofort die deutsche Schutztruppe durch ein 80 Mann starkes Burenkommando unter Lombard und Dr. Hartmann. Die Furcht vor den Buren hielt die nördlichen Herero unter Kambasembi ab, sich den Aufständischen anzuschließen.*) Nur in Outjo und Palafontein kam es zu Schlägereien zwischen den Eingeborenen und den Buren unter Führung Dr. Hartmanns. Unterdessen wurde der Aufstand im Osten niedergeschlagen.

In den nächsten Jahren kamen die Buren noch nicht zu einer festen Ansiedlung. Ein Teil zog nach Humpata, während einige Familien von dort zurückkamen.**) Zum Teil zogen sie nach Süden in den Bezirk Omaruru und an den Baiweg Windhuk-Swakopmund, als Frachtfahrer für die Schutztruppe und die Kaufleute, auch als Händler unter den Herero. Schon die Denkschrift über das Berichtsjahr 1896/97 sagt: „ebenso verließ ein Teil der bisher bei Grootfontein angesessenen Buren wegen des Fiebers, dem die Buren in besonderem Maße unterworfen sind, seine bisherigen Wohnsitze und zog nach Omaruru."***) Sodann die Denkschrift über 1897/98 (S. 125): „Die Buren, die sich in und um Grootfontein niedergelassen hatten, aber bereits im vergangenen Jahre" (1897) „zum größten Teil südlich nach Omaruru zogen, sind auch im Berichtsjahre nicht nach dem Norden zurückgekehrt, im Gegenteil ist ihnen eine Anzahl, die noch im Norden geblieben war, gefolgt" (also 1898). „Dieselben haben sich immer mehr als eigentliche Trekburen, die zum größten Teil gar nicht den Willen haben, sich mit ihrem Vieh auf einem bestimmten Platze niederzulassen, entpuppt. Am liebsten fahren sie, Weib und Kind mit sich nehmend, Fracht... Seitens des Gouvernements wurde angeordnet, daß die Buren binnen Jahresfrist einen bestimmten Platz gekauft oder gepachtet haben müßten. Infolgedessen hat eine größere Anzahl derselben das

---

*) Vgl. Schwabe S. 295, 296.
**) Am 1. 1. 1897 war die Einwohnerzahl vorübergehend auf 406 gestiegen; darüber s. unten Näheres.
***) S. 116. Der Bericht erkennt den Dienst an, den diese Buren durch Frachtfahren vor Ausbruch der Rinderpest dem Lande erwiesen hätten.

18*

Schutzgebiet im Laufe des Jahres" (1898) „verlassen, andere scheinen den ersteren folgen zu wollen." Diese Bewegungen prägen sich auch in der Statistik aus: Während am 1. 1. 1895 in Grootfontein und den 4 benachbarten Farmen 89, am 1. 1. 1896 noch 95 Buren gezählt wurden, ist am 1. 1. 1899 nur noch Grootfontein besetzt, und zwar mit 12 Personen. 10 sind im Ovamboland, 2 in Outjo; im ganzen Bezirk 27 Buren. Dagegen ist ihre Zahl im Bezirk Omaruru-Otjimbingwe von 47 im Jahre 1896 jetzt auf 112 gestiegen; davon 63 in Okombahe und Omaruru, die übrigen meist am Baiwege.

Unterdessen war aber die deutsche Verwaltung auf den Nordbezirk ausgedehnt worden. Im Oktober 1896 wurden drei neue Distrikte, Outjo, Grootfontein und Franzfontein, errichtet und mit einer starken Feld-Kompagnie besetzt.*) Auf allen drei Plätzen wurden 1897 und 1898 durch Entwässerungsarbeiten die Gesundheits-verhältnisse ganz erheblich verbessert.**) Auf die Nachricht hiervon kehrten 1899 die abgewanderten Buren nach dem Nordbezirk zurück***), wo sie bei Lombard in Pallafontein südlich von Outjo und bei der Schutztruppe Beschäftigung fanden und nunmehr auf Regierungsländereien, nicht auf denen der englichen Gesellschaft, an-gesiedelt wurden.†) Im Jahre 1900 sind wieder anwesend die Familien J. M. Lombard, W. Joubert, Hendrik Smit, J. Dietrichsen, Jan Dreyer, J. Lüsse, J. van Royen, H. Poolmann. Am 1. 1. 1900 sind, — während im Omaruru-Bezirk die Zahl der Buren im Jahre 1900 auf 80, 1901 auf 58 sank — im Nordbezirk wieder 81, am 1. 1. 1901 95 Buren; sie bewohnten im Bezirk Outjo die Plätze Palafontein, Ombalaha, Otjikango, Outjo, ferner einige Plätze an der Etoscha-Salz-pfanne; im Distrikt Grootfontein die Plätze Gemsbocklaagte, Streydfontein, Uitkomst, Khusigberg, Morgensonne, Olifantsfontein, Kraifontein, einen Farmkomplex südöstlich Grootfontein nach dem Otjituo-Fluß hin: Okapukua, Bubus, Auplatz, Otankasewa, Okatjiva. In den nächsten Jahren stieg ihre Zahl weiter, trotzdem viele die Reichs-angehörigkeit erworben und nun nicht mehr als Buren aufgeführt wurden: am 1. 1. 1902 auf 145 (19 im Bezirk Outjo, 126 in Grootfontein), am 1. 1. 1903 auf 168 (15 in Outjo, 153 im Distrikt Grootfontein).

Aus der Gründungsgeschichte der Burenkolonie Grootfontein erhellt, wie un-endlich schwer das erste Fußfassen in dem noch wilden Lande war, und wie der zukunftsreiche Nordbezirk von der deutschen Regierung vernachlässigt wurde. Ab-gesehen von dem Fieber wurde den Ansiedlern die feste Niederlassung vor allem durch den Umstand erschwert, daß sie ja für die von ihnen gezogenen Erzeugnisse keinen Absatz hatten, so daß es sehr verständlich ist, weshalb sie lieber Fracht fuhren. Aber mehr noch als unter den wirtschaftlichen Schwierigkeiten litten sie unter ihrer Abgeschiedenheit von der zivilisierten Welt, von ihrer niederdeutschen nationalen

---

*) Jahresbericht über 1896/97, S. 131, 132. Die Bevölkerung des Bezirks stieg vorübergehend auf 400 Köpfe; darüber f. unten.

**) Jahresberichte über 1897/98, S. 126, über 1898/99, S. 123. Stationschef Leutnant Eggers u. Stabsarzt Dr. Kuhn machten sich um die Hebung des Nordbezirks sehr verdient, wurden aber nicht immer vom Gouvernement genügend unterstützt.

***) Wie mir Leutnant Eggers, der frühere Distriktchef von Grootfontein, mitteilt. Ebenso schrieb der „Windhuker Anz." am 28. 9. 1899: „Eine Anzahl der Buren, die früher bei Grootfontein (Norden) saßen, ist jetzt dorthin zurückgekehrt, um Plätze zu erwerben."

†) Doch soll auch die Company zu Anfang 1899 4 Farmen an Buren verkauft haben; vgl. unten.

Kultur, unter dem Mangel von Kirche und Schule. Davon wird in anderem Zusammenhang die Rede sein. Nachdem jetzt endlich sowohl für Kirche und Schule
gesorgt ist, als auch durch den Bau der Otavibahn der Nordbezirk zum wirtschaftlich
aussichtsreichsten des ganzen Schutzgebiets geworden ist, erscheint die Ansiedlung
endgültig gesichert. Und schon ist weiterer Burenzuzug aus Kapland und Angola
unterwegs.

3. Staatliche Kolonisation von 1896 bis 1902.

Die Weiterentwicklung der Burensiedlung im deutschen Schutzgebiet während
und infolge des Burenkrieges wird später behandelt werden. Die Ansiedlung
von Reichsdeutschen ist oben bereits von ihrem Beginn im Jahre 1892 (Siedlungssyndikat) bis zum Jahre 1895 dargestellt. In der zweiten Hälfte des
Jahrzehnts wurde sie bedeutender, so daß sich die Zahl der deutschen Ansiedler
von 346 im Jahre 1896 auf 1433 am 1. 1. 1901 hob. Es ist dies fast ausschließlich eine Besiedlung durch die Schutztruppe. Für den ganzen Zeitraum sind die Zahlen der deutschen Bevölkerung abzüglich der Schutztruppe
folgende:

	a) insgesamt:	b) männliche deutsche Bevölkerung:
am 1. 1. 1894:	614—347 = 267	458—347 = 111
„ 1895:	846—535 = 311	669—535 = 114
„ 1896:	932—586 = 346	780—586 = 194
1897:	*)	1221—880 = 341
1898:		1242—801 = 441
„ 1899:	1897—776 = 1103	1557—776 = 781
„ 1900:	2104—799 = 1305	1658—799 = 859
„ 1901:	2222—789 = 1433	1682—789 = 893
„ 1902:	2595—857 = 1738	1966—857 = 1109
„ 1903:	2998—939 = 2059	2173—939 = 1234

Die Verteilung der deutschen Bevölkerung (ohne Truppe) auf die
einzelnen Bezirke ist folgende:

1. Keetmannshop mit Gibeon:

	Deutsche:	Gesamtbevölkerung:
am 1. 1. 1894:	68 — 0 = 68	236—0=236+180**)=416
„ 1895:	173—112 = 61	882—112 = 770
„ 1896:	225—138 = 87	971—138 = 833
„ 1897:		866
„ 1898:		893
„ 1899:	275—118 = 157	911—118 = 793
„ 1900:	373—152 = 221	1074—152 = 922
„ 1901:	412—157 = 255	1253—157 = 1096
„ 1902:	554—177 = 377	2029—177 = 1842
„ 1903:	687—212 = 475	1824—212 = 1612

*) In den drei Jahren 1896, 97 und 98 eine Vermehrung von 757 Personen, jähr-
lich also 252 durchschnittlich. Wie sie sich auf die einzelnen Jahre verteilt, läßt sich aus
der Vermehrung der männlichen Bevölkerung in denselben schließen (um 145+100+340=585).
**) 236 + „30 Burenfamilien."

2. Windhuk mit Gobabis.

	Deutsche:	Gesamtbevölkerung:
am 1. 1. 1894:	450—347 = 103*)	497—347 = 150*)
„ 1895:	477—328 = 149	515—328 = 187
„ 1896:	522—366 = 156	578—366 = 212
1897:		872—?
1898:		871—?
„ 1899:	759—408 = 351	884—408 = 476
„ 1900:	772—337 = 435	945—337 = 608
„ 1901:	834—350 = 484	1039—350 = 689
„ 1902:	1000—367 = 633	1211—367 = 844
„ 1903:	1205—406 = 799	1418—406 = 1012

3. Otjimbingwe-Karibib mit Swakopmund:

am 1. 1. 1894:	85—? *)	162—? *)
„ 1895:	185—95 = 90	254—95 = 159
„ 1896:	170—82 = 88	343—82 = 261
1897:		484—?
1898:		613—?
„ 1899:	693—148 = 545	896—148 = 748
„ 1900:	785—186 = 599	1092—186 = 906
„ 1901:	787—174 = 613	993—174 = 819
„ 1902:	831—179 = 652	1053—179 = 874
„ 1903:	897—188 = 709	1027—188 = 839

4. Nordbezirk.

	Deutsche:	Gesamtbevölkerung:
am 1. 1. 1894:	11 — 0 = 11	68 — 0 = 68
„ 1895:	11 — 0 = 11	123 — 0 = 123
„ 1896:	15 — 0 = 15	133 — 0 = 133
1897:		406—?
1898:		167—?
„ 1899:	152—102 = 50	181—102 = 79
„ 1900:	175—124 = 50	277—124 = 153
„ 1901:	189—117 = 72	354—117 = 237
„ 1902:	210—133 = 77	381—133 = 248
„ 1903:	209—133 = 76	413—133 = 280

Ansiedlungslustige Deutsche waren genug vorhanden. So schreibt der Jahresbericht über 1891,92 (S. 18): „Die Zunahme der Europäer ist hauptsächlich auf Einwanderung aus den Nachbargebieten zurückzuführen. Zahlreiche Anfragen von in Südafrika lebenden Deutschen beweisen, daß unter diesen die Lust, sich im Schutzgebiet niederzulassen, im Wachsen begriffen ist... Auch in Deutschland ist die Zahl derjenigen, die dorthin auswandern möchten, nicht gering. Es fehlt indessen den Meisten an dem zur Übersiedlung und Niederlassung erforderlichen Kapital." Ebenso im Jahresbericht 1892/93 (S. 26). Die „Colonial-Gesellschaft für Südwest-Afrika", die das Land verwalten und erschließen sollte, gab sich leider nicht

---

*) In Wahrheit ist die Zivilbevölkerung des Bezirks Windhuk etwas größer, die des Bezirks Otjimbingwe etwas kleiner, da längs des Baiwegs geringe Besatzungen lagen.

damit ab, jene Ansiedlungslustigen in das Schutzgebiet überzuführen. Das geschah erst 1892/93 in kleinem Umfange durch das Siedlungssyndikat. Und eine fortlaufende Einwanderung begann erst 1894 nach dem Witbooikriege, als der Staat die Besiedlung in die Hand nahm. Die Regierung bemerkt darüber im Jahresbericht über 1892/93: „Nach Abgrenzung der Eingeborenenreservate wird die Regierung die übrigbleibenden Teile des Schutzgebietes allmählich zu Kronland erklären und darüber zur wirtschaftlichen Hebung des Landes und zur Deckung der Verwaltungsausgaben verfügen. Sie ist in der Lage, entweder gewisse Distrikte gegen entsprechende Gegenleistungen (!) kapitalkräftigen (!) Gesellschaften zur Nutzbarmachung zu überlassen, oder die Verwertung des Kronlandes selbst in die Hand zu nehmen. Im letzteren Falle würden Farmen in der Größe von 1000 bis 10000 ha abgesteckt und ein bestimmter Teil derselben jedes Jahr öffentlich verkauft oder verpachtet werden . . ."

In Ausführung dieses Planes wurden nach und nach große Kronland-Bezirke gebildet und besiedelt, hauptsächlich durch ausgediente Soldaten der Schutztruppe:

1893 ließen sich 32 Schutztruppler nieder, und zwar in Windhuk als Ansiedler des Siedlungssyndikats,*) das dort im ganzen 78 Ansiedler ansetzte. Ende 1893 wohnten in Klein-Windhuk 51, im benachbarten Awis 11 Ansiedler; in ganz Tamaraland (ohne Truppe) 192 Deutsche, in Namaland nur 75, zusammen also 267.

Im Jahre 1894 stieg die Zahl der Deutschen um 44, die sich meist am Baiwege niederließen; am 1. 1. 1895 betrug sie 311 (ohne Truppe), davon 250 in Tamaraland, 61 in Namaland. Der Jahresbericht über 1893/94 bemerkt darüber:**) „Die Ansiedlung hat sowohl im Süden als auch in den mittleren Gebieten ihren Fortgang genommen.***) In dem zum Kronland erklärten Gebiete von Aais (am oberen Nosob) sind (im Juli 1894) zwei Regierungsfarmen zu je 10000 ha unter Zugrundelegung eines Einsatzpreises von 1 Mrk. für den ha versteigert worden. Ebenso sind in der unmittelbaren Nähe von Windhuk einige der Siedlungsgesellschaft überlassene Farmen bezogen worden, eine weitere Anzahl ist vermessen, harrt jedoch noch der Käufer. Während aus Klein-Windhuk, das fast überfüllt war, verschiedene Ansiedler weggezogen sind, ist die Kauf- und Baulust in Groß-Windhuk sehr rege."

1895. Wie hieraus zu ersehen ist, brachten die Jahre 1893 und 1894 hauptsächlich den Fortschritt, daß die Orte Groß- und Klein-Windhuk entstanden und einige Farmen des dortigen Bezirks besiedelt wurden. Das Namaland erhielt keine Einwanderung von Deutschen, dagegen eine sehr starke von Niederdeutsch-Afrikanern (am 1. 1. 1895 = 538, am 1. 1. 1896 = 610). Jetzt (1895) stieg dort auch die Zahl der Deutschen um 26 (am 1. 1. 1896 = 87 ohne Truppe); in Tamaraland dagegen dies Jahr nur um 9 (auf 259 ohne Truppe); im ganzen Schutzgebiet um 35, nämlich auf 346 Deutsche (ohne Truppe), denen 782 Buren gegenüberstanden; zugleich vermehrten sich die Engländer im Mittelbezirk um 91. — Guano-Gesellschaft in Kap Croß! — so daß sie jetzt 244 Personen zählten. Die 1892 gegründet†) Hafenstadt Swakop-

---

*) Siehe oben.
**) S. 112, siehe auch S. 106, 107; ferner „D. Kolonialblatt" 1894, S. 488.
***) Die Buren vermehrten sich um 165!
†) François a. a. D. S. 157, 158.

munb zählt 32 Einwohner, Otjimbingwe 82, Omaruru 70, Kap Croß, wo die Engländer Guanolager ausbeuteten, 81, Groß-Windhuk 312 (sämtlich mit Truppe).*)

Der Jahresbericht über 1894/95 sagt (S. 118. 122): „Die weiße Bevölkerung hat seit dem letzten Berichtsjahre nicht unerheblich zugenommen" (hauptsächlich um 104 Buren!). „Sowohl der mittlere Teil des Schutzgebietes als auch der Süden hat eine nicht unbedeutende Einwanderung erfahren. Zu den Weißen gehören auch die Buren . . ." „Die Besiedlung ist trotz der ungünstigsten Verhältnisse vorwärts gegangen. Seitens der Regierung wurden 11 Farmen in der Größe von 6—10000 ha verkauft. Eine Anzahl Reflektanten haben sich noch für Farmen in den Gebieten von Harris und Seeis (Windhuker Bezirk) gemeldet. Von der Siedlungsgesellschaft und von der „Colonial-Gesellschaft für Südwest-Afrika" wurde je eine Farm verkauft. Außerdem sind in den Gebieten von Gideon und Bethanien 6—8 Farmen in Größe von 10—15000 ha mit Zustimmung der K. Landeshauptmannschaft an Deutsche und Buren verkauft worden. Sehr groß war die Nachfrage in Groß-Windhuk, während in Klein-Windhuk und Awis kein Zugang, sondern ein Abgang zu verzeichnen ist, indem verschiedene Personen den Platz verließen, um teils nach Groß-Windhuk überzusiedeln, teils Farmen zu beziehen." Weiter wird das Anwachsen von Swakopmund beschrieben.

Leider betrieb die Regierung nebenher auch noch ihre Konzessionspolitik: die englische South Westafrica Company erhielt im Herbst 1895 ihre 13000 qkm im Otavibezirk überwiesen. Sie erwarb ferner, indem die Regierung ihren Vertrag mit der „Colonial-Gesellschaft" genehmigte, 105000 qkm im Kaokoveldt;**) und endlich südöstlich von Windhuk 10000 qkm***) durch eine ihrer Tochtergesellschaften, die von der Regierung neu konzessionierte „Hanseatische Landgesellschaft." (Jahresbericht S. 125).†) Der aus dem Siedlungssyndikat hervorgegangenen „Siedlungsgesellschaft" wurden 20000 qkm Kronland in bester Lage, bei Windhuk, geschenkt (S. 126).

1896. Schon im Jahre 1895 hatten die beiden Mittelbezirke, deren Zivilbevölkerung bisher gegenüber der des Südens ganz unbedeutend gewesen war (am 1. 1. 1895: 346 gegen 770!), dieselbe um 126 Personen vermehrt. Jetzt trat eine weitere Verschiebung zu Gunsten des Mittellands ein, und zwar auf Kosten des Südbezirks, durch die schon erwähnte Wanderung der Buren nach dem Windhuker Bezirk. Die Bevölkerung von Namaland verminderte sich um 105 (von 971 auf 866); die von Windhuk vermehrte sich um 304 (von 568 auf 872), die von Otjimbingwe um 141 (von 343 auf 484), die des Nordbezirks um 273 (von

*) Im Jahre 1895 betrug die Besatzung von Otjimbingwe 28 Mann, Omaruru 24, Kap Croß 4, Okahandja 17; auch in Swakopmund lagen einige Mann (Jahresbericht 1894/95, S. 129).

**) Die Kaokoland-Gesellschaft gehört zu 9/10 der Company.

***) Vgl. die Zusammenstellung in dem Bohsenschen Aufsatz, Jahrg. 1902 Nr. 39 der „Kolonialztg.". Obige Zahlen sind die amtlichen, mitgeteilt von der Kolonialregierung und veröffentlicht im „D. Kulturpionier" 3. Jahrg. S. 105. Der Wortlaut der Konzessionen findet sich in der „D. Kolonialgesetzgebung", 6. Teil, S. 54 bis 67. Danach sind von dem Gesamt-Flächengehalt des Schutzgebietes von 835000 qkm in Besitz der Landgesellschaften 295000 qkm.

†) Konzession v. 11. Aug. 1893.

133 auf 406); die des ganzen Schutzgebiets um 603 (von 2025 auf 2628).[*]) Dieses starke Anwachsen erklärt sich nur zur Hälfte durch die bedeutende Verstärkung der Schutztruppe um fast 300 Mann (von 586 auf 880); die Zivilbevölkerung stieg um 309 Seelen (von 1439 auf 1748). Die neuen Ansiedler sind zum großen Teil alte Schutztruppler, wie aus dem Jahresbericht über 1895/96 hervorgeht (S. 117): „Die weiße Bevölkerung hat sich seit der Zählung vom 1. 1. 1896 bedeutend vermehrt, insbesondere durch die zur Entlassung gelangten Mannschaften der K. Schutztruppe, von denen die Mehrzahl im Lande verblieben ist." — Dazu ist aus dem vorhergehenden Jahresbericht zu bemerken, daß am 1. April 1896 im ganzen 160 entlassen wurden, von denen etwa 100 sich niederlassen wollten.[**]) „Die Landeshauptmannschaft hat 3 Farmen von je 10000 ha in dem Gebiete zwischen Windhuk und Harris und 5 Farmen von 5000 bis 10000 ha teils unmittelbar an der Hererogrenze, teils in dem bisher zwischen Hendrik Witbooi und dem Kapitän von Hoachanas streitig gewesenen Gebiete von Anis oder Ritfontein zu dem Preise von 1,50 bis 2 Mrk. den ha verkauft," und zwar an deutsche Reichsangehörige. „Auch die eingeborenen Kapitäne, insbesondere die von Gibeon und Bethanien, haben mit Genehmigung der Landeshauptmannschaft eine Anzahl Plätze in der durchschnittlichen Größe von 10000 ha an Weiße veräußert" (S. 122). Ein großes Gebiet, das nun dem Staate zur Besiedelung verfüglich stand, war im Feldzug von 1896 von den Herero erobert worden (S. 123). Diese „Farmen der Kriegsfreiwilligen" im Distrikt Gobabis wurden aber nur zum Teil bezogen; die alten Schutztruppler hätten sich lieber in der Naukluft angesiedelt als an dem fieberbehafteten, sandigen Saume der Kalahari. Immerhin gewann der Distrikt Gobabis an Bedeutung; ebenso übrigens der Distrikt Gibeon, der zum Bezirksamt erhoben wurde (S. 127). Zugleich wurde Swakopmund als selbständiger Distrikt von Otjimbingwe abgetrennt; im Herbst 1896 wurde .endlich der Nordbezirk in die deutsche Verwaltung einbezogen und stark besetzt (Jahresbericht 1896/97, S. 130, 131), nämlich mit einer „verstärkten Feldkompagnie"; die 3 übrigen Feldkompagnien, die infolge der Vermehrung der Schutztruppe um 294 Mann gebildet werden konnten, wurden nach Windhuk gelegt.

Die Zahlen der männlichen Bevölkerung für das Jahr 1896 sind folgende: Sie vermehrte sich im ganzen um 474 (von 1080 auf 1554). Und zwar stiegen die Deutschen von 780 auf 1221, also um 441 (davon entfallen 147 auf die Zivilbevölkerung, 294 auf die Schutztruppe), die Buren stiegen — während die Engländer von 122 auf 97 um 25 sich verminderten —, um 46 Männer, nämlich von 156 auf 202. Wenn man das bekannte Zahlenverhältnis der Männer zu den Weibern und Kindern bei den Buren in Erwägung zieht, so muß man annehmen, daß 1896 die niederdeutsche Bevölkerung die am 1. 1. 1896 erreichte Zahl von 782 noch um mindestens 150 Personen überschritten hat. Die gesamte Zivilbevölkerung stieg, wie erwähnt, um 309 Personen. Der Burenzuwachs entfällt

---

[*]) Diese Zahlen verstehen sich einschließlich der Schutztruppe; für die Jahre 1897 und 1898 teilt die Statistik weder die Zahlen für die einzelnen Nationalitäten, noch die Verteilung der Truppe auf die Bezirke mit, so daß man die Zivilbevölkerung in diesen nicht ermitteln kann. Die starke Vermehrung in Windhuk und im Nordbezirk ist der Schutztruppe zu verdanken.

[**]) Jahresbericht 1894/95 S. 118.

vermutlich besonders auf den Nordbezirk, dessen Einwohnerzahl sich um 273 Personen hob (auf 406, wovon etwa die Hälfte Mannschaften der Schutztruppe waren).*)

1897. Auf die erfreulichen Fortschritte des Jahres 1896 folgte ein schwerer Rückschlag durch das Hereinbrechen der Rinderpest zu Anfang 1897. Die Zivilbevölkerung des Schutzgebiets sank von 1748 auf 1743. Allerdings verminderten sich nur die Buren und die Engländer, die Deutschen vermehrten sich. Denn von der männlichen (Zivil-) Bevölkerung stiegen die Deutschen um 100 (von 341 auf 441), die Engländer fielen um weitere 22 (von 97 auf 75), die Buren, die 1896 um 46 Männer zugenommen hatten, fielen um 30 (von 202 auf 172). Es handelt sich dabei offenbar hauptsächlich um die Buren des Nordbezirks, die infolge des Trekverbots jetzt großenteils auswanderten. Es nahm überhaupt nur die Bevölkerung des Nordbezirks ab (um 239 Personen, Rückgang von 406 auf 167);**) die von Keetmannshoop-Gibeon stieg um 27 von 866 auf 893 (wovon 227 in Gibeon); Windhuk blieb stehen (auf 871), während Otjimbingwe-Swakopmund um 129 zunahm (von 484 auf 613). Davon entfallen 105 Personen auf Swakopmund, das von 176 auf 281 stieg. Es ist dies die erste Wirkung des im September 1897 begonnenen Baues der Swakopmunder-Baiwegbahn. Und hiermit kommen wir zu einer neuen Entwicklungsstufe.

1898 bis 1902.

War schon im Jahre 1897 die Bevölkerung von Otjimbingwe-Swakopmund um 129 Personen gestiegen (484:613), so vermehrte sie sich 1898 weiter um 283 (von 613 auf 896), 1899 um 195 (auf 1091). Also in 3 Jahren eine Vermehrung von 600 Seelen! (im Jahre 1900 kein Zuwachs, 1901 sogar eine Abnahme um 40). —

Im ganzen Schutzgebiet stieg die Zahl der Deutschen (Zivilbevölkerung):

im Jahre 1896 um 147 Männer

"	1897	"	100	"
"	1898	"	340	" ***)
"	1899	"	202	Personen
"	1900	"	128	"
"	1901	"	305	"
"	1902	"	321	"

Vom 1. 1. 1896 bis 31. 12. 1902 um 1713 Seelen, nämlich von 346 auf 2059.

---

*) Der Nordbezirk war nicht nur mit einer „verstärkten Feldkompagnie" belegt, sondern es sind in ihm vermutlich auch die Mannschaften des vorübergehend gebildeten „Nordostdistrikts" der Schutztruppe mitgezählt; die im Norden und Osten gegen die Rinderpest errichteten Stationen der Truppe wurden Anfangs 1898 wieder eingezogen (Jahresbericht 1896/97, S. 132; 1897/98, S. 145). Das starke Anwachsen der Burenzahl im Nordbezirk (am 1. 1. 1896 nur = 95) und im ganzen Schutzgebiet erklärt sich vermutlich durch die vorübergehende Anwesenheit eines von Humpata herübergekommenen Burentrekks; vgl. oben.

**) Es wanderten nicht nur die Buren wieder ab, sondern es wurden auch mehrere Grenzstationen der Schutztruppe wieder eingezogen. So erklärt sich die „auffallend" hohe Zahl 406, deren Richtigkeit R. Hermann bezweifelt (a. a. O. S. 455).

**) Im Jahre 1898 blieben die Engländer unverändert (76 Männer), bei den Buren sank die Zahl der Männer weiter um 10 (von 172 auf 162); Gesamtzahl der Buren 742 gegen 782 am 1. 1. 1896.

Der Aufschwung des jungen Koloniallandes, der sich in diesen Ziffern aus-
prägt,*) ist herbeigeführt durch einige große kolonisatorische Unternehmungen, durch die der Staat — abgesehen von dem wirtschaftlich und bevölke-
rungspolitisch günstigen Einfluß der aktiven und der ausgedienten Schutztruppe —
die Besiedlung der Kolonie kräftigst vorwärts trieb. Diese Kulturwerke, für die
der Staat Millionen und aber Millionen aufwandte und in die Kolonie steckte, sind besonders: der Hafenbau in Swakopmund, der Bahnbau Swakopmund—Windhuk,
Unterstützung der Ansiedler durch Darlehen und durch Hebung der Viehzucht (Bekämpfung der Seuchen), Wege- und Brunnenanlagen in der ganzen Kolonie. Die
Aufwendungen des Reichs für die Kolonie, — also nicht etwa die gesamten Ausgaben der Kolonie, sondern die Zuschüsse des Reichs — betrugen im letzten Jahrzehnt (1892—1903) nicht weniger als 55 Millionen Mark! Dieser stattlichen
Summe gegenüber ist das, was die großen Landgesellschaften, die das Schutzgebiet
„erschließen" sollten, in die Kolonie gesteckt haben, geradezu verschwindend gering.
Ebenso steht es mit der Besiedlungstätigkeit im engeren Sinne, der Ansetzung von
Ansiedlern. Die Regierung hat (nach dem Jahresbericht über 1901/1902, S. 75)
aus Kronland und Eingeborenenland Verkäufe von 269 Farmen an Ansiedler abgeschlossen bezw. vermittelt.**) Die Zahlen für die einzelnen Jahre bis 1897 haben
wir bereits mitgeteilt. Von da an sind sie folgende:

1898	2	Farmen mit	19915	ha
1899	10	„ „	70461	„
1900	21	„ „	158563	„
1901	53	„ „	400689	„
	86	„ „	649628	ha

also in 4 Jahren rund 6500 qkm.

Dagegen die Landgesellschaften, die sich doch schon seit 1892 mit der Kolonisation des Schutzgebiets befassen, haben seitdem nur folgende Flächen verkauft:***)

1. Die „S. A. Territories" 4 Farmen mit   400 qkm,
2. Die „D. Colonial-Gesellschaft für Südwest-Afrika" 449 „
3. Die „Siedlungsgesellschaft" 15 Farmen mit   705 „

also in zehn Jahren 1554 qkm.

Das Haupthindernis der Besiedlung war, daß man zu hohe Landpreise
forderte, wie die Regierung in ihren Jahresberichten mehrfach betont.†) So hinderten

*) Gesamtbevölkerung am 1. 1. 1903 = 4640 Personen, wovon 940 Beamte und
Schutztruppler; also ohne diese = 3700.

**) Davon 75 an alte Schutztruppler, 107 an andere Deutsche (zus. = 182), 87 an
Ausländer, insbesondere Buren.

***) Die Quellen s. „D. Kolonialztg." 1902, Beilage zu Nr. 22. — Wie der „Windh.
Anz." v. 16. 2. 1899 und v. 9. 11. 99 mitteilte, hat damals auch die South Westafrica Co.
6 Farmen bei Grootfontein verkauft, wovon 4 an Buren, 2 an Deutsche. — Die Siedlungsgesellschaft verkaufte allein im Jahre 1899/1900 355 qkm, 6 Farmen (Jahresbericht S. 165).

†) Jahresbericht 1896/97, S. 116; 1897/98, S. 129, 130; 1900/01, S. 69. An
der ersten Stelle wird gesagt, daß die Ansiedlung „durch die bedeutenden Unkosten der
ersten Niederlassung erschwert" werde; an der zweiten, daß die Besiedlung durch die Herabsetzung der bisher zu hohen Landpreise des Kronlandes durch die Regierung einen größeren
Umfang angenommen habe; an der dritten, daß die Verkäufe aus Gesellschaftsland gering
sind, „weil die Gesellschaften an ihren höheren Preisen festhalten und deshalb selten Käufer
finden, solange noch Kronland zu haben ist."

die Landgesellschaften die Besiedlung, anstatt sie zu fördern! Während z. B. das Siedlungssyndikat den Ansiedlern das Land geschenkt und ihnen noch Darlehen zur Bewirtschaftung obendrein gegeben hatte, verkaufte die „Siedlungsgesellschaft" das ihr vom Staate geschenkte Land an die Ansiedler für 2 Mk. bis 2 Mk. 30 Pf. den ha. Kein Wunder, daß die Ansiedler lieber das billige Kronland erwarben, für 0,50 bis 1,— Mk. den ha. Die South Westafrica Company verkaufte aus Spekulationsrücksichten überhaupt kein Land, sondern wies die Angebote der Ansiedlungslustigen rund ab. Als ein Hemmnis der Besiedlung erwies sich auch die „Colonial-Gesellschaft für Südwest-Afrika." Die Erwerbung ihrer ungeheueren Land- und Bergwerksrechte, für die sie alles in allem 722 000 Mk. gezahlt hatte, war in erster Linie der einflußreichen Beihülfe der Kolonialbehörden den Eingeborenen gegenüber zu verdanken. Dafür hatte Bismarck der Gesellschaft die Verpflichtung auferlegt, für die Verwaltung des Schutzgebiets selbst aufzukommen; und sie unterhielt ja auch tatsächlich eine Schutztruppe. Die Gesellschaft hatte also etwa die Stellung der Neu Guinea Compagnie, der Deutsch-Ostafrikanischen Gesellschaft oder der Jaluit-Gesellschaft. Deren Landrechte sind dann abgelöst worden, als das Reich gezwungen wurde, selbst die Verwaltung zu übernehmen und zu bezahlen. Merkwürdigerweise geschah das in Südwestafrika nicht. Hier nahm der Staat zwar der „Colonial-Gesellschaft" die ungeheure jährliche Verwaltungslast ab, trotzdem aber blieb die Gesellschaft ruhig im Vollbesitz ihrer Land- und Bergwerksrechte. Das für deren Erwerb aufgewendete Kapital erhielt sie reichlich zurück, indem sie einzelne Rechte und Landgebiete an die Engländer verkaufte; so erhielt sie im Februar 1892 200 000 Mk. von den Hamburger Syndikaten, 1893 500 000 Mk. für den Verkauf des Kaoko-Veldts, 1894 von der englischen Guano-Gesellschaft 100 000 Mk., von der Firma Görz für Bergwerksrechte auf der westlichen Khomas-Hochebene 600 000 Mk., von der Hanseatischen Landgesellschaft 175 000 Mk. u. a. m. Trotzdem besitzt sie fast keine Barmittel mehr (noch 165 000 Mk.). Sie kann also für die Erschließung der Kolonie nicht viel tun.**) Ebensowenig aber können andere in ihren Gebieten Unternehmungen beginnen; denn sie besitzt ja die Rechte auf die Werte des Landes. Wer hier Erschließungsarbeiten vornehmen will, muß erst der Colonial-Gesellschaft ihre Rechte ablaufen. So lähmt sie bei ihrem Mangel an Kapital die Entwicklung der Kolonie.***) Was sie und die andern Landgesellschaften geleistet, d. h. für die Kolonie geleistet haben, ist ganz geringfügig gegenüber den Schöpfungen des Staates. Ihm ist die ganze bisherige Entwicklung und die Möglichkeit der Weiterentwicklung zu verdanken. Er hat die weiße Bevölkerung von 4640 Seelen dem Lande gegeben. Denn er zog sie zum größten Teil selbst ins Land (durch die Schutztruppe), er schuf ihr zunächst einen Absatzmarkt (durch die Schutztruppe), dann auch durch Verbesserung der Verkehrsbedingungen), er verschaffte ihr durch seine Verwaltung die so lange vermißte Sicherheit des Lebens und Eigentums und Schutz gegen die Viehseuchen. Diese ganze Werterhöhung verdankt die Kolonie dem Staate. Aber

*) Jahresbericht 1894/95 S. 125.
**) Aus dem gleichen Grunde kann auch die S. A. Territories-Co. nichts leisten.
***) An Grundbesitz hat sie heute immer noch 135 000 qkm, wovon etwa 35 000 qkm besiedlungsfähiges Land, besonders auf der Khomashochebene (Schätzung des dort ansässigen Farmers Schröder-Uitdraai, Heft 12/1903 dieser Zeitschrift).

den Nutzen davon ziehen die Konzessionsgesellschaften! Den ihnen vom Staate ge= schenkten und durch die Aufwendungen des Staates im Werte gestiegenen Grund und Boden verkaufen sie zu teuren Preisen! So hat sich die Politik der Koloni= sation durch Landkonzessionsgesellschaften hier als gründlich verfehlt erwiesen. Wären sie nicht mit Konzessionen beschenkt worden, so wäre die Kolonie heute mindestens ebenso weit entwickelt, aber die Werte des Landes würden seinen An= siedlern und dem Staate gehören, nicht Londoner und Berliner Kapitalisten.

Ganz abgesehen von der empfindlichen Ungerechtigkeit dieses Zustandes, der den Interessen der Allgemeinheit widerstreitet, und dessen Beseitigung aus Gründen des öffentlichen Wohls gefordert werden muß, sind die Landgesellschaften wie er= wähnt auch für die Zukunft ein Hindernis der Besiedlung der Kolonie. Es ist daher selbstverständlich, daß die Kolonialverwaltung sich jetzt entschlossen hat, „der Frage näherzutreten, inwieweit das in der Hand der großen Landgesellschaften befindliche Land dem großen nationalen Siedlungsinteresse dienstbar gemacht werden kann," „dem jetzt herrsch)nden Mangel an für die Besiedlung zur Verfügung stehendem Regierungsland ev. durch Zurückgreifen auf den Landbesitz der großen Gesellschaften und der Eingeborenenstämme abzuhelfen."*)

Wenn wir die kolonisatorischen Unternehmungen des Staates im einzelnen betrachten, so wurde die Eisenbahn von Swakopmund nach Windhuk, eine Schmal= spurbahn von 60 cm Spurweite und 382 km Länge, aus Veranlassung der Rinder= pest, von der man Transportschwierigkeiten befürchtete, im September 1897 be= gonnen und im Juni 1902, also nach 5 Jahren, vollendet. Die Kosten betrugen im ganzen 14 Millionen Mark. Ausgeführt wurde der Bau von einem Kommando Offiziere und Unteroffiziere von der Eisenbahnbrigade; weiße Arbeiter wurden zuerst in der Kolonie und in Kapstadt angeworben, 1898 wurden sodann 150 Ar= beiter von Deutschland hinübergeschickt.**) 1901 waren 300, 1902 sogar 370 Weiße beim Bahnbau beschäftigt. Ebenso verstärkte der Hafenbau in Swakopmund,***) der vom November 1898 bis Februar 1903 währte und etwa 2¹⁄₂ Mill. Mark kostete, die weiße Bevölkerung von Swakopmund. Im November 1898 kamen dazu aus Deutschland 4 Beamte und 51 Arbeiter, später noch ein weiterer daselbst angeworbener Trupp. In der Folge wurden die Arbeiter in Swakopmund selbst gewonnen, da dorthin während des Burenkrieges viele Fremde, besonders Slavonier, kamen, die in Kapstadt arbeitslos geworden waren. Die Zahl der in der Zeit vom September 1899 bis Ende August 1902 Beschäftigten belief sich durchschnitt= lich†) auf 75 Weiße und 185 Eingeborne. Mit dem 13. April 1899 wurde die Hafenstadt der Kolonie auch an das englische Kabel angeschlossen; mit Windhuk wurde sie durch eine Telegraphenlinie verbunden. Über das ganze Schutzgebiet breitete sich ein Netz von 32 Postanstalten. Weitere Millionen wurden verwendet

---

*) Schreiben der Kolonialabteilung an den A. D. B. v. 31. 7. 1902, Rundschreiben des Gouvernements an die Bezirksämter, Denkschrift des Gouvernements v. 28. 12. 1902.

**) Jahresbericht 1897/98, S. 137, 138; 1900/01 S. 64; 1901/1902 S. 67.

***) Jahresbericht 1898/99 S. 134; 1899/1900 S. 162, 163; 1900/01 S. 65; 1901/02 S. 68; „D. Südwestafr. Ztg." 1903, Nr. 7, Beilage.

†) Die Jahresberichte nennen für 1901 112 Weiße, 1902 250—300 Eingeborene und gegen 100 Weiße, zu denen im Dez. 1901 weitere 28 in Deutschland auf 3 Jahre angeworben wurden, da die Kontrakte des restea Transports von 51 Arbeitern abgelaufen waren.

für die lange Reihe von Brunnen- und Dammanlagen, Wasserleitungen, Entwässerungsarbeiten, Straßenbauten, die in den amtlichen Berichten alljährlich einzeln
aufgeführt sind.*) All dies ist das Werk der Ansiedler einerseits, anderseits der
Regierung und ihres wichtigsten Organs, der Schutztruppe. Ohne diese wäre besonders die wohlentwickelte, für die Zukunft der Kolonie hochbedeutsame Fürsorge
gegen die Viehseuchen ganz undurchführbar gewesen.

Die Verteilung der Bevölkerungsvermehrung des besprochenen Jahrfünfts auf
die einzelnen Jahre und die einzelnen Bezirke gestaltete sich verschieden.

Im Jahre 1898 stieg die Bevölkerung (ohne Truppe) um 308 Personen, von
1743 auf 2051. Davon sind 1103 Deutsche und 742 Buren. Buren und Engländer haben (wie oben schon erwähnt) abgenommen, die Deutschen um 340 Männer
zugenommen. Diese auffallende Vermehrung ist hauptsächlich**) verursacht durch
die Einführung der Arbeiter für Bahn- und Hafenbau: ihre Zahl stieg, — während
Ansiedler und Kaufleute ziemlich unverändert blieben — um 351 (von 261 auf
612), darunter die Deutschen um 322 (von 183 auf 505); waren doch allein in
den beiden obenerwähnten großen Trupps über 200 herausgekommen. Der amtliche Bericht sagt darüber:***) „Besonders stark war die Einwanderung nach dem Bezirk
Swakopmund. Es waren dies meistens Leute, welche bei der Bahn Arbeit suchten
und zum Teil kontraktlich in Kapstadt von dem Bahnbaukommando angeworben
waren. Daneben wanderten eine Anzahl Farmer und Handwerker ein, die sich in
Windhuk und Umgegend, Otjimbingwe oder Swakopmund niederließen. Neue
Farmen wurden einige bezogen." Die Bevölkerung von Swakopmund vermehrte
sich um 300 Personen, von 280 auf 580 (einschl. 85 Beamten und Trupplern).

Das Jahr 1899 brachte der Kolonie sogar einen Zuwachs von 487 Personen
(von 2051 auf 2538), indem die Deutschen auf 1305 (+ 202), die Buren auf 897
(+ 155), die Engländer um 80 stiegen. Von dem Zuwachs der Deutschen waren
diesmal nur 78 Männer und — z. T. von der „D. Kolonialges." herausgesandt —
124 Weiber und Kinder; von den Männern + 35 Ansiedler, + 31 Kaufleute und
Gastwirte, — 8 Arbeiter. Bei der Gesamtbevölkerung dagegen stiegen die Arbeiter
weiter um 62, auf 674; Otjimbingwe-Swakopmund erhielt einen Zuwachs von
ferneren 195 Personen, trotzdem 32 Buren von Omaruru nach dem Nordbezirk
zogen (s. oben S. 64). In diesem vermehrten sich die Buren um 54, in Windhuk
um 16, in Gibeon um 88 (auf 223), während Keetmannshoop ziemlich unverändert blieb (auf 365).

---

*) Jahresbericht 1896/97, S. 119, 124, 125; 1897/98 S. 126, 129, 131; 1898/99
S. 123; 1899/1900 S. 151, 152, 162; 1900/1901 S. 64, 65; 1901/02 S. 69, 70.

**) In den für den 1. Jan. 1899 gegebenen Zahlen, die der obigen Darstellung
zu Grunde liegen, sind auch 115 ausgediente Schutztruppler enthalten, die, im Juni 1899
abgelöst, sich im Schutzgebiet niederließen, während der Rest der 350 Abgelösten am 2. Juli
1899 nach Deutschland zurückkehrte (Jahresbericht 1898/99 S. 140). Die in diesem Jahresbericht mitgeteilte Bevölkerungsstatistik „nach dem Stande vom 1. Jan. 1899" gilt also in
Wirklichkeit für den Schluß des Berichtsjahrs, das vom 1. 7. 1898 bis 30. 6. 1899
läuft, so daß demnach auch die obige Darstellung der Bevölkerungsvermehrung für dies Berichtsjahr, nicht für das Kalenderjahr 1898 zu gelten hat. — Inwieweit dies auch bei den
anderen Bevölkerungsstatistiken, die vom 1. Januar datiert sind, der Fall ist, läßt sich nicht
nachweisen; offenbar nicht bei denen, die schon vor Herausgabe des Jahresberichts im
Kolonialblatt veröffentlicht wurden.

***) Jahresbericht 1897/98 S. 125.

Schon im Jahresbericht über 1897/98 wurde die günstige Wirkung der Rinderpest auf die Besiedlung der Kolonie erwähnt: es seien dadurch Leute, die sich 1896 auf den Feldhandel geworfen hätten, gezwungen worden, sich ihrem Handwerk wieder zuzuwenden oder Gartenbauer und Farmer zu werden; „ähnliches gilt von dem Transportgewerbe, dem sich der größte Prozentsatz der entlassenen Schutztruppler zuzuwenden pflegte." „Begünstigt wurde dies Bestreben — der Seßhaftmachung und des Farmens — durch die erheblich herabgesetzten Preise für Regierungsland, sowie die neueren Zahlungsbedingungen..... Die Folge der Herabsetzung der bisher zu hohen Landpreise war u. a., daß eine Reihe von Ansiedlern sich zum Kauf von Regierungsfarmen gemeldet haben" (Seite 129, 130). — Im Jahresbericht über 1899/1000 (S. 152) heißt es jetzt wieder: Der Schwerpunkt der wirtschaftlichen Tätigkeit habe sich vom Gebiete des Frachtfuhrgeschäfts auf das des Farmbetriebes verschoben. Sowohl die früheren Frachtfahrer als auch der größte Teil der Neuankömmlinge seien Farmer geworden. Unter solchen Umständen habe die Besiedlung namentlich im Süden des Schutzgebiets gute Fortschritte gemacht. — Erst durch das Steigen der Viehpreise infolge der Rinderpest wurde es den weißen Ansiedeln möglich, neben den Farbigen mit Gewinn Viehzucht zu treiben.

Die hier geschilderte Entwicklung prägt sich auch in den Zahlen der Statistik aus: die deutschen Ansiedler steigen im Jahre 1896 von 48 auf 109 (+ 61) und halten sich auf dieser Höhe, bis sie im Jahre 1899 auf 147, 1900 auf 183, 1902 auf 267, 1903 auf 334 steigen. Für die Gesamtbevölkerung sind die Zahlen der Ansiedler:

am 1. 1. 1896:	201	, darunter	119	Buren	
„	1897: 311 (+ 110),	„	175	„	
„	1898: 278	,	„ 123	„	
„	1899: 265	,	„ 121	„	
„	1900: 422 (+ 157),	„	230	„	(+ 109)
„	1901: 479 (+ 57),	„	227	„	(+ 96)
„	1902: 686 (+ 207),	„	291	„	
„	1903: 813 (+ 127),	„	327	„	

Der Zuwachs der Farmer von 157 im Jahre 1899 besteht also hauptsächlich in dem Mehr von 109 Burenfarmern, die besonders im Namaland ihr Heim aufgeschlagen haben. Denn ihre Zahl steigt in Keetmannshoop von 55 auf 72, in Gibeon von 17 auf 65, in Windhuk von 34 auf 41, in Otjimbingwe von 13 auf 28, in Outjo von 1 auf 24. So kam es, daß „die Besiedlung namentlich im Südbezirk gute Fortschritte gemacht hat."

Im Jahre 1900 stieg die weiße Bevölkerung von 2538 auf 2818 (+ 280); und zwar die Deutschen von 1305 auf 1433 (+ 128, wovon 35 Männer und 93 Weiber und Kinder); die Buren von 897 auf etwa*) 965 (+ 68). Der Jahresbericht über 1900/01 sagt darüber: Die Zunahme der Gruppe Engländer, Kapländer, Buren und Personen „ohne Staatsangehörigkeit" um 124 Köpfe sei

---

*) Die Statistiken geben von jetzt an darüber keinen Aufschluß mehr, da die Buren z. T. als „englische Staatsangehörige", z. T. als „Personen ohne Staatsangehörigkeit" geführt werden, z. T. nach und nach die deutsche Staatsangehörigkeit erwerben. Vgl. meine Aufsätze in Nr. 35, 36. Jahrg. 1901 der „D. Kolonialztg.", Heft 4 Jahrg. 1902 der „Deutschen Erde."

faft ausschließlich durch die Einwanderung von Buren infolge des südafrikanischen Krieges veranlaßt. Daß dem so sei, gehe schon daraus hervor, daß der größte Teil dieser Vermehrung (104 Köpfe) auf den Bezirk Keetmannshoop entfalle, der für die Bureneinwanderung besonders in Betracht gekommen sei. Der Zuzug von Buren sei in fortgesetzter Steigerung begriffen; dieselben ließen sich vornehmlich in den südöstlichen Bezirken des Schutzgebiets nieder (S. 61).

Von der im April 1900 entlassenen Ablösung der Schutztruppe siedelten sich 50 Mann im Schutzgebiet an.[*] Die Verschiebung in den Berufsgruppen ging ebenso weiter wie im Vorjahre: Die Ansiedler vermehrten sich um 57 (davon die Deutschen um 36), die Kaufleute und Händler um 39, während 62 Arbeiter weniger gezählt wurden. Im Bezirk Swakopmund verringerte sich die weiße Bevölkerung um 115 Personen, da der Bahnbau jetzt weiter ins Innere vorgeschritten war. Dagegen finden wir in Windhuk 75 Personen mehr, in Keetmannshoop 144, letzteres „eine Folge der Burenzuwanderung", wie der Jahresbericht meint. Derselbe betont weiter (S. 69) die erfreuliche Zunahme der Farmenniederlassungen: Von Eingeborenen= und Kronland wurden 21 Farmen mit 158563 ha verkauft. „Die Zahl der Landkäufe von den mit Landbesitz versehenen Gesellschaften ist nicht bedeutend, da diese an ihren höheren Preisen festhalten und deshalb selten Käufer finden, solange noch Kronland zu haben ist. An der zunehmenden Besiedlung hat besonders der Norddistrikt Grootfontein und der Ostdistrikt Gobabis Anteil." In ersterem stiegen nämlich die Ansiedler um 10 auf 43 (wovon 15 Deutsche, 3 Engländer, 23 Buren), die Handwerker um 8 auf 16 (wovon 7 Deutsche, 4 Buren), die Kaufleute (sämtlich Deutsche) um 8 auf 16.

Im Jahre 1901 vermehrte sich die weiße Bevölkerung außergewöhnlich stark, hauptsächlich durch Bureneinwanderung infolge des Burenkrieges. Doch zogen von den 726 Buren, die im Jahre 1901 nach Angabe der Statistik einwanderten, etwa 372 im Jahre 1902 in ihre alte kapländische Heimat zurück.[**] Die Deutschen vermehrten sich um 305, von 1433 auf 1738. Doch ist das, wie dazu amtlich bemerkt wird, zum Teil auch darauf zurückzuführen, „daß eine Anzahl eingewanderter Buren die deutsche Staatsangehörigkeit erworben hat." Die Zahl der Ansiedler stieg um 207 auf 686, die der Handwerker um 109 auf 714. Von den entlassenen Mannschaften der Schutztruppe blieben 35 als Ansiedler im Schutzgebiet (Jahresbericht 1901/02, S. 64).

An Farmgrundstücken wurde die außerordentlich große Landfläche von 4000 qkm an Ansiedler verkauft,[***] davon 1000 allein im Distrikt Karibib längs der Eisenbahn. Das Gelände an der Bahn, Swakopmund—Windhuk, sagt der Jahresbericht, ist bereits beinahe vollständig in die Hände der Weißen übergegangen.

---

[*] Jahresber. 1899/1900 S. 168. Da der endgültige Zuwachs an deutschen Männern nur 35 beträgt, muß auch eine Rückwanderung, wahrscheinlich von Bahnarbeitern, stattgefunden haben.

[**] „D. Kolonialblatt" 1902, Nr. 15, S. 338, 339; 1903 S. 464, 465; Jahresbericht 1901/02, S. 64, 65.

[***] Allerdings im „Rechnungsjahr" 1901/1902. Über die Verkäufe in den anderen Bezirken i. Jahresbericht S. 75.

(Schluß folgt.)

Stand der geographischen Erforschung Kameruns Ende 1903.

Von M. Moisel.

(Mit Karte.)

Die 1901 im amtlichen Großen Deutschen Kolonialatlas erschienene Kamerun-Karte bedeutete durch die erstmalige Verwertung zahl- und umfangreicher, im Besitz der Kolonial-Abteilung befindlicher topographischer Aufnahmen von Schutztruppen-Offizieren und Kolonial-Beamten einen wesentlichen Fortschritt in der Kartierung der Kolonie. Doch die vielen weißen Flecke dieser Karte, die in dem verhältnismäßig großen Maßstab 1:1000000 gewaltige Ausdehnungen annahmen, zeigten andrerseits doch deutlich, daß die geographische Erforschung Kameruns, von einigen wenigen, auch damals schon gut bekannten Gebieten abgesehen, trotz des langen Zeitraums, der seit der Besitzergreifung der Kolonie verflossen war, fast noch im Anfangsstadium stand.

Seit dem Jahre 1901 hat nun die geographische Erschließung Kameruns eine rapide Entwicklung genommen, wie sie keine andere deutsche Kolonie durchgemacht hat mit Ausnahme des Pachtgebietes Kiautschou, das infolge seiner geringen räumlichen Ausdehnung gleich eine Landesaufnahme (Triangulation) nach europäischem Muster ermöglichte und seiner wirtschaftlichen Bedeutung wegen auch unbedingt erforderte. Die Zeiten der großen Forschungsreisen durch weite unbekannte Gebiete sind heute auch für Kamerun vorüber, und besondere Überraschungen in Bezug auf die Oro- und Hydrographie des Landes sind ausgeschlossen. Immer mehr wird in Zukunft der Topograph zum Detailarbeiter werden, dessen Leistungen, vom großen geographisch interessierten Publikum wenig beachtet, im allgemeinen nur noch bei dem Fachmann volle Würdigung finden dürften.

Im Norden des Schutzgebietes, in dem großen Dreieck zwischen Yola, dem Tschadsee und Schari verdanken wir den umfangreichen Arbeiten des Hauptmanns Glauning während der Expedition Pavel und des Oberleutnants v. Bülow in seiner Eigenschaft als Stationschef von Dikoa, sowie kleineren Aufnahmen von Oberlt. Dominik, Lent. Nitschmann und Oberlt. Strümpell in den Jahren 1902 und 1903 eine völlige Neuaufnahme des Landes. Besonders hervorgehoben zu werden verdient die hingebende Tätigkeit v. Bülows, der mit großem Geschick seine vielen Kreuz- und Querzüge durch das Land systematisch zu einem großen Netz verknüpfte, das durch 57 astronomische Breitenbestimmungen besondere Festigkeit erhielt.

19

Zum ersten Male erhalten wir jetzt über das bisher im Innern völlig unbekannte Mandara-Gebirge eingehende Informationen. Dieses Gebirge präsentiert sich nach den Aufnahmen v. Bülows, der es in seiner Gesamt-Ausdehnung an der Basis rund umgangen und in der ganzen Längsrichtung von Garua bis Mora und in der Höhe von Marua auch in der Querrichtung durchzogen hat, in einer wesentlich anderen Form, als es bisher nach den Angaben von Denham, Barth, Rohlfs und Passarge auf den Karten dargestellt wurde. Es ist dies nicht zu verwundern, da die genannten Forscher nur Teile des Gebirges und auch diese nur — mit Ausnahme von Denham — aus der Ferne beobachten konnten.

Vom Benuë, dessen Bett in einer Seehöhe von 200 m liegt, steigt das Gelände nach Norden zu allmählich bis zu einer Höhe von ca. 500 m auf und zwar so, daß der Osten den Westen überhöht. Alle Erhebungen, die in diesem langsam aufsteigenden Gelände liegen, sind kleinere, aber stets isoliert stehende Berge und Bergkomplexe, deren Formen Barth im 2. Bande seines großen Werkes außerordentlich charakteristisch wiedergegeben hat, nicht aber Teile eines zusammenhängenden Berglandes mit gemeinsamer Basis. Der Aufstieg zum eigentlichen Mandara-Gebirge beginnt erst in der Höhe des 10. Breitengrades. Von hier an bildet das Gebirge ein zusammenhängendes Ganze, in dem tief eingeschnittene Täler, zerklüftete Bergpartien und Hochebenen abwechseln. Ein weit verästeltes Flußsystem entwässert das Gebirge hauptsächlich nach Osten hin zum Logone und Mao Kebi, doch auch nach Norden in die große Tschadsee-Ebene und nach Westen und Süden zum Benuë entsendet es zahlreiche kleine Wasseradern. Große, zusammenhängende Bergketten treten nicht auf und genau wie in der ansteigenden Ebene zwischen Garua und dem 10. Breitengrade erheben sich die Berge und Berggruppen als isolierte Gebilde über die ca. 800 m betragende Durchschnittshöhe des Gebirges. Die höchsten Gipfel des Mandara-Gebirges dürften nach v. Bülow ca. 1200 m (relative Schätzungen über durch Siedepunktbestimmungen ermittelte absolute Höhen) nicht überschreiten. Barths Höhenschätzungen des Mendif, dessen richtiger Name Mogubi ist und des Ba auf 1500 und 1600 m und ebenso die Passarge's anderer Berge sind beträchtlich zu hoch ausgefallen. Nach Osten und Norden fällt das Gebirge steil, im Westen sanfter zur Ebene ab, sich wieder in einzelne Berge und Bergkomplexe auflösend; nach Norden streckt es zwei Finger vor, den einen auf Krana, den anderen auf Mora zu, die den im VII. Ergänzungsbande zu Petermanns Mitteilungen von Rohlfs erwähnten Gebirgshalbkreis bilden, der die Südgrenze der damaligen Landschaft Mandara sein sollte. Das Gebirge besteht aus Granit und Basalt und ist in seiner ganzen Ausdehnung gut bevölkert und gut angebaut.

Nach Abschluß der deutsch-englischen Grenz-Vermessungsarbeiten zwischen Yola und dem Tschadsee, der etwa im März dieses Jahres erfolgen dürfte, wird das Gebiet zwischen Benuë und Tschad zu den best erforschten der Kolonie zu rechnen sein und außerdem noch den großen Vorzug haben, daß es durch die astronomische Bestimmung der Koordinaten Yolos und durch die an diesen Ort angeschlossene Grenztriangulation bis zum Tschad im Gradnetz eine sichere, nicht mehr verschiebbare Lage erhält.

Über die in den letzten Jahren im mittleren Kamerun ausgeführten Aufnahmen gibt eine soeben in dem 4. Heft des Jahrganges 1903 der „Mitteilungen aus den Deutschen Schutzgebieten" erschienene Karte in 1 : 1 000 000, nach der die beistehende Skizze verkleinert ist, einen Überblick. Diese Kuete umfaßt das Gebiet

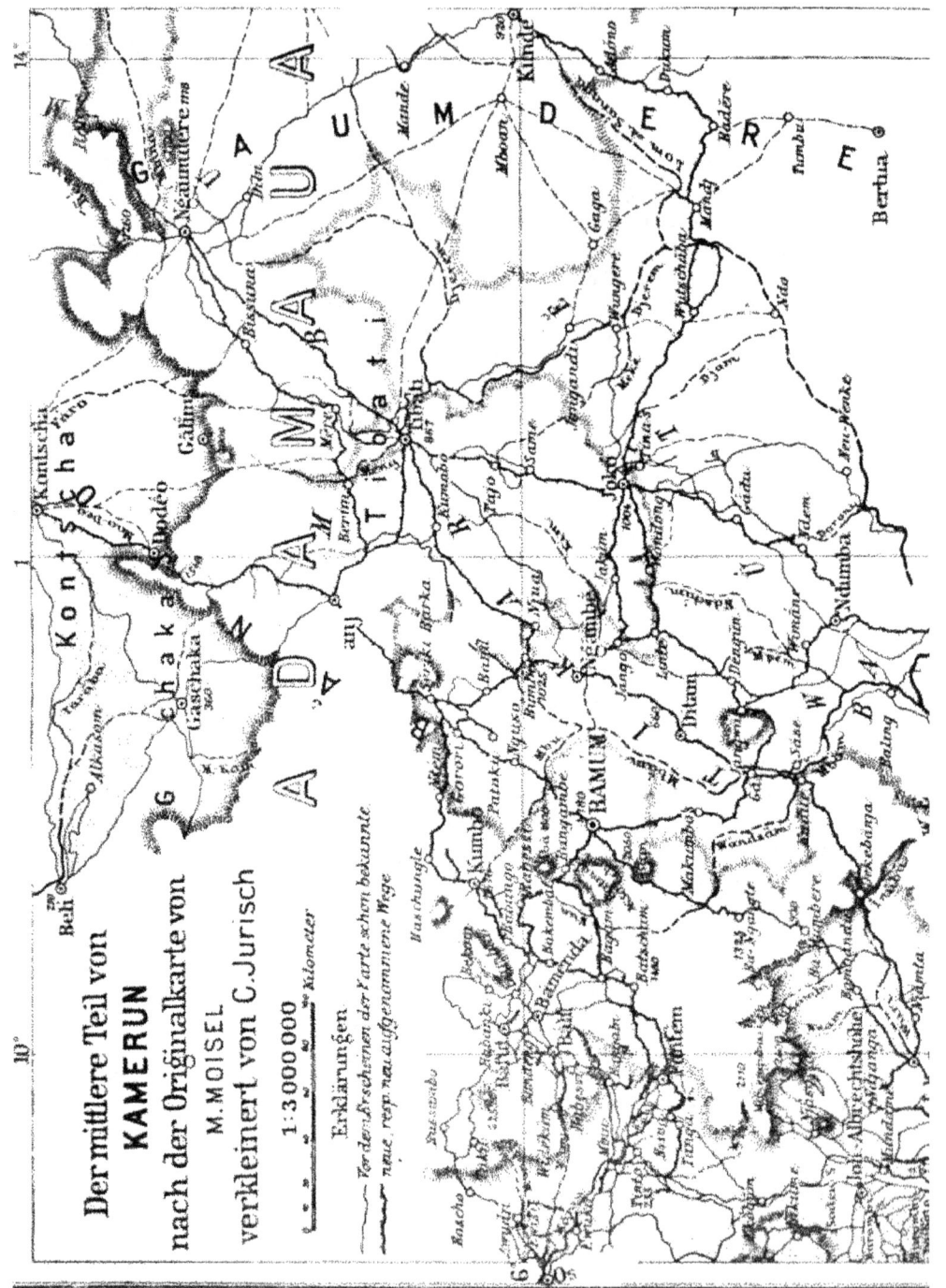

Der mittlere Teil von
KAMERUN
nach der Originalkarte von
M. MOISEL
verkleinert von C. Jurisch

1 : 3 000 000

Kilometer

Erklärungen

Für den Abschnitt der Karte schon bekannte

neue, repr. neu aufgenommene Wege

zwischen Sanaga im Süden und dem 8. Breitengrade im Norden und zwischen der Station Ossidinge im Westen und Kunde im Osten. Sie wurde auf Grundlage eines umfangreichen Materials konstruiert, das in Form von Routenbüchern, Skizzen, Profilen, Höhenbeobachtungen (Siedepunktbestimmungen und Aneroidablesungen) und astronomischen Breitenbestimmungen von Assistenzarzt Berké, Oberlt. v. Bülow, Oberlt. Dominik, Hptm. Glanning, Oberlt. Hirtler, Stabsarzt Hoesemann, Oberlt. Houben, Bezirksamtm. Dr. Meyer, Oberlt. Ratte, Stationsleiter Graf v. Pückler-Limpurg, Hptm. a. D. Ramsay, Oberlt. Schlosser, Oberlt. Freih. v. Stein, Leut. Graf v. Stillfried und Rattoniß und Oberlt. Strümpell bei der Kolonial-Abteilung in den Jahren 1900—1903 einging. Die Bearbeitung der Aufnahmebücher, die 165 Blatt (60✕45 cm) Routenkonstruktionen ergaben, wurde in Berlin so gefördert, daß Aufnahmen, die erst im April, Mai und August 1903 in Kamerun abgeschlossen waren, schon im Dezember desselben Jahres erscheinen konnten.*) Außer diesen neuen, bisher noch nicht veröffentlichten Aufnahmen fand auch das gesamte schon veröffentlichte Kartenmaterial eingehende Verwertung. Unter diesem ist die Darstellung des von der deutschen Niger—Benuë—Tschadsee-Expedition zwischen Garua und Ngaumbere Ende 1902 zurückgelegten Weges besonders zu nennen, da sich die Expedition zum großen Teil in völlig unbekannten Gebieten bewegt hatte.

Leider fehlt der neuen Karte des mittleren Kameruns — wenn man von dem zwischen Küste und dem Manenguba-Gebirge gelegenen Teil absieht, in dem Dr. Esch eine Reihe fester Punkte schuf — noch das endgültige Rückgrat in Gestalt von einwandsfreien astronomischen Längenbestimmungen, so daß die Konstruktion derselben recht mühselig und zeitraubend war und dennoch keine definitiven Resultate zu liefern vermag.

Über die allgemeinen oro- und hydrographischen Verhältnisse des dargestellten Gebietes ist folgendes zu berichten: Der Abfall des südafrikanischen Hochlandes, das in Ost-Westrichtung das Kartenbild in einer mittleren Höhe von ca. 1200 m durchzieht, zur Küstenebene ist auf einer sehr kurzen, 10 km kaum überschreitenden Basis ein überaus steiler. Auf der Strecke zwischen der deutsch-englischen Grenze und dem Manenguba-Gebirge beträgt die Differenz zwischen Hoch- und Tiefland ca 1000 m, vom Manenguba-Gebirge nach dem Sanaga zu wird sie dann etwas geringer, beträgt aber bei Ba-Mumbere auf dem Wege Jabassi—Bamum immerhin noch 800 m. Nur wenn man dem Lauf des Sanaga und später seinen großen Nebenflüssen folgt, gelingt es den Aufstieg zum Hochland in langsamer, nur an wenigen Stellen stufenartiger Steigung zu überwinden. Die volle Höhe des Hochlandes wird so erst bei einer Linie erreicht, deren Verlauf etwa durch die Lage der Orte Kunde, Tibati, Joko, Linte, Banjo, Bumum und Kubuß gekennzeichnet wird.

Die neuen Aufnahmen dürften das Kamerun-Eisenbahn-Syndikat wohl veranlassen, ihr auf die Berichte von Ramsay und Hirtler über die wirtschaftliche Bedeutung des neu entdeckten großen Platzes Bamum hin basiertes Programm die zuerst nur bis zum Fuß des großen Steilabfalles in der Gegend zwischen Manenguba-Gebirge und Nlonako-Bergen projektiert gewesene Bahn möglichst rasch über diesen Steilabfall bis Bamum „vorzuschieben" mit Rücksicht auf den Kostenpunkt aufzugeben resp. wesentlich anders zu gestalten.

*) Der genaue Ausweis des Quellenmaterials ist in den „Begleitworten" zur Karte in den Mitt. a. d. deutsch. Schutzgeb. 1903, Seite 241 zu finden.

Auch der Nordabfall des südafrikanischen Hochlandes zur Benuß-Mulde ist in seiner ganzen Ausdehnung außerordentlich steil und schwankt in seiner Höhe zwischen 500 und 1000 m. Die Oberflächengestalt des Hochlandes hat auf der Osthälfte der Karte größtenteils einen verhältnismäßig ebenen Charakter, und nur am Nordrande heben sich Hossere Galim und Hossere Ngau-Mbum zu bedeutenderen Höhen (2000 m resp. 1700 m) empor. Im Westen ist das Hochland reicher gegliedert und eine ganze Reihe von Bergen und Berggruppen erreicht beträchtliche absolute und relative Höhen. Die höchsten Erhebungen liegen im Anjang-Lande, in der Landschaft Bansso und nördlich Bandam, alles Gebiete nördlich der Linie Ossidinge—Bamenda—Bandam—Banjo. Dicht westlich Bamum zeichnen sich einige isolierte, massige Bergkomplexe aus, die gleich weithin sichtbaren Landmarken ihre Umgebung um ein Bedeutendes überragen. Es sind dies die Mba- oder Konkia-Berge (1800 m abs., 650 m rel.), der Batmatschem (1650 m abs., 450 m rel.) und der Bapi-Berg (2050 m abs., 1000 m rel.).

Über die Tektonik des ganzen Gebirgslandes ist bisher noch außerordentlich wenig bekannt.

Fast das ganze auf der Karte zur Darstellung gebrachte Gebiet entwässert zum Sanaga, und nur der äußerste Norden und Nordwesten senden ihre Gewässer in die Stromgebiete des Logone, Benuë und Manju oder Croß River. Leider ist jetzt sicher, daß auch der Mbam, dessen Nichtschiffbarkeit auf größere Entfernung hin bisher noch nicht festgestellt war, das Los fast der meisten Ströme Kameruns teilt und als Verkehrsweg nur einen ganz bedingten Wert hat. Zahlreiche Sandbänke, die in der Trockenzeit unüberwindliche Schwierigkeiten bieten, sowie tagemarschlange Schnellen und Fälle machen eine nutzbringende Schiffahrt unmöglich. Einer der wenigen Flüsse, der den Warentransport auf größere Entfernung hin gestattet, ist der Manju. Auf Grund der Untersuchungen Graf v. Pückler-Limpurgs ist die Grenze der Schiffbarkeit dieses Flusses entgegen der bisherigen Annahme noch etwas weiter flußaufwärts, etwa nach einem Platz 6 km östlich Erwoko zu verlegen. Graf v. Pückler-Limpurg hofft sogar, daß weitere Untersuchungen erweisen werden, daß der Manju in der Regenzeit noch bis Mbin hinauf (s. die Skizze) mit Dampfern befahrbar ist. Von weiteren Flüssen, die noch einen Verkehr mit kleinen Dampfern gestatten, sind der Mungo (bis zu den Schnellen dicht nördlich Mundame), der Wuri (bis Jabassi, aber nur in der Regenzeit) und der Sanaga (bis Edea) zu nennen.

Über die in den letzten Jahren neu aufgenommenen Wege gibt die Skizze eingehende Auskunft. Die feineingetragenen Wege bezeichnen die schon vor dem Erscheinen der neuen Karte bekannt gewesenen, die dickgezeichneten mit Pünktchen versehenen die neuen resp. wieder neu aufgenommenen.

Zwischen den Orten Jabassi—Fontem—Bamenda—Serifi Burka—Linte—Kubuë ist ein großes Gebiet erschlossen worden, das bis vor kurzem noch unbekannt war und für unbewohnt, mit dichtem, unwegsamen Urwald und hohem Gras bestanden galt, das sich jetzt aber teilweise sogar als außerordentlich stark bevölkert und reich angebaut erweist. Hier in der Landschaft Bamum liegt in einer Höhe von 1180 m die Stadt gleichen Namens, die heute als die an Bevölkerung und Ausdehnung bedeutendste Stadt Kameruns südlich des Benuë gilt. Auch zwischen Joko und Kunde ist eine große Lücke ausgefüllt und zum ersten Male ein Ost-West-Verbindungsweg zwischen den alten Straßen Nachtigal Schnellen—Tibati—

Ngaumbere einerseits und Carnot—Kunde—Ngaumbere andrerseits nördlich des Sanaga hergestellt worden, der zugleich neue Aufschlüsse über den Oberlauf des Sunaga, hier Lom genannt, und den Unterlauf seines großen Nebenflusses Djerem bringt.

Die politischen Verhältnisse Adamauas haben sich seit den Zeiten Barths und Passarges völlig geändert. Die Militär- und Regierungsstationen haben mit den alten Lehnsverhältnissen Banjos, Tibatis und Ngaumberes zu Yola resp. Sokoto gründlich aufgeräumt und diese Länder selbständig gemacht.

Ebenso eifrig wie im nördlichen und mittleren Teil von Kamerun gearbeitet wurde, ist dies auch im südlichen Teil geschehen. Unvergleichliche Verdienste hat sich hier Oberleut. Freih. v. Stein erworben. Bei Beginn seiner geographischen Tätigkeit im Jaunde-Bezirk fand er nur die Karten mit den dürftigen Reiserouten von Kund, Tappenbeck, Weißenborn und Morgen und später im Sanga-Dschagebiet — wenn man von dem das Verwaltungsgebiet v. Steins nur umrahmenden Routen Staadts und Plehns absieht — sogar ein völlig leeres Kartenbild vor. Heute, nach 8-jähriger angestrengtester und entbehrungsreicher Arbeit kann v. Stein den Ruhm für sich in Anspruch nehmen, daß die Erforschung des gewaltigen Südkamerungebietes von der Küste bis zur Ostgrenze in seinen Grundzügen sein alleiniges Werk ist. Die seit dem Erscheinen der Kamerunkarte in 1 : 1000000 im Jahre 1901 von v. Stein ausgeführten Forschungsreisen umfassen die Stromgebiete des Dscha mit Bumba und Jüe, des Dume und Kudeï und das Quellgebiet des Jwindo. Zusammen mit den Arbeiten v. Steins müssen die der Südkamerun-Grenzexpedition genannt werden. Die absoluten astronomischen Längenbestimmungen Engelhardts am Dscha, in Guambum am Sangu, in Bua Besimbo, Bertua und Jaunde und die Zeitübertragungen Oberlt. Foersters von derselben Expedition nach Nola und Bania sind für den Kartographen von unschätzbarem Wert, da sie erst dem weitverzweigten Routennetz v. Steins die sicheren Fixpunkte im Gradnetz geben. Außer den umfangreichen und mühevollen astronomischen Arbeiten haben Engelhardt und Foerster noch eine Reihe von Wege- und Flußaufnahmen ausgeführt, von denen besonders Foersters Triangulation des Sangastückes Nsimu—Mbongoli, seine Aufnahme des Sanga von Wesso bis Bania, seine Wegeaufnahmen im Kadeï- und Dumegebiet und Engelhardts Routenaufnahme von Nola am Kudeï entlang über Bertua und Simekoa nach Jaunde zu nennen sind. Auch Stabsarzt Hoesemann und Lt. Schulz, die den ersten Teil der Südkamerun-Grenzexpedition mitgemacht hatten, haben ihren Marsch von der Kampostation längs der deutsch-französischen Grenze bis Tongo am Dscha resp. bis Mabore kartographisch festgelegt. Für das Konzessionsgebiet der Gesellschaft Süd-Kamerun liegen von den Angestellten der Gesellschaft, den Hauptagenten v. Carnap-Auernheimb, Friedrich, Grünewald, Kalmar, Subdirektor Lüdemann und Direktor Graf v. Schlippenbach teils größere, teils kleinere Aufnahmen und Skizzen vor, die zum Teil durch die genaueren Arbeiten von v. Stein, Engelhard und Foerster überholt sind, zum Teil aber als Füllmaterial sehr gute Dienste leisten. Im Bule-, Jaunde- und Bakokolande haben v. Bülow, Glauning, Hoesemann, Nolte, Lt. Scheunemann und Hptm. Zimmermann die Erforschung des Landes auf der Basis der Aufnahmen v. Steins fortgesetzt und im unteren Kampogebiet endlich hat die Grenzexpedition mehrere wichtige Detailaufnahmen ausgeführt, die vor allem für die definitive Einzeichnung der Südgrenze Kameruns grundlegend sind. Auch einige größere Rekognoszierungen Oberleut. Foersters Kampo aufwärts und eine Reise des Bezirksrichters Diehl in dem Flußgebiet des Lobe brachten interessante geographische Aufschlüsse.

Maschinen zur Aufbereitung der Ölpalmfrüchte.

Die deusche Erfindung von Maschinen zur Aufbereitung der Ölpalmfrüchte infolge des Preisausschreibens des Kolonial-Wirtschaftlichen Komitees, über welche in Nr. 45 unseres Blattes berichtet wurde, hat die Aufmerksamkeit deutscher und fremdländischer Interessentenkreise in ungewöhnlichem Maße erregt.

Die über westafrikanische Verhältnisse vorzüglich orientierte „West African Mail" erkennt die bahnbrechende Bedeutung der Erfindung für die Ölpalmkultur auf das Nachdrücklichste an. Sie weist u. a. darauf hin, daß die Ausfuhr von Palmöl und Palmkernen einen noch höheren Wert beziffert als die Schätzung des Kolonial-Wirtschaftlichen Komitees annimmt, nämlich 75 Millionen gegen 50 Millionen Mark.

Das allgemeine Interesse für diese Angelegenheit veranlaßt uns den technischen Bericht des Kolonial-Wirtschaftlichen Komitees im Wortlaut und mit den Abbildungen der Palmfruchtschälmaschine, der hydraulischen Presse und der Palmkernknackmaschine zu veröffentlichen.

Die Maschinen sind von der Maschinenfabrik Fr. Haake, Berlin, konstruiert und bestehen aus einer Palmfrucht-Schälmaschine mit Wasserbad, einer hydraulischen und einer Spindel-Presse und der Palmkern-Knackmaschine mit Sortiertuch.

Bei der hier vorgeführten Schälmaschine hat der innere Körper eine eckige Gestalt im Querschnitt, es sind vier ebene, parallel der Achse angeordnete Flächen mit Schneiden versehen; diese Flächen liegen nicht tangential, sondern schräg gegen die äußere Trommel, um ein dauerndes Durcheinanderwälzen der Früchte und eine größere Sicherheit für die Entfaserung derselben zu erzielen. Sowohl dieser innere Trommelkörper wie auch die äußere Trommel drehen sich in gleicher Richtung, aber mit stark verschiedener Geschwindigkeit.

Die Schneiden dieser Schälmaschine bestehen aus entsprechend gestellten Stäben von dreikantigem Stahl; nach Abnutzung einer Kante kann jeder Stab gedreht und so eine zweite bezw. dritte Kante zur Wirkung gebracht werden.

Ein wesentlicher Vorteil der Haakeschen Konstruktion besteht darin, daß die arbeitenden Trommeln in ein leicht entfernbares Wasserbecken eintauchen. Hierdurch wird die Antriebskraft für die Maschine ermäßigt und die abgetrennten Fasern werden ständig abgewaschen und sammeln sich im Becken, so daß sich im Ringraum nur gewaschene Nüsse befinden, welche nach Beendigung eines Prozesses durch eine Klappe entfernt werden. Die Fasern werden aus dem Wasserbecken mittels einer Krücke entfernt, etwas Öl sammelt sich bereits auf der Oberfläche des Wassers an.

Ein Mann dreht die Maschine bequem. Eine Füllung (2,5 kg Früchte = 4,3 Liter) wird in 5 Minuten geschält.

Das Auspressen des Öles aus den Fasern wurde auf einer Spindelpresse mit Handbetrieb vorgenommen. Da hierfür naturgemäß relativ viel Zeit nötig ist, das

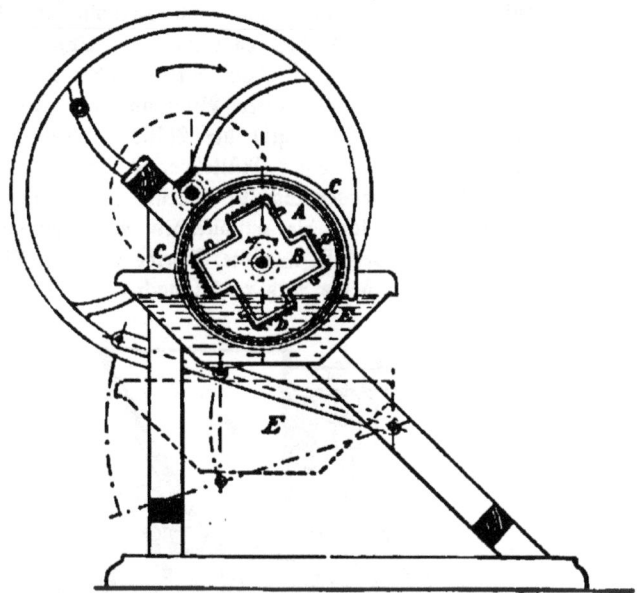

Palmfrucht-Schälmaschine mit Wasserbad (Durchschnitt).
Prämiert vom Kolonial-Wirtschaftlichen Komitee, Berlin.

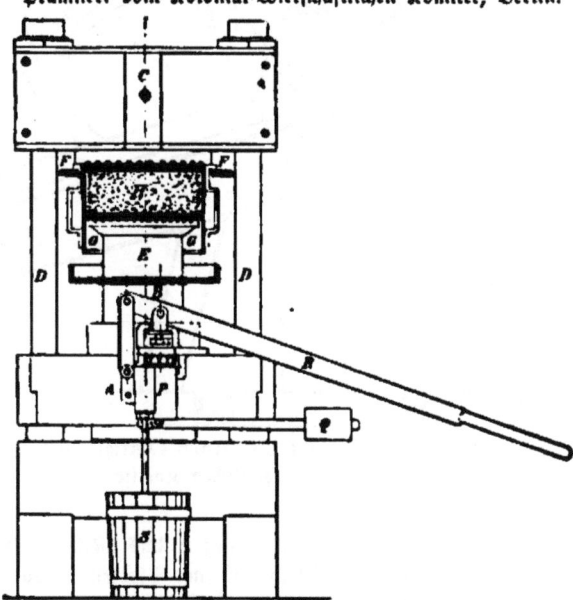

Hydraulische Presse (Durchschnitt).

Palmöl aber je nach dem Alter zwischen 27 und 32° erstarrt, erwärmt Haack sowohl den stählernen Preßtopf, welcher die zu pressenden Fasern aufnimmt, als auch letztere selbst vor dem Pressen. Bei Anwendung einer hydraulischen Presse läßt sich ein größerer Preßdruck und damit geringerer Zeitaufwand erreichen, mithin im Hinblick auf die eintretende Erstarrung auch eine bessere Ausbeute erzielen.

Bei der Konstruktion seiner Brechmaschine zum Zertrümmern der harten Schale ging Haake von der Tatsache aus, daß es gelingt, die Schale einer solchen Nuß zu zertrümmern, wenn man diese kräftig auf harten Boden wirft. Um dies maschinell zu erreichen, läßt er die Nüsse unter Benutzung der Zentrifugalkraft gegen feststehende Flächen schleudern. Man gibt die Nüsse in einem Schüttrumpf auf, aus welchem sie unter Vermittlung eines Rüttelwerkes auf die Mitte einer rasch um eine vertikale Achse rotierenden Scheibe fallen. Auf dieser kreisrunden Scheibe sind Leisten angebracht, welche die auffallenden Nüsse zwingen, an der Drehung teilzunehmen. Jede Nuß verläßt nun die Scheibe in einer Richtung, die durch die Geschwindigkeit, mit der sich die Nuß radial nach außen bewegt, und die

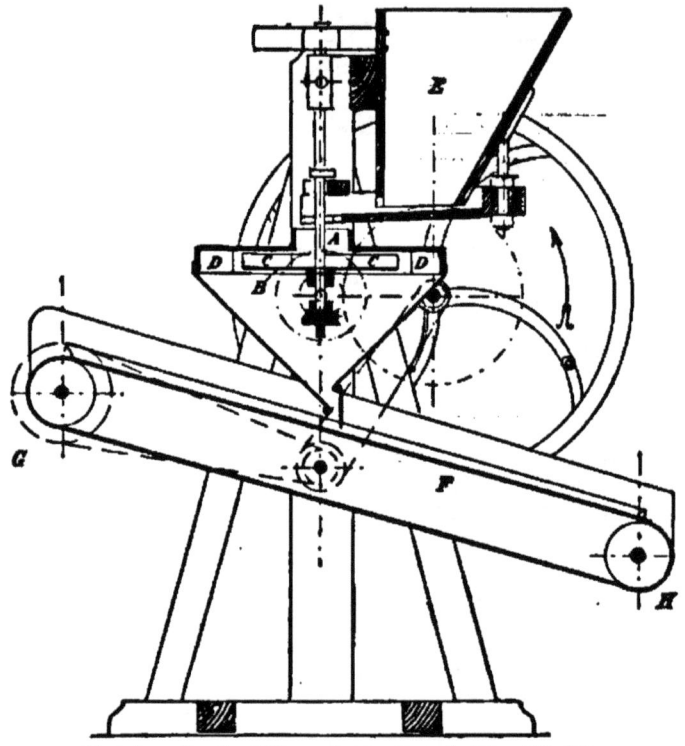

Palmkern-Knackmaschine mit Sortiertuch (Durchschnitt).
Prämiiert vom Kolonial-Wirtschaftlichen Komitee, Berlin.

Umfangsgeschwindigkeit bestimmt ist; senkrecht gegen das Mittel dieser Richtungen sind an dem Gestell der Maschine eine Reihe eiserner Platten angebracht, an denen die aufgeworfenen Nüsse zerschellen. Schalen und Kerne fallen auf ein unter der Maschine angeordnetes Sortiertuch. Die Maschine wird von zwei Arbeitern bedient; beim Versuch wurden 6,7 kg Nüsse in 105 Sekunden gebrochen, so daß auf eine durchschnittliche Leistung von 150 kg Nüsse pro Stunde bequem zu rechnen ist.

Bei entsprechender Geschwindigkeit des Sortiertuches kann ein am oberen Ende desselben beschäftigter Arbeiter das Auslesen der Kernteile aus den Schalen fast vollkommen erreichen. Haake hat übrigens auch einen bequemen hölzernen Lesetisch für die Sortierarbeit gebaut und aufgestellt.

Besonders hervorzuheben ist noch, daß die Brechmaschine gleich gute Ergebnisse lieferte, gleichgiltig, ob die Nüsse eben erst geschält worden waren, ob sie schon vor längerer Zeit geschält wurden, oder ob sie einer Trocknung unterzogen worden waren.

Nach Haakes Versuchen, wie auch nach denen der Kommission ergab sich, daß man von 10 kg frischen Früchten etwa $6^2/_3$ kg Nüsse erhält; die abfallenden $3^1/_3$ kg Fleischfaser ergaben beim Auspressen etwa 1,6 bis 1,8 kg Palmöl, d. h. 48 bis 54 pCt. des Gewichtes des Fruchtfleisches. Nach Preuß („Tropenpflanzer" 1902 S. 465) enthalten 2,47 kg Fruchtfleisch, 1,49 kg Öl, d. h. 60 pCt.; das Haakesche Resultat ist also recht gut.

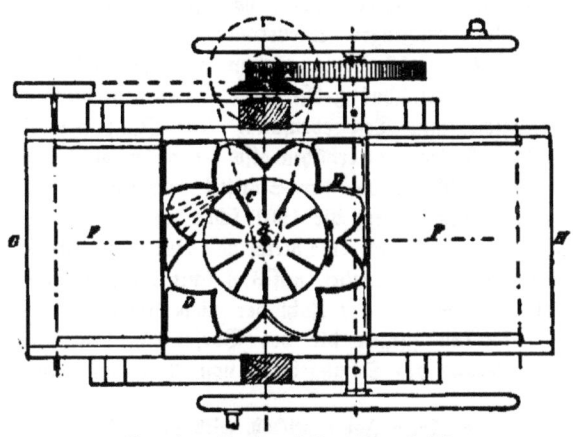

Palmkern-Knackmaschine (Grundriß).
Prämiiert vom Kolonial-Wirtschaftlichen Komitee, Berlin.

Für Ausführungen würde Haake die Schälmaschine mit doppelter Leistung bauen; da zum Ausräumen der Fasern aus dem Becken, Füllen der Maschine 2c. Zeit nötig ist, kann man rechnen, daß für eine Füllung von 5 kg 10 Minuten nötig sind, stündlich also $5 \times 6 = 30$ kg geleistet werden.

Zu einer rationell auszunutzenden Anlage für Handbetrieb würden, da die Leistungsfähigkeit der Entkernungsmaschine wie die der Presse wesentlich höher ist als die der Schälmaschine, von letzterer 4—5 Stück erforderlich sein, um die ersten ausreichend zu beschäftigen. Eine solche Anlage würde bei zehnstündiger Arbeitszeit 1500—2000 kg roher Früchte verarbeiten und 200—250 kg Palmöl sowie 270—350 kg Palmkerne produzieren.

Zur Geschichte der Besiedlung von Deutsch-Südwestafrika.

Von M. R. Gerstenhauer.

III.

Am Schluß des Jahres 1902 betrug die weiße Gesamtbevölkerung (ohne Truppe) 3701 Köpfe, 76 weniger als im Vorjahr. Sieht man aber von den 340 im Vorjahr eingewanderten und jetzt wieder fortgegangenen Buren ab, so vermehrte sie sich um 264, und in den Jahren 1901 und 1902 zusammen um 893 Köpfe. Die Zahl der Deutschen — einschließlich der Buren, welche die deutsche Staatsangehörigkeit erwarben*) — stieg auf 2059, also um 321 (in beiden Jahren zusammen um 626). Buren werden jetzt — einschl. der 101 „Personen ohne Staatsangehörigkeit" — 1074 gezählt, gegen 1455 am 1. 1. 1902. Diese Verminderung um 380 ist zum Teil darauf zurückzuführen, daß Buren in Gibeon Deutsche wurden, hauptsächlich aber darauf, daß sie im Bezirk Keetmannshoop um 340 von 1138 auf 798 zurückgingen (Wiederauswanderung). Die Engländer blieben auf ihrer bisherigen Zahl 453 stehen, wovon aber die 162 des Bezirks Gibeon und die 178 des Bezirks Windhuk größtenteils Buren sein werden,**) die 73 von Keetmannshoop vielleicht zum Teil ebenfalls. Die Zahl der Buren dürfte sich hierdurch**) auf 1864—340=1524 erhöhen, also 450 mehr, als die Tabelle zählt.***) Eben dadurch verringert sich die von der Statistik angegebene Zahl der Deutschen ein wenig. Die männlichen Buren, die 1901 schon um 110 gestiegen waren, haben sich nach der Tabelle, trotzdem doch eine Reihe von Buren deutsche Staatsangehörige geworden sind, weiter um 29 vermehrt, auf 316 (mit Einrechnung der Rubrik „ohne Staatsangehörigkeit" auf 349). Die Zahl der niederdeutschen Weiber und Kinder ist danach 1074—347=725 (gegen die des Vorjahres, 1144, um 419 gefallen). Von der Gesamtbevölkerung des Schutzgebiets von 3701 sind 1865 Männer (ohne

*) Daß dies auch in diesem Jahre geschah, wird in der Vorbemerkung zur Statistik amtlich bestätigt (Kolonialbl. 1903, S. 465).

**) Vgl. den Nachweis dafür in Heft 4/1902 der „Deutschen Erde." Dort habe ich die Zahl der Buren, unter Hinzuzählung aller derer, die in der Tabelle als englische oder als deutsche Staatsangehörige gezählt sind, auf 1864 berechnet.

***) Während die Tabelle in Windhuk gar keine Buren, in Gibeon keine Buren, sondern nur 71 Personen ohne Staatsangehörigkeit aufführt, zählt die niederdeutsche Kirche in Windhuk etwa 150, in Gibeon 356 Buren, zusammen etwa 500, also allein in diesen beiden Bezirken 500 mehr als die Tabelle.

Truppe) und 1836 Weiber und Kinder (670 Weiber und 1166 Kinder). Doch kommen auf die 1234 deutschen Männer (ohne Truppe) nur 825 Weiber und Kinder. Also besteht der verhängnisvolle Frauenmangel immer noch, und die Mestizenwirtschaft, die vielbeklagte „allgemeine Prostitution der Farbigenweiber" dauert fort.

Erfreulich ist dagegen die Gliederung der 1865 Männer in die Berufsgruppen:

Ansiedler   813 (+ 127), davon 334 Deutsche (+ 67)[*]
Handwerker und Arbeiter 693 (— 26),   „   578   „   (+ 14)
Kaufleute und Händler   277 (+ 39),   „   253   „   (+ 33).

Der Rückgang der Arbeiter ist, wie der amtliche Bericht bemerkt, darauf zurückzuführen, daß infolge der Beendigung des Baues der Eisenbahn und des Swakopmunder Hafens viele arbeitslos wurden und auswandern mußten.

Wichtig ist ein Überblick der Verteilung der Bevölkerung auf die einzelnen Bezirke:

In Keetmannshoop verminderten sich die Buren um 340, von 1138 auf 798; und zwar die Weiber und Kinder um 372 (von 916 auf 544), während die Männer sich um 32 vermehrten (von 222 auf 254). Im Juni 1901 war aus der sog. „Arbeitskolonie" am Oranjefluß infolge des Burenkrieges ein fast nur aus Weibern und Kindern bestehender Treck in die deutschen südöstlichen Grenzbezirke Hasuur, Ukamas und Skuildrift geflüchtet. Die Flüchtlinge sind jetzt in ihre lapländische Heimat zurückgekehrt. Da aber der Bezirk Keetmannshoop am 1. l. 1900 594, am 1. 1. 1903 1044 Einwohner zählte (ohne Truppe), so hat er immerhin in den drei Jahren des Burenkrieges einen Zuwachs von 450 Köpfen (darunter 433 Buren) erhalten und ist mit dieser Gesamtbevölkerung von 1044 Köpfen immer noch der am stärksten bevölkerte Bezirk[**]) (darunter 800 Buren und nur 148 Deutsche).

Erst an zweiter Stelle folgt Windhuk mit 956 Einwohnern (einschl. der Truppe = 1329). Sie haben sich 1901 um 169, 1902 um 165 vermehrt.

Gibeon als drittstärkster Bezirk zählt 564 Einwohner (Zunahme 1901 um 111, 1902 um 84). Die Buren, die dort am 1. 1. 1901 als 235 Personen ohne Staatsangehörigkeit auftraten, haben sich (samt ihren 1901 und 1902 zahlreich zugewanderten Volksgenossen) um 164 auf 71 vermindert und erscheinen jetzt teils als deutsche, teils als englische Staatsangehörige, deren Zahl sich um 224 bezw. 140 erhöht hat (auf 327 Deutsche und 162 Engländer).

Die Bevölkerung der übrigen Bezirke ist (ohne Truppe): Gobabis 89—33=56, Swakopmund 555—72=483, Karibib 281—23=258, Omaruru 191—93=98, Outjo 198—109=89, Grootfontein 215—24=191. Die Besiedlung des westlichen Mittelbezirks (zusammen 356 Köpfe) macht jetzt durch die ihn durchschneidende Eisenbahn sehr rasche Fortschritte; der Nordbezirk mit 280 — 168 Buren, 76 Deutschen — ist jetzt endlich aus seiner Aschenbrödelstellung emporgehoben und

---

*) Natürlich einschließlich der naturalisierten Buren. Die Tabelle nennt 327 niederdeutsche Ansiedler. In Wirklichkeit machen also die Buren von der Farmbevölkerung immer noch mehr als die Hälfte aus.

**) Auch der am dichtesten mit Farmern besiedelte: 348 Farmer gegen nur 149 in Windhuk, 145 in Gibeon.

wird nach dem Bau der Otavibahn zweifellos den ihm seinem landwirtschaftlichen
Werte nach gebührenden Platz als erster und am stärksten bevölkerter des ganzen
Schutzgebiets erringen.

Es ist nicht etwa ein sehr glänzender Erfolg der zehnjährigen Kolonisation,
den uns die Bevölkerungszahlen vergegenwärtigen. Wir haben aber ihre ausführliche Wiedergabe sowohl für das ganze Jahrzehnt 1892—1902 wie für jedes
einzelne Jahr, und zwar ihre Wiedergabe in Verbindung mit den verursachenden
kolonialwirtschaftlichen Maßnahmen und Vorgängen, für nötig gehalten,
weil man nur auf dieser Grundlage sich ein Urteil bilden kann über die Fragen:
welchen Wert hat das Geschaffene? trägt es die Möglichkeit und die Bürgschaft
einer Weiterentwicklung in sich? oder ist es überhaupt noch keine sichere und
dauernde Grundlage für die Existenz der Kolonie? welche Mittel und Kräfte hat die
südwestafrikanische Kolonialpolitik für die Fortentwicklung der Kolonie in Rechnung
zu stellen, nach welcher Richtung ist diese Fortentwicklung anzustreben?

Die Regierung ist der Ansicht, die Kolonie sei auf der jetzigen Grundlage
lebensfähig. Sie sei imstande, die vorhandene Bevölkerung von 3700 Köpfen zu
unterhalten und eine noch viel größere aufzunehmen, indem diese mit Hülfe der in
jahrzehntelanger Arbeit im Lande geschaffenen kleineren und größeren kolonisatorischen
Anlagen eine hinlänglich lohnende (rentable) Landwirtschaft (Viehzucht)
treiben könne; die Weiterentwicklung der Kolonie ist daher nach der Richtung zu
fördern, daß die Niederlassungskosten der Ansiedler verringert, durch Wasseraus-
machen die Ländereien ertragreicher gemacht, durch Triftwege mit Wasserstellen
die Kosten und Gefahren der Viehausfuhr herabgemindert werden.

Die Anhänger der Konzessionspolitik dagegen halten diese Politik der
direkten wirtschaftlichen Förderung der Ansiedlerbevölkerung und der Einwanderung für verfehlt, die Kolonie auf der jetzigen Grundlage für nicht lebensfähig.
Bis jetzt sei der Farmbetrieb nicht rentabel. Die Ansiedlerbevölkerung lebe nur
von der Schutztruppe, also von dem jährlichen Reichszuschuß. Erst müsse man durch
Eröffnung von Bergwerken für den Ansiedler einen Absatzmarkt schaffen, dann
werde die Besiedlung von selbst kommen.*)

Prüft man die Aussichten unserer Kolonie nach den erwähnten beiden Richtungen der Entwicklung hin, so kann vorweg die erfreuliche Tatsache festgestellt
werden, daß nicht nur abbauwürdige Erzlager vorhanden sind, z. B. bei Otyosongati
und Gorob, sondern daß nun sicher in nächster Zeit Bergwerke werden eröffnet
werden, nämlich die Otavi-Kupfergruben. Vorbedingung dafür ist der Bau der
Otavibahn, der schon im November 1903 begonnen und etwa im Jahre 1906
fertiggestellt werden soll. Für Bahn- und Bergbau stehen der Otavi-Gesellschaft
40 Mill. Mark zur Verfügung. Schon durch den Bahnbau wird zweifellos für
die Ansiedler ein neuer Absatzmarkt geschaffen; allerdings wohl weniger für die in
den Mittelbezirken und gar nicht für die Südbezirke, wegen der zu großen Entfernung. Vielmehr ist zu erwarten, daß das Otavi-Unternehmen eine dichte Besiedlung des Nordbezirks herbeiführen und für diesen einen lebenspendenden Absatzmarkt schaffen wird. Es hat also zweifellos eine hocherfreuliche örtliche Bedeutung,

---

*) Vgl. Dr. Scharlach, „Koloniale u. politische Aufsätze u. Reden", Berlin 1903, S.
62; ferner zahlreiche Aufsätze des Rechtsanwalts Dr. Wasserfall, Herausgeber der „Deutsch-
Südwestafr. Ztg."

und außerdem versieht es unsere Kolonie mit einer zweiten Eisenbahn, zum dauernden Nutzen für den Nordbezirk, dem bisher genügende Verkehrsverbindungen fehlten. Ob darüber hinaus das Otavibergwerk eine allgemeine und dauernde Bedeutung für unsere Kolonie haben wird, ist zweifelhaft, da von den bis jetzt zweifellos festgestellten Kupferlagern zunächst nur ein sechs Jahre dauernder Abbau erwartet wird.

Die Kolonie bedarf daher nach wie vor der erwähnten Politik der direkten Förderung der Besiedlung, der Weiterentwicklung durch ihre Farmerbevölkerung, die ihrerseits von der Woll- und Viehausfuhr leben muß. Gegen diese Grundlage der Existenz ist geltend gemacht worden, daß gerade im Jahre 1902 die Bevölkerung eine schwere wirtschaftliche Krisis habe durchmachen müssen; und daß der Absatzmarkt der Viehausfuhr zu unsicher sei. — Man darf allerdings bei der erfreulichen Angabe, daß die Kolonie eine Bevölkerung von 3700 Köpfen herangezogen hat und ernährt, nicht verschweigen, daß diese Bevölkerung bei den Landgesellschaften und Kaufleuten tief verschuldet ist und daher nicht ohne weiteres als ein Beweis wirtschaftlichen Aufschwungs des Landes betrachtet werden kann. Doch wird unten gezeigt werden, daß diese Erscheinung durchaus nicht in den natürlichen Verhältnissen des Landes begründet ist. Und die wirtschaftlichen Zustände haben sich bereits erheblich gebessert, dadurch, daß im Jahre 1902 endlich die Viehausfuhr wieder begonnen hat. Ferner ist nach dem Bericht*) des Sachverständigen Hermann-Romtjas auch die Angora-Ziegen- und Schafzucht der Kolonie jetzt so weit vorgeschritten, daß von jetzt an eine fortdauernd steigende Mohair- und Wollausfuhr einsetzen wird. Durch die fortgesetzten Bemühungen der Regierung, der einzelnen Ansiedler und neuerdings eines Großunternehmens, der Schäfereigesellschaft, sind die nötigen Grundlagen dafür nunmehr hergestellt. Die Ausfuhr von Rindern und Kleinvieh, die früher sehr bedeutend war, in den 90er Jahren aber, weil die Eingeborenen nur gegen das bis dahin übliche Zahlungsmittel, Gewehre und Schießbedarf, verkaufen wollten, und weil dann die Rinderpest ausbrach, fast ganz aufhörte, hat im Jahre 1902 einen Wert von über 1 Million Mark gehabt.

Das könnte nun aber auch bloß eine vorübergehende Erscheinung sein, hervorgerufen durch die Vernichtung des Viehbestandes von Britisch-Südafrika durch den Burenkrieg. Die Entscheidung der Frage: kann Deutsch-Südwestafrika so weit mit anderen Viehzuchtländern konkurrieren, daß ihm eine dauernde, lohnende Ausfuhr von Wolle und Vieh sicher ist?, hängt davon ab, ob die natürlichen Produktionsbedingungen dafür günstig genug sind, und ob der Absatzmarkt für die Kolonie dauernd offen stehen wird.

Was ersteres anlangt, so betont die Regierung in ihrer Besiedlungsdenkschrift mit Recht, daß in den „alten" südafrikanischen Staaten erst zu Anfang der siebziger Jahre ein Diamantenfeld, erst in den achtziger Jahren Gold gefunden worden ist. Und doch waren diese Länder, Kapland und die Republiken, schon viele Jahrzehnte vor jenen Mineralfunden von einer zahlreichen weißen Bevölkerung besiedelt, waren politisch hochbedeutsame Kolonialstaaten auch ohne Bergwerke. Nun steht aber unsere Kolonie in ihren natürlichen Produktionsbedingungen, in ihrem landwirt-

---

*) Vgl. Tropenpflanzer 1903, Nr. 9.

schaftlichen Werte hinter den übrigen Ländern Südafrikas keineswegs zurück; das sagen alle Kenner, Deutsche wie Buren. Vor allem für die hauptsächlichen südafrikanischen Stapelartikel: Wolle und Mohair, Vieh und Straußenfedern, bietet Südwestafrika ebenso günstige Produktionsbedingungen wie das Kapland. Deshalb ist man zu der Annahme berechtigt, daß unser Loud sich ebensowohl entwickeln wird wie die anderen südafrikanischen Länder, — vorausgesetzt, daß es denselben günstigen Absatzmarkt haben wird wie jene. Der Umstand, daß bisher, d. h. von 1895 bis 1901, die Ansiedlerbevölkerung und überhaupt die Kolonie nichts Nennenswertes außer Guano exportiert hat, ist kein Beweis des Gegenteils; es erklärt sich daraus, daß erst jetzt endlich die Kolonie, durch langjährige schwere Vorarbeit, genügend zur Ausfuhr vorbereitet war: denn erst jetzt war eine Farmerbevölkerung im Lande angesetzt, die zunächst durch den Absatzmarkt bei der Schutztruppe ihre Existenz gefunden hatte, und welcher dadurch über die schweren ersten Jahre nach der Niederlassung hinweggeholfen worden war; durch Wege- und Wasseranlagen und Aufbau von Gehöften waren in der Wildnis wirkliche „Farmen", Ansiedlungen und Wirtschaftsbetriebe geschaffen; den Viehzüchtern war ein gewisser Schutz gegen die Viehseuchen gewährt; durch Fertigstellung des Swakopmunder Bootshafens und der in die Hauptfarmbezirke führenden Eisenbahn war das bis dahin zu kostspielige Leben und Wirtschaften und der Verkehr mit dem Auslande so weit verbilligt und erleichtert worden, daß nunmehr der Farmbetrieb rentabel ist.

So würde denn auch ohne die durch den Burenkrieg geschaffene besondere Lage des südafrikanischen Viehmarktes die Ausfuhr nunmehr begonnen haben. — Ob sie eine dauernde sein wird, das hängt zweitens von der Sicherheit des südafrikanischen Absatzmarktes für Rindvieh ab (der Absatzmarkt für Wolle ist in Europa gegeben). Die Märkte liegen für unsere Kolonie nicht im eigenen Lande, sondern in einer gewissen Entfernung und in fremdem, englischem Staatsgebiet. Es ist daher die Frage, ob das Schutzgebiet auf die Dauer mit den zum Teil näher gelegenen Viehzuchtbezirken des englischen Südafrika wird konkurrieren können. Doch ist zu erwarten, daß, wenn durch die in Angriff genommenen Triftwege die Verluste des Transports herabgemindert sein werden, die Entfernung keine ausschlaggebende Rolle spielen wird. Und auch eine zollpolitische Absperrung Britisch-Südafrikas ist noch auf lange Zeit hinaus nicht zu fürchten. Denn bis der dortige Viehbestand wieder seine alte Höhe erreicht, werden Jahre vergehen. Und auch dann werden die einmal angeknüpften Handelsbeziehungen zu Deutsch-Südafrika fortdauern.

Die Ansicht, daß die Kolonie nur durch Eröffnung von Bergwerken lebensfähig werden könne, und daß ihre Weiterentwicklung nur nach dieser Richtung betrieben werden müsse, kann also im Hinblick auf die Entwicklungsgeschichte der übrigen südafrikanischen Länder als irrig bezeichnet werden. Demgemäß hat sich die Regierung zu der erwähnten Politik der direkten Förderung der Farmbevölkerung entschlossen: es sollen durch Wasseraufmachen die Ländereien ertragreicher gemacht, durch Triftwege die Kosten der Viehausfuhr vermindert, und schließlich soll durch Verringerung der Niederlassungskosten den Ansiedlern der Wirtschaftsbetrieb erleichtert werden.

Herabsetzung der Niederlassungskosten ist schon deshalb nötig, weil sie in den mit unserer Kolonie konkurrierenden Viehzuchtländern niedriger sind; wir werden sogleich auf die diesbezüglichen Ausführungen des bekannten Namaländer Großfarmers Ferdinand Geffert auf Inachab zurückkommen. Die Herabsetzung ist nur durch zwei Mittel möglich: Erstens durch Wasseraufmachen und Gewährung von Ansiedlungsbeihülfen für die erste Zeit der Einrichtung, und zwar in Bargeld oder in Naturalien. Diesen Weg hat die Regierung beschritten durch ihren großen Besiedlungsplan von 1902, für dessen Ausführung der Reichstag im Frühjahr 1903 zunächst 300000 Mark bewilligt hat. Danach soll eine Kommission zur Vorbereitung von Bewässerungsanlagen gebildet, ferner sollen deutsche Burenfamilien für die Ansiedlung in der Kolonie gewonnen werden. Die Kosten der Übersiedlung, Niederlassung und Erhaltung einer Familie von 4 Köpfen für die ersten $1^1/_2$ Jahre werden auf 16000 Mrk. berechnet. Es sollen nun dem Ansiedler, unter der Voraussetzung, daß er genügendes eigenes Kapital nachweist, vom Staate unverzinsliche Darlehne in der Regel zum Betrage von 4000 Mrk. bewilligt werden; diese „Ansiedlungsbeihülfen" sollen nach neuerer Entscheidung nicht nur in Vieh, Sämereien u. dergl., sondern auch in bar gewährt werden und ausnahmsweise auch den Betrag von 4000 Mark übersteigen dürfen.*) Die Kosten der Überfahrt in die Kolonie werden dem Einwanderer gutgeschrieben, der Grund und Boden wird ihm zu niedrigen Preisen und gegen geringe Anzahlung aus dem Kronland überlassen.

Hiermit kommen wir zu dem zweiten, unumgänglich nötigen Mittel der Erleichterung der Niederlassung: Herabsetzung der Bodenerwerbskosten, hauptsächlich derjenigen in den ungeheuren Landgebieten der Landgesellschaften. Es liegt auf der Hand, daß diese Maßregel zu der positiven Förderung der Ansiedler durch die Regierung als von der Natur der Sache geforderte Ergänzung hinzukommen muß, da sonst die guten Wirkungen des staatlichen Besiedlungsunternehmens zum größten Teil wieder aufgehoben werden würden. Die Regierung selbst umschreibt ihre Aufgabe in dieser notwendigen Parallelaktion mit den Worten, es seien „die Landgebiete der großen Landgesellschaften dem großen nationalen Siedlungsinteresse dienstbar zu machen".**) Denn sie sagte sich mit Recht: Wenn der Farmbetrieb, der von Natur in unserer Kolonie rentabel ist, unrentabel wird, so geschieht das durch die hohen Niederlassungskosten, in erster Linie die hohen Grunderwerbskosten infolge der teuren Landpreise der Landgesellschaften. Von deren Seite hat man dagegen die Einwendung erhoben, die Grunderwerbskosten fielen, da ja die Gesellschaften auch nur Abzahlung in kleinen Teilzahlungen forderten, für den Ansiedler nicht so sehr ins Gewicht; viel teurer sei die Anschaffung der nötigen Wirtschaftseinrichtung, besonders des erforderlichen Viehbestandes, der Haus- und Brunnenbau u. dergl. Nun, eigentlich müßte man daraus gerade den Schluß ziehen, daß man dem Ansiedler zu diesen drückenden Lasten nicht noch außerdem die Last der jährlichen Zinszahlung an die Landgesellschaften aufbürden darf, und gerade noch in den schwierigen ersten Jahren nach der Niederlassung. Aber es ist überdies gar nicht richtig, daß die Erschwerung der Besiedlung durch die hohen Landpreise geringfügig sei: Unsere ganze bisherige Ansiedlerbevölkerung ist mit geringen Aus-

*) Aus staatlichen Mitteln sollen bestritten werden die Kosten für die Überfahrt (1500 Mk.), den Hausbau (3500 Mk.), einen Wagen (3200 Mk.), Vieh (2700 Mk.), also rund 10000 Mk.

**) Schreiben der Kolonialabteilung v. 31. 7. 1902; s. oben.

nahmen tief verschuldet bei den Landgesellschaften und einigen großen Firmen. Natürlich muß der Schuldner bei der Gesellschaft auch seinen ganzen Bedarf an Waren kaufen, die wiederum gegen hohe Zinsen kreditiert werden; so kommt er aus der Abhängigkeit, aus den Zinsen und Frohnden nie heraus. Von Rechtswegen gebührt diese allgemeine jährliche Steuer, welche die Landgesellschaften der Kolonie auferlegt haben, nicht ihnen, die das so von den Ansiedlern ihnen bezahlte Land vom Staate geschenkt erhalten haben, sondern dem Staate, der es alljährlich durch Aufwendung von Millionen Mark im Werte erhöht, auf dessen Tätigkeit die ganze wirtschaftliche Existenz der Ansiedler, wie oben gezeigt, beruht. Wie weit deren Verschuldung geht, mag daraus ersehen werden, daß auf das einmütige Verlangen der ganzen Bevölkerung die Regierung von den erwähnten 300 000 Mk. 100 000 als Beihülfe für die schon ansässigen notleidenden Ansiedler hat bestimmen müssen. Über die der Kolonie geradezu verderbliche Wirkung der zu hohen Landpreise schreibt Gessert:*) „Was hier (in D.-Südwestafrika) die Wirtschaft vornehmlich verteuert, sind die enorm hohen Farmpreise, die ein Vielfaches betragen von dem, was in Vieh exportierenden Ländern üblich ist. In Argentinien rechnet man, daß man 16 Mk. zahlen kann für ein Stück Land, das ein Rind zu seiner Ernährung bedarf (s. E. F. E. Schultze, „Rationeller Estanciabetrieb"). Der erfahrungsreiche Gutsbesitzer E. Hermann auf Nomtsas rechnet in seinem „Ratgeber für Auswanderer" für jedes Rind eine erforderliche Weidefläche von 40 ha. Da hier der ha meist mit 1 Mk. bezahlt wird, hat also der Ansiedler 40 Mk. für je eine 1 Rind ernährende Weidefläche zu zahlen gegen nur 16 Mrk. in Argentinien. Leider aber hat sich Hermann sehr geirrt. Er schrieb sein Buch in guten Jahren und kannte seine Farm noch nicht abgeweidet in der Dürre .... Jetzt genügen die 30 000 ha von Nomtsas noch nicht, um 100 Rinder jahraus jahrein zu ernähren. Das ergibt 300 ha für ein Rind. Man muß also in Namaland 300 Mk. zahlen für ein Stück Land, das man in Argentinien für 16 Mk. bekommt! Wie kann unter solchen Umständen der deutsch-südwestafrikanische Viehzüchter auch nur annähernd so gut gedeihen wie der in andern Viehzuchtländern? An sich ist auch in Südwestafrika die Viehzucht rentabel; aber sie wird unrentabel gemacht durch die hohen Landpreise.**) Durch sie erschweren wir dem Ansiedler seine wirtschaftliche Existenz, während sämtliche übrigen Kolonialländer, Argentinien, Südbrasilien, Australien usf., den Einwandrern nicht nur das Land umsonst überlassen, sondern ihnen hohe Ansiedlungsbeihülfen, freie oder ermäßigte Überfahrt usw. noch dazu gegeben haben.

Wir sehen, die Herabsetzung der Bodenpreise ist eine Existenzfrage für die Kolonie. Gessert führt dazu sehr richtig aus: Bei solchen Verhältnissen dürfe man sich nicht wundern, daß sich für Deutsch-Südwestafrika keine Ansiedler finden wollen. Hier Wandel zu schaffen, wäre nur die Regierung fähig, teils dadurch, daß sie die Gesellschaften und Eingeborenen veranlaßt, ihren Grundbesitz billiger zu verkaufen, im Notfall durch eine Steuer auf faule Spekulation." — Hier ist nachgewiesen, daß 1 Mk. für den ha in Namaland ein den wirklichen Wert weit übersteigender Preis ist; das trifft die englische S. A. Territories Ltd., die dort ihre 12 800 qkm

---

*) Vgl. „D. Kolonialztg." 1903, S. 101, 102, 111.

**) Das betont Gessert mit aller Entschiedenheit nach einem Vergleich der Landpreise in Nordamerika mit denen in Südwestafrika, die 50 mal höher sind als dort!!

zu 1 Mrk. den ha verkauft.*) In Damaraland braucht man für den Farmbetrieb nur etwa halb so viel Land, d. h. es hat den doppelten Nutzwert. Leider sind auch die Landpreise der dortigen Gesellschaften viel höher als 1 Mrk., sie betragen durchschnittlich 1,50 bis 2 Mrk. Die Siedlungsgesellschaft hat sich vielfach 2,30 Mrk. zahlen lassen. Die South Westafrica Co. fordert im Otavi-Bezirk, wo allerdings der Boden noch höheren Nutzwert hat als im südlichen Damaraland (Umfang der Farmen hier 5000 ha, dort 10000 ha durchschnittlich), 3 Mrk. für den ha. Die Regierung dagegen gibt zum Teil, wie andere Kolonialstaaten, das Land unentgeltlich, zum Teil erhält sie einen durchschnittlichen Preis von 50 Pf. bis 1 Mrk., in dem zurückgegebenen Gebiet der Siedlungsgesellschaft sogar nur 16 Pf. für den ha!

Allein schon aus diesen Zahlen ist zu ersehen, wie schädlich, wie hinderlich die hohen Bodenpreise der Landgesellschaften für die Entwicklung der Kolonie sein müssen. Ein schlagender Beweis dafür ist denn auch die Tatsache, daß, wie aus den früher mitgeteilten Zahlen hervorgeht, die Gesellschaften im Vergleich zur Regierung sehr wenig Land an Ansiedler verkauft haben; so daß man in der Tat mit Gentz sagen muß:**) „Die Entwicklung Deutsch-Südwestafrikas krankt an der mangelhaften Besiedelung, nicht weil die Lebensbedingungen schlecht wären, sondern weil die Kolonie nicht der freien Besiedlung geöffnet ist. Die unverhältnißmäßig hohen Landpreise schrecken den größten Teil der Auswanderungslustigen ab, die naturgemäß fast ausschließlich in der wenig bemittelten Bevölkerung zu suchen sind." Und in der Tat muß man es demnach als die nächste wichtige Aufgabe der Regierung betrachten, die Kolonie „der freien Besiedlung zu öffnen", die Gebiete der Landgesellschaften „dem großen nationalen Siedlungsinteresse dienstbar zu machen."

Als Mittel dazu werden erwogen neben der Konzessionsentziehung, die bei einigen Gesellschaften wegen Nichterfüllung der eingegangenen Verpflichtungen rechtlich möglich ist, und der Ablösung die Besteuerung mit einer Grundsteuer (nach dem Verkaufswert) und einer Wertzuwachssteuer, letzteres als in Deutschland jetzt allgemein gebrauchtes Mittel gegen Bodenspekulation. Denn es ist für die fortschreitende Besiedlung der Kolonie, für die Rentabilität ihrer Landwirtschaft notwendig, daß man nicht fortfährt, die Bodenpreise in die Höhe zu schrauben. Ursprünglich hatte, wie schon erwähnt, die deutsche Regierung die höheren Bodenpreise von Kapland und Transvaal schematisch sich zum Maßstab genommen. Aber der Wert des Bodens in hochentwickelten älteren Staaten ist mit dem noch gänzlich wilder Länder doch nicht zu vergleichen. Ein Gehöft mit Brunnen, Staudämmen und Gebäuden an der Eisenbahn in der Nähe des Absatzmarktes einer Bergwerks-Großstadt in Transvaal hat gewiß einen höheren Wert als ein wüstes Stück Land tief drinnen im Namalaud, wo man weder Absatzmärkte, noch Eisenbahnen, noch eine Verbindung mit der Küste hat, daher sehr teuer produzieren und seine Produkte sehr billig verkaufen muß. Übrigens hat in der Nähe der Bergwerke in Transvaal die Spekulation die Preise der Farmen so in die Höhe getrieben, daß die Farmwirtschaft sehr teuer

*) Dieser englischen Gesellschaft ist dadurch unsere ganze Südprovinz ausgeliefert; denn jenes Areal ist nicht einschließlich des unbenutzbaren Landes berechnet, besteht nicht in einem zusammenhängenden Landgebiet, sondern in 128 einzelnen Farmen, den herausgesuchten besten Stücken aus dem Bezirk Keetmannshoop.

**) Vgl. Heft 16/1902 dieser Zeitschrift.

wird und ihre Rentabilität infolgedessen sinkt. Wie soll das vollends in Südwest-afrika werden, wo die Bodenspekulation schon bei vollster Jungfräulichkeit des Landes einsetzt! wo der Boden schon seinem ersten Besiedler, durch den er über-haupt erst einen Wert erlangt, zu einem hohen Preise übergeben wird, anstatt um-sonst! Wird dem Ansiedler schon das rohe Siedlungsland, die Grundlage und Vorbedingung seiner ganzen Existenz, verteuert, so wird diese Existenz von vorn-herein mutwillig erschwert und untergraben. Das ist ohne Zweifel die gefährlichste Art der Bodenspekulation, denn sie verschiebt künstlich die ganze wirtschaftliche Grundlage eines jungen, neu zu bildenden Staates, macht sie von vornherein un-gesund. Bei der ersten Aufteilung eines neubesetzten Landes an die Allgemeinheit ist ein Erwerbspreis nicht gerechtfertigt; gerechtfertigt ist lediglich ein Beitrag zu den Kosten, mit denen die Allgemeinheit, der Staat, das Land erobert und dem Ansiedler mit dem Rechtsschutz seiner Verwaltung, mit Brunnen- und Wegebau und sonstiger Unterstützung tatsächlich „die Wege bahnt.“ Dagegen die Boden-verteuerung durch die Gesellschaften, die alle diese Aufwendungen nicht gemacht haben, ist eine Schädigung der Gesamtheit.

Auf die einzelnen Mittel der Öffnung der Gesellschaftsgebiete für die Be-siedlung ist hier nicht näher einzugehen. Erwähnt möge nur werden, daß eine Grundsteuer nur gegen gleichzeitige Minderung der viel drückenderen indirekten Steuern einzuführen sein wird, nämlich der das Wirtschaften so sehr verteuernden Einfuhrzölle. Und daß die Politik der „Herabsetzung der Niederlassungskosten“ Hand in Hand gehen muß mit anderen Maßregeln zur „direkten Förderung der Ansiedlerbevölkerung“, daß z. B. weder Erhöhungen der Bahnfrachten noch des Ausfuhrzolls für Vieh dem Ansiedler das Wirtschaften wieder verteuern dürfen. —

Als die andere Entwicklungsmöglichkeit der Kolonie haben wir die Eröffnung von Bergwerken genannt. Außer Otavi kommen hier die Erzlager von Otjosongati und Gorob in Betracht. Auch auf diesem Gebiete hemmen die Landgesellschaften die Erschließung des Schutzgebietes, so daß gerade die Anhänger der Bergbau-Entwicklung ein Vorgehen gegen die Gesellschaften fordern müßten. Gerade wer Kapital in die Kolonie ziehen will, muß zuerst die bestehenden Land-gesellschaften beseitigen! Der Grund liegt darin, daß diese Gesellschaften, mit Ausnahme der South Westafrica Co., kein Geld haben. Sie sitzen auf ihren Landgebieten, deren ober- und unterirdische Werte ihnen allein gehören, und von denen sie dadurch alle anderen aussperren; sie aber selbst zu erschließen, dazu haben sie kein Geld; so bleiben sie denn brach liegen zum Schaden des ganzen Schutz-gebietes. Die Konzessionsgesellschaften hindern das Kapital, in die Kolonie zu gehen. So hat z. B. die Johannesburger Bergbau-Gesellschaft Görz u. Ko. sich von der „Deutschen Colonial-Gesellschaft für Südwest-Afrika“ für 600000 Mrk. erst ein Tätigkeitsfeld in der Kolonie erkaufen müssen. Das ist zugleich der beste Beweis, daß das Kapital, wenn es in der Kolonie arbeiten will, dies auch ohne Konzessionserteilungen und Landschenkungen tut; daß es aber gerade durch die Konzessionsgesellschaften daran gehindert wird. Andere Beispiele führt in Heft 12 IV. Jahrg. dieser Zeitschrift der Ansiedler Schröder-Uitdraai an.

Die einzige Gesellschaft, die durch Bahnbau und Bergbau das Schutzgebiet entwickeln hilft, ist die Otavi-Gesellschaft, die weder eine Bergwerks- noch eine Land-konzession erhalten hat. Die Folge der Besiedlung des Otavibezirks durch den Bahnbau wird die Ausdehnung des deutschen Handels und Einflusses auf das

20*

Amboland, auf den deutschen Grenzstreisen zwischen Okawango und Sambesi und auf das Hinterland der portugiesischen Angala-Kolonie sein. Wichtige Grenzregulierungs-Fragen werden dadurch aufgerollt. England und Portugal sind in Begriff, das Barotse-Land zu teilen, ohne Deutschland zu fragen. Und doch kann an der Südgrenze dieses Negerreiches nur eine Abgrenzung zwischen Portugal und Deutschland, nicht zwischen Portugal und England in Frage kommen, wenn nicht der von jenen Staaten uns vertragsmäßig zugestandene Zugang zum Sambesi versperrt werden soll! Ermöglicht ist die erwähnte Vorschiebung des deutschen Einflusses an und über den Okawango durch die von der „Deutschen Kolonialgesellschaft" immer wieder geforderte, von seiten der South Westafrika Co. lange Zeit so heftig bekämpfte Linienführung der Otavibahn nach dem deutschen Hafen Swakopmund statt nach einem Hafen der portugiesischen Küste. Mit diesem großen Erfolge der nationalen Kolonialkreise ist den englischen Konzessionsgesellschaften aber durchaus noch nicht alle Gefährlichkeit genommen. Von dem Kapital der Otavi-Gesellschaft sind 12 Mill. Mark von Berliner Banken, 8 Millionen von der englischen South-Westafrica-Co. aufgebracht.*) Diese gehört der bekannten Rhodesgruppe in Südafrika an, deren Einfluß noch dadurch verstärkt worden ist, daß von den 8 Millionen nur 4 von der Company selbst stammen, 4 hat man sich durch eine Anleihe von den Hauptstützen der imperialistischen „großafrikanischen" Partei in Kimberley und Johannesburg, den Firmen Hirsch u. Co., Beil, Eckstein und Genossen verschafft. Diese Rhodesgruppe besitzt nun so ziemlich das gesamte Siedlungsland des Nordgaues von Südwestafrika, nämlich 13000 qkm Konzession und 63000 qkm (wovon 30000 qkm besiedelungsfähig) Kaoko-Veldt; ein ungeheures Machtmittel! Ob sie ihren Einfluß immer zur Förderung deutsch-nationaler Interessen und der nationalpolitischen Entwicklung des jungen deutschen Kolonialstaates gebrauchen wird, ist sehr fraglich. Denn unsere deutschen Interessen können sehr leicht in Widerstreit geraten (z. B. beim Bahnbau nach den Sambesi-Ländern) mit denen der Nachbarländer Angola und Rhodesien, die im Besitz eben jener Rhodesgruppe sind, das eine wirtschaftlich (durch die rhodesische Tochtergesellschaft „S.-A.-Company"), das andere wirtschaftlich und auch formell politisch. Es ist also mehr als je angebracht, durch Förderung der Besiedlung die Zahl der deutschen Bevölkerung, die Macht des deutschen Staates gegenüber den englischen Gesellschaften zu stärken, die bekanntlich mit fast allen Landgesellschaften der Kolonie verquickt sind. Zugleich will die Regierung durch die deutsche Einwanderung den Einfluß des niederdeutschen Afrikanertums abschwächen. Es ist aber sehr fraglich, ob der Staat trotz der von ihm gewährten Unterstützung, zumal wenn die Beihülfe von 300000 Mk.**) nicht öfter bewilligt werden sollte, ein reichsdeutsches Ansiedlermaterial von genügender Güte und Menge für die Kolonie gewinnen wird. Die bisherigen Erfahrungen wenigstens lassen hierüber starke Zweifel auftauchen. Und sie zeigen, daß die in der afrikanischen Wirtschaft erfahreneren und zum Teil auch sehr wohlhabenden Buren ein den Reichsdeutschen weit überlegenes Ansiedlermaterial darstellen. So kammen wir auf die Burenfrage, die zum Schluß noch zu behandeln ist.

*) Trotzdem erhalten vom Gewinn der Gesellschaft die Engländer die Hälfte (neben anderen vertragsmäßigen Vorteilen, wozu noch die Erschließung ihrer 13000 qkm Grundeigentum durch den Bahnbau kommt).

**) Von dieser ersten Bewilligung von 300000 Mk. ist nur sehr wenig für den eigentlichen Kern des Besiedlungsplanes, die „Ansetzung von Bauernfamilien", übrig geblieben.

Die Tegernseer in Uhehe.

Vortrag, gehalten in der Abteilung Berlin der D. K. G., am 23. November 1903
von Major Max Schlagintweit (München).

Als Deutschland Anfang der 80iger Jahre seine Kolonien erwarb, da erhofften wohl viele, daß damit ein Auswanderungsgebiet gewonnen werde für die vielen Tausende von deutschen Auswanderern, die alljährlich die deutsche Heimat verlassen und sich auf fremdem Boden ansiedeln. Als dann die kolonialen Erwerbungen abgeschlossen waren, ergab sich, daß alle Kolonien, mit Ausnahme einer einzigen, in der Tropenzone liegen, und die einzige, Südwestafrika, für eine Ansiedlung deutscher Ackerbauer als ausgesprochenes Steppengebiet wenig geeignet sei. Man gab daher den Kolonisationsgedanken vollkommen auf und beschränkte sich ausschließlich auf Fruktifizierung der Kolonien durch Plantagenbetriebe in den Küstenstrichen. Je mehr man aber mit der Zeit in das Innere vordrang, desto mehr lichtete sich der Nebel der Unkenntnis über unsere Kolonien; man lernte, speziell in Ostafrika, bald die hochgelegenen wenig besiedelten Gebiete des zentralen Afrika kennen mit ihren fruchtbaren Ackerböden und einem Klima, ähnlich dem in unseren Breiten. Und nun tauchte auch wieder der Gedanke an die Kolonisierung dieser Hochflächen auf — eine Frage, die bisher über die akademische Erörterung noch nicht herauskam.

So brachte auf der letzten Hauptversammlung unserer Gesellschaft in Karlsruhe die Abteilung Hannover den Antrag ein, „eine aus ärztlichen, landwirtschaftlichen und naturwissenschaftlichen Sachverständigen zusammengesetzte Expedition zur Erforschung der Besiedlungsfähigkeit des Hochlandes von Uhehe zu entsenden."

Die Abteilung Hannover begründete ihren Antrag damit, daß es eine hochwichtige nationale Angelegenheit sei, die Unterlagen zur Beurteilung der Frage zu erhalten, ob es möglich sei, einen Teil des deutschen Auswandererstromes, der sonst dem Deutschtum verloren ginge, auf vaterländischem kolonialen Boden anzusiedeln. Da das Kolonial-Wirtschaftliche Komitee demnächst zu kaufmännischen Feststellungen eine Expedition in das Interessengebiet der deutschostafrikanischen Südbahn entsende, so sei das Komitee zu ersuchen, die Aufgaben dieser Expedition dahin zu erweitern, daß sie auch beauftragt werde, festzustellen, inwieweit die landwirtschaftlichen und klimatischen Verhältnisse in Uhehe eine Ansiedlung Weißer aussichtsreich erscheinen lassen. —

Im Laufe der Debatte über diesen Antrag wurde darauf hingewiesen, daß eine solche Frage, wie die Möglichkeit einer Ansiedlung Weißer in einem tropischen Hochlandgebiete nicht durch einen vorübergehenden Aufenthalt einer Expedition gelöst werden könne, sondern dazu praktische, über einen langen Zeitraum sich erstreckende Versuche erforderlich seien.

Es wurde darauf hingewiesen, daß bereits deutsche Former seit mehreren Jahren in dem fraglichen Gebiete sich niedergelassen hätten, und daß man daher garnichts besseres tun könne, als sich an die Erfahrungen halten, welche diese Ansiedler im Laufe der Jahre in Bezug auf Bewirtschaftung, Verdienst, körperliches Gedeihen an sich selbst gemacht haben. Ein Urteil solcher Leute sei zur Lösung der Frage über die Besiedlungsfähigkeit viel wertvoller als das Gutachten einer noch so gelehrten Expedition, der ja eine verhältnismäßig nur knappe Aufenthaltszeit zugemessen werden könne.

Allerdings sei es notwendig, daß man es mit vollkommen verläßigen, vertrauenswürdigen und einsichtsvollen Ansiedlern zu tun habe, wenn man auf deren Urteil weiter bauen wolle. Über den landwirtschaftlichen Charakter von Uhehe, seine Bodenverhältnisse, sein Klima, die Nahrungsmittelpreise ꝛc. sei man längst aufgeklärt, dazu bedarf es wahrlich keiner neuen Expedition; zudem haben sich alle Reisenden, Forscher und dort tätigen Beamten, wie die Gouverneure von Schele und von Liebert, die Hauptleute Prince, Leue, von Prittwitz, Engelhardt, Oberleutnant Glauning, Graf Joachim Pfeil, Dr. Arning u. a. für die Möglichkeit einer Besiedlung des Landes durch Deutsche ausgesprochen. Auch die Berichte der Missionare aus Iringa lauten in gleichem Sinne. Aus dem Lager Iringa schreibt P. Ambrosius der Benediktus-Mission am 7. Dezember 1896: „Wir haben jetzt 9 Tage das Hochland Uhehe durchreist. Bis Iringa gibt es nur einen Punkt, das höchste Ideal einer Mission, ein rundes Tal, zwei Meilen breit und etwas länger, von den höchsten Bergen umgeben, höchst fruchtbar, Mais auf 2000 Meter Höhe noch, Bevölkerung zahlreich, nur zerstreut. P. Alfons und ich sind ganz eingenommen für diese Idylle, ganz still und aller Welt verborgen. Zwei Stunden von hier, dem Lager Iringa, liegt die Sultansstadt Iringa, der Mittelpunkt des Landes. Das Land ist für die Gesundheit äußerst günstig, die Herren hier sind ohne Fieber, Wasser ist reichlich und vorzüglich; Land fruchtbar und viehreich. — Nur eines: Holen Sie mich nicht mehr heraus*) — — —".

Nun meine Herren! Die Ansiedler, auf die hier hingewiesen wurde, und die allein in Betracht kommen können, sind meine engeren Landsleute vom Tegernsee, die drei Gebrüder Weilhammer aus Rottach, welche sich seit drei Jahren im Bezirk Uhehe bei Iringa niedergelassen haben und denen wir heute abend in ihren stattlichen Farmen einen kurzen Besuch machen wollen, um uns ihr Tun und Treiben, ihr Schaffen und Arbeiten und ihre Erfolge zu betrachten und uns zu überzeugen, daß die Aussagen derselben volles Vertrauen verdienen. Ich stütze mich hierbei auf die umfangreichen Briefschaften, welche die Gebrüder Weilhammer und ihre Frauen an ihre in Rottach und München lebenden Eltern und Geschwister aus Deutsch-Ostafrika herausschickten und die mir von denselben in freundlichster bereitwilligster Weise zur Verfügung gestellt wurden; selbstverständlich werde ich mich nur auf diejenigen Korrespondenzen beziehen, welche allgemeines Interesse haben und für den vorliegenden Zweck von besonderer Wichtigkeit sind.

Zu den ältesten eingesessenen Rottacher Familien gehört das weit verzweigte Geschlecht der Weilhammer. Senior derselben ist der jetzt 74 Jahre alte Schmiede-

*) Missions-Blätter. Illustrierte Zeitschrift für das katholische Volk. 1. Jahrg. 1897.

meister Weilhammer, von deſſen vier Söhnen drei das väterliche Handwerk erlernten, während der jüngſte ſich als Steinmetz ausbildete.

Der älteſte der Söhne, Karl Weilhammer, hat ſeit 5 Jahren das Geſchäft des Vaters übernommen.

Der zweite, Georg, diente 1890/92 bei der Feldartillerie in Freiſing; 1895 wanderte er nach Deutſch-Oſtafrika aus und trat zunächſt in Daresſalam als Schmied bei der Kaiſ. Gouvernements-Flotille in Dienſt. Nach fünfjährigem Aufenthalt daſelbſt war ſeine Geſundheit durch Fieber ſo geſchwächt, daß er auf ärztliche Anordnung entweder nach Europa zurückkehren oder in das Innere der Kolonie auf eine der geſunden fieberfreien Hochebenen überſiedeln mußte. Er zog letzteres vor und ließ ſich noch im ſelben Jahre auf dem Hochplateau von Uhehe und zwar zunächſt in dem 10 Stunden von Jringa entfernten Dabagga als Farmer nieder.

Von hier aus richtete er den erſten Brief an ſeinen damals in Rottach lebenden Bruder Michael mit der Aufforderung, mit dem jüngſten Bruder Otto zu ihm in die Kolonie zu kommen. Michael iſt um ein Jahr, Otto um ſieben Jahre jünger als Georg; auch ſie hatten bereits ihrer militäriſchen Dienſtpflicht genügt — Michael gleichfalls beim 1. Feld-Artillerie-Regiment in Freiſing, Otto beim 3. Württembergiſchen Feld-Artillerie-Regiment Nr. 49 in Ulm.

Es iſt ſehr intereſſant zu hören, wie Georg es anfängt, ſeine beiden Brüder zur Auswanderung nach Afrika zu bewegen, um mit ihm die Bewirtſchaftung ſeiner Farm zu übernehmen, mit welcher Umſicht er den ganzen Wirtſchaftsplan entwickelt, und mit welch feſtem Vertrauen er in die Zukunft blickt! Der Brief iſt datiert vom 1. Dezember 1900:*)

„Es wird zwar im Anfang etwas ſchwer gehen“, ſagt er eingangs, „ſodaß man ſich halt einſchränken muß; doch die Ausſichten ſind gut, zehn mal beſſer als wenn man zu Haus irgend etwas anderes anfängt. Es handelt ſich nur um die erſten 2 bis 3 Jahre, wo man keine oder nur wenig Einnahmen hat. Die Hauptarbeit bei der Farm iſt bis jetzt Vieh- und Schweinezucht, Ackerbau nur was man gebraucht für die Schweine und für ſich. Viehpreiſe ſind gewiß nicht hoch. Schafe, Ziegen und Schweine ſind für 1—3 Mark zu kaufen; 1 Milchkuh koſtet etwa 30 Mark, 1 Stier 10 Mark, 1 Kalb 5 Mark. Ich rechne in drei Jahren 100 Schweine zu haben, von denen dann jährlich 30 geſchlachtet werden können. 1 Stück gibt 4 Schinken, das macht mit Rippen und Bauchſtück 40 Rupien oder 56 Mark, alſo für 30 Stück 1680 Mark im Jahr. Das Leben für uns koſtet ſozuſagen garnichts; Butter und Milch bringt das Vieh, Eier und Hühner ſind da; was vom Schweinſchlachten abfällt und man nicht verſchicken kann, iſt für uns ſelbſt.**) Sollte das Fleiſch nicht reichen, ſo kauft man einige Schafe und Ziegen. Kartoffeln und Weizen, ſowie Gemüſe wird gebaut; letztere drei Artikel müſſen auch die Arbeiter, die man auf der Plantage gebraucht, bezahlen. Alſo bleiben 1680 Mark Reingewinn. Dann kommt noch das Vieh extra. Bis man Schmalz verkaufen kann, muß man etwas länger warten, da das Vieh nicht gleich Milch

---

*) Ich bemerke, daß ich die Briefe ohne irgend eine Änderung des Textes wiedergebe.

**) Die Schinken von Jringa ſind in Daresſalam ſehr beliebt; ſie werden für den Transport nach der Küſte in Kalk eingeſchlagen, ohne davon irgend einen Geſchmack zu bekommen.

gibt; in etwa 4—5 Jahren sagen wir bei 100 Stück Kühe und täglich 5 Pfund Schmalz-Gewinn das Pfund zu 1 Rupie = 1,40 M. macht das also 1,40 M. mal 5 = 7 Mark täglich und im Jahr 7 mal 365 = 2555 Mark. Dazu der Erlös von den Schweinen gerechnet macht 4235 Mark Jahreseinnahme, fast Reingewinn in 5 Jahren.

Von welcher Bauernwirtschaft willst du das herausschlagen? Dann angenommen, man führt es im Großbetrieb, so hat man in acht Jahren das dreifache von dem was man in 5 Jahren hat; also drei Jahre später eine Einnahme von 12705 Mark. Ferner kommen nicht lauter Kuhkälber zur Welt, sondern auch Stierkälber, welche geschnitten werden. Wenn man also annimmt, wir hätten nach 8 Jahren 300 Stück Kühe, so würden davon jährlich doch mindestens 80 Stierkälber resp. Ochsen herauskommen. Diese nach der Küste verkauft, das Stück gerechnet zu 60 Rupie macht (80 mal 60) = 4800 Rupien mal 1,40 M. = 6720 Mark. Dies zur anderen Einnahme gezählt macht bereits 20000 M.

Wo willst du mit nichts anfangen und in, sagen wir 10 Jahren, eine Einnahme von 20000 Mark herausschlagen? Allerdings ist das alles nur im Glück gerechnet; doch kann man auch Unglück haben, und man würde nur die Hälfte einnehmen, so ist das immer noch schön, man ist sein eigener Herr und hat sein eigen Hab und Gut.

Im Frühjahr will ich mit dem Eseltransport anfangen; habe vor einigen Tagen 22 Stück Esel gekauft für den Preis von 240 Rupien (336 Mark); die sollen im April zur Küste gehen; während der Regenzeit werden die Tragsättel ıc. gemacht. — Am besten wäre es, wenn Du aber Michael eine Frau mitbrächtest. Ich gedenke mich auch zu verheiraten, denn von Seiten der Station wird mir immer zugeredet, in Iringa einen Kaufladen aufzumachen, was von Anfang gleich viel Geld bringt. Ich habe mich daher auch entschlossen dies zu tun. Da sollst dann Du und Michael in Dabagga das Feld besorgen, Zwiebel, Gemüse, Kartoffeln, Weizen bauen, ich mit meiner Frau bleibe dann in Iringa, arbeite auf der Station, besorge die Transportgeschäfte, meine Frau ist im Ladengeschäft. Ich hoffe bis Du kommst, ein Steinhaus in Iringa gebaut zu haben.

Euer Georg.

Man darf bei Beurteilung dieses Briefes nicht vergessen, daß er ein Werbebrief war, von Georg zu dem ausgesprochenen Zwecke geschrieben, die beiden Brüder zu sich herüber zu bekommen. Den Berechnungen, die er aufstellt, kann man erst dann volle Gültigkeit zuerkennen, wenn ein Absatzweg durch eine Bahn nach der Küste hergestellt ist. — Weilhammer scheint zu den hochgradigen Optimisten zu gehören, welche an die baldige Ausführung einer solchen Bahn glauben. —

Der Brief Georgs verfehlte seine Wirkung nicht. Im Mai 1901 machen sich die beiden Brüder Michael und Otto, ersterer mit seiner kurz vorher angetrauten Frau Bertha geb. Fürman, Bäckermeisterstochter aus Rattach, nach Afrika auf, treffen anfangs Juni 1903 in Daressalam ein und berichten in einem Briefe aus Iringa vom 15. September Näheres über ihre Reise, den Farmbetrieb ıc. —

„Vom 15. Juli bis 21. August", schreibt Michael, „waren wir auf der Safari, (der Ausdruck „Safari" gehört zu jenen Wörtern, welche dort vielfach in die deutsche Sprache übergegangen sind und bedeutet soviel als „Reise"). Wir sind hier gut angekommen und haben das Reisefieber gut überstanden. Es ist hier sehr schön in den Bergen. Wir bewohnen ein Steinhaus 8 m lang, 6 m breit, nächstes Jahr wollen wir es vergrößern; das Material kostet nichts, nur das Herbringen. Von der Station sind wir sehr gut empfangen und schon öfter zum Essen eingeladen worden; von der Mission haben uns schon ein paar Brüder besucht. Das Leben ist hier billig. Das Pfund Fleisch kostet 16 Pf., 2 Hühner 32 Pf., 1 Ei 2 Pf. ꝛc. — Was die Bevölkerung anlangt, so sind es wie alle Neger, träge Leute, sonst aber gutmütig. Man muß halt immer fest dahinter sein; sie haben auch nur 16 Pf. Lohn pro Tag, also pro Monat nicht ganz 5 Mark, da kann man nicht viel verlangen. Kost müssen sie sich selbst schaffen. 5 Stunden von hier werden wir uns eine Farm anlegen, in Sabani, wo es viel wärmer ist und sehr geeignet zum Feld- und Gartenbau.

Dabagga lassen wir vorläufig liegen, es ist zu knit, während in Sabani Kaffee und überhaupt alles wächst, sogar Wein.

Eure dankbaren Kinder
Michael, Bertha.

Noch im selben Jahre wurden die W. von einem großen Unglück heimgesucht; es starb nämlich im November ganz plötzlich die Frau Michaels an Gehirnschlag. Sie beging die große Unvorsichtigkeit, ohne Kopfbedeckung im Freien unter einem Baum einzuschlafen, während die Sonne hochging. Als man sie auffand, war die Ärmste bereits bewußtlos und kurze Zeit darauf war sie verschieden. Man wird vielleicht geneigt sein, diesen traurigen Vorfall als Beweis dafür anzusehen, wie gefährlich die Insolation der Tropensonne, also die direkte Wirkung der heißen Strahlen der senkrecht stehenden Sonne für den Europäer sei; man möge dem aber entgegenhalten, daß ja auch in unseren Breiten Sonnenstiche mit tötlichem Ausgang vorkommen und daß einzelne Orte, wie z. B. New-York, in dieser Beziehung geradezu berüchtigt sind. Was den Sonnenbrand (das Erythema solare) erzeugt, ist weniger der Einfluß der Sonnenwärme als der des Sonnenlichtes; wie ja durch Experimente unwiderleglich nachgewiesen wurde, wie unrichtig es ist, die Insolation der Sonnenwärme zuzuschreiben. (Siehe Dr. Hammer: „Über den Einfluß des Lichtes auf die Haut." Stuttgart 1891).

Es dürfte hier der Platz sein, einige allgemeine Bemerkungen über die geographischen und landwirtschaftlichen Verhältnisse der Landschaft Uhehe einzuschalten. Der orographischen Gliederung nach kann man — nach Prince — das Land in 5 Zonen einteilen, die in der Richtung von S.O. nach N.W. sich folgen:*)

Die I. Zone, die Ulangaebene, 100 km lang, 20—50 km breit, mit einer Höhe von durchschnittlich 300 m über dem Meere, heiß und tropisch, am Ende der Regenzeit den Überschwemmungen der Flüsse in hohem Grade ausgesetzt, daher für Europäer nicht zuträglich, aber von außerordentlich fruchtbarem Boden.

2. Das ausgedehnte Uhehe-Gebirgsland, mit Höhen von 1600—2300 m, einem Klima, welches dieser Zone den Charakter eines klimatischen Kurorts für Europäer verleiht und von außerordentlicher Fruchtbarkeit des Bodens, die diesem Teile eine große wirtschaftliche Zukunft sichert.

3. Das Savannen- oder Grasland des kleinen Ruaha, zwischen 1400 und 1600 m Meereshöhe, in erster Linie für Viehzucht und Ackerbau geeignet, ist dem Europäer zuträglich.

---

*) Siehe Blatt E4 Iringa der Karte von Deutsch-Ostafrika in 29 Blatt im Maßstab von 1:300000, herausgegeben von Dietrich Reimer, mit Begleitwort Blatt Iringa abgeschlossen im Dezember 1900.

4. Eine gemischte Zone; Gras- und Ackerland, von steilen Felsketten durchsetzt, die Landschaft im weiten Umkreise von Iringa; hierzu gehört die Landschaft Sabani.

5. Die weite Grasebene des oberen Anaha, das Land Ubena, mit 1000 m Meereshöhe und darunter, fruchtbar, aber zum Teil Überschwemmungen ausgesetzt, daher ungesund.

Von der Ulangaebene sagt Hauptmann Engelhardt: „Bei voller und richtiger Ausnutzung der fruchtbaren Niederung könnte sie allein das gesamte Schutzgebiet mit Getreide versorgen."

Die Zonen 2—4 können als europäische Kulturzonen und als solche als ein Gebiet für deutsche Besiedelung bezeichnet werden.

Die Landschaft Sabani ist nach der Schilderung von Prittwitz eine von ca. 100—150 m hohen Bergen eingeschlossene, etwa 1 km breite und mehrere km lange von einem Bache durchflossene Niederung, die sich südlich von Iringa hinzieht. Ihre Höhe über dem Meere beträgt ca. 1600 m, so daß das ganze Jahr hindurch auch in der Mittagszeit eine erträgliche Temperatur herrscht, welche dem Europäer während eines großen Teils des Tages die Arbeit im Freien gestattet. In der heißen Zeit steigt die Temperatur selten über 22° R. im Schatten und sinkt in der kalten Zeit selten unter 5° R.*)

Die ganze Gegend ist reich an Wald-Wiesen und Kulturland. Viehzucht und Ackerbau haben sich stets ergibig gezeigt; zwei Ernten im Jahre sind nichts außergewöhnliches. Abgesehen von den Negerfrüchten, wie Mais, Bananen, Bataten kommen auch die meisten europäischen Feld- und Gartenfrüchte vorzüglich fort. „Jede Rübenart", schreibt Frau Hauptmann Prince, die deutsche Pionierin aus Iringa, am 7. April 1897, „jede Kohlart, sogar Rosenkohl, Tomaten, Erbsen, Bohnen, Zwiebeln, Schnittlauch, Petersilie, Majoran, Sellerie, Dill, Pfefferminzkraut, Salat, Rettich, Radieschen stehen schön. Kartoffeln stehen gleichfalls sehr schön. — Es ist hier ein herrliches Ansiedlungsgebiet, und der Bauer würde sein schönes Auskommen haben, denn zu alledem kommen noch das schöne Vieh und Weideland. Auch ist die Gegend hier gesund, also alles „tajari" (bereit), nur die eine Frage ist nicht gelöst: Wie kommt der Bauer hierher? „Es ist ein Jammer", sagt sie an einer andern Stelle, „daß sich für dieses herrliche, fruchtbare Gebirgsland von Uhehe kein deutscher Unternehmungsgeist mobil machen läßt. Deutsche Bauern, die selbst Hand anlegen, fänden hier Gelegenheit, ein reiches Gebiet dauernd der Kultur zu gewinnen. — Bedingung für das Gedeihen einer Kolonisation in größerem Maßstabe ist die Erschließung der natürlichen Zugangsstraßen nach der Küste."**)

---

*) In der vielgerühmten Kolonie „Hansa" in Süd-Brasilien steigt — nebenbei bemerkt — die Temperatur in den Sommermonaten bis auf 30—31° R im Schatten, in den Wintermonaten geht sie auf 0° R. herunter. In der tiefer gelegenen Kolonie Blumenau ist die Hitze noch viel intensiver. Die Aktimatisationskrankheiten, wie besonders der sogenannte „rate Hund", eine schmerzhafte Hautkrankheit und das Wechselfieber sind in diesen südbrasilianischen Kolonien sehr unbequem; besser liegen die klimatischen Verhältnisse in Rio Grande do Sul.

**) „Eine deutsche Frau im Innern Deutsch-Ostafrikas." Nach Tagebuchblättern erzählt von Magdalene Prince geb. v. Massow. Berlin 1903.

So schreibt eine deutsche Frau, eine heroische Offiziersgattin, die vier Jahre lang in Uhehe mit ihrem Manne alle afrikanischen Leiden und Freuden geteilt hat und eine vorzügliche Kennerin gerade dieses Teiles unserer Kolonie ist. Hauptmann Prince hat bekanntlich seit zwei Jahren den Degen mit dem Pflug vertauscht und sich als Landwirt auf dem Hochland von West-Usambara, wohin ihn die Nähe der englischen Ugandabahn zog (!), niedergelassen.

Die Bebauung der neuen Ansiedlung in Sabani wurde von den Weilhammer im Oktober 1901 in Angriff genommen. Während sonst bei Anlage einer Farm in Ostafrika — wie uns dies Hauptmann Leue sehr lebendig schildert — immer in der Weise vorgegangen wird, daß sich der Ansiedler auf der vorsichtig ausgewählten Besiedlungsstelle mit Hilfe eingeborener Arbeiter zuerst ein provisorisches Haus aus Lehm und Flechtwerk herstellt, gingen die Weilhammer gleich daran, sich ein Steinhaus zu bauen mit Fenstern, Herd und Rauchfang. Die notwendigste Einrichtung, wie Betten, Tische, Stühle, Schränke, war durch eingeborene Handwerker unter der Leitung Michaels in einfachster Form schnell hergestellt. Im Anschluß an das Wohnhaus wurde der Wirtschaftshof angelegt mit seinen Stallungen und Nebengebäuden und das ganze Anwesen zum Schutze gegen Raubtiere durch eine Pallisadierung abgeschlossen; zugleich mit der Errichtung der Bauwerke wurde der Gemüsegarten angelegt, der für den Ansiedler so notwendig ist, um so bald als möglich sich seinen Unterhalt selbst beschaffen zu können; dann wurde an den Ankauf der notwendigsten Haustiere und des Federviehs gegangen. An den weiteren Ausbau der Farm, an den Bau von Wegen, an die Urbarmachung von Land zu Feld- und Plantagenbetrieb in größerem Umfange, an den Ankauf größeren Viehbestandes, machten sich die Ansiedler erst, nachdem sie sich genügend eingelebt hatten. (Die Kolonialzeitung hat in Nr. 48, Jahrgang 1902 in dem Aufsatze des Hauptmann von Prittwitz: „Eine Ansiedlung in Uhehe" ein paar Aufnahmen der Weilhammerschen Farm in Sabani gebracht).

In einem Briefe vom 2. Februar 1902 aus Sabani berichtet Otto über ihre Tätigkeit Folgendes nach Hause: „Ich bin seit Oktober 1901 hier in Sabani, Georg ist auch hier und somit Michael z. Z. allein Sodafabrikant in Iringa." (Wir haben schon im ersten Brief gehört, daß die Absicht bestand, in Iringa einen Kaufladen aufzumachen. Dieser bildete eine sehr gute Einnahmequelle, besonders durch den Besitz eines Kohlensäure-Apparates, mit dem frisches Sodawasser und Brauselimonade hergestellt wurde, welch' köstliche Getränke bei den Europäern, bei den Soldaten der Station und den farbigen Küstenhändlern guten Absatz fanden. Auch durch seine Kenntnisse als Zimmermann verdiente sich Michael viel auf der kaiserlichen Station). „Die Stallung" fährt Otto fort, „ist fertig gebaut, zwei große Gemüsegärten sind angelegt. Sämtliche deutschen Gemüse habe ich nun schon groß gezogen und die verschiedensten einheimischen Nutzbäumchen gepflanzt. Vieh haben wir z. Z. 19 Stück, erwarte aber in nächster Zeit unser bewilligtes Stationsvieh, vielleicht 50 Stück." (Diese wurden den W. von der Stationsherde zu Zuchtzwecken billiger abgegeben.) „Schweine haben wir 20 hier, ebensoviel Esel, darunter ein Halbmaskat, schöne tragende Stute. Mir geht es ganz gut und befinden wir uns alle immer ganz wohl."

Dann teilt Otto seinen Entschluß mit, an die Küste zu gehen und die Frauen zu holen. „Es ist nämlich ein großes Bedürfnis" setzt er hinzu, „daß man hier als Farmer verheiratet ist. Man hat gar keine häusliche Ordnung, keinen ordentlichen Tisch und auch von Gottes Welt niemand, mit dem man sein Leben teilt; deshalb mein Vorsatz zu heiraten d. h. wenn sich für mich eine findet." — Zur Erläuterung dieser Stelle muß ich bemerken, daß er bereits in einem früheren Briefe an die Braut Georgs, Anna, dieser den Auftrag erteilte, für ihn eine Frau zu suchen. „Zeit ist keine zu verlieren", sagt er in diesem Briefe, „darum ohne Verzug. Einheimische kennt Ihr selbst, fremde urteilt nach Charakter ihrer Briefe. Schuld trifft Euch keine, wenn unrecht gewählt und ich habe übrigens keine Angst vor einer. Man lernt sich hier wo man abgeschlossen von Welt und Menschheit ist, sicherlich lieben und achten."

Und Amor erhörte Ottos heißes Flehen, bald fand sich die gesuchte Braut in der Person einer schmucken Münchener Bürgerstochter, der Therese Klein, Tochter des Krämers Klein, die es denn wagen wollte, ihre Heimat zu verlassen, um dem ihr ganz unbekannten Manne in weiter Ferne sich fürs Leben anzuvertrauen — in der Tat ein heroischer Entschluß! Ende Juli 1902 reiste sie zusammen mit der Braut Georgs, der Anna Schneidewind, zuletzt Kellnerin in Enter-Rottach, von München ab nach Neapel. Hier schifften sie sich am 1. August ein und landeten am 23. an der Küste von Daressalam, wo sie von Otto Weilhammer empfangen wurden. Am 26. August fand bereits die Trauung Ottos am Standesamte in Daressalam statt. Die beiden Frauen hatten von Rottach zwei Wagen mitgebracht, einen großen Plachenwagen und 1—2-Sitzer; mit Benützung dieser wurde die Reise nach Uhehe ausgeführt in Begleitung von 25 Schwarzen, die Otto Weilhammer aus Iringa mitgenommen hatte; dieselbe gestaltete sich zu einer ungemein anstrengenden. Infolge der schwierigen Wegeverhältnisse, wie bei der Passierung von Flußläufen, von Gebirgsschluchten, hohen Bergrücken mußten die Wagen mehrmals ganz zerlegt und die einzelnen Teile von den Negern getragen werden. Nach 35 Tagen traf am 6. Oktober die Karawane in Iringa ein. „Die Reise", schreibt Georg aus Iringa, „kostete 1500 Mark. Wir sind alle gesund und glücklich. Die Safariefieber sind bereits ausgeschwitzt. Otto hats am längsten gehabt; Therese nur ein Tag lang; Anna hat gar keins mehr in Iringa." Im ganzen kamen auf die Reise zur Küste und zurück drei Monate. Es war für die Weilhammer eine große Hülfe, daß sie auf Veranlassung des damaligen Bezirkschefs, des Hauptmann von Prittwitz, dem sie überhaupt viel zu danken haben, von der Wohlfahrtslotterie eine Unterstützung von 2400 Mark erhielten. Auch die beiden Frauen erhielten von der Wohlfahrtslotterie die Seefahrt vergütet.

Am 6. Oktober also war die Karawane glücklich und gesund in Iringa eingetroffen. Otto und Anna blieben noch 6 Tage dort bis zu ihrer kirchlichen Trauung, die am Sonntag den 12. Oktober stattfand; am gleichen Tage wurde noch in Sabani eingezogen. Es war ein echt afrikanischer Hochzeitstag, worüber Anna in einem Briefe vom 19. Oktober wie folgt berichtet: „Sonntag morgens 5 Uhr brachen wir beide (Otto und ich) von Iringa auf und im schnellen Trab ritten wir nach Tossamaganga zur katholischen Mission, wo nun unsere kirchliche Trauung stattfinden sollte. Als wir dort ankamen, entledigten wir uns unserer Reitanzüge und gingen zum Pater. Erst hatten wir das sogenannte Stuhlfest. Dann gingen wir zur Beichte, darauf war unsre Trauung und ein Hochamt, wobei die Schwarzen auf Suahili die Messe sangen, aber schon die deutschen Melodien. Die Kirche ist sehr primitiv eingerichtet, sie besteht aus einem Hochaltar und zwei Seitenaltären. Kanzel ist keine vorhanden. Bei der Predigt muß sich der Pater auf den Stuhl setzen. Nach der Kirche hatten wir ein Mahl, bei dem es die Missionsschwestern an nichts fehlen ließen. Es waren unser: Otto, Georg, Pater Severin, ein Frater, drei Schwestern, 2 Deutsche von der Station und meine Persönlichkeit. Um 5 Uhr abends machten wir uns wieder auf unsee Esel und ritten unserer neuen Heimat Sabani zu, kamen hier um ¼8 Uhr an. In unserem Bauernhof ists schön, weit schöner als ich gedacht, und sehr groß. Es ist eine wahre Freude, wenn man unsere Tiere auf die Weide treiben sieht — — —

Die Trauung Georgs fand erst im Dezember statt; die Ziviltrauung wurde in Iringa durch den dortigen Stationschef vorgenommen, die kirchliche Trauung war am 19. Dezember in Tossamaganga.

Unterm 8. März 1903 macht Otto aus Sabani sehr interessante Mitteilungen über besondere Vorkommnisse, Wirtschaftsbetrieb und ihre Tageseinteilung, und erlaube ich mir daher noch diesen Brief im Wortlaut vorzulegen.

„In der vergangenen Zeit hat sich gar mancherlei zugetragen. Ein paar kleine Reisefieber haben sich bei mir und Auua als Nachkömmlinge eingestellt. Am 16. November habe ich hier einen Leoparden geschossen; Länge 1,95 m mit Schweif. Derselbe drang nachts in den Stall, zerbiß 12 Schweine, 3 Ziegen, 1 Schaf. Michael ging morgens in den Stall und bemerkte das Biest. Als das Vieh nun durch die Tür, vor der ich im Anschlag stand, nicht mehr heraus wollte, machten wir eine Öffnung durchs Dach und durch dieses gab ich ihm Bohnenfutter.*)

Unser Vieh vermehrt sich auch allmählich, haben nun 24 Rinder, 57 Esel (darunter 2 Halbmaskatesel), 160 Ziegen und Schafe und 30 Schweine, also im ganzen 271 Stück ohne das Federvieh. —

Gärten, Äcker, Pflanzungen stehen schön. Wir haben bis jetzt 1800 Kautschukbäume bereits angepflanzt, wovon nach 1000 im Saatbeet stehen, desgleichen haben wir 1000 Gummibäume aus Samen gezogen. Diesen Sommer werden wir teilen, d. h. ich werde mich alleinstehend machen, warum? 3 Herren und jeder will kommandieren, aber nie in gleichem Sinne, das geht einmal nicht. Ich habe nun von einem Stationsangehörigen schon ein Häuschen mit Garten gekauft für 330 Rupien; es liegt ganz nahe der alten Farm. Nächste Zeit werde ich die Stallungen bauen und das andere herrichten. Habe auf meiner neuen Farm schon 110 Bananen, 400 Ananas, 300 Kautschukbäumchen ꝛc. stehen, 1½ Hektar mit Verschiedenem bepflanzt. Das Seifenmachen habe ich auch schon einigemal probiert und es ist mir nun gelungen, eine ganz schöne Ware zu machen. Auch werde ich mir eine Ölpreßmaschine anschaffen, um Rizinus- und Erdnußöl zu pressen, später eine Mühle. Das alles gibt so kleine Einnahmen und wenn in 6—8 Jahren der Gummi tragbar ist, dann ists gewonnen. Therese hat sich rasch und leicht in alles eingewöhnt und ist mit allem zufrieden.

Ich will Euch nun einmal das heutige Tagesprogramm aufstellen: Es ist Sonntag, nachmittags 4 Uhr. Michael ist heute nach Tosa Maganga zur Kirche. 6½ Uhr Tagesrebell, hernach Stallungen revidieren, die jungen Zieglein und Schäflein zu den Müttern getrieben, sowie die jungen Esel (darunter 2 Maskat)

---

*) Das Fell durften die Weilhammer behalten. Sie schickten es nach Rottach, wo es im Weilhammerschen Hofe mit großem Stolz mit einer Reihe anderer sehr interessanter ethnographischer Gegenstände den Fremden gerne gezeigt wird. Von der Station bekamen die Weilhammer für den Leoparden 10 Rupien Schußgeld.

und Kälber. Dann kamen die Hirtenjungen zum Melken, die zuvor Gras und Wasser den Schweinen brachten. Therese kocht das Frühstück: Tee, Milchsuppe, Butterbrot; darauf schlachte ich ein kleines Schweinchen, dann machten wir Kraut und backten Brot. Mittagtisch: Spannferkel mit Sellerie, Tee, Brot. Nach Tisch war Zitherspiel und Sang (mit Tegernseer Jodler natürlich), dann ging ich auf die Farm umsehen; Weizen und alles steht schön, 2 schwarze Männer und 1 Weib habe ich eben auf der Kaffeeplantage, welche diese beschatten und zugleich die Affen, welche in den Gärten ihr Unwesen treiben, verjagen. Nun — schreibe ich und 's Weiberl flickt Hosen. Noch ein paar Pfeifchen rauchen, dann Essen und noch ein Pfeifchen. Dann ist Sonntag vorüber. Morgen arbeiten im Kartoffelacker, dann Erbsen, Stauden graben, Zwiebel versetzen. Dann ist für diese Regenzeit die Pflanzerei vorbei. 6 Wochen werden wir noch Regen haben, dann geht das Bauen los. Bis Juli erwarten wir Nachwuchs und freuen uns sehr darauf.

Euer Otto.

Dann folgt noch von Therese eine Nachschrift: Kann nur noch schreiben, daß es mir in Sadani recht gut gefällt und daß ich sehr gern hier bin.

Es gibt gerade dieser Brief einen trefflichen Einblick in das Leben und Treiben unserer Ansiedler und zeigt, daß es sich schon jetzt ganz gut in Uhehe aushalten läßt — auch ohne Verbindung mit einer Zentral- oder Südbahn, womit natürlich nicht gesagt sein soll, daß diese Bahnen nicht ein unbedingtes Erfordernis für den Fortbestand unserer Kolonie wären! Vielleicht gelingt es doch noch dem Kolonial-Wirtschaftlichen Komitee mit der Zauberformel seines rührigen Vorsitzenden „Es muß was g'schehn", wenigstens die Südbahn zu Stande zu bringen.

Die in dem letzten Briefe Ottos angekündigte Familienvermehrung stellte sich am 3. Juli d. J. in Gestalt von Zwillingen ein, 1 Knabe und 1 Mädchen, von denen der erstere leider 12 Tage nach der Geburt starb. Wie sehr die Weilhammer geschätzt sind beweist die Tatsache, daß dem kleinen Otto 3 Offiziere, 3 Unteroffiziere, 2 andere Europäer, 1 Missionsschwester und 16 schwarze Christenkinder das Trauergeleite zum Grabe gaben.

Das Mädchen gedeiht gut weiter, wie aus einem Briefe der Mutter aus Sadani vom 14. September 1903 hervorgeht. „Die Schwarzen", schreibt sie, „sind ganz verrückt mit dem mtoto (= Kind), jeder hat mir schon sein Körbchen Maismehl zum Geschenk für das Kind gebracht. In Tossa Mnganga sind bei der Taufe wenigstens 60 ums Kind herum gewesen und haben es geküßt und das darf man nicht wehren. Von den 3 Schwestern wollte auch jede das Mädchen haben, auch ein Bruder trug sie umher."

Ich glaube, daß der gegebene Einblick in die Korrespondenz der Gebrüder Weilhammer genügt, um überzeugt zu sein, daß man es hier mit intelligenten, glaubwürdigen Leuten, mit tüchtigen Menschen zu tun hat, auf deren Urteil man sich verlassen kann, daß daher unsere Gesellschaft garnichts besseres tun könnte, als sich ihre Auskunft bezüglich der fraglichen Besiedlungsfähigkeit von solchen verlässigen Leuten zu holen, die bereits praktische Siedelung dort betreiben. Ich glaube, daß es eine der wesentlichsten Aufgaben unserer Gesellschaft wäre, solche Siedelungsversuche auch aus den Mitteln der Gesellschaft zu unterstützen. Dafür wären dann die Ansiedler zu verpflichten, über alles Verlangte Auskunft zu geben, regelmäßige Berichte über den Fortgang ihres Farmbetriebes einzusenden, wie ja ein solcher bereits von den Gebrüder Weilhammer in der Kolonialzeitung vom 16. Juli d. J. Nr. 29 vorliegt. Ist es doch von höchster Wichtigkeit, daß solche Auswanderer in der ausgesuchten Landschaft aushalten nicht nur für sich, sondern auch für ihre Nachkommen, daß sie dort ihre neue Heimat finden — dann erst wird man sich über die Einwirkung der klimatischen Verhältnisse auf die Europäer klar werden. Voraussetzung für eine Besiedlungsfähigkeit ist ja den Nachweis der Akklimatisationsfähigkeit der Kinder zu erbringen.

Ganz verfehlt wäre es aber nun nur auf die Weilhammer zu bauen und abzuwarten, wie sich wohl die paar Familien entwickeln und fortbringen werden. Wir müssen unbedingt trachten, schon jetzt, unter den gegenwärtigen mangelhaften Verkehrsverhältnissen, mehr deutsche Ansiedler nach Uhehe zu bekommen, am besten wetterfeste Leute aus unseren Bergen, die an harte, schwere Arbeit gewöhnt sind. **Nur durch engsten Anschluß an das Mutterland, nur durch fortwährende Nachschübe aus demselben, die den Ansiedlern neue Kraft und Stärke geben, können sich diese in der neuen Heimat erhalten und weitergedeihen!**

Wie Uhehe eignen sich auch noch andere Hochländer Ostafrikas wie von Ukami, Usambara, Konde für deutsche Ansiedlung. Es sind dies Gebiete, die zwar geographisch in der Tropenzone liegen, aber doch ein durchaus gemäßigtes Klima haben. Für Konde haben sich ja neuerdings Buren gemeldet, um Tabak und Baumwolle zu pflanzen; auch die Engländer sollen gleiche Absichten auf dieses herrliche Hochland haben.

„Mag sich der deutsche Unternehmungsgeist an dieser Kraftprobe versuchen", ruft der frühere Gouverneur Generalmajor von Liebert aus in seinem Bericht über seine Reise nach Uhehe (Juni—September 1897). „Das erste, das zu tun erforderlich, wird sein, sachverständige, tüchtige Landwirte herauszuschicken und Musterformen anzulegen, um nach jeder Richtung Versuche anzustellen; Wohnungs- und Gesundheitsverhältnisse, Getreidesorten und Viehrassen, Ackergeräte müssen ausprobiert werden. Die günstigsten Bodenverhältnisse sind auszusuchen. Der Transport bis an die Uheheberge muß gesichert werden durch streckenweise Dampferverkehr auf dem Rufidji, durch Einschaltung einer Schmalspurbahn, durch Straßenanlagen."*)

So schreibt Liebert 1897 nach Rückkehr von seiner Reise nach Uhehe, die er, wie er selbst sagt, mit der ausgesprochenen Absicht unternahm, „dem deutschen Volke ein geeignetes Auswanderungsgebiet zu erschließen. Denn bei der stetig zunehmenden Übervölkerung Deutschlands muß die Auswanderungsfrage der Kern deutscher Kolonialpolitik sein und bleiben." Am 4. Dezember 1897 wurde dann in der Vorstandssitzung der Deutschen Kolonialgesellschaft in Hamburg auf Antrag der Abteilung Berlin einstimmig der Beschluß gefaßt, daß auf den Hochlande des Uhehegebietes eine Versuchsstation für landwirtschaftliche Betriebe unter Aufsicht des deutsch-ostafrikanischen Gouvernements sobald als möglich errichtet werde und

---

*) Die Befahrung des Rufidji mittels Heckraddampfer hat sich nach den neuesten Untersuchungen Engelhardts als unmöglich erwiesen. Siehe hierüber den Aufsatz des Hauptmanns Engelhardt: „Meine Reise durch Uhehe, die Ulanganiederung und Ubena über das Livingstone-Gebirge zum Nyassa" in Heft 3 des III. Jahrgangs der „Beiträge zur Kolonialpolitik u. Kolonialwirtschaft."

daß ein zweiter Dampfer auf dem Rufidji-Ulanga eingestellt sowie eine Bahn gebaut werde, wo der Landweg nötig ist."

Der diesbezüglichen Eingabe der Gesellschaft an den Herrn Reichskanzler wurde eine eingehende motivierte Denkschrift des Dr. Arning, welcher jahrelang in jenen Gebieten geweilt hat, beigefügt, in welcher eine grundlegende Darstellung der Uhehe-Hochebene als Ansiedelungsgebiet für Deutsche vom wissenschaftlichen und wirtschaftlichen Standpunkte gegeben wurde, dann ein Kostenanschlag für den projektierten Eisenbahnbau, für den Dampfer auf dem Ulangafluß und für die Versuchsstation. Diese Denkschrift wurde in der Nr. 6 der Deutschen Kolonialzeitung vom Jahre 1898 zur allgemeinen Kenntnis gegeben. Und was ist bis heute während 6 Jahre in dieser Richtung geschehen? Was geschieht überhaupt, um die deutsche Auswanderung in unsere Kolonien, die jedem wahren Kolonialfreunde am Herzen liegen muß, zu fördern? Ich komme in Verlegenheit hierauf die Antwort zu geben. Wir haben ja in Berlin eine „Zentral-Auskunftsstelle für Auswanderer" mit über 50 Zweig-Auskunftsstellen bei den Abteilungen — aber die deutschen Kolonien profitieren davon sehr wenig; besteht doch die Absicht von einer Einwendung in dieselbe eher ab- als zuzuraten, wird doch vor allem immer der Besitz großer Geldmittel als unbedingt für jeden Auswanderungslustigen hingestellt. So heißt es in einem Schreiben der Zentral-Auskunftsstelle an die Münchener Zweigstelle vom 14. Oktober 1902: „Von den deutschen Kolonien kommen in der Hauptsache nur Deutsch-Südwestafrika und Samoa für weiße Ansiedler in Betracht, die übrigen deutschen Schutzgebiete eignen sich ihres tropischen und ungesunden Klimas wegen weniger zur Niederlassung für deutsche Kolonistenfamilien. In Deutsch-Südwestafrika ist zur Ansiedlung außer genügender Erfahrung in der Viehzucht ein Kapital von mindestens 15000 Mark bis 20000 Mark erforderlich. (!) Ackerbau wird in Deutsch-Südwestafrika nicht getrieben, nur etwas Gartenwirtschaft für den Hausbedarf. In Samoa gehört zur Anlage einer Kakaopflanzung ein Mindestkapital von 20000 Mark und genügende Vorbildung als Pflanzer.

Freie Reise, Fahrpreisermäßigung oder sonstige Unterstützung wird von keiner Seite gewährt. Personen, die nicht das genügende Betriebskapital, wie vorstehend vermerkt, besitzen, sind vor einer Auswanderung nach den deutschen Schutzgebieten zu warnen. (!)

Vorbereitungen zur Unterbringung von Einwandererfamilien sind in den genannten deutschen Kolonien bis jetzt nicht getroffen. Neuankommende müssen in den dortigen Gasthäusern logieren, bis sie sich einen Platz zur Ansiedlung ausgesucht und ein Wohnhaus erbaut haben." Das Schreiben ist gezeichnet vom Leiter der Zentral-Auskunftsstelle, dem Kaiserl. Generalkonsul Koser. In dem von der Zentralstelle für deutsche Auswanderer herausgegebenen Orientierungshefte für Deutsch-Ostafrika heißt es: Zur dauernden Ansiedlung von Europäern und zum Betriebe eines selbständigen landwirtschaftlichen Unternehmens kann zunächst nur das Bergland von West-Usambara, in späterer Zeit vielleicht auch die Landschaft Uhehe in Betracht kommen. Das Kais. Gouvernement verkauft hier Flächen von 100—200 Hektar, falls der Käufer über ein bares Vermögen von 10000 Mark verfügt und sich hierüber durch ein Attest seiner Heimatsbehörde ausweisen kann (!). Der Kaufpreis beträgt 2,80 Mk. pro Hektar aufwärts. Sämereien, Vieh 2c. können unter Umständen gegen mäßigen Preis von dem Kais. Gouvernement abgegeben werden. Die Kaufsumme auch für diese Gegenstände kann ev. als Hypothek eingetragen werden.

Sonstige Beihülfen, sei es zur Ansiedlung, sei es zur Bestreitung der Reisekosten, werden von der Kais. Regierung nicht gewährt.

Wie ganz anders sieht es in dieser Beziehung in anderen Kolonien, z. B.
in Südbrasilien aus?

Hier bestehen trefflich organisierte Kolonisationsgesellschaften, welche dem
Auswanderer über alles die eingehendsten, praktischsten Aufschlüsse geben, bedeutend
ermäßigte Preise für die Überfahrt gewähren; im Kolonialgebiet angelangt, werden
die Kolonisten provisorisch in eigenen „Einwandererhäusern" untergebracht, bis sie
in ihre Koloniallose eingewiesen sind und sich dort ihre Häuser rc. errichten können.
An Barmitteln wird nur eine Mindestsumme von 1000 Mark für den einzelnen
Auswanderer, 2500 Mark für eine Familie von 4—5 Köpfen verlangt. Und der
Erfolg krönte diese Bestrebungen. Schon jetzt haben sich ca. 250000 deutsche Auswanderer in Südbrasilien niedergelassen. Und man bilde sich nicht ein, daß dort
das Klima besser oder der Boden fruchtbarer sei als in den Hochländern unserer
ostafrikanischen Kolonie!*) — Daß sich übrigens der Europäer auch in den Tropen
akklimatisieren kann, das beweisen doch die schon seit Jahrhunderten bestehenden
Niederlassungen der Spanier und Portugiesen in den Äquatorialstaaten Süd-
Amerikas.

Welche Mühe gibt sich die Regierung Chiles, um in ihre unwirtschaftlichen
Urwälder deutsche Auswanderer zu bekommen, die dort eine über Menschenkraft
gehende Aufgabe vorfinden, und die Wunder wirken! Und die Regierung hat es
erreicht, daß Chile gegenwärtig - nach Dr. Karl Martin — an 20000 deutsch-
redende Bewohner zählt.

Auch wir brauchten für unsere Kolonie Ostafrika eine Privatkolonisation
nach Art der Herrmann Meyerschen, welche Leute mit geringen Mitteln, die ihnen
in der Heimat keine sichere Existenz ermöglichen, die Hand bietet, sich auf eigenem
Grund und Boden ansässig zu machen, ohne sich dabei in Schulden stürzen
zu müssen. —

Und wir hätten gewiß genug an solchen tüchtigen Leuten, Handwerkern und
Ackerbauern, die mit Vorliebe in unsere ostafrikanische Kolonie gingen, wenn man
ihnen zunächst auch keine Aussicht auf einen Vermögenserwerb gibt, wenn man
ihnen auch vorhält, daß sie auf Jahre hinaus sich mit ihrer Arbeit nur das Leben
erhalten können — wogegen sie aber als freie Männer auf eigener Scholle
sitzen. Doch auch in unserer Kolonie Ostafrika selbst beginnt es sich nunmehr
zu regen, um bessere Bedingungen, Erleichterungen für unsere Auswanderer dahin

---

*) Sehr interessant ist, was A. Papstein (in Curityba) in einem Aufsatze im Tropen-
pflanzer, Dezemberheft 1903, über „Die deutsche Kolonisation in Südbrasilien" sagt: „Noch
vor Zusammentritt des Deutschen Kolonialkongresses machte sich schon seit längerer Zeit in
Deutschland eine lebhafte Agitation bemerkbar, die deutsche Auswanderung nach Südbrasilien
zu lenken, indem gewisse Kreise sich bemühten, in der Presse sowie in öffentlichen Vorträgen
jenes Land als ein Dorado hinzustellen, in welchem viele Tausende mittellos eingewanderter
Deutschen als Ansiedler (Bauern) zur Wohlhabenheit gelangt seien. Daß aber jene Tausende
deutscher Bauern, welche, wie z. B. in Rio Grande do Sul vorzugsweise im Osten dieses
Landes angesiedelt wurden, sich heute zu einer allgemeinen Völkerwanderung nach
Westen rüsten, nachdem sich dieselben überzeugt, daß der von ihnen seit Jahrzehnten be-
arbeitete Boden von Jahr zu Jahr weniger ertragsfähiger wird und an eine Aufbesserung
nicht zu denken ist, davon spricht man nicht!"

zu schaffen. So tritt die Deutsch-Ostafrikanische Zeitung in einer ihrer letzten Nummern vom August 1903 lebhaft für eine Unterstützung wenig bemittelter Ansiedler in Uhehe ein und macht diesbezügliche sehr zeitgemäße rationelle Vorschläge, die auch in unserer Kolonialzeitung Nr. 36 d. J. Abdruck fanden, und daher wohl allgemein bekannt sein dürften. Bis jetzt liegen aber, wie nachgewiesen, die Verhältnisse so, daß ein Auswanderungslustiger nach unseren Kolonien schon durch die ihm bei den Auskunftsstellen erteilten Informationen gründlich von seinem Vorhaben abgeschreckt wird.

Um so mehr ist es anzuerkennen, daß unsere drei Tegernseer auf eigene Faust mit bescheidenen Mitteln sich in das Innere Afrikas aufgemacht und uns gezeigt haben, daß hier auf der gesunden, fruchtbaren Hochebene eine deutsche Bauernfamilie selbst arbeiten kann, daß sie sich gut vom Boden ernähren und durch wachsenden Viehstand und praktische Handelsunternehmungen ihr Auskommen finden, und mit der Zeit, wenn einmal gute Verkehrsbedingungen geschaffen sind, auch Wohlstand erwerben kann.

Den mutigen Pionieren in unserer schönsten und größten, aber leider so sehr vernachlässigten Kolonie, Deutsch-Ostafrika, unsern Tegernseern in Uhehe, bringen wir gewiß alle vollste Sympathie entgegen! Möge ein stetes Gelingen ihre mühevolle Arbeit auch fernerhin begleiten!

An die Leser.

Die „Beiträge zur Kolonialpolitik und Kolonialwirtschaft", die bisher vom 1. Juli bis zum 30. Juni in 20 Heften von insgesamt 40 Druckbogen erschienen, werden eine Umänderung erfahren. Sie werden in die

„Zeitschrift für Kolonialpolitik, Kolonialrecht und Kolonialwirtschaft"

umgewandelt und mit dem Jahre 1904 in 12 Heften von insgesamt 60 Bogen erscheinen, sodaß der Jahrgang fortab mit dem Kalenderjahr läuft. Gemäß Vereinbarung zwischen den Unterzeichneten schließt der 5. Jahrgang mit dem vorliegenden 10. Heft, dem Titel und Inhaltsverzeichnis beigegeben sind, ab. Den Beziehern der Beiträge, welche den Bezugspreis für die Zeit vom 1. Juli 1903 bis 30. Juni 1904 gezahlt haben, wird auf Wunsch der Betrag für das halbe Jahr vom 1. Januar bis 30. Juni 1904 zurückgezahlt oder mit dem Abonnementsbetrag für die neue Zeitschrift verrechnet. Letzterer beträgt jährlich 12 Mk., für Mitglieder der Deutschen Kolonialgesellschaft, welche ihre Bestellungen an das Bureau der Gesellschaft richten, 10 Mk. Einzelne Hefte werden mit 1,25 Mk. berechnet.

Berlin, den 31. Dezember 1903.

Herausgeberin und Verlag.

Deutsche Kolonialgesellschaft.   Wilhelm Süsserott.

Lightning Source UK Ltd.
Milton Keynes UK
UKHW020438091218
333599UK00008B/666/P